**程志华** 哲学博士，教授、博士生导师，河北师范大学原副校长，现任河北大学哲学与社会学学院院长、河北大学燕赵哲学与文化研究中心首席专家。为国家“万人计划”哲学社会科学领军人才，享受国务院政府特殊津贴，为中宣部“四个一批”人才，河北省省管优秀专家、杰出专业技术人才、社科优秀青年专家。研究领域为儒家哲学、中西比较哲学；出版学术专著7部，在《哲学研究》发表论文11篇；主持国家社科基金重点项目等7项；获教育部社科优秀成果三等奖2项、省社科优秀成果一等奖4项。兼任中国现代哲学研究会副会长、教育部哲学本科教学指导委员会委员、河北省文史哲研究生教育指导委员会主任委员、河北省哲学本科教学指导委员会主任委员等。

河北大学哲学研究文存

# 程志华卷（二）

VOLUME II GHENG ZHI HUA

Collected Works of Philosophical Research by Hebei University

河北大学出版社

**图书在版编目（CIP）数据**

河北大学哲学研究文存. 程志华卷. 二 / 程志华著
. -- 保定 : 河北大学出版社, 2022.9
ISBN 978-7-5666-2068-2

Ⅰ. ①河… Ⅱ. ①程… Ⅲ. ①哲学—文集 Ⅳ.
①B-53

中国版本图书馆CIP数据核字(2022)第165369号

河北大学哲学研究文存

**程志华卷**（二）

HEBEIDAXUE ZHEXUE YANJIU WENCUN
CHENGZHIHUAJUAN ER

责任编辑：王殊宁
装帧设计：赵　谦
责任校对：苏安邦
责任印制：常　凯

出版发行：河北大学出版社
地　　址：河北省保定市七一东路2666号
印　　刷：保定市北方胶印有限公司
开　　本：787×1092毫米　1/16
印　　张：34
字　　数：636千字
版　　次：2022年9月第1版
印　　次：2022年9月第1次印刷
书　　号：ISBN 978-7-5666-2068-2
定　　价：128.00元

# 自序一

回顾与总结自己哲学研究之所及，概括而言，大致有如下几个方面，而每一个方面均有一较明确的目的：

其一，中国古代哲学。在这个领域，笔者之研究涉及先秦儒家，亦涉及宋明清儒学。之所以展开这个领域的研究，目的在于“据本以开新”，即基于中国哲学传统来思考中国哲学之发展。通常来讲，西方哲学家之研究大多“四无傍依，独立运思”，比如康德；而中国哲学家则多依赖于“诵读古人已有之慧解，思索以通之”。牟宗三说：“吾愧不能如康德，四无傍依，独立运思，直就理性之建构性以抒发其批判的哲学；吾只能诵读古人已有之慧解，思索以通之……”（《圆善论·序言》，载《牟宗三先生全集》(22)，台北：联经出版事业股份有限公司2003年，第15页）其实，康德之研究亦不是绝对的“四无傍依”，而是在以往哲学的“滋养”下展开的，尤其是经验论与唯理论之争执为他提供了问题意识。因此，哲学史上的经典文本乃是哲学创新所不可少的“傍依”。就现代新儒家的主张来讲，其有“返本以开新”之论。其实，“返本以开新”之表达不如“据本以开新”恰切，因为“返”字有“回返”之义，让人有“保守主义”的联想。若使用“据本以开新”，则这种联想会淡化许多，而且它在强调“开新”的同时又不“忘本”。质言之，中国哲学之发展不能离开中国哲学之传统，故对于中国哲学史的研究乃是不可或缺者。

其二，现代新儒学。现代新儒学是对古代儒学的继承与发展，当然更是对现代中国甚至整个人类哲学问题的回答。也就是说，现代新儒学乃是基于“现代”的哲学问题而立论者。当然，历史地看，若说现代新儒学有着强烈的“现代”问题意识，那么中国古代哲学则有着明显的“古代”问题意识。就此而言，尽管我们可以在哲学层面对黑格尔的“进步”观念持质疑态度，但在现实层面我们不能否认人类文明在总体上的“进步”。因此，从问题意识的角度看，现代新儒学“进步”于中国古代哲学。而这恰是笔者致力于现代新儒学研究之所以。当然，现代新儒学并非“绝对真理”，但并不能因此而否认其相对于古代哲学的“进步”。事实上，任何时代之哲学，包括将来之哲学，均不可能成为“绝对真理”，亦不可能“终结”真理。就哲学的本性来讲，怀疑与批判使其永远处于“路途”之中。不过，就儒学的发展史来讲，现代新儒学是整个儒学的最晚近形态，因此它是集以往中国哲学研究之所成者。

其三，中西哲学比较。自清代晚期以来，尤其是现代中国，中西文化之辨已远远超过中印文化之辨，而成为主要问题。熊十力说：“今日文化上最大问题，即在中西之辨。能观异以会其通，庶几内外交养而人道亨、治道具矣。吾人于西学，当虚怀容纳，以详其得失，于先哲之典，尤须布之遐陬，使得息其臆测，睹其本然，融会之业，此为首基。”（萧萐父主编：《熊十力全集》第四卷，武汉：湖北教育出版社 2001 年〔下同〕，第 439 页）不过，熊十力虽然主张对中西哲学“观异”以“会通”，但他并不主张将中西哲学视为根本不同者，因为它们都是人类哲学，故其同者肯定为主，而异者必然为次。他说：“夫谓中西哲学所有之问题不必同，吾何尝有是言？但学人所至之境不必同耳。”（《熊十力全集》第五卷，第 58 页）依着熊十力的理解，中西哲学之异只是研究领域、研究角度、研究方法甚或所达至境界不同而已。他说：“儒学与西学有不同者，亦只是形而上学部分，西学于此，似犹徘徊歧路，并非西学别异吾儒，而自有一条路可通也。吾不主张中西学术与文化为根本不同路向者。”（《熊十力全集》第五卷，第 58 页）既然如此，就应该抛弃中西哲学“对立”的狭隘观念。唯有如此，才可能发展中国哲学，亦才可能为整个人类哲学做出贡献。这样一种理解，乃是笔者从事中西哲学比较研究的基点。

其四，哲学理论。如前所述，笔者对于中国古代哲学研究在于“据本以开新”，即研究之落脚点在于哲学研究上，而不是哲学史的研究上。就哲学研究而言，哲学之核心乃形而上学，而形而上学之核心乃本体论。熊十力说：“本体论，一名形而上学，即穷究宇宙实体之学。……唯本体论是万理之所从出，一切学术之归宿处，一切知识之根源。”（《熊十力全集》第三卷，第 753 页）也就是说，本体论作为对一切智慧之根源的探讨，乃“一切智智”，亦即是一切哲学问题的根源。因此，“哲学思想本不可以有限界言，然而本体论究是阐明万化根源，是一切智智，与科学但为各部门的知识者自不可同日语。则谓哲学建本立极，只是本体论，要不为过。夫哲学所穷究的，即是本体”（《熊十力全集》第五卷，第 537 页）。因此，若研究哲学当首重研究本体论，若本体论有所新创，当可为哲学新创提供理论根据。在此方面，笔者已有几篇论文发表，接下来还准备在此方面致思、用力。

上述四个方面虽似为平列之不同方面，但就笔者的研究而言它们有着内在的统一逻辑，即以中国古代哲学研究为根据，借鉴现代新儒学的问题意识，立足于整个人类哲学的视域，服务于以本体论为核心的哲学研究。本次结集出版，仅作极少更正，注释体例等亦各仍其旧以保持原貌。本著作之所含并非本人学术研究之全部，但其已反映本人学术研究之主脉，尤其已表达出本人学术研究之追求。徐复观在谈及自己的学术追求时曾说：“精卫决无填海之力，但不妨她抱有填海之心。”（《熊十力全集》第三卷，第 14-15 页）笔者当然没有徐复观之哲学思维，但这不妨碍笔者对于哲学研究理想的追求。我的愿望是通过自己的努力，为儒学之发展添上一颗“填海”的石子。

程志华

于河北大学无为斋

2014 年 8 月 19 日

# 自序二

2015年，《河北大学哲学研究文存·程志华卷》由河北大学出版社出版。此卷收集吾人2014年以前全部学术论文，内容大概分为四个方面：其一，中国古代哲学，主要是关于先秦儒家、宋明清儒学的论文。其二，现代新儒学研究的论文。其三，基于“观异”以“会通”理解下的中西哲学比较的论文。其四，关于哲学理论方面探讨所形成的论文。吾人认为，哲学研究应“据本以开新”，即，研究之落脚点应在哲学研究上，而不应在哲学史研究上。在此，“本”所指为哲学史，“新”所指为“哲学”。黑格尔曾说：“古代哲学当然就是现代哲学的基础，因此，前者不得不被后者所包罗，不得不形成后者的基础。在这方面，古与今的关系便等于一个相同的机构的继续发展，这个机构的基石、墙壁和屋脊都是故物。”①

自2014年算起，至今又过去了8年时间。在这段时间里，吾人未敢懈怠，一心向学，努力进取，唯恐落伍于学术发展步伐。故，在遇到相冲突的情况时，毅然决然地进行了抉择——辞去了所担任的河北师范大学副校长职务，回到河北大学专职从事教学科研工作。这本《文存》第二卷便是这8年当中所发表论文的汇集。

在这8年当中，吾人所研究的领域与以前相比没有大的变化，但亦略

① ［德］黑格尔著，王造时译：《历史哲学》，北京：生活·读书·新知三联书店1956年，第87页。

有不同。就“没有大的变化”来讲，吾人所涉猎领域仍然以中国哲学史尤其是现代新儒学研究为主，同时兼及中西哲学比较研究，落脚点仍然在哲学理论研究。这是一条由“哲学史”到“哲学”的理路，这条理路背后的考虑仍然是“据本以开新”——据哲学史研究以探讨哲学理论创新。应该说，本卷所收录论文的内容主要为“据本”，体现在前三部分即“儒家哲学史研究”“现代新儒学研究”“比较哲学与海外儒学研究”。第四部分的内容重点为“开新”，即所谓的“略有不同”。就“略有不同”讲，主要体现在两个方面：一是，因在读博士期间曾在美国肯塔基大学哲学系学习一年，对美国儒学有一定的了解，故而近年来在已有研究领域之外开拓了“美国儒学研究”这样一个领域，并申请了国家社科基金项目，出版了专著《美国儒学史》。这是学界第一部美国儒学史，对于儒学的海外传播从国别角度进行了学术史疏解，对于儒学现代发展可能会发挥一定借鉴作用。因为这个课题的开展，吾人写有数篇相关论文，此卷所收录的便是这些论文。二是，努力深化形而上学尤其是本体论研究，对以往相关研究进行了凝练、溯源、建构。所谓“凝练”，是对以往相关研究在观点方面的提升和彰明。如，《唯物论、唯心论与唯道论》便是对“物”“心”两种本体综合超越后“道本体”的推明。“道本体”是“物本体”“心本体”的综合超越。所谓“溯源”，是对“形而上学”尤其是“本体论”建构进行历史根源和逻辑根据的研究。例如，《“追问根源”与“哲学困难”》侧重于对“形而上学”提供历史根源和逻辑根据。所谓“建构”，是对于形而上学尤其是本体论建构的探讨。如，《后现代性与道体——论后现代性的本体建构》对“道本体”建构进行了论证。《哲学概念：进化与变异》则对本体论建构进行了诠释学意义的支持性探讨。

就今后的研究来讲，吾人的研究领域不会扩大，只能缩小。具体来讲，仍坚持“据本开新”的理念，将儒家哲学史研究落脚在哲学理论研究上；就哲学理论研究讲，重心仍然落实在形而上学尤其是本体论研究。吾人认为，犹如眼睛决定了视觉的可能性，形而上学决定了思想的可能性，而本体论是形而上学的核心；虽然包括本体论在内的形而上学目前遇到困难，但它们只能发展而不能终结，或者说，形而上学目前的问题是如何发展，而不是终止。

是为吾人《文存》自序的一点补充，也是《文存》第二卷的自序。

另，非常感谢中宣部“四个一批”人才专项经费的支持，使得本文集得以出版。

程志华

于河北大学

2022 年 6 月 1 日

# 目　录

## 第二编 现代新儒学研究



## 第三编 比较哲学与海外儒学研究

## 第四编　哲学理论研究

河北大学
哲学研究文存

第一编

# 儒家哲学史研究

# 朱陆之会通与孔圣之道*

## ——夏峰“理学”的学术理路

孙奇逢（1585—1675 年），直隶（今河北省）容城人，因长期讲学于河南辉县夏峰村，故又称夏峰先生。又因曾多次拒绝明、清两朝征召为官，又号征君。一生讲学大河南北，弟子众多，著述等身，卒后于清道光八年（1828 年）从祀文庙。为学始于程朱理学，但服膺陆王心学，晚年致力于会通朱、陆而复建“孔圣之道”，俨然成为“北学”重镇，与同时代黄宗羲所代表的“南学”、李颙所代表的“关学”遥相响应，成为明末清初“三大儒”。梁启超评价说：“他因为年寿长，资格老，人格又高尚，性情又诚挚，学问又平实，所以同时人没有不景仰他，门生子弟遍天下……晚年加以学养，越发形成他的人格之尊严，所以感化力极大，屹然成为北学重镇。”② 下面，拟通过分析夏峰对朱、陆之认识，梳理其对理学及“孔圣之道”复建的主要内容，并简要考查夏峰“北学”的历史影响。在此，以朱、陆分别代表程朱理学与陆王心学。

### 一、“心为本体”及后学流弊

历史地看，夏峰之学是从读程朱之书起始的。不过，因受家学传承和与鹿善继交游的影响，夏峰转而接受陆王心学，渐而形成以象山、阳明为宗的基本理路。他自己回忆说：“某幼而读书，谨守程、朱之训，然于陆、王亦甚喜之。”③ 在他看来，陆王心学能

---

* 本文为国家社科基金重点项目《王船山哲学研究》（20FZXA004）、中宣部“四个一批”人才项目“现代新儒学与中美儒学史”阶段性成果。

② 梁启超：《中国近三百年学术史》，北京：东方出版社 2004 年，第 47 页。

③ 张显清主编：《孙奇逢集》中，郑州：中州古籍出版社 2003 年（下同），第 721 页。

够“触发性灵”，使人于“扞格处”可“豁然立解”，因此，于其不能不喜爱。“读前圣前贤之书，总借以触发我之性灵。不能触发性灵，不能强为之喜也；能触发性灵，不能强为不喜也。少壮时，与吾友鹿伯顺读诸儒语录，有扞格处，取阳明语证之，无不豁然立解。”① 实际上，王阳明对于儒学有开新局面之功。“愚尝谓儒术至阳明又一开辟也。”② 不过，所谓“开新局面”与孔孟之道并不违背，而是基于孔孟之道基础上的开新，故由陆王心学可知孔孟之道。他说：“陆子静直接孟氏之传，阳明《传习录》透胸达背，全体灵通，由二子而得我心，得我心，即可睹面而见孔孟矣！”③ 夏峰之所以有如此评价，在于他对陆王心学有非常深刻的知解，而且肯认其主要观点。

首先，“心”是一个统领性概念。具体来讲，“心”为“血气之心”与“虚灵之心”的统一体。“心何二焉？人血气之心与虚灵之心，一也。”④“血气之心”指人的“肉团之心”即“人心”，“虚灵之心”指人的“仁义之体”即“道心”。不过，此区分只是为言说方便，其实二者乃是不能分的。他说：“一心而不二，人心道心、操存舍亡、尽心存心，总只是此一个心，非此心之外复有一心而能管乎此心也。”⑤ 所谓“不能分”，是指“虚灵之心”非离“肉团之心”而有，“道心”非离“人心”而有。“人心、道心非有两个心，只人心得其下在，便是道心。”⑥ 因此，尽管“道心”与“人心”不能分，但并非言二者没有区别；实际上，二者不仅有别，而且在功能上有很大区别——“虚灵之心”即“道心”为主，“血气之心”即“人心”为辅。因此，圣贤所谓“心”，乃是“道心”而非就“人心”而讲。

其次，“心”含天地万物，即“万物皆备于我”。“天地万物一体，为仁诚者实有，此皆备之我。”⑦ 若就“博”“约”关系看，天地万物乃“心”之“博”，“心”乃天地万物之“约”。他说：“吾心即天地万物，就是博文；天地万物即吾心，就是约礼。”⑧ 既然如此，所谓“博”，不可离却“约”；所谓“约”，亦不可离却“博”；因为“约”即是“博之

① 张显清主编：《孙奇逢集》上，第847-848页。
② 张显清主编：《孙奇逢集》上，第880页。
③ 张显清主编：《孙奇逢集》中，第1041页。
④ 张显清主编：《孙奇逢集》上，第180页。
⑤ 张显清主编：《孙奇逢集》上，第757-758页。
⑥ 张显清主编：《孙奇逢集》上，第179页。
⑦ 张显清主编：《孙奇逢集》上，第363页。
⑧ 张显清主编：《孙奇逢集》上，第157页。

约”，“博”乃是“约之博”。“吾心即天地万物，就是博文；天地万物即吾心，就是约礼。”① 因此，“心”并非“空洞无物”，而乃“至实”之有。在此意义下，“心”即是“我”，“我”非“万物中之一物”，而乃“备万物”“民胞物与”之“我”。“天地万物一体为仁，诚者实有，此皆备之我，正是并育并生各得其所，恕者能见其我，以我度人，以人如我，有裁成辅相民胞物与意。”② 因此，要认识天地，认识万物即可；要认识万物，认识“我”即可，因为“心”“备万物”。质言之，认识“我”即可把握整个宇宙。

> 欲观天地，观之于万物而已，万物所以成天成地也。欲观万物，观之于我而已，我备万物也。人只因不识我，遂不识天地、不识万物。则我之为万物中之一物耳。③

再次，“心”不仅含天地万物，而且含天地万物之理。无论是天地之理，还是鬼神之理，抑或圣王之理，均不外乎“心”。他引用别人之语道：“三王后圣天地鬼神都是一个理，天下外不了一个理，理外不了一个心。你看一点良心之以为自然而然不得不然的，便是天地之所以为天地、鬼神之所以为鬼神、三王之所以为三王，后圣之所以为后圣。”④ 而且，“心含万理”乃“天之道”，即不以人的意志为转移者。当然，依儒家传统，“理”主要指仁义忠孝等人伦道理，而人伦道理不可离却“心”，否则“行事”便可能导致“不仁不义”。他说：“仁者，生生之理，人之所以为人者也。仁非人无所附丽，人非仁只成躯窍，合而言之则形色即天性，乃所谓道也，不可须臾离也。”⑤ 进而，就“心”含万理讲，“理”为一本；就事物各有理讲，“理”有万殊。他说：

> 圣人见盈天地之间，理总是吾心之理，于是“近取诸身”，会作一个，分作千万个。⑥

再次，“心”乃天地万物主宰。具体来讲，无论是万物所禀之“命”、所本之“性”、

---

① 张显清主编：《孙奇逢集》上，第 157 页。
② 张显清主编：《孙奇逢集》上，第 363 页。
③ 张显清主编：《孙奇逢集》中，第 533 页。
④ 张显清主编：《孙奇逢集》上，第 392 页。
⑤ 张显清主编：《孙奇逢集》上，第 606 页。
⑥ 张显清主编：《孙奇逢集》上，第 127 页。

所主之“天”、所生之“心”，实均统一于“心”，故所谓“尽性、立命、知天”，根本上乃“尽其心”而已。夏峰说：“万物无所不禀，则谓之曰命；万物无所不本，则谓之曰性；万物无所不主，则谓之曰天；万物无所不生，则谓之曰心，其实一也。古之圣人，尽性、立命、知天，皆本于心，故但尽其心而已矣。”① 因此，人之意志活动终由“心”来主宰，故才有所谓“先立其大”之说。例如，“礼”之是非的判断和践履非由感官，而根本上要“归之于心”。“盈天地间千条万绪，纷陈于耳目前，其视之礼与非礼，目不能操其权；其听之礼与非礼，耳不能操其权，总归之于心。心主思，思其非礼者，勿视勿听，此谓先立其大。”② 总之，无论是“知天”“事天”，还是“立命”，根本者均为“心”，因为“天”“事”“命”，均源于“心”。他说：

> 知天，是知自心之天；事天，是事自心之天；立命，是立自心之命。总之，心生天、生命也。③

很明显，由上述几个方面可见，夏峰肯认陆王心学“心本体”的观点。不过，在肯认的同时，他亦看到陆王后学亦生出了弊端。即，陆王后学“援佛入儒”，主张“四无”“顿悟”，表现出“亦佛亦儒”、混淆儒佛之别的特征，从而导致脱离实践、走向空疏的流弊。因此，他批评王畿“龙溪太廓大，亦佛亦仙”④，以“四无”说曲解阳明心学，从而引发心学之流弊。“儒释未清，学术日晦，究不知何所底极也。”⑤ 由此来讲，“流弊”乃后学失却明贤宗旨所致，而非王阳明本人所有，故可谓“人病”而非“法病”。“龙溪独持四无之说，群起而疑之，乃先生亦复唯唯。于是龙溪之言满天下，后传龙溪之学者流弊滋甚。因是遂疵阳明之学，嗟乎！岂阳明之过哉？亦由传阳明者之过耳!”⑥ 在夏峰看来，后学已严重偏离先贤宗旨，其流弊并不加遏止，任其泛滥，会导致“精神涣散”，给儒学酿成严重后果。他说：

---

① 张显清主编：《孙奇逢集》中，第540页。

② 张显清主编：《孙奇逢集》中，第545页。

③ 张显清主编：《孙奇逢集》上，第362页。

④ 张显清主编：《孙奇逢集》中，第716页。

⑤ 张显清主编：《孙奇逢集》上，第621页。

⑥ 张显清主编：《孙奇逢集》上，第1245页。

夫学者精神涣散，岁月空掷，石火电光，方寸未尝属我，故庶民之去，与君子之存，其初止争几微，而其流决江河塞四海，遂至不可遏止。①

面对陆王后学之流弊，夏峰将“救治”目光转向了程朱理学。在他看来，朱子之学乃程朱理学“集大成”，于家国天下甚为有功。“文公之学，可称充实而有光辉矣，所谓集大成也。当宋南渡，屹然以身任斯道之重，切劘君相，纲纪国论，真有功于天下后世。”② 不过，与陆王心学一样，程朱理学虽有其优长之处，但后学亦生出弊端，即“词章繁兴”而落入“支离”。两相对照，陆王心学后学之弊可比为“虚病”，程朱理学后学之弊可比为“实病”。既然如此，“实病”救治之法当为“泄”，以陆王心学之“虚”泄程朱理学之“实”；“虚病”救治之法当为“补”，以程朱理学之“实”补陆王心学之“虚”。“门宗分裂，使人知反而求之事物之际，晦翁之功也；然晦翁殁而天下之实病，不可不泄，词章繁兴，使人知反而求之心性之中，阳明之功也。然阳明殁而天下之虚病不可不补。”③ 夏峰的意思是，虽然程朱理学和陆王心学本身“没病”，但后学有流弊发生，而此种“虚”“实”互补可避免流弊发生。可见，程朱理学与陆王心学乃“益友忠臣”之互补关系。他说：“然仆所辑《宗传》，谓专尊朱，而不敢遗陆、王。谓专尊陆、王，而不敢遗紫阳。盖陆、王乃紫阳之益友忠臣，有相成而无相悖。”④ 然而，当时学者却反其道而行之，于“实病”“日益补”，于“虚病”“日益泄”，不仅于治病无补，反而使两家分裂更加严重。他说：

“建安没，天下之实病，不可不泄；姚江没，天下之虚病，不可不补。”此对症针砭。今举世皆病，而实者日益补，虚者日益泄，求其愈自不可得，且并其虚实莫辨，虽有良剂，将安施乎?⑤

① 张显清主编：《孙奇逢集》中，第598页。
② 张显清主编：《孙奇逢集》中，第671页。
③ 张显清主编：《孙奇逢集》中，第1408页。
④ 张显清主编：《孙奇逢集》中，第727页。
⑤ 张显清主编：《孙奇逢集》中，第721页。

## 二、朱、陆之关联

在夏峰看来，程朱理学与陆王心学之所以可以“虚”“实”互补，原因在于二者是有关联的，而此关联可以从两个方面分析：第一个方面，二者在诸多内容方面是相通的，相通的具体内容主要有如下几点。

首先，通常来讲，程朱理学与陆王心学对“格物”的理解不同。“王与朱不同，大段在格物。”[①] 程、朱主张“格物致知”，即于事物中求理；王阳明主张“为善去恶是格物”，即“致良知”于事物。由此出发，这种不同渐而抽象、概括为“道问学”与“尊德性”两种理路的不同。不过，在夏峰看来，二者在多个方面体现出一致性。其一，“格”“致”原非有异，而乃互相包含关系。“格物致知”之“格”与“致良知”之“致”均以“知与物不相离”为前提，即，“格”时需以已具“良知之灵”为前提，“致”时需以已有“物物之理”为前提，两者实已经互相包含、互为前提。因此，二者不仅不矛盾，反而是相互依赖者。“文成之良知、紫阳之格物原非有异，如主文成则天下无心外之物，无物外之心，一切木砾瓦石一览即见，皆因吾心原有此物。起一念事亲则亲即是物，起一念事君则君即是物，知与物不相离者也。如主紫阳则今日格一物，明日格一物，诗书文字、千言万语只是说明心性，不是灵。知原在吾心，如何能会文切理通晓意义？且一旦豁然则物即是知，物物皆知。水月交涵，光光相射，不复辨别格之与致矣。此亦知与物不相离者也。识得知与物原不相离，则致知有致知之工夫，虚中澄湛，不染一尘，内外皆忘，物我并照。格物有格物之工夫，随事察识，因类旁通，镜古知今，达权通变。然而终不得言先后者，致时已涵物物之理，格时适见吾固有之灵而已。”[②] 其二，“格”“致”均主张“求理于心”。即，“格物致知”实际上亦“求理于心”，故而与陆王心学之“心即理”相合。在朱熹看来，“理”乃事物当然之则，就此来讲，不仅人与人之“理”相同，而且人与物之“理”亦相同，故所谓“格物致知”即与“求理于心”“致良知”相通。“朱子谓理有未明，则知有未尽，若偏以穷理属知也。……所谓理也，外而至于人，则人之理不异于己；远而至于物，则物之理不异于人。由此言之，亦是求理于心，非就事物而求

---

① 张显清主编：《孙奇逢集》中，第728页。

② 张显清主编：《孙奇逢集》上，第278-279页。

其理也，岂知后人向一草一木而求其理乎？”① 其三，更为重要的是，二者仅是为学不同阶段——前者侧重为学之始，后者侧重为学之终，目标均在于获求“真理”。“穷理者，圣学之首事；正物者，圣学之结局。”② 既然如此，尽管两者小有区别，但均为通向“圣学”之路。“论格物，朱、王入门原有不同，及其归也，总不外知之明、处之当而已。至用功先后虽有次序，其实合天下、国家、身心、意知以为物，不离平治、修齐、诚正以为格也。此处求信于心，共偕大道而已。”③ 基于这样三个方面可见，朱、陆两家关于“格物”理解之“大旨”并无不合，只是后之学者识得而已。

两贤之大旨，固未尝不合也。后之学者，乏融通之见，失原初之旨，支上生支，遂成歧路。④

其次，“渐修”与“顿悟”亦被认为是程朱理学、陆王心学之别，夏峰则持不同理解。在他看来，通常认为朱熹主张“渐修”而反对“顿悟”，实际上他主张“渐修”而不反对“顿悟”，他所反对者只是以“实”“虚”割裂这两种工夫。“紫阳亦云：‘用力之久，一旦豁然贯通。’何尝非顿悟乎？用力在平时，收功在一旦。渐者，下学也；顿者，上达也，不可以分言。则顿之非虚，而渐之非实，当不作歧观矣。”⑤ 进而，“渐修”与“顿悟”乃“下学”与“上达”关系——“渐修”是基础和前提，“顿悟”是结果和方向。或者说，二者为工夫过程的不同阶段，前者指修养过程，后者指修养结果，故不可将二者视为一偏。他说：“若所悟出于顿，人已隔判，事物遗弃，圣贤之传授无之。不知顿从渐来，无渐，何顿可言？”⑥ 所谓以“实”“虚”割裂“渐修”“顿悟”，乃指将“顿悟”视为“虚”而不实，从而与“渐修”之“实”不同。在夏峰看来，“顿悟”并非“虚义”而乃“实义”，此“实义”即指“体贴”即体悟之义，为“深造自得”的“创获”，朱熹之“豁然贯通”即是此义。历史地看，“体贴”无论在尧、舜，还是在孔子，以及后来的周子、王阳明，历代大贤大儒均有依“体悟”而有创获，故而“顿悟”非“虚”而“实”。

① 张显清主编：《孙奇逢集》中，第729页。

② 张显清主编：《孙奇逢集》中，第729页。

③ 张显清主编：《孙奇逢集》中，第729页。

④ 张显清主编：《孙奇逢集》中，第728页。

⑤ 张显清主编：《孙奇逢集》中，第722-723页。

⑥ 张显清主编：《孙奇逢集》中，第722页。

他说：

> 明道曰："天理"二字，是自己体贴出来，是无时无处莫非天理之流行也。精一执中，是尧舜自己体贴出来。无可无不可，是孔子自己体贴出来。主静无欲，是周子自己体贴出来。良知是阳明自己体贴出来。能有此体贴，便是其创获，便是其闻道。恍惚疑似据不定，如何得闻？从来大贤大儒，各人有各人之体贴，是在深造自得之耳。①

再次，程、朱主张"性善"，王阳明主张"心无善无恶"，此被认为是两家之重要区别。不过，夏峰则有另外的观点。关此，夏峰的理解经历了一个变化过程。早年时，他把"无善无恶"解释为超越"善""恶"的"至善"，这是比较传统的解释。他说："其所谓无善无恶者，不惟无恶之可言，并无善之可言，正所以为至善耳。"② 晚年时，他改变了以前的看法，认为"心"与"性"不同，"无善无恶心之体"所论就"心"言，而非就"性"言，即，"心"无善无恶，"性"乃"至善"。他说："'阳明教旨是论心，非论性。性与心，岂容混而为一？'只此一言，破百年之疑，定千秋之案。余极快心于斯语。"③ 既然"心""性"不同，王阳明所讲"无善无恶心之体"便与朱熹所讲"性善"不矛盾。"阳明言无善无恶心之体，后之儒者，群起而攻之。阳明所言盖心也，非性也。心性必不容分，而才情相去倍蓰，……孟子言性善，指天命之性而言，而阳明指其心寂然不动时言也。夫心当寂然不动，有何善恶之可名？"④ 实际上，若就"性"讲，王阳明亦认为性是善的。"阳明是说心之体，非说性之体也。继善成性，性自是善。心有人心、道心，人心危而道心微，可谓皆善乎？"⑤

在夏峰看来，程朱理学与陆王心学第二个方面的关联是，两者均为"大德之敦化"之"小德之川流"，即为对"孔圣之道"的分有。而且，这个方面的关联乃上一个方面的关联的原因。

通常来讲，人们常将"道问学"与"尊德性"视为两种理路，甚至侧重学问之道者

---

① 张显清主编：《孙奇逢集》中，第552页。

② 张显清主编：《孙奇逢集》中，第1050页。

③ 张显清主编：《孙奇逢集》下，第1325页。

④ 张显清主编：《孙奇逢集》中，第729页。

⑤ 张显清主编：《孙奇逢集》中，第728页。

以程朱理学无弊，侧重德性之尊者以陆王心学无弊，将弊端完全归诸对方。夏峰认为，这样一种看法有偏颇之处，为“不明于学”“枝外生枝”，因其只看到“小异”而未见“大同”。“朱陆、王朱，小有不同，正欲共偕大道。而拘曲之士，枝外生枝，遂成聚讼，此皆不明于学之咎也。”① 他的意思是，若就具体主张讲，两家确实有诸多不同；若就宗旨讲，两家无根本不同。但是，这需要“融通之见”，需要“大见识”，否则不足以发现。若具有“融通之见”，便可发现“殊途同归”“百虑一致”。他说：

> 道原于天，故圣学本天。本天者，愈异而愈同；不本天者，愈同而愈异。……道之一，正于至不一处见一，所谓殊途而同归，一致而百虑耳。流水之为物也，万派千溪，总归于海。②

夏峰的意思是，若仍就“博”“约”关系讲，“道问学”和“尊德性”均为“博”，而“孔圣之道”方谓“约”；“博”与“约”互相依赖，此乃孔子、颜回所主张者。“夫博与约非二也。博原自约出，非博不能约。约原自博具，非约不为博。是义也，孔子尝言之，颜子亦身承之。”③ 既然如此，作为“博”的诸儒之说虽然各异，但均须“百虑一致”“殊途同归”于“约”，反过来讲，诸儒之说均是对“约之旨”的阐发。“周之无欲、程之主敬、朱之穷理、陆之本心、王之良知，皆从浩博中体认精微，乃所谓殊途而同归，百虑而一致。”④ 换言之，诸儒之说均为对“孔圣之道”的分有。“地各有其人，人各鸣其说，虽见有偏全，识有大小，莫不分圣人之一体焉。”⑤ 进而，夏峰以“小德”“大德”分说诸儒之说与“孔圣之道”；“孔圣之道”为“大德之敦化”，各家之说为“小德之川流”。当然，不可执着于“小德之川流”，而应归趋于“大德之敦化”。

> 自浑朴散，而象数之繁，异同之见，理气之分，种种互起争长，然皆不谬于圣人，所谓小德之川流也。有统宗会元之至人出焉，一以贯之，所谓大德之敦化。学

---

① 张显清主编：《孙奇逢集》下，第 1218 页。

② 张显清主编：《孙奇逢集》中，第 618-619 页。

③ 张显清主编：《孙奇逢集》中，第 615-616 页。

④ 张显清主编：《孙奇逢集》中，第 616 页。

⑤ 张显清主编：《孙奇逢集》上，第 620 页。

者不能有此大见识，切不可专执一偏之见，正宜于古人议论不同处著眼理会。①

所谓归趋于“大德之敦化”，乃“学以成圣”为宗旨，而“学以成圣”之途乃“衷于理”。“学以圣人为归，无论在上在下，一衷于理而已矣。理者，乾之元也，天之命也，人之性也。”②“孔圣之道”即“衷于理”之“大德大敦化”，故一旦归本于“孔圣之道”，所有异同争辨均可识得清楚、明白。“儒者谈学，不啻数百家，争虚争实，争同争异，是非邪正，儒释真伪，雄辨无已。予谓一折衷于孔子之道，则诸家之伎俩立见矣。”③因此，“孔圣之道”不仅是判别诸儒之说轻重得失的依据，而且是为学折衷归本的宗旨。就此来讲，因《论语》集中概括了“孔圣之道”，故所谓“归本”即是归本于《论语》。质言之，《论语》“无义不备”，乃成圣成贤之经典；识得其“大者”为大儒，识得其“小者”为小儒，不识者便为“异端邪说”，不会成为圣贤。夏峰说：“《论语》中论学是希贤希圣之事，论孝是为子立身之事，论仁是尽心知性之事，论政是致君泽民之事，论言行是与世酬酢之事，论富贵贫贱是境缘顺逆之事，论交道是亲师取友之事，论生死是生顺殁宁之事。只此数卷《论语》，无义不备，千圣万贤，不能出其范围。识其大者为大儒，识其小者为小儒。不归本于孔圣之道者，则异端邪说。”④

## 三、“理学”即“孔圣之道”

通常来讲，“理学”特指宋明儒家的“新儒学”。夏峰则认为，“理学”并非特指宋明儒学，而是泛指由尧、舜、周、孔所传的儒学正统即“孔圣之道”。因此，“理学”实贯穿整个儒学史，不仅应由孔子上溯至尧、舜、禹，而且包括汉、唐、宋、明儒者。也就是说，在这样一个历史演变过程中，“理学”均有其“宗传”即传承脉络。他在编辑《理学宗传》时即以“孔圣之道”为脉络，虽然许多儒者之学乃“小德之川流”。“三十年来，辑有《宗传》一编，识大识小，莫不有孔子之道，小德之川流也。”⑤实际上，正是因为存在这些“小德之川流”，才成就了“大德之敦化”的“孔圣之道”，即，“孔圣之道”犹

---

① 张显清主编：《孙奇逢集》中，第515页。
② 张显清主编：《孙奇逢集》上，第620页。
③ 张显清主编：《孙奇逢集》中，第530页。
④ 张显清主编：《孙奇逢集》中，第530页。
⑤ 张显清主编：《孙奇逢集》中，第721页。

如一年，诸儒之说则犹如一个季节，每个季节合在一起才形成一年。此即是所谓“一本万殊”之所指。“仆尝谓孔子其岁功也，贤之大者，得春夏秋冬之一令；贤之小者，或二十四气，或七十二候，合之而始成岁功。所谓小德之川流，万殊原于一本，一本散于万殊之意。”① 也就是说，虽诸儒之说有所不同，但其中有一以贯之的“孔圣之道”。就此来讲，“理学”专指儒者之学，因为其以“理”为重要特征，而佛教以“心”为重要特征，故不可称“理学”。他说：

> 至如舜大圣人而道其心，汤之大圣人而礼其心，孔子大圣人而矩其心，是谓理学。释氏本心之学，不可谓之理学。曾以至善为宗，孟以性善为宗，周以纯粹至善为宗，是谓传宗。……皆确乎不可移。②

可见，夏峰虽然如前所述肯认陆王“心”的观点，但他亦重视程朱“理”的观点，正因如此，他将儒者之学称为“理学”。那么，何为此“理”呢？在他看来，“理”无时、无处不在，故“理”即所谓“天理”，而“孔圣之道”即“本诸天”。他说：“余因是知理未尝一日不在天下，儒者之学乃所以本诸天也。”③ 也就是说，犹如国有“统”、家有“系”一样，不同的学问有不同的“统系”，“孔圣之道”的“统系”源于天，而源于天的学问当然为正统。“学之有宗，犹国之有统，家之有系也。系之宗有大有小，国之统有正有闰，学之宗有天有心。今欲稽国之运数，当必分正统焉；溯家之本原，当先定大宗焉；论学之宗传，而不本诸天者，其非善学者也。”④ 即，“体现天理”乃“孔圣之道”的血脉。“三千余载，数大圣人，若合符节。尧舜后虽无尧舜，尧舜之心至今在；孔子后虽无孔子，孔子之心至今在，亦见之于无物不有，无时不然而已矣，其消息总得之于天。”⑤ 因此，“体认天理”也便是儒学的义旨，无论是周子、程颢，还是孔子，其学之旨均在于此。“周元公曰：‘圣希天。’程明道曰：‘圣学本天。’孔子亦曰：‘知我者其天。’天之外，复何事哉！”⑥ 由此来讲，“本诸天”之学乃“圣学”，否则便为“异端”。他说：

---

① 张显清主编：《孙奇逢集》中，第 727 页。

② 张显清主编：《孙奇逢集》下，第 331-332 页。

③ 张显清主编：《孙奇逢集》上，第 620 页。

④ 张显清主编：《孙奇逢集》上，第 620 页。

⑤ 张显清主编：《孙奇逢集》中，第 529 页。

⑥ 张显清主编：《孙奇逢集》中，第 1287 页。

大人之实事，圣人之训述，显晦殊途，本源一致，总不出圣学本天一语。不本于天，则异端耳。……君道以此治天下，师道以此觉天下，理一而已。①

进而，夏峰对“天”进行了探讨。在他看来，“天地一气也”②，天地间充满了“气”。而且，“盖万物之生，本于阴阳之气”③，“气”乃万物化生的根据。具体来讲，“气”不停地运动，而运动依“理”开展。“盈天地间知觉运动，聚散流峙，皆气之为也。而知觉有知觉之理，运动有运动之理，聚散流峙有聚散流峙之理，就中正可体认。”④ 因此，不是“气”而是“理”为万物主宰。即，“气”在“理”主宰下运行，故只有“理”之“为”，尔后才会有“气”之“运旋”。而且，“理”“气”是二而一，故不可将其割裂；“理”“气”又是一而二，故不可将其混淆。“问：理与气，是一是二？曰：浑沌之初，一气而已。其主宰处为理，其运旋处为气。指为二不可，混为一不可。”⑤ 在此意义下，甚至可以说“一理为二气”，“理”主宰“阴”“阳”二气，进而化生繁复万物。即，“一理”是宇宙主宰，有理之“为”，有“气”之派生；有“阴”“阳”二气之“为”，有“五行”之派生；“阴”“阳”“五行”生成天地万物。由此来讲，万物本原不是“五行”“二气”，而是“五行”“二气”的“理”。“一理为二气，二气为五行，穷天罄地，无一物非阴阳之所鼓铸，其貌、其情、其作、其止、其生、其死，皆非物所能自为。”⑥ 尽管如此，“理”非在“气先”“气外”，而就在“气中”，故而在纷纭众说当中，唯有“理即是气之理”为真理。他说：

理气之说，纷纭不一。有谓理生气、有谓理为气之理者，有谓有是气、方有是理者。近刘念台云：理即是气之理，断然不在气先、不在气外。知此，则知道心即人心之本心，义理之性亦即气质之本性，一切纷纭之说，可以尽扫矣。⑦

---

① 张显清主编：《孙奇逢集》中，第 741 页。
② 张显清主编：《孙奇逢集》上，第 19 页。
③ 张显清主编：《孙奇逢集》中，第 535 页。
④ 张显清主编：《孙奇逢集》中，第 520 页。
⑤ 张显清主编：《孙奇逢集》中，第 518 页。
⑥ 张显清主编：《孙奇逢集》中，第 1068 页。
⑦ 张显清主编：《孙奇逢集》下，第 1334-1335 页。

而且，“理”即是“天”，即是“道”。“理也者，天也。”① “理”“天”“道”也就是“太极”，“太极”也就是宇宙本体。“天地间，凡万物之生成变化，总八卦之所为也。……八卦，一阴阳也。阴阳，一太极也。一物各具一太极，万物统体一太极，太极本无极。”② 也就是说，“太极”乃“极至之理”。“太极者，极至之理也。在天命心性之先而不为先，在天命心性之后而不为后，与天地万物圆融和会，无终始离合之可言。自古及今，无时不存，无事不在，此为太极而已矣。”③ 而且，“太极”虽为宇宙本体，但其特征是“无极”。“无极而太极，所以明夫道之未始有物，而实为万物之根抵也，非太极外复有无极，故又言太极本无极耳。”④ “太极”原初“未始有物”，但却是真实存在，故而说“无极而太极”。不可将“无极”理解为“太极”本原，为“太极”之上的另一物。“上天之载，无声无臭而万物生，……无极者，言乎其本无声无臭，上天之载也。”⑤ 总之，“太极”既是“有”，又是“无”；“有”就“无极而太极”讲，乃“无而未尝无”，“无”就“太极本无极”讲，乃“有而未尝有”。他说：“无极而太极，无而未尝无也。太极本无极，有而未尝有也。有而未尝有，是真有也。无而未尝无，是真无也。见而未尝见，是真见也。”⑥ 正因为如此，应反对佛学的“寂静”，而主张儒家的“流行”，因为“流行”为“有而实”，“虚无”为“无而虚”。他说：

> 生生者，太极也。物物各具一太极，万物共分一太极，人日由其中而不自知。圣人见其道于太极流行之际，佛氏见其道于太极寂静之中。流行之际，理归于有而实；寂静之中，理源于无而虚。有无虚实之际，正毫厘之辨也。⑦

在夏峰看来，“理学”即“孔圣之道”虽“本诸天”，但它并非超越的外在之物，而乃经世宰物之理。因此，“孔圣之道”反对空谈身心性命、沉溺章句训诂，否则便会落入

---

① 张显清主编：《孙奇逢集》上，第103页。
② 张显清主编：《孙奇逢集》上，第148页。
③ 张显清主编：《孙奇逢集》中，第540-541页。
④ 张显清主编：《孙奇逢集》上，第627页。
⑤ 张显清主编：《孙奇逢集》上，第165页。
⑥ 张显清主编：《孙奇逢集》中，第563页。
⑦ 张显清主编：《孙奇逢集》中，第585页。

“腐儒曲士之流”。“遇事敢言，见危授命，而经世宰物，随地自见，此圣门之所贵于学，而其用甚大。若平居谈身心性命，一遇事便束手，此腐儒曲士之流耳，实足为理学之垢厉也。”① 实际上，“孔圣之道”之为“理学”，就在于它内能成就善性、识得天理，外能经世宰物、事功天地。“理学、节义、事功、文章，总是一桩事。其人为理学之人，遇变自能殉节，当事自能建功，操笔自能成章，触而应，迫而起，安有所谓不相兼者？如不可相兼，必其人非真理学。”② 质言之，“理学”与“经济”不可分为二事。需要说明的是，此处所谓“经济”与现代“经济”概念含义不同，为“经邦”“济世”的合称，含有“治国平天下”的意思。“吾儒中得阳明大为吐气，庶理学经济，不分二事。”③ 总之，“孔圣之道”不仅是“内圣之学”，亦是“外王之学”；就此来讲，陆王心学不仅不能视为岐出，反而应视为“理学正宗”，因为其“内圣”“外王”并举。夏峰说：

> 学者有谓陆象山、王阳明禅也，非理学正宗也。余谓：孔孟之学，以修齐平治为实用。荆门之政、宁藩之功，禅也乎哉？④

所谓“理学”“经济”不分二事，实际上是对“经济”即“外王”的强调，而强调“外王”即是强调“行”即践履。在夏峰看来，朱、王两家学说虽宗旨一致，但对“知”“行”却有不同主张——朱熹的主张可归于“知”，王阳明的主张可归于“行”。就此来讲，“行”必然可以兼知，但“知”却不可兼行。他说：“尊德性、道问学，说虽不一，本是一事，本人既以相安，后世仍然聚讼。紫阳格物，人谓属知；阳明格物，人谓属行，又有谓穷理，则格致诚正之功皆在其中。正物则必兼举致知、诚意、正心，而功始备而密，则是二子之说，未尝不合而为一。……盖行足以兼知，未有能行而不知者。知不足以兼行。”⑤ 既然“行”可兼知，那么“躬行”便重于“口说”，学问亦不过“躬行”二字。“学问事，此中学人津津讲求，渐有头绪，总之不离‘躬行’二字。口里说一丈，不如身上行一尺。谚云：‘积丝成缕，积寸成尺。寸尺不已，遂成丈匹。’此言虽小，可以

① 张显清主编：《孙奇逢集》中，第 14 页。

② 张显清主编：《孙奇逢集》中，第 524 页。

③ 张显清主编：《孙奇逢集》中，第 725 页。

④ 张显清主编：《孙奇逢集》下，第 1287 页。

⑤ 张显清主编：《孙奇逢集》中，第 741-742 页。

喻大。”① 就此来讲，若真的下工夫于“躬行”，那么便可谓“五经四书”“皆我注脚”，因为人伦物理皆可从“躬行”中获知。但是，世上所缺乏者恰恰是“躬行”精神。

> 每读手字，切切以学问为事，牵我千里停云之思。窃念此事，患不信，患不肯实实下工夫。果能信而下工夫，五经四书，皆我注脚，夫岂他求？千圣万贤，亦岂有异道哉？千里来，读书人不少，而读一字、识一字，识一字、行一字，恐万里亦不多见其人也。②

不过，所谓“躬行”，并非专指惊天动地之伟业，而实指人伦日用之实践，因为“天道”就无时无处不表现于人伦日用。“天之明命，无一刻不流行于人伦事物中。而于日用食息，真见其流行不已，便自有下工夫处。”③ 也就是说，“形色亦天性”“糟粕亦神奇”，“心”体现于“事”，“体”呈现于“用”，故“下学”便可“上达”，于日用食息之“下学”工夫便可“上达”“天之明命”。“若分何时为下学，何时为上达，何处为卑迩，何处为高远，便于道理割裂。即此推之，形色亦天性，糟粕亦神奇。说心，在事上见；说体，在用上见；约理，在博文上见；致知，在格物上见。内圣外王，一以贯之，原无许多头绪。”④ 夏峰所强调的是，要获得“孔圣之道”，不可离却“眼前事”，因为“道理就在眼前”，好高骛远为“不知道”。“道理只有眼前。眼前有相对之人，相对之物，静对之我，正所谓道也者，不可须臾离也。能尽人性，尽物性，皆是眼前事。舍眼前而求诸远且难，不知道者也。”⑤ 因此，于人伦日用时无不“当理”“中情”，即在日用食息间下工夫便是“躬行”。他说：“日用间凡行一事，接一人，无有不当理中情之处，此所谓道也，即所谓学也。”⑥ 他还说：

> 问：学下手处。曰：日用食息间，每举一念，行一事，接一言，不可有违天理、

---

① 张显清主编：《孙奇逢集》中，第 736 页。
② 张显清主编：《孙奇逢集》中，第 715 页。
③ 张显清主编：《孙奇逢集》中，第 569 页。
④ 张显清主编：《孙奇逢集》中，第 568 页。
⑤ 张显清主编：《孙奇逢集》中，第 527 页。
⑥ 张显清主编：《孙奇逢集》中，第 568 页。

拂人情处，便是学问。①

## 四、结语

综前所述，夏峰以陆王心学为宗，但他亦见到其后学之流弊，于是求助于程朱理学，而程朱理学后学亦有流弊。鉴于此，他主张以“实”补“虚”、以“虚”补“实”来对治上述流弊，即，程朱理学后学为“实病”，救治方法当为“泄”；陆王心学后学为“虚病”，救治方法当为“补”；“泄”“补”两种方法之实质乃将二者归宗于“孔圣之道”。在他看来，无论是陆王心学，还是程朱理学，“百虑一致”“殊途同归”，终为对“孔圣之道”的分说。显而易见，夏峰“理学”宗本阳明，兼合朱熹，展现出会通“尊德性”“道问学”的特点。如果就共时性或横断面角度讲，陆王心学与程朱理学如一枚硬币之正、反面，而其合体即硬币整体。如果从历时性或纵向角度看，这样一种理路可以黑格尔“正题”“反题”“合题”来理解——夏峰宗本陆王心学，以之为得孔孟真传，此为“正题”。出于化解陆王心学后学流弊，求助于程朱理学，以之为陆王心学之补充，此为“反题”。将陆王心学与程朱理学归宗于“孔圣之道”，即是“合题”。正是在此意义下，夏峰实是在陆王心学、程朱理学后“开一宗派”，在北方产生了重要影响，甚至被景仰如“泰山北斗”。“苏门学说，开河朔一大宗派，海内之士仰之如泰山北斗。自公卿大夫、文人学士，担簦问业著弟子录者数十百人。”② 当然，持此理路者不仅夏峰一个，江南同时代的黄宗羲、关中的李颙以其所代表的“南学”“关学”与夏峰的“北学”遥相呼应，共同开创了明末清初儒学之新形态。③

无论就这种新形态之总体讲，还是就夏峰“理学”看，除了其均出入于程朱、陆王之间外，特别强调经世致用乃其显著特征。公允地讲，其所倡导的“学以致用”理路，阻止了明末以来“空疏清谈”的学风，开创了清初“黜虚务实”的新风。关于此，嵇文甫曾以“专务躬行实践”来概括。他说：夏峰“专务躬行实践，不讲玄妙，不立崖岸，

---

① 张显清主编：《孙奇逢集》中，第523页。

② 徐世昌：《大清畿辅先哲传》上，北京：北京古籍出版社1993年，第347页。

③ 依本人理解，儒学大致分三个阶段，表现为三种形态：先秦为原始儒家之“道德实存描述形态”，宋明为儒家之“形上学形态”，明末清初为儒学“形上道德实践形态”。程志华：《困境与转型——黄宗羲哲学文本的一种解读》，北京：人民出版社2005年，第309-329页。

宽和平易，悃愊无华，和一般道学家好为高论而孤僻迂拘不近人情者，大异其趣”①。谢国桢也认为，夏峰力辟“空谈心性”之弊，开“学以致用”之风，扭转了明代儒学的方向。“桢则以为其学，能以学而应之于事，经世致用，开清初学以致用之风，力祛晚明空谈心性之弊。”② 历史地看，夏峰“理学”这样一种理路，成为开启颜李学派思想的源头。嵇文甫说：“大概由夏峰出发，矫激起来，则为习斋。”③ 在此意义下，夏峰“理学”可谓“未完成”状态，而其得以“完成”乃端赖于后来的颜李学派。嵇文甫说：“从道学转向反道学，是清初思想界的一般趋势。夏峰还没有完成这种转变，而只是包含着某种新萌芽。习斋却在他的基础上把这种转变完成了。”④ 也就是说，所谓“北学”，乃由夏峰开端、颜李学派发扬者。

（原文载康振海主编《北学研究》第一辑，中国社会科学出版社 2021 年）

① 嵇文甫：《孙夏峰学派的后劲——马平泉的学术》，上海：《学原》1948 年第 1 卷第 10 期（下同）。

② 谢国桢：《孙夏峰李二曲学谱》，上海：商务印书馆 1934 年，第六页。

③ 嵇文甫：《孙夏峰学派的后劲——马平泉的学术》。

④ 嵇文甫：《颜习斋与孙夏峰学派》，郑州：《郑州大学学报》1962 年第 1 期。

# 无有不极也，无有一极也

## ——关于究竟何为王船山哲学本体之辨析

出于与佛、道竞争的需要，本体问题成为宋明儒学的重要内容。对宋明儒学进行反思是王船山哲学的出发点，故他对本体问题亦多有探讨。然而，与其他许多儒者不同的是，王船山提出了多个本体概念，给后人理解其思想增加了困难，也引发了诠释的歧义。例如，冯友兰和冯契两先生均认为，王船山继承张载的“气一元论”，以“气”为本体，并由此推展为唯物论。① 传统的《中国哲学史》教科书亦多持此观点。② 陈来先生则认为，尽管“太极”“太虚”“太和”等概念有关联，但“太和”或“细缊”乃王船山的本体。“太和是本源，万物是后于太和而为太和所派生的。……太和细缊是万物产生的初始本源。”③ 贺麟先生则以王船山“天者理也”为依据，认为“天”“天道”即为王船山的历史本体。④ 他还以“天”“天道”具有“理性目的”为依据，将其比之于黑格尔“理性的机巧”。⑤ 此外，还有学者认为，王船山之“太和”即是“道”，即是“太极”，三者均为“最根源”“最整体”的东西，而“以太极为解释基础”。⑥ 很显然，面对这样一种“仁智互现”的情形，厘清相关概念之关系进而确定究竟何为其真正本体已显得非常必要。下面，本文分三部分展开探讨：首先，分别疏解其多个本体概念之内涵。其次，厘

---

① 冯友兰．中国哲学史新编：下［M］．北京：人民出版社，2004：311-316．冯契．中国古代哲学的逻辑发展：下［M］．上海：上海人民出版社，1985：943-945．

② 如复旦大学编《中国古代哲学史》（上海古籍出版社 2011 年）、刘文英主编《中国哲学史》（南开大学出版社 2012 年）等。

③ 陈来．诠释与重建——王船山的哲学精神［M］．北京：北京大学出版社，2004：364．

④ 贺麟．文化与人生［M］．上海：上海人民出版社，2019：262．

⑤ 贺麟．文化与人生［M］．上海：上海人民出版社，2019：265．

⑥ 鲁鹏一．王船山的太和观念［J］．原道，2013（2）：197-214．

清这些本体概念间的关系，确定真正本体。再次，疏解真正本体的性质。

## 一、太虚、天、太和、道之意义

首先，王船山继承并阐释了张载“太虚即气”① 的观点。“太虚”概念首见于《庄子·知北游》：“不过乎昆仑，不游乎太虚。”在此，“太虚”指极端空无之所。在王船山看来，“太虚”虽有“虚”之名，但并非真的空虚，反而乃“一实者也”。“太虚，一实者也，故曰‘诚者天之道也’。用者，皆其体也，故曰‘诚之者人之道也’。”② “太虚”作为“实者”，不是别的，而就是“气”。“人之所见为太虚者，气也，非虚也。虚涵气，气充虚，无有所谓无者。”③ 若形象地讲，“虚”即“气”之广延，“气”即“虚”之材质；无论言“气”，还是言“虚”，均为有而非无，否则不会有“动”“静”之谓。“虚者，太虚之量；实者，气之充周也。升降飞扬而无间隙，则有动者以流行，则有静者以凝止。”④ 正是因此，所谓“心”“性”“天”“理”，均可依“气”而言说。“盖言心言性，言天言理，俱必在气上说，若无气处则俱无也。”⑤ 不过，尽管“太虚即气”，但此“气”并非“生物之息”的气体。“‘生物以息相吹’之说非也，此乃太虚之流动洋溢，非仅生物之息也。”⑥ 关于“气”，张载曾以庄子“生物之息”“野马”相比：“气坱然太虚，升降飞扬，未尝止息，《易》所谓‘絪缊’，庄生所谓‘生物以息相吹’‘野马’者与!”⑦ 王船山不赞同张载此种比较，因为“太虚”为未有“形”“象”之前的“气”之本然状态。他说：“太虚之为体，气也。气未成象，人见其虚，充周无间者皆气也。”⑧ 不过，“气”分“阴”“阳”，二者相互摩荡，引发动、静，从而化生天地万物。“阴”“阳”本为两个形容词，《说文解字》分别释为“暗也”“明也”，后渐而引申为“气”之两种状态。王船山亦持此义。他说：“太虚者，阴阳之藏，健顺之德存焉；气化者，一阴一阳，动静

---

① 张载. 张载集 [M]. 章锡琛，点校. 北京：中华书局，1978：8.

② 王夫之. 思问录 [M]. 船山全书：第 12 册. 长沙：岳麓书社，2011：402.

③ 王夫之. 张子正蒙注 [M]. 船山全书：第 12 册. 长沙：岳麓书社，2011：30.

④ 王夫之. 张子正蒙注 [M]. 船山全书：第 12 册. 长沙：岳麓书社，2011：27.

⑤ 王夫之. 读四书大全说 [M]. 船山全书：第 6 册. 长沙：岳麓书社，2011：1111.

⑥ 王夫之. 张子正蒙注 [M]. 船山全书：第 12 册. 长沙：岳麓书社，2011：27.

⑦ 张载. 张载集 [M]. 章锡琛，点校. 北京：中华书局，1978：8.

⑧ 王夫之. 张子正蒙注 [M]. 船山全书：第 12 册. 长沙：岳麓书社，2011：377.

之几，品汇之节具焉。”① 需要注意的是，不仅万物均聚而生于“太虚”，而且万物亦散而归于“太虚”，“太虚”乃万物聚散之源。“散而归于太虚，复其絪缊之本体，非消灭也。聚而为庶物之生，自絪缊之常性，非幻成也。”② 既然万物之聚散均源于“太虚”，故“太虚”即为天地万物本体。他说：

“太虚无形，气之本体。”于太虚之中具有而未成乎形，气自足也，聚散变化，而其本体不为之损益。③

关于此，如前所引，冯友兰、冯契两先生认为，张载持“气一元论”，王船山继承了张载思想。另外，还有学者认为，“船山认为的太虚不是实际的存在，更像是一个存储物，气在太虚这个地方存在”④。其实，张载在论说“太虚即气”时对本体已有阐明。“太虚者，气之体。”⑤ 他还以“水”“冰”关系来比——犹如“冰”以“水”为本体，“气”以“太虚”为本体。“气之聚散于太虚，犹冰凝释于水，知太虚即气，则无无。故圣人语性与天道之极，尽于参伍之神变易而已。”⑥ 因此，既不能把“太虚”与“气”区分为二，亦不能以“气”为本体，反而以“太虚”为用。关于此，熊十力曾有过专门论说，认为所谓“气一元论”乃对张载思想的“曲解”，因为他明确地表达了“太虚是气之本体”。同样，以继承张载“正学”为职志的王船山亦持这种观点。熊十力说：

惟张横渠《正蒙》昌言气化，近世或以唯物称之，其实横渠未尝以气为元也。《太和篇》曰：“太虚无形，气之本体。”又曰：“由太虚，有天之名；由气化，有道之名……”详此所云，固明明承前圣体用之分。太虚是气之本体，气是太虚之功用，何尝以气为元乎？……要之，横渠、船山一派之学，实无可谓之唯物论，其遗书完具，文义明白。先哲之学可衡其得失，而不须曲解也。⑦

---

① 王夫之．张子正蒙注［M］．船山全书：第 12 册．长沙：岳麓书社，2011：33.

② 王夫之．张子正蒙注［M］．船山全书：第 12 册．长沙：岳麓书社，2011：19.

③ 王夫之．张子正蒙注［M］．船山全书：第 12 册．长沙：岳麓书社，2011：17.

④ 鲁鹏一．王船山的太和观念［J］．原道，2013（2）：197-214.

⑤ 张载．张载集［M］．章锡琛，点校．北京：中华书局，1978：66.

⑥ 张载．张载集［M］．章锡琛，点校．北京：中华书局，1978：8-9.

⑦ 熊十力．原儒［M］．上海：上海书店出版社，2009：230-231.

其次，王船山还言“天”为本体，因为“太虚”即“谓之天”。所谓“天”，《说文解字》释为“颠也。至高无上，从一大”。意即，“天”乃顶点、巅峰之义。同样，王船山关于“天”的论说源自张载。张载认为，“由太虚，有天之名”①，“太虚”即是所谓“天”。不过，“太虚”没有形体，犹如“天”没有形体，唯通过日、月显其存在一样。他说：“在天而运者，惟七曜而已……恒星、河汉因北为南，日月因天隐见，太虚无体，则无以验其迁动于外也。”② 基于张载的思想，王船山认为“天”即“太虚”。“太虚即气，“絪缊之本体，阴阳合于太和……其升降飞扬，莫之为而为万物之资始者，于此言之则谓之天。”③ 即“天”既不是“清虚旷杳”的“空旷之体”，也不是“夐詹绝在上”的独立之物，而乃“万物资始”“品物流行”的根源。“先须识取一‘天’字。岂夐绝在上，清虚旷杳，去人间辽阔之宇而别有一天哉？……天之为天，非仅有空旷之体。‘万物资始’，‘云行雨施，品物流行’，‘各正性命，保合太和’，此则天也。”④ 很显然，这样一种观点与贺麟先生所论王船山以“天”“天道”为本体的观点吻合，只不过贺麟只认可其为历史本体，未认识到其为普遍化的宇宙本体。

具体来讲，在王船山，“清虚一大”之“天”乃“理”之所由来处。“天之本色，一无色也。无色、无质、无象、无数，是以谓之清也，虚也，一也，大也，为理之所自出而已矣。”⑤ 正是在此意义下，可谓“天者理也”即“天”为本体，“理”为显现。“天不可知，知之以理……拂于理则违于天，必革之而后安……以理律天，而不知在天者之即为理；以天制人，而不知人之所同然即为天。”⑥ 实际上，万物之“形”“性”均源于“天命”。“百物之生，情动气兴，天命即授以成其形性，盖浑沦流动，有可受斯应之。”⑦ 质言之，“物”之“万殊”源于“天”之“一”，“天”与万物乃“一本万殊”的关系，故“天”就是万物的本体。在王船山看来，这样一种观点乃张载《西铭》的宗旨。他说：

---

① 张载. 张载集［M］. 章锡琛，点校. 北京：中华书局，1978：9.

② 张载. 张载集［M］. 章锡琛，点校. 北京：中华书局，1978：11.

③ 王夫之. 张子正蒙注［M］. 船山全书：第12册. 长沙：岳麓书社，2011：32.

④ 王夫之. 读四书大全说［M］. 船山全书：第6册. 长沙：岳麓书社，2011：726.

⑤ 王夫之. 思问录［M］. 船山全书：第12册. 长沙：岳麓书社，2011：457.

⑥ 王夫之. 读通鉴论［M］. 船山全书：第10册. 长沙：岳麓书社，2011：697-698.

⑦ 王夫之. 张子正蒙注［M］. 船山全书：第12册. 长沙：岳麓书社，2011：67.

“万物之生同乎一本”，此固然矣。乃其为之一本者何也？天也。此则张子《西铭》之旨也。然同之于天者，自其未有万物者言也；抑自夫万物之各为一，而理之一能为分之殊者言也。非同之于天，则一而不能殊也。①

再次，王船山还以“太和”为万物本体。“太和”来自《易·乾·彖》：乾道变化，各正性命。保合太和，乃利贞。“太和”为对“乾”之卦义的解释，意指“和谐的最高形态”。关于此，张载著《正蒙》中专门有《太和篇》，且以之为第一篇，以揭橥“道之出”“物之生”，此足见“太和”之地位。他说：“太和所谓道，中涵浮沉、升降、动静、相感之性，是生絪缊、相荡、胜负、屈伸之始。其来也几微易简，其究也广大坚固。”基于张载思想，王船山认为，所谓“太和”即指“阴”“阳”二气的合和状态。“太和之气，阴阳浑合，互相容保其精，得太和之纯粹，故阳非孤阳，阴非寡阴，相函而成质，乃不失其和而久安。”② 虽然“阴”“阳”性质不同、功能有异，但“太和”却于形器先后始终保持不失和状态，故“太和”实指“和之至”。“太和，和之至也……阴阳异撰，而其絪缊于太虚之中，合同而不相悖害，浑沦无间，和之至矣。未有形器之先，本无不和，既有形器之后，其和不失，故曰太和。”③ “阴”“阳”之所以能够“不失和”，缘于“理”的存在，故“理”可谓“气之神”。因此，所谓“阴”“阳”之“太和”实指“气”“神”之“太和”。

太和之中，有气有神。神者非他，二气清通之理也。不可象者，即在象中。阴与阳和，气与神和，是谓太和。④

进而，因为“阴”“阳”有“健”“顺”之性，故“太和”本身虽“易简”，但可大用流行于天下。“太和本然之体，未有知也，未有能也，易简而已。而其所涵之性，有健有顺，故知于此起，法于此效，而大用行矣。”⑤ 所谓“大用流行”，指万事万物尽管形象、性质各不相同，但它们“皆太和絪缊之气所成”。“凡物皆太和絪缊之气所成，有质则有

---

① 王夫之. 读四书大全说［M］. 船山全书：第6册. 长沙：岳麓书社，2011：1119.
② 王夫之. 张子正蒙注［M］. 船山全书：第12册. 长沙：岳麓书社，2011：54.
③ 王夫之. 张子正蒙注［M］. 船山全书：第12册. 长沙：岳麓书社，2011：15.
④ 王夫之. 张子正蒙注［M］. 船山全书：第12册. 长沙：岳麓书社，2011：16.
⑤ 王夫之. 张子正蒙注［M］. 船山全书：第12册. 长沙：岳麓书社，2011：16.

性，有性则有德，草木鸟兽非无性无德，而质与人殊，则性亦殊，德亦殊尔。”① 也就是说，“阴”“阳”交葛互动化生万物，但最终根源乃“太和细缊之实体”；犹如虽有冰、汤之变一样，但终究冰、汤之体为水；此即所谓“一体两用”之义。在此，“一体两用”即意味“太和”为体，“阴”“阳”为用。他说：

> 惟两端迭用，遂成对立之象，于是可知所动所静，所聚所散，为虚为实，为清为浊，皆取给于太和细缊之实体。一之体立，故两之用行；如水唯一体，则寒可为冰，热可为汤，于冰汤之异，足知水之常体。②

再次，王船山还有“道体”之谓。所谓“道”，《说文解字》释为“所行道也”，引申为“道理”。在王船山看来，“道”乃“阴”“阳”动静之理则，即前引所谓“气之神”。“就气化之流行于天壤，各有其当然者，曰道。”③ “太极动而生阳，静而生阴，动静各有其时，一动一静，各有其纪，如是者乃谓之道。”④ 很显然，此处之“道”已非与“器”相对意义的道，而乃《易传》所谓“一阴一阳之谓道”意义的道。具体来讲，“太极”经过“两仪”“四象”“八卦”化生万物所体现的法则为“理”，此“理”因实有且彰著，故而名之为“道”。“太极最初一〇，浑沦齐一，固不得名之为理。殆其继之者善，为二仪，为四象，为八卦，同异彰而条理现，而后理之名以起焉。气之化而人生焉，人生而性成焉。由气化而后理之实著，则道之名亦因以立。”⑤ 在此，“〇”指太极图最上面一图。换言之，“道”乃“天之用”，为万物化生之理则。“天即道为用，以生万物。”⑥ 因此，“道”不仅是“物所众著”者，“道”由万事万物所呈现；而且是“物所共由”者，“道”是万事万物共同遵循之理。“道者，物所众著而共由者也。物之所著，惟其有可见之实也；物之所由，惟其有可循之恒也。既盈两间而无不可见，盈两间而无不可循，故盈两间皆道也。”⑦ 既然如此，“道”即为万事万物本体。“‘大道’者，事物之本，为事物之

① 王夫之. 张子正蒙注［M］. 船山全书：第 12 册. 长沙：岳麓书社，2011：195.

② 王夫之. 张子正蒙注［M］. 船山全书：第 12 册. 长沙：岳麓书社，2011：36.

③ 王夫之. 读四书大全说［M］. 船山全书：第 6 册. 长沙：岳麓书社，2011：1113.

④ 王夫之. 周易外传［M］. 船山全书：第 1 册. 长沙：岳麓书社，2011：822.

⑤ 王夫之. 读四书大全说［M］. 船山全书：第 6 册. 长沙：岳麓书社，2011：1112.

⑥ 王夫之. 张子正蒙注［M］. 船山全书：第 12 册. 长沙：岳麓书社，2011：25.

⑦ 王夫之. 周易外传［M］. 船山全书：第 1 册. 长沙：岳麓书社，2011：1003.

所共由，散于有形而为器，而不滞于一器也。”① 不过，“道体”与天地并行而未有先后，并非如老子所谓“先天地生”之道。“道者天地精粹之用，与天地并行而未有先后者也。使先天地以生，则有有道而无天地之日矣，彼何寓哉？而谁得字之曰道？”② 即“道”无处不在而自在，无所不有而自有，它遍在于“阴”“阳”之中，故无时无地而不为万物之主。他说：

> 于阴而道在，于阳而道在，于阴阳之乘时而道在，于阴阳之定位而道在，天方命人、和而无差以为善而道在，人已承天、随器不亏以为性而道在，持之者固无在而不主之也。③

## 二、太极之为本体的意义

关于本体，除了上述疏解外，王船山对“太极”本体进行了更为详细的探讨。《说文解字》释“极”为“极，栋也”，意指屋梁，引申为“极度”之义。“极”前加一个“太”字，用以形容“极之至”之义。历史地看，“太极”概念首出于《易传》，意指“阴”“阳”未分之混沌状态，强调其“根源”“本原”之义。《易传》有言：“易有太极，是生两仪。两仪生四象，四象生八卦。八卦定吉凶，吉凶生大业。”④ 依《易传》之义，周敦颐画有太极图，并释以《太极图说》，以揭橥天地万物化生理则及其本原。王船山继承了《易传》思想，并对周敦颐的思想评价很高，认为其揭明了“天人合一之原”即天地本体。他说：“濂溪周子首为《太极图说》，以究天人合一之原，所以明夫人之生也，皆天命流行之实，而以其神化之粹精为性，乃以为日用事物当然之理，无非阴阳变化自然之秩叙而不可违。”⑤ 基于此，王船山具体分析了“太极”及其化生天地万物的“秩叙”。

首先，他对“太极”生“两仪”进行了具体疏解。在他看来，“太极”本身自涵“阴”“阳”实体，故所谓“太极”即“阴”“阳”互动。“阴阳之外无太极，得失顺逆不

---

① 王夫之. 礼记章句［M］. 船山全书：第4册. 长沙：岳麓书社，2011：85.

② 王夫之. 周易外传［M］. 船山全书：第1册. 长沙：岳麓书社，2011：823.

③ 王夫之. 周易外传［M］. 船山全书：第1册. 长沙：岳麓书社，2011：1005.

④ 周易正义［M］. 王弼，注. 孔颖达，疏. 北京：北京大学出版社，1999：289.

⑤ 王夫之. 张子正蒙注［M］. 船山全书：第12册. 长沙：岳麓书社，2011：351.

越此阴阳之推荡，则皆太极浑沦之固有，至不一而无不一者，此贞也。”① 一个方面，“太极”与“阴”“阳”不分，因为“阴”“阳”之合和即“太极”，故而虽分言三者而实为一；另一个方面，“阴”“阳”虽处“太极”之中，但“阴”“阳”之实、“阴”“阳”之象并未丧失，故而虽合言一而实为三。“若其在天而未成乎形者，但有其象，絪缊浑合，太极之本体，中函阴阳自然必有之实，则于太极之中，不昧阴阳之象，而阴阳未判，固即太极之象，合而言之则一，拟而议之则三，象之固然也。”② 因为“阴”“阳”之动静，从而便可化生天地万物。“性以理言，有其象必有其理，惟其具太和之诚，故太极有两仪，两仪合而为太极，而分阴分阳，生万物之形，皆秉此以为性。”③ 而且，“阴”“阳”这种化生，不仅赋予万物以“形”，而且赋予万物以“性”，对于万物有“规范”“秩序”作用，故而可言“阴”“阳”实为万物之“两仪”。《说文解字》释“仪”为“度也”，即“法制”“规范”之义。王船山说：“‘两仪’，太极中所具足之阴阳也。‘仪’者，自有其恒度，自成其规范，秩然表现之谓。‘两’者，自各为一物，森然迥别而不紊。”④ 因此，所谓“太极”生“两仪”，非指“太极”化生“阴”“阳”二气，而指“太极”所具之“阴”“阳”具有“规范”“秩序”作用。他说：

太极有两仪，两仪合而为太极，而分阴分阳，生万物之形，皆秉此以为性。象者未聚而清，形者已聚而浊，清者为性为神，浊者为形为法。⑤

其次，王船山对“两仪”生“四象”进行了具体疏解。《易·系辞》：“象也者，像此者也。”“象”意指像某物之形状。在王船山看来，“阴”“阳”并非静止不动，而是不断“为通为变”，从而演化出“四象”。“‘四象’纯阳纯阴，通之二象也；阴错阳，阳错阴，变之二象也。阴阳之种性分，而合同于太极者，以时而为通为变，人得而著其象，四者具矣，体之所以互成，用之所以交得。”⑥ 具体来讲，“阴”“阳”作为“实体”，是“阴”“阳”生“动”“静”，而非“动”“静”生“阴”“阳”；所谓“太极静而生阴，动而生

① 王夫之. 周易内传［M］. 船山全书：第1册. 长沙：岳麓书社，2011：578.
② 王夫之. 张子正蒙注［M］. 船山全书：第12册. 长沙：岳麓书社，2011：45-46.
③ 王夫之. 张子正蒙注［M］. 船山全书：第12册. 长沙：岳麓书社，2011：46.
④ 王夫之. 周易内传［M］. 船山全书：第1册. 长沙：岳麓书社，2011：61.
⑤ 王夫之. 张子正蒙注［M］. 船山全书：第12册. 长沙：岳麓书社，2011：46.
⑥ 王夫之. 周易内传［M］. 船山全书：第1册. 长沙：岳麓书社，2011：562.

阳”，乃言“阴”“阳”因动、静而彰著，而非指“阴”“阳”由动、静而生。关于“阴”“阳”与“动”“静”，周敦颐《太极图说》有言：太极动而生阳，动极而静；静而生阴，静极复动。一动一静，互为其根；分阴分阳，两仪立焉。”① 在王船山看来，所谓“生”，指功用呈显义。因此，“动”指“阳”之运动变化；“静”指“阴”之凝聚成形。因此，将“阴”“阳”理解为“动”“静”所生成，乃对周敦颐思想的误解。“周子曰：‘动而生阳，静而生阴。生者，其功用发见之谓，动则阳之化行，静则阴之体定尔。非初无阴阳，因动静而始有也。今有物于此，运而用之，则曰动；置而安处之，则曰静。然必有物也，以效乎动静。太极无阴阳之实体，则抑何所运而何所置邪？”②

正是因此，才可谓“阴”“阳”乃“两体”，而不言其为“两用”。他说：“成而为象，则有阴有阳；效而为法，则有刚有柔；立而为性，则有仁有义；皆太极本所并有，合同而化之实体也。故谓‘太极静而生阴，动而生阳’。自其动几已后之化言之，则阴阳因动静而著；若其本有为所动所静者，则阴阳各有其体，而动静者乃阴阳之动静也。静则阴气聚以函阳，动则阳气伸以荡阴，阴阳之非因动静而始有，明矣。故曰两体，不曰两用。”③“阴”“阳”本身具有动、静之能，故而“两仪”交错为“四象”，“四象”即“老阴”“少阴”“老阳”和“少阳”。“老阴”“老阳”乃“纯阴”“纯阳”之义，“少阴”“少阳”乃“阴之缺”“阳之缺”之义。若依《易经》之数讲，九、六为“老阳”“老阴”，八、七为“少阳”“少阴”，比九、六之数缺少。他说：

> 在天有阴阳，在阳有老少，在数有九七，在地有刚柔，在阴有老少，在数有六八，于是而四象成。故《易》一爻之中，有阴有阳，有老有少，而四象备焉。④

再次，他具体疏解了“四象”生八卦进而化生万物，并依《易传》所论将其演变顺序描述为：“四象”互相作用演化出“八卦”，“八卦”互动错综为六十四卦，总计三百八十四爻，从而天地万物得以化生。“《易》之为道，乾、坤而已，乾六阳以成健，坤六阴以成顺，而阴阳相摩，则生六子以生五十六卦，皆动之不容已者，或聚或散，或出或入，

---

① 周敦颐：周敦颐集［M］．陈克明，点校．北京：中华书局，1990：3.

② 王夫之．周易内传［M］．船山全书：第1册．长沙：岳麓书社，2011：660.

③ 王夫之．张子正蒙注［M］．船山全书：第12册．长沙：岳麓书社，2011：275-276.

④ 王夫之．张子正蒙注［M］．船山全书：第12册．长沙：岳麓书社，2011：279.

错综变化，要以动静夫阴阳。而阴阳一太极之实体，唯其富有充满于虚空，故变化日新，而六十四卦之吉凶大业生焉。”① 所谓“卦”，《说文解字》释为“筮也”，意指由阴爻、阳爻组成象征物象和人事的基本符号，王船山认为其乃圣人“仰观天文”“俯察地理”，“知幽明之故”而画。“圣人设画其卦之时，莫不瞻观物象，法其物象，然后设之。”② 因此，无论是卦象，还是爻数，均为物象之反映。反过来讲，卦象、爻数即为天地万物之依据，天地万物莫不与六十四卦、三百八十四爻对应。更为重要者在于，“阴”“阳”为“太极”所有之“两仪”，而六十四卦、三百八十四爻均由“两仪”化生，故卦象、爻数之终极根源为“太极”，所有事物之终极根源亦为“太极”。他说：

> 四象成而变通往来进退之几著焉。成乎六子之异撰，与二纯而为八矣，卦之体所由立也。截然为两、为四、为八，各成其体，所谓卦之德方也。其在于蓍，则大衍五十，阴阳具其中，而七、八、九、六不出于此，太极也；分而为两，奇耦无定，而必各成乎奇耦，两仪也；三变之策，或纯奇，或纯耦，或奇间耦，或耦间奇，四象具焉；进退无恒，九变之中，八卦成焉，由是而十有八变，要不离乎八卦也……乃自一画以至八卦，自八卦以至六十四卦，极于三百八十四爻，无一非太极之全体，乘时而利用其出入。其为仪、为象、为卦者显矣；其原于太极至足之和以起变化者密也。③

总之，天地万物依“太极”“两仪”“四象”进而“八卦”“六十四卦”这样的规则而生。即无论是有形之万物，还是无形之万理；无论是古今始终，还是天地万方，均由“太极”所“出生”。王船山说：“太极之所以出生万物，成万理而起万事者也，资始资化之本体也，故谓之‘道’，亘古今，统天人，摄人物，皆受成于此。”④ 很显然，“太极”即是天地万物本体。而且，为了凸显本体地位，唯有“极至无以加”之“太极”足以承当。关于“太极”概念，“太极”之“太”为“极大”，乃“大而无尚”之义；“太极”之“极”本义为“栋”即“脊梁”，指屋顶最高处的水平木梁；引申为“至”“极至”“至此

---

① 王夫之. 张子正蒙注［M］. 船山全书：第12册. 长沙：岳麓书社，2011：23-24.

② 周易正义［M］. 王弼，注. 孔颖达，疏. 北京：北京大学出版社，1999：261.

③ 王夫之. 周易内传［M］. 船山全书：第1册. 长沙：岳麓书社，2011：562.

④ 王夫之. 周易内传［M］. 船山全书：第1册. 长沙：岳麓书社，2011：525.

而尽”之义；二者合为一词，即为“阴”“阳”合和之“太极”。“极，栋也。栋下属地，上至屋脊，为群材所宗主，故借为‘极至’‘建极’字。以其居高而无出其上者，有度通为甚也。屋至于栋而止矣，无可进也，善则极善、恶则极恶之象也，故又为穷也。”① 质言之，“太极”即“阴”“阳”二气之“浑合”，因“赞其极至而无以加”，凸显其本体地位和作用，故不名之为“阴阳”而称为“太极”。他说：

“太极”之名，始见于此，抑仅见于此，圣人之所难言也。“太”者极其大而无尚之辞；“极”，至也，语道至此而尽也；其实阴阳之浑合者也而已，而不可名之为阴阳，则但赞其极至而无以加，曰太极。②

## 三、太极之为真正本体及其性质

由前述可见，王船山提出了数个本体概念，那么，这些概念之间是否有关联呢？若没有关联，王船山的本体论便充满矛盾，因为本体只能是一；若有关联，这种关联是什么呢？究竟何者是真正的本体呢？

在王船山看来，“太虚”“天”“太和”“道”均与“太极”相关，而这种相关乃对于张载思想的继承，因为张载即认为这些概念之间均存在不同角度的关联。例如，张载曾说：“由太虚，有天之名；由气化，有道之名；合虚与气，有性之名；合性与知觉，有心之名。”③

具体来讲，其一，关于“太虚”与“太极”。“太虚”为“太极”的另外一种说法，两者并非相异之两物——“太极”就“太虚”之非“虚无”而言，强调其“富有”之“一实”，“太虚”就“太极”之“虚湛”而言，强调它视不可见，听不可闻。“盖太虚之中，无极而太极，充满两间，皆一实之府，特视不可见，听不可闻尔。存神以穷之，则其富有而非无者自见。”④ 这里，不可将“太虚”“太极”理解为两物，因为“太虚”“太

① 王夫之．说文广义［M］．船山全书：第9册．长沙：岳麓书社，2011：39.

② 王夫之．周易内传［M］．船山全书：第1册．长沙：岳麓书社，2011：561.

③ 张载．张载集［M］．章锡琛，点校．北京：中华书局，1978：9.

④ 王夫之．张子正蒙注［M］．船山全书：第12册．长沙：岳麓书社，2011：153.

极”均“充满天地”，故二者只能是一，而不能是二。其二，关于“天”与“太极”。“天”虽为万物所资始者，万物“形”“性”均源于“天命”，但“天”乃“太极”无时而息之呈现。即“太极”乃“天”之内在本体，“天”乃“太极”之外在显用；“太极”与“天”乃“隐”与“显”、“体”与“用”之关系。他说：“时隐而时见者，天也，太极之体不滞也。知明而知幽者，人也，太极之用无时而息也。屈伸相感，体用相资，则道义之门出入而不穷。”① 其三，关于“太和”与“太极”。“太和”所指为“阴”“阳”“絪缊之实体”，而这个实体即是“太极”。“自太和一气而推之，阴阳之化自此而分，阴中有阳，阳中有阴，原本于太极之一，非阴阳判离，各自孳生其类。故独阴不成，孤阳不生，既生既成，而阴阳又各殊体。”② 或者说，“太和”乃基于“阴”“阳”可分而言，强调“阴”“阳”不相悖害；“太极”则基于“阴”“阳”不离而言，强调“阴”“阳”本为一体；二者所指实指为一，只是言说角度有所不同。“‘阴阳’者太极所有之实也。……合之则为太极，分之则谓之阴阳。不可强同而不相悖害，谓之太和，皆以言乎阴阳静存之体，而动发亦不失也。”③ 其四，关于“道”与“太极”。“道”作为“物所众著而共由者”，乃“天地人物之通理”，而此“通理”即“太极”。他说：“道者，天地人物之通理，即所谓太极也。”④ 或者说，因为“太极”化生天地万物有其理则，故“太极”即是“道”。“太极之所以出生万物，成万物而起万事者也，资始资生之本体也，故谓之‘道’”⑤

很显然，尽管王船山提出了多个本体概念，但这些概念均与“太极”相关；“太极”为其核心概念，其他概念则为“太极”不同言说。既然如此，可谓“太极”乃天地万物之真正本体。正是在此意义下，如前所引，有学者认为王船山基于对张载《太和篇》、周敦颐《太极图说》的诠释，认为“既然太和所谓道，且即所谓太极，那么三者可以等同，都是指最根源最整体的东西；而以太极为解释基础，大概是因为基于易学的太极是最明确的范畴。”⑥ 不过，该学者所谓“以太极为解释基础”，“太极是最明确的范畴”，均未明确表达“太极”为本体之义，实为一步之差的缺憾。总的看，这部分内容多为王船山

① 王夫之. 周易内传发例［M］. 船山全书：第1册. 长沙：岳麓书社，2011：59.

② 王夫之. 张子正蒙注［M］. 船山全书：第12册. 长沙：岳麓书社，2011：47.

③ 王夫之. 周易内传［M］. 船山全书：第1册. 长沙：岳麓书社，2011：524-525.

④ 王夫之. 张子正蒙注［M］. 船山全书：第12册. 长沙：岳麓书社，2011：15.

⑤ 王夫之. 周易内传［M］. 船山全书：第1册. 长沙：岳麓书社，2011：25.

⑥ 鲁鹏一. 王船山的太和观念［J］. 原道，2013（2）：197-214.

基于诠释张载思想、吸收《易传》和周敦颐“太极”的思想而有。

至此，虽然论定“太极”为天地万物真正本体，但还有几个本体概念亦须论及，即《易纬》所谓“太易”“太初”“太始”“太素”，否则不足以充分地论定“太极”为真正本体。关于此，《易纬》以“有生于无”为前提，分别从“未见气”“气之始”“形之始”“质之始”之角度描述本体。其言：“夫有形生于无形，乾坤安从生？故曰有太易，有太初，有太始，有太素也。太易者，未见气也。太初者，气之始也。太始者，形之始也。太素者，质之始也。”① 在王船山看来，这些概念之描述是错误的，因为它均肯定“有生于无”，且以本体为“无”，并将这些概念置于“阴”“阳”之先。“《乾凿度》曰：‘有太易，有太初，有太始，有太素’，危构四级于无形之先。哀哉！”② 实际上，所谓“太易”“太初”“太始”“太素”即指“太极”，他们只是“太极”之不同的表现形式，而“太极”作为本体，既非在“阴”“阳”之先而就在“阴”“阳”之中，亦非“虚名”“亡实”而乃“阴”“阳”之实有。譬如，所谓“阖户”“辟户”，唯有存在“户”才有“阖”“辟”之谓，否则“阖”“辟”便没有了根基。质言之，“太易”“太初”“太始”“太素”只是“虚名”，真正的本体只是“太极”，只是《易纬》的作者未识及此而已。王船山说：

> 其日习于太极而不察也！故曰“阖户”“辟户”。有户，则必有材以为户者，则必有地以置户者。阖，则必有阖之者；辟，则必有辟之者。为之置之，阖之辟之，彼遂以是为太极也，且以为太易、太初、太始、太素也。……彼太易、太初、太始、太素之纷纭者，虚为之名而亡实，亦何为者耶？③

基于前述，王船山还探讨了“太极”本体的性质，提出“太极无端”的观点。所谓“太极无端”即是“阴阳无始”，因为“太极”即“阴”“阳”之合和；所谓“阴阳无始”即指“阴阳”化生的无条件性，因为“阴”“阳”即万物化生之终极根源。“阴阳二气充满太虚，此外更无他物，亦无间隙，天之象，地之形，皆其所范围也。”④ 例如，冰之凝、波之起等均“待缘以起”，依条件而生，表明其“无自性”、为相对者，故而谓“有

① 林忠军．易纬导读［M］．济南：齐鲁书社，2002：1.

② 王夫之．周易外传［M］．船山全书：第1册．长沙：岳麓书社，2011：1024.

③ 王夫之．周易外传［M］．船山全书：第1册．长沙：岳麓书社，2011：1024-1025.

④ 王夫之．张子正蒙注［M］．船山全书：第12册．长沙：岳麓书社，2011：26.

始”。与之相反，“阴”“阳”之化生乃“太极”之固有，无条件而有，表明其“有自性”、为绝对者，故而谓“阴阳无始”。“瞥然而凝于器，如水之忽冰；瞥然而发于情，如水之忽波；日霁风止，而自性毁矣。故曰‘阴阳无始’，言其固有，而非待缘以起也。”① —进而，因为“动”“静”乃“阴”“阳”属性，故“阴阳无始”即意味着“动静无端”。即“阴”“阳”之“动”“静”乃必然者，而非“乘机而为动静”即有条件者。“阳变阴合，乘机而为动静；所动所静，要以动静夫阴阳。故人心待役于阴阳，而堪为听命。……故曰‘动静无端’，其无本而乘乎机也。”② 总之，“太极无端”意指，“阴”“阳”之交葛互动无所不在，“阴”“阳”为化生之源但无所谓起初，“太极”虽为本体但无所谓开端。他说：

《易》有太极……往来者，往来于十二位之中也。消长者，消长于六阴六阳之内也。……错之综之，两卦而一成，浑沦摩荡于太极之全；合而见其纯焉，分而见其杂焉，纯有杂而杂不失纯，孰有知其终始者乎？故曰：“太极无端，阴阳无始。”③

具体来讲，所谓“太极无端”，乃指“太极”与“两仪”“四象”“八卦”乃“固有”“同有”“俱生”，犹如水之源流一样，“太极”与万物同时存在而发生，而不是由此到彼而另外生物。“‘易有太极’，固有之也，同有之也。太极生两仪，两仪生四象，四象生八卦，固有之则生，同有之则俱生矣。故曰‘是生’。‘是生’者，立于此而生，非待推于彼而生之，则明魄同轮，而源流一水也。”④ 他的意思是，“太极”化生天地万物，非如父生子而父子为两人一样。“自一画以至于三，自三以至于六，奇偶著阴阳之仪，皆即空足浑沦之乾、坤所笃降，有生起之义焉，非太极为父、两仪为子之谓也。阴阳，无始者也，太极非孤立于阴阳之上者也。”⑤ 质言之，四象、八卦、六十四卦无不为“阴”“阳”之摩荡，而“阴”“阳”这种遍在性即是“太极”，故“太极”即在“阴”“阳”之中，亦即在天地万物之中。

---

① 王夫之．尚书引义［M］．船山全书：第2册．长沙：岳麓书社，2011：265.
② 王夫之．尚书引义［M］．船山全书：第2册．长沙：岳麓书社，2011：265.
③ 王夫之．周易外传［M］．船山全书：第1册．长沙：岳麓书社，2011：1110.
④ 王夫之．周易外传［M］．船山全书：第1册．长沙：岳麓书社，2011：1023-1024.
⑤ 王夫之．周易内传［M］．船山全书：第1册．长沙：岳麓书社，2011：562.

《乾》极乎阳，《坤》极乎阴，《乾》《坤》并建，而阴阳之极皆显；四象八卦、三十六象六十四卦摩荡于中，无所不极，故谓之太极。阴阳之外无理数，《乾》《坤》之外无太极，健顺之外无德业。①

这里，王船山所强调的是，如果“太极”“两仪”“四象”“八卦”非万物“固有”“同有”“俱生”，那么“太极”“两仪”“四象”“八卦”以至万物就会在时间上有先后，会出现只有“太极”而无“两仪”、只有“两仪”而无“四象”、只有“四象”而无“八卦”等的情形，会导致“层累而上求”，终而会得出“有生于无”之异端式的结论，而这种结论是愚蠢之见。“天地之终，不可得而测也。以理求之，天地始者今日也，天地终者今日也。其始也，人不见其始；其终也，人不见其终；其不见也，遂以为邃古之前，有一物初生之始；将来之日，有万物皆尽之终；亦愚矣哉！”② 之所以此结论是愚蠢之见，在于它根本不能实证。“吾无无穷之耳目，不能征其虚实也。吾无以征之，不知为此说者之何以征之如是其确也！”③ 实际上，天之运行不息并无终始，所谓“终”“始”只是人的臆测而已。“‘终则有始，循环无穷。事物有终始，心无终始。天之以冬终，以春始，以亥终，以子始，人谓之然尔；运行循环，天不自知终始也。”④ 在他看来，我们所能知者只是，宇宙时刻都在创生，时刻都在死亡，生和死、“始”和“终”乃无限过程。即整个世界是一幅“富有”而“日新”的图景——所谓“富有”，指“广大不御”；所谓“日新”，指“悠久无疆”；二者都排斥“始”“终”之义。他说：“‘富有’，广大不御之盛与！‘日新’，悠久无疆之道与！富有，非积闻见之知也，通天地万物之理而用其神化，则广大不御矣。日新，非数变其道之谓，体神之诚，终始不间，则极乎悠久无疆矣。”⑤

实际上，“太极”化生万物犹如人脸与耳、目、口、鼻之关系，为“固有”“同有”“俱生”——“固有”意指，耳、目、口、鼻乃人脸本有；“同有”意指，耳、目、口、鼻与人脸无时间无后；“俱生”意指，耳、目、口、鼻与人脸共同生成；否则，均不可称为人脸，也便不可称为“太极”。由此来讲，“太极”与“两仪”“四象”“八卦”为整体与部分关系，“太极”为整体，“两仪”“四象”“八卦”为部分。王船山说：“要而言之，

---

① 王夫之. 周易内传［M］. 船山全书：第1册. 长沙：岳麓书社，2011：658-659.

② 王夫之. 周易外传［M］. 船山全书：第1册. 长沙：岳麓书社，2011：979.

③ 王夫之. 思问录［M］. 船山全书：第12册. 长沙：岳麓书社，2011：467.

④ 王夫之. 张子正蒙注［M］. 船山全书：第12册. 长沙：岳麓书社，2011：306.

⑤ 王夫之. 张子正蒙注［M］. 船山全书：第12册. 长沙：岳麓书社，2011：70.

太极即两仪，两仪即四象，四象即八卦，犹认面即耳目口鼻，特于其上所生而固有者分言之，则为两、为四、为八耳。”① 很显然，王船山的逻辑是，“天无体，用即其体”“太极”以其“用”而存在，“太极”通过万事万物以体现，故要识得“太极”须通过万事万物。“天无体，用即其体。范围者，大心以广运之，则天之用显而天体可知矣。”② 若形象地比喻，要识得人脸，只能通过耳、目、口、鼻来认识，否则别无他途。质言之，体、用乃不可分者。他说：

> 无车何乘？无器何贮？故曰体以致用。不贮非器，不乘非车，故曰用以备体。③

进而，“太极”可谓“无极而太极”，而“无极而太极”有两义：其一，“无有不极”；其二，“无有一极”。所谓“无有不极”，指“太极”“充塞”于天地之间，为所有事物之最终根据。“至，则极，无不至，则太极矣。”④ 所谓“无有一极”，指“太极”通过“阴”“阳”遍在于事物，而非独立于万事万物之别为一物。“太极者，无有不极也，无有一极也。”⑤ 而且，上述两义只是为述说方便，实则二者乃一体之两面，为互为因果而不可分者。“唯无有一极，则无所不极。故周子又从而赞之曰：‘无极而太极。’阴阳之本体，絪缊相得，合同而化，充塞于两间，此所谓太极也。”⑥ 进而，“无有一极”“无有不极”两义合在一起，即所谓“无极而太极”，故君子须明此义。“无极，无有一极也，无有不极也。有一极，则有不极矣。无极而太极也，无有不极乃谓太极，故君子无所不用其极。”⑦ 不过，人们对“无极而太极”之“无极”常有误解。实际上，所谓“无极”指因为“太极”化生之“道”无一定之轨，且亦为人所不可见、不可闻者，故它并非“无”义，而乃“有”义，即指“太极”。王船山说：“周子之言无极者，言道无适主，化无定则，不可名之为极；而实有太极，亦以明夫无所谓无，而人见为无者皆有也。”⑧

---

① 王夫之．周易稗疏［M］．船山全书：第1册．长沙：岳麓书社，2011：790.

② 王夫之．张子正蒙注［M］．船山全书：第12册．长沙：岳麓书社，2011：154.

③ 王夫之．周易外传［M］．船山全书：第1册．长沙：岳麓书社，2011：1023.

④ 王夫之．周易外传［M］．船山全书：第1册．长沙：岳麓书社，2011：1023.

⑤ 王夫之．周易内传［M］．船山全书：第1册．长沙：岳麓书社，2011：561.

⑥ 王夫之．周易内传［M］．船山全书：第1册．长沙：岳麓书社，2011：561.

⑦ 王夫之．思问录［M］．船山全书：第12册．长沙：岳麓书社，2011：402.

⑧ 王夫之．张子正蒙注［M］．船山全书：第12册．长沙：岳麓书社，2011：272-273.

就此来讲，周敦颐关于“太极”只有“无极而太极”之谓，并无具体之解释，而王船山则不仅对“无极”和“太极”的内涵及其关系进行了疏解，而且探讨了“太极无端”之性质，从而不仅继承了周敦颐的思想，亦发展了周敦颐的思想。

## 四、结语

综上所述，基于对张载、《易传》和周敦颐思想的继承发展，王船山虽言及“太虚”“天”“太和”“道”等多个本体概念，但终究将其归于“太极”本体。因此，他依《易传》和《太极图说》，对“太极”经“两仪”“四象”“八卦”“六十四卦”化生万物进行了具体疏解。而且，他还对“太极无端”的性质进行了讨论。所谓“太极无端”即“阴阳无始”，指“阴”“阳”化生万物为无条件者。最终，他以“无极而太极”之两义界定“太极”本体：一是“无有不极”，即“太极”是万事万物的终极本原；二是“无有一极”，即“太极”遍在于万事万物之中，而非独立于事物之外另一物。总而言之，所谓“太虚”“天”“太和”“道”，均为在特定角度下对本体的言说，“太极”则为超越特定角度的真正本体。如此讲来，这些特定角度下的本体与“太极”本体乃“理一分殊”关系——“理一”指“太极”，“分殊”指“太虚”“天”“太和”“道”；前者处于根本层次，后者处于枝节层次。正是此意义下，张岂之先生将王船山本体论称为“融合本体论”，以说明其包含有多个言说角度。他说：“道德本体说、自然本体说与心性本体说之融合，可称之为融合本体论。……王夫之本体论实际是融合本体论之代表。”① 如此讲来，王船山哲学的本体既不是冯友兰、冯契两先生等所认为的“气一元论”，故亦无所谓唯物论之说，亦不是陈来先生所谓的“太和”，也不是贺麟先生所认为的“天”“天道”，而只能是“太极”。关于此，尽管如前所引有学者论及这几个概念之关系，但终未能明确表达“太极”为本体的观点，而止步于将“太极”认定为“解释基础”而已。归根结底，在王船山，真正本体是“太极”，而不是其他。这是对王船山哲学本体的厘清，也是对前引之多种本体概念逻辑关联的厘定，故而为本文之结论。

（原文载《河北大学学报》〔哲学社会科学版〕2021 年第 3 期。
中国人民大学报刊复印资料《中国哲学》2021 年第 10 期全文转载）

---

① 西北大学中国思想文化研究所. 张岂之教授与研究生论学书信选［M］. 西安：陕西人民出版社，2007：34.

# 攻其所以立者

## ——王船山对于佛教义理的指摘

关于佛教，王船山继承了张载的思想，亦持批驳态度。具体来讲，首先，他对范缜和韩愈的思想进行了反思。在他看来，虽然范缜“不屑卖论以取官”“可谓伟矣”，但所作《神灭论》“其立言之不审”，根本不能“折浮屠之邪妄”。他说：“范缜作《神灭论》以辟浮屠，竟陵王子良饵之以中书郎，使废其论，缜不屑卖论以取官，可谓伟矣。虽然，其立言之不审，求以规正子良而折浮屠之邪妄，难矣。”① 同样，韩愈对佛教理论亦知之不深，故所论“不足以胜缁流之淫辞”。王船山说：“韩退之之辟佛也，不测其藏，而驳之也粗，故不足以胜缁流之淫辞。”② 总之，范缜和韩愈的辟佛停留于“喻利”层面，而未达及“喻义”层面，故而不仅未能驳倒佛教，反而受到佛教的嘲讽和鄙夷。他说：“韩愈氏不能保其正，岂缜之所克任哉？夫其辨焉而不胜，争焉而反屈者，固有其本矣。范缜以贫贱为粪溷，韩愈以送穷为悲叹，小人喻利之心，不足以喻义，而恶能立义？浮屠之慧者，且目笑而贱之。”③ 在他看来，要“折浮屠之邪妄”，“胜缁流之淫辞”，需要从“喻义”层面入手，着眼于其“所以立者”，进行辩驳。他说：“欲辨异端，亦必知其立说之始末，而后可以攻之。……邪说之立，亦必有所以立者。若无会归之地，则亦不成其说。”④ 进而，王船山先对佛教进行了道德层面的批判。

---

① 王夫之：《读通鉴论》，《船山全书》第十册，岳麓书社，2011年（下同），第六〇三页。

② 王夫之：《周易外传》，《船山全书》第一册，第八七一页。

③ 王夫之：《读通鉴论》，《船山全书》第十册，第六〇四页。

④ 王夫之：《读四书大全说》，《船山全书》第六册，第九七五页。

## 一

在王船山看来，儒家伦理道德是建立在“有”之基础上的。他说：“君子‘拟之而言，议之而动’，惇羞恶之实，循恻隐之发，知道之不任乎生，知生之率行乎道，知天地以有为生万物，知父母以有施生子，知元后以有所作而赞施生者配天地而为父母；故以有为之德业配天地，而以有心之忠孝报君亲。”① 然而，佛教不仅否定“有”，而且“以空销陨之”。他说：“因欲一空而销陨之，遂谓‘一真法界本无一物’则溺其志以求合，而君父可灭，形体可毁，皆其所不恤已。”② 既然“有”被“销陨”了，那么“贱形”“贱情”进而“贱生”“贱仁义”便是必可得之结论。王船山说：“故贱形必贱情，贱情必贱生，贱生必贱仁义，贱仁义必离生，离生必谓无为真而谓生为妄，而二氏之邪说昌矣。”③ 进而，佛教不仅否定“有”，而且以“乾健之性”和“坤顺之性”为“染污之源”。他说：“释氏以真空为如来藏，谓太虚之中本无一物，而气从幻起以成诸恶，为障碍真如之根本，故斥七识乾健之性、六识坤顺之性为流转染污之害源。”④ 而且，这种认识导致了佛教“无父无君”等“禽心鬼计”。王船山说：“浮屠谓七识见分执八识相分妄计为我，乃生死无明根本。无父无君，禽心鬼计，皆自此而兴。陋儒引此无我以附会之，得罪于名教以侮圣言，无可逭已。”⑤ 然而，“君父”等伦理乃“天显民祇之不相离者”。他说：

> 浮屠曰“自在”，可自在则自在耳，上无君父，下无妻子，蔑不利也，固罔念夫天显民祇之不相离也。故异端者狂之痼疾，跖之黠者也。⑥

实际上，儒家伦理道德非常重要，它不仅关乎仁义孝悌，而且关乎天地鬼神；不仅关乎人之伦常，而且关乎国家治乱。然而，佛教不仅不重视之，反而背弃之，此乃“绝

---

① 王夫之：《尚书引义》，《船山全书》第二册，第三二六——三二七页。

② 王夫之：《张子正蒙注》，《船山全书》第十二册，第一五四页。

③ 王夫之：《周易外传》，《船山全书》第一册，第八八九页。

④ 王夫之：《张子正蒙注》，《船山全书》第十二册，第八三页。

⑤ 王夫之：《船山经义》，《船山全书》第十三册，第六五〇页。

⑥ 王夫之：《尚书引义》，《船山全书》第二册，第三九〇页。

可惧者”。王船山说：“夫礼之为教，至矣大矣，天地之所自位也，鬼神之所自绥也，仁义之以为体，孝弟之以为用者也；五伦之所经纬，人禽之所分辨，治乱之所司，贤不肖之所裁者也，舍此而道无所丽矣。故夷狄蔑之，盗贼恶之，佛、老弃之，其绝可惧也。”① 由此来讲，若“毁人伦”“灭天理”，简直可谓“同于盗贼禽兽尔”。他说：“盖晋、宋间人缘饰浮屠以庄、老之论，故教虽异而实同，其以饮食男女为妄，而广徒众以聚食，天理终不可灭。唯以孩提之爱为贪痴，父母为爱惑所感，毁人伦，灭天理，而同于盗贼禽兽尔。”② 而且，正因为背弃儒家伦理道德，佛教根本不知“克己复礼”等道德修为。王船山说：“玄家有炼己之术，释氏为空诸所有之说，皆不知复礼而欲克己者也。”③ 相反，佛教却“速予之以圣”，主张“弃恶从善，即可成佛”或“停止作恶，立成正果”。他说：“呜呼！浮屠之乱天下而遍四海垂千年，趋之如狂者，唯其纳天下之垢污而速予之以圣也。”④ 因此，佛教“托‘损’以鸣其修”即以“静坐”“诵经”等手段来“惩忿”“窒欲”。然而，这些所谓修行根本不属于真正的修行。王船山说：

> 君子之用“损”也，用之于“惩忿”，而忿非暴发，不可得而惩也；用之于“窒欲”，而欲非已滥，不可得而窒也。……彼佛、老者，皆托“损”以鸣其修，而岂知所谓“损”者，因三人之行而酌损之，唯其才之可任而遇难辞也。⑤

尽管如此，佛教在中国确已发生了深远影响。王船山说：“浮屠之入中国，至唐、宋之际，几千年矣。信从之者，自天子达于比户，贫寡之民、老稚妇女，皆翕然焉。”⑥ 所谓“比户”，指庶民百姓；所谓“翕然”，指“悦服”之义。之所以如此，在于佛教以“因果报应”“扇动天下”。他说：“浮屠之以扇动天下者，生死祸福之报应而已，则亦巫之幻出者而已。”⑦ 具体来讲，佛教实乃以“鬼神”“巫术”为手段，恐吓、诱骗普通信众之“心力”。王船山说：“畏死患贫、负疚逃刑之顽夫，或觊其即得，或望之身后，自

---

① 王夫之：《读通鉴论》，《船山全书》第十册，第六三五页。

② 王夫之：《张子正蒙注》，《船山全书》第十二册，第三六二页。

③ 王夫之：《俟解》，《船山全书》第十二册，第四七七页。

④ 王夫之：《读通鉴论》，《船山全书》第十册，第六三九页。

⑤ 王夫之：《周易外传》，《船山全书》第一册，第九二四——九二五页。

⑥ 王夫之：《读通鉴论》，《船山全书》第十册，第一一六六页。

⑦ 王夫之：《读通鉴论》，《船山全书》第十册，第一〇一〇——一〇一一页。

无道以致福，无力以求安，而徼幸于不然之域，遂竭心力资财以贩贸之。”① 由此来讲，佛教真正吸引民众者并非因其义理为真理。他说：“目炫于塔庙形象之辉煌，耳淫于钟磬鼓钹之鞺鞳，心侈于千人之聚、百人之集、焚香稽首之殷勤，贸贸然而乐为其徒者，尽天下而皆然；非知有所谓浮屠之法也，知寺院僧尼而已。”② 因此，虽然佛教在中国影响深远，但真正“服膺”“笃信”“释氏之说”者其实并不多。王船山说：“佞佛者，皆非所据而据，心危而附之以安者也。自古帝王至于士庶，其果服膺于释氏之说而笃信者，鲜矣。其为教也，离人割欲，内灭心而外绝物，而佞佛者反是，何为其笃信之？”③ 然而，佛教以“因果报应”“扇动天下”，实导致了“充塞仁义”，破坏了儒家伦理道德。他说：

浮屠之修塔庙以事胡鬼，设斋供以饲髡徒，鸣钟吹螺，焚香呗咒，亦巫风尔；非其创以诬民，充塞仁义者也。④

进而，王船山开始分析佛教之“所以立者”，即“佛性论”“空论”“修行论”三个方面，并在“喻义”层面逐一进行了辨析和指摘。

## 二

就佛教讲，“佛性论”作为基础理论，指“佛性”是遍在的，即，“有情众生”和“无情万物”皆有“佛性”。就“有情众生”而言，无论是普通人还是“一阐提人”均有“佛性”，甚至所有生物亦有“佛性”。即，从“未来当有”的角度看，即使是“断绝善根”的人亦应有无上智慧觉悟，故可知其亦有“佛性”。《大般涅槃经》有言：“一阐提等无有善法，佛性亦善，以未来有故，一阐提等悉有佛性。何以故？一阐提等定当得成阿耨多罗三藐三菩提故。……我常宣说一切众生悉有佛性。”就“无情万物”而言，其乃“无情有性”，即，尽管其无情但亦有“佛性”。《金刚錍》有言：“余患世迷，恒思点示，是故寱言，无情有性。何谓点示？一者示迷，无从性变；二者示性，令其改迷。是故且

① 王夫之：《读通鉴论》，《船山全书》第十册，第六七页。
② 王夫之：《读通鉴论》，《船山全书》第十册，第六七页。
③ 王夫之：《读通鉴论》，《船山全书》第十册，第五九〇页。
④ 王夫之：《读通鉴论》，《船山全书》第十册，第六五一页。

云，无情有性。或分大小，则随缘不变之说，出自大教；木石无心之语，生于小宗。”对于这些观点，王船山不以为然，认为其乃“释氏之病”。他说：“盖性同者与达其性，故于人必敦其教；情同者与达其情，故于动物则重其死。植物之性情漠然不与人合朕，则唯才之可用，用其才而已。释氏之病，方在妄谓‘瓦砾有佛性’，‘无情说法炽然’。”①总之，在王船山看来，这样一种“佛性论”的症结在于无视甚至泯灭了物我、人禽之别。他说：

> 异端之说曰：“天地与我同根，万物与我共命”，故狗子皆有佛性，而异类中可行也。使命而同矣，则天之命草木也，胡不命之为禽兽；其命禽兽也，胡不一命之为人哉？使性而同矣，则犬之性犹牛之性，牛之性犹人之性矣！②

在王船山看来，虽然天地万物均源于“太和”之气，但由于“父母”“根荄”之异，故不仅物我、人禽有别，而且人之间亦有差别。他说：“人物同受太和之气以生，本一也；而资生于父母、根荄，则草木鸟兽之与人，其生别矣。人之有君臣、父子、昆弟、夫妇、朋友，亲疏上下各从其类者分矣。于其同而见万物一体之仁，于其异而见亲亲、仁民、爱物之义，明察及此，则由仁义行者皆天理之自然，不待思勉矣。”③ 因此，不能无视物我、人禽之别，否则会导致“悖人伦”“乱人纪”的情形。例如，佛教不分物我、人禽，认为“有情众生”和“无情万物”均佛性遍在，否认“爱有差等”，便会导致“臣弑君”“子弑父”等同于“戮囚隶”“杀刍豢”甚至将孔子等同于罪臣等恶果。他说：“及其下流，则将视臣弑君、子弑父者，亦与戮囚隶、杀刍豢均也。何也？道固无择，生均则杀均也。则将视逐杀无过之子、炮烙无辜之民，亦与剃草、伐木均也。何也？道本无功，恩不任恩，怨不任怨也。是孔子之钓弋，罪等于商臣宋万；而帝王之彰善瘅恶，曾不如立视其死之牧人矣。”④ 由此来讲，“佛性论”乃“道贱”即拙劣之说。王船山说：“释氏不择知、愚、贤、不肖而皆指使之见性，故道贱。”⑤ 在此意义下，“佛性论”根本不是“圣人之教”，而简直就是诱骗民众的“禽兽之教”。他还说：

---

① 王夫之：《读四书大全说》，《船山全书》第六册，第一一三六页。

② 王夫之：《读四书大全说》，《船山全书》第六册，第一一一九页。

③ 王夫之：《张子正蒙注》，《船山全书》第十二册，第二二一页。

④ 王夫之：《尚书引义》，《船山全书》第二册，第三二五页。

⑤ 王夫之：《思问录》，《船山全书》第十二册，第四二九页。

夫人之于禽兽无所不异，而其异皆几希也。禽兽有命而无性；或谓之为性者，其情才耳。即谓禽兽有性，而固无道；其所谓道者，人之利用耳。若以立人之道较而辨之，其几甚微，其防固甚大矣。……万物与我共命，蠢动含灵皆有佛性，斯禽兽之教，诱庶民而师之者也。①

王船山认为，佛教之所以会发生上述错误，源于其唯从人之“小体”出发，忽略了人之“大体”。他说：“恭、从、明、聪，沛然效能者大；视、听、言、动，率尔任器者小。孟子之所谓‘小体’，释氏之‘性境现量’也。孟子之所谓‘大体’，释氏之‘带质比量’也。贵现贱比，灭质立性，从其小体为小人，释氏当之矣。”② 也就是说，佛教“拘闻见之习”，悖于“天理之自然”，故而导致“畏死厌难”“偷安苟息”的“小成”之论。王船山说：“意欲之私，限于所知而不恒，非天理之自然也。释、老执一己之生灭，畏死厌难，偷安而苟息，曲学拘闻见之习而不通于神化，以自画而小成，邪正虽殊，其与道违一也。‘道二，仁与不仁而已’，天与人之辨焉耳。”③ 实际上，“心”分为“道心”和“人心”；出乎天理者为“道心”，出乎人欲者为“人心”；二者虽然互相发明，但是明显不同的。王船山说：“今夫情，则迥有人心道心之别也。喜、怒、哀、乐，人心也。恻隐、羞恶、恭敬、是非，道心也。斯二者，互藏其宅而交发其用。虽然，则不可不谓之有别已。”④ 然而，佛教不明于此，其所谓“心”只是“人心”，而非“道心”；其所谓“性”，只是“作用之性”，而非“本体之性”；此乃佛教“佛性论”之错误的关键因素。也就是说，若佛教从“大体”，知“道心”，便不会提出“遍在”的“佛性论”。他说：

其（指佛教——引者）直指人心见性，妄意天性，不知道心，而以惟危之人心为性也。天用者，升降之恒，屈伸之化，皆太虚一实之理气成乎大用也。天无体，用即其体。范围者，大心以广运之，则天之用显而天体可知矣。⑤

① 王夫之：《船山经义》，《船山全书》第十三册，第六七八——六七九页。

② 王夫之：《尚书引义》，《船山全书》第二册，第三五六页。

③ 王夫之：《张子正蒙注》，《船山全书》第十二册，第二一一页。

④ 王夫之：《尚书引义》，《船山全书》第二册，第二六二页。

⑤ 王夫之：《张子正蒙注》，《船山全书》第十二册，第一五四页。

## 三

如果说“佛性论”是佛教的基础理论，那么“空论”则是其核心理论。所谓“空论”，为佛教的宇宙论，指所有事物均无自体、实体、我。在佛教，“空论”包括“幻化论”“散尽无余说”和“缘起论”等具体理论。

所谓“幻化论”，指人的感觉是不可靠的，故所谓“物”只是人的幻觉，如同“捏目生花”——空中本无花，捏揉眼睛会产生幻象，从而误认为有花。对此，王船山概括说：“耳目心知之微明，惊其所自生以为沤合，疑其屈而归于无，则谓凡有者毕竟归空，而天地亦本无实有之理气，但从见病而成眚。”① 在王船山看来，“幻化论”源于佛教依从耳目知觉，并以此作为“尽性”。他说：“彼所谓徇耳目内通而外于心知，捏目生花，自迷其头者，而谓之尽性，可乎？”② 也就是说，佛教不明“阴”“阳”絪缊化生万物，又局限于耳目见闻，故而得出万物“幻化”这样“邪妄”的结论。他说：“不能究所从者，不知太和絪缊之实为聚散之府，则疑无所从生而惟心法起灭，故立十二因缘之说，以无明为生死之本。统而论之，流俗之徇欲者，以见闻域其所知也；释氏之邪妄者，据见闻之所穷而遂谓无也。”③ 实际上，万物之有是不容怀疑的，否则，便是“于人伦庶物不明”的“自欺”之论。他还说：

> 释氏之实际，大率以耳目之穷，疑其无有者也。生而与世相感，虽厌之，安能离之，虽遗之，安能使之无存！自欺而谓有得，信为实而自谓诚，于人伦庶物不明矣，则固伪而不诚矣。安有诚而恶明者哉！④

所谓“散尽无余说”，指万物灭尽为无，故而可说世界为“空”。对此，王船山亦认为其乃“愚矣”之说。他说：“天地之终，不可得而测也。以理求之，天地始者今日也，天地终者今日也。其始也，人不见其始；其终也，人不见其终；其不见也，遂以为邃古

---

① 王夫之：《张子正蒙注》，《船山全书》第十二册，第一五四页。

② 王夫之：《张子正蒙注》，《船山全书》第十二册，第三六二页。

③ 王夫之：《张子正蒙注》，《船山全书》第十二册，第一五五页。

④ 王夫之：《张子正蒙注》，《船山全书》第十二册，三七二页。

之前，有一物初生之始；将来之日，有万物皆尽之终；亦愚矣哉!”① 在他看来，如果“散尽无余”为真，那么何处能容纳如此众多灭亡之物呢？而且，如果“散尽无余”为真，那么依靠什么“造化日新”而产生新事物呢？他说：“有形者且然，况其细缊不可象者乎！未尝有辛勤岁月之积一旦悉化为乌有，明矣。故曰往来，曰屈伸，曰聚散，曰幽明，而不曰生灭。生灭者，释氏之陋说也。倘如散尽无余之说，则此太极浑沦之内，何处为其翕受消归之府乎？又云造化日新而不用其故，止此太虚之内，亦何从得此无尽之储，以终古趋于灭而不匮邪?”② 其实，所谓“散尽无余”，只是事物转化为“希微而人不见”之他物而已。王船山说：“车薪之火，一烈已尽，而为焰，为烟，为烬，木者仍归木，水者仍归水，土者仍归土，特希微而人不见尔。”③ 因此，佛教“空论”的实质乃“以有为无”“以实为虚”，即，“知有之有而不知无之有”。他说：“夫所谓无，而人见为无者皆有也。”④ 他还说：

> 视之而见，听之而闻，则谓之有；目穷于视，耳穷于德，则谓之无；功效可居，则谓之实；颓然寂静，则谓之虚。……释氏以法界为梦幻，知有之有而不知无之有，知虚之虚而不知虚之实，因谓实不可居而有为妄。⑤

“缘起论”的核心是“缘起性空论”，指所有事物都是“因缘和合”所起灭：“因缘和会”即有物，“因缘散尽”则无物，故所有事物的本质均为“空性”，不存在独存性的常住不变的东西。《佛说造塔功德经》有偈语曰：“诸法因缘生，我说是因缘，因缘尽故灭，我作如是说。”王船山对“缘起论”则不以为然。他认为，事物并非“因缘和合”而起，而乃“阴”“阳”二气细缊化生。他说：“阴”“阳”二气“聚则见有，散则疑无，既聚而成形象，则才质性情各依其类。同者取之，异者攻之，故庶物繁兴，各成品汇。”⑥ 同样，事物特性亦是事物本身“固有”的，更非“因缘和合”而有。例如，火本来就有“炎上”的特性，水本来就有“润下”的特性，人亦先天具有“慈悯之心”。他说：“木不

---

① 王夫之：《周易外传》，《船山全书》第一册，第九七五页。

② 王夫之：《张子正蒙注》，《船山全书》第十二册，第二二页。

③ 王夫之：《张子正蒙注》，《船山全书》第十二册，第二一页。

④ 王夫之：《张子正蒙注》，《船山全书》第十二册，第二七三页。

⑤ 王夫之：《张子正蒙注》，《船山全书》第十二册，第三六一——三六二页。

⑥ 王夫之：《张子正蒙注》，《船山全书》第十二册，第一九页。

待人斫，而曲直也固然；火不待人炀，而炎上也固然；金不待人治，而从革也固然；水不待人导，而润下也固然。不待孺子之入井，而慈以恻者固存；不待尔汝之相加，而严以正者固存；不待摈介之交接，而肃以雍者固存；不待善恶之杂进，而晰以辨者固存。物止感息，而已有据，见于天壤，而物有征，各正性命，其有或妄者哉！”① 因此，佛教以眼、耳、鼻、舌、身、意“六根”为“臭皮囊”，乃背离真理的“愚不可瘵”之论。他说：

> 释氏曰：“色见，声音求，是人行邪道”，夫且仇之以为“六贼”，夫且憎之以为“不净”，夫且诟之以为“臭皮囊”。呜呼！晓风残月，幽谷平野，光为磷而腐为壤者，此则“众妙之门”“天钧之休”“清净法身”“大圆智镜”而已矣。其狂不可瘳，其愚不可瘵矣！②

“六相缘起论”作为“缘起论”的具体化，指“六相”相互圆融而不相碍之说。所谓“六相”，指事物的“总”“别”“同”“异”“成”“坏”六种“相状”。佛教华严宗认为，这些“相状”均源于“心”的作用，故既可以说它们互相融摄，又可以说它们均为“空”，此即所谓“化身无碍”之“六相圆融”。对此，王船山认为，“六相缘起论”的实质可概括为“合成败”“齐得失”，而此实质所体现者乃佛教之“空”的宗旨。他说：“释氏之言，销总、别、同、异、成、坏之六相，使之相参相入，而曰‘一念缘起无生’。盖欲齐成败得失于一致，以立真空之宗。……是故合成败、齐得失以为宗，释氏‘缘起’之旨也。”③ 然而，“成与败”“得与失”是有明显区别的，此乃“不容昧”即不可视而不见者。王船山说：“不知败者败其所成，失者失其所得，则失与败因得与成而见，在事理之已然，有不容昧者。”④ 实际上，“六相缘起论”乃佛教的“遁辞”——虽然基于“见闻之所不及”而可谓万物为“空”，但是当“终不可灭”而实在“空不掉”时，便不得已以“六相圆融”为“遁辞”来辩解。王船山说：

① 王夫之：《尚书引义》，《船山全书》第二册，第二六五——二六六页。
② 王夫之：《尚书引义》，《船山全书》第二册，第三五五页。
③ 王夫之：《船山经义》，《船山全书》第一册，第八二六页。
④ 王夫之：《周易外传》，《船山全书》第一册，第八二六页。

释氏缘见闻之所不及而遂谓之无，故以真空为圆成实性，乃于物理之必感者，无理以处之而欲灭之；灭之而终不可灭，又为“化身无碍”之遁辞，乃至云“淫坊酒肆皆菩提道场”，其穷见矣。①

“真如缘起论”又称“如来藏缘起论”，为佛教“缘起论”的又一具体化，其理论核心为：“心”为“万法”之主宰，“法”之生灭均源于“心”。《大乘起信论》有言：“一切诸法以心为主，从妄念起。凡所分别皆分别自心，心不见心，无相可得。是故当知，一切世间境界之相，皆依众生无明妄念而得建立，如镜中像，无体可得；唯从虚妄分别心转，心生则种种法生，心灭则种种法灭故。”具体来讲，“心”分为“心真如门”和“心生灭门”，此“二门”统摄一切法：前者为“心”的“体”，指“真如之心”，它非生非灭，非染非净；后者为“心”的“用”，指“妄执之心”，它有生有灭，有染有净。《大乘起信论》亦有言：“此中显示实义者，依于一心有二种门，所谓心真如门、心生灭门。此二种门各摄一切法，以此展转不相离故。心真如者，即是一法界大总相法门体，以心本性不生不灭相。……心生灭门者，谓依如来藏有生灭心转。”不过，“真如之心”超绝于具体事物，故人难以用言语表述，而只能依靠“体悟”把握。《坛经》有言：“不思善，不思恶，正与么时，哪个是明上座本来面目？与汝说者，即非密也；汝若返照，密在汝边。”在此意义下，佛教以“无位真人”来比喻“真如之心”。《镇州临济慧照禅师语录》有言：“赤肉团上有一无位真人，常从汝等诸人面门出入。……如何是无位真人？师下禅床把住云‘道道’。”

王船山亦不赞同“真如缘起论”。在他看来，所谓“真如缘起论”，其理论核心乃“万法归一”和“一生万法”，而这些理论均为错误之说，因为，如果说“万法”“归一”为真，那么“一”归于何处呢？如果说“一”生“万法”为真，那么“万法”怎能“归一”呢？因此，只能讲“万法一致”，而不能讲“万法归一”和“一生万法”。他说：“异端之言曰‘万法归一’，一归何处？信万法之归一，则一之所归，舍万法其奚适哉？是可截然命之曰‘一归万法’，弗能于一之上索光怪泡影以为之归。然而非也。万法一致，而非归一也，致顺而归逆也。”② 而且，佛教此处所谓“一”指“真如之心”，而“真如之心”尽管有多种称谓，但其本质均指“无”即“空”。王船山说：“不任善，不任恶，洞

① 王夫之：《张子正蒙注》，《船山全书》第十二册，第一八二——一八三页。

② 王夫之：《周易外传》，《船山全书》第一册，第一〇四八——一〇四九页。

然寂然，若有若无，一切皆如，而万法非侣者，体之危也。其曰‘父母未生前’者，此也；其曰‘无位真人’者，此也；其曰‘离钩三寸’者，此也。而探其大宗，则一言以蔽之曰‘无’。”① 然而，既然“真如之心”为“无”即“空”，那么所谓“无位真人”便是自相矛盾之“邪说”。他说：“今以一言断之曰：意无恒体。无恒体者，不可执之为自，不受欺，而亦无可谦也。乃既破自非意，则必有所谓自者。此之不审，苟务深求，于是乎‘本来面目’、‘主人翁’、‘无位真人’，一切邪说，得以乘间惑人。”② 他还说：

> 释氏立一无位之心以治心，固妄矣。……如其可别立一心以治心，则其为心也，非但非道，而且非人矣。③

## 四

“修行论”是佛教的功夫论，是佛教为实现理想设计的具体做法。对此，王船山重点探讨了佛教的“能所论”“无念论”和“顿悟论”三个方面。

就佛教讲，“能所论”为“修行论”的基础内容，因为“无念论”和“顿悟论”均奠基于“能所论”。具体来讲，所谓“能”，又称“能缘”“见分”，指主体；所谓“所”，又称“所缘”“相分”，指对象。二者的关系是“因能以发所”，即，以“能”为主，以“所”为辅；“能”为决定者，“所”为被决定者。对此，王船山概括说：“惟能见方有所见，所见者非真实相，因我能见，认为实相，见异则相亦异。”④ 不过，王船山认为佛教之论颠倒了“能”“所”关系。他说：“‘能’‘所’之分，夫固有之，释氏为分为授之名，亦非诬也。”⑤ 他还说：“……然而以心合道，其有‘能’有‘所’也，则又固然而不容昧。是故其说又不足以立，则抑‘能’其‘所’，‘所’其‘能’，消‘所’以入‘能’，而谓‘能’为‘所’，以立其说，说斯立矣。”⑥ 王船山的意思是，“所”具有实体性，

① 王夫之：《尚书引义》，《船山全书》第二册，第三六〇页。
② 王夫之：《读四书大全说》，《船山全书》第六册，第四一七页。
③ 王夫之：《尚书引义》，《船山全书》第二册，第二六六页。
④ 王夫之：《相宗络索》，《船山全书》第十三册，第五四七页。
⑤ 王夫之：《尚书引义》，《船山全书》第二册，第三七六页。
⑥ 王夫之：《尚书引义》，《船山全书》第二册，第三七七页。

“能”具有“实用性”；不是“因‘能’以发‘所’”，而是“因‘所’以发‘能’”；故不可“消‘所’以入‘能’”，而只可说“‘能’必副其‘所’”。他说：“乃以俟用者为‘所’，则必实有其体；以用乎俟用而可以有功者为‘能’，则必实有其用。体俟用，则因‘所’以发‘能’；用乎体，则‘能’必副其‘所’。”① 由此来讲，所谓“三界惟心”“万法惟识”均为曲解“能”“所”关系的谬论。王船山说：

今曰“以敬作所”，抑曰“以无逸作所”，天下固无有“所”，而惟吾心之能作者为“所”。吾心之能作者为“所”，则吾心未作而天下本无有“所”，是民岩之可畏，小民之所依，耳苟未闻，目苟未见，心苟未虑，皆将捐之，谓天下之固无此乎？越有山，而我未至越，不可谓越无山，则不可谓我之至越者为越之山也。惟吾心之能起为天下之所起，惟吾心之能止为天下之所止，即以是凝之为区宇，而守之为依据，三界惟心而心即界，万法惟识而识即法。呜呼！孰谓儒者而有此哉！②

如果说“能所论”是“修行论”的基础内容，那么“无念论”则是“修行论”的核心内容。所谓“无念论”，指消除一切意识思维活动，在“不动心”状态下“体悟”“佛性”。“无念论”的理论根据主要体现为“言语道断”和“心行处灭”两句话。所谓“言语道断”，指用语言表达会“断灭”真理，因为任何言语都是限制。因此，佛教很少用“表诠”即肯定性表达，而多用“遮诠”即否定性表达。《宗镜录》有言：“遮诠表诠异者。遮谓遣其所非，表谓显其所是。又遮者拣却诸余，表者直示当体。”所谓“心行处灭”，指意识活动会“灭绝”真理，因为意识会对“体悟”形成干扰。因此，应该消除“心行”即意识活动。不过，在王船山看来，“物之体”本身具有实在性，言语和意识活动亦不干扰“物之体”，故表达“无念论”的这两句话均有误。他说：“诚则形，形乃著明，有成形于中，规模条理未有而有，然后可著见而明示于天下。故虽视不可见，听不可闻，而为物之体历然矣。当其形也，或谓之‘言语道断’犹之可也；谓之‘心行路绝’可乎！心行路绝则无形，无形者，不诚者也。不诚，非妄而何！”③ 王船山还说：

---

① 王夫之：《尚书引义》，《船山全书》第二册，第三七六——三七七页。

② 王夫之：《尚书引义》，《船山全书》第二册，第三七八页。

③ 王夫之：《思问录》，《船山全书》第十二册，第四二二页。

> 淫坊酒肆，佛皆在焉，恶已贯盈，一念消之而无余愧，儒之驳者，窃附之以奔走天下，曰无善无恶良知也。善恶本皆无，而耽酒渔色、罔利逐名者，皆逍遥淌瀁，自命为圣人之徒，亦此物此志焉耳。①

“顿悟论”主要是佛教禅宗主张的修行方法。禅宗认为，“佛性”为人所固有之本性，只因后天习染形成了“遮蔽”，但是只要“明心见性”，就能去除“遮蔽”，恢复本性，甚至“立地成佛”。《六祖坛经》有言：“自心内有知识自悟，若起邪迷，妄念颠倒，外善知识虽有教授，救不可得。若起正真般若观照，一刹那间，妄念俱灭。若识自性，一悟即至佛地。”“顿悟论”大概分为两类：一是“参悟”，即“瞑目据梧，消心而绝物”，这种方法多为禅宗神秀北派所主张。王船山对此不以为然，因为它会导致“叛道以流于恍惚”。他说：“其高者，瞑目据梧，消心而绝物，得者或得，而失者遂叛道以流于恍惚之中。异学之贼道也，正在于此。而不但异学为然也，浮屠之参悟者此耳。”② 二是“无修之修”，即“以行住坐卧”等日常活动等同于修行，这种方法多为禅宗慧能南派所主张。王船山对此亦不以为然，因为其“以知代行”，实乃取消了真正的修行。他说：“浮屠之言曰：‘知有是事便休。’彼直以惝然之知为息肩之地，而顾诡其辞以疑天下，曰：‘吾行也，运水搬柴也，行住坐卧也，大用赅乎此矣。’”③ 在王船山看来，即使是圣人亦须“学以成圣”，故所谓“顿悟”乃不可能之事。他说：“只下学处有圣功在，到上达却用力不得。故朱子云‘下学而不能上达者，只缘下学得不是当’。此说最分明。”④ 若形象地讲，“顿悟”则犹如奸商“不劳而获”，而“圣人之学”实需勤奋耕耘才得粟。因此，若信奉“顿悟论”不仅“于理事无当”，而且“祸患之来无日矣”。他说：

> 若释氏，则如俗说聚宝盆相似，只一秘密妙悟，心花顿开。抛下者金山粟海，蓦地寻去，既万万于事理无当，即使偶尔弋获，而圣人如勤耕多粟，彼犹奸富者之安坐不劳，“五斗十年三十担”，祸患之来无日矣。⑤

---

① 王夫之：《读通鉴论》，《船山全书》第十册，第六三九页。

② 王夫之：《尚书引义》，《船山全书》第二册，第三一四页。

③ 王夫之：《尚书引义》，《船山全书》第二册，第三一二页。

④ 王夫之：《读四书大全说》，《船山全书》第六册，第八一三页。

⑤ 王夫之：《读四书大全说》，《船山全书》第六册，第七三二页。

## 五

总而言之，王船山认为，佛教背弃儒家伦理道德，可谓“同于盗贼禽兽尔”，此乃“绝可惧者”。究其原因，就“佛性论”讲，佛教所论“佛性”只是“作用之性”，而非“本体之性”，故其所论必为肤浅之论。就“空论”讲，事物乃“阴”“阳”二气絪缊而生，特性亦事物所固有，而佛教“谓实不可居而有为妄”，“知有之有而不知无之有”，故亦为肤浅之论。就“修行论”讲，其所主张者根本不属于真正的修行，反而如同奸商“不劳而获”，故而为不可能之事。基于此，佛教为“坏人心、隳治理”之“虚诞无实之淫辞”。他说：“夫浮屠之祸人国，岂徒糜金钱、营塔庙、纵游惰、逃赋役已乎，其坏人心、隳治理者，正在疑庄疑释、虚诞无实之淫辞也。”① 因此，佛教与老、庄和申、韩同为“惑天下”之“三大害”。他说：“盖尝论之，古今之大害有三：老、庄也，浮屠也，申、韩也。三者之致祸异，而相沿以生者，其归必合于一。不相济则祸犹浅，而相沿则祸必烈。”② 既然如此，就应该“禁浮屠之教”。不过，要“铲除之无遗”并非易事，因为佛教已成“千年之弊”。他说：“后世有天下者，欲禁浮屠之教以除世蠹也良难。……何也？以一曰矫千年之弊，以一君一相敌群天下狂惑泛滥之情，而欲铲除之无遗，是鲧之堙洪水以止其横流，卒不能胜者也。”③ 依王船山的理解，上述即为其在“喻义”层面对佛教“所以立者”的指摘，而这些指摘可避免范缜和韩愈在“喻利”层面辟佛的弊端。公允地讲，王船山所论既有合理之处，也有偏激不可取之处。合理可取之处在于，他的确深入到“喻义”层面对佛教义理进行了辨析和指摘，此为范缜和韩愈所不及者。偏激之处在于，他完全未正视佛教义理亦有的合理面，对佛教义理采取了彻底否定的态度。正是在此意义下，蔡尚思曾认为此乃中国思想中的“瑕疵”。他说：“中国出了开口就乱骂人为禽兽的王船山，乃是中国学术思想史上的瑕疵！”④

（原文载《河南师范大学学报》〔哲学社会科学版〕2019年第4期，与马庆合作）

---

① 王夫之：《读通鉴论》，《船山全书》第十册，第六五一页。

② 王夫之：《读通鉴论》，《船山全书》第十册，第六五一页。

③ 王夫之：《读通鉴论》，《船山全书》第十册，第一〇〇九——一〇一〇页。

④ 蔡尚思：《王船山思想体系提纲》，载王夫之《船山全书》第十六册，第一二五〇页。

# 谭嗣同“仁本体论”的建构、解构与儒学还原

## ——纪念谭嗣同诞辰150周年

所谓“本体”乃“根本的体”，亦即根本性的“载体性存在”。或者说，所谓“本体”，不仅是天地万物的根源，而且是天地万物的归宿。因此，“本体”不仅在根本上“承载”天地万物的存在，而且在根本上“承载”对天地万物的解释。① 比如，在《周易》，由纯阳爻和纯阴爻构成的“乾”“坤”本初卦体便被视为“本体”。汉代的京房说：“乾分三阳为长中少，至艮为少男。本体属阳，阳极则止，反生阴象。”② 明代的王阳明则认为，“本体”不仅是“知”和“行”的依据，而且亦是“知”和“行”的归宿。他说：“此已被私欲隔断，不是知行的本体了。未有知而不行者，知而不行只是未知。圣贤教人知行，正是复那本体，不是着你只恁的便罢。”③ 由此可见，“本体”是哲学史上的重要范畴。正因为如此，哲学家大多非常重视本体论。就晚清众多思想家来看，谭嗣同的本体意识尤其明显。首先，他界定了何为“本体”，认为其乃“根本性的体”。他说：“日中天，则无朦气之障，而还其本体。日之本体，如盘者也。”④ 其次，谭嗣同以中国传统思想为基石，借鉴西学尤其是西方科学，对儒学的本体论进行了重建，此为在同时代思想家当中显得尤为可贵。系统地看，其本体论建构具体展开为如下脉络。

依着中国传统哲学的资源，谭嗣同认为，“元气”是形成天地万物的根本，因此，

---

① 程志华．客体·主体与道体［J］．哲学研究，2013（4）：43-50．

② 卢央．京氏易传解读［M］．北京：九州出版社，2004．

③ 王阳明．传习录［M］．阎涛，注评．南京：江苏古籍出版社，2001．

④ 谭嗣同．谭嗣同全集［M］．北京：生活·读书·新知三联书店，1954．

“元气”即是天地万物的本体。具体来讲，宇宙充满着“元气”，“元气”之凝固便形成各种元素，不同元素之结合进而形成各种天体和人物。他说：“元气絪缊，以运为化生者也……”① “天以其浑沌磅礴之气，充塞固结而成质，质立而人物生焉。”② 进而，在西学东渐的冲击下，出于会通中学和西学的考虑，谭嗣同把“元气”归结、等同为西方科学的“以太”，以之同为天地万物的本体。所谓“以太”，本指物理学中光、电、热等传播的一种介质。他说：“任剖某质点一小分，以至于无，察其为何物所凝结，曰惟以太。”③ 对于这样一个自然科学概念，谭嗣同将其予以抽象、提升，并与“元气”相较，从而赋予其哲学意义。对此，他说：“遍法界、虚空界、众生界，有至大之精微，无所不胶粘、不贯洽，不筦络，而充满之一物焉。目不得而色，耳不得而声，口鼻不得而臭味，无以名之，名之曰‘以太’。”④

那么，谭嗣同何以论证“以太”之为本体呢？具体来讲，其论证大致分为两步。其一，说明天地万物乃由“质点”即基本元素构成，而此基本元素即为“以太”。他说：“任举万物中之一物，……其为物眇乎其小矣，而要皆合无量之微质点黏砌而成。”⑤ “每分之质点，又各有无数之分。”⑥ “原质犹有七十三之异，至于原质之原，则一以太而已矣。”⑦ 其二，说明天地万物均由“质点”按照不同结构组成，而此组成源于“以太”之“黏砌”。他说：“与身至相切近莫如地，地则众质点黏砌而成。何以能黏砌？曰惟以太。任剖某质点一小分，以至于无，察其为何物所凝结，曰惟以太。”⑧ 这样，经过两个步骤的说明，“以太”便被“逼显”出来，进而与“元气”一样成为世界万物的本体。当然，谭嗣同认识到，“以太”若要成为世界本体，它必须具备“超验性”；否则，它只能停留于科学意义而为“元素”，不能具备哲学意义而为“本体”。对此，他认为，在经验范围之内，任何一种“元素”都不能成为“载体性存在”即“本体”。因此，他赋予“以太”

① 谭嗣同. 谭嗣同全集 [M]. 北京：生活·读书·新知三联书店，1954：247.

② 谭嗣同. 谭嗣同全集 [M]. 北京：生活·读书·新知三联书店，1954：248-249.

③ 谭嗣同. 谭嗣同全集 [M]. 北京：生活·读书·新知三联书店，1954：10.

④ 谭嗣同. 谭嗣同全集 [M]. 北京：生活·读书·新知三联书店，1954：9.

⑤ 谭嗣同. 谭嗣同全集 [M]. 北京：生活·读书·新知三联书店，1954：20.

⑥ 谭嗣同. 谭嗣同全集 [M]. 北京：生活·读书·新知三联书店，1954：30-31.

⑦ 谭嗣同. 谭嗣同全集 [M]. 北京：生活·读书·新知三联书店，1954：22.

⑧ 谭嗣同. 谭嗣同全集 [M]. 北京：生活·读书·新知三联书店，1954：9-10.

以“超验性”的特征。具体来讲，一个方面，“以太固无始终也”[①]“不生不灭”[②]；另一个方面，“至于以太，尤不容有差别”[③]。如此来看，前一个方面超越了时间维度；后一个方面超越了空间维度。很显然，既超越了时间，又超越了空间，“以太”便从经验界超越出来，进入了超验的形上世界。

如果说论定“以太”为本体论的事情，那么对现象界进行解释便是宇宙论的事情，因为二者乃“体”与“用”之关系。因此，在论证“以太”乃世界本体之后，顺着“体”与“用”关系的理路，谭嗣同便需对现象界进行解释。对此，他说：“学者第一当认明以太之体与用，始可与言仁。”[④] 所谓“以太之体与用”，实就世界本体与现象世界而言，即指“以太”为本体，现象世界是“用”。关于现象界，谭嗣同的理解是，“以太”作为根本性的“载体性存在”，不仅是天地万物统一之决定性根据，而且也是现象世界发展变化的根本原因。质言之，“以太”作为世界本体，不仅决定了现象世界的存在，而且决定了现象世界的变化。唯有同时具备这样两个方面，“以太”才可谓作为“载体性存在”之本体。关于“以太”决定现象世界的存在，谭嗣同已如前述。关于“以太”之为现象世界发展变化之根本原因，他则说：“日新乌乎本？曰：以太之动机而已矣。”[⑤] 不过，需要注意的是，在谭嗣同，“以太”对发展变化虽有决定作用，但并非指“以太”本身产生质变。也就是说，尽管“以太”决定了现象世界的发展变化，但“以太”本体本身是“不生不灭”的，即不能发展变化的。否则，“以太”便不可谓为天地万物之本体。质言之，尽管现象世界变化万千，但就本体而言，“以太固无始终也”[⑥]。

要之，通过一番论证，谭嗣同确定了“以太”乃世界本体，亦对现象世界进行了宇宙论解释。不过，在谭嗣同，论证“以太”为本体并不是目的，其目的在于通过论证“以太”本体以强化“仁本体”。也就是说，论证“以太”本体只是论证“仁本体”的手段。在他看来，“仁”充塞于宇宙乾坤之中，弥漫于天地万物之间，且它“衔接”自然、人伦和政治领域，故为世界之本原即本体。他说：“夫仁，以太之用，而天地万物由之以

① 谭嗣同. 谭嗣同全集［M］. 北京：生活·读书·新知三联书店，1954：48.
② 谭嗣同. 谭嗣同全集［M］. 北京：生活·读书·新知三联书店，1954：22.
③ 谭嗣同. 谭嗣同全集［M］. 北京：生活·读书·新知三联书店，1954：11.
④ 谭嗣同. 谭嗣同全集［M］. 北京：生活·读书·新知三联书店，1954：10.
⑤ 谭嗣同. 谭嗣同全集［M］. 北京：生活·读书·新知三联书店，1954：36.
⑥ 谭嗣同. 谭嗣同全集［M］. 北京：生活·读书·新知三联书店，1954：48.

生，由之以通。”① 那么，如何将“以太”与“仁”贯通呢？谭嗣同认为，“以太”作为世界本体，为实体的本有，即具有“物质性”。他说：“一（指以太——引者），故不生不灭；不生，故不得言有；不灭，故不得言无。”② 除了“物质性”外，“以太”还具有“精神性”。他说：“今既有知之谓矣，知则出于以太，不生不灭同焉；灵魂者，即其不生不灭之知也。而谓物无灵魂，是物无以太矣，可乎哉？”③ 在谭嗣同，“物质性”与“精神性”尤其是后者乃“以太”与“仁”之相通之处。此为一个方面。另一个方面，谭嗣同认为“以太”与“仁”均具有“通”的特性，故“以太”与“仁”是相通的。他说：“仁以通为第一义；以太也，电也，心力也，皆指出所以通之具。”④ 基于这样两个方面，既然“以太”与“仁”是相通的，若谓“以太”为本体，当然可谓“仁”为本体。质言之，二者是同等的，均为天地万物之本体。故此，谭嗣同说“以太”“精而言之，夫亦曰‘仁’而已矣”⑤。

关于“仁本体”之内涵，谭嗣同进行了三个方面的界说：其一，“仁”为天地万物之源。他说：“仁为天地万物之源，故唯心，故唯识。”⑥ 其二，“仁”是不生不灭的永恒存在，即“不生不灭，仁之体”⑦。他说：“虽仁至如天，仁乎何增？不能强无，虽不仁至如禽兽，仁乎何减？不增惟不生故，不减惟不灭故。”⑧ 其三，“仁”与佛家的“慈悲”、基督教的“爱”等是相通的。他说：“孔谓之‘仁’，谓之‘元’，谓之‘性’；墨谓之‘兼爱’；佛谓之‘性海’，谓之‘慈悲’；耶谓之‘灵魂’，谓之‘爱人如己’、‘视敌如友’；格致家谓之‘爱力’、‘吸力’，咸是物也。”⑨ 其四，“仁”之属性为“通”，而“通之象为平等”。也就是说，由“通”可推出“平等”之结论。他说：“仁以通为第一义。以太也，电也，心力也，皆指出所以通之具。”⑩ “通之象为平等……无对待，然后平等。

---

① 谭嗣同. 谭嗣同全集 [M]. 北京：生活·读书·新知三联书店，1954：12.
② 谭嗣同. 谭嗣同全集 [M]. 北京：生活·读书·新知三联书店，1954：22.
③ 谭嗣同. 谭嗣同全集 [M]. 北京：生活·读书·新知三联书店，1954：27.
④ 谭嗣同. 谭嗣同全集 [M]. 北京：生活·读书·新知三联书店，1954：6.
⑤ 谭嗣同. 谭嗣同全集 [M]. 北京：生活·读书·新知三联书店，1954：121.
⑥ 谭嗣同. 谭嗣同全集 [M]. 北京：生活·读书·新知三联书店，1954：7.
⑦ 谭嗣同. 谭嗣同全集 [M]. 北京：生活·读书·新知三联书店，1954：7.
⑧ 谭嗣同. 谭嗣同全集 [M]. 北京：生活·读书·新知三联书店，1954：16.
⑨ 谭嗣同. 谭嗣同全集 [M]. 北京：生活·读书·新知三联书店，1954：9.
⑩ 谭嗣同. 谭嗣同全集 [M]. 北京：生活·读书·新知三联书店，1954：6.

无无，然后平等。平等生万化。平等者，致一之谓也。一则通矣，通则仁矣。”① 基于这样四个方面，“仁本体”得以确立且丰富起来。对此，李泽厚曾说：“‘反而观之，可识仁体’，不再是‘以太’为体，而是以‘仁’为本体了。在这种情况下，也就可以说‘以太’即‘仁’，‘仁’即‘以太’。”②

（原文载《河北大学学报》〔哲学社会科学版〕2015 年第 2 期，与张学敏合作）

① 谭嗣同. 谭嗣同全集［M］. 北京：生活·读书·新知三联书店，1954：9.

② 李泽厚. 中国思想史论［M］. 合肥：安徽文艺出版社，1999.

# 打倒孔家店　救出孔夫子

## ——张申府的儒学观

20世纪初叶，相对于儒学而言，国内学界出现了两股对照鲜明的思潮。一是激进主义，主张以外来文化代替传统文化，故对儒家文化进行了彻底批判。一是保守主义，以“国粹”来看待儒家文化，故主张维护传统文化的主导地位。面对这样两股思潮，作为哲学家的张申府不是“非此即彼”，而是“扬弃”地提出另一种主张：一方面，承认传统儒学的确存在糟粕，而且主张必须清除这些糟粕。另一方面，亦肯定儒学有许多有价值的精神遗产，并主张继承并弘扬这些精神遗产。很显然，这样一种主张具有一定的时代超越性。不仅如此，更为重要的是，他主张在继承儒学精神遗产的同时，还需要“哲学地”发展儒学，从而为中国文化的发展提供价值之源。这样一种思想主张，体现出张申府的儒学观。

### 一

20世纪初叶，在多种历史机缘的共同作用下，国内学界对儒学的批判日益高涨，以至形成了激进主义思潮。概括地看，这股思潮认为儒学存在三个方面的缺欠：其一，儒学服务于君主专制，为封建专制的“傀儡”。梁启超说：“孔学则严差等，贵秩序，而措而施之者，归结于君权……于帝王驭民，最为适合，故霸者窃取而利用之以宰制天下。”[①] 其二，儒学违背人性，形成对人的“道德压迫”。胡适说：“理学家们把他们冥想出来的臆说认为天理而强人服从。他们一面说存天理，一面又说去人欲。他们认人的情

---

① 梁启超．论中国学术思想变迁之大势［M］．夏晓虹，导读．上海：上海古籍出版社，2001：53.

欲为仇敌，所以定下许多不近人情的礼教，用理来杀人，吃人。”① 其三，儒学不适应现代生活，阻碍社会进步。梁启超说：“孔学之不适于新世界者多矣，而更提倡保之，是北行南辕也。”② 基于这样几个方面，激进主义学者认为儒学应当被批判，孔子应当被打倒。对于这样一种主张，胡适曾以“打倒孔家店”来概说。他在《吴虞文录·序》中说：“我给各位中国少年介绍这位‘四川省只手打孔家店’的老英雄——吴又陵先生！”③ 在此，“打倒孔家店”虽是胡适在介绍吴虞时的说法，但这一说法却准确概括了当时学界的批儒思潮。质言之，在当时的学术界和思想界，“打倒孔家店”成为许多人的共识。

在学界对儒学的批判日益高涨的同时，作为对批儒思潮的“反弹”，学界亦出现了一股以“尊孔”为特征的保守主义思潮。保守主义思潮虽具体体现于“保皇党”“国粹派”和“保教派”之不同阵营，但其核心观点却是基本一致的。他们认为，中国社会的确千疮百孔，几于病入膏肓，但根源并不在于儒学和孔子。相反，“中国最大之病根非奉行孔子之教，实在不行孔子之教”④。之所以如此，在于孔子的“为人之道”并未在中国社会真正实行。柳诒徵说：“今日社会国家重要问题，不在信孔子不信孔子，而在成人不成人。凡彼败坏社会国家者，皆不成人者之所为也。苟欲一反其所为，而建设新社会新国家焉，则必须先使人人知所以为人，而讲明为人之道，莫孔子之教若矣。”⑤ 具体来讲，这股思潮出现的原因主要有如下几个方面：其一，为“表示或粉饰太平”；其二，民族主义或国家主义在全世界的盛行；其三，在复古潮流下对“思想重心”的追寻；其四，借尊孔以“恢复民族自信”等。⑥ 关于这样几个方面，章太炎曾概而言之说：“要成就这感情，有两件事是最〈要〉的。第一，是用宗教发起信心，增进国民的道德；第二，是用国粹激动种性，增进爱国的热肠。”⑦ 对于上述两种思潮，张申府都有自己的看法。关于激进主义思潮，张申府认为，其虽有一定的合理性，但已有批判过于盲目、浅显。他说：“在思想上，五四代表的潮流，对于传统封建的思想，是加了重大的打击。这些年来，在思想上中国诚有了不小的变化，在学问上也有了显著的进步……但是封建思想的依然弥

---

① 欧阳哲生．胡适文集（7）［M］．北京：北京大学出版社，1998：267.

② 丁文江，赵丰田．梁启超年谱长编［M］．上海：上海人民出版社，1983：278.

③ 胡适．吴虞文录·序［M］．合肥：黄山书社，2008：4.

④ 柳诒徵．论中国近世之病源［J］．学衡，1922（3）：6.

⑤ 柳诒徵．论中国近世之病源［J］．学衡，1922（3）：9.

⑥ 张申府．张申府文集：第一卷［M］．石家庄：河北人民出版社，2005：143-144.

⑦ 汤志军．章太炎政论选集：上册［M］．北京：中华书局，1977：272.

漫，也是不能掩盖的情实。”① “多年的打倒孔家店，也许孔子已经打倒了，但是孔家店的恶流却仍然保留着，漫延着。”② 总之，“五四时代的启蒙运动，实在不够深入，不够广泛，不够批判”③。关于保守主义思潮，依着张申府的理解，“尊孔”思潮只停留于“外在”的尊孔，故无助于“解放”孔子“圆融而切实的教义”。他说：“近年对于孔子的信仰实在已失坠了。若想恢复之，而不从培养大师阐发其教义上着手，乃突然地因仍故常举行宗教的仪式，便令别无害处，也不免是一种可笑的举动，说得上什么恢复信心，挽救国运?”④ 对此，张申府解释说：“吾的意思，并不只简单地说，孔子是不该尊的，不值得尊的。但吾深信，在现在情形之下，如果尊之不得其法……那便是非徒无益，而又害之。”⑤ 质言之，“尊孔”是应该的，但“尊孔”的方法一定要恰当。他说：“要想解决现在中国的根本经济问题，也只能用前进的方法，不能用倒退的方法。不幸，现在尊孔的种种起因，竟是倒退的多，而前进的少。这种情形之下的尊孔，对于救济中国的危亡，如何会有多大益处?”⑥

由此来看，张申府对于上述两种对立思潮均持有异议。进而，他认为，要从解决中国问题的角度讲，需要对上述两股思潮进行“重新估价”。他说：“由今日来回看，五四的一个缺欠是不免浅尝。……因此，今日的启蒙运动……更应该是深入的，清楚的，对于中国文化，对于西洋文化，都应该根据现代的科学法更作一番切实的重新估价，有个真的深的认识。”⑦ 在张申府，“重新估价”非常重要，其重要性相对于 20 世纪初叶“启蒙运动”来讲可称为“新启蒙运动”。他说：“在思想上，如果把五四运动叫作启蒙运动，则今日确有一种新启蒙运动的必要……”⑧ 之所以谓之“新启蒙运动”，缘于此运动的基础是“理性”，而上述两股思潮的基础并非如此。他说：“认识五四的意义，发扬五四的影响，补足五四的欠缺，除了加紧努力于五四所对付的对外问题外，不但在宣传上，而且在实践上，推动这个新启蒙运动，应是今日一桩最当务之急。而这个运动的总标语，

① 张申府. 张申府文集：第一卷［M］. 石家庄：河北人民出版社，2005：191.

② 张申府. 张申府文集：第一卷［M］. 石家庄：河北人民出版社，2005：190.

③ 张申府. 张申府文集：第一卷［M］. 石家庄：河北人民出版社，2005：190.

④ 张申府. 张申府文集：第一卷［M］. 石家庄：河北人民出版社，2005：145.

⑤ 张申府. 张申府文集：第一卷［M］. 石家庄：河北人民出版社，2005：144.

⑥ 张申府. 张申府文集：第一卷［M］. 石家庄：河北人民出版社，2005：144.

⑦ 张申府. 张申府文集：第一卷［M］. 石家庄：河北人民出版社，2005：192.

⑧ 张申府. 张申府文集：第一卷［M］. 石家庄：河北人民出版社，2005：191.

一言以蔽之，应该是理性。”① 那么，何为“理性”呢？消极地讲，它是指“不迷信”“不武断”“不盲从”；积极地讲，它是指宣传和实践“切实”“客观”“唯物”的“科学法”。他说：

这个启蒙运动必是理性运动：必然要反对冲动，裁抑感情，而发扬理性。不迷信，不武断，不盲从，应该只是这个运动的消极内容。积极方面，应该更认真地宣传科学法，实践科学法。科学法的特点是切实，是唯物，是客观，是数量的，解析的（或说分析的）。反对的是笼统幻想，任凭感情冲动。②

基于“理性”，张申府认为，这种“新启蒙运动”乃是在“继承”前提下的“扬弃”。他说：“这种新启蒙运动对于五四的启蒙运动，应该不仅仅是一种继承，更应该是一种扬弃。”③ 那么，何谓“扬弃”呢？他说：“所谓扬弃的意思，乃有的部分要抛弃，有的部分则要保存而发扬之，提高到一个更高的阶段……”④ 在他看来，唯有如此，才能消除对儒学和孔子所产生的“误解”，辨明孔子思想中的是与非；才能“阐发”孔子的“真精神”，真正助于中国文化的发展。他说：“所要造的文化不应该只是毁弃中国传统文化，而接受外来西洋文化，当然更不应该是固守中国文化，而拒斥西洋文化；乃应该是各种现有文化的一种辩证的或有机的综合。一种真正新的文化的产生，照例是由两种不同文化的接合。”⑤ 为了实现“扬弃”的目标，面对激进主义和保守主义两股思潮，张申府提出了“打倒孔家店，救出孔夫子”的口号。他说：

那时有两个颇似新颖的口号，是“打倒孔家店”，“德赛二先生”。我认为这两个口号不但不够，亦且不妥。……至少就我个人而论，我以为对这两口号至少都应下一转语。就是：“打倒孔家店”，“救出孔夫子”；“科学与民主”，“第一要自主”。⑥

---

① 张申府．张申府文集：第一卷［M］．石家庄：河北人民出版社，2005：193.
② 张申府．张申府文集：第一卷［M］．石家庄：河北人民出版社，2005：191-192.
③ 张申府．张申府文集：第一卷［M］．石家庄：河北人民出版社，2005：191.
④ 张申府．张申府文集：第一卷［M］．石家庄：河北人民出版社，2005：304.
⑤ 张申府．张申府文集：第一卷［M］．石家庄：河北人民出版社，2005：192.
⑥ 张申府．张申府文集：第一卷［M］．石家庄：河北人民出版社，2005：190.

# 二

从张申府的口号来看，“打倒孔家店”是其中一义。他说：“在抗战时期我又常说，‘打倒孔家店，救出孔夫子’。孔门儒教，当然应该打倒。把孔子当教主……遗害中国已经两千年，当然要不得，当然要该打倒。”① 在张申府，所谓“孔家店”有其限定的含义，其所指乃“孔门儒教”。具体来讲，它包括两个方面：其一，指被作为宗教看待的儒教；其二，指作为意识形态的儒学。因此，所谓“打倒孔家店”，一是指把孔子从“圣坛”上请下来，去除其身上的“神圣光环”；此意指反对以孔子为“万能”。二是指把儒学置于学术思想的“百花园”，去除其所享有的“独尊”地位；此意指反对以儒学为“全对”。他说：“若以他（指孔子——引者）为万能，为全对，当然便错。”② 就此来讲，他说：“今日对于孔子再不必有一点儿迷信了，也再不可有一点儿迷信了……孔子及其仁是封建社会的产物，有其不可逃的时代限制。”③ 那么，为何张申府要主张“打倒孔家店”呢？基于“理性”，他认为，“孔家店”应被“打倒”的理由主要有两个方面：

其一，“孔家店”限制学术自由。在张申府看来，无论是学术进步，还是文明发展，均依赖于“自由的空气”。质言之，“思想自由”乃学术繁荣的前提，也是文化发展的基础。这也正是前引他所谓“第一要自主”之所指。对此，他说：“思想学术的发展是需要自由与方便的。……‘只有在开阔的天地里，自由的空气中，肥沃的土壤上，乃能开放光华灿烂的文化之花，结成甘美宜人的学术之果。’”④ 然而，儒家主张“独尊儒术，罢黜百家”，结果是，虽然儒家思想得到了弘扬，但学术界形成了思想专制；此种格局不但限制了学术进步，而且也阻碍了文化发展。因此，要促进学术进步，要推动文化发展，必须打破“独尊儒术”的格局，进而破除思想学术专制。质言之，把儒学“定为一尊”的时代应该结束了。张申府说：

孔门儒教，当然应该打倒。把孔子当教主，罢黜百家，定为一尊，严门锁户，

① 张申府．张申府文集：第二卷［M］．石家庄：河北人民出版社，2005：632-633.

② 张申府．张申府文集：第一卷［M］．石家庄：河北人民出版社，2005：145.

③ 张申府．张申府文集：第二卷［M］．石家庄：河北人民出版社，2005：633.

④ 张申府．张申府文集：第一卷［M］．石家庄：河北人民出版社，2005：380.

使得学术不得进步，遗害中国已经两千年，当然要不得，当然要该打倒。①

其二，“孔家店”束缚人的自然本性。在他看来，“饮食男女”四个字乃人的自然本性，故亦是社会的基本问题。他说：“社会问题！社会有什么问题？饮食男女四个字，有包不尽的么？但能把关系吃饭的事，关系男女合伙睡觉的事，布置得法，使无一夫一妇不得其所，无一夫一妇不得果其腹，餍其欲，无过也无不及——但能如此，社会还有什么问题？世界不从此长治久安了么？”② 然而，虽然儒家对此有所了解，但其认识却远不到位。具体来讲，儒家虽看到了人的自然本性，但它又极力倡导“礼教”，以束缚并压制人的自然本性。由此来讲，儒学实际上乃“误尽苍生”之学。张申府说：“孔仲尼，孟子舆，总算很看到这个了，所以说‘饮食男女，人之大欲存焉’；所以说‘食色性也’。然而他们对付这个的方法，只有礼乐。乐自要紧，礼便只有流弊。后来出了迂阔的宋儒，说什么‘失节事大，饿死事小！’两句话恰恰与人心的两个根本相反！似乎要误尽苍生了，然而苍生岂肯受他误！”③ 因此，要解决中国社会问题，应着眼于人的自然本性，修正“误尽苍生”的传统儒学。他说：

从打多暂就有人想改造社会！那个人不想世界长治久安？可是直到现在还逃不出一治一乱的话，或且“更有甚焉”。这个情景只是原因想改造的人看不到这个人性的根本事实，或是不敢看到，再不就是看到一点了，处置仍未得法，暂安一时，长久还糟。……现在还有想解决社会问题的人么？第一，你们要大起胆子，睁开眼睛，敢于看到这个人心的根本事实！④

## 三

张申府认为，虽然应该“打倒孔家店”，但不能否认孔子是伟大的思想家。他说：

---

① 张申府. 张申府文集：第二卷［M］. 石家庄：河北人民出版社，2005：633.

② 张申府. 张申府文集：第三卷［M］. 石家庄：河北人民出版社，2005：43.

③ 张申府. 张申府文集：第三卷［M］. 石家庄：河北人民出版社，2005：44.

④ 张申府. 张申府文集：第三卷［M］. 石家庄：河北人民出版社，2005：43-44.

“历史上的孔子，究竟是不失其为‘大哉’的。不过，‘大哉’也就是他最适当的称誉。若以他为万能，为全对，当然便错。孔子只是中国最大的思想家，教育家，政治家，若以为教主而崇祀之，也只有害了他。”① 而且，孔子不仅是中国的伟人，而且亦是全世界的伟人。张申府说：“无论如何，他不但是中国的伟大人物，也是世界的伟大人物。假使世界只纪念哥白尼、伽离略（即伽利略——引者）、牛顿，而不纪念孔夫子，这个世界，无论如何，不会是圆满完全的。”② 因此，不能对孔子的思想视而不见，不能把孔子思想的精华“糟蹋净尽”。他说：“在现在还说孔子么？什么孔老二、孔家店、新孔学等等，写来可厌的名字，岂不是已把孔子的信仰都摧毁，都糟蹋净尽？”③ 依着张申府的理解，“孔家店”之弊端并不源于孔子，一些思想糟粕也不应该归于孔子，孔子只是被历代统治者利用的“最不幸”的人。他说：

> 孔子实在是中国一个最不幸的人，有最圆融切实的教义，而难索解人。却被利用了两千年，至今不得解放。一方又被种种的恶名集于一身。④

张申府的意思是，任何思想都是特定时代的产物，因此，一定要注意鉴别并继承其中的合理成分；对待孔子和儒家思想亦应如此。他说：“诚然，孔子及其仁是封建社会的产物，有其不可逃的时代限制。但逻辑与几何又何尝不是奴隶社会的产物，科学法以及辩证唯物论也何尝不是资本主义社会的产物？”⑤ 就孔子思想来看，其一些思想确有合理成分，且具有恒久的价值；这些思想可被现代社会所利用，并使之成为中国新文化的有机组成部分。他说：“过去帝王既利用孔子以维持其统治了，那么，今日为什么不可以利用孔子以维持民族的生存？”⑥ 实际上，孔子思想不仅可以为中国利用，亦可贡献于全世界。他说：“孔子被历代帝王利用，也利用得够多了，够久的了。今日还不该论（应为“轮”——引者）到人民也来‘利用’他？用他为人民服务？无论如何，可以把他作为一

---

① 张申府. 张申府文集：第一卷 [M]. 石家庄：河北人民出版社，2005：145.

② 张申府. 张申府文集：第二卷 [M]. 石家庄：河北人民出版社，2005：633-634.

③ 张申府. 张申府文集：第三卷 [M]. 石家庄：河北人民出版社，2005：181.

④ 张申府. 张申府文集：第一卷 [M]. 石家庄：河北人民出版社，2005：145.

⑤ 张申府. 张申府文集：第二卷 [M]. 石家庄：河北人民出版社，2005：633.

⑥ 张申府. 张申府文集：第三卷 [M]. 石家庄：河北人民出版社，2005：181-182.

个象征。而况今日全世界正可以由他得路。”① 正是因此，孔子是应该纪念的，其思想亦是应该继承的。张申府说：

> 尤其没有孔子所代表的仁，不但文化将不成其为文化，人也将不成人。孔子有这样重要意义……还不真值得纪念么？……其实孔子的可以纪念，值得纪念，应该纪念，本不待申说。②

当然，孔子思想应该继承的内容并非“孔门儒教”，而是指其合理的具有恒久价值的内容。在张申府看来，此内容乃孔子思想的“真传统”。不过，继承的前提是先将其“解放”出来，此即“救出孔夫子”的真义。由此可见，所谓“救出孔夫子”，所针对的是“孔子的真传统”，指把孔子从“圣坛”上请下来，恢复其作为伟大思想家的“本来面目”；指把儒学从“独尊”之位上请下来，研究并继承其有价值的思想精华。他说：“也只有打倒了儒家孔教，打倒了对孔子的崇拜，可以自由研究了，再无所谓离经叛道，非圣无法之说，孔子的真面目，孔子的真精神，孔子的伟大，才真会被认识。”③ “……这才真正可以见出大哉孔子，也才可以看出孔子的真价值，真正值得效法与纪念处。于是，孔子也才和同样害人害了两千年的亚里士多德一样，被救出来。”④ 质言之，应将孔子思想的“真传统”诠释出来，贡献于现代中国乃至全人类。张申府说：“孔子是最可以代表中国的特殊精神的。那么，为什么不应发其精华，而弃其糟粕？而只乃对于过去的误用，徒作幼稚的反动？”⑤ 为此，他还说：

> 为矫正“打倒孔家店”的口号，我曾提出：“打倒孔家店，救出孔夫子”，就是认为中国的真传统遗产，在批判解析地重新估价，拔去蒙翳，剥去渣滓之后，是值得接受承继的。⑥

---

① 张申府．张申府文集：第二卷［M］．石家庄：河北人民出版社，2005：633.
② 张申府．张申府文集：第二卷［M］．石家庄：河北人民出版社，2005：632-633.
③ 张申府．张申府文集：第二卷［M］．石家庄：河北人民出版社，2005：633.
④ 张申府．张申府文集：第二卷［M］．石家庄：河北人民出版社，2005：633.
⑤ 张申府．张申府文集：第三卷［M］．石家庄：河北人民出版社，2005：181.
⑥ 张申府．张申府文集：第一卷［M］．石家庄：河北人民出版社，2005：304.

张申府认为，中国文化的代表人物并非嬴政、刘彻、李世民、朱元璋等帝王，也非屈原、李白、杜甫、曹雪芹等文人，而是儒学的创立者孔子，因为中国文化“所以立者”“可以立者”和“值得立者”均源于孔子。他说：“一个国家要立国于斯世，必有所以立者，必有可以立者，必有值得立者，也可以说，必有其代表的人物。代表中国的最大人物，断然是孔子，而不是嬴政、刘彻……中国立国，所以立，可以立，或值得立的，应就是仁，就是中，就是生（天地之大德曰生）。而这些，以及易与实，断然应以孔子为代表。”① 由此来讲，孔子不仅不应该被打倒，而且也不可能被打倒。他说：“狂妄者说，‘打倒孔家店。’孔家本无店，要打倒哪里？我尝纠正说，‘救出孔夫子。’仲尼本自在，救也用不着。”② 既然如此，就应努力弘扬孔子思想的“真传统”。他说：“中国学人，今日对于文化，至少负有三桩不可旁贷的任务。既须，一、本着最新最进步的观点彻底检讨自己的文化，重新认识自己的文化理想，阐发自己从来未经发扬的真传统……”③ 在张申府看来，孔子思想的“真传统”主要包括三个方面：其一，“正名”所表达的政治思想；其二，“中庸”所表达的辩证法；其三，“仁”所表达的崇高人格理想。

其一，关于“正名”。在张申府看来，“正名”作为孔子思想的重要范畴，其理论内涵乃为政之要。所谓“正名”，主要包括如下内涵：第一是“清楚实在”，指言语思想的清楚实在。他说：“中国现在固然有种种急切的需要，但一个最切要的实是思想言语的清楚而实在。清楚的最后标准也是在实上，所以实尤其根本。孔子尝重正名，说：‘名不正则言不顺，言不顺则事不成……’其实要名正言顺也在清楚实在。”④ 第二是“客观”，即实事求是。他说：“乱世急务之一是正名。……正名与客观也是相关联的。方法上的客观，本在：是什么就认识为什么。正名所图则在：名为什么便应当是什么，真是什么乃名为什么。不然者，君不君，臣不臣……本不是匪而名为匪，不是乱而名为乱，而剿之。结果如何？”⑤ 第三是“循实”，即遵循事实。他说：“孔子谈治国开始于正名。我则认为与其说正名，无宁更切实些说循实。”⑥ 第四是“核实”，即名实相符。他说：“孔子的正

① 张申府．张申府文集：第二卷［M］．石家庄：河北人民出版社，2005：633.
② 张申府．张申府文集：第三卷［M］．石家庄：河北人民出版社，2005：364.
③ 张申府．张申府文集：第一卷［M］．石家庄：河北人民出版社，2005：691.
④ 张申府．张申府文集：第三卷［M］．石家庄：河北人民出版社，2005：237.
⑤ 张申府．张申府文集：第三卷［M］．石家庄：河北人民出版社，2005：174-175.
⑥ 张申府．张申府文集：第一卷［M］．石家庄：河北人民出版社，2005：297.

名真不失为政首的为要。——正名实在就是要核实。”① 依着张申府的理解，“正名”思想不仅具有理论意义，而且具有现实意义。他说：

> 中国古人曾经注重过正名。这就是逻辑一部分的应有事。假如今日相信民主的人，主张民主的人，而不先正名，而不防止名字的滥用，而不杜塞自己信念主张的变成八股，变成滥调，变成口头禅，变成敲门砖，那结果一定是一个谎言……那结果将一定是一个天大的哄骗。②

其二，关于“中庸”。在张申府看来，“中庸”是孔子思想的另一个重要范畴。所谓“中庸”，并非机械的“折中”，亦非固定不变的“执中”，而是指“适度”即“时中”。他说：“中：准也，极也，合也，洽当也，恰好也，恰到好处也，火候纯青也。中就是射的，就是正鹄，也就是射中（读重）。最重要，必须记取的是：中是一个圈（口），而不是一个点。但吾相信时中，而非折中、执中。”③ 具体来讲，“中庸”的实质乃辩证法。他说：“中与易都是辩证的道理。中为人的行动的标准。易表示了宇宙实象。而且中国的易是说明天地万物，而非指的观念思想，尤合乎辩证唯物的意思。所以我尝说，辩证唯物本是中国真正传统的见解。”④ 之所以说：“中庸”乃“中国真正传统的见解”，在于它已成为中国人的价值标准。他说：“美是一种所谓价值。……在这地方，我还愿意引到我在中国哲学上最喜欢的三个字之一上去。那就是中。中正是恰好切中的意思。在大客观主义下，中正是价值的标准。满足这种标准，必是主客的会合，而不能偏于那一方，斜到那一隅。”⑤ 对于“中庸”这样一种价值标准，张申府的评价颇高。他说：

> 时中。致中和。从容中道。极高明而道中庸。执其两端，用其中于民。大哉！优优大哉！⑥

---

① 张申府. 张申府文集：第二卷［M］. 石家庄：河北人民出版社，2005：355.
② 张申府. 张申府文集：第一卷［M］. 石家庄：河北人民出版社，2005：504.
③ 张申府. 张申府文集：第三卷［M］. 石家庄：河北人民出版社，2005：437.
④ 张申府. 张申府文集：第三卷［M］. 石家庄：河北人民出版社，2005：253.
⑤ 张申府. 张申府文集：第二卷［M］. 石家庄：河北人民出版社，2005：337.
⑥ 张申府. 张申府文集：第三卷［M］. 石家庄：河北人民出版社，2005：364.

其三，关于“仁”。在张申府看来，“仁”作为孔子思想的核心范畴，指人之为人的准则。他说：“仁从二人，成群之本。仁者人也，是人之所以为人，是为人处世之最高准则，是为人最应操守之中。仁，行起来就是忠与恕。”① “仁”不仅是人之为人的准则，亦是人类社会的基本准则。他说：“仁是人与人间最亲切的关系。所谓仁者人也，仁是人之所以为人，所谓生生之谓仁，所谓仁是相人偶。社会不过人的关系的集合。最高理想的社会定是仁的社会。仁字从二人。承认己外有人，是人作人的起码点。也是人类社会，人能组成社会的最起码点。”② 正因为如此，“仁”具有两个方面的价值：第一，可满足自己需要。即为避免受别人的迫害，人乃需要“仁”。他说：“所谓为人类，起于为自己。所谓仁，期人之勿迫害己。”③ 第二，可利于整个社会。即人先是为自己考虑，但同时也须考虑别人，这样人们才能和谐相处，整个社会才可实现和平。他说：“仁，首在活灵灵地感到他人。所以，仁及忠恕，都是假定有他人，都是承认他人，容许他人，重视他人的。”④ 在此意义上说，“仁”乃孔子对整个人类文化的贡献。张申府说：“孔子代表中国好的文化。……中国好文化最大的贡献是仁，这自应以孔子为代表。”⑤ 他还说：

> 仁是人间的最高的理想，仁是人与人间最好的关系，仁是中国文明最大的贡献。⑥

## 四

由前述可知，“正名”“中庸”“仁”乃孔子之“真传统”，且“真传统”为中国文化“所以立者”“可以立者”和“值得立者”。换言之，这些“真传统”不仅支撑了传统儒学，而且支撑了整个中国传统文化。由此来讲，孔子的“真传统”乃中国文化之“可以纪念的东西”。张申府说：“一个民族，如果没有它可以纪念的东西，则不但不会长久，

① 张申府. 张申府文集：第三卷［M］. 石家庄：河北人民出版社，2005：410.
② 张申府. 张申府文集：第三卷［M］. 石家庄：河北人民出版社，2005：253.
③ 张申府. 张申府文集：第三卷［M］. 石家庄：河北人民出版社，2005：88.
④ 张申府. 张申府文集：第三卷［M］. 石家庄：河北人民出版社，2005：423.
⑤ 张申府. 张申府文集：第二卷［M］. 石家庄：河北人民出版社，2005：632.
⑥ 张申府. 张申府文集：第一卷［M］. 石家庄：河北人民出版社，2005：318.

也必不值得长久存在。……复古是不可能的，但是一个民族，如果知道它自己文化上的成就，认识它文化上的代表人物，总可以增加此自信，减少些颓唐奴性。”① 但是，中国文化不能满足于此，儒学亦不能满足于此，因为中国文化还须发展，人类文化还须发展。否则，儒学便会仅仅是“可以纪念的东西”，而“不值得长久存在”。质言之，儒学之具有恒久价值的“真传统”虽有其历史贡献，虽可作为未来发展的资源，但面对中国文化乃至世界文化的未来发展，它仍有“可尽”与“应尽”的责任。张申府说：“无论如何，可以把他（指孔子——引者）作为一个象征。而况今日全世界正可以由他得路。”② 他还说：

> 中国学人于此，是有他可尽与应尽的责任的。……中国旧来未得发扬的真传统上，中国旧来未得践履的人生哲学上，未尝无一日之长。西洋文化今日正走到一个尽头，中国真传统人生哲学上的一日之长，很可能就是今日世界文化的需要，而为今日世界文化新综合的必要成分之一。③

张申府的意思是，儒学不能停留于继承和弘扬“真传统”，而更需要创新与发展。正因为如此，他对当时的“整理国故”颇有微词。他说：“近年的‘整理国故’纵令也有不可没之微功，但终不能不说是近年害得中国学人最苦的一件事。一固在其把一部分向上的精力不用在大自然或人类社会里而耗在故纸堆中。二尤在其把中国本有的东西隐然都认为故的，好像新的只有资本主义文化，帝国主义的东西。”④ 具体来讲，儒学代表着中国传统文化主流，它有责任针对现实问题进行创新，以对中国文化发展提供价值之源。用张申府的话讲，面对现实和未来，我们不仅需要“历史上的孔子”，更需要“这个时代的孔子”。如果孔子生活在今天，他也会如此做的。张申府说：“今日需要的孔子，自必是这个时代的。而孔子之恰好，本在他是圣之时者，知道易，知道‘逝者如斯夫，不舍昼夜’。”⑤ 那么，“这个时代的孔子”所指为何呢？

就儒学的基本理路来讲，如前所引，张申府认为其乃一种“人生哲学”。既然儒学为

---

① 张申府．张申府文集：第三卷［M］．石家庄：河北人民出版社，2005：181.

② 张申府．张申府文集：第二卷［M］．石家庄：河北人民出版社，2005：633.

③ 张申府．张申府文集：第一卷［M］．石家庄：河北人民出版社，2005：691.

④ 张申府．张申府文集：第三卷［M］．石家庄：河北人民出版社，2005：182.

⑤ 张申府．张申府文集：第三卷［M］．石家庄：河北人民出版社，2005：182.

“人生哲学”，它就必为“哲学”。关于作为“人生哲学”的儒学的发展，张申府是立足于“哲学”来思考的，因为哲学乃文化的核心。他说：“中国今日确需要一种东西，这种东西，就是理想。……供给这种理想的，就今不止哲学，却以哲学为首要。”① 那么，何谓“哲学”呢？“哲学”乃“智慧之学”。他说：“哲学就是学哲，哲学最大的社会功用就是使人哲。……哲就是明哲，就是智慧。”② 具体来讲，哲学作为关于“宇宙运动的一般规律之学”③，其意义包括两个相反相成的方面：其一是“哲学是人类行为的最高指导”；其二是“哲学在把言语弄清楚”。④ 当然，在这两个方面当中，前者乃根本，而这个根本落脚于“人生意义”问题。他说：“照这个最高指导说，哲学的能影响人生本已不待言说。”⑤ “要回答这个人生意义的问题，第一先应该分开‘是’的方面与‘应’的方面，……‘是’的方面就是事实方面；‘应’的方面，则是道德方面。”⑥ 关于“哲学”的重要性，张申府还说：

> 除非人不行动，人要行动，人要自觉地行动，便不能不有观点、做法、路线、归宿。这些其实无一不受对于宇宙估量的影响。……一个人的哲学固然不免受他的生理与生活的规定，但既有了他的哲学，他的行动就再也难逃他的哲学的限制。⑦

张申府认为，从现实和未来的角度看，儒学若要发挥哲学的指导作用，从而为中国文化发展提供价值之源，还有相当大的距离。那么，如何缩短甚至消弭这个距离呢？他说：“我始终相信哲学最后目的只是一个通字。”⑧ 为此，他提出“合孔子、列宁、罗素而一之”的观点，即会通中国哲学、西方哲学与辩证唯物论，从而创建一种综合的、全新的哲学。他说：“我始终相信，孔子、列宁、罗素是可合而一之的。我也始终希望，合孔子、列宁、罗素而一之。如此不但可得新中国哲学，如此而且可得新世界学统。孔子

---

① 张申府．张申府文集：第一卷［M］．石家庄：河北人民出版社，2005：169.
② 张申府．张申府文集：第一卷［M］．石家庄：河北人民出版社，2005：689.
③ 张申府．张申府文集：第一卷［M］．石家庄：河北人民出版社，2005：151.
④ 张申府．张申府文集：第一卷［M］．石家庄：河北人民出版社，2005：151.
⑤ 张申府．张申府文集：第一卷［M］．石家庄：河北人民出版社，2005：151.
⑥ 张申府．张申府文集：第一卷［M］．石家庄：河北人民出版社，2005：159.
⑦ 张申府．张申府文集：第一卷［M］．石家庄：河北人民出版社，2005：152.
⑧ 张申府．张申府文集：第三卷［M］．石家庄：河北人民出版社，2005：133.

代表中国古来最好的传统。罗素代表西洋历来最好的传统。列宁代表世界新的方在开始的传统。孔子表示最高的人生理想，由仁、忠、恕、义、礼、智、信、敬、廉、耻、勇、温、让、俭、中以达的理想。罗素表示最进步的逻辑与科学，尤其是数理逻辑，逻辑解析，科学法与科学哲理。列宁表示集过去世界传统最优良成分大成的一般方法，即唯物辩证法与辩证唯物论，以及从一个实落角落来实践最高的人生理想的社会科学。……合孔子、罗素、列宁而一之的新体系定是新世界中的新中国的新指标、新象征。”① 然而，很显然，“合孔子、列宁、罗素而一之”乃儒学所面对的一个重大课题。对于这样一个重大课题，不仅需要哲学史家，更需要哲学家；由哲学家来指出“中国未来应走之路”。他说：

现在中国，需要种种。而其中之一必是中国的哲学家。所谓中国哲学家者，一不是中国哲学史家。二也不是住在中国的治西洋哲学的人。三更不是抱残守缺食古不化之伦。今日中国所最需要的中国的哲学家，必乃是有最新最切实的知识，认识中国哲学的特色精义，而发扬之，而履践之，而参照中国的哲学，而指出中国未来应走之路者。②

## 五

对于20世纪初叶学界出现的激进主义和保守主义两股思潮，张申府认为应当“重新估价”，区分“孔家店”与“孔夫子”。在他看来，“孔家店”在限制学术的自由、束缚人的自然本性等方面确实有应该批判之处。此乃“打倒孔家店”之所指。不过，孔子思想中又实有一些具有恒久价值的“真传统”，诸如“正名”“中庸”“仁”三个方面。因此，在中国文化乃至人类文化进程中，应该把“真传统”承继并发扬下去。但是，要实现中国文化的发展，要实现人类文明的进步，仅仅承继并发扬这些传统并不具足，还应该面对现实问题，对儒学进行“哲学地”研究，以为中国文化未来发展提供价值之源。即儒学不仅需要传承，更需要创新。质言之，针对现实社会之种种问题，指出“中国未来应

---

① 张申府. 张申府文集：第三卷［M］. 石家庄：河北人民出版社，2005：434.

② 张申府. 张申府文集：第三卷［M］. 石家庄：河北人民出版社，2005：180.

走之路”，乃儒学所面对的重大课题，而要解决这样一个重大课题，“合孔子、罗素、列宁而一之”乃一个方向。此乃“救出孔夫子”之所指。总而言之，“打倒孔家店，救出孔夫子”，乃张申府之完整的儒学观。

（原文载《河北大学学报》〔哲学社会科学版〕2017 第 5 期）

# 论罗光“生命哲学”体系的主脉

罗光（1911—2004 年），湖南省衡阳县人，后定居台湾。罗光曾任辅仁大学校长，兼任台湾哲学理事会、王船山学术研究会等学术团体负责人。其主要哲学著作包括《中国哲学大纲》《儒家形上学》《实践哲学》《理论哲学》《历史哲学》《中国哲学思想史》《中国哲学的展望》《生命哲学》《王船山形上学思想》《儒家生命哲学》《哲学概论》《哲学与生活》等，后被辑为《罗光全书》。在哲学领域，罗光基于对西方经院哲学和中国儒家哲学的融会，建构了一个“生命哲学”体系。就这个体系来讲，它虽然内容繁复，体现于多本《生命哲学》及其他著作中，但是其主脉却清晰明了。对此主脉进行分析，可以对了解罗光“生命哲学”的概貌起到提纲挈领之作用。

## 一、创生力与创造力

关于天地万物是否存在“本体”，罗光持肯定态度。那么，何谓“本体”呢？依着他的理解，“本体”即是“有”，而“有”包括“性”和“在”两个方面。不过，若从“性”上讲“有”很“空洞”，故“有”只能落实于“在”。质言之，“本体”即是“有”，而“有”就是“在”，故本体便是“在”。他说：“我讲生命哲学，从形上本体的理论去讲，不同于伦理的人生哲学。形上本体论讲‘有’，‘有’本体有‘性’和‘在’，‘性’讲‘有’是什么，‘在’说‘有’存在。从‘性’去讲有，‘在’的本性很空洞，是一个内涵最少，外延最大的观念，凡一切都是‘有’，‘有’就是‘有’。”① 不仅如此，罗光还认为，“在”就是“动”，故“本体”即是“动”。他说：“从‘在’去讲‘有’，则‘有’是‘动’，因为‘在’是具体的，实际上，‘有’是动的，‘有’的‘在’是动，《易经》就说

① 罗光．生命哲学再续编［M］．罗光全书：册二之三．台北：学生书局，1996：序 1.

宇宙是‘易’，万物也是‘易’，易为变易，为动。”① 那么，何谓“动”呢？所谓“动”，即是《周易》所讲的“生生”；所谓“生生”乃天地变化，而这种变化是指“化生”。罗光说：“天地的变化是有目的的，其要在于‘生生’，因为这种变易是‘化’，化则是‘化生’，化生则成新的实体。《易》云：‘生生之谓易’，天地变易之道乃是生生。”② 这里，前一个“生”为动词，指“化生”之义；后一个“生”为名词，指“生命”之义。他说：“《易传》说：‘生生之谓易。’……《易经》所讲的动，乃是‘生生’，即生化生命。”③ 在此，既然“有”是“在”，“在”又是“动”，“动”又是“生生”，那么，“有”就与“生命”联系到了一起。即，“生命”具有了本体意义。罗光说：

> 形上学研究“有”，“有”是“在”，乃是实有。“在”不属于抽象理论界，属于实际界。实际的“在”是“行”，即是常自动，即是活，即是生命。④

具体来讲，儒家所谓的“生生”乃天地变易之“道”，故才有“生生之谓易”⑤ 之说。罗光说：“物因‘性’而成，性由阴阳相结而生。这种阴阳的变化，不仅是不停地继续产生新的实体，而且在所成的物体内还是继续不停的变化。这就是说，每一实体的本体是动的，而非静呆的。”⑥ 由此而言，“生生”即指“生生的动”，而“生生的动”虽有多种形式，但其归根结底乃是“生命”。他说：“生生的动乃是生命，生命之理涵在每一物中，按照物所禀气之清浊，表现于动，人之气清，生命之理乃得完全表现于人的心。”⑦ 质言之，持续“动”的“在”就是“生命”。罗光说：“每一个物体的本体，这是就实际的存在而言，这个继续动的存在，称为生命。”⑧ 由此来讲，宇宙乃一个“大生命”，因为宇宙的中心是“生命”；这样一种思想不仅为儒家所重视，而且“充满”了儒家哲学。他说：“在中国哲学思想里，生命的思想充满了儒家的哲学。‘从《易经》开始，

---

① 罗光．生命哲学再续编［M］．罗光全书：册二之三．台北：学生书局，1996：序1.

② 罗光．儒家形上学［M］．罗光全书：册四之二．台北：学生书局，1996：19.

③ 罗光．生命哲学再续编［M］．罗光全书：册二之三．台北：学生书局，1996：序1.

④ 罗光．生命哲学再续编［M］．罗光全书：册二之三．台北：学生书局，1996：3.

⑤ 朱熹．周易本义［M］．朱子全书：册一．上海：上海古籍出版社，合肥：安徽教育出版社，2002：127.

⑥ 罗光．儒家形上学［M］．罗光全书：册四之二．台北：学生书局，1996：21.

⑦ 罗光．儒家形上学［M］．罗光全书：册四之二．台北：学生书局，1996：修订本序Ⅳ.

⑧ 罗光．儒家形上学［M］．罗光全书：册四之二．台北：学生书局，1996：21.

‘生生之谓易’把天地的变化都集中在生命一点，生命成了宇宙的中心。孔子以仁为自己的一贯之道，仁即是生生，即是爱惜生命；孔子的仁的哲学，便成了生命哲学。”① 那么，到底何谓“生命”呢？在罗光，“生命”的定义是“本体的内在之动”。他说：

> 普通讲论生命，对生命的意义，说是“内在的动，使本体发育”。矿物没有内在的动，更没有本体的发育，因此称为无生物。……天主和天使都是活的，有生命，天主和天使都不能有再发育。因此，生命的观念不能是“使本体发育”的思想，而只是“本体的内在活动”。中国传统哲学的生命，也是这种意义。生命的定义是“本体的内在之动”。②

在罗光看来，“生命”作为“本体的内在之动”，它通过物体而展现出来。或者说，由于有了“生命”本体，才有了繁荣兴盛的天地万物。他说：“生命是物体的一种特性，物体因此能够自动自成。自动，是……自己由内部发动自己的活动……自成，是物体的活动常为发育自己……”③ 不过，此时的问题是，是什么让“生命”“动”起来了呢？罗光认为，“动”取决于三个不可或缺的“要件”：“一、起点；二、终点；三、动因。”④ 在此，所谓“起点”，是“能”，指可能性；所谓“终点”，是“成”，指现实性；所谓“动因”，指由“能”到“成”的“创生力”。他说：“变易的起点，是‘能’，或说‘潜能’……终点是‘成’，或说‘实现’即是一项‘能’，成了事迹。动因，则是推动‘能’以达到‘成’，‘能’自己不能发动，必定要有另外一种力去发动。”⑤ 可见，就这三个“要件”的关系来看，“创生力”是由“能”到“成”之“动”的关键。那么，何谓“创生力”呢？他说：“创生力最重要的是，是‘力’，创生力的力，是宇宙一切变易的发动力，而且又是创化生命的力……”⑥ 罗光还说：

> 宇宙万物的本体内在的动，为一体之动，为一元之动，这一元之动，中国古代

① 罗光. 中国哲学思想——先秦篇［M］. 罗光全书：册六. 台北：学生书局，1996：258.

② 罗光. 生命哲学总纲［M］. 台北：自立书局，1997：21.

③ 罗光. 生命哲学：订定版［M］. 罗光全书：册二之一. 台北：学生书局，1996：96.

④ 罗光. 生命哲学：修订版［M］. 罗光全书：册一之二. 台北：学生书局，1996：39.

⑤ 罗光. 生命哲学：修订版［M］. 罗光全书：册一之二. 台北：学生书局，1996：39.

⑥ 罗光. 生命哲学：修订版［M］. 罗光全书：册一之二. 台北：学生书局，1996：49.

> 哲学称为“大化”，称为“生命洪流”，实际乃是“创生力”。……宇宙便是一无限能量的创生力，创生力即宇宙本体的力，这个力为宇宙活动变化的发动力，即是“动因”，继续发动宇宙的变动，生化万物。①

不过，虽然“创生力”是理解“生命”之“动”的关键，但“创生力”并非是“生命”的终极原因。换言之，“创生力”虽然促成了由“能”到“成”的“动”，但这个“动”只限于宇宙内已经存在实体的“变易”。罗光说：“这三个要件（指“起点”之“能”、“终点”之“成”和“动因”三者——引者）有一个共同点，即是都必须在已经存在的实体上，否则变易就不能有。”② 然而，虽然在“已经存在的实体”即宇宙之内，“创生力”可以实现“生命”之“动”，但存在于宇宙之内的“创生力”不可能是终极原因，它背后必然还有一个终极原因，而这个终极原因定然超越于宇宙。质言之，按照因果律，在“已经存在的实体”之外，“创生力”本身应该有一个原因，而这个原因乃是“创造力”。他说：“‘在’为‘行’，为‘自成’；然而‘自成’的动力并不完全在于自己。我的‘存有’的开始，即是‘在’的开始，也是‘行’的开始，也是‘生命’的开始。开始的动力不来自我自己，必来自一个大于我的生命的‘存有’。”③ 进而，罗光认为，“大于我的生命的‘存有’”为“造物主”，而“造物主”即“天主”“上帝”，它拥有“无中生有”的“创造力”。他说：

> “创生力”的来源，为造物主创造宇宙的“创造力”，造物主即是天主上帝，上帝创造宇宙不是从自体分出，乃是用创造力自无中生有造成的。宇宙为受造物，宇宙的本质，由造物主以自己的全能从无中生有而造的。④

在罗光看来，“造物主”是纯粹的“成”，即“纯存有”或“自有”的存有者。因此，不能用中国哲学的“道”“太极”等本体范畴来比附，因为这些范畴并不是“自有本体”，它们乃存在于万物之内的“本体”。“造物主”则不同，它作为“自有本体”，超越于时空

---

① 罗光．生命哲学再续编［M］．罗光全书：册二之三．台北：学生书局，1996：序2.

② 罗光．生命哲学：修订版［M］．罗光全书：册一之二．台北：学生书局，1996：39.

③ 罗光．生命哲学：订定版［M］．罗光全书：册二之一．台北：学生书局，1996：126.

④ 罗光．生命哲学再续编［M］．罗光全书：册二之三．台北：学生书局，1996：序2-3.

和天地万物之上。而且，“造物主”自身拥有一种“无中生有”即创造宇宙的力量。在此，罗光的思想逻辑是：“创造力”发动天地万物并传予“创生力”，天地万物之存在依靠“创生力”的支持。因此，“创生力”并非天地万物的根本原因，“创造力”才是“生命”的终极源泉。不过，尽管“造物主”创造了天地万物，但其本身是不变化的。而且，“造物主”的创造不是一次性的，而是继续的。当然，这种“继续”并不表现于“造物主”，它只表现于在时空内的天地万物。由此可见，“创生力”为“创造力”在天地万物中的体现。他说：“宇宙为一创生力，由造物主以创造力而造。”① 总之，任何事物都是“分享造物主的生命”。罗光说：“真正完全的生命创造了宇宙万物……把自己的生命，分享给万物。所分享给万物的生命，不是造物主的本体本质，而是一种生命力，即‘创生力’。每一物体的存在，都是分享造物主的生命，在自己内具有‘创生力’。”② 他还说：

> 一个不是自有的“在”，它的本性不是“在”，而是由“自有的在”所施予，这个被施予的“在”，为能继续存在，需要“自有的在”继续施予，施予一停止，这个被施予的在就不在了。我的生命是绝对自由者“上主”的恩赐，不是一次恩赐了，我的生命就能独立存在，而是继续需要“上主”的恩赐。就像王船山所说：“性日生而命日降。”③

进而，罗光认为，作为“本体的内在之动”，“生命”分为三种不同的类型：第一种类型是“造物主”即天主、上帝。这种“生命”没有“起点”，也没有“终点”，而是一种绝对的实体，是“纯存有”即纯粹的“行”。第二种类型是天使。这种“生命”是“受造”的“纯精神体的动”，它只是“动”。第三种类型是天地万物。这种生命不仅有“起点”，亦有“终点”，它处于变化之中。罗光说：“生命为本体内在的动，动的起点和终点都在本体内，动的动力因也在本体内，这种动在形上本体论的解释有三种不同的解释。第一种是动没有潜能，也就没有起点和终点，只是‘纯粹的行’；这是绝对实有体——上帝天主的生命，只称为‘行’，没有动，没有变。第二种是受造纯精神体的动，有潜能，

---

① 罗光．生命哲学续编［M］．罗光全书：册二之二．台北：学生书局，1996：48.

② 罗光．生命哲学：订定版［M］．罗光全书：册二之一．台北：学生书局，1996：61.

③ 罗光．生命哲学：初版［M］．罗光全书：册一之一．台北：学生书局，1996：100.

没有变，即是天使的生命，只有动。第三种是宇宙万物的动，有潜能，有终点，起变化。”① 依着罗光的理解，“生命”无论是哪种类型，它们都是“造物主”生命的某种体现。关此，他说：

创造宇宙万物的纯粹性和绝对性的实体，必定要超越宇宙之上，不和宇宙万物同性同体，他的本性本体也不能在宇宙万物以内。为创造宇宙万物，创造主不用自己的本性本体，而是用自己的力；这种力，称为创造力。②

## 二、单体的成因

基于上述对“生命”类型的划分，罗光认为，生命哲学所着重研究的“实体”应是“外在的实际存在”。也就是说，生命哲学不以第一类“造物主”和第二类天使等实体为研究重点，而以第三类实体即天地万物为研究重点。他说：“生命哲学就外面实体讲存在，存在为整体，为动。……生命哲学所讲的‘存在’，即是外界的实际存在，也就是每个物体。每个物体具有内在的动，称为生命。‘存在’便有变动的问题。”③ 在罗光看来，“实体”之构成需要三个要素：“质”“理”“力”。所谓“质”，是宇宙中的“质料”，是造物主由无所创造的；所谓“理”，是事物所以然的“本质”，也是造物主由无所创造的；所谓“力”，即是指“创生力”；“质”和“理”由“创生力”予以连结，从而形成和保持具体的“实体”。他说：“我们讲实体，不能只停在抽象上，应该就具体的实体去讲。我们认为构成实体的成分应该是三：质、理、力。质和理，由力而予以结合。力使质和理结成实体，实体因而存在，存在的实体又因内在之力常继续动。使实体存在又为内在动之力，就是创生力。”④ 罗光还说：

创生力宇宙有自己的质和理。……每一物体之成，由宇宙创生力发动宇宙一份

① 罗光. 生命哲学再续编［M］. 罗光全书：册二之三. 台北：学生书局，1996：序4.

② 罗光. 生命哲学：订定版［M］. 罗光全书：册二之一. 台北：学生书局，1996：44.

③ 罗光. 生命哲学再续编［M］. 罗光全书：册二之三. 台北：学生书局，1996：16-17.

④ 罗光. 生命哲学续编［M］. 罗光全书：册二之二. 台北：学生书局，1996：48.

"质"的变化，创生力赋予这份"质"的变化应有之理，应有之理由创生力从创造力而得……这种变化有质有理又有力，便成一物体。①

罗光认为，"生生"乃一个动态过程，"生生"过程一旦"断裂"，实体就不存在了。不过，这时的问题是："一个实体常在变，为什么常是这一个实体?"② 即，一个具体实体自身的"同一性"如何保持呢？在罗光看来，虽然实体由"质""理"结合而成，但它们是由"创生力"的作用而实现的；既然一个实体源于同一的"创生力"，那么实体就必然是同一的实体。也就是说，"创生力"不仅创生了实体，而且还维持了实体；创造和维持实体的为同一"创生力"，故实体便可保持自身的"同一性"。罗光说："创生力'动'而化生一物体，将得自创造力所赋予这物体的理和宇宙的一份质相结合，成这物体。化成的这物体有质有理，又因创生力而存在。"③ 他还说："实际的实体常因着创生力而变，创生力虽常动，但在一实体内常是同一的创生力、常赋与实体同一的'性'一实体的创生力，就是实体的'存有'，就是整个的实际实体，一实体的创生力常是同一的，实际的实体就常是同一的实体。"④

在罗光看来，实体都是具体的存在，而具体存在的实体即是"单体"。所谓"单体"，就是指"个体"，意为"未分者"，即不可再分割的"具体整体"。他说："实体不能分，因为是一个'在'，'在'不能分析，只能是'在'或'不在'。既是'在'，只是一个整体，整体一分就不能存在。人的实体是'我'，'我'是一个整体，'我'有我的一切，取掉一部分，便不是'我'。"⑤ 因此，生命哲学不仅应关注一般实体，更应关注具体"单体"。罗光说："生命的'在'是实际的'在'，实际的'在'为一单体，生命哲学的研究对象乃是单体。"⑥ 具体来讲，除了研究实体的成因之外，生命哲学还须研究"单体"的成因。他说："对于单体，作哲学的研究，不是去描写单体，而是对于单体的本体成因和性质作研究，研究的结论可以应用于一切单体。这就是对于'在'作研究，'在'是'动'，生命哲学特别研究'动'；'动'有'变'，'变'而生万物，万物为单体，生命哲

---

① 罗光. 生命哲学续编［M］. 罗光全书：册二之二. 台北：学生书局，1996：48.

② 罗光. 生命哲学续编［M］. 罗光全书：册二之二. 台北：学生书局，1996：13.

③ 罗光. 生命哲学续编［M］. 罗光全书：册二之二. 台北：学生书局，1996：8-9.

④ 罗光. 生命哲学续编［M］. 罗光全书：册二之二. 台北：学生书局，1996：19.

⑤ 罗光. 生命哲学续编［M］. 罗光全书：册二之二. 台北：学生书局，1996：50.

⑥ 罗光. 生命哲学再续编［M］. 罗光全书：册二之三. 台北：学生书局，1996：27-28.

学又特别研究单体的成因。”① 关于“单体”的成因，中西传统哲学都有涉及。就中国哲学来看，朱熹曾以“气质之性”来加以论述。他认为，个性之“气”限制同一之“理”，从而形成了个体差异。就西方哲学来看，托马斯·阿奎纳（Thomas Aquinas，1225-1274年）也认为，“元质”限定固定的“元形”，即“物质性”限定“精神性”，从而形成了个体差异。对于这两种观点，罗光都不以为然。他的观点是：

> 单体性的成因，是单体的元形，元形受造时已有限定，不是一个抽象的空泛的观念。已经限定的元形，限定元质，乃成一实际限定的单体性。②

罗光认为，朱熹和托马斯·阿奎纳的错误在于，他们把“单体”之差异归于“元质”，从而把“元形”变为“抽象的空泛的观念”。在他看来，“单体”的差异并非源于物质性的“元质”，而是源于造物主赋予的精神性的“元形”。换言之，“单体”的“个性”源于“限定”的即“具体”的“元形”，而“限定”和“具体”直接来自“造物主”的意志。正因为如此，才可谓“单体”的“个性”是对“造物主”的分享。具体来讲，“创造力”经由“创生力”，把“造物主”意志所形成的“限定”的“元形”，与宇宙“质料”中相符合的“元质”相结合，从而形成“单体”。总之，无论是“单体”的形成，还是“单体”的保持，都依赖于“创生力”；而“创生力”的作用在于把“元形”与“元质”结合在一起。这样，具体“单体”与一般实体一样，最终成因都归结为“造物主”。罗光说：

> 实体的成，或由创生力从创造力直接取得天主所创造的一个人已有限定的元形——灵魂，或由创生力从宇宙一类物体中取得按照造主物（应为“造物主”——引者）意向而有限定的元形，使和宇宙物质中和元形相符合的元质相结合。创生力结成实体，创生力又保持实体。创生力为实体的“在”，即实体的生命。实体为单体，单体性在生命里表现出来。③

---

① 罗光. 生命哲学再续编［M］. 罗光全书：册二之三. 台北：学生书局，1996：28.

② 罗光. 生命哲学再续编［M］. 罗光全书：册二之三. 台北：学生书局，1996：39-40.

③ 罗光. 生命哲学再续编［M］. 罗光全书：册二之三. 台北：学生书局，1996：41.

## 三、人的生命样态

无论是对一般实体的研究，还是对具体“单体”的研究，“人”必然是其中的要素，因为人乃宇宙万物之灵。罗光说：“宇宙的生命，以人的生命最高，最复杂，最完成……”① 因此，生命哲学所着重关注者乃人的生命。他说：“生命哲学所讲的生命是人的生命，人的生命在实际上是我的生命，生命哲学所以讲‘在’，讲实际人的存在，以具体的实际的‘我’，作为研究对象。”② 在罗光，作为“单体”的人被称为“位称”即“位格”。他说：“生命哲学由‘存在’讲论‘有’；所讲的‘有’，为一具体的‘有’，即一个实体。在‘人’来说，就是一个实际具体的人，便是‘位格’。‘位格’由‘存在’而成，‘存在’为‘生命’，‘位格’，便由‘生命’而成。”③ 那么，什么是“位格”呢？如前所引，“位格”指“实际具体的人”。他还说：“人格或位称，不由‘有理性’而决定；决定性的是‘单体’，人格或位称必定要是一实际实体。‘有理性’属于‘性’，‘单体’属于‘在’，在本体方面，人格或位置（“置”应为“称”——引者），不由‘性’去决定，而由‘在’去决定。”④ 这里，人的“单体”和“位格”虽然在理论上为同一指向，但实际上二者却有细微差别：“单体”主要指某个人，“位格”则标出其自有特点。对此，罗光认为：“在理论上，人的单体，即是有理性的单体，和‘位称’是相同的，同是指着一个人。在实际上，两者的内容不完全相同。人的单体，在实际上，指着这个人，指着这个整体的人，但不特别标出他的特点。‘位称’在实际上，特别注重他的特点，他在‘存在’上自有的方式，与众不同。”⑤ 基于此，罗光认为，就“位格”来讲，人乃“有灵性”的“生命”。他说：

> 创生力在所化生的每件物体以内继续变易，每件物体乃有内在的继续动，乃有生命。生命的成和表现，在人内最完全，人的生命在宇宙内为最高的生命，为心物

① 罗光. 生命哲学：订定版［M］. 罗光全书：册二之一. 台北：学生书局，1996：订定本序Ⅵ.
② 罗光. 生命哲学再续编［M］. 罗光全书：册二之三. 台北：学生书局，1996：序5.
③ 罗光. 生命哲学续编［M］. 罗光全书：册二之二. 台北：学生书局，1996：176.
④ 罗光. 生命哲学续编［M］. 罗光全书：册二之二. 台北：学生书局，1996：22.
⑤ 罗光. 生命哲学续编［M］. 罗光全书：册二之二. 台北：学生书局，1996：22-23.

合一的生命，为有灵性的生命。①

在罗光看来，“创生力”发动“质”和“理”，从而形成作为实体的天地万物，这是一个普遍原则。“人”作为天地万物中的一员，必然遵循这个普遍原则，即由“质”“理”“创生力”所形成，或由“创生力”结合“元质”和“元形”而形成。不过，“元质”和“元形”在“人”则具体表现为“物”和“心”，即“肉体”和“灵魂”。他说：“我的生命，为灵肉合一的生命，即心物合一的生命。‘我’在抽象理论上，可以分为本体和附体，在具体上则是一个主体，一个位格。‘一’的基础在于生命。实体是一，因为它‘在’，‘在’是创造力，创造力是生命，生命创造力使‘我’灵魂和身体结成一个我，又使身体的各部分结成我的身体。”② 总之，“创生力”作用于“肉体”和“灵魂”，从而使“人”在变化中生成自己，也使“人”保持自身同一。因此，“心灵的活动，要用身体的器官；身体的活动，要有心灵的发动，就如同思维要用脑神经，睡眠要心的活动”③。不过，罗光认为，就“人”来讲，“元形”乃人的“灵魂”，而人的“灵魂”体现着宇宙的“创生力”。他说：

> 人本体的创生力，来自宇宙的创生力。人的创生力的体为灵魂，灵魂为人的理。人的理为造物主的创造力所赋予，经由宇宙的创生力而赋予人。……人的生命使人的心灵和身体相结合，又使身体的各部分相结合。④

具体来讲，人的“创生力”的本体为“灵魂”，而“灵魂”即是人的“元形”；“元形”由造物主的“创造力”所赋予，但经由宇宙的“创生力”而赋予。因此，人的“元形”与人的“元质”即“灵魂”和“肉体”相结合而成为生命。当然，如果灵魂与肉体相分离了，人就会失去生命而“死亡”。罗光说：“人按自己的理所有的本体创生力，即人的力，为心灵相结合的生命。人的生命使人的心灵和身体相结合，又使身体的各部分相结合。……人的灵魂整体在人的整体内，又整体在人的各部分内；这不仅是说人的抽

---

① 罗光. 生命哲学再续编［M］. 罗光全书：册二之三. 台北：学生书局，1996：7.

② 罗光. 生命哲学再续编［M］. 罗光全书：册二之三. 台北：学生书局，1996：序 5.

③ 罗光. 生命哲学再续编［M］. 罗光全书：册二之三. 台北：学生书局，1996：序 6.

④ 罗光. 生命哲学续编［M］. 罗光全书：册二之二. 台北：学生书局，1996：9.

象的理在整体人内，又在各肢体内；而且是说人的具体的理即是人的生命，在整体的人内，又在人的各肢体内。”① 由此来讲，人的存有或生命乃是“在”，而人的“在”并非抽象的“元形”，而是对于“造物主”之“在”的分享。质言之，每个“单体”的人都因上帝的唯一创造而具有了“位格”。关于人之作为“单体”，罗光说：

> 天主没有造一个理想的人，按照理想的人去造实体的人，天主是按自己的肖像造了人，使人分享它的神性生命；生命是实际的，不是理论，分享天主的生命，不是分享天主的元形，而是分享天主的存在。②

尽管人由灵魂与肉体相结合而成，但灵魂乃是主宰，或者干脆说，灵魂就是人的生命。罗光说：“人的理——灵魂，乃是精神体，不能先存在宇宙物质内，每一个人的灵魂直接由造物主的创造力而赋予创生力——即出生的这个人的创生力，也就是这个人活的存在，也就是他的生命，生命便是他的灵魂。”③ 因此，人的一切行为，无论是认识，还是情感，拟或自由，其根源都在于灵魂。进而，罗光认为，因为灵魂所具有的精神性，故它与物质性肉体为不同的归依：肉体因不适于生命故会消灭，“灵魂”由于适于生命故不会随肉体消灭。他说：“单独灵魂的生命，不是人的生命，只是灵魂的生命，等到肉身复活，再结合灵魂的‘存在’，恢复人的生命；不过，那时的身体已经不是物质性，而是非物质性的，那时人的生命不再是‘心物合一’而是精神性的生命。”④ 这是说，“灵魂”是不朽的，它可离开肉体而得到“超升”，最终实现与上帝的合一。罗光说：

> 灵魂不变也不分裂，身体则变也可以分裂；若一个肢体枯干没有生命，便和“存在”分裂。人死时，整体身体不适合生命，便脱离“存在”，灵魂则适于生命，不脱离“存在”，便继续“存在”而生活。⑤

显而易见，人作为一个“单体”体现着“精神性”和“物质性”的矛盾统一。在罗

---

① 罗光. 生命哲学续编［M］. 罗光全书：册二之二. 台北：学生书局，1996：9.

② 罗光. 生命哲学再续编［M］. 罗光全书：册二之三. 台北：学生书局，1996：41.

③ 罗光. 生命哲学再续编［M］. 罗光全书：册二之三. 台北：学生书局，1996：序 3.

④ 罗光. 生命哲学续编［M］. 罗光全书：册二之二. 台北：学生书局，1996：73.

⑤ 罗光. 生命哲学续编［M］. 罗光全书：册二之二. 台北：学生书局，1996：73.

光看来，正因为“精神性”和“物质性”的同时作用，“人”可呈现为三种不同的生命样态，即：“在世的我”“本体的我”“求来生的我”。那么，这三种生命样态各为何义呢？关于“在世的我”，他说：“‘在世的我’，由心物合一而呈现，同时就是心物合一的认知。我所认识的我，也就是这个我。通常所说的我，所说的位格，就是‘在世的我’。”① 关于“本体的我”，他说：“‘本体的我’，是我实际的存在，是我的生命，我存在，我就是生命，我就活着。”② 关于“求来生的我”，罗光则说：“‘求来生的我’，不呈现于外，却呈现在我们内心，乃是我切身的感受。我对外物不满足，对我自己也不满足，总想现在的我不是真正的我，而是未来的我，所以常以理想的我，作为真我。”③ 概括地说，“在世的我”是“心物合一”的生命，“本体的我”是“在世的我”的本质，而“求来生的我”则为“理想的我”，即生命个体因着“灵魂”而向着本源即造物主的追求。因此，人应立足“在世的我”，认识“本体的我”，追求“求来生的我”。罗光说：

> “我”的生命分享天主创造力的化生和创造能，“我”的生活因而具有创造性，具有化生的能。“我”的生命可以化生另一个“我”，可以创造别的物体，艺术品、学术品，种种事业。“我”的生命，横则联系整个宇宙，直则伸入永恒。④

## 四、结语

综上所述，罗光认为，天地万物乃是一个“生生不息”的“大生命”。就这个“大生命”来讲，“创生力”乃其根源，故有“生生之谓易”之说。不过，“创生力”并非“生生”的最终根源，因为“创生力”存在于天地万物之内，而存在于天地万物之内的力不能成为最终根源。因此，从因果律来看，“创生力”还须有一个最终根源即“创造力”。也就是说，在天地万物之外，还存在一个超越性的宇宙创造者即“造物主”，“造物主”通过自身意志体现出“创造力”，进而通过“创生力”以创造万物。具体来讲，就一般实

① 罗光．生命哲学续编［M］．罗光全书：册二之二．台北：学生书局，1996：81.
② 罗光．生命哲学续编［M］．罗光全书：册二之二．台北：学生书局，1996：79.
③ 罗光．生命哲学续编［M］．罗光全书：册二之二．台北：学生书局，1996：81.
④ 罗光．生命哲学再续编［M］．罗光全书：册二之三．台北：学生书局，1996：13.

体而言，“创生力”将“质”和“理”相结合，从而形成天地万物之实体。就具体“单体”而言，“创生力”从“创造力”直接取得“元形”，与相符合的“元质”相结合，从而形成天地万物之具体“单体”。当然，作为天地万物之特殊的“实体”，人应是更被关注者。为此，罗光区分了“在世的我”“本体的我”和“求来生的我”这样三种生命样态，并以此区分为基础，导引人的生命向着“求来生的我”而追求，以最终实现生命的超越。这样一种逻辑线索，即是罗光“生命哲学”体系的主脉。

（原文载《河北大学学报》〔哲学社会科学版〕2016 年第 5 期，与丁立磊合作）

# 人类如何可能

## ——李泽厚的历史本体论建构

李泽厚认为，虽然很难给“哲学”下一个精确定义，但其基本内涵是相对确定的，即“哲学”乃关于“闻道”和“爱智”之理性的学问。他说：“哲学归趋于诗。然而，哲学非即诗也。哲学关乎‘闻道’和‘爱智’。它是由理性语言表达的某种‘体认’和‘领悟’，虽充满情感与诗意，却仍是理性的。”① 而且，“哲学”即是广义的形而上学，它作为人类的永恒追求，以探究宇宙根源、人生意义和生活价值为鹄的。他说：“哲学，又称形而上学。广义的形而上学，恐怕是人类心灵的一种永恒追求，是对人生的意义、生活的价值、宇宙的根源等等的了解和询问，这既是理智的，也是情感的追求。”② 因此，“哲学”虽不像科学那样可提供具体的实用知识，但它却可“转换”“更新”人的“知性世界”，从而影响具体实用知识的创造。由此来讲，“哲学”乃比科学更为根本也更为重要的学问。他说：“哲学观念、概念之不同于许多其他包括科学的观念、概念，在于它的‘无用性’和无所不涉性。哲学不提供知识，而转换、更新人的知性世界。泰利士的‘水’，笛卡尔的‘我思’，康德的‘先天综合’，海德格尔的‘此在’‘存在’，等等，无不如此。这如同艺术转换、更新人的感性世界。”③ 正因为如此，西方哲学界出现了“拒斥形而上学”和后现代主义思潮。例如，实证主义的创始人孔德认为，形而上学以思辨的虚构代替了实证研究，这实际上是人类精神不成熟的产物。他主张，既然经验是知识的唯一来源和基础，那么凡是不能被经验证实的都须排除在知识范围之外；既然形而上

① 李泽厚：《人类学历史本体论》，天津：天津社会科学院出版社，2008 年（下同），第 7 页。

② 李泽厚、刘绪源：《情本体：广义的形而上学》，《上海文学》2011 年第 1 期。

③ 李泽厚：《人类学历史本体论》，第 8 页。

学不能被经验所证实，则应该“拒斥形而上学”。① 海德格尔虽然没有否定整个形而上学，但他认为传统形而上学已经“终结”了。他说：“哲学即形而上学。形而上学着眼于存在，着眼于存在中的存在者之共属一体，来思考存在者整体——世界、人类和上帝。……哲学进入其终结阶段了。至于说人们现在还在努力尝试哲学思维，那只不过是谋求获得一种模仿性的复兴及其变种而已。”② 但是，李泽厚仍坚持探讨哲学的建构，致力于通过中国哲学探讨而贡献于人类哲学。这也就是他所谓“中国哲学该登场了”③ 之所指。他说：“在这样的情况下，我觉得，现在是中国哲学可以拿出自己一些看法的时候了。”④

## 一

李泽厚的探讨是从形而上学的核心“本体论”开始的。通常来讲，依西方哲学传统，“本体论”亦名“是论”“存在论”或“存有论”，指以理智方式探究“是”“存在”或“有”而形成的理论，基本特征是把世界两分为“理念世界”和“尘世世界”，并认为前者更具有真实性和本原性。沃尔夫给“本体论”下的定义是：“本体论，论述各种关于‘有’（ǒu）的抽象的、完全普遍的哲学范畴，认为‘有’是唯一的、善的；其中出现了唯一者、偶性、实体、因果、现象等范畴；这是抽象的形而上学。”⑤ 康德将这种传统发展到极致，他界定“本体”为与“现象”相区别的超验的“物自身”。他说：“我承认在我们之外有物体存在，也就是说，有这样的一些物存在，这些物本身可能是什么样子我们固然完全不知道，但是由于它们的影响作用于我们的感性而得到的表象使我们知道它们，我们把这些东西称之为‘物体’，这个名称所指的虽然仅仅是我们所不知道的东西的

---

① ［法］孔德：《论实证精神》，黄建华译，北京：商务印书馆，1991 年，第 29-35 页。

② ［德］海德格尔：《海德格尔选集》下卷，孙周兴选编，上海：生活·读书·新知三联书店，1996 年，第 1242-1244 页。

③ 关于“中国哲学登场”，李泽厚先后出版了《该中国哲学登场了：李泽厚 2010 谈话录》（上海：上海译文出版社，2011 年）、《中国哲学如何登场？李泽厚 2011 年谈话录》（上海：上海译文出版社，2012 年）、《李泽厚对话集：中国哲学登场》（北京：中华书局，2014 年）等著作。

④ 李泽厚：《李泽厚对话集：中国哲学登场》，北京：中华书局，2014 年（下同），第 8 页。

⑤ ［德］黑格尔：《哲学史讲演录》第四卷，贺麟、王太庆译，北京：商务印书馆，1978 年，第 189 页。

现象，然而无论如何，它意味着实在对象的存在。”① 这里，所谓“物体”即是指超验的“物自身”。不过，李泽厚反对西方哲学这种传统。他说：“本体论（ontology）一词搬用于中国，未必恰当。它的‘存在论’、‘是论’不同译名便显出这一点。因为它们探究的是一切实在万物的最终本质、本性或‘最终实在’（The Being of beings）或如 Quine 所说，‘本体论’就是问‘What is there?’（有什么），从而出现了各种假定：上帝、理性、绝对精神、物质世界，等等。而中国‘不即不离’，即现象与本体既不等同又不分离的传统中从根本上便很难提出这个‘最终实在’的‘本体’问题。”② 在他看来，所谓“本体”，乃本源、根本和“最后实在”之义。他说：“我一开始便说明，我讲的‘本体’，并不是康德原来的意思，我指的是‘最后的实在’，是本源、根源的意思。”③ 既然如此，“本体”就并非与“现象”两分的“本体”，即非从“现象”抽象出来的“它物”，而是由“本体”与“现象”所构成的“总体”。他说：“所谓‘本体’，不是 Kant 所说与现象界相区别的 noumenon，而只是‘本根’、‘根本’、‘最后实在’的意思。”④ 也就是说，“本体”不能是脱离现象的超验的实体，而应是“体用不二”“即本体即现象”的“人类总体”。他说：“本体即在现象中，并由此现象而建立，没有超越的上帝或先验的理性，有的只是这个‘人类总体’：它是现象，又是本体。”⑤ 因此，李泽厚反对使用西方哲学的“本体”概念。对于李泽厚的观点，陈来概括说：“这是认为西方的本体论本来并不讲本体，西方的本体论是讲存在。而中国人近代以来把本体论作为讲本体的学问，于是中国人讲的本体论与西方传统的本体论就不相同了。”⑥

基于上述本体概念，李泽厚反思了西方传统本体论的诸种缺欠。

其一，“不彻底性”。即，在“根源性”上不彻底。例如，“语言”被维特根斯坦认定为本体，实际上，“语言”并不具有“本源性”，而只是最终实在的“衍生物”。李泽厚说：“维特根斯坦（Wittgenstein）以及现代哲学则更多地从语言出发，语言确乎是区别

---

① ［德］康德：《任何一种能够作为科学出现的未来形而上学导论》，庞景仁译，北京：商务印书馆，1978年，第 50-51 页。

② 李泽厚：《历史本体论·己卯五说》（增订本），北京：生活·读书·新知三联书店（下同），2006 年，第 19 页。

③ 李泽厚：《李泽厚对话集·中国哲学登场》，第 225 页。

④ 李泽厚：《人类学历史本体论》，第 203 页。

⑤ 李泽厚：《人类学历史本体论》，第 16 页。

⑥ 陈来：《论李泽厚的情本体哲学》，《复旦学报》2014 年第 3 期。

于其他动物的人类整体性的事物，从语言出发比从感知、经验出发要高明得多。但问题在于，语言是人类的最终实在、本体或事实吗？现代西方哲学多半给以肯定的回答，我的回答是否定的。人类的最终实在、本体、事实是人类物质生产的社会实践活动。”① 也就是说，尽管“语言”比“感知”“经验”更为“高明”，但“语言”终归还要“服从”日常生活，故而不能成为最终实在即“本体”。他说：“语言是为了使用，它服从于人们日常生活。所谓‘服从’，就是说它的使用、变化、生成和消失在根本上依靠于人们的日常生活。后者是本源性，前者是派生性的。语言需要有非语言的实体作为依靠。”② 再如，“精神”和“理念”等亦常被认定为本体，而这些亦非真正的最终实在，而只是最终实在的“衍生物”。李泽厚说：“任何心理都是脑的产物，包括种种神秘的宗教经验，没有脱离人脑的意识、心灵、灵魂、精神、鬼神以及上帝。”③

其二，“片面性”。即，不具有作为本体应有的“全面性”。李泽厚认为，“理性”“圣爱”“欲望”乃不可分的整体，而西方哲学常将其分别认定为“本体”，故而不可能成为真正的“本体”。例如，尽管“欲望”于人类日常生活非常重要，但若将抛弃“理性”“圣爱”的“欲望”作为本体，则只能是“动物的哲学”。他说：“今日有反哲学的哲学：眼前即是一切，何必思前顾后？目标意义均虚无，当下食、色才真实。这大有解构一切陈规陋习及各类传统的伟功，但也就不再承认任何价值的存在。无以名之，名之曰‘动物的哲学’。”④ 此外，尽管“理性”乃人之为人的特质，但若将抛弃“圣爱”“欲望”的“理性”作为本体，则只能是“机器的哲学”。他说：“今日有专攻语言的哲学：医疗语言乃一切，其他无益且荒唐。于是，细究语词用法，厘清各种语病，技术精而又巧，却与常人无关。无以名之，名之曰‘机器的哲学’。”⑤ 同样，尽管“圣爱”非常重要，但若将抛弃“理性”“欲望”的“圣爱”作为本体，也只能是想象中的“神灵的爱”，而追求这种爱会“更困窘”“更艰苦”“更悲怆”。他说：“人生有限，人都要死，无可皈依、无可归宿，把爱、把心灵、把信仰付托于一个外在超越的符号，比较起来，似乎还顺当。现在却要自己在这个人生和世界去建立皈依、归宿、信仰和‘终极关怀’，即有限寻无

① 李泽厚：《批判哲学的批判——康德述评》（修订本），北京：人民出版社，1984年（下同），第76页。

② 李泽厚：《历史本体论·己卯五说》（增订本），第17页。

③ 刘再复：《李泽厚美学概论》，北京：生活·读书·新知三联书店，2009年，第207页。

④ 李泽厚：《人类学历史本体论》，第5页。

⑤ 李泽厚：《人类学历史本体论》，第5页。

限，于世间求不朽，这条道路岂不更困窘，更艰苦，更悲怆？”①

其三，“忽视偶然性”。即，只重视所谓的“规律性”，忽视现实生活的偶然性。在李泽厚看来，人类生活虽然有时表现出一定的“规律性”，但其表现更多的是由主体性而有的“偶然性”。他说：“个体主体性的凸出，从历史角度看，就是偶然性的增大。……个体的命运愈益由自己而不是由外在的权威、环境、条件、力量、意识……所决定，从而偶然性愈益突出。……从而，人对自己的现实和未来的焦虑、关心、无把握也愈益增大，这就是说命运感加重。”② 实际上，无论是物质性的实践，还是精神性的情感，大多并非是抽象的、普遍的、必然的，而多是具体的、多样的、偶然的。质言之，所谓“普遍必然”只是一种“僵化观念”，所谓“绝对真理”只是一种“相对真理”，因为它们均是基于一定条件的。他说：“世上事物本没有什么绝对的普遍必然，那只是一种僵化观念。……那些所谓普遍必然的科学知识，也都是相对真理，只是在人类社会实践的一定水平的意义上具有普遍必然的客观有效性。这个有效性随着人类社会实践的不断发展而不断扩大、缩小、修改、变更。”③ 因此，在探讨本体问题时，“不能把总体过程当成是机械决定论的必然，必须极大地注意偶然性、多样的可能性和选择性”④。

其四，“彼岸性”。即，通过设定一个“彼岸世界”，引导人们去追寻这个“彼岸世界”，而忽视了当下的“此岸世界”。具体来讲，这种“彼岸性”不仅体现在时间方面，它或者存在于过去，或者存在于将来；而且体现在空间方面，它或者为超越的物质存在，或者为抽象的精神观念。不过，李泽厚认为，以“彼岸性”来认定本体并不合理，因为所谓人类生存，既不是过去的事实，亦不是未来的目标；既不是超越的物质存在，亦不是抽象的精神理念，而只是当下的现实活动。他说：“所谓‘历史本体’或‘人类学历史本体’并不是某种抽象物体，不是理式、观念、绝对精神、意识形态等等，它只是每个活生生的人（个体）的日常生活本身。”⑤ 因此，唯有人类当下的现实活动才能作为本体建构的基础。也就是说，在建构本体时，应该放弃追求不合理的“彼岸性”，而关注当下现实人生的“此岸性”。他说：“超越的本体即在此当下的心境中、情爱中，‘生命力’

① 李泽厚：《人类学历史本体论》，第5-6页。

② 李泽厚：《实用理性与乐感文化》（第2版）. 北京：生活·读书·新知三联书店，2008年（下同），第132-133页。

③ 李泽厚：《批判哲学的批判——康德述评》（修订本），第71-77页。

④ 李泽厚：《批判哲学的批判——康德述评》（修订本），第234页。

⑤ 李泽厚：《历史本体论·己卯五说》（增订本），第19-20页。

中，也即在爱情、故园情、人际温暖、家的追求中。……只有多样化的生活、实践，才是把握偶然性、实现人本身、消除异化、超越死亡、参与建立人类心理本体的真实基地。”①

在李泽厚看来，这样四个方面是非常严重的问题，其严重程度足以使作为“思辨智慧”的形而上学“走入历史”。他说：“笛卡儿是近代哲学，到尼采以后就是后现代哲学了。这个变化是非常有意义的，是很根本的。这就是说，追求狭义的形而上学的那种思辨的智慧，已经过去了。”② 不过，“走入历史”的只是狭义的形而上学，它并不代表整个哲学，因为哲学乃广义的形而上学。他说：“德里达……说的那种哲学，就是刚才讲的，古希腊的追求智慧的那种思辨的、理性的形而上学，而中国没有那些东西，没有那个狭义的形而上学。但是中国有广义的形而上学，就是对人的生活价值、意义的追求，这在中国一直是有的。……现在西方的所谓‘后哲学’，我认为就是从思辨的狭义的形而上学转变到那种以生活为基础的哲学。中国有没有哲学呢？有啊，就是那种‘后哲学’。”③ 李泽厚的意思是，尽管狭义的形而上学已经“走入历史”，但广义的形而上学仍大有可为。即，前者反映的是西方形而上学的趋势，后者反映的是中国形而上学的发展。他说：“中国哲学和后现代哲学恰恰是可以接头的。我认为，后现代到德里达，已经到头了；应该是中国哲学登场的时候了。”④ 对于李泽厚的这样一种理路和勇气，陈来表示了肯定和钦佩。他说：“李泽厚的提法很有意义，就是在反形而上学的时代，在后形而上学的时代，肯定广义的形而上学的意义，认为广义形而上学不可能终结，主张广义的形而上学根源于人类心灵的永恒追求，广义形而上学的内容是对人生意义和宇宙根源的探求。这样一种哲学观，在‘哲学终结论’甚嚣尘上的时代，在后现代思潮笼罩文化领域的时代，是有意义的。”⑤

基于前述，李泽厚致力于建构克服“不彻底性”“片面性”“忽视偶然性”和“彼岸性”的本体。

① 李泽厚：《实用理性与乐感文化》（第 2 版），第 240 页。

② 李泽厚：《李泽厚对话集·中国哲学登场》，第 7 页。

③ 李泽厚：《李泽厚对话集·中国哲学登场》，第 11 页。

④ 李泽厚：《李泽厚对话集·中国哲学登场》，第 11 页。

⑤ 陈来：《论李泽厚的情本体哲学》，《复旦学报》2014 年第 3 期。

## 二

李泽厚认为，“人”是所有哲学学说不可回避的主题。他说：“东西各学说各学派都为‘人活着’而思而虑。虽‘同归’，却‘殊途’。‘途’即是路，也是视角，这也就是哲学。”① 不过，所谓“人”，不是指某个个体、群体即“小写的人”，而是指人类总体即“大写的人”。他说：“这‘人’不是有时空限制的任何社会、民族、阶级、集团，当然更不是任何个体，而是作为过去、现在、未来以及或可无限延长的人类总体，也就是……‘大写的人’。”② 不过，在关于人类总体即“大写的人”的若干主题当中，李泽厚将“人类如何可能”视为“根本性”的哲学问题。他说：“人没有任何可以和必须遵循的共同的道理、规范和约定了，那人还怎么活下去？这就又回到了根本性的问题，也就是我为什么要提出‘人类何以可能’的问题。这其实也就是回答人是怎么活出来的。”③ 那么，何谓“人类如何可能”的内涵呢？所谓“人类如何可能”，即“人是怎么活出来的”，指关于人类起源、人类基础、人生归宿等问题的探究。李泽厚说：“晚期 W（指维特根斯坦——引者）将语言归结为‘生活形式’，又是一大进展。但‘生活’是什么？‘生活形式’又何所由来？W 没谈。我以为这就得归宿在‘人类如何可能’这个题目之下。”④ 既然“人类如何可能”问题如此重要，那么李泽厚的哲学建构亦须由此下手。

不过，李泽厚认为，他要建构的本体论是康德哲学的继承与发展，因为他要做的是康德想做而没有做成的工作。在他看来，康德哲学的问题意识有四个方面：第一，“我能知道什么”，此为认识论问题；第二，“我应该做什么”，此为伦理学问题；第三，“我能希望什么”，此为宗教学问题；第四，“人是什么”，此为人类学问题。李泽厚说：“康德继‘我能知道什么？’（认识论）‘我应该做什么？’（伦理学）‘我能希冀什么？’（宗教学）之后，再加一问：‘人是什么？’（人类学）。”⑤ 具体来讲，康德的“三大批判”就是对前三个问题的分别探讨。不过，第四个问题最为根本，因为它是其他所有问题的基础，也是其它所有问题的归宿。康德说：“没有人，全部的创造将只是一片荒蛮、毫无用处、没

① 李泽厚：《李泽厚对话集·中国哲学登场》，第 4 页。

② 李泽厚：《历史本体论·己卯五说》（增订本），第 252 页。

③ 李泽厚：《李泽厚对话集·中国哲学登场》，第 8 页。

④ 李泽厚：《哲学纲要》（最新修订版），北京：中华书局，2015 年（下同），第 237 页。

⑤ 李泽厚：《人类学历史本体论》，第 21 页。

有终结的目的。”① 不过，李泽厚认为，非常遗憾的是，尽管康德对前三个问题有精彩的解答，但他没能解决最重要的第四个问题。他说：“康德说，‘第一问由形而上学回答，第二问由道德回答，第三问由宗教回答，第四问由人类学回答。归根到底，所有这些可看作是人类学，因为前三问都与最后一问有关’。……但康德本人没有也不可能有这第四个批判，因为这个批判必须是康德全部批判哲学的扬弃和二元论矛盾的解决。”② 进而，顺着康德将认识论问题归结为“认识如何可能”的思路，李泽厚将“人是什么”的人类学问题归结为“人类如何可能”问题。更为重要的是，探讨“人类如何可能”问题，不仅可以解决康德遗留下来的问题，而且可以颠覆哲学的“认识论”传统，进而实现哲学的“人类学”转变。他说：“西方自 F. Bacon 特别是自 Descartes‘我思故我在’以来，认识论成为哲学中心，到 Kant、Hegel 到达顶峰。……我以‘人类如何可能’来回答‘认识如何可能’，也意在颠覆这个‘哲学就是认识论’传统，而以人的存在作为起点，认识论服务于它。”③

为了解答“人类如何可能”的问题，李泽厚提出著名的“三句教”，即“历史建理性，经验变先验，心理成本体”④，以为基本的前提性理念。所谓“历史建理性”，指“人的理性（rationality）是由经验合理性（empirical reasonableness）提升而来”⑤。即，“理性”并不具有先验的“普遍必然性”，只是“经验合理性”的历史“积淀”。他说：“理性本来只是合理性，它并无先验的普遍必然性质；它首先是从人的感性实践（技艺）的合度运动的长期经验（即历史）中所积累沉淀的产物。它是被人类所创造出来的。”⑥ 所谓“经验变先验”，指“先验”乃由“经验”“积淀”而形成。李泽厚说：“……要提出经验变先验，对个体来说的先验认识形式是由人类经验所历史地积淀而形成的。”⑦ 因此，所谓“先验”只是“好像”的“超经验”，其实它来源于人类经验。质言之，所谓“先验”只是虚构的概念，它实基于“经验”而发生和存在。他说：“人类的经验的东西，

---

① Kant, *Critique of Judgemen*, tr. by J. C. Meredith (Oxford, 1955), Part Ⅱ, 108.

② 李泽厚：《批判哲学的批判——康德述评》（修订本），第 332 页。

③ 李泽厚：《哲学纲要》（最新修订版），第 236 页。

④ 李泽厚：《历史本体论 · 己卯五说》（增订本），第 5 页。

⑤ 李泽厚：《哲学纲要》（最新修订版），第 100 页。

⑥ 李泽厚：《历史本体论 · 己卯五说》（增订本），第 13 页。

⑦ 李泽厚：《李泽厚对话集 · 中国哲学登场》，第 30 页。

经过长期的历史，就变成好像是超经验的东西。”① 所谓“心理成本体”，指“本体”由“心理”建构而有，而“心理”由实践“积淀”而有。李泽厚说：“‘此在’的‘此’已集过去、现在、未来于一身，这也就是活生生的‘我意识我活着’的我。这不只是心理，而正是存在的本态。”② 也就是说，所谓“本体”亦非先验地具有，它与其他哲学范畴一样，均是哲学家通过理性“塑建”的产物。他还说：“在‘与人共在’、‘活在世上’的‘我意识我活着’的情感心理，包括它的各种具体的意识、意向，也大都是在这‘非本真本己’的存在的历史（客观社会性的公共时间过程）中被理性塑建。”③

基于前述，李泽厚提出“一个出发点”和“三大问题”，以解答“人类如何可能”的问题，并以此作为“历史本体论”或“人类学历史本体论”的骨干。

所谓“一个出发点”，指“人活着”或“我意识我活着”是所有其他问题的前提，它的核心问题是人类起源。就这个问题来讲，学界大致有两种回答。一是“上帝造人”，即上帝使人类成为可能；二是“猴子变人”，即生物进化使人类成为可能。不过，李泽厚对这两种回答均不赞同，而是做出了第三种回答，即，人类生存的“实践”使人类成为可能，即“实践”是回答“人活着”的答案。他说：“我当然不相信鬼神，‘先天而天弗违’多么好，人与宇宙协同共在，便不需要任何一位发号施令主宰人们的上帝了。”④ “人类并非自然进化的结果，而是人自己把自己建立起来的，人类不是靠基因变化而是在长期使用—制造工具的过程中造就了自己。”⑤ 质言之，是人类自身的实践使人从动物变成了人，此即是不可进一步追究的“最终实在”。他说：“人类的最终实在、本体、事实是人类物质生产的社会实践活动。”⑥ 在李泽厚看来，此种回答的意义在于，人类命运由自己掌握，人类要为自己负责。他说：“‘我意识和活着’，得努力去自己寻找，自己决定，自己负责。即凭着自己个体的独特性，走向宗教、科学、艺术和世俗生活，以实现自己的人生。这将比有上帝指引更为悲苦、艰辛，这就是命运，这命运是由自己决定的。”⑦ 他还说：“在这条道路上，‘活’和‘活的意义’都是人建构起来的。人为自己活着而悲苦

---

① 李泽厚、刘悦笛：《哲学对谈——李泽厚、刘悦笛2017年对谈录》，《社会科学家》2017年第7期。

② 李泽厚：《历史本体论·己卯五说》（增订本），第107页。

③ 李泽厚：《历史本体论·己卯五说》（增订本），第105页。

④ 李泽厚：《李泽厚对话集·中国哲学登场》，第203页。

⑤ 李泽厚：《李泽厚对话集·中国哲学登场》，第168页。

⑥ 李泽厚：《批判哲学的批判——康德述评》（修订本），第76页。

⑦ 李泽厚：《人类学历史本体论》，第157-158页。

地建构。"①

所谓"三大问题"，指由"人活着"而派生出的三个重要问题，分别是"人如何活""人为什么活""人活得怎么样"。李泽厚说："以'人活着'这一原始现象作出发点，便可以生发出三个问题：(1) 历史终结，人类何处去？人会如何活下去？(2) 人生意义何在？人为什么活？(3) 归宿何处？家在何方？人活得怎么样？"② 相应地，三大问题分别对应真、善、美三个方面。他说："孔子讲'足食足兵''庶之富之'，讲'正名'和礼制，就正是处理人'如何活'——'知生'的一个重要层面。'知生'当然并不止此，它还有人生意义和人生状态，即'为什么活'和'活得怎样'的形而上层面。孔子和儒学对这一层面讲得更多。'未知生，焉知死'不仅把'如何活'摆在第一位，而且是从'活'的路途或视角，而不是从'死'的路途或视角探寻'活的意义'，将'本真'的'活的意义'从'非本真'的'人活着'中引申和探寻出来。"③ 进而，"人如何活""人为什么活"体现的是"人类主体性"，"人活得怎么样"体现的是"个人主体性"，其理论的着重点并不相同。李泽厚说："人类学历史本体论则恰恰从'人是什么'开始，提出'人活着'(出发点)、'如何活'(人类总体)、'为什么活'(人的个体)，而将归结于'活得怎样'。"④ 因此，不是"人类主体性"而是"个人主体性"，才是"历史本体论"的理论归宿。他说："传统哲学经常是从感性到理性，人类学历史本体论则从理性（人类、历史、必然）始，以感性（个体、偶然、心理）终。"⑤ 质言之，在真、善、美三个方面当中，"美"代表人类的最高理想，故为人类的最终追求。

## 三

李泽厚认为，"使用—制造工具"是人区别于动物的主要特征，但哲学界往往对此"熟视无睹"。他说："人类生活和生存区别于其他一切生物种族的基本的、突出的、巨大的、主要的特征，在于使用工具和制造工具。奇怪的是，这一基本事实却为哲学家们所

① 李泽厚：《人类学历史本体论》，第 6 页。

② 李泽厚：《人类学历史本体论》，第 4 页。

③ 李泽厚：《人类学历史本体论》，第 9 页。

④ 李泽厚：《人类学历史本体论》，第 21 页。

⑤ 李泽厚：《人类学历史本体论》，第 25 页。

熟视无睹，不加重视。”① 实际上，“使用—制造工具”即是“实践”之义，它乃人类生存的基本活动。他说：“我以使用工具、制造工具来规定实践。”② 李泽厚的意思是，“使用—制造工具”的“实践”乃“人活着”的答案。他说：“人类使用和制造工具，从而与动物分离，是一个漫长的过程，有几百万年。”③ “以生产工具为核心和标志的生产力的发展是社会存在的根本柱石。从而，经济是基础，其他乃上层，社会由是生，关系由是出，财产由是立，历史由是行，要求一切‘合理化’的工具理性也由是而不断成长发达。”④ 所“答案”，意指“使用—制造工具”的“实践”乃“人活着”的本源、根本或“最终实在”。或者说，“使用—制造工具”的“实践”是“人活着”所依赖的“工具”，故而可称其为“工具本体”。李泽厚说：“这个哲学既以‘人活着’为出发点，也就是为什么要将‘使用—制造工具的人类实践活动’（亦即以科技为标志的生产力）为核心的社会存在命名为‘工具本体’的缘故。”⑤ 很显然，李泽厚关于“工具本体”的“塑建”受了马克思和恩格斯的影响，因为他们二人认为“物质生产”乃人类生存的“第一个前提”：“我们首先应当确定一切人类生存的第一个前提，也就是一切历史的第一个前提，这个前提是：人们为了能够‘创造历史’，必须能够生活。但是为了生活，首先就需要吃喝住穿以及其他一切东西。因此第一个历史活动就是生产满足这些需要的资料，即生产物质生活本身。”⑥

不过，在李泽厚，探讨本体不能离开“心理”，这即是前述“三句教”之“心理成本体”之义。他说：“所谓本体即是不能问其存在意义的最后实在，它是对经验因果的超越。离开了心理的本体是上帝，是神；离开了本体的心理是科学，是机器。所以最后的本体实在其实就在人的感性结构中。”⑦ 那么，人的“心理”由何处而来呢？李泽厚认为，人的“心理”由“积淀”而来，而“积淀”指“实践”过程“累积”“沉淀”即转化为“心理形式”的过程。他说：“我更着重于探讨使用—制造工具对人类的心理构造形成了什么影响，也就是研究因此而形成的文化—心理结构，即人性问题，这也就是‘积

---

① 李泽厚：《人类学历史本体论》，第 9 页。

② 李泽厚：《走我自己的路》，北京：生活·读书·新知三联书店，1986 年，第 228 页。

③ 李泽厚：《李泽厚对话集·中国哲学登场》，第 173-174 页。

④ 李泽厚：《人类学历史本体论》，第 10 页。

⑤ 李泽厚：《人类学历史本体论》，第 6 页。

⑥ 《马克思恩格斯选集》第 1 卷，人民出版社 1995 年，第 78-79 页。

⑦ 李泽厚：《李泽厚对话集·中国哲学登场》，第 70-77 页。

淀’，积淀就是形成人类区别于其他动物的心理形式。”① 关此，陈炎认为，“积淀”说是对康德先验哲学的“反动”，其实质是“实践”的。他概括李泽厚关于“积淀”的思想说：“在他看来，无论是认识论领域中的‘时空观念’和‘悟性范畴’，还是伦理学领域中的‘道德律令’和‘普遍立法’，都不像康德所理解的那样是人类所具有的先验能力，而是在长期的社会实践中‘积淀’而成的。尽管这种‘积淀’的过程是缓慢的、复杂的，而不像反映与被反映的认识活动那样是直接的、即时的，但其最终的渊源仍然是社会实践的。不仅如此，当这种‘经验变先验’‘心理成本体’的过程一旦形成，又会反过来影响甚至决定着人们的认识活动、伦理行为、审美判断，这便是他所谓的‘历史本体论’。”② 具体来讲，“积淀”分为三个方面：其一是“理性的内化”，指“理性”转化为“认识功能”，表现为认知形式；其二是“理性的凝聚”，指“理性”转化为“意志功能”，表现为伦理道德；其三是“理性的融化”，指“理性”转化为“审美功能”，表现为生存状态。他说：“‘理性的内化’给予人以认识形式，‘理性的凝聚’给予人以行动意志，‘理性的融化’给予人以生存状态。”③ 他还说：“广义的‘积淀’指不同于动物生理基础的整个人类心理的产生和发展。它包括‘理性的内化’即作为认识功能的诸如性范畴、时空直观等等；它包括‘理性的凝聚’，即人的行为、意志的感性现实活动中的伦理道德。而狭义的‘积淀’则专理性在感性（从五官知觉到各类情欲）中的沉入、渗透与融合。”④

对应地讲，“积淀”的三个方面分别形成心理的“认知结构”“意志结构”和“审美结构”；它们均具有本源、根本和“最终实在”的意义，故可分别称为“认知本体”“伦理本体”和“情本体”，而统称为“心理本体”。具体来讲，所谓“认知本体”，突出的是理性对“知性”的制约、规划、主宰的能力。李泽厚说：“这二者说明它……是有认识—理解—判断等知性因素起作用，甚至起主要和支配作用的活动。”⑤ 这里，“认知本体”主要对应并在根本上回答“人如何活”的问题。所谓“伦理本体”，突出的是理性对“感性”的钳制、制约、主宰的能力。他说：“人的这种‘自由意志’本身具有崇高价值，它

① 李泽厚：《李泽厚对话集·中国哲学登场》，第 29 页。

② 陈炎：《形而上学的诱惑与本体论的危机——兼论康德、牟宗三、李泽厚的得失》，《清华大学学报》2015 年第 5 期。

③ 李泽厚：《人类学历史本体论》，第 21 页。

④ 李泽厚：《人类学历史本体论》，第 152-153 页。

⑤ 李泽厚：《人类学历史本体论》，第 94-95 页。

为人类对自己和对他人（包括对后人）培育具有文化内涵的普遍性的心理形式，使人获得不同于动物界的社会性生存。这就是所谓高于现象界的‘伦理本体’。”① 这里，“伦理本体”主要对应并在根本上回答“人为什么活”的问题。所谓“情本体”，突出的是理性与感性、道德与本能的交融统一。他说：“‘情’是‘性’（道德）与‘欲’（本能）多种多样不同比例的配置和组合，从而不可能建构成某种固定的框架和体系或‘超越的’‘本体’（不管是‘外在超越’或‘内在超越’）。……‘情本体’之所以仍名之为‘本体’，不过是指它即人生的真谛、存在的真实、最后的意义，如此而已。”② 就“人生的真谛”“存在的真实”和“最后的意义”来讲，“情本体”乃康德的“物自体”，亦即中国哲学的“万物一体”。他说：“因为‘情本体’哲学把这种‘人类与宇宙协同共在’设定为一种形而上学的‘物自体’。没有这个形而上学的设定，感性经验就没有来源，形式力量和形式感也无从发生。‘物自体’是康德的概念，是一个不可知的概念。”③ 关此，陈来认为以“物自体”来论定“情本体”非常重要。他说：“李泽厚这一说法相当重要，这就是，即使在今天的广义形而上学中，物自体的设定仍然是必要或必需的；但当代广义形而上学的物自体不是康德式的与现象分裂的物自体，不是超绝于此世界的本体。”④ 但是，李泽厚未能摆脱“作用是性”的批评，即在“用”的层面来立体，故所谓“情本体”实际上“不能真正立体”。陈来说：“李泽厚以情为本体，终究难免于中国传统哲学对‘作用是性’的批评，情之意义在感性生活和感性形式，还是在用中讨生活，不能真正立体。”⑤ 尽管如此，李泽厚使用“情本体”主要对应并在根本上回答“人活得怎么样”的问题。

进而，“认知本体”和“伦理本体”具有社会性、群体性，“情本体”则具有个体性、开放性，故前两者可“规划”“管辖”“支配”后者，而后者亦可“融化”“解构”前两者。李泽厚说：“‘如何活’‘为什么活’是理性的内化和理性的凝聚，显示的仍然是理性对个体、感性、偶然的规划、管辖、控制和支配。只有‘活得怎样’的审美境界，理性才真正渗透、融合、化解（却又未消失）在人的各种感情欲中，这就叫理性的积淀或融化。……前二者（内化、凝聚）实质上还是一颗集体的心（collective soul），只有后者才

① 李泽厚：《历史本体论·己卯五说》（增订本），第249页。

② 李泽厚：《人类学历史本体论》，第23页。

③ 李泽厚：《中国哲学如何登场?》，第66页。

④ 陈来：《论李泽厚的情本体哲学》，《复旦学报》2014年第3期。

⑤ 陈来：《论李泽厚的情本体哲学》，《复旦学报》2014年第3期。

真正是个体的心。所以理性在此融化中自然解构。"① 而且，就终极目的来讲，不应是"认知本体"和"伦理本体"，而应是"情本体"得到更多的关注。他说："不是'性'（'理'），而是'情'；不是'性（理）本体'，而是'情本体'；不是道德的形而上学，而是审美形而上学，才是今日改弦更张的方向。"② 质言之，唯有"情本体"才是真正的本体，因为它代表着"人类如何可能"的方向。他说："由于历史本体论不以道德—宗教作为归宿点，而强调归宿在人的感性的'自由感受'中，从而它便不止步于'理性凝聚，的伦理道德，而认为包容它又超越它的'理性积淀'（狭义），才是人的本体所在。即是说人的'本体'不是理性而是情理交融的感性。"③ 在李泽厚看来，如果说"工具本体"承续了马克思的思想，那么"情本体"则承续了海德格尔的思想。他说："'心理成本体'，我以为这是 Heidegger 哲学的主要贡献。'历史本体论'提出了两个本体，前一本体（工具本体）承续 Marx，后一本体（心理本体）承续 Heidegger，但都作了修正和'发展'。"④ 不过，有学者对"情本体"提出了质疑，认为本体应是先验的、永恒的，而"开放性"却形成对"情本体"之为本体的"解构"。陈炎说："李泽厚的'历史本体论'恰恰遭到了其'情感本体论'的解构，正如他自己所说的那样，'情本体'恰是无本体，是以现象为本体。这才是真正的'体用不二'。……真正的本体是不以人的意志为转移的，因而也是永恒不变的。正是这种不变的先验本质使'来自本体'的宗教信仰或道德律令具有了刚性原则，使人们在执行的过程中不求变通、不打折扣。然而李泽厚的'本体'则是在历史中'积淀'而成的，这意味着它始终处在一种未完成的开放状态。"⑤ 实际上，陈炎对"情本体"的质疑恰是李泽厚所致力者，因为李泽厚的目的就是要"解构"本体的"先验性"，使其立基于"经验性"。由此来讲，这种质疑并未颠覆"情本体"，反而强化了"情本体"。

与"工具本体"和"心理本体"紧密相关，李泽厚还探讨了"度的本体性"。所谓"度"，指掌握分寸、恰到好处，即不走极端、把握"中道"。他说："什么是'度'？'度'就是'掌握分寸，恰到好处'。为什么？因为这样才能达到目的。人类（以及个人）首先

---

① 李泽厚：《人类学历史本体论》，第 21-22 页。

② 李泽厚：《人类学历史本体论》，第 22 页。

③ 李泽厚：《人类学历史本体论》，第 215 页。

④ 李泽厚：《历史本体论·己卯五说》（增订本），第 91 页。

⑤ 陈炎：《形而上学的诱惑与本体论的危机——兼论康德、牟宗三、李泽厚的得失》，《清华大学学报》2015 年第 5 期。

是以生存（族类及个人）为目的。为达到生存目的，一般说来，做事做人就必须掌握分寸，恰到好处。”① 在他看来，如果人类不能把握“度”，就会对“人如何活”“人为什么活”和“人活得怎么样”产生不利影响。由此来讲，“度”虽为“技艺”，但“技进乎道”，具有“本体性质”。李泽厚说：“‘人类如何可能？’来自使用—制造工具。其关键正在于掌握分寸、恰到好处的‘度’。‘度’就是技术或艺术（ART），即技进乎道。可见，‘度’之关乎人类存在的本体性质，非常明显而确定。”② 而且，“度”因为具有普遍意义，可称为哲学的“第一范畴”。他说：“‘度’并不存在于任何对象（object）中，也不存在于意识（consciousness）中，而首先是出现在人类的生产—生活活动中，即实践—实用中。它本身是人的一种创造（creation）、一种制作。从而，不是‘质’或‘量’或‘存在’（有）或‘无’，而是‘度’，才是人类学历史本体论的第一范畴。”③ 不过，尽管“度”非常重要，但“度”只具有作为“思维规则”和“辩证智慧”的方法论意义，而非作为本源、根本和“最终实在”的“本体”。质言之，“度”只是“工具本体”和“心理本体”的方法论范畴。李泽厚说：“‘度’作为第一范畴，将认识和存在都建立在人类的实践活动基础之上。‘度’以其实践性格在感性操作层构建思维规则。‘度’以其成功经验在理性思维层生产辩证智慧。”④

由前述可见，李泽厚提出了多个本体概念。那么，这些本体之间是什么关系呢？大致来讲，“工具本体”是“心理本体”的基础和根源，而“心理本体”反过来亦可影响甚至主导“工具本体”。李泽厚说：“只有‘工具本体’的巨大发展，才可能使‘心理本体’由隶属、独立而支配‘工具本体’，这才是‘内圣外王’的历史辩证法的全程。”⑤“工具本体”与“心理本体”并无矛盾之处，因为它们乃“一个东西的两个方面”；尽管在逻辑上可能有先后顺序，但它们并非“两元”而是“一元”。他说：“双本体……并不是两个东西，本来就是一个东西。……在逻辑上与事实上，都是先有物质，先有人的生产活动，然后才有个人心理。这个没有什么两元，实际上还是一元。当然，后来二者可以同时，而且也非因果，只是逻辑上占先而已。是一个东西的两个方面，神经元的活动和主观感

① 李泽厚：《历史本体论·己卯五说》（增订本），第 8 页。

② 李泽厚：《历史本体论·己卯五说》（增订本），第 9 页。

③ 李泽厚：《历史本体论·己卯五说》（增订本），第 9-10 页。

④ 李泽厚：《实用理性与乐感文化》（第 2 版），第 27 页。

⑤ 李泽厚：《实用理性与乐感文化》（第 2 版），第 175-176 页。

受同样都是 reality。”① 而且，“工具本体”是在“历史”中的不断建构，“心理本体”亦是在“历史”中的不断“积淀”，因此“历史”这个重要维度也具有本体意义。李泽厚说：“所谓两个本体，不管从人类说或个人说，都以人与内外自然的关系（自然的人化和人的自然化）而展开，而最终归结为‘历史’，此之谓‘人类学历史本体论’或‘历史本体论’。”② 由此来讲，“工具本体”和“心理本体”都可归结于“历史本体”，“历史本体”可统摄两者和本体性的“度”，从而形成由层次清晰、逻辑圆融的“历史本体论”。他说：“我讲得很清楚，归根到底，是历史本体，同时向两个方向发展，一个向外，就是自然的人化，是工具—社会本体；另一个是向内，即内在自然的人化，那就是心理—情感的本体了，在这个本体中突出了‘情感’。……至于‘度’，人靠‘度’才能生存。……‘度’具有人赖以生存生活的本体性。这三点其实说的是一个问题，也就是有关人类和个体生存延续的人类学历史本体论。”③

不过，这时还需要回应文章第一部分所论及的问题，即李泽厚是否建构起克服“不彻底性”“片面性”“忽视偶然性”和“彼岸性”的本体呢？这里，可以其本体论体系来一一对应地检讨：“工具本体”对应“人活着”这个“出发点”，为一切问题的根本、本源和“最后实在”，可解决本体的“不彻底性”。即，人类自身的实践使人从动物变成了人，此乃不可进一步追究的“最终实在”。李泽厚说：“人类的最终实在、本体、事实是人类物质生产的社会实践活动。”④ “心理本体”对应“人如何活”“人为什么活”和“人活得怎么样”这“三大问题”，分别形成“认知结构”“意志结构”和“审美结构”，涉及真、善、美等全部方面，可解决本体的“片面性”。“情本体”对应“人活得怎么样”，凸显“个体主体性”，并将之作为“人类如何可能”的方向，可解决本体的“忽视偶然性”。李泽厚说：“哲学上，黑格尔把康德‘人是什么’的‘先验心理学’变为精神是什么，构造了理性吞并一切的思维的逻辑本体论；海德格尔把康德的‘人是什么’变为存在是什么，构造了个体向死而生的激情的基础本体论；我希望把康德的‘人是什么’变为心灵是什么，构造人类向个体积淀生成的历史本体论。”⑤ “历史本体”对应“一个出发点”和“三大问题”等所有问题，强调者在于人类是特定历史条件下的产物，此可解决本体

---

① 李泽厚、刘悦笛：《哲学对谈——李泽厚、刘悦笛 2017 年对谈录》。《社会科学家》2017 年第 7 期。

② 李泽厚：《人类学历史本体论》，第 158 页。

③ 李泽厚：《李泽厚对话集・中国哲学登场》，第 83 页。

④ 李泽厚：《批判哲学的批判——康德述评》（修订本），第 76 页。

⑤ 李泽厚：《李泽厚对话集・中国哲学登场》，第 142 页。

的“彼岸性”。李泽厚说：“所谓‘历史’在这里含有两层含义。一是相对性、独特性，即‘历史’是指事物在特定的时空、环境、条件下的产物（发生或出现）。一是绝对性、积累性，指事物是人类实践经验及其意识、思维的不断的承继、生成。”① 由上述检讨可见，李泽厚实现了其所设定的目标。

## 四

依着“历史本体论”，就人类发展来讲，不仅应由“工具本体”进到“心理本体”，而且应由“认知本体”进到“伦理本体”再进到“情本体”，推进“情本体”的“以美启真”和“以美储善”，唯此才可实现理想的美好的生活状态。李泽厚说：“‘人活得怎样’的问题日益突出。从世界情况看，人‘如何活’的问题远未解决，‘活得怎样’只是长远的哲学话题，但由‘工具本体’到‘心理本体’却似可成为今日一条探寻之道，特别对中国更如此。”② 质言之，唯有“情本体”之确立和发扬，方可实现人类之美好愿望，因为它既是个体的、个性的，又是自然和社会合一的。他说：“所谓人性的塑造、陶冶不能只凭外在的律令，不管是宗教的教规，革命的‘主义’。那种理性凝聚的伦理命令使所建造的‘新人’极不牢靠，经常在这所谓‘绝对律令’崩毁之后便成为一片废墟；由激进的‘新人’到颓废的浪子，在历史上屡见不鲜。只有‘以美启真’、‘以美储善’的情感的陶冶塑造，才有真正的心灵成长，才是真实的人性出路。它必然是个体的，个性的，自然与社会相合一的。”③ 关于李泽厚的“情本体”归宿，陈来提出以“仁本体”来作为“转语”，即以“仁本体”作为“情本体”之“扬弃”。他说：“对李泽厚的情本体哲学下一转语，便是我们的使命。既然说本体在伦常日用之中，本体可以是天人合一，本体是人与宇宙的共在，本体是天地之大德曰生，这个本体难道不是只有仁才能承当吗？就此下一转语，儒学的仁本体不是已经呼之欲出了吗？”④ 实际上，“情本体”与“仁本体”为不同语境下的言说，是否可以“仁本体”为“情本体”的“转语”，还可进一步探究。

在李泽厚看来，以“一个出发点”和“三大问题”为理论核心的“历史本体论”，不

---

① 李泽厚：《历史本体论·己卯五说》（增订本），第 42 页。

② 李泽厚：《人类学历史本体论》，第 6 页。

③ 李泽厚：《人类学历史本体论》，第 156 页。

④ 陈来：《论李泽厚的情本体哲学》，《复旦学报》2014 年第 3 期。

仅可以化解传统本体论的诸种缺欠，而且可以解答“人类如何可能”的问题。他说：“康德、海德格尔都想去掉形而上学，但又建构了自己的形而上学。大概只有在解构的‘后现代’才有去掉形而上学的可能，但又流于真正的原子个人而物欲横流，失去任何普遍价值和社会性。也许，只有凭依理欲交融的‘情本体’，能走出一条路来？而‘心体’、‘性体’只有皈依于‘情体’，也才能真正贯彻一个人生、一个世界的华夏精神。‘情本体’之所以仍名之为‘本体’，不过是指它即人生的真谛、存在的真实、最后的意义，如此而已。”① 这些即是李泽厚面对“拒斥形而上学”和后现代主义思潮所“拿出”的“自己的看法”，亦即在广义形而上学意义下中国哲学所做出的一份贡献。也正是在此意义下，陈来认为李泽厚是当代最有影响的哲学家。他说：“李泽厚是中国近三十年来最有影响、最受关注的哲学家。……他总结性地、集中地谈了他自己的哲学要点，对中国哲学对当代世界哲学的可能参与，也提出了不少建设性的意见。……虽然我并不都赞成他主张的情本体哲学。他晚年的哲学访谈，摆脱了世俗哲学写作的繁琐无谓的论证和舞文弄墨的铺陈，以简白直接的方式，陈述了其哲学的要义，对中国哲学的当代建构提出了重要的意见和主张。总的来说，这些意见主张是富有启发性的。”②

（原文载《文史哲》2020年第2期。
《高等学校文科学术文摘》2020年第3期转载）

① 李泽厚：《人类学历史本体论》，第23页。

② 陈来：《论李泽厚的情本体哲学》，《复旦学报》2014年第3期。

# 梳理、阐发、弘扬

## ——商聚德先生学述

商聚德先生，1935年生，大学毕业后长期执教于河北大学，曾担任哲学系主任。商先生承前启后，作为学科带头人，创立了河北大学中国哲学硕士学位授权点，也为后来的中国哲学博士学位授权点建设奠定了基础。先生曾兼任中国哲学史学会理事、河北省董仲舒研究会副会长、中国人民大学孔子研究院学术委员。主要著作有《中国传统文化导论》（主编）、《刘因评传》《孔子的智慧》《中国哲学史史料学论稿》（合著）等。此外，还发表论文四十余篇。所著《刘因评传》获河北省第六届社会科学优秀成果一等奖。商先生长期从事中国哲学史研究，在诸多领域有深入开展和独到见解。本文将其主要思想做一略述，以祝贺先生八十寿诞。

### 一、先秦诸子研究

出于教学的实际需要，商先生的学术研究贯穿了整个中国哲学史。不过，在整个中国哲学史当中，先生对于先秦诸子致力更多；在先秦诸子当中，他虽然对于原始道家也有研究，但其重点却在原始儒家身上。关于先秦诸子的研究，先生对孔孟相关思想的研究可为代表。

首先，关于孔子的人生观。商先生对孔子思想多有探讨，其对于孔子人生观的诠释是一重点。他认为："探讨一下孔子的人生观该是饶有趣味的。因为，孔子不但是中国最早提出成体系的人生观的人，而且，他的观点在历史上发生过十分深远的影响……一些基本观点，时至今日，也还有一定的现实意义。"① 为此，他从三个方面诠释了孔子的人

① 商聚德：《孔子人生观略论》，载《河北大学学报》（哲学社会科学版）1983年第4期。

生观。第一个方面，孔子非常重视“立志”①。其中，“十有五而志于学”②“志于道”③，都是此方面的经典表达。第二个方面，孔子还重视“成名”④。孔子说：“君子疾没世而名不称焉。”⑤第三个方面，孔子还非常注重情操。他认为，一个人在生死、荣辱、贫富等面前应该保持高尚的情操。⑥基于上述分析，商先生认为，孔子人生观的基调是“积极入世”的精神。他说：“他（指孔子——引者注）赞成‘天下有道则现、无道则隐’的生活原则，隐现虽有所不同，但那仅是奋斗方式的变化，最后目的则始终如一，积极努力的精神也贯串在两种方式之中。”⑦

商先生认为，孔子还建立了一个有核心和有层次的理想人格体系。具体来讲，“仁”是其理想人格的核心。因此，孔子有时直接用“仁人”来表达理想人格，如“虽有周亲，不如仁人”⑧。围绕这一核心，孔子探讨了“圣”“贤”“君子”“士”等不同人格层次。所谓“圣”，是指具有崇高德行又有最高政治地位的人；他们既是道德楷模，又能“平治天下”以实现社会理想。⑨“圣”乃理想人格的最高层次，“贤”乃居其下。所谓“贤”，是指在道德、见识和能力比一般人高的人，因此“贤”是人们学习的榜样，故有“见贤思齐焉”之谓。实际上，孔子的理想人格更多的通过“君子”来表达。所谓“君子”，原指有地位者，孔子则将其专指有道德者。⑩与“君子”意义相近的是“士”。所谓“士”，指有一定道德修养、知识本领和社会地位的人，即通常所谓的古代知识分子。⑪关于这个以“仁”为核心的理想人格体系，商先生说：“它们同属于孔子的理想人格，又各自具

---

① 商聚德：《孔子人生观略论》，载《河北大学学报》（哲学社会科学版）1983年第4期。

② 何晏注，邢昺疏，朱汉民整理，张岂之审定：《论语注疏》第15、85、214、266、51页，北京：北京大学出版社1999年版。

③ 何晏注，邢昺疏，朱汉民整理，张岂之审定：《论语注疏》第15、85、214、266、51页，北京：北京大学出版社1999年版。

④ 商聚德：《孔子人生观略论》，载《河北大学学报》（哲学社会科学版）1983年第4期。

⑤ 何晏注，邢昺疏，朱汉民整理，张岂之审定：《论语注疏》第15、85、214、266、51页，北京：北京大学出版社1999年版。

⑥ 商聚德：《孔子人生观略论》，载《河北大学学报》（哲学社会科学版）1983年第4期。

⑦ 商聚德：《孔子人生观略论》，载《河北大学学报》（哲学社会科学版）1983年第4期。

⑧ 何晏注，邢昺疏，朱汉民整理，张岂之审定：《论语注疏》第15、85、214、266、51页，北京：北京大学出版社1999年版。

⑨ 商聚德：《论孔子理想人格的层次与特点》，载《河北大学学报》（哲学社会科学版）1990年第2期。

⑩ 商聚德：《论孔子理想人格的层次与特点》，载《河北大学学报》（哲学社会科学版）1990年第2期。

⑪ 商聚德：《论孔子理想人格的层次与特点》，载《河北大学学报》（哲学社会科学版）1990年第2期。

有特定的内涵；它们之间既是相通的，又有细微的差别；有的含义似乎差不多，但又往往不能互相代替置换。从而使孔子的理想人格具有一定的层次性，形成了一个有内在联系的理想人格体系。"①

进而，商先生认为，孔子的理想人格体现出鲜明的特点。其一，有崇高的使命感和责任感，并矢志不渝、不懈奋斗。② 其二，有强烈的自觉性和主动性。③ 孔子认为，能否做到"仁"在于自己，而不是在于别人或外力。因此，孔子曰："为仁由己，而由人乎哉！"④ 其三，有完善的品德和高尚的情操，包括："明根本""辨义利""坦胸怀""讲团结""有风度""博才学"。⑤ 以上三个方面综合起来，便构成了孔子理想人格的完整形象，而此完整形象直接形塑了中华民族的文化传统。对此，商先生说："孔子的理想人格，在历史上陶铸了不少志士仁人，对于形成中华民族的优良传统有过巨大贡献。"⑥

其次，关于孟子的精神世界。商先生对孟子倾注了较多心力，尤其对于孟子的精神世界做了深入诠释。在他看来，孟子塑造了一个深刻感人的以"四自"为特征的精神世界：其一，理论"自信"。孟子以"孔子之道"的继承者和捍卫者自任，将孔子的"仁"发展为系统的"仁政"理论，并认为按照这套理论去做便可"王天下"。他说："圣人复起，必从吾言矣。"⑦ 其二，使命"自觉"。孟子不仅以"先觉者"自任，亦以"平治天下"者自居。他说："如欲平治天下，当今之世，舍我其谁也？"⑧ 其三，人格"自尊"。孟子自称"善养吾浩然之气"，"浩然之气"即"富贵不能淫，贫贱不能移，威武不能屈"的"大丈夫"气概⑨。其四，道德"自律"。在孟子，道德心即"善性"作为人的本性是

---

① 商聚德：《论孔子理想人格的层次与特点》，载《河北大学学报》（哲学社会科学版）1990 年第 2 期。

② 商聚德：《论孔子理想人格的层次与特点》，载《河北大学学报》（哲学社会科学版）1990 年第 2 期。

③ 商聚德：《论孔子理想人格的层次与特点》，载《河北大学学报》（哲学社会科学版）1990 年第 2 期。

④ 何晏注、邢昺疏、朱汉民整理、张岂之审定：《论语注疏》第 15、85、214、266、51 页，北京：北京大学出版社 1999 年版。

⑤ 商聚德：《论孔子理想人格的层次与特点》，载《河北大学学报》（哲学社会科学版）1990 年第 2 期。

⑥ 商聚德：《论孔子理想人格的层次与特点》，载《河北大学学报》（哲学社会科学版）1990 年第 2 期。

⑦ 赵歧注，孙奭疏，廖名春等整理，钱逊审定：《孟子注疏》第 77、125、162 页，北京：北京大学出版社 1999 年版。

⑧ 赵歧注，孙奭疏，廖名春等整理，钱逊审定《孟子注疏》第 77、125、162 页，北京：北京大学出版社 1999 年版。

⑨ 赵歧注，孙奭疏，廖名春等整理，钱逊审定《孟子注疏》第 77、125、162 页，北京：北京大学出版社 1999 年版。

人生追求的目的。因此，人应追求的是“大体”“天爵”，而非“小体”和“人爵”。

## 二、宋明儒学研究

从总体上看，宋明儒学虽不是商先生的致思重点，但他对于相关人物的研究亦很深入。其中，颇有价值的研究主要体现在对张载、刘因、陈白沙和王阳明的研究上，尤其是对于刘因思想的研究在学界占有一席之地。

第一，关于张载《西铭》的理论意蕴。商先生认为，张载的《西铭》虽是一篇短文，但它在儒学史上有重要地位，因为它精辟地讲了关于做人的道理。① 具体来讲，《西铭》有四个方面的理论意蕴。其一，“民胞”情怀。《西铭》提出“民吾同胞”② 说，这是儒家“爱人”传统的“凝练化”，对现今世界颇具指导意义。他说：“‘民胞’思想表达了对人的本性和人类未来的美好信念……在世界已进入‘地球村’的今天，‘民胞’观如果能成为处理人与人、国与国、族与族之间关系的思想基础，世界就真会‘充满了爱’。”③ 其二，“物与”意识。《西铭》亦提出“物吾与也”④。对此，商先生说：“这个命题……是个重要贡献。因为它所表达的是一种视天地万物为一体的可贵思想……”⑤ 其三，顺境、逆境“两面观”。《西铭》曰：“富贵福泽，将厚吾之生也；贫贱忧戚，庸玉女于成也。”⑥ 商先生说：“《西铭》这两句话则是说，无论客观情况如何，都须挺立主体精神。它表现的是一种顺境逆境两面观，有重要的启迪意义。”⑦ 其四，“存顺没宁”的人生态度。《西铭》有言：“存，吾顺事；没，吾宁也。”⑧ 对此，商先生说：“‘存顺没宁’是一种人生觉悟，是超越了一己私利的精神境界。在今天，它对于抵制极端个人主义的泛滥，是有积极意义的。”⑨

---

① 商聚德：《〈西铭〉义蕴析论》，载《保定师范专科学校学报》2001年第1期。

② 章锡琛点校：《张载集》第62页，北京：中华书局1978年版。

③ 商聚德：《〈西铭〉义蕴析论》，载《保定师范专科学校学报》2001年第1期。

④ 章锡琛点校：《张载集》第62、62、63、63页，北京：中华书局1978年版。

⑤ 商聚德：《〈西铭〉义蕴析论》，载《保定师范专科学校学报》2001年第1期。

⑥ 章锡琛点校：《张载集》第62、62、63、63页，北京：中华书局1978年版。

⑦ 商聚德：《〈西铭〉义蕴析论》，载《保定师范专科学校学报》2001年第1期。

⑧ 章锡琛点校：《〈张载集》第62、62、63、63页，北京：中华书局1978年版。

⑨ 商聚德：《〈西铭〉义蕴析论》，载《保定师范专科学校学报》2001年第1期。

第二，关于刘因的哲学思想。刘因是元代重要思想家，但其有些著作已失传，仅有一些诗文留世。以这些诗文为依据，商先生从三个方面诠释了刘因的哲学思想。其一，“生生不息”的天道观。① 刘因认为，世界是一个发展变化的过程，而发展变化的动机是“气机”即“气的机能”。他说：“大哉化也，源乎天，散乎万物，而成乎圣人……化而变也，阴阳五行，运行乎天地之间，绵绵属属，自然细缊而不容已，所以宣其化而无穷也。”② 对此，商先生说：“刘因的天道观以天人合一思想为主，把自然、社会和人生都看成是个生生不息的发展过程，并有其内在的变化规律……”③ 其二，“希圣希贤”的人生观。④ 刘因认为，人的一生应该追求永恒价值。他说：“圣希乎天，至则天，不至则大圣；贤希乎圣，过则天，不至则大贤；士希乎贤，过则圣，至则贤，不至则犹不失乎令名。此圣之所以为圣，贤之所以为贤也。”⑤ 其三，具有辩证因素的方法论。⑥ 在刘因看来，凡事必“有对”，此乃事物之固有属性。他说：“凡物无无对者，无无阴阳者，而声亦然，其意象之清浊，阖辟亦莫不合也。姑以进退、存亡、吉凶、消长体之，则可见矣。此天机之所发……”⑦ 对此，商先生说：“刘因这一思想，与庄子那种完全排斥条件性的相对主义思想显然不同，具有某些辩证法因素。”⑧

第三，关于陈白沙的哲学精神。在商先生看来，陈白沙作为明代心学的先驱，其哲学思想的突出特点在于主体精神。为此，商先生从三个方面进行了具体分析。其一，“惟在静坐”的为学之方。⑨ 陈白沙把“静坐”视为自己的得力处，又以之作为教人的要诀。他有一句名言：“为学须从静中坐养出个端倪来，方有商量处。”⑩ 不过，陈白沙的主张遭到许多非议，认为其“流于禅学”。而商先生认为：“理学家们对佛道的引用吸收，并不是迷失了自我，把自己变成佛道。而是化佛道成果为己用，从而壮大了自己，扩大了

---

① 商聚德：《刘因评传》，载《河北师范大学学报》（哲学社会科学版）1985 年第 4 期。

② 刘因：《静修先生文集》第 36-37、2、20 页，台北：新文丰出版公司 1984 年版。

③ 商聚德：《刘因评传》，载《河北师范大学学报》（哲学社会科学版）1985 年第 4 期。

④ 商聚德：《刘因评传》，载《河北师范大学学报》（哲学社会科学版）1985 年第 4 期。

⑤ 刘因：《静修先生文集》第 36-37、2、20 页，台北：新文丰出版公司 1984 年版。

⑥ 商聚德：《刘因评传》，载《河北师范大学学报》（哲学社会科学版）1985 年第 4 期。

⑦ 刘因：《静修先生文集》第 36-37、2、20 页，台北：新文丰出版公司 1984 年版。

⑧ 商聚德：《刘因评传》，载《河北师范大学学报》（哲学社会科学版）1985 年第 4 期。

⑨ 商聚德：《白沙之学的主体精神》，载《河北职工大学学报》2001 年第 1 期。

⑩ 孙通海点校：《陈献章集》第 133 页，北京：中华书局 1987 年版。

儒学的内涵，突显了主体精神，增加了儒学的表现力和感染力，是一种创造性的转化。”① 其二，“追求自得”的学术归宿。② 陈白沙把“自得”视作一种挺立主体精神的境界。他说：“忘我而我大，不求胜物而物莫能挠。孟子云：‘我善养吾浩然之气。’……自得者，不累于外物，不累于耳目，不累于造次颠沛，鸢飞鱼跃，其机在我。”③ 其三，“以自然为宗”的学术宗旨。④ 陈白沙说：“人与天地同体，四时以行，百物以生，若滞在一处，安能为造化之主耶！古之善学者，常令此心在无物处，便运用得转耳，学者以自然为宗，不可不着意领会。”⑤ 商先生认为，此“自然”不同于道家的主张，因为它既不与“人为”对立，亦不与“名教”对立。⑥

第四，关于王阳明的学术精神。在商先生看来，王阳明哲学之所以非常具有吸引力，在于其独到的学术精神：其一，主体精神。商先生说：“挺立主体精神，自贵其心，是阳明心学的突出特点。”⑦ 在王阳明看来，是非评判之标准应是“心”，而非众人之见，即使圣人之言也不可妄作标准。其二，批判精神。⑧ 在他看来，王阳明不仅对程朱理学持批判态度，而且对于自身学问亦具批判精神。就前者来看，商先生认为，阳明的心学体系正是建立在对朱熹理学体系批判的基础之上的。就后者来看，王阳明反对从游之士将自身学问“流入空虚”。他说：“吾年来欲惩末俗之卑污，引接学者多就高明一路，以救时弊。今见学者渐有流入空虚，为脱落新奇之论，吾已悔之矣。”⑨ 其三，实践精神。通常来讲，王阳明因论学主“心即理”和“致良知”，往往被冠以“虚静”“守心”而受诟病。但是，在商先生看来，王阳明虽教人“静坐”，但更重视“真实用功”。对此，商先生说：“如果不是寻章摘句，而是从其全部言论去考查……那么就应该承认，王守仁其实

---

① 商聚德：《白沙之学的主体精神》，载《河北职工大学学报》2001 年第 1 期。

② 商聚德：《白沙之学的主体精神》，载《河北职工大学学报》2001 年第 1 期。

③ 沈善洪主编：《黄宗羲全集》（第 7 册）第 93-94、90-91 页，杭州：浙江古籍出版社 1985 年版。

④ 商聚德：《白沙之学的主体精神》，载《河北职工大学学报》2001 年第 1 期。

⑤ 沈善洪主编：《黄宗羲全集》（第 7 册）第 93-94、90-91 页，杭州：浙江古籍出版社 1985 年版。

⑥ 商聚德：《白沙之学的主体精神》，载《河北职工大学学报》2001 年第 1 期。

⑦ 商聚德：《明代哲学两颗星——王守仁与王廷相之比较》第 39、40、43 页，贵阳：贵州民族出版社 2000 年版。

⑧ 商聚德：《明代哲学两颗星——王守仁与王廷相之比较》第 39、40、43 页，贵阳：贵州民族出版社 2000 年版。

⑨ 王阳明撰，吴光、钱明、董平、姚延福编校：《王阳明全集》第 1237 页，上海：上海古籍出版社 2014 年版。

也是重视实践的。应该说，力避虚寂，注重践履，正是阳明学的基本精神。”①

## 三、儒学的基本精神及其现代意义

出于对整个中国哲学史的教学和研究，商先生非常关心儒学的命运。具体来讲，他不仅关心儒学的历史命运，而且亦关注儒学之现代命运。就古代来看，儒学曾经长期作为官方意识形态的主流。但现代以来，儒学从官方意识形态的高位上“颠覆”下来。在此历史背景下，学界对儒学价值往往持肯定或否定之两个极端。对此，商先生不赞成任何一个极端，而是持一种“中庸”态度。他认为，就当今中国的现代化来讲，儒学中虽然有些东西确实应该抛弃，但儒学本身自有其精华在。应该对儒学内容重新进行客观研究，进而对它的现代意义做出公正评价。为此，他从四个方面概括了儒学精神，并对应地阐发了其现代意义。

第一，儒学是“爱人之学”。儒学创始人孔子提出以“仁”为核心的思想体系，而“仁”的基本含义乃是“爱人”。例如，学生问“仁”，孔子以“爱人”二字做答。因此，孔子的学生把“仁”说成是孔子的一贯之道，并解释说：“夫子之道，忠恕而已矣。”②在商先生看来，所谓“忠”，就是尽己以待人；所谓“恕”，就是“推己及人”。再进一步讲，“推己及人”有“消极”“积极”二义。从“消极”方面说，它指“己所不欲，勿施于人”；从“积极”方面说，它指“己欲立而立人，己欲达而达人”。概括地说，所谓“忠恕”就是既尽心竭力，又推己及人，这便是“爱人”；即，做到了这样两个方面，就是孔子所谓的“仁”。不过，儒家讲的“爱人”有次序和程度的不同。商先生认为，儒学以“爱人”作为“仁”的基本含义具有重要的现实意义。“爱是人类所特有的一种十分美好的感情。儒家把爱人作为仁的本义，这一思想是十分崇高的……对它们加以现代的诠释而弘扬之，对于解决当今乃至未来的社会问题，无疑将有重要意义。”③

第二，儒学是“伦常教化”之学。商先生认为，在儒家，所谓“伦常”，意指人伦乃经久不变、稳定通行的道理。具体来讲，每个人都处在一定关系中，故人须承担一定的

---

① 商聚德：《明代哲学两颗星——王守仁与王廷相之比较》第 39、40、43 页，贵阳：贵州民族出版社 2000 年版。

② 何晏注，邢昺疏，朱汉民整理，张岂之审定：《论语注疏》第 15、85、214、266、51 页，北京：北京大学出版社 1999 年版。

③ 商聚德：《儒学精神及其现代意义》，载《河北大学学报》1995 年第 2 期。

义务和责任。其中，最基本的人伦有君臣、父子、夫妇、兄弟、朋友五项。对于儒家的“伦常”商先生认为它并非只有消极意义。“事实上，我们今天已经对它赋予了新的内涵。只要我们对它加以现代的诠释，它们无疑能焕发出新的光彩，而为世界人民和未来社会所接受。”① 与讲究“伦常”相应，儒家还特别重视“教化”。就教育范围来讲，孔子主张“有教无类”，首开私人讲学之风，打破了“学在官府”的局面。孟子进一步提出“性善论”，以为“人皆可以为尧舜”，为民众接受教育提供了理论依据。就教育内容来讲，儒家虽首重德育，但同时亦重智、体、美诸多方面。就教育原则来讲，儒家注重理论联系实际，讲求“学以致用”。关于儒家的教育思想，商先生甚至说：“从孔孟到颜元、戴震，都没有写出一部成体系的《教育学》，这是令人遗憾的。但在他们丰富的教育思想和教学实践中，实际上是存在着这样的《教育学》的。”②

第三，儒学是“内圣外王”之学。商先生认为，“内圣外王”一语虽出自《庄子》，但它表达的却是儒家的理想人格。在此，所谓“内圣”，指内修“圣人之德”；所谓“外王”，指外施“王者之政”。《大学》曾有“八条目”之谓：“格物”“致知”“诚意”“正心”“修身”“齐家”“治国”“平天下”。③ 若对照地讲，前五个条目属于“内圣”；后三个条目属于“外王”。在儒家看来，“内圣”是“外王”的基础，是出发点、立足点和本质关键；“内圣”须落实在“外王”上，否则就会落入佛道“虚无寂灭”的窠臼。关于儒学“内圣外王”的现实意义，商先生予以充分肯定。他说：“内圣外王之学表现了儒家的入世情怀，他们以完善自我造福人群为人生的理想，以立德、立功、立言为人生价值追求，以‘为天地立心，为生民立道，为往圣继绝学，为万世开太平’为宏大抱负，‘先天下之忧而忧，后天下之乐而乐’……这种人生态度是值得发扬的。”④

第四，儒学是“天人合一”之学。商先生认为，儒家称天、地、人为“三才”，赋予人以与天、地并立为三的地位。但是，与西方主客二分的观点不同，儒家以为，天与人的关系不是对立的而是合一的。所谓“天人合一”，是指人与自然、人事与天道的统一和协调。在此意义上，儒学之实质乃是“追求和谐之学”。商先生说：“追求和谐是中国传

---

① 商聚德：《儒学精神及其现代意义》，载《河北大学学报》1995 年第 2 期。

② 商聚德：《儒学精神及其现代意义》，载《河北大学学报》1995 年第 2 期。

③ 郑玄注，孔颖达疏，龚抗云整理，王文锦审定：《礼记正义》第 1592 页，北京：北京大学出版社 1999 年版。

④ 商聚德：《儒学精神及其现代意义》，载《河北大学学报》1995 年第 2 期。

统文化的基本精神之一，而以儒家最具代表性。”① 具体来讲，一个方面，儒家强调政治上的和谐，进而乃是世界和人类的和谐，故儒家以“世界大同”、人类和平为理想。另一个方面，儒家强调人际关系的和谐，进而乃是人与自然的和谐乃至宇宙和谐。② 关于“天人合一”的时代意义，商先生说：“这一思想，对于解决当今世界日益严重的环境污染、生态失衡以及此起彼伏的国家冲突、民族冲突、地区冲突、人际冲突乃至身与心、灵与肉的冲突等问题，当具有重要的启迪意义。”③

## 四、关于创建中国哲学史史料学体系

出于对中国哲学学科发展的责任感，基于丰厚的汉学功底和深刻的洞察力，商先生对于中国哲学史的学术体系亦颇为关注。他认为，“中国哲学史史料学”作为中国哲学史学术体系的一部分，是一门既古老又年轻的学科。所谓“古老”，是因为它有着悠久的历史。按最保守的说法，至今也已有两千多年的历史。所谓“年轻”，是因为把“史料”作为“专门学科”来研究，是直到中国近代才开始的。如果从正式提出“中国哲学史史料学”之名算起，则仅有半个世纪的时间。在商先生看来，“中国哲学史史料学”作为一门学科，对于中国哲学史的人才培养具有重要意义。但是，长期以来，许多哲学专业学生缺乏相关的专业训练。为了弥补这一不足，他对这一学科体系建构进行了深入探索，出版了专著《中国哲学史史料学论稿》。关于“中国哲学史史料学体系”的建构，商先生充满了期待。他说：“与对课程开设的普遍重视形成反差的是，对史料学的理论研究却相对薄弱……时代的前进和学术的发展，都呼唤中国哲学史史料学的研究应该开出新生面。”④

在商先生看来，所谓“对史料学的理论研究相对薄弱”，主要指如下几个方面的情况：其理论体系有待完善。就当时的情况来看，已出版的相关著作主要有四部，即冯友兰著《中国哲学史史料学初稿》、张岱年著《中国哲学史史料学》、刘建国著《中国哲学史史料学概要》和萧萐父著《中国哲学史史料源流举要》。商先生认为，这几本书是“中

---

① 商聚德：《儒学精神及其现代意义》，载《河北大学学报》1995年第2期。

② 商聚德：《儒学精神及其现代意义》，载《河北大学学报》1995年第2期。

③ 商聚德：《儒学精神及其现代意义》，载《河北大学学报》1995年第2期。

④ 商聚德：《关于完善“中国哲学史史料学”体系的构想》，载《河北大学学报》（哲学社会科学版）1999年第4期。

国哲学史史料学”的奠基之作，对这一学科的建立有重要贡献。但是，它们均用绝大部分篇幅逐人逐书地介绍史料，而对史料学理论的阐述尚嫌薄弱。对此，他说：“严格地说，这与‘史料学’的名称不甚相符，倒与‘史料介绍’大致近似。史料学既然是‘学’，就应该以探讨史料的有关理论为主，而不能仅止于介绍史料。”① 其二，有关新成果需要吸收。20 世纪 80 年代中期以来，相关的学术研究成果时有出现，而且，郭店楚简直接涉及对《老子》与早期道家和《子思子》与早期儒家的再认识。因此，相关研究应该将这些新成果吸收进来。对此，商先生认为，对于如此重要的史料，“中国哲学史史料学”显然不应置之不理。其三，新的哲学史史料需要补充。在商先生看来，已有著作在介绍有关著作时，偏重于历史版本的沿革和珍善本的评介，这无疑是正确的。但是，近年来中国哲学史籍的出版如“雨后春笋”，其中不乏古籍珍善本的影印本、重新点校本，相关年谱、评传等论著也很多。这些，无疑都是史料学著作也应该加以介绍的。②

进而，商先生探讨了“中国哲学史史料学”的定义。关于此，冯友兰先生曾提出了一个简明的概括：“史料学是历史科学中的一个部门，为历史学的研究做准备工作，是关于史料的方法论。”③ 张岱年先生虽没给这门学科下定义，但提到了其“任务”。他说：“中国哲学史史料学的任务，就是对于中国哲学史的史料做全面的调查，考察各种史料的来历，确定其作为真实史料的价值。”④ 在商先生看来，上述几种定义自有其合理之处，但另外一种提法更值得注意，它把“史料学”分为“史料学通论”和“具体的史料学”两部分。陈高华、陈智超等著的《中国古代史史料学》说：“史料学就是研究史料的搜集、鉴别和运用的科学，是历史学科的一个分支。史料学可大体区别为两类：一类研究搜集、鉴别和运用史料的一般规律的方法，可称为史料学通论；另一类研究某一历史时期或某一史学领域史料的来源、价值和利用，可称为具体的史料学。”⑤ 对此，商先生持赞赏的态度。他说：“陈高华等提出的这一理论颇有可取之处……它虽然是从中国古代史

---

① 商聚德：《关于完善“中国哲学史史料学”体系的构想》，载《河北大学学报》（哲学社会科学版）1999 年第 4 期。

② 商聚德：《关于完善“中国哲学史史料学”体系的构想》，载《河北大学学报》（哲学社会科学版）1999 年第 4 期。

③ 冯友兰：《三松堂全集》（第 6 卷）第 295 页，郑州：河南人民出版社 2001 年版。

④ 张岱年：《中国哲学史史料学》第 3 页，北京：生活・读书・新知三联书店 1982 年版。

⑤ 陈高华、陈智超等：《中国古代史史料学・前言》，北京：北京出版社 1983 年版。

史料学的角度立论的，但对于解决中国哲学史史料学的体系构想也同样具有启发意义。”①

基于上述，商先生提出了创建“中国哲学史史料学”体系的构想。他认为：“通过上面讨论，可以得出下面的认识：中国哲学史史料学应该担负两个任务，一是阐述中国哲学史史料的方法论，一是为学习和研究中国哲学指示读书门径。”② 具体来讲，前一个任务由“史料学通论”解决，后一个任务由“具体的史料学”即“史料举要”解决。这样来讲，一部完整的“中国哲学史史料学”应该包括“史料学通论”和“史料举要”两个部分。进而，商先生探讨了“中国哲学史史料学”体系具体内容，而且依此出版了其《中国哲学史史料学论稿》。该书设上下两编，上编为“史料学通论”，下编为“史料举要”。上编首先讨论“中国哲学史史料学”的定义和任务、意义和方法等。然后，分别论述中国哲学史史料的搜集、鉴别、考证、校勘、解释、运用等问题。最后，介绍中国哲学工具书的主要类型、代表著作及其编排和检索方法。下编则主要以时代为序，分别介绍各流派、各思想家的主要哲学著作等。对于这样一个体系，商先生说：“如果说，上编以开扩见闻、掌握方法为目的，那么，下编则以指示读书门径、分别版本优劣为目的。”③

## 五、结语

综上所述，商聚德先生的学术研究以中国哲学史为主，并透过哲学史研究来表达自己的哲学见解。具体来讲，其学术思想主要包括四个方面：其一，对先秦诸子尤其是孔子、孟子和《老子》思想及其现代意义的阐发。公允地讲，尽管其中有些内容受时代限制而有模式化的情况，但先生的诸多阐发均表现出丰厚的汉学功底，诸多见解在当时亦是有前瞻性的。其二，对宋明儒学的研究。此虽不是先生研究的重点，但先生在此方面有诸多理论新见，如对陈白沙主体精神的阐释。需要指出的是，对刘因的研究是先生对

① 商聚德：《关于完善“中国哲学史史料学”体系的构想》，载《河北大学学报》（哲学社会科学版）1999年第4期。

② 商聚德：《关于完善“中国哲学史史料学”体系的构想》，载《河北大学学报》（哲学社会科学版）1999年第4期。

③ 商聚德：《关于完善“中国哲学史史料学”体系的构想》，载《河北大学学报》（哲学社会科学版）1999年第4期。

学界的一大贡献。其专著《刘因评传》列入匡亚明先生主编的“中国思想家评传”丛书，在中国哲学史上占有一席之地。其三，对儒学基本精神的阐发及现代意义的诠释。此方面内容反映出先生对于儒学基本精神的通透理解，也表达出其对于儒学现代发展的责任感。其四，对“中国哲学史史料学”体系建构的思考。先生所著《中国哲学史史料学论稿》至今仍是少有的几部相关专著之一，而且此专著在体系建构方面集以往著作之大成。总的讲，商聚德先生虽然没有建构哲学体系，但其对先秦诸子、宋明儒学以及儒学现代精神的研究存在内在关联。就此意义而言，上述四个方面乃是先生学术研究之“不是体系的体系”。

（原文载《社会科学论坛》2015 年第 9 期）

# 存在即生活，生活即存在

## ——“生活儒学”之形而上学的建构

公允地讲，尽管“制度化儒学”解体已百年有余，但儒学之精神与理念早已“积淀”为国人的国民性格和民族心理，早已“渗透”为人们的观念形态和生活方式。然而，在看待“儒学复兴”时，不能因为这种早已“积淀”和早已“渗透”而沾沾自喜，因此而盲目地、一味地肯定儒学的生命力，因为上世纪初“制度化儒学”的解体已经表明，传统儒学已经整体上不适应现代社会的需要，更不要说提供“价值之源”，引导社会发展了。因此，“儒学复兴”实乃一个非常“沉重”的话题，若对此没有充分的认识和警觉，“儒学复兴”不可能真正实现。就此而言，要真正实现“儒学复兴”，不仅需要传承儒学的精华之处，而且更需要应对时代课题创新儒学理论。令人欣慰的是，学界许多同仁已认识到此，并致力于理论建构。其中，山东大学黄玉顺教授的“生活儒学”是这些理论建构成果中的一种。

### 一、儒学复兴与形而上学

近年来，在多种机缘的共同促进下，“儒学复兴”似乎有“王者归来”的态势，呈现出群众化、普遍化、多元化的走向。例如，“儒学院”“国学院”“书院”“儒研会”等机构纷纷建立，相应的“读经运动”“私塾”“蒙学班”“女德班”等教学活动纷纷出现。对此，黄玉顺认为，儒学表面上已走上全面“复兴”的轨道，但实际上却是“虚假繁荣”。一个方面，就内容来讲，有的在弘扬儒学精华，有的则在传播儒学糟粕；有的合乎理性而为进步的，有的则悖于理性而为倒退的。另一个方面，就目的来讲，尽管出于理性而弘扬儒学者有之，但相当多的属于各种“实用主义”的目的。因此，有些活动根本无助于“儒学复兴”，甚至会加害于“儒学复兴”。总之，绵延了几千年的“儒家”“儒学”概念从未如此混乱、模糊，以至于让人们眼花缭乱，无所适从。黄玉顺的意思是，“儒学复兴”基本上还停留在肤浅的层面，真正的儒学研究、理论创新则被忽略、被边缘化了，而儒学研究、理论创新不仅可以克服上述肤浅，而且可以解决上述问题，真正推进“儒学复兴”。① 他说：

然而，这种“道德主义”却试图将古代的、前现代的、封建的和专制的伦理道德规范一股脑儿地搬到今天来。……今天我们所见到的许多读经活动，宣扬封建主义和专制主义的伦理道德，使我们的空气中弥漫着一股腐朽的、令人窒息的气息，这是很令人忧虑的。如今，自封为“儒家”竟成了一种时髦。但假如儒家就是那样的“原教旨”的东西，我宁愿在此声明“我不是儒家”。②

在黄玉顺看来，传承儒学精神和理念固然重要，但犹如一件衣服不可能永远合身一样，儒学要想真正实现“复兴”，非得不断制作“新衣服”即进行理论创新不可。历史地看，儒学的历次“复兴”端赖于“新衣服”，即端赖于理论创新。宋明理学之所以促生了“儒学复兴”，就在于“理学”和“心学”形成了儒学的理论创新。不过，需要注意的是，理论创新包括政治、经济、文化等多个层面，但其核心是“哲学”，因为“哲学”不仅是所有理论的最初根源，而且是所有理论的最后根据。因此，对于当前的“儒学复兴”来说，迫切的问题是“哲学”的“登场”。即，对于正在发生的“儒学复兴”运动，应该以“重建”儒家哲学为首要任务。黄玉顺说：“这是我所持有的一个基本的信念：‘儒学’的复兴，虽然并不等于、但无疑首先是儒家‘哲学’的重建。”③ 而且，“形而上学”乃“哲学”的核心，故“哲学”的“登场”即是“形而上学”的“登场”。他说：“在形上的层级上，当代儒学必须重建形上学，而非墨守传统形上学，否则必定‘内圣开不出新外王’，无法导出现代政治文明，反而孕育出某种现代政治怪胎。”④ 他还说：

我的工作意图就在于：破解旧的儒家形而上学，建构新的儒家形而上学。这是

① 张清俐.“文化复兴”声中的警醒——黄玉顺谈“国学热”现象［J］. 当代儒学，2015（1）：234-237.

② 张清俐.“文化复兴”声中的警醒——黄玉顺谈“国学热”现象［J］. 当代儒学，2015（1）：234-237.

③ 黄玉顺. 面向生活本身的儒学：黄玉顺“生活儒学”自选集［M］. 成都：四川大学出版社，2006.

④ 黄玉顺. 也论“大陆新儒家”——回应李明辉先生［J］. 探索与争鸣，2016（1）：49-51.

因为：旧形而上学源于旧的生活样式，新形而上学源于新的生活样式。其实，在历史上，儒学本来就是这样变动着的。①

然而，“重建”儒家“形而上学”所面临的问题是，“哲学”以及作为核心的“形而上学”正经历空前的“危机”。一个方面，就西方哲学来看，“形而上学”面临着被“拒斥”的危险。例如，自从孔德以实证主义“拒斥形而上学”以来，维特根斯坦的语言哲学、罗蒂的“后哲学文化”、德里达的“解构哲学”等，都对传统“形而上学”形成巨大“冲击”。另一个方面，就中国哲学来看，很多学者认为，中国始终就不存在“形而上学”，“形而上学”是西方哲学的核心术语。② 因此，要实现“儒学复兴”，不能走“哲学”即“形而上学”的路子，而只能走传统“国学”甚至“经学”的路子。就前一个方面来讲，黄玉顺认为，其只是对传统“形而上学”的“修正”，故并未形成对“形而上学”的“颠覆”。就后一个方面来讲，其在形式上和内容上均否定中国存在“形而上学”，但这种否定与事实和学理均不相符。他说：“假如说中国没有形而上学，那就意味着中国人从来不思考世界、人类、上帝，不思考某种终极存在者、作为所有存在者的最后‘根据’的那种存在者。”③ 实际上，“（即）便在儒家，这种终极思考也是中国哲学史上的常识”。④ 因此，“‘中国哲学’原是既成事实。因此，所谓‘中国有没有哲学’的问题完全是个伪问题”。⑤ 基于前述两个方面，黄玉顺说：

我提出“重建儒家形而上学”，意味着我肯定儒家向来有其形而上学。⑥

质言之，在黄玉顺，问题不是要不要“形而上学”，而是需要什么样的“形而上学”。因此，他所要建构的“儒家形而上学”，并非传统“形而上学”，而是他所理解的“哲学”“形而上学”。在他看来，人类理性本身对于天地万物之真妄和本末特别关切，故“哲学”

---

① 黄玉顺. 爱与思——生活儒学的观念（增补本）[M]. 成都：四川人民出版社，2017：55.

② 黄玉顺. 面向生活本身的儒学：黄玉顺“生活儒学”自选集 [M]. 成都：四川大学出版社，2006：126-128.

③ 黄玉顺. 面向生活本身的儒学：黄玉顺“生活儒学”自选集 [M]. 成都：四川大学出版社，2006：128.

④ 黄玉顺. 面向生活本身的儒学：黄玉顺“生活儒学”自选集 [M]. 成都：四川大学出版社，2006：128.

⑤ 黄玉顺. 面向生活本身的儒学：黄玉顺“生活儒学”自选集 [M]. 成都：四川大学出版社，2006：315.

⑥ 黄玉顺. 面向生活本身的儒学：黄玉顺“生活儒学”自选集 [M]. 成都：四川大学出版社，2006：126.

通常以“存在”“存在者”以及二者关系为研究对象。他说：“形而上的存在者，以及所有的‘万物’那样的形而下的存在者，究竟是如何由此而被给出的？这是我们今天哲学要思考的一个核心问题。”① 正因为如此，孟子为了确立“此天之所与我者”的“先验人性”，主张“先立乎其大者”，以作为一切存在者的最初根源、最后根据。② 朱熹在被问及“天地会坏否”时，以“不会坏”即天地之永恒回答。他说：“不会坏。只是相将人无道极了，便一齐打合，混沌一番，人物都尽，又重新起。”③ 基于前述，黄玉顺赞同海德格尔的哲学观。海德格尔说：“哲学即形而上学。形而上学着眼于存在，着眼于存在中的存在者之共属一体，来思考存在者整体——世界、人类和上帝。”④ 进而，黄玉顺认为，所谓“哲学”，指研究存在、存在者以及二者关系的学问。他说：

简而言之，思考存在者整体、存在者之为存在者，或者所有存在者的终极根据的东西，即是哲学。⑤

## 二、“生活儒学”的发生及方法论

黄玉顺将“重建”“儒家形而上学”的理论成果称为“生活儒学”，而“生活儒学”的思想视域是“现代性”。在此，所谓“视域”，“是指的某种思想观念的平台”⑥。为了强调“现代性”，他特意凸显“当代性”的概念。他说：“生活儒学的思想视域不是‘现代性’，当然更不是‘前现代性’，甚至也不是‘后现代性’，而是‘当代性’，或者叫作‘当下性’。所以，我把自己的思想方法叫作‘当代主义’。”⑦ 说到“现代性”，许多人尤其是一些儒者常引证“后现代主义”对“现代性”的反思和批判。不过，在黄玉顺看来，不能以“后现代主义”为证否定“现代性”。其理由有三：第一，“后现代主义”站在

---

① 黄玉顺. 爱与思——生活儒学的观念（增补本）[M]. 成都：四川人民出版社，2017：3.

② 孟子注疏 [M]. 赵岐，注. 孙奭，疏. 廖名春，整理. 北京：北京大学出版社，1999：314.

③ 黎靖德. 朱子语类：第一册 [M]. 王星贤，点校. 北京：中华书局，1986：7.

④ 海德格尔. 面向思的事情 [M]. 陈小文，译. 北京：商务印书馆，1999：68.

⑤ 黄玉顺. 面向生活本身的儒学：黄玉顺“生活儒学”自选集 [M]. 成都：四川大学出版社，2006：312.

⑥ 黄玉顺. 儒学与生活——“生活儒学”论稿 [M]. 成都：四川大学出版社，2009：219.

⑦ 黄玉顺，杨虎. 儒学与生活——黄玉顺教授访谈录 [J]. 当代儒学，2015（2）：300-310.

“后现代”的立场反思“现代性”，而这些儒者却站在“前现代”的立场反对“现代性”；站在“前现代”的立场反对“现代性”，其结论必然不具有说服力。第二，“后现代主义”其实并未超越“现代性”，因为他们反思、批判“现代性”的目的是推进“现代性”的“兑现”。第三，走向“现代性”是任何民族都无法抗拒的世界潮流、历史趋势和文明走向。① 总之，“现代性”的问题是发展过程中的问题，“现代性”本身并没有“致命”问题，而否定“现代性”则可能带来“致命”问题。黄玉顺说：

> 一个简明的逻辑就是：你如果坚持将儒学与前现代的宗法制度、家族制度甚至专制制度之类的东西捆绑在一起，那就无异于宣告儒学必定灭亡。②

进而，黄玉顺认为，“生活儒学”不是“基于”“现代性”的，而是“阐明”“现代性”的。或者说，“生活儒学”不仅“解释”“现代性”，而且“建构”“现代性”。他说：“生活儒学意在阐明这个问题：现代性是何以可能的？而现今的许多儒学，却是基于现代性、现代主义的，甚至是基于前现代性、前现代主义的。”③ 在他看来，20 世纪“现代新儒学”的思想视域亦是“现代性”，然而，尽管“现代新儒学”比“虚假繁荣”的“儒学复兴”要深刻得多，但它未能阐明“现代性何以可能”这个问题。因此，应该就此问题进行反思和重新建构。他说：“现代新儒家的思维方式也不足以阐明‘现代性何以可能’这样的问题，更不用说目前的一些反现代性的儒学了。”④ 黄玉顺认为，中国社会正处于第二次“大转型”之中，即，由“前现代”的生活方式转向“现代性”的生活方式。中国社会第一次“大转型”是春秋战国时期从“王权社会”转向“皇权社会”，而这一次社会“大转型”则是近代以来从“皇权社会”转向“民权社会”，基本方向是要建构一个基于民权的现代性的民族国家。⑤ 在黄玉顺看来，面对这次“大转型”，“儒学复兴”的主要任务不是传承，而是创新；通过创新，不仅实现“救国”，而且实现“自救”。他说：

> 这就需要中国式的“启蒙运动”。为此，儒家必须自觉地自我变革，然后积极投

① 黄玉顺，杨虎．儒学与生活——黄玉顺教授访谈录［J］．当代儒学，2015（2）：301.
② 黄玉顺，杨虎．儒学与生活——黄玉顺教授访谈录［J］．当代儒学，2015（2）：301.
③ 黄玉顺，杨虎．儒学与生活——黄玉顺教授访谈录［J］．当代儒学，2015（2）：302.
④ 黄玉顺，杨虎．儒学与生活——黄玉顺教授访谈录［J］．当代儒学，2015（2）：302.
⑤ 黄玉顺，杨虎．儒学与生活——黄玉顺教授访谈录［J］．当代儒学，2015（2）：302.

身于启蒙。对于儒家来说，这种自我启蒙既是“救国”，也是“自救”。①

在黄玉顺，所谓“生活儒学”，指面向生活本身的儒学。他说：“‘生活儒学’就是面向生活本身的儒学。所谓‘面向生活’，就是：我们的一切的一切，无不源于生活、归于生活。”② 具体来讲，“生活儒学”的建构基于两方面的“语境”：一方面是“观念语境”。即，“生活儒学”必须要正视当代哲学，否则难以实现自我变革，实现儒学的当代复兴，而当代哲学主要指“后现代主义”和海德格尔的“存在论”。另一方面是“现实语境”。即，“生活儒学”必须要基于中华民族的“当下生活”样式。他说：“在我看来，我们的出发点始终是我们当下的现实生活。用儒家的话语讲，唯有生活，才是我们的‘大本大源’‘源头活水’。”③ 在黄玉顺看来，面向生活、以生活为本源的儒学，“是孔子当初创建儒学的夫子之道，也是我们今日重建儒学的必由之路”④。概言之，“生活儒学”的基本理路是，以“生活”为基底，上承原始儒家学说，援引西方现代哲学，以重构“儒家形而上学”。因此，“生活儒学”可谓“现代性诉求”的“民族性表达”。他说：

> 生活儒学就是“现代性诉求的民族性表达”。……生活儒学是一种“现代性思想建构”，或者更准确地说，生活儒学是关于现代性的生活方式的一种儒家思想建构。⑤

在此，必须要指出的是，“生活儒学”是以海德格尔的“存在论区分”为方法论的。黄玉顺说：“至于方法论……‘生活儒学’……最主要的是海德格尔（Martin Heidegger）的此在现象学。最重要的是两个观念：一是‘存在论区分’（der ontologische Unterschied）；二是‘存在’（Sein）与‘生存’（Existenz）的关系。”⑥ 所谓“存在论区分”，一个方面，指“存在”与“存在者”被严格区分；另一个方面，指所有“存在者”都由

① 黄玉顺，杨虎．儒学与生活——黄玉顺教授访谈录［J］．当代儒学，2015（2）：302．

② 黄玉顺．面向生活本身的儒学：黄玉顺“生活儒学”自选集［M］．成都：四川大学出版社，2006：55．

③ 黄玉顺．面向生活本身的儒学：黄玉顺“生活儒学”自选集［M］．成都：四川大学出版社，2006：54．

④ 黄玉顺．面向生活本身的儒学：黄玉顺“生活儒学”自选集［M］．成都：四川大学出版社，2006：55．

⑤ 黄玉顺，杨虎．儒学与生活——黄玉顺教授访谈录［J］．当代儒学，2015（2）：300．

⑥ 黄玉顺，赵立庆．生活儒学与“古今中西”问题——山东大学儒学高等研究院博士生导师黄玉顺先生访谈［J］．社会科学家，2017（1）：3-8．

“存在”给出，“存在”不断地生成新的“存在者”。然而，以往的哲学多只用一个“形而上存在者”说明所有“形而下存在者”之可能，从而形成一种“形而上—形而下”的观念架构。很明显，这种观念架构“遗忘”了作为本源的“存在”。对此，海德格尔提出，“此在”即“人”可与“存在”发生“交涉”，故可避免“存在”的“被遗忘”。他说：“对存在的领悟本身就是此在的存在规定。此在作为存在者的与众不同之处在于：它存在论地存在。”① 对于海德格尔的理论，一个方面，黄玉顺赞同海德格尔“存在论”之“生存论—存在论—科学”的观念层级。他说：“海德格尔实际上提出了人类观念的这样一种层级：存在观念（生存领会）—形而上存在者观念（哲学）—形而下存在者观念（科学）。”② 另一个方面，黄玉顺不赞同海德格尔通过“此在”避免“存在”“被遗忘”的理路，因为“此在”作为“存在者”成了“存在”的先决条件，这与“存在”先行于“存在者”相矛盾。他说：“海德格尔陷入了一种自相矛盾而不自知，在他看来：一方面，存在不是存在者，并且为一切存在者奠基；但另一方面，唯有通过‘此在’（Dasein）的生存才能通达存在，然而‘此在’却是一种存在者。”③ 因此，在进行“儒家形而上学”建构时，黄玉顺主张，要借鉴海德格尔思想的成败，既须超越传统“形而上—形而下”的观念架构，又须回到孔孟原典儒学固有而“被遮蔽”的“存在”。他说：

> 两千多年来的形而上学观念，本身是有层级的，有“形而上”与“形而下”这么一个区分，不管是在东方还是在西方，都是如此，而且，这样的区分今后还会继续下去。到了20世纪呢，仅仅有形而上、形而下这么一种区分就是不够的了，按照海德格尔的说法，就是遗忘了存在本身。因此，到了20世纪，应该深入到一个更深的观念层次上，那就是关于存在本身的观念。④

---

① 海德格尔. 存在与时间［M］. 陈嘉映，译. 熊伟，校. 北京：生活·读书·新知三联书店，1987：16.

② 黄玉顺. 爱与思——生活儒学的观念（增补本）［M］. 成都：四川人民出版社，2017：12.

③ 黄玉顺，赵立庆. 生活儒学与“古今中西”问题——山东大学儒学高等研究院博士生导师黄玉顺先生访谈［J］. 社会科学家，2017（1）：3-8.

④ 黄玉顺. 爱与思——生活儒学的观念（增补本）［M］. 成都：四川人民出版社，2017：50.

## 三、“生活儒学”的架构及开展

具体来讲，“生活儒学”的理论建构分为三大步骤：其一，“破解”，即“开解”，指“拆除”已有“儒家形而上学”的“理论大厦”，揭示“形而上学”构造之初的“生活本源”，为儒学重建“清理场地”。他说：“生活儒学的破解工作，不过就是从传统形而上学向生活本身的探本溯源，从而说明形而上学、包括儒家形而上学何以可能。破解乃是一种‘开解’——开塞解蔽。”① 其二，“回归”，指通过“破解”，回归“生活本身”，回归人们的真正“家园”，阐明“生活本身”的“本源结构”。黄玉顺说：“生活儒学之所谓回归，则是通过破解，回到生活这个本源。而此生活本身既非经验主义的经验生活，也非理性主义的先验生活，甚至也不是海德格尔生存论分析那样的‘此在’的生存。”② 其三，“构造”，指以对“生活本源”的“生活感悟”为基础，重新建构“形而上学”本身，进而建构诸如逻辑学、知识论、日常人伦等“形而下学”。他说：“生活儒学在破解传统那种‘无本的’（孟子语）和‘无家可归的’（海德格尔语）形而上学的同时，拒绝‘后现代主义’的‘反形而上学’倾向，主张积极的形而上学重建，并自始至终把这种重建工作建立在生活感悟的地基上。”③ 质言之，“生活儒学”的基本理路是探本溯源，揭示原始儒家的理论基础，并在此基础上重建“儒家形而上学”。黄玉顺说：

> 生活儒学……通过破解传统儒学，而回归作为大本大源的生活本身；并在作为源头活水的生活感悟的地基上，重新构造儒家形而上学。④

关于“儒家形而上学”的建构，黄玉顺认为，一个方面，它包括由“本源”到“形而上学”再到“形而下学”这样三个“观念层级”。他说：“任何形而上学都是这样的层级构造，分为三个基本的构造层级：形而上学的本源；在这种本源地基上的形而上学构造本身；在这种形而上学基石上的‘形而下学’的构造。”⑤ 在黄玉顺，这样三个构造层

① 黄玉顺. 面向生活本身的儒学：黄玉顺“生活儒学”自选集［M］. 成都：四川大学出版社，2006：34.
② 黄玉顺. 面向生活本身的儒学：黄玉顺“生活儒学”自选集［M］. 成都：四川大学出版社，2006：37.
③ 黄玉顺. 面向生活本身的儒学：黄玉顺“生活儒学”自选集［M］. 成都：四川大学出版社，2006：41.
④ 黄玉顺. 面向生活本身的儒学：黄玉顺“生活儒学”自选集［M］. 成都：四川大学出版社，2006：31.
⑤ 黄玉顺. 面向生活本身的儒学：黄玉顺“生活儒学”自选集［M］. 成都：四川大学出版社，2006：41.

级打破了传统“形而上学”的二级建构，乃“生活儒学”之“最大”“最根本”的“突破”。他说：“‘生活儒学’最大、最根本的突破，就是打破了两千年来古今中外哲学的‘形而上学→形而下学’的二级建构，提出了观念的三级建构：生活存在→形而上存在者→形而下存在者。”① 另一个方面，它包括由“形而下学”到“形而上学”到“本源”的三个“境界层级”。在黄玉顺看来，因为人作为“形而下存在者”，还有一个从“形而下”回到“形而上”即“下学而上达”的问题，此问题便是“境界追求”的问题，而“境界追求”表现为三个层级。黄玉顺说：“境界的问题实际上是这么一个问题：我们怎么回去？……就是说：我们怎么回过头来，重新走这条路。但是，这是一条回溯的路，就是重新从形而下而回到形而上，也就是‘下学而上达’，并且一直回到本源上去。”② 进而，“观念层级”又分为“生成关系”和“奠基关系”。关于“观念层级”与“境界层级”以及“生成”“奠基”“境界”的相互关系，黄玉顺说：

> 要透彻地理解境界问题，我们必须首先分辨清楚观念层级之间的“生成关系”和“奠基关系”；只有这样，我们才能真正理解境界层级之间的关系。这样三种关系，对照如下：生成：①生活感悟→②相对存在者→③绝对存在者；奠基：①生活本源→③形而上学→②形而下学；境界：①生活感悟→②相对存在者→③绝对存在者→①生活本源。③

就“生活儒学”来讲，“生活”是一个核心概念。那么，什么是“生活”呢？在黄玉顺看来，“生活”就是“存在”。他说：“存在即生活，生活即存在；生活之外，别无存在。”④ 而且，“存在”是“无”，因为“存在”“不是存在者”。他说：“存在是什么？存在不是‘什么’：存在不是存在者。而当你采取‘存在是什么’这样的问法时，你已经预先把它当作一个存在者了；但它不是存在者，而是存在本身。”⑤ 既然“存在”是“无”，

① 黄玉顺，赵立庆．生活儒学与“古今中西”问题——山东大学儒学高等研究院博士生导师黄玉顺先生访谈［J］．社会科学家，2017（1）：4-5.

② 黄玉顺．爱与思——生活儒学的观念（增补本）［M］．成都：四川人民出版社，2017：4.

③ 黄玉顺．爱与思——生活儒学的观念（增补本）［M］．成都：四川人民出版社，2017：168.

④ 黄玉顺．爱与思——生活儒学的观念（增补本）［M］．成都：四川人民出版社，2017：4.

⑤ 黄玉顺．生活与爱——生活儒学简论［J］．郑州航空工业管理学院学报（社会科学版），2006（1）：53-56.

而“生活”就是“存在”，故“生活”就是“无”。他说：“‘生活即是存在’意味着：存在本身不是任何物的存在，生活本身不是任何人的生活。”① 也就是说，假如“生活”是“有”，那么它就必然是“存在者”，而不是“存在”本身。他说：“‘生活是无。’我本来的意思是想说：不论‘生活’还是‘无’，都不是说的存在者，而是存在本身。”② 进而，“生活”的“本源结构”是“在生活并且去生活”。他说：“生活生成主体性存在者，谓之‘在生活’（being in life），即所谓‘被抛’；主体改变自己的生活，谓之‘去生活’（going to live），即所谓‘自由’：此即生活的本源结构。”③ 而且，一切“存在者”都是“生活”给出的。他说：“这种视域不仅追问‘形而下学何以可能’，而且追问‘形而上学何以可能’；这种视域追问‘主体性何以可能’‘存在者何以可能’；这种视域之所思，是存在本身、生存本身、生活本身。如此这般的生活—存在，是一切物与人的大本大源所在，是一切存在者与主体性的源头活水所在。”④ 正因为如此，“生活儒学”非常强调“生活”概念，以其作为重建“儒家形而上学”的基石。黄玉顺说：

> 自从原创时期以后、秦汉以来，儒学已经长久地遗忘了生活本身；这就正如轴心时期以后、雅典哲学以来，西方哲学已经长久地遗忘了存在本身。今日儒者的使命就在于：回归生活，重建儒学。这就是生活儒学的使命。⑤

进而，以“存在即生活，生活即存在”为基本命题，黄玉顺开展了“生活儒学”之“生成”“奠基”和“境界”三个方面的架构。

关于“生成”，指“形而上存在者”观念的“生成”。即，基于“生活感悟”，首先形成相对的“形而下存在者”即“万物”的观念，然后去寻求所有“形而下存在者”背后的“最终根源”“最后根据”，即绝对的“形而上存在者”。在黄玉顺看来，“生活”显示为“生活情感”，而“生活情感”的核心是“爱”。他说：“生活本身作为存在本身，首先显示为生活情感，尤其是爱的情感。”⑥ 而且，按照“存在”与“存在者”的关系，既然

---

① 黄玉顺. 爱与思——生活儒学的观念（增补本）[M]. 成都：四川人民出版社，2017：220.

② 黄玉顺. 爱与思——生活儒学的观念（增补本）[M]. 成都：四川人民出版社，2017：30.

③ 黄玉顺. 爱与思——生活儒学的观念（增补本）[M]. 成都：四川人民出版社，2017：5.

④ 黄玉顺. 儒学与生活——“生活儒学”论稿 [M]. 成都：四川大学出版社，2009：220.

⑤ 黄玉顺. 爱与思——生活儒学的观念（增补本）[M]. 成都：四川人民出版社，2017：3.

⑥ 黄玉顺. 爱与思——生活儒学的观念（增补本）[M]. 成都：四川人民出版社，2017：51.

所有“存在者”均由“生活”给出，而“生活情感”的核心是“爱”，那么所有“存在者”均由“爱”给出。当然，“爱”不是“物”，而是“无”，因为“爱”不是“存在者”，而是“存在”。他说：“爱，所以在。这就意味着：一切存在者，包括人，都是由爱给出的。而爱本身却不是存在者，而是存在本身。就其是存在而不是存在者而言，爱就是‘无物’，也就是‘无’。”① 具体来讲，“爱”就是“诚”，“诚”就是本源性的爱；“诚”不仅可以“成己”，而且可以“成物”。因此，《中庸》说：“诚者非自成己而已也，所以成物也。”② 关此，黄玉顺说：“‘生活儒学’给出这样一种本源情境：第一，存在、生活先行于任何存在者，爱先行于任何物；第二，爱生成人与物，生成存在者。这就是儒家的最基本的观念。”③ 关于“生成”，黄玉顺还说：

> 一切存在者皆由存在给出，即皆由生活生成，亦即一切皆源于生活，而归于生活；生活显现为生活感悟——生活情感与生活领悟；……生活情感尽管“复杂”，但说到底就是爱的情感，或者叫作本源性的仁爱情感，在这个意义上，爱即存在，存在即爱。④

关于“奠基”，它分为两层：一层指“形而上学”的“奠基”；另一层指“形而下学”的“奠基”。关于前者，指“生活儒学”在真正的本源上重建“形而上学”，从而为“形而上学”“奠基”。黄玉顺说：“生活儒学是要在一种崭新的地基上——从真正的本源上——重建儒家形而上学。”⑤ 关于后者，指虽然在“生成关系”中，“形而上学”源于“形而下学”，但在“奠基关系”中，“形而上学”为“形而下学”“奠基”。他说：“形而上的唯一绝对物是作为形而下的众多相对物的根据出现的，因此，在所谓‘奠基关系’中，形而上与形而下之间的原来那种生成关系被颠倒了：形而上学反倒成了为形而下学奠基的东西。”⑥ 具体来讲，以“生活”为本源重建“形而上学”即是“形而下学”的

---

① 黄玉顺．爱与思——生活儒学的观念（增补本）[M]．成都：四川人民出版社，2017：49．

② 礼记正义 [M]．郑玄，注．孔颖达，疏．龚抗云，整理．王文锦，审定．北京：北京大学出版社，1999：1450．

③ 黄玉顺．生活与爱——生活儒学简论 [J]．郑州航空工业管理学院学报（社会科学版），2006（1）：56．

④ 黄玉顺．爱与思——生活儒学的观念（增补本）[M]．成都：四川人民出版社，2017：4．

⑤ 黄玉顺．面向生活本身的儒学：黄玉顺“生活儒学”自选集 [M]．成都：四川大学出版社，2006：31．

⑥ 黄玉顺．爱与思——生活儒学的观念（增补本）[M]．成都：四川人民出版社，2017：169．

“奠基”，而“形而上学”以“主体化”“对象化”形成“主客架构”“时空观念”则为“形而下学”的“奠基”。他说：“生活感悟的存在者化——主体化、对象化，这是‘无中生有’，形成主客架构、时空观念，这是一切形而下存在者的基本架构，存在者、物的观念由此成为可能，科学与伦理亦由此成为可能。”① 而且，两层“奠基”是统一的，其统一于“形而上学”的“奠基”。具体来讲，无论是“形而上学”，还是“形而下学”，最初根源和最终根据均是“生活本源”。黄玉顺说：

在本真情境中，形而上者和形而下者、主体和对象都消溶为生活感悟，复归于存在或生活，即“有归于无”，亦即“复归于无物”；如此等等。②

关于“境界”，指“个体人格”在观念层面向“生活本源”的“回归”。黄玉顺说：“境界问题的实质，在于个体人格的回归。首先，一般来说，境界总是说的某个人、某个个体的境界；其次，这个人的境界，是说的他在观念层级上的回归。”③ 也就是说，“境界层级”与“观念层级”是对应的，只不过二者的逻辑顺序恰好相反，而且“境界层级”更为彻底，最终直达“生活本源”。他说：“当我们这样来看的时候（生活本源→形而上→形而下→生活），这是观念的奠基关系；而反过来看的时候（生活→形而下→形而上→生活本源），则是境界论的问题。观念的生成和境界的提升是两个正好截然相反的过程。”④ 他还说：“境界层级之间的关系是跟观念层级之间的生成关系一致的。区别仅仅在于：观念的生成关系到形而上的绝对存在者为止不再推进，而只是就此回过头来解释形而下的相对存在者……唯其如此，人们才会‘遗忘存在本身’，或者‘遗忘生活本身’；而境界的追求则继续可以推进，由形而上学而重新回归生活本源。”⑤ 进而，黄玉顺将境界分为“自发境界”“自为境界”和“自如境界”三个层级，三个层级的特征分别为“无觉解”“觉解”“大彻大悟”。他说：“我们首先在生活，我们一向就在‘无意识’‘无觉解’地生活着，也就是说，我们自发地生活着；然后我们去生活，我们获得了‘觉解’‘自我意识’，我们成为一个形而下的存在者，追寻形而上的存在者，也就是说，我们自

① 黄玉顺. 爱与思——生活儒学的观念（增补本）[M]. 成都：四川人民出版社，2017：4.

② 黄玉顺. 爱与思——生活儒学的观念（增补本）[M]. 成都：四川人民出版社，2017：5.

③ 黄玉顺. 爱与思——生活儒学的观念（增补本）[M]. 成都：四川人民出版社，2017：169.

④ 黄玉顺. 儒学与生活——“生活儒学”论稿 [M]. 成都：四川大学出版社，2009：279.

⑤ 黄玉顺. 儒学与生活——“生活儒学”论稿 [M]. 成都：四川大学出版社，2009：169.

为地生活着（不过，通常，一般人的自为的“去生活”，只是作为形而下的存在者的生活，达不到形而上的境界）；最终，我们大彻大悟，回归生活本身，回归纯真的生活情感，也就是说，我们终于自如地生活着。”① 在三个层级的境界，“自如境界”为最高境界。关于“自如境界”，黄玉顺还说：

> 最高的境界就是：自觉地回归生活本身，自觉地回归生活情感尤其是爱的情感，自觉地在生活并且去生活。②

## 四、结语

综上所述，在黄玉顺看来，在“制度化儒学”已经解体的今天，要真正实现“儒学复兴”，不能停留于当前“肤浅”的层面，而应“哲学地”创新儒学之义理；通过“哲学地”创新，不仅实现儒学之自我发展，而且为现代化提供价值之源。在这样一种动机之下，黄玉顺提出了“生活儒学”的概念，并进行了形而上学的理论建构。大致来讲，这样一种理论架构受启发于海德格尔的存在论，立基于原始儒学作为大本大源的“生活”概念，借鉴于形而上学的理论框架，从而为“形而上学”也为“形而下学”“奠基”，最终引导人们在观念层面向“生活本源”“回归”。具体来讲，他以“存在即生活，生活即存在”为基本命题，通过“破解”“回归”“构造”三大步骤，在“生成”“奠基”“境界”三个方面，完成了由“生活本源”到“形而上”再到“形而下”的“观念奠基”和由“形而下”到“形而上”再到“生活本源”的“境界提升”，从而实现了“生活儒学”的理论架构。很明显，“生活儒学”既非传统的“形而下学”，亦非传统的“形而上学”，而是“本源层级”的“形而上学”，即作为“形而上学”和“形而下学”“本源”的“形而上学”。也就是说，“生活儒学”抛弃了海德格尔的“此在”观念，突破了以“主体性”建构“形而上学”的理路，以超越“主体性”并为“主体性”本源的“生活”来奠基。就此来讲，传统“形而上学”是“无根”的，而“生活儒学”是“有根”的。黄玉顺说：“生活儒学之区别于传统形而上学之处仅仅在于：生活儒学的形而上学构造意识到它自己

---

① 黄玉顺．儒学与生活——“生活儒学”论稿［M］．成都：四川大学出版社，2009：171.

② 黄玉顺．儒学与生活——“生活儒学”论稿［M］．成都：四川大学出版社，2009：186.

的生活本源，并在形而上学构造的每个环节上，首先对这种本源加以阐明。这就是说，生活儒学的形而上学构造工作就是：在生活本源的地基上，重建主体性，重建实体性，重建本体论，重建范畴表。”亦很明显的是，“生活儒学”是一个自我圆洽的创新性的理论体系，它已超越前述“儒学复兴”之诸种现象的肤浅。当然，仅靠一种理论建构可能难以完成“儒学复兴”，但如果每位学者都致力于理论创新，“儒学复兴”的目标便是可以实现的。

（原文载《河北大学学报》〔哲学社会科学版〕2018 年第 2 期）

# 生活儒学：当代儒学发展的一种哲学向度

非常感谢黄老师的邀请！我自己感觉，这个学术会议应该非常重要，有可能进入“生活儒学”这个学派的发展历史，更有可能进入整个儒学的发展历史。这是题外话。

我发言的题目是“当代儒学的走向”，没有收到会议论文集里，因为当时写得比较匆忙，只是一个提纲。

首先是关于儒学发展的一系列背景。一种理论要生存下去，要保持一定的生命力，就必须得发展。仅仅回过头去看，从历史中去挖掘资源，是不能生存下去的，因为这样没有生命力。就儒学史的最初情况来看，儒学的发展，学派的发展，往往表现为学术的分裂。这些我们大家都很熟悉：孔子之后“儒分为八”，墨子之后“墨离为三”，等等。这样的一些学术事例，在学术史上举不胜举。对于这种分裂，人们往往从消极的角度去看，其实，它的积极意义更大，因为这往往体现了一种学术的理论发展、理论建构的趋势。从根本上来说，这种分裂有它的问题意识或者学术背景在里面，也就是说，时代变化了，问题意识也在变化，学术风格也在变化，故而才出现了学术的分裂。总的讲，任何一个哲学学派都是围绕着一定的问题意识、围绕着时代所提出来的问题来提供哲学答案，问题和答案是一致的。

其次，就当代儒学的发展来说，其亦大致表现为一种“学术分裂”，即儒学思想呈现出多元的状态。对于这样的多元状态，大概可以进行一种区分，这种区分基本上能够反映出现代儒学的一些基本走向：第一个向度是哲学的向度，整个儒学向哲学的方向去发展；第二个向度是生活的向度，强调儒学走向生活；第三个向度是宗教的向度，即不仅认为儒学是宗教，而且认为儒学应进一步“宗教化”；第四个向度是意识形态的向度，即认为儒学应恢复为国家意识形态的主导地位。

第一个向度是哲学的向度，简而言之就是形而上学的向度。在现代儒学这样一个范畴之内，老一代的哲学家，像熊十力所建构的“新唯识论”，牟宗三所建构的“道德的形上学”，都是很典型的，甚至是开启了现代学术的崭新脉络。新一代的哲学家，像陈来所建构的“仁学本体论”，林安梧所建构的“后新儒学”，黄玉顺教授所建构的“生活儒学”，都是这样一个向度。尤其需要说明的是，林安梧所建构的“后新儒学”以“道”为本体来展开理论上的建构，应该说已经有相当大的进展。

同样，黄玉顺教授所建构的“生活儒学”也是这样的向度。当然，他有很多的说明。大家在看到“生活儒学”这个概念的时候，很多人都把它理解为“生活的儒学”这样一个范畴。黄玉顺教授反复地说：我的这个“生活儒学”不是“生活的儒学”。用朱熹的话、牟宗三的话来说，这是“生活的儒学”，而不是“生活底儒学”。黄玉顺教授的生活儒学，是以生活为本体。我读得不深，但我感受到了以这样一个本体来展开理论建构的魅力。

第二个向度是关于生活的向度。强调一下，是关于生活的向度，而不是黄玉顺教授所讲的“生活儒学”的范畴；反过来讲，“生活儒学”不是生活的向度。我所说的生活的向度，指的是将儒学从学院里面搬出来，把儒学从象牙塔里搬出来，把儒学推向社会，推向生活，与生活紧密地联系起来。这个方面的代表人物，在中国台湾是王邦雄、王财贵。王财贵在大陆很活跃，读经运动搞得轰轰烈烈。其实，他的主要设想，就是把儒学搬出课堂，走向生活。在大陆，这个方面也很红火，主要的表现就是“国学”的弘扬。

第三个向度是宗教的向度。这个向度在儒学史上有着长久的脉络，从利玛窦开始，到康有为，以至到任继愈先生。就这个方面来说，尽管仁者见仁、智者见智，但是，不认同儒家是“儒教”的人占大多数。尽管我们可以说，不见得非得以几个大的宗教例如佛教和基督教为背景来谈论宗教，但是，把儒学当作宗教，无论在义理上还是在形式上，都是有问题的。所以，不管是康有为还是任继愈先生所认可的儒教，其历史的命运和所产生的影响，都已经给出了答案，那并不是他们所期望的一种结果。因此，尽管现在依然有人提倡儒学宗教化，或者说儒学就是儒教，但影响力不是很大。

第四个向度是意识形态的向度。刚才任剑涛老师谈到了蒋庆的思想。

我也认为，蒋庆的儒教思想其实更多地表现为意识形态的效果。比较典型的是他提出了儒家的“宪政”思想，其根本的想法就是恢复儒学的意识形态地位。他的“儒教”说法只是意识形态的一种工具。他把当代的儒学分为了两个部分：一个是心性儒学，一个是政治儒学。就他的政治儒学来看，他以公羊学传统为他的意识形态的主张提供依据。在蒋庆的周围还有一些朋友，像康晓光、陈明这些人，持有同样的主张。

还有一点是任老师刚才提到，蒋庆说他自己和牟宗三在义理上有相通之处。这个观点，在学术上作为自己的一家之言是没有问题的，但是，说蒋庆和牟宗三有相通之处，在义理上还缺乏论证。牟宗三的政治理想和蒋庆的政治理想，完全是不相干甚至是相反的。

这是当代儒学发展的四个基本的向度。基于这样的分析，我有一些自己的想法：

第一，就这四个向度而言，哲学的向度应该是儒学发展的方向。其他的向度，有的还是有价值的，但是，儒学想要保持生命力，要想生存下去，哲学是一个最好的向度。

第二，生活的向度有其价值，儒学要保持生命力，必须和现实生活结合起来。不过，生活的向度需要以哲学的向度为前提和基础，否则这个向度是没有根基的。

第三，儒学宗教化的向度是没有生命力的，因为儒学的确不是宗教。不能因为儒学可以起到宗教的作用，就将儒学视作宗教。这样一种思维方式是有漏洞的，因为不同事物可起相同作用者很多，但不可因此混淆不同事物的界限。

第四，儒学要想复兴，绝不能走意识形态的道路。两千五百年的中国历史已经证明，儒学意识形态化的道路已经走到了历史的终点。辛亥革命的爆发就是这个历史终点的宣示。

这是我对于这四个向度的看法，我自信，这种看法会在未来得到验证。

我所要交流的就这么多，请大家批评指正。

（录音整理：何晓）

（原文载杨永明主编《当代儒学》第十一辑，
广西师范大学出版社 2017 年）

河北大学
哲学研究文存

第二编

# 现代新儒学研究

# 如何复兴中国哲学

## ——方东美复兴中国哲学的“蓝图”

在对中西哲学的比较研究中，方东美认识到，现代中国哲学已经衰微，因此需要复兴中国哲学。他说：“如今的西化论者对于希腊的文学、哲学，希伯来的宗教，以及近代的科学文化（并非只是科学唯物论）等等，根本都是彻底的误解。因为我们对自己误解，对西方的误解，所以半个世纪以来在思想上缺乏长进，这才是真正的空袋子。如今我们应当重新发掘民族文化的优越，重新创造。”① 关于复兴中国哲学，方东美的思路是，在自己的立场上，发扬本有的创造精神，培养内在的智慧，然后去会通西方哲学。他说：“使哲学在我们的时代、尤其是在中国能够复兴，然后拿中国复兴的哲学思想去面对西方，也促进西方衰退的哲学精神能够复兴。”② 为了复兴中国哲学，方东美不仅考察了中国哲学的发展轨迹，分析了中国哲学的基本精神，而且设计了中国哲学复兴的“蓝图”。

### 一、中国哲学发展的阶段

方东美认为，哲学乃探本求源的学问。他说：“总摄种种现实与可能境界中之情与理，而穷其源，搜其真，尽其妙，之谓哲学。”③ 由此来讲，哲学实际上就是形上学。那么，何谓“形上学”呢？他说：“形上学者，究极之本体论也，探讨有关实有、存在、生命、价值等，而可全部或部分为人类颖悟力所及者。且其说不一，容有种种殊异之诠

---

① 方东美. 原始儒家道家哲学［M］. 台北：黎明文化事业股份有限公司，1983：13.

② 方东美. 方东美先生演讲集［M］. 北京：中华书局，2013：11.

③ 方东美. 哲学三慧［M］. 台北：新中国出版社，1968：2.

释。"①按照形上学的这一视角，方东美分析了中国哲学的"主干"（主要内容）。关于此，许多学者通常以某一个学派为"主干"或代表，然而方东美却没有将中国哲学置于某个学派之下，而是以四大精神传统为代表。在他看来，足以代表几千年中国哲学最高精神成就者，为原始儒家、原始道家、中国大乘佛学和宋明清新儒学四家。②因此，要历史地把握中国哲学的发展轨迹，综合地把握中国哲学精神，应该着眼于这四大精神传统，而不能局限于其中一家。

关于中国哲学的发展轨迹，方东美认为，唯有依据第一手资料，历史地、客观地研究，方可准确把握之。他说："中国哲学史亦然，首先当解决文字的困难，以当时的思想还之于当时，再按系统传续下来，才能获得中国哲学发展的整个历史过程。"③基于"第一手资料"，方东美将中国哲学史划分为"成型期""再创期""再生期"三个主要阶段。

其一，成型期。时间大约为公元前1146—前246年，历史上主要指周朝时期。这个时期为有可信史料记载的"伟大的形成时期"，出现了原始儒家、原始道家、原始墨家，为中国哲学创造力之最盛期。④不过，这个时期之前经历了一个长期的起源时期，即大约公元前5042—前1142年，约四千年的"上古洪荒时代"。这个时期没有完整的史料记载，但其神话、宗教、诗歌的"三重唱""隐涵"一套"原始本体论"。⑤中国哲学进入"伟大的形成时期"后，儒、道、墨三家理论系统的出现非常关键，因为它们均为周代文化的"哲学的制定"。所谓"哲学的制定"，即"哲学革命"，指由"神秘经验"到"理性精神"的转变。方东美说："'哲学的制定'（Philosophical enactment）——把宗教的世界转变成为哲学的世界，把宗教的人转变成为理性的人，这理性人或是科学家或是哲学家，然后在思想上做重新建立的工作。"⑥具体来讲，周代文化是"早熟的文化"，其在原始信仰尚未充分发展时，已经转变为"理性文化"，而促成这种转变者为儒、道、墨三家。不过，这三家虽然同为"理性文化"，却具有不同的理论主张。他说："墨家是宗教的还原，道家是哲学的还原。而在两者之间的就是中国古代儒家的思想。"⑦墨家将世界

---

① 方东美. 中国哲学精神及其发展（上）[M]. 孙智燊译. 北京：中华书局，2012：20.

② 方东美. 原始儒家道家哲学 [M]. 台北：黎明文化事业股份有限公司，1983：8.

③ 方东美. 原始儒家道家哲学 [M]. 台北：黎明文化事业股份有限公司，1983：7-8.

④ 方东美. 中国哲学精神及其发展（上）[M]. 孙智燊译. 北京：中华书局，2012：24.

⑤ 方东美. 中国哲学精神及其发展（上）[M]. 孙智燊译. 北京：中华书局，2012：24.

⑥ 方东美. 原始儒家道家哲学 [M]. 台北：黎明文化事业股份有限公司，1983：97.

⑦ 方东美. 原始儒家道家哲学 [M]. 台北：黎明文化事业股份有限公司，1983：103.

归本于有意志的“天”，“把哲学世界还原到宗教世界”，故可谓为“宗教的还原”。道家采取反向或否定的态度，将“现实世界、现象世界剖开至其根本”，故可谓为“哲学的还原”。儒家则介于两家之间，既具有承续传统的保守一面而为“宗教的还原”，又具有革新传统的创新一面而为“哲学的还原”。①

其二，再创期。时间大约为公元前 246—公元 960 年，历史上主要指汉唐时期，为“中国哲学之吸收与再创期”②。方东美认为，这个时期，传统墨家未能延续，只剩下传统儒、道两家彼此消长，但最终却“让位”于大乘佛学。或者说，佛教自传入中国以后，经过长期的酝酿、吸收与再创，最终形成高度创发性的玄想系统，此即中国大乘佛学。③从哲学方面来讲，这一时期，儒、道、墨三家均无大的发展，出现“成型期”后的一个“低谷”。他说：“当时举国上下，人人方汲汲于事功征伐，忽于玄想，思想界玄风浸衰，其号称一代祭酒者，固学者辈出，然俱非独立之思想家。此段时期，少数哲匠不为杂家，即为批评家：前者如吕不韦、刘安、董仲舒等，后者如王充之流。若辈中人即或仍谈学论道（形上学），然其兴趣重心，固早已移至以宇宙论及宇宙发生论为主题矣。通常虽多依原始萌芽科学（阴阳五行之说）为基础，间亦诉诸诗意幻想。”④ 不过，此时外来的佛教在中国却不仅“落地”“生根”，而且“开花’“结果”，形成“中国化”的大乘佛学。在方东美看来，所谓“中国化”的大乘佛学，意指其已然为中国哲学，而非外来的哲学。不过，尽管中国大乘佛学有诸多宗派，但只有三论宗、天台宗和华严宗足以代表中国哲学智慧。⑤

其三，再生期。时间为公元 960 年至今，历史上主要指宋明清几个朝代，为形上学之“再生期”，以新儒家之三派为代表，共同特点为受佛、道两家影响颇深。在方东美看来，这个时期，在佛道两家的冲击和影响下，儒家形上学的“原创力”开始“复苏”，从而出现了“唯实主义”“唯心主义”和“自然主义”三种儒家学说。他说：“吾人先后在新儒学（性、理、心、命之学）之形式中，次第复苏中国固有之形上学原创力，而新儒学，亦多少沾染一层道家及佛学色彩。在此段再生期中，其最突出而值得注意者，为产

① 方东美. 原始儒家道家哲学［M］. 台北：黎明文化事业股份有限公司，1983：103.

② 方东美. 中国哲学精神及其发展（上）［M］. 孙智燊译. 北京：中华书局，2012：24.

③ 方东美. 中国哲学精神及其发展（上）［M］. 孙智燊译. 北京：中华书局，2012：24.

④ 方东美. 中国哲学精神及其发展（上）［M］. 孙智燊译. 北京：中华书局，2012：151.

⑤ 方东美. 中国哲学精神及其发展（上）［M］. 孙智燊译. 北京：中华书局，2012：12.

有三大派形上思潮：(1）唯实主义型态、(2）唯心主义型态与（3）自然主义型态之新儒学。”[①] 具体来讲，“唯实主义”强调“理”的实在性，以周敦颐、邵雍、张载、程颢、程颐“北宋五子”及南宋朱熹为代表。“唯心主义”强调“心”的本体地位，以陆象山、王阳明为代表。“自然主义”崇尚自然，重视实践，以王廷相、“东林学派”以及王夫之、颜元、李塨、戴震为代表。关于形上学的“再生期”，方东美说：“由九六〇年以迄今日，为形上学之再生期，表现为新儒家三态，而俱受佛、道两家影响。”[②]

显而易见，上述三个阶段均为中国哲学之发展时期。方东美进而认为，与三个发展时期相对应，中国哲学亦经历过三次“堕落”。第一次是秦汉时期。这个时期自由创造精神衰退，所出现的思想家多为“杂家”，而非创造性的思想家。关于两汉时期，他说：“暴秦之后产生两汉思想，这时期政治武功昌明，实际上却是精神堕落的时期……所以汉代没有一位创造性的思想家，是思想堕落的时代。”[③] 关于魏晋到六朝末年，道家衰退后道教起而代之，而道教乃对道家的“异化”。他说：“汉武帝时，原始儒家已经衰退了，汉儒所说的是经学。魏晋到六朝末年，道家哲学也衰退了，道教起而代之。”[④] 正因此时中国哲学“堕落”，印度佛教才乘虚而入。他说：“汉末不重原始儒道思想，印度思想便乘虚而入。”[⑤] 第二次是唐末五代十国大动乱时期。这个时期，因为政治动荡，国力衰微，儒家、道家以至佛教均出现“堕落”。他说：“在唐末五代十国时，不仅原始儒道衰退，连佛学也保不住。这个大动乱时期，政治黑暗，社会崩溃。”[⑥] 第三次是清代以后。清朝以后，由于“异族”入侵，加上西方侵略等原因，中国哲学再次出现“堕落”。他说：“明清之后又受异族的压迫而一蹶不振。……鸦片战争后，中国以被侵略的方式遭遇西方文化的冲击，此时西方最精华的思想并未传入，只是以飞机大炮为后盾来摧毁我们国家民族的统一。加以近代教育之错误，使青年总以外国月亮为圆，在精神上萎靡不振，后来虽想迎头赶上，却又食古不化，相继模仿日本、欧洲、美国，而一一失败了。五十年以来使得青年的文化意识、民族精神、人格尊严都丧失殆尽。”[⑦] 在方东美看来，此次

---

① 方东美．中国哲学精神及其发展（上）[M]．孙智燊译．北京：中华书局，2012：24-25.

② 方东美．中国哲学精神及其发展（上）[M]．孙智燊译．北京：中华书局，2012：24.

③ 方东美．原始儒家道家哲学 [M]．台北：黎明文化事业股份有限公司，1983：38.

④ 方东美．原始儒家道家哲学 [M]．台北：黎明文化事业股份有限公司，1983：7.

⑤ 方东美．原始儒家道家哲学 [M]．台北：黎明文化事业股份有限公司，1983：8.

⑥ 方东美．原始儒家道家哲学 [M]．台北：黎明文化事业股份有限公司，1983：38.

⑦ 方东美．原始儒家道家哲学 [M]．台北：黎明文化事业股份有限公司，1983：38.

“堕落”程度之深可以“死亡”言之。他说：“中国哲学到清初已经死了。所有创造的思想停止了，到今天三百多年，哲学已经死了三个世纪。”①

这样讲来，中国哲学史实分为高低起伏的几个阶段：在先秦处于高潮，进入汉代渐入低潮；自魏晋到唐代重新进入高潮，到五代又逐渐走向低潮；从北宋到明代再度形成高潮，清代以后又一次渐入低潮，以至于中国哲学“死了”。

## 二、中国哲学的基本精神

在方东美看来，代表中国哲学最高成就的四家有不同的主张，因而体现出不同的理论特征。具体来讲，原始儒家崇尚“中庸”“时中”，把宇宙真相、人生真相置于“时间流”之下，体现着“生生不已”的创造精神，故而可喻为“时际人”。原始道家崇尚“虚”“无”，主张精神超升到宇宙最高境界，然后从最高境界即“太空”观照世界，体现着“天马行空”的艺术精神，故而可喻为“太空人”。佛家分为“小乘”和“大乘”，“小乘”执着“空”，主张排斥生命世界，故为“遣空”；“大乘”主张参透人生苦痛，并以“大慈”“大悲’“大智”重返世间，故为“兼综时空”；若将“大乘”和“小乘”综合起来，即为“兼综时空而迭遣”。宋明新儒家吸纳原始儒家、原始道家及大乘佛学之精华，或者从时间或者从永恒而观照，故为“时空兼综人”。质言之，原始儒家代表“圣贤”人格，原始道家代表“诗人”人格，大乘佛家代表“先知”人格，宋明新儒家继承并综合三大传统，主张“人与天地万物一体”。方东美说：“各家原属不同格局之人格类型；道家为典型之‘太空人’（故尚虚、无）；儒家乃是典型之‘时际人’（故尚时、中）；佛家乃‘兼综时空而迭遣’（故尚不滞、与无住）；新儒家则意在成为‘时空兼综人’（故兼时空而不遣）。”②

不过，方东美认为，尽管四家有不同主张，体现出许多不同特征，但它们亦具有许多“通性”，而这些“通性”代表着中国哲学的基本精神。故，可由此来综合地把握中国哲学精神。在他看来，中国哲学的基本精神主要有如下几个方面。

其一，“旁通统贯论”，指中国哲学将宇宙万物看成“纵之而通、横之而通”的整体，故为一套“机体主义”的形上学。方东美说：“中国哲学一向不用二分法以形成对立矛

① 方东美．原始儒家道家哲学［M］．台北：黎明文化事业股份有限公司，1983：7.

② 方东美．中国哲学精神及其发展（上）［M］．孙智燊译．北京：中华书局，2012：8.

盾，却总是要透视一切境界，求里面广大的纵之而通、横之而通，借《周易》的名词，就是要造成一个‘旁通的系统’。这是中国哲学与其他哲学最大的差异。”① 质言之，“机体主义”反对对立的、机械的、封闭的宇宙观，主张联系的、统一的、圆融的宇宙观。方东美说：“中国哲学精神之显扬，恒以重重统贯之整体为中心，可借机体主义而阐明之。作为一派形上学理论，机体主义可自两方面着眼而状摹之，其特色如次：自其消极而言之，机体主义，一、否认可将人物对峙，视为绝对之孤立系统；二、否认可将宇宙大千世界之形形色色，化为意蕴贫乏之机械秩序，视为纯由诸种基本元素所辐凑排列而成者；三、否认可将变动不居之宇宙本身，压缩成为一套紧密不透风之系统，视为羌无再可发展之余地，亦无创进不息生生不已之可能。就其积极面而言之，机体主义，旨在统摄万有，包举万类，而一以贯之；当其观照万物也，无不自其丰富性与充实性之全貌着眼，故能‘统之有宗，会之有元’，而不落于抽象与空疏。……形成一在本质上彼是相因、交融互摄、旁通统贯而广大和谐之系统。”② 方东美认为，这是中国哲学四大精神传统在理论上的共同取向。他说：“中国哲学，不管其内容属于那一类那一派，然而中国哲学中的那一类那一派哲学之成立，总是要说明宇宙，乃至于说明人生，是一个旁通统贯的整体。用儒家的名词，就是‘一以贯之’（Doctrine of pervasive unity）。这是中国哲学上的第一个通性。”③

具体来讲，儒、道、佛诸家尽管有不同的主张，但均认为人与自然、人与人、人与社会处于交感和谐之中。方东美说：“各家之间，无论其心态气质差异如何，其世界观或宇宙观皆莫不倾向于就理想层面而立论，以符合其在道德、懿美、宗教等三方面高度理想之标准，则其致一也。”④ 当然，至于如何把宇宙看成“旁通统贯”的整体，各家的主张并不相同。就儒家来讲，“旁通统贯论”从“人事”的角度来讲，所采取的形式为孔子所说的“吾道一以贯之”，即“忠恕之道”或“挈矩之道”。他说：“中国哲学的内容有三大通性，第一就是孔子所谓的‘吾道一以贯之’，将整个宇宙人生形成一贯的总体。”⑤ 就道家来讲，“旁通统贯论”从“自然”的角度去讲，基本理路是“了解宇宙里面最高的秘密与真相，乃至于最高的价值”，从而把宇宙看成“旁通统贯”的整体。他说：“‘道生

① 方东美．原始儒家道家哲学［M］．台北：黎明文化事业股份有限公司，1983：22．

② 方东美．中国哲学精神及其发展（上）［M］．孙智燊译．北京：中华书局，2012：23．

③ 方东美．方东美先生演讲集［M］．北京：中华书局，2013：39．

④ 方东美．中国哲学精神及其发展（上）［M］．孙智燊译．北京：中华书局，2012：8．

⑤ 方东美．原始儒家道家哲学［M］．台北：黎明文化事业股份有限公司，1983：33．

一，一生二，二生三，三生万物”，这样把宇宙论放在最后阶段才讲，从理想转变为切近现实，便是道家的一贯之道。”① 就佛家来讲，“旁通统贯论”亦从“人事”出发，致力于消除各种执着和偏见，修炼出“内在的精神之光”，然后“投射到宇宙上面”，使精神和宇宙“最高真相”化为一体，从而将宇宙看成“旁通统贯”的整体。他说：“三种差别的世界（欲界、色界、无色界）最后又联结形成一体，以最完满的智慧将三者贯穿起来，这就是佛学的一贯之道。”②

其二，“道论”即“殊异之道论”，指中国哲学为对宇宙“根本之道”探究的形上学。在方东美看来，中国哲学把宇宙理解为“旁通统贯”的整体，然后以“一以贯之”的形式探究其内容，其中对于“根本之道”的探究便为“道论”。总的看，代表中国哲学最高成就者虽有四家，但这四家都追求宇宙人生的根本，都非常关注“道”的探究和阐发。或者说，无论是主张“道德精神”的儒家，还是主张“艺术精神”的道家，或者主张“超越精神”的佛家，其在成就理论系统时都非常重视形上学，而这形上学便为“道”的智慧。因此“道”在中国哲学中是个基本范畴。不过，不同哲学派别之“道论”的内容却有所不同。他说：“‘道’之一辞，虽为诸家通用，堪称共名，然于各系统之中，意指不一。”③ 因此，方东美又将“道论”称之为“殊异之道论”，以表明儒、道、佛三家“道论”内容的区别。他说：“殊异之道论——‘道’之一辞，意蕴丰富，涵义各殊。”④

具体来讲，儒家的“道论”，将“一以贯之之道”分析为三，讲“天道”“地道”“人道”，即所谓“三才之道”。所谓“天道”，指《周易》“乾元”所象征的宇宙“大生之德”，即原始的创造力；所谓“地道”，指《周易》“坤元”所象征的宇宙“广生之德”，即孕育万物的能力；所谓“人道”，指人与天地万物一体，并“厥尽其参赞化育之天职”⑤。道家的“道论”虽然也承认人类社会的价值，但否认人类社会的价值为最高价值。因此，它要在人类社会价值之上再向上追求。由此来讲，“道家所讲的道，是超脱解救之道”⑥。就此来讲，如果说儒家哲学讲本体论，那么道家哲学则讲“超本体论”。方东美说：“天地之最初秘密并非透过本体论肯定其有，而是透过超本体论看出其隐藏一切

① 方东美. 原始儒家道家哲学［M］. 台北：黎明文化事业股份有限公司，1983：34.

② 方东美. 原始儒家道家哲学［M］. 台北：黎明文化事业股份有限公司，1983：35.

③ 方东美. 中国哲学精神及其发展（上）［M］. 孙智燊译. 北京：中华书局，2012：26.

④ 方东美. 中国哲学精神及其发展（上）［M］. 孙智燊译. 北京：中华书局，2012：7.

⑤ 方东美. 中国哲学精神及其发展（上）［M］. 孙智燊译. 北京：中华书局，2012：26.

⑥ 方东美. 方东美先生演讲集［M］. 北京：中华书局，2013：44.

表相之后的最后真相，这就是道家之道。"① 佛家的"道论"分为"束缚道"和"解脱道"两种。所谓"束缚道"，指小乘佛学的"道论"；它认为，人生无非是"痛苦""愚昧""毁灭""死亡"的"苦海"，人们今生今世必然束缚在轮回之中，脱离"苦海"的希望只能寄托于"来生"。所谓"解脱道"亦即"菩提道"，指大乘佛学的"道论"；它认为，人在生活中之所以感受痛苦和困惑，主要原因在于人们缺少"智慧"，而大乘佛学可教人以"智慧"，从而使人摆脱痛苦和困惑。②

其三，"人格超升论"，指个人品格发展均可层层上跻，以臻于种种崇高之理想境界。在方东美看来，中国哲学的"旁通统贯论"和"道论"，最终均以"人格超升论"为目的。他说："各种不同的道论，都是要把世界提升到理想的存在平面。人生要配合这个理想的世界，要从人类现实的智能才性培养出来美的人格、善的人格、真诚的人格，这样产生'理想化与圆满无缺的人格'（Idealized personality，integrity of human personality）。"③ 依着方东美的理解，西方哲学与中国哲学在看待"个人"时有不同的着眼点。具体来讲，西方哲学存在两种极端倾向：一种是贬低人性。例如，基督教哲学认为"人性悉有原罪"，故而导致人的"自我贬抑，自我否定，甚至自我毁灭"。另一种是抬高人性。例如，近代西方哲学认为"个人为自然演进之颠峰"，故而导致人的"自我崇高，自我赞美"，乃至"狂妄自负"。④ 中国哲学则与之不同，它区别人性的"实然状态"与"应然状态"，并致力于将人性从"实然状态"提升到"应然状态"。方东美说："其论个人，恒兼顾其可观察之现实性（实然）与理想化之可能性（应然）两方面着眼。由现实至可能，其间原有一种极细密之自我实现历程，一种极艰苦之自我修为功夫，以及全幅自我实现之道。"⑤ 正是因此，中国哲学形成了独特的"人格超升论"。他说："了解中国哲学一定要透视那一个哲学系统后面所隐藏的精神人格，把它呼之欲出！就一个人格的精神来看学说的内容，这是中国哲学思想上面的一个特点。"⑥

的确，儒家、道家、佛家都主张"人格超升论"。方东美说："中国四大思想传统：儒家、道家、佛学、新儒家，都有一个共同的预设，就是哲学的智慧是从伟大精神人格

---

① 方东美．原始儒家道家哲学［M］．台北：黎明文化事业股份有限公司，1983：30.

② 方东美．方东美先生演讲集［M］．北京：中华书局，2013：49-51.

③ 方东美．方东美先生演讲集［M］．北京：中华书局，2013：64.

④ 方东美．中国哲学精神及其发展（上）［M］．孙智燊译．北京：中华书局，2012：27-28.

⑤ 方东美．中国哲学精神及其发展（上）［M］．孙智燊译．北京：中华书局，2012：28.

⑥ 方东美．方东美先生演讲集［M］．北京：中华书局，2013：67.

中流露出来的。”① 不过，这几大精神传统的具体理想和路径却不相同。具体来讲，就理想化人格来看，在儒家是“圣人”，在道家是“至人”，在佛家是“觉者”。方东美说：“儒家谓之高明峻极之人格典型或圣贤；道家谓之神人或至人；佛家则谓之觉者，而上参佛性。”② 就实现路径来看，儒家主张着眼于现实人生，以“身体力行”实现“圣人”人格。方东美说：“真正的儒家，他的圣者气象要在身体力行中表现哲学的智慧。因此儒家的生命焦点集中于现在世界的阶段！他的圣者气象属于现在的世界这一个阶段。”③ 道家主张超越现实人生，凭借“奔放的想象力”实现“至人”人格。他说：“道家不是生活在现在的世界上面，他生活于陶醉过去的梦境中——‘黄金时代’，再把他的梦呓以诗人的幻想投射到未来可能的境界里面去！”④ 佛家强调现实人生的负面，主张从事“反轮回”，在精神上求解脱，实现“觉者”人格。他说：“佛家的宗教开了一条路，把过去、现在的世界都当成一个现实的世界。然后，对于已有的世界不满足，要把这个世界投至未来的结就，……然后在‘未来的命运’（Future destiny）上面看人类怎么样子解放，佛家是代表一个先觉的精神。”⑤

## 三、复兴中国哲学的“蓝图”

如前所述，中国哲学自清代以后走入低潮，以至于走入“死亡”的境地。不过，方东美所谓的“死亡”，并非指其真的已走入历史，而仅是指表面的“死亡”；它一旦受到“新刺激”，还会再复兴甚至出现新高潮。他说：“清代哲学表面上看来是死了，其实它是受到新刺激，在一两百年来，会再有新的高潮，决非肤浅的西化论者所能预料。外在的刺激使内在的创造冲动再生，所以中国一定会再有高度的哲学智慧。”⑥ 方东美的意思是，依着中国哲学的基本精神看，中国哲学在经历了低潮后，一定会再有“新高潮”出现。他说：“今天人类在精神的各方面无一不堕落，哲学上也尽是些肤浅的知识，面对这种时代精神，实在令人垂头丧气；所以我们今天必须重新开辟精神上的光明境界，透过

① 方东美. 原始儒家道家哲学［M］. 台北：黎明文化事业股份有限公司，1983：39.

② 方东美. 中国哲学精神及其发展（上）［M］. 孙智燊译. 北京：中华书局，2012：28.

③ 方东美. 方东美先生演讲集［M］. 北京：中华书局，2013：68.

④ 方东美. 方东美先生演讲集［M］. 北京：中华书局，2013：69.

⑤ 方东美. 方东美先生演讲集［M］. 北京：中华书局，2013：69.

⑥ 方东美. 原始儒家道家哲学［M］. 台北：黎明文化事业股份有限公司，1983：8.

哲学智慧重新创造一新的世界，形成统一的科学思想系统、统一的宇宙构造理论、完整的哲学思想体系，终至道德、艺术、宗教领域之次第完成。……老子所谓‘置之死地而后生，置之亡地而后存’就是这个意思。”① 因此，现代哲人应承担起这个历史使命，为中国哲学的复兴描绘“蓝图”。他说：“现在面临着整个世界哲学的衰退、中国哲学的死亡，内心实在应从困惑、痛苦、惭愧里面赶紧觉醒过来，实在需要先在精神上重新振作，决心要为将来的中国、将来的世界创建一种新的哲学。假使哲学的命脉在我们的精神里面没有死亡，我们应当要担负起一种责任，为未来的世界，在这个哲学上面要打一个蓝图，仿佛建筑师一样，要建筑一个新哲学的体系！而这个新哲学的体系要有计画的建筑起来，要根据蓝图。”②

对于复兴中国哲学，方东美有充分的自觉，并为复兴中国哲学描绘“蓝图”。在他看来，复兴中国哲学的途径分为“自救”和“他助”两种。他说：“矫正诸失，约分两途。一者自救，二者他助。”③ 所谓“自救”，是指充分认识自身不足，并利用自有资源“矫正”，将其恢复到原始儒家、原始道家的精神高度。所谓“他助”，是指吸取西方哲学之长处，以弥补中国哲学之不足，从而促进中国哲学复兴。不过，在二者当中，方东美更重视“自救”。他说：“中华文化本身有高潮也有衰退的时候，在今日这文化衰退的时代，应当把衰退时候的一切现象认清，再拿中华民族固有的文化为根据，如原始儒家、道家、墨家、大小乘佛学，尤其是大乘佛学，再往下一直到宋明理学，……根据这些高尚的精神成就，来表达我们高贵的人性，更一心一意向上追求，……如此中国文化的复兴才有希望。”④ 他的意思是，要复兴中国哲学，需要“自我还原”以找到“立脚点”，然后依“活泼泼”的创造精神吸取西方哲学精华，进而实现中国哲学的复兴。他说：“我们承受中国的文化传统，应当在这种优美的精神传统中，先自己立定脚跟，再在自己的立场上发展内在的宝贵生命和创造精神，然后培养成内在的智慧，虚心反省自己的优劣，再原原本本地去看西方文化，以取法乎上，得乎其中。”⑤ 就此来讲，若从整个中国哲学史衡量，现代中国哲学可谓“吸收摄纳期”。他说：“尚……再更进一步，……无疑显指针对西方思想模式之吸收摄纳期。今日学界之中，凡观察敏锐之士，皆不难处处嗅到此种气

---

① 方东美. 原始儒家道家哲学［M］. 台北：黎明文化事业股份有限公司，1983：39.

② 方东美. 方东美先生演讲集［M］. 北京：中华书局，2013：8-9.

③ 方东美. 哲学三慧［M］. 台北：新中国出版社，1968：21.

④ 方东美. 方东美先生演讲集［M］. 北京：中华书局，2013：188.

⑤ 方东美. 原始儒家道家哲学［M］. 台北：黎明文化事业股份有限公司，1983：4.

息焉。"①

在方东美，"自救"的根本方法乃复兴"人格超升论"。他的意思是，借助道家空灵超拔的精神，把现代人失落的生命精神一步步提升，直至最崇高的价值理想境界，然后再将最崇高境界的生命精神一步步向回落实于生命的各个层次。他说："学哲学的人如果只认识此世之丑陋、荒谬、罪恶、黑暗，就根本没有智慧可言。应该由高空以自由精神回光返照此世，把它美化；在高空以自由精神纵横驰骋，回顾世界人间，才能产生种种哲学和智慧。"② 质言之"生命""大化流行"的过程应是"双回向"的：既层层"向上超越"，亦步步"向下流布"。也就是说，以物质世界为生活基础，去发扬生命精神、从事生命活动，以达到理想境界；在达到理想境界之后，生命精神并不能停滞无为，而应该"向下流布"，"反向"地关注生命层次，由上到下逐步"点化"现实生命。

具体来讲，方东美区分了"生命"的两个"界域"："形下的自然界域"和"形上的超自然界域"。所谓"形下的自然界域"，包括三种人生境界：第一，"物质境界"，指凭借自己的生命能力来肯定、驾驭、"开辟"物质世界，并由此安排自己"躯壳"健康存在的境界。第二，"生命境界"，指在行动上表现出某种创造性的境界。第三，"心灵境界"，指以知识为基础、以理性作指导、把生命安排在"真理世界"的境界。概括地讲，这三层境界所对应的人统称为"自然人"；"自然人"可以"开辟"出一个自然世界，但并不能构成意义或价值世界。因此，"生命"并不能停留于此，还需要向上提升。所谓"形上的超自然界域"，也包括三种人生境界：第一，"艺术境界"，指依着生命冲动和幻想创造和运用语言、符号美化自然世界所得的境界。第二，"道德境界"，指以道德作为生命本质和生命价值所达到的境界。第三，"宗教境界"，指精神提升到尽善尽美程度所达及的境界，它可以包容、统摄、左右、支配全世界。概括地讲，上述三种境界所对应的人统称为"形上人"；"形上人"立足于自然世界而又超越自然世界，表现出高度的艺术好尚、哲学智慧和宗教精神，从而创造尽善尽美的"神圣世界"。在方东美，这六种人生境界是分层次、逐层提升的，故而为人之不断努力超升的阶梯。③

如前所述，生命精神在达到最高境界之后，还应"向下流布"，"贯注"到所有生命层次，"点化"现实生命。依着他的理解，生命精神一旦到达"神圣境界"，就会有无穷

① 方东美. 中国哲学精神及其发展（上）[M]. 孙智燊译. 北京：中华书局，2012：24.

② 方东美. 原始儒家道家哲学 [M]. 台北：黎明文化事业股份有限公司，1983：9.

③ 方东美. 方东美先生演讲集 [M]. 北京：中华书局，2013：11-21.

的力量“发泄”出来，使之“循下回向路径”再把它贯注到所有人性层次。他说：“它有无穷的力量发泄出来，可以以这个路径向这一方面贯注到一切人性上面，就是道德的人格、艺术的人格、宗教的人格，一直到自然人的一切的知识活动，行动的人一切的动作里面。它的精神无所不赅，无所不贯注。”① 他还说：“他的精神像一个大水闸，把它一开了之后，它贯注流遍一切境界、一切领域，一直到达物质世界的低层，这样子的力量都是从上而来。”② 在方东美，“生命”的层层“向上超越”，既是“提升”，也是“创造”；同样，生命的层层“向下流布”，亦既是“提升”，又是“创造”。他说：“自然人宗教化、精神化之后，在他的一切活动中，假使他有行动，他不仅仅是拿行动人的资格，他是拿神圣行动人的资格；他不仅仅创作，而他创作的目的是要提升整个世界的价值；他不仅仅有知识，而他这个知识的限制可以补救，把有缺陷的知识变成完美的知识。”③ 这里，方东美强调“生命”依“双回向”路径“创造”，不仅把“形下的自然界域”与“形上的超自然界域”统一起来，而且因为凸显生命的“创造”，亦实现了其理论体系的周延、圆满。他说：“我之所以画这两条线是借用佛学上面所谓‘上回向’这双轨的路径，说明宇宙精神体同自然界的亲密关系。”④

## 四、结语

总而言之，中国哲学自清代以后走入低潮，方东美致力于复兴中国哲学。为此，他不仅考察了中国哲学史的发展阶段，分析了中国哲学的基本精神，而且提出复兴中国哲学的“蓝图”，即以复兴“人格超升论”为根本方法的思路。质言之，方东美复兴中国哲学的“蓝图”是，通过提升人的生命精神，不仅克服人类的意义危机，而且也实现中国哲学的复兴。关于这个思路对于复兴中国哲学的意义，方东美本人坚信不疑。他说：“要是能够把这么一个蓝图体会到并树立起来建筑一个立体的宇宙，在这个立体的宇宙里面成就一个最高的神圣的人类生命价值在上面，然后慢慢一步一步的向上提升人类的精神。我想，……假使这么一个精神进到‘牛津大学’……牛津大学里面的哲学精神一定复兴

① 方东美．方东美先生演讲集［M］．北京：中华书局，2013：23.

② 方东美．方东美先生演讲集［M］．北京：中华书局，2013：27.

③ 方东美．方东美先生演讲集［M］．北京：中华书局，2013：23-24.

④ 方东美．方东美先生演讲集［M］．北京：中华书局，2013：23.

起来。在中国这一方面，假使这么一个精神能够建立起来，作为我们生活的途径、生活的标准、生活的理想同现实的榜样，那么，春秋战国时代原始儒家、原始道家、原始墨家所建立的最高哲学智慧，可以复兴于今日。”① 关于复兴中国哲学，学界已有诸多讨论，也提出了诸多“蓝图”。在这众多“蓝图”当中，方东美以“人格超升论”来复兴中国哲学的“蓝图”颇有价值，甚至可称为根本之举，因为无论是何种哲学，它均由人而创造，亦均为人而存在。

（原文载《西南民族大学学报》〔人文社会科学版〕2017 年第 6 期，
与许金哲合作）

① 方东美. 方东美先生演讲集［M］. 北京：中华书局，2013：27.

# 唐君毅对中国哲学的贡献

## ——兼评《唐君毅哲学研究》

在国内现代学术史上，唐君毅远没有获得应有的地位，而原因在于学界对他的研究还不够充分。

由于特殊的历史进程，唐君毅的人生分为前后两个阶段，而两个阶段分别在内地和香港度过。就在内地时期讲，他曾就读于北京大学，师从熊十力先生，后转入中央大学。毕业后，先生任教于华西大学和中央大学。就在香港时期讲，他的工作主要有两项，贡献也主要体现在这两方面：一是他甫到香港，便与钱穆、张丕介等创办新亚书院，并兼任教务长、哲学系系主任。后来，新亚书院合并到香港中文大学。新亚书院的创办，对于中国文化在香港的传承发挥了至关重要的作用。1958年与徐复观、牟宗三、张君劢联名发表现代新儒家的纲领性文章《为中国文化敬告世界人士宣言》，使香港成为复兴中国文化的“道场”。二是哲学研究。香港地区的哲学研究虽不仅源于新亚书院，但新亚书院及后来的香港中文大学却始终是哲学研究重镇。就此来讲，并入到香港中文大学的新亚书院的哲学研究脉络发挥了主脉作用。其中，唐君毅担任香港中文大学首任文学院院长，后来又担任新亚研究所所长，对于哲学研究的推动发挥了组织作用。不过，组织作用只是一面，另一面则是唐君毅本人以中国圣贤义理之学为宗，驰骋于东西哲学广大领域，以“灵根自植”的信念坚守，以返本开新的创造精神，致力于中国哲学人文精神的重建，构建了一个既充满悲情又凸显理性的庞大哲学体系。

唐君毅逝世于大陆改革开放之前，故内地学界对他的哲学思想的研究慢了一拍。不过，改革开放以后，大陆学界似乎在“奋起急追”，涌现出一大批论文、专著，近年也出版了《唐君毅全集》大陆版。尽管如此，客观地讲，与唐君毅哲学本身的贡献相较，大陆学界对其研究还不够。

总的讲，唐君毅对哲学的建构主要包括两个部分，分别是“哲学观”和“本体论”。

## 一

就中国的哲学学科奠立来讲，第一代学人如熊十力、胡适、冯友兰对“哲学观”的问题更为敏感和自觉。例如，熊十力有关于哲学就是本体论之说。他说：“哲学家更不宜置本体而不究。除去本体论，亦无哲学立足地。”① 之所以如此，在于“本体论”乃“宇宙论”“人生论”“治化论”“知识论”等所有哲学问题的根源；若根源问题不解决，其他问题都会成为“无源之水”“无本之木”。“虽云哲学家之遐思与明见，不止高谈本体而已，其智周万物，尝有改造宇宙之先识，而变更人类谬误之思想，以趋于日新与高明之境。哲学思想本不可以有限界言，然而本体论究是阐明万化根源，是一切智智，与科学但为各部门的知识自不可同日语。则谓哲学建本立极，只是本体论，要不为过。夫哲学所穷究的，即是本体。”② 胡适认为：“凡研究人生切要的问题，从根本上着想，要寻一个根本的解决：这种学问，叫做哲学。”③ 进而，他将哲学分为“宇宙论”“知识论”“伦理学”“教育哲学”“政治哲学”“宗教哲学”等部分。他说：“因为人生切要问题不止一个，所以哲学门类也有许多种。例如：一、天地万物怎样来的。（宇宙论）二、知识思想的范围、作用及方法。（名学及知识论）三、人生在世应该如何行为。（人生哲学，旧称“伦理学”）四、怎样才可使人有知识，能思想，行善去恶呢。（教育哲学）五、社会国家应该如何组织，如何管理。（政治哲学）六、人生究竟有何归宿。（宗教哲学）”④ 冯友兰则认为，“哲学”乃是“对人生的有系统的反思的思想”。“我所说的哲学，就是对于人生的有系统的反思的思想。每一个人，只要他没有死，他都在人生中。但是对于人生有反思的思想的人并不多，其反思的思想有系统的人就更少。哲学家必须进行哲学化；这就是说，他必须对于人生反思地思想，然后有系统地表达他的思想。”⑤ 进而，他将哲学分为“宇宙论”，其中又分为“本体论”“宇宙论”；“人生论”，其中又分为“心理学”“伦理学”“政治社会哲学”；“知识论”，其中又分为“知识论”“逻辑学”。⑥

---

① 萧萐父主编. 熊十力全集（第 8 卷）[M]. 武汉：湖北教育出版社，2001：144.

② 萧萐父主编. 熊十力全集（第 3 卷）[M]. 武汉：湖北教育出版社，2001：14-15.

③ 胡适. 中国哲学史大纲 [M]. 北京：东方出版社，1996：1.

④ 胡适. 中国哲学史大纲 [M]. 北京：东方出版社，1996：1-2.

⑤ 冯友兰. 中国哲学简史 [M]. 涂又光，译. 北京：北京大学出版社，1985：4.

⑥ 冯友兰. 中国哲学史（上册）[M]. 北京：中华书局，1961：2-3.

历史地看，上述这些哲学观对于奠立中国的哲学学科发挥了基础规制作用。

从年龄和资历上讲，唐君毅可谓是中国哲学学科奠立的第二代学人。因为与第一代学人仅有一代人之差，故“哲学观”问题仍是这代学人所面对的一个重要问题。关于此，唐君毅提出了自己的观点。

唐君毅认为，人类学问通常分为两类：一类是以“行”即实践为主要特征的学问。这类学问具体包括三种：第一种是指人生所必需的实用生活技能及生活习惯的养成之学，如学说话、学走路、学做工、学种植等。第二种是指艺术及身体游戏一类的学问，如学唱歌、跳舞、绘画等。第三种是指人之自觉规定行为以实现某种人类目标的学问，如道德的实践之学。另一类是以“知”即知识为主要特征的学问，也包括三种，分别是历史、文学和科学。历史学始于人们以语言文字记载对具体生活之变化发展的经验；文学始于人们以语言文字抒发在具体生活中所生起的想象、感情和志愿；科学则始于人们以语言文字陈述所接触具体事物之普遍的抽象性相与关系。①

不过，在这两类学问之外，还有一种学问，它以上述学问之关系为契入点，以“统整”、消解这些学问之间的冲突或矛盾为宗旨，这种学问就是“哲学”。质言之，所谓“哲学”，即是指贯通、统整“知”“行”两大类学问的学问。进而，“哲学”这门学问具有五个方面的特征：其一，贯通性。指哲学是追求关联、贯通各种学问并消除其间冲突、矛盾的学问。其二，整体性。以不同学问分别独立为前提，哲学追求学问之间的“整个性”，以实现人生的和谐性。其三，关联性。哲学致力于将各种学问关联起来，并使之与人的生活行为相关联。其四，理想性。哲学在思考知识界与存在界及人的行为界时，表达了人类的价值理想。其五，实践性。哲学意在成就人在存在界中的行为，从而使人成为通贯“知”与“行”的存在。②

进而，哲学作为一门学问，包括四个必要的组成部分，分别是：其一，“名理论”，包括西方哲学的逻辑学、辩证法、知识论及印度哲学的因明学。其二，“天道论”，包括西方哲学的形上学、存有论或本体论、宇宙论以及印度哲学的法相论、法界论。其三，“人道论”，包括西方哲学的伦理学、人生哲学、美学、价值哲学及印度哲学的梵行论、瑜伽行论。其四，“人文论”，包括西方的文化哲学、历史哲学、宗教哲学、艺术哲学、

① 唐君毅. 哲学概论（上册）[M]. 北京：中国社会科学出版社，2005：5-8.

② 唐君毅. 哲学概论（上册）[M]. 北京：中国社会科学出版社，2005：2.

教育哲学等。当然，上述四大部分亦分别包涵中国哲学以及其他哲学中相应的内容。①

显而易见，唐君毅的哲学观与前述学人不同，而不同主要表现在，他从“学问间性”即已有学问的关系入手界定“哲学”的定义、特征和构成。相较而言，熊十力、胡适、冯友兰的哲学观则为从“哲学”的“个体性”入手讨论这些问题。入手处不同，自然观点也就不同。熊、胡、冯的观点明显具体、集中，有“微观叙事”的特征；唐君毅的观点则宏观、普泛，有“宏大叙事”的色彩。

唐君毅继承了熊十力的观念，对本体论非常重视，并且进行了“心本体”建构，提出著名的“心通三界九境”之说。历史地看，唐君毅的“心本体”建构，既是对熊十力思想的继承，更是对其思想的发展。

## 二

在唐君毅看来，尽管现实世界虚幻无常，但背后却存在“恒常真实”的“本体”。一个方面，由人对超越性形上根源的“诉求”可推知本体存在。即，面对虚幻无常的现实世界，人们常常有“希望”“愿望”的诉求，而这些诉求具有“超越性”，由此可以推知形上本体存在。他说：“我之要求中所求之完满、真实、善，都是现实世界之所无”，因此在这要求之后必有超越性的形上根源；而且，既然它是“超越生灭及虚幻之心愿所自发的根原，不能不是恒常真实的”。② 另一个方面，由思想的“不灭性”“无限性”可推知本体存在。“从我们思想本身内部看，则我们无论如何不能不承认，思想是统一连贯过去与未来。思想统一连贯过去与未来……这即是反乎现实世界中的时间之前后代谢之另一功能。……这即表示他所自发之心之本体，是不灭的。必须心之本体是不灭的，然后会使思想有灭灭之功能。不灭即是恒常，恒常即是真实，心之本体应是恒常的、真实的。”③ 基于这样两方面，唐君毅认为，此本体即是“心本体”。

对于“心本体”，唐君毅进行了多个方面的特征分析：其一，就存在来讲，“心本体”超越时空，是无限广大的“绝对”、无始无终的“永恒”和宇宙万象的“主宰”。其二，就地位来讲，“心本体”具有绝对的尊严和明确的目的性，它是“至善圆满”的。“我复

① 唐君毅．哲学概论（上册）[M]．北京：中国社会科学出版社，2005：4.

② 唐君毅．道德自我之建立 [M]．北京：中国社会科学出版社，2005：55.

③ 唐君毅．道德自我之建立 [M]．北京：中国社会科学出版社，2005：57.

相信我之心之本体是至善的、完满的。因为我明明不满于残忍不仁之现实世界……因为它超临跨越在无穷的时空之上，无穷的时空中之事物，便都可说为他所涵盖，它必然是完满无缺。"① 其三，就功用来讲，"心本体"涵盖、主宰着现实世界万类众生和人类一切思想活动。总之，"心本体"就是现实世界的主宰。"心之本体即人我共同之心之本体，即现实世界之本体，因现实世界都为他所涵盖。心之本体，即世界之主宰，即神。……从今我对于现实世界之一切生灭，当不复重视，因为我了解我心之本体确确实实是现实世界的主宰，我即是神的化身。"②

就"心本体"的建构讲，唐君毅提出"心通三界九境"，将本体"超越而内在"的性质具体展现出来，成为哲学史中非常独到的新见。

在他看来，"心本体"会推扩到人的整个生命存在和心灵活动，展示为人生的不同层面，形成一个"心通三界九境"的"生命心灵"体系。

唐君毅认为，"心灵"观照"境界"大致有三种"观法"：其一为"横观"，指"心灵"活动往来于内外左右，目的在于确定"种类"。其二为"顺观"，指"心灵"活动往来于前后，目的在于确定"次序"。其三为"纵观"，指"心灵"活动往来于上下，目的在于确定"层次"。进而，以三种"观法"为依据，分别对应"体""相""用""三德"，便形成九种境界，而九种境界可分别归为"客观界""主观界""超主客观界"。"综观此心灵活动自有其纵、横、顺之三观，分循三道，以观其自身与其所对境物之体、相、用之三德，即此心灵之所以遍观通观其'如何感通于其境之事'之大道也。"③

"客观界"以"觉他"为特征，具体包括三种境界：其一，"万珠散殊境"，指"心灵"由内向外"开辟"出一个分散而殊异的"个体界"。其二，"依类成化境"，指"心灵"从个体界出发接触事物种类，从而进入"类界"。其三，"功能序运境"，指"心灵"由"类界"出发深入内在，认识到世界的"次序"，从而进入"因果界"。

"主观界"以"自觉"为特征，具体包括三种境界：其一，"感觉互摄境"，指"心灵"自觉意识到，所谓客观事物之"相"、时空观念均源于主体，由此进入"主体自觉界"。其二，"观照凌虚境"，指"心灵"超越客观世界发现"纯相世界"，即以语言文字符号表征的世界，由此进入"意义界"。其三，"道德实践境"，指"心灵"形成道德理想

---

① 唐君毅．道德自我之建立［M］．北京：中国社会科学出版社，2005：60.

② 唐君毅．道德自我之建立［M］．北京：中国社会科学出版社，2005：61.

③ 唐君毅．生命存在与心灵境界［M］．北京：中国社会科学出版社，2006：5.

并指导实践，从而实现道德生活，由此进入“德行界”。

“超主客观界”以“超自觉”为特征，具体亦包括三种境界：其一，“归向一神境”，指作为现实世界主宰的形而上最高实体“神”落实于人心，人们将其视为超越的实在予以信仰。其二，“我法二空境”，指破除“我执”“法执”甚至对“神”的信仰，使“心灵”进入有情生命的“内里”，以慈悲、智慧彰明“无执”本体，解释烦恼，救度生命。其三，“天德流行境”，指当下生命存在及道德践履即是“天德流行”，既不依赖对“神”的信仰，也不需要破除“我执”“法执”的救度。

在唐君毅，“三界九境”有顺序、层次之别。“此九境者以类而言，而各为一境，自成一类；以序而言，则居前者为先；以层位而言，则居后者为高。”不过，“三界九境”之间和内部分别存在“体”“相”“用”的关联。在“客观界”当中，第一境偏于万物之“体”；第二境偏于各物之“相”；第三境偏于各物之“用”。同样，“主观界”之三种境界和“超主客观界”之三种境界亦分别有“体”“相”“用”之不同侧重。更为重要的是，“三界九境”均由“心灵”依不同“观法”而显，故所谓主观、客观之分并不是知识论意义的，而是同属于本体论意义。也就是说，尽管“三界九境”纷繁复杂，但其终究要“归于纯一之理念”即“心本体”。此乃“心通三界九境”之宗旨。他说：“以此九境之可依序以升降言，则此九境既相差别，亦相平等，而可销归于纯一之理念。……最后根源之在吾人当下生活之理性化、性情化中所昭露之神圣心体。”①

同样显而易见的是，这样一种“本体论”开展亦非常独到，而“独到”的关键是其关于“心通三界九境”的理论建构。

上述为唐君毅关于“哲学观”和“本体论”的核心内容，以这两个方面的核心内容为基础，唐君毅哲学展现为一个庞大体系。他本人曾对自己的学术使命有过“三极”“三界”之说：第一，“原太极而立人极”，以开显顶天立地的“人格世界”；第二，“承人极而立皇极”，以开显广大无限的人伦世界；第三，“成皇极而立太极”，以开显圆融统摄的人文世界。他的意思是，要通过学术研究，实现“三界”并开、“三极”并立的理想。②可见，唐君毅哲学有本有末，有体有用。

总的讲，唐君毅对于中国哲学的贡献有很多方面，但是，它们均以“哲学观”和“本体论”为基础，故“哲学观”“本体论”可代表唐君毅对中国哲学所做出的贡献。也

① 唐君毅. 生命存在与心灵境界［M］. 北京：中国社会科学出版社，2006：25.

② 唐君毅. 中国哲学原论·原道篇［M］. 台北：学生书局，1976：2-3.

就是说，从根本上讲，唐君毅对中国哲学的贡献主要体现在“哲学观”和“本体论”两个方面。

## 三

如前所论，大陆关于唐君毅哲学的研究还不够。不过，近年来，相关研究从没有中断，许敬辉博士就是一位相当倾注精力的唐君毅哲学研究者。他以本末、体用为立足点，以“三界”“三极”为视域，对唐君毅哲学多有研究，发表了系列论文。不久前，作为这些研究最终成果的专著《唐君毅哲学研究》正式出版。① 专著分为五个部分展开：第一部分，哲学之诠释，系统考查了唐君毅的哲学观。第二部分，名理论思想，系统疏解了唐君毅基于《墨辩》《易经》而开展的名理论探讨。第三部分，天道论思想，系统疏解了基于中西哲学比较而开展的形上学探讨。第四部分，人道论思想，以疏解唐君毅对圣贤之学、人伦之学为重点，具体展开为价值论诸问题。第五部分，人文论思想，以疏解唐君毅文化哲学、历史哲学、宗教哲学、艺术哲学、教育哲学诸方面的精辟论述为主。在作者看来，这样一种结构安排，体现着唐君毅所主张的“从道德自我到心灵境界”的学术历程，反映了唐君毅“承续中国传统哲学的学脉”和“融合会通中西文化”的学术理路，更标示出唐君毅“突破”宋明儒学以来“狭窄的道德形上学”的局限，“面向生活世界”建立“将整个生命存在的所有向度涵摄在内的意义更加丰富广大”的哲学体系。很显然，在这个结构体系当中，第一部分、第三部分为整个体系的“本”和“体”，其余三部分为整个体系的“末”和“用”。总体上讲，“本”与“末”、“体”与“用”这样先后安排、上下展开，较为切实地诠释了唐君毅庞大的哲学体系，也反映了唐君毅基于“道德理性”而开展哲学思考和理论建构的特质。这是《唐君毅哲学研究》这本专著之所长。不过，此专著在内容开展和结构安排似乎亦有不洽之处，即，专著名为《唐君毅哲学研究》，依名称理解，著作内容应以“哲学”为主，但从上述五部分安排和书中内容来看，其中大部分并非“哲学”，而属于“文化”层面。

当然，这种情况似乎也情有可原，因为唐君毅所建构者即是一种基于“道德理性”而对“人文精神”探讨的“文化哲学”，而且，在“文化哲学”建构时，亦体现基于辨析而擅于综摄的特点。正是因此，牟宗三在悼念唐君毅时曾誉其为人类文化意识宇宙中的

---

① 许敬辉. 唐君毅哲学研究 [M]. 北京：团结出版社，2020.

巨人。“唐先生是‘文化意识宇宙’之巨人，亦如牛顿、爱因斯坦之为科学宇宙中之巨人，柏拉图、康德之为哲学宇宙中之巨人。……这一个文化意识宇宙是中国文化传统之所独辟与独显。”① 牟宗三还说：“中国式的哲学家要必以文化意识宇宙为背景。儒者的人文化成、尽性至命的成德之教在层次上是高过科学宇宙、哲学宇宙乃至任何特定的宗教宇宙的；然而它却涵盖而善成并善化了此等等之宇宙。唐先生这个意识特别强。”② 由牟宗三所论可知，唐君毅的视野和“心境”比科学家、哲学家和宗教家都要广阔，他的“文化意识宇宙”包含了诸种具体的宇宙。正因为如此，他遂有“心通三界九境”之论。总之，既然如此，就其内容来讲，许敬辉博士专著的名称若改为《唐君毅文化哲学研究》，则更为准确、精当。愿就此与作者商榷。

（原文载《燕山大学学报》〔哲学社会科学版〕2022 年第 2 期）

---

① 牟宗三．时代与感受［M］//牟宗三先生全集（23）．台北：联经出版事业股份有限公司，2003：298-299.

② 牟宗三．时代与感受［M］//牟宗三先生全集（23）．台北：联经出版事业股份有限公司，2003：301.

# 周文疲弊与诸子起源

## ——论牟宗三的诸子起源说

雅斯贝尔斯关于“轴心时代”的理论之所以受到学界关注，在于它揭示了人类文明起源的一个重要现象。这个理论认为，公元前600—前300年，在古代中国、印度和西方同时出现了灿烂文明，这些灿烂文明至今仍然是人类文明的基底。若就本质来讲，“轴心时代”理论包含三个方面的意涵：其一，古代中国、印度、希腊、以色列这些不同地区同时出现灿烂文明；其二，这些不同地区同时出现的灿烂文明的共同特征是，以哲学和宗教为代表实现了对原始文化的超越和突破；其三，这个时期形成的灿烂文明塑造了之后几千年的人类文明。① 然而，“轴心时代”何以会出现无疑是一个神秘和有趣的问题。就古代中国讲，“轴心时代”即是先秦的“诸子百家”时代。因此，在中国，探讨“轴心时代”起源的问题即是探讨诸子百家的起源问题。

## 一、学界关于诸子起源已有探讨之概说

学术史中关于诸子起源的代表性观点，以时间为序，可大致归为如下几种：

**(一)“六经说”**

“六经说”的核心意思是，诸子皆出于“六经”，即，“六经”是源，“百家”是流。此说以庄子为肇始者，熊十力为后继者。

《庄子·天下》最早提出相关说法，主要思想如下：第一，“六经”所载乃“古之道术”，“古之道术”的实质是“内圣外王之道”。第二，“古之道术”通过“邹鲁之士”“搢

① 卡尔·雅斯贝斯：《历史的起源与目标》，魏楚雄、俞新天译，北京：华夏出版社，1989年，第7-9页。

绅先生”传诵至诸子，“邹鲁之士”“搢绅先生”是“六经”与诸子之学的桥梁。第三，“内圣外王之道”是“该”“遍”即整体性的“一”。第四，诸子只得“六经”之部分，对其内容“以自为方”，有失“六经”和“古之道术”的完整性，仅只为“一曲之士”。①

《庄子·天下》所论的价值远不止于此，因为它“隐含”了一个重要史实，而这个史实乃“六经说”得以成立的前提——“六经”在诸子之前已经形成。历史地看，这个前提是言之成理、持之有故的——殷商时代已经形成文献，而这些文献即是“六经”的源头。在春秋时代，《诗》《书》《易》已经成为权威经典，在政治、外交、社会生活中被反复称引。到了现代，熊十力承继并发展了《庄子》这种说法，认为诸子“源出于儒”。因为诸子皆以“六经”为依据，而“六经”为儒家经典原典。② 不过，对诸子“源出于儒”不可误解，因为所谓“源出于儒”，只是从“根底”上讲其源于“六经”，并不意味着诸子是儒家的“旁支”或“余绪”。他说：“五家虽出于儒，而其开宗之哲并是创作之天才，其成就伟大，故是独创而不得谓为儒学之旁支。旁支者，虽能不守一先生之言，而未足以穷大极深，非真能自树也。”③

**（二）“救弊说”**

《淮南子·要略》以黄老道家为基点，认为诸子之学“皆起于救世之弊”，皆“应时而兴”。④ 其要点如下：其一，“儒者之学”：修治周成王、周康王主张，祖述周公训诫，教导弟子传承周代礼仪，研究周代典籍，遂而开创了儒家学派。其二，“墨子之学”：墨子本为儒家弟子，但认为儒家礼仪烦琐，不仅耗费资财，亦会伤害生命，故背弃周礼而遵从夏制。其三，“管子之书”：齐桓公忧虑国家祸患，立志保家卫国，重振天子尊崇地位，催生了管子之学。其四，“晏子之谏”：齐景公贪恋声色犬马，任性妄为，宠护小人，于是催生了晏子的讽谏。其五，“纵横修短”之术：东周末年，王权衰微，六国擅自为政，以武力互相争战，催生了“纵横术”。其六，“刑名之书”：韩国原由晋国分割而建立，但晋国、韩国两国礼法常相抵触，而且前后君主法令亦常不一致，百官、庶民因此无所适从，催生了刑名之学。其七，“商鞅之法”：秦国乃虎狼之国，穷兵黩武，寡义趋利，决意吞并天下诸侯国，催生了商鞅的法家思想。⑤

---

① 郭庆藩：《庄子集释》，王孝鱼点校，北京：中华书局，1961 年，第 1067-1069 页。

② 熊十力：《读经示要》，上海：上海书店，2009 年，第 4-5 页。

③ 熊十力：《原儒》，上海：上海书店，2009 年，第 46 页。

④ 胡适：《诸子不出于王官论》，载《中国哲学史大纲》，北京：东方出版社，1996 年，第 354 页。

⑤ 刘安：《淮南子》，哈尔滨：北方文艺出版社，2018 年，第 500-501 页。

**（三）"王官说"**

"王官说"的核心意思是，诸子出于王朝官员，因为当时"学在王官"即"学在官府"。此说的源头是刘歆的《七略》、班固的《汉书·艺文志》。主要内容如下：儒家出于"司徒之官"，即掌邦教之官。道家出于"史官"，即记录和编纂历史之官。阴阳家出于"羲和之官"，即掌天文历法之官。法家出于"理官"，即治狱之官。名家出于"礼官"，即掌礼仪之官。墨家出于"清庙之守"，即负责守护太庙之官。纵横家出于"行人之官"，即掌朝觐、聘问之官。杂家出于"议官"，即言官或谏官。农家出于"农稷之官"，即掌管农业之官。小说家出于"稗官"，即负责给帝王讲述风土人情之官。① 到近现代，章太炎力主"王官说"。"近人说诸子出于王官者，唯太炎先生为最详。"② 在他看来，诸子"出自王官"的根本依据在于"学在王官"。略晚于章太炎，刘师培提出"诸子出于史官"，为对"王官说"的具体化或深化。基本观点是：在先秦时期，史官在文化传承中具有关键地位，"史也者，掌一代之学者也"③，故诸子学实皆出于"史官"。④

**（四）"职业说"**

章学诚认为，三代之前，"学在官府"是史实，"古之道术"亦只在王官。然而，所谓诸子出于"王官"并不准确，因为由"王官"到诸子中间有一个王官身份的转变，此即所谓的"官师分职"——在周代末期，本来"学在官府"，是"官师合一""治教合一"，但随着周文疲弊，逐渐转变为"官师分职""治教分途"，六艺失其"官守"，故唯赖于师教而传。⑤ 基于"师教而传"，渐而产生"诸子百家"。⑥ 质言之，诸子直接根源在于著书立说，而著书立说的根源在"官师既分"。不难看出，章学诚的观点是一种"职业说"，因为官师分职、治教分途乃"职业化"之始。胡适坚决反对"王官说"，认为其纯粹为"汉儒陋说"——既无文献依据，又无学理支撑。理由有三个方面：其一，刘歆以前论述诸子学派都没有这样的说法，所以"王官说"没有史学依据。其二，诸子出于王官理由不充分。诸子当中，除了老聃以外，其他很难说都是"王官"。其三，《汉书·艺文志》所谓"九流"乃汉儒无据之说，"未得诸家派别之实"，故而不能成立。胡适认为，

---

① 班固：《汉书》第6册，北京：中华书局，1962年，第1728-1739页。

② 胡适：《诸子不出于王官论》，载《中国哲学史大纲》，北京：东方出版社，1996年，第357页。

③ 刘师培：《刘师培史学论著选集》，邬国义、吴修艺校，上海：上海古籍出版社，2006年，第9页。

④ 刘师培：《刘师培史学论著选集》，邬国义、吴修艺校，上海：上海古籍出版社，2006年，第13页。

⑤ 章学诚：《文史通义》，上海：上海书店，1988年，第25-26页。

⑥ 章学诚：《文史通义》，上海：上海书店，1988年，第6页。

诸子实起源于“职业”。例如，儒家即是一种职业，乃社会生活一“流品”；此“流品”乃孔子儒家所自出，孔子亦此“流品”中之一人，不过他有特殊地位而已。① 与胡适亦师亦友的傅斯年亦主张“职业说”——除墨子外，诸子“皆出于职业”，“均凭借一种特殊职业而生”。②

## 二、牟宗三关于诸子起源的论说

就上述已有四种观点看，牟宗三明确反对“王官说”和“职业说”。在他看来，这两种观点为不同角度的言说：前者是纵向的，为历史角度；后者是横向的，为社会学角度。不过，两者有共同点：均没有切准诸子产生根源，没有切入内在思想根源，为“非逻辑”的、“非本质”的渊源，故可以“松”“不切”等词来形容，因为它们均属于对诸子产生之“缘”（条件）的探讨，而不属于对“因”（原因）的探讨；而“缘”与“因”是有原则性区别的。③

那么，什么才是诸子的“逻辑”的、“本质”的渊源呢？牟宗三展开了具体探讨。在他看来，诸子虽然学派众多，但在探讨起源时完全可以儒、墨、道、法、名、阴阳六家为代表，这也恰恰是司马谈写《论六家要旨》的考虑。进而，六家又分为两个层次：前四家与诸子起源问题直接相干，后两家为间接相干，因为这两家“是从这四家所对付的问题里面派生出来的”④。四家所“对付”的问题是“周文”。所谓“周文”，指周代的典章制度，其核心为“礼”“乐”两系。就夏、商、周三代讲，前两代的“礼”“乐”还比较粗略，到了周代才“完全明备”即“彰明”“完备”。正是在此意义下，孔子才以“郁郁乎”来形容“周文”。（《论语·八佾》）

“周文”虽包括“礼”“乐”两系，但“礼”为核心，故“礼”即可以代表“周文”。就“礼”讲，虽然其具体名目繁杂多样，但核心为“亲亲之杀”和“尊尊之等”两系：“亲亲”是亲其应该亲的，为家庭层面的；“尊尊”是尊其应该尊的，为政治层面的。不过“尊尊”又分为两系：一系是王、公、侯、伯、子、男；另一系是王、公、卿、大夫、

---

① 胡适：《说儒》，载《胡适文存》，第 4 册，合肥：黄山书社，1996 年，第 4-15 页。

② 傅斯年：《战国子家叙论》，载《民族与古代中国史》，石家庄：河北教育出版社，2002 年，第 191 页。

③ 牟宗三：《中国哲学十九讲》，上海：上海古籍出版社，2005 年，第 44-45 页。

④ 牟宗三：《中国哲学十九讲》，上海：上海古籍出版社，2005 年，第 45 页。

士。王就是周天子。这两者都是属于尊尊的。[①] 前者为“政权”方面的，是可以世袭的、“所有权”层面的；后者为“治权”方面的，是不可以世袭的、“使用权”层面的。“亲亲之杀”“尊尊之等”两个层面的“礼”就是“周文”的核心。

周公制定这套典章制度延续了300年，对周代政治、社会、文化发挥了重要作用。但是，到春秋时代，由于统治阶级堕落和社会渐趋复杂两个因素，这套制度渐渐失效了，表现出“疲弊”的症状，故可言“周文疲弊”。所谓“疲弊”又称“疲敝”“罢弊”“罢敝”，意为受到消耗后而疲劳不堪、困乏无力。而就是“周文疲弊”的出现，成为诸子形成的契机。“对付”“周文疲弊”乃诸子之“逻辑”的、“本质”的渊源。[②] 那么，儒、墨、道、法四家如何与“周文疲弊”“直接相干”呢？他们是如何“对付”“周文疲弊”而分别建构起一个学派的呢？

首先是儒家。孔子作为儒家的创始人，他对“周文”持坚决的肯定态度，故对于“周文疲弊”心急如焚。他不仅有对“周文疲弊”原因的分析——“贵族生命堕落”，而且亦有恢复“周文”生命力、“使周文生命化”的深思——提出并奠立“仁”观念，使“礼乐真实化”，实现客观有效性。在孔子看来，“仁”观念的确立是使“周文”“生命化”的有效途径。[③]“仁”观念的提出和弘扬，在“对付”“周文疲弊”的同时，也开创了儒家学派，而这个学派由于以“仁”为核心观念，故而有“开辟价值之源”和“挺立道德主体”的鲜明特征。[④] 进而，原始儒学的义理主要体现在《论语》《孟子》《中庸》《易传》《大学》“五部书”当中。“儒家从它最基本的义理、最核心的教义来看，就是这五部书。”[⑤]“五部书”即是“对付”“周文疲弊”的义理探讨，亦即是“仁”观念的具体开展。[⑥] 然而，许多人不这样看，将“五部书”分开讲，表现出两种不同态度：第一种态度是，认为原始儒家直接就着“道德”讲，只涉及属于“应当”的问题，而不牵涉“存在”的问题。因此，就文本依据讲，这种态度重视《论语》《孟子》，轻视《中庸》《易传》。这种态度的要旨是：“儒家的学问只限于孔子讲仁、孟子讲性善，纯粹是道德，不牵涉到存在的问题……认为儒家完全是属于应当（ought）的问题，并不牵涉存在（be-

① 牟宗三：《中国哲学十九讲》，上海：上海古籍出版社，2005年，第46页。

② 牟宗三：《中国哲学十九讲》，上海：上海古籍出版社，2005年，第48页。

③ 牟宗三：《中国哲学十九讲》，上海：上海古籍出版社，2005年，第49页。

④ 牟宗三：《中国哲学十九讲》，上海：上海古籍出版社，2005年，第49页。

⑤ 牟宗三：《中国哲学十九讲》，上海：上海古籍出版社，2005年，第55-56页。

⑥ 牟宗三：《中国哲学十九讲》，上海：上海古籍出版社，2005年，第57页。

ing）的问题。”① 牟宗三反对这种态度，因为孔子尽管没有讲“存在”，但其“智慧”可以通过“天”的观念“透射”到“存在”，而且孟子“尽心知性知天”，“应当”问题与“存在”是直接相关的。更为重要者。《中庸》《易传》是不可轻视的，因为它们被轻视，故才形成这种不当的态度。② 第二种态度与前者恰恰相反，认为原始儒家所重者在“存在”和宇宙论，所不重者为“道德”和“主体”。因此，就文本依据讲，其重视《中庸》《易传》，轻视《论语》《孟子》。牟宗三同样反对这种态度，因为儒家讲“存在”乃与“道德”相关，甚至认为“宇宙秩序”即是“道德秩序”。这是《中庸》《易传》的精髓，对此不可视而不见。同样重要的是，《论语》《孟子》是不可轻视的，因为它们被轻视，才引起轻视“道德”“主体”的问题，而原始儒家讲“道德”是重视“主体”的，甚至不讲“主体”就不能讲“道德”。“孔子的重点是讲仁，重视讲仁就是开主体，道德意识强就要重视主体。”③

牟宗三上述论说的核心意旨是，“五部书”作为“仁”观念的开展，作为原始儒家“对付”“周文疲弊”的方案，它是一个整体，亦是一个过程，不可将其分解开来理解。

其次是墨家。与孔子不同，墨家否定“周文”，“把它只看成是个形式，所以要把它否绝掉”④。墨子“认为周文的礼繁琐浪费，所以他不法周，他法夏，法夏禹”。⑤ 墨子所谓“周文”是“形式”，不仅是指其为“空文”“虚文”，更重要的是指它造成人、财、物的浪费。很显然，这是一种“功利主义”立场。⑥ 因此，墨家不仅反对“周文”，反对“亲亲之杀”“尊尊之等”为核心的典章制度，亦连带地反对儒家，反对儒家以“仁”观念为核心的理论，与儒家形成对立之局。⑦ 质言之，在墨家看来，“周文疲弊”是应该的、必然的，“对付”之道乃反其道而行之的功利主义。

牟宗三反对墨家的主张，认为它唯有“质朴”，而缺乏“精神”；只讲功利，不讲理论。正因为缺乏“精神”、缺乏理论，故墨家虽要求“事功”，并批评儒家无用，但它并不能开出事功，也不能开出科学。如果以儒家为“人文”特征的话，那么墨家可谓“次

---

① 牟宗三：《中国哲学十九讲》，上海：上海古籍出版社，2005 年，第 57 页。

② 牟宗三：《中国哲学十九讲》，上海：上海古籍出版社，2005 年，第 60-61 页。

③ 牟宗三：《中国哲学十九讲》，上海：上海古籍出版社，2005 年，第 62 页。

④ 牟宗三：《中国哲学十九讲》，上海：上海古籍出版社，2005 年，第 49 页。

⑤ 牟宗三：《中国哲学十九讲》，上海：上海古籍出版社，2005 年，第 51 页。

⑥ 牟宗三：《中国哲学十九讲》，上海：上海古籍出版社，2005 年，第 50 页。

⑦ 牟宗三：《庄子〈齐物论〉讲演录（二）》，《鹅湖》第 320 期，2002 年。

人文”，甚至可以说“反人文”。① 也正因为此，墨家不能“对付”“周文疲弊”，故传之不久而湮没于历史之中。②

再次是道家。与墨家相同，道家亦认为“周文”为“虚文”，是形式主义。不过，道家的立场不是功利主义，它不从功利的角度“对付”“周文疲弊”，而是以“境界”为化解的方案。“周文疲弊”的原因在于“周文”的“虚伪”“外在”“形式”，而这样的“周文”均源于人为，人为的实质是“有为”，而“有为”即是“造作”。“周文疲弊”的原因就在于“有为”“造作”，因为“有为”“造作”对人的生命形成“束缚”“桎梏”。③ 既然如此，“对付”“周文疲弊”的方案就是“无为”，从“造作”中解脱出来，摆脱“束缚”“桎梏”，而解脱、摆脱的结果就是“自然”。不过，道家的“自然”不是自然界的意思，而是一种精神境界。④ 自然界对应“超自然”即上帝，为上帝的创造物，故是“他然”“待他而然”，而道家的“自然”其义恰恰相反，为“自由自在”，为“自己如此，无所依靠”。质言之，“自然界”受制于因果关系，为“必然”；“自然”不受制于因果关系，为“自由”。⑤

道家关于“造作”的理解包括“自然生命的纷驰”“心理的情绪”和“意念的造作”三层。“自然生命的纷驰”为最低层，指人在现实生活中物欲的追求。故《道德经》有言：“五色令人目盲，五音令人耳聋，五味令人口爽，驰骋畋猎令人心发狂。”上一层则为“心理的情绪”，指心理上的喜怒哀乐等情绪纠结。最上一个层次为“意念的造作”，指思想层面的“造作”，所有的理论学说均属于此。这种“造作”最为复杂，带来的后果也最为严重。⑥ 既然这三层均为“造作”，那么就应当“否决”进而“化掉”它们。⑦ 进而，要化掉“造作”这三层，需要解决三个或三层问题。一是“道”是什么，即“无”是什么；二是“无”与“有”的关系是什么；三是“无”“有”与“物”的关系如何。《道德经》讲“天下万物生于有，有生于无”，即表达出“无”“有”“物”这三层。

---

① 牟宗三：《中国哲学十九讲》，上海：上海古籍出版社，2005 年，第 51 页。

② 牟宗三：《历史哲学》，载《牟宗三先生全集》第 9 册，台北：联经出版事业股份有限公司，2003 年，第 128-129 页。

③ 牟宗三：《中国哲学十九讲》，上海：上海古籍出版社，2005 年，第 71 页。

④ 牟宗三：《中国哲学十九讲》，上海：上海古籍出版社，2005 年，第 71 页。

⑤ 牟宗三：《中国哲学十九讲》，上海：上海古籍出版社，2005 年，第 71 页。

⑥ 牟宗三：《中国哲学十九讲》，上海：上海古籍出版社，2005 年，第 73 页。

⑦ 牟宗三：《中国哲学十九讲》，上海：上海古籍出版社，2005 年，第 74 页。

关于第一个问题，“无”不是存有论的“无”，不是“没有东西”之义。“无”乃是“道”，道家以“无”规定“道”。“无”的具体含义包括两点：其一，“无”是“虚”，即“虚一而静”，“就是使我们的心灵不粘着固定于任何一个特定的方向上”。①荀子的“虚一而静”就是从道家而来。其二，“无”是“妙用”，有“无限妙用”。《道德经》将“利”“用”分开讲：“有之以为利，无之以为用。”“利”即“定用”，“用”即“妙用”。“利（定用）是有方所有限定的用；用（妙用）是无限定无方所的用。”②正因为“无”有“无限妙用”，故可言“无为而无不为”，也正因为如此，道家的学问被称为“帝王之学”“面南之术”。“有无限的妙用才能应付这千差万别的世界，所以道家的学问在以前叫‘帝王之学’。要做王者师，一定要学道家。”③关于第二个问题，“道”是“无”，但“道”又具有“有性”。所谓“有性”，是就着“无限妙用”来讲的，而“无限妙用”首先为一种“矢向性”“徼向性”，即由“妙用”而兴起的方向性。④由此来讲，“道性”实有“双重性”，既有“无性”又有“有性”；两性之合方为“道性”之全。“《道德经》通过无与有来了解道，这叫做道的双重性（double character）。道随时能无，随时又有徼向性，这就是道性。”⑤不过“无”与“有”不是僵化的、不动的，而是辩证的、旋转的，表现为一种“圆周之转”，而这个“圆周之转”即是所谓的“玄”。⑥关于第三个问题，“无”“有”都属于“道”的一面，与之相对的是天地万物之物，就此来讲《道德经》有“道创生天地万物”之说，亦有“无名天地之始，有名万物之母”之说。“道创生天地万物”通过“玄”以实现，而“玄”这种作用通过“徼向性”以落实。“无有是道的双重性，合在一起就是玄，玄才能恢复道创生万物的具体作用。通过徼向性就实现一个东西，即创生它、使它出现，所以徼向性（有性）是万物之母。”⑦不过，道家的“创造”与儒家的“创造”不同：儒家是“创造原则”（principle of creation），讲天道不已创生万物；道家实际上是“实现原则”（principle of actualization），只是讲“负责物的存在，即使物实

---

① 牟宗三：《中国哲学十九讲》，上海：上海古籍出版社，2005年，第75页。

② 牟宗三：《中国哲学十九讲》，上海：上海古籍出版社，2005年，第76页。

③ 牟宗三：《中国哲学十九讲》，上海：上海古籍出版社，2005年，第76页。

④ 牟宗三：《中国哲学十九讲》，上海：上海古籍出版社，2005年，第77页。

⑤ 牟宗三：《中国哲学十九讲》，上海：上海古籍出版社，2005年，第77-78页。

⑥ 牟宗三：《中国哲学十九讲》，上海：上海古籍出版社，2005年，第79页。

⑦ 牟宗三：《中国哲学十九讲》，上海：上海古籍出版社，2005年，第82页。

现”。道家的“创造”实为“不生之生”，为一种境界形态，而不是实有形态。① 所谓“不生之生”，为“消极地表示生的作用”，意指“物自己生自己长”，亦即“不禁其性”“不塞其源”② 地让物自己生、自己长。

总之，道家“对付”“周文疲弊”的目的在于“化掉”“造作”而建构的一套形上学：其一，“道”具有双重性：“有”与“无”；其二，“道”乃“有无合一”的“玄”；其三，“道”具有创造性。就这套形上学讲，若以儒家的“人文”作标准看，“道家”不是“次人文”，而可谓“超人文”。③

然后看法家，法家的基本立场也是否绝“周文”，但不像墨子那样的否绝，也不像道家开出一个境界来。“法家的态度很实用（很实际的），他完全是从政治上着眼，从事功上着眼。”④ 法家虽然也是从“事功”着眼，但法家的事功是从时代问题即政治现实来讲。“法家所着眼的是时代问题。当时是个社会形态、政治形态要转型的时代，法家就是顺着这个转型的观念往前推进，顺着这个要转型的趋势来行事……那么，当时的那个贵族社会是个什么社会呢？政治形态是封建，经济形态是井田制度。这是需要解放的。”⑤ 在法家看来，“周文疲弊”的原因是周代的政治经济制度过时了，需要改革以适应社会发展，改革的内容为“废封建”“立郡县”和“废井田”三件事。⑥ 这三件事又分为两个方面，前两者就政治讲，后一者就经济讲，故改革实是社会转型——政治和经济两方面的转型。⑦ 可见，面对“周文疲弊”，法家的视角与前三家均不同，其直面现实问题，不做任何超越地探究。

牟宗三认为，法家所推动的社会转型具有进步意义。历史地讲，中国历史政治形态分为三种：首先是先秦时期的“贵族政治”，其次是秦汉以后的“君主专制”，最后是现代的“民主政治”。⑧ 这三种形态是一种递进式、进步性的关系。就此来讲，是法家推动

---

① 牟宗三：《中国哲学十九讲》，上海：上海古籍出版社，2005 年，第 83 页。

② 王弼对《道德经》十章“生之”“畜之”注为：“生之：不塞其原也；畜之：不禁其性也。”王弼注：《老子道德经・外一种》，上海：上海书店，1986 年，第 6 页。

③ 牟宗三：《中国哲学十九讲》，上海：上海古籍出版社，2005 年，第 51-52 页。

④ 牟宗三：《中国哲学十九讲》，上海：上海古籍出版社，2005 年，第 52 页。

⑤ 牟宗三：《中国哲学十九讲》，上海：上海古籍出版社，2005 年，第 52 页。

⑥ 牟宗三：《中国哲学十九讲》，上海：上海古籍出版社，2005 年，第 52-53 页。

⑦ 牟宗三：《中国哲学十九讲》，上海：上海古籍出版社，2005 年，第 132 页。

⑧ 牟宗三：《中国哲学十九讲》，上海：上海古籍出版社，2005 年，第 54 页。

了中国社会由“贵族政治”过渡到“君主专制”，这是法家的贡献。尽管与“民主政治”相比，“君主专制”应该被推翻，但相对于“贵族政治”它是具有进步性的。不过，这仅是就“前期法家”讲，因为“后期法家”“变坏了”。

那么，为何说“后期法家”“变坏了”呢？是指法家“运用权术处也成了‘黑暗的秘窟’，这是法家的罪恶”。① 牟宗三认为，法家变坏的关键是申不害的“术”，申不害将“术”引入法家理论，从而使法家的事业发生了逆转。② 韩非发展了申不害的理论，为君主专制的运用提供了理论支持，甚至提供了合法性。“韩非子则主张法术兼备。法布在官府，术操之于皇帝。法是客观的，而术则是大皇帝一个人的运用，是秘密……皇帝运用术，主要在喜怒不形于色，与赏罚不测……而且成一传统，不过这不能登大雅之堂而只在暗地里运用。”③“术”观念的提出即是法家的“罪恶”，因为它为“权术”开启了“绿灯”。在君主专制制度下，许多皇帝明面上主张的是儒家学说，暗地里运用的却是法家权术。质言之，君主专制的“官性”是由儒家学说和法家学说共同支配；前者为显，为“明流”，显于庙堂之上，后者为隐，为“潜流”，隐于庙堂之下。

如此讲来，法家之于“周文疲弊”的“对付”有利有弊，需要对其辩证地分析与对待。

就以上四家来讲，若以个人、政府、社会三者关系来衡量，它们基于“对付”“周文疲弊”表现出鲜明的理论特征：道家只有个人而无政府和社会；墨家只有社会而无个人和政府；法家只有政府而无个人和社会；唯有儒家兼顾个人、政府、社会。“儒家不赞成法家，因为法家只有政府，没有个人，没有社会，这当然是极权专制。道家是只有个人，没有政府，没有社会，这也不行。虽然不是极权专制，但也非常道。墨子是只有社会，没有个人，没有政府。因为没有个人与政府，此中亦有反动。”④ 也许正是因此，四家的历史命运是不同的。“中国自先秦以来，儒家、道家都发展到很高的程度，而名家、墨家、法家等都没有继续发展。”⑤

如前所述，牟宗三认为以上四家是与“周文疲弊”直接相干的，而名家、阴阳家则

---

① 牟宗三：《中国哲学十九讲》，上海：上海古籍出版社，2005 年，第 138 页。

② 牟宗三：《中国哲学十九讲》，上海：上海古籍出版社，2005 年，第 134 页。

③ 牟宗三：《中国哲学十九讲》，上海：上海古籍出版社，2005 年，第 134-135 页。

④ 牟宗三：《时代与感受》，载《牟宗三先生全集》第 23 册，台北：联经出版事业股份有限公司，2003 年，第 134 页。

⑤ 牟宗三：《中国哲学十九讲》，上海：上海古籍出版社，2005 年，第 172 页。

是间接相干的，为“派生”甚至是“派生的派生”。我们看一下两家何以为“派生”或“派生的派生”。

首先，看名家之“派生”。在牟宗三看来，名家与“周文疲弊”不直接相干，与“周文”没有直接，是“派出”的。那么，它“派生”于何处呢？它“派生”于儒、墨、道、法“对付”“周文疲弊”而发生的思想。“儒、墨、道、法等家都是针对周文疲弊而发，然一发出那些思想，就连带地引出名家所讨论的那些问题，所以名家是派生出来的，而其所派生的机缘仍与周文疲弊有间接的关系，这现实的机缘即是孔子的‘正名’。”① 在四家的思想当中，孔子的“正名”思想乃名家“派生”的现实机缘。

在孔子看来，“正名”是一个重要问题，它与礼乐制度紧密相关，为解决“周文疲弊”之“仁”观念下的入手处。《论语·子路》载：“子路曰：‘卫君待子而为政，子将奚先?’子曰：‘必也正名乎!’……‘名不正则言不顺，言不顺则事不成，事不成则礼乐不兴，礼乐不兴则刑罚不中，刑罚不中则民无所措手足。’”就当时的情形看，“形名”“名实”日益凸显为一个迫切问题，具体表现在“名实乖乱”“名器乖乱”两个方面。“名实乖乱”指名、实不相应，典型者如“君不君，臣不臣，父不父，子不子”；“名器乖乱”指与“名”相应的服饰、器皿、车舆不相应，经常被僭越，典型者如“八佾舞于庭，是可忍也，孰不可忍也”（《论语·八佾》）。正是基于这种现实，孔子非常重视“正名”。其实，不仅孔子重视“正名”，荀子亦作《正名》篇，法家亦重“综核名实”以定赏罚，甚至道家亦论及“形名”。由“正名”问题而引发“名家”思考，此即是“名家”发生的现实机缘。

不过，现实机缘并不是“名家”的本质。就本质讲，“名家”虽与诸子所针对的问题相同，但谈法已明显不同。名家虽由“正名”思想而起，但所谈的角度、层面不同于上述诸子，此乃“名家”之所以为“名家”者。“盖能内在于形名、名实之本身而为纯理论之谈论，有纯名理之兴趣者曰名家。”② 唯“名家”所谈方为“形名学”“名学”，即今天所讲的“逻辑学”，诸子所讲只是现实层面具体的“正名”问题。“真正足以成名家而为形名学者，则在其所综述之先秦名家所涉之问题。”③ 但是，名家还不是成熟的“形名

① 牟宗三：《中国哲学十九讲》，上海：上海古籍出版社，2005 年，第 157 页。

② 牟宗三：《才性与玄理》，载《牟宗三先生全集》第 2 册，台北：联经出版事业股份有限公司，2003 年，第 273 页。

③ 牟宗三：《才性与玄理》，载《牟宗三先生全集》第 2 册，台北：联经出版事业股份有限公司，2003 年，第 273 页。

学”或“名学”，只是“名学”的“初步或预备”，因为他们讨论的还不是逻辑本身的问题。此乃名家的本质。①

其次，看阴阳家之“派生的派生”。所谓“派生”即是“不直接相干”的意思，即它不是直接“对付”“周文疲弊”而发生的思想，乃是对针对四家思想而发生的思想。不过，其所针对者并非四家之“经”“常”，而是针对四家之“纬”“变”，即“怪异偶变不经的现象”，而这些现象乃由“经”“常”所派生，故而阴阳家乃“派生的派生”。“凡六艺所表现的经常日用的现象而外的其他一切怪异偶变不经的现象，都是阴阳家所要对付的。六艺为人伦日用，有文可征，有体可睹，故显明可教，故曰经。偶变不经，虽事出有因，然不可得而拘，故多神秘不可语，治此等现象之学在中国则曰纬。故纬亦阴阳家学之流也。”② 上述四家所治者为“经”与“常”，而阴阳家所治者为“纬”与“变”。“有经有纬，有常有变。经与常，儒家所言也；纬与变，阴阳家言也。”③

很显然，阴阳家所谈乃儒家所不谈者。在牟宗三看来，邹衍作为阴阳家创始人，他实际上开辟了另外一种学术理路，甚至成为中国文化中的一个单独传统。概括地讲，中国文化可以分为两个传统，一为“仁教传统”，二为“智学传统”；如果儒家代表前者的话，那么阴阳家则代表后者。“中国文化之慧命，除尧舜禹汤文武周公孔子历圣相承之仁教外，尚有羲、和之官的智学传统，古天文律历数赅而存焉。后来阴阳家即继承此线而发展。”④ 阴阳家常以自然现象为对象，且非常重视“术数”，故照此发展下去应能发展出自然科学和数学。阴阳家与墨家、名家一样，都有通向科学的可能。但是，不幸的是，阴阳家并未朝此方向发展，而是“变而为江湖术士”，终究“离科学愈远矣”。“政府养专家为古今中外之所同，实亦事实使然也。这些专家专对付怪异现象，阴阳家即从这些专家蜕变而成……他们本其所学，到处应用，解释一切不经现象，专为世人祈福禳灾。这已有点走江湖、卖膏药的趋向。阴阳家一变而为江湖术士，则本可以发展至科学者，遂

① 牟宗三：《中国哲学十九讲》，上海：上海古籍出版社，2005 年，第 171 页。

② 《牟宗三先生早期文集》上，载《牟宗三先生全集》第 25 册，台北：联经出版事业股份有限公司，2003 年，第 286 页。

③ 《牟宗三先生早期文集》上，载《牟宗三先生全集》第 25 册，台北：联经出版事业股份有限公司，2003 年，第 354 页。

④ 牟宗三：《五十自述》，载《牟宗三先生全集》第 32 册，台北：联经出版事业股份有限公司，2003 年，第 44 页。

转而之他离科学愈远矣。”①

不过，与名家、墨家的命运不同，阴阳家虽未发展出科学，虽未能登上大雅之堂，但它却始终与大雅之堂上的儒学“并流”。“阴阳家之势力始终与儒家之经学并行而潜流……庙堂之上为儒家，而社会内幕为阴阳家。”② 这种情况在中国文化中有明显反映——中国人的“民性”即由儒家和阴阳家共同支配，此与君主专制下的“官性”由儒家和法家共同支配相类“中国人的民性完全为儒家及阴阳家这两个传统所支配所熏陶。这两个传统比较起来当然以儒家为近情而近理。但是儒家的六艺并不足以制变，故表面经国文章是儒者之学，但那不见人处还是隐隐地拉近阴阳家作制变之助手。”③

前述为牟宗三关于儒、墨、道、法、名、阴阳诸家起源的探讨，而这些探讨至少起到三个方面的作用：其一，诸子起源有其“因”，而不仅有其“缘”；“因”主要指对“周文疲弊”的“对付”，即使名家、阴阳家亦不例外，只不过它们为“间接的相干”，为“派生”或“派生的派生”而已。其二，直接否定了诸子起源的“王官说”及“职业说”。以“因”之探讨将诸子起源归于对“周文疲弊”的“对付”，自然就将以“缘”为根据的诸种他说予以搁置。其三，间接否定了诸子起源的“六经说”。所谓“间接”，意指牟宗三并没有直接反驳“六经说”的文字，但他关于诸子起源的论说形成对“六经说”的消解。一个方面，熊十力认为“六经”乃儒家经典，诸子均源于对“六经”之诠释，而牟宗三认为原始儒学以“五部书”为代表；“六经”与“五部书”之间自然形成一种张力。另一个方面，“五部书”虽然是一个整体，但不仅出自多人之手，而且每部书都有一个形成过程。这样一种说法，无疑亦与“六经”为诸子起源的说法产生张力。不过，可能是出于与熊十力师生关系的考虑，牟宗三并没有直接反对“六经说”。其四，牟宗三继承了《淮南子・要略》的理路，因为“救弊说”即是就“因”来讲的——诸子百家乃是针对“周文疲弊”而提出的“对付”方案。不过，《淮南子・要略》并没有这种自觉，而且其所论亦非常简要，没有充分展开。就此来讲，其所论与牟宗三的理论不可同日而语。因此，牟宗三的观点可视为独立的第五种观点。

---

① 《牟宗三先生早期文集》上，载《牟宗三先生全集》第 25 册，台北：联经出版事业股份有限公司，2003 年，第 288 页。

② 《牟宗三先生早期文集》上，载《牟宗三先生全集》第 25 册，台北：联经出版事业股份有限公司，2003 年，第 355 页。

③ 《牟宗三先生早期文集》上，载《牟宗三先生全集》第 25 册，台北：联经出版事业股份有限公司，2003 年，第 289 页。

## 三、牟宗三诸子起源说的启示

上述为牟宗三以儒、墨、道、法、名、阴阳六家为代表对诸子起源的分析。这个分析是以“轴心时代”为语境来开展的。关于“轴心时代”，尽管它塑造了几千来的人类文明，但任何一种文明也都有“能量枯竭”之时。而且，当今时代正经历着千年未有之大变局，人类社会已经和正在出现前所未有的诸多新问题。在这种情况之下，“第二个轴心时代”的曙光已经初露。面对“第二个轴心时代”，牟宗三关于“轴心时代”诸子起源的理论可以给我们提供如下启示。

其一，诸子之起源是针对问题而起的，哲学学说和哲学思想亦是如此。牟宗三关于“因”与“缘”的区分启示我们，不可把“缘”视作“因”，不可把时代背景包括政治、经济、社会条件作为思想的直接起因看待。时代背景无论是历史的，还是社会的，它们只是一种“背景”，不能直接用以解释思想的渊源。就历史学或社会学来讲，着重分析“背景”无疑具有合理性；但就哲学来讲，以“背景”解释渊源会出现“松”或“不切”的情况。一方面，特定“背景”未必定然产生特定思想，因为在相同“背景”下，有的人有反应，大多数人是没有反应的。以有反应为前提，才出现了儒家、道家以至于墨家、法家等。另一方面，在相同“背景”下，有反应的人的反应并不相同，故而才出现儒、墨、道、法等诸子。质言之，“背景”并不是产生思想的直接因素，直接因素是基于“背景”凝练出来的“问题”，“背景”与思想之间还有一个“问题”作为媒介，而这个媒介才是思想产生的直接原因。因此，要探讨一种思想的起源，需要探究的是其所针对的“问题”，而不是“背景”。由上文可知，牟宗三认为，“周文疲弊”是春秋战国时期凝练来的“问题”，而对于“周文疲弊”的不同理解和“对付”方案便是诸子的起源。进而，牟宗三这样一种理解亦即所谓“内在诠释”，“内在诠释”与“外在诠释”相反对。所谓“内在诠释”，指诠释的重点为在概念、义理框架内进行诠释，侧重寻求概念联系和义理递进，而不过多涉及时代背景和社会功能。其理据是，内在理论线索是有规律可循的，时代背景等外在线索终究要通过内在线索起作用，故寻求概念联系和义理递进应为重点。所谓“外在诠释”，指诠释的重点在跳出概念、义理本身，探究时代背景对概念、义理的影响，并揭示概念、义理的社会功能。其理据是，概念、义理得以产生、变化的原因根本上与特定环境、文化归根到底即特定利益紧密相连，故时代背景是概念、义理的决定因素。[1] 很显然，关于“因”的探讨乃“内在诠释”，关于“缘”的探讨乃“外在诠释”。

其二，一种思想包括哲学思想的奠立，端赖思想家、哲学家个体的出现。一种思想的发生和发展，时代背景固然重要，因为是这个背景提出了“问题”，但“问题”的解决端赖于思想家个体的出现，是他们发现、凝练并解答了“问题”，从而形成思想或学说。熊十力即认为，哲学建构以个体“实感”即“性智”为基础，而哲学体系只是对“实感”的言说；之所以会有不同哲学体系，在于哲学家不同的“实感”。由熊十力所论可以推知，哲学作为一门学问具有明显的“个体性”。正因为如此，孔子具备生命智慧建构起儒家思想，墨子虽然与孔子面对相同问题，但因缺乏孔子的生命智慧而只能建构墨家思想。关于儒、墨初创之别，牟宗三说：“王充《论衡·超奇》篇云：‘孔子得史记以作《春秋》，及其立义创意，褒贬赏诛，不复因史记者，眇思自出于胸中也。’‘立意创意’，‘眇思自出于胸中’，即是孔子之独特的生命与智慧。若徒习鲁史，则墨子能读百国春秋，亦传经也。然而墨子无此生命与智慧，至少未表现出如此方向之生命与智慧。”[2] 其实诸子之所以有别，重要原因端赖于初创时期思想家个体之别。总之，真正有价值且写入哲学史的学说，都是具有鲜明个性哲学家的作品。从另一个侧面讲，与很多学科不同，哲学著作很少能够集体创作。

其三，诸子的形成非一蹴而就，而乃为一个过程，其他很多思想学说亦是如此。就儒家之发生讲，是孔子、孟子等原始儒家以《论语》《孟子》《中庸》《易传》《大学》“五部书”不断建构而过程性地完成的。当然，“五部书”之中有“一贯之道”，为一个整体；而且，“五部书”为整体之不同阶段、不同侧面。如果不如此看待，就不能对儒家起源有准确理解。牟宗三说：“我们是要把先秦儒家整个通过一个发展来看，所以我们要先看看《论语》里面有些什么观念——儒家是从孔子开始——以后孟子兴起，《孟子》里面又有些什么观念？有些什么问题？然后再看看《中庸》《易传》《大学》里面有些什么观念。要估量先秦儒家这个系统的内在本质，你要先对这五部书里面主要的观念有相当的了解，这才能做恰当的消化。”[3] 这段话当中，“整个”“发展”是两个关键词。进而，就法家之发生讲，虽然李悝、吴起、商鞅为前期法家，申不害、韩非、李斯为后期法家，但不可将两者分开来讲，而应该视其为一个整体作过程性的理解。实际上，无论是诸子哪一家，

---

① 程志华：《中国哲学诠释四论》，《福建论坛》（人文社会科学版）2019 年第 5 期。

② 牟宗三：《心体与性体》上，上海：上海古籍出版社，1999 年，第 12 页。

③ 牟宗三：《中国哲学十九讲》，上海：上海古籍出版社，2005 年，第 55 页。

其思想多为多人共同建构，其经典也未必是一种独著，而多为学派集体著作。例如，《论语》《孟子》即为多人著作而成。因此，既然诸子形成本身展现为一个发展过程，那么对其就应作整体性、过程性理解。而且，由诸子起源问题还应发现，诸子之后，“学”还需要发展，事实上也在不断发展。“普通亦常以为先秦诸子是中国文化的黄金时代，此后便无可言。此是不知价值实现之过程与践履奋斗之艰苦之言……推之，以往没有出现科学，此后定要出现，没有出现民主政治，此后定要出现。西方没有心性之学，定要逐渐转出。基督教亦不能止于其已成之形态，儒、佛皆然。德的文化价值、智的文化价值、美的文化价值，都要各循其文化生命之根，在无限发展中，步步实现出来。”① 这是我们在“轴心时代”背景下探讨诸子起源的宗旨，也是由牟宗三的诸子起源说我们应该得到的最重要的启示。

（原文载《社会科学战线》2022 年第 4 期）

① 牟宗三：《道德的理想主义》，载《牟宗三先生全集》第 9 册，台北：联经出版事业股份有限公司，2003 年，第 290-291 页。

# 牟宗三“良知自我坎陷”再辨析*

## 一、“新外王”对“内圣外王”立教宗旨的挑战

在牟宗三看来，“内圣外王”一语虽出于《庄子·天下》篇，“然以之表象儒家之心愿实最为恰当”。② 即，“内圣外王”乃儒家表达立教宗旨的理论模型：“内圣”表达人格理想，“外王”表达社会理想，二者有“体”“用”之内在关联。“儒家自孔子始，内圣外王为一综体，内圣为本为体，外王为末为用，内圣是求之在我，是每一人之必然的义务，而外王是得之有命，是每一人之偶然的（有功效的）义务。”③ 具体来讲，“内圣”指内在的“圣贤工夫”，即以“成德”为目标、以“圣人”为人格理想的道德修养。“内圣之学”亦称“成德之教”，即教导人在有限生命中取得无限而圆满意义以成就圣贤人格的学问。就内容讲，“内圣”即《尚书》之“正德”、孔子之“修己”、《大学》之“明明德”和“修身”，亦即“格物”“致知”“诚意”“正心”。“外王”指外在的“事功”，即为了实现治国平天下的社会理想，施行礼乐教化德治之“王道”。就内容讲，“外王”即《尚书》之“利用”“厚生”“唯和”、孔子之“安人”“安百姓”、《大学》之“亲民”“止于至善”和“齐家”“治国平天下”。而且，“内圣”具有永恒意义，内容和目标持久不易，不会随时代而变化。“‘内圣’一面在先秦儒家本已彰显而成定型，因而亦早已得其永恒之意义。”④ 不过，“外王”虽以“治国平天下”为理想表达，但具体内容和目标却随时代而变化。“‘外王’一面……在先秦儒家即未达定型之境，只有一大体之倾向，只顺现实历

---

* 本文系国家社会科学基金重点项目“王船山哲学研究”（编号 20FZXA004）的阶段性成果。

② 《心体与性体》（一），见《牟宗三先生全集》5，第 6 页。

③ 《心体与性体》（一），见《牟宗三先生全集》5，第 275 页。

④ 《心体与性体》（一），见《牟宗三先生全集》5，第 6 页。

史称赞尧、舜三代。但尧、舜三代究不如内圣面之完整与清晰。”①

更为重要者在于，“外王”可由“内圣”推衍以解决。《大学》之“格物”“致知”“正心”“诚意”指“内圣”，“齐家”“治国”“平天下”指“外王”；“外王”均可由“内圣”直接推衍出来，故可说“壹是皆以修身为本”。② 然而，在现代，由于现代化要求这一时代主题的出现，“施行王道”的“旧外王”已不适应时代需要，故“以前儒者所讲的外王是不够的，有推进一步的必要”③，变为“科学和民主”的“新外王”。即，现代化语境下的“外王”已经不再是传统泛泛的“事功”，而变化为“科学”“民主”的具体内容。④ 很显然，因为“新外王”的出现，“内圣外王”的理论模型出现了张力——在前现代，“内圣”可以直接推出“外王”；在现代，“内圣”未能开出“新外王”，“新外王”的出现给“内圣外王”这一儒家立教宗旨提出了挑战。⑤

面对这种挑战，牟宗三比较了中西文化的特征。在他看来，中国文化为“理性的运用表现”或“理性的内容表现”，指“承体以起用”，为“实践理性”之功用的具体呈显。在此，“理性”即“德性”或“实践理性”；“运用”即“作用”或“功能”。因此，“理性的运用表现”即是禅的“作用见性”、宋明儒的“即用见体”、《易经》的“于变易中见不易”，只不过这些说法均偏重“见体”，而“理性的运用表现”偏重“见用”，即在现实生活中具体地呈现“理性”。⑥ 进而，“理性的运用表现”既然为“承体以起用”，故特征为“隶属关系”，即，“能”与“所”、“心”与“物”不是互相对立关系，而是互相融摄之“绝对”关系。⑦ 相应地，西方文化为“理性的架构表现”或“理性的外延表现’，指“道德理性”即“实践理性”“转成对列格局的表现”⑧，主要表现为“对待关系”即“主客对列”和“公平正义”两方面的“架构”。⑨ 质言之，“理性的架构表现”的特征为“对列之局”（co-ordination）。⑩ 由此出发，“理性的架构表现”的成就主要表现为两项：

---

① 《心体与性体》(一)，见《牟宗三先生全集》5，第7页。

② 《人文讲习录》，见《牟宗三先生全集》28，第123页。

③ 《道德的理想主义》，见《牟宗三先生全集》9，第200页。

④ 参见《人文讲习录》，见《牟宗三先生全集》28，第123页。

⑤ 参见《时代与感受》，见《牟宗三先生全集》23，第381页。

⑥ 参见《政道与治道》，见《牟宗三先生全集》10，第51—52页。

⑦ 参见《政道与治道》，见《牟宗三先生全集》10，第58页。

⑧ 参见《政道与治道》，见《牟宗三先生全集》10，第28页。

⑨ 参见《政道与治道》，见《牟宗三先生全集》10，第287页。

⑩ 参见《政道与治道》，见《牟宗三先生全集》10，第58页。

一是科学，二是民主。① 很显然，如果说“理性的运用表现”为“实践理性”，那么“理性的架构表现”则转变为“理论理性”。

经过比较，牟宗三认为，中国文化强于“理性的运用表现”，“理性的架构表现”不足，而科学和民主又端赖于“理性的架构表现”，故而未能原发地开出科学和民主。② 既然如此，面对现代化要求，中华民族就须致力于西方文化之“理性的架构表现”，而途径依然是“由内圣开出外王”。③ “在此，我们看出了中国哲学未来的方向……吸收西方的科学、哲学与民主政治，展开智性的领域。”④ 不过，西方文化并非完美无缺，而是有“量化”或“外在化”人类精神的“时代病”——容易忽视“价值理性’，导致“工具理性”而形成“科学主义”，此乃“科学”之弊；容易导致“社会化”或“庸俗化”，阻碍个体生命的顺畅调适，此乃“民主”之弊。⑤ 因此，就中国文化发展讲，虽需汲取西方文化科学和民主之优长，但需避免其“量化”“外在化”之劣短，即，既需开发“理性的架构表现”，又需护住“理性的运用表现”。“双方的关系是如此：以内容的表现提撕并护住外延的表现，令其理性真实而不蹈空，常在而不走失；以外延的表现充实开扩并确定内容的表现，令其丰富而不枯窘，光畅而不萎缩。”⑥

基于此，牟宗三对儒家“内圣外王”的理论模型进行了深入探究。在他看来，既然传统“内圣”开不出“新外王”，而“内圣”又具有永恒意义，内容和目标均持久不易，那么，是否可以在“内圣”之内容和目标不变的前提下，对其功能进行调节，将“旧内圣”转为“新内圣”，从而开出“新外王”呢？他说：“配合我们这个时代，需要新外王的精神，需要重新去完成儒家的内圣外王合一之教。”⑦ “内圣通过客观形态在文化上讲可分两行：（一）国家、政治、法律；（二）逻辑、数学、科学。这两行是异曲同工，是一个精神，都要肯定。‘新外王’就是如何本着内圣把这两行引发出来。”⑧ 这个“重新去完成”的“内圣外王合一”即是“新内圣开出新外王”。

---

① 参见《政道与治道》，见《牟宗三先生全集》10，第57页。

② 参见《政道与治道》，见《牟宗三先生全集》10，第57页。

③ 《人文讲习录》，见《牟宗三先生全集》28，第134页。

④ 《中国哲学的特质》，见《牟宗三先生全集》28，第96页。

⑤ 参见《道德的理想主义》序，见《牟宗三先生全集》9，第6页。

⑥ 《政道与治道》，见《牟宗三先生全集》10，第175页。

⑦ 《时代与感受》，见《牟宗三先生全集》23，第372页。

⑧ 《人文讲习录》，见《牟宗三先生全集》28，第111页。

牟宗三关于调节“旧内圣”为“新内圣”的义理推导包括三个层面。其一，“必要性”，指“新外王”的时代主题要求“内圣”必须进行自我调节，否则不能适应现代化要求。他说：“可叹的是，今天不仅外王面不够，内圣面亦不够，儒家本身若有若无。但是儒家若为常道，则人类的良心不能让这个常道永远埋没下去，这得诉诸每个人的一念自觉。”① 其二，“可能性”，指“内圣”功能的调节在理论上是可能的，它具体包括两个方面：一个方面，“内圣”乃“自觉地作圣贤工夫”②，意即主体具有能动性，此即孟子所谓“求之在我者”③；另一个方面，“内圣”不是可有可无者，而乃“每一人对己对人之必然的义务”。④ 其三，“现实性”，指虽然“内圣”的内容和目标具有永恒意义，但功能实际上是不断动态地调节的。例如，孟子将孔子之“仁”在“心”的层面予以彰明，宋明儒家则为原始儒家的“内圣之学”奠立形上基础。因此，牟宗三多次引用陆象山之说：“夫子以仁发明斯道，其言浑无罅缝。孟子十字打开，更无隐遁。”⑤ 他自己也说：“宋儒由于对抗佛教，而把儒家内圣、成德的内在义理特别提出来，发挥与锤炼，这就是新之所以新了。然而此义并非宋儒无中生有，原始儒家思想早有此义，不过未至彰显罢了。”⑥

那么，如何调节“旧内圣”为“新内圣”，以满足开出“新外王”的要求呢？

## 二、“良知自我坎陷”：“新内圣”之可能

在牟宗三看来，“道德理性”“实践理性”亦即“良知”，目的在于指导人的行为，故凡“真”“善”“美”皆“良知”所意欲者，因为它们于人都是有价值的。⑦ 进而，“真”“美”分别源于狭义的“知性”“感性”，而此“知性”“感性”实即广义“知性”亦即“认知心”的两种功能，故，“真”“美”实源于“认知心”即广义的“知性”。但事实是，“良知”并不“直接具有”“认知心”，而须经由“良知自我坎陷”，使“良知”“曲通”开

① 《政道与治道》，见《牟宗三先生全集》10，新版序，第14页。

② 《心体与性体》（一），见《牟宗三先生全集》5，第6页。

③ 《孟子·尽心上》

④ 《心体与性体》（一），见《牟宗三先生全集》5，第282页。

⑤ 《心体与性体》（一），见《牟宗三先生全集》5，第9、29页等。

⑥ 《宋明儒学综述》，见《牟宗三先生全集》30，第12页。

⑦ 参见《政道与治道》，见《牟宗三先生全集》10，第63—64页。

出“知性”。他说：“感性与知性只是一认知心之两态，而认知心则是由知体明觉之自觉地自我坎陷而成者，此则等于知性。”① 他的意思是，唯有“开出”“知性”，“对列之局”才可形成，进而“新外王”才可能，但“知性”之“开出”不可“直通”，只能“曲通”，“间接”即“辩证地开出”。他说：“能知义的认知我之为现象与所知义的对象之为现象，如果亦说它们是知体明觉之用，则此用名曰‘权用’是经由知体明觉之自我坎陷而间接地即辩证地开出者，它虽是虚的，却是客观地必要的。”②

那么，接下来的问题便是，“良知自我坎陷”可能吗?

首先，牟宗三对何为“良知自我坎陷”进行了说明：其一，“良知自我坎陷”的方向不是向上而是向下，不是追求人格境界提升而是处理实际生活事务，即“良知”“下降”“让开一步”为“认知心”。③ 其二，“良知自我坎陷”是“自觉”的而不是被动的。“‘自我坎陷’（self-negation），是一种自觉地陷落下来，亦即是自觉地自我否定。”④ 其三，“良知自我坎陷”所开出的“认知心”乃“良知”的“自我否定”，故可言为“良知”的对立物。“这一步转，我们可以说是道德理性之自我坎陷（自我否定）。经此坎陷，从动态转为静态，从无对转为有对，从践履上的直贯转为理解上的横列。”⑤ 其四，“良知自我坎陷”是实践意义的开出即“辩证的开出”，而不是逻辑地开出。“这种必要是辩证的必要，这种曲达是辩证的曲达……此不能由知体明觉之分析所可逻辑地分析出者。”⑥ 其五，“认知心”被开出以后，“良知”虽“归藏于密”，其功用通过“认知心”呈显，但“良知”仍无时无地不居于统驭地位。“良知……坎陷其自己而为了别以从物。从物始能知物，知物始能宰物。及其可以宰也，它复自坎陷中涌出其自己而复会物以归己，成为自己之所统与所摄。”⑦

其次，牟宗三对“良知自我坎陷”的可能性进行了探讨。在他看来，“良知”与“知性”是否“兼容”乃前提性问题，否则谈论“良知自我坎陷”便失去了意义。关此，他的答案不仅是肯定的，而且认为“知性”可以“呈显”“充实”“良知”。“内圣之学吸住

---

① 《现象与物自身》，见《牟宗三先生全集》21，第135页。

② 《现象与物自身》，见《牟宗三先生全集》21，第133页。

③ 《道德的理想主义》，见《牟宗三先生全集》9，第121页。

④ 《中国哲学十九讲》，见《牟宗三先生全集》29，第300页。

⑤ 《政道与治道》，见《牟宗三先生全集》10，第64页。

⑥ 《现象与物自身》，见《牟宗三先生全集》21，第127页。

⑦ 《从陆象山到刘蕺山》，见《牟宗三先生全集》8，第207页。

了人心，而‘知性’始终未独立地彰著出。在内圣之学中，‘智’始终停在‘直觉形态’中，而未转出‘知性形态’。直觉形态是圆而神的‘神智’，知性形态则是方以智的‘方智’……此义必须由内圣之学的发展中开出，而中国的内圣之学亦决无与此不兼容之处，而且亦决可以相融洽而见内圣之学之广大与充实。”① 基于此，他借助康德“现象”和“物自身”概念，以三个“我”之关系进行了分析：“良知”即“知体明觉”亦即“真我”或“物自身的我”，它以“智的直觉”应之。“真我”之于人呈现为“现象我”即“假我”，它以“感性直觉”应之。“真我”“坎陷”为“认知我”即“统觉的我”；相对于“真我”之“实质的有”，“认知我”仅是一“凸起”，为“形式的有”，故而能由“感性直觉”来认知，当然亦不能由“智的直觉”来认知，只能由“纯粹直觉”即“形式直觉”应之。“它虽是一凸起的现象，但却不能以‘感触的直觉’来觉摄。它既不是真我，当然亦不能以‘智的直觉’来冥证。凡是‘形式的有’者，吾人如依康德的词语说，皆须以‘纯粹的直觉’来觉识。其为现象只就其为‘凸起’而言。此是知体明觉之自觉地一执停住即坎陷而凸起者。此不是感触的直觉所觉摄之杂多而待概念以决定之者，因此处只是一形式的有、思维的我，无杂多故。”② 为了说明“认知我”的开出，牟宗三借用“平地起土堆”之喻以说明：“良知”经过“自我坎陷”开出“认知心”，“认知心”相对于“良知”为一“现象”，尽管此“现象”不是客体而是主体，但它即类似于“平地起土堆”之“凸起”。③ 进而，“良知自我坎陷”的实质是从“无执”转出“执”，因为“良知”即“知体明觉”为“无执”，“认知心”即“知性”之“凸起”为“执”。“执”和“无执”本为佛教概念，前者指“执着”“停滞”，属于“有限心”即“识心”之性质；后者指“不执着”“不停滞”，属于“良知”“知体明觉”即“无限心”之性质。牟宗三借用这对概念以说明，“知体明觉”“执持自己”以转出“认知心”，进而把“物”“推出去”成为对象，亦即成为“现象”，从而产生认知、了别等思解活动。不过，所谓“执”并非“良知”之“真执持自己”，因为所开出的“认知主体”不过是“良知的影子”，而“不是它自己”。否则，在“认知主体”发挥作用时，“良知”便可能停止呈显，统驭作用“凝滞而偏限于一边”，而这是“良知”之为“实践理性”所不允许的。质言之，从根本上讲，“认知心”

---

① 《道德的理想主义》，见《牟宗三先生全集》9，第336页。

② 《现象与物自身》，见《牟宗三先生全集》21，第131页。

③ 《现象与物自身》，见《牟宗三先生全集》21，第131页。

的“思解活动”依然是“良知”作用的呈显。①

再次，在牟宗三，仅仅证明“良知自我坎陷”开出“认知心”还不足以开出“新外王”，因为“新外王”与“新内圣”一样，均需要一套形上学的“存有论”为基础。鉴于此，他又基于“良知自我坎陷”，依“一心开二门”理论模型建构起“两层存有论”——“无执的存有论”和“执的存有论”。相对照地讲，“无执的存有论”为“新内圣”的形上学基础，“执的存有论”为“新外王”的形上学基础。至此，牟宗三基于“内圣外王”之理论模型解决了两个方面的问题：一方面，“新外王”的形上学已奠立，“理性的架构表现”得以开出，科学和民主之开出便已然可能，进而现代化要求这一时代主题便得以形上地解决。另一方面，“新内圣”的形上学已奠立，可以确保“理性的运用表现”始终发挥作用，从而可以避免西方文化之“量化”或“外在化”的“时代病”。

显而易见，牟宗三的上述理论建构不仅具有明确的问题意识，而且较圆满地完成了形上建构，思辨水平和创新程度均达至儒学史的未有水平。对此，学界涌现出大量论著对其进行诠释、传播和弘扬，同时，亦有诸多论著对其提出批评。就这些批评来讲，大致可依“体”“相”“用”三个层面进行概括。所谓“体”，指对“良知自我坎陷”内涵本身进行的批评；所谓“相”，指对“良知自我坎陷”外在特征的批评；所谓“用”，指对“良知自我坎陷”实际效用的批评。

## 三、对“体”层面批评的辨析

批评者认为，“良知自我坎陷”在“体”的层面存在若干关键性理论缺陷。

其一，“良知”作为“道德理性”，为伦理学范畴，而不是存在论范畴，故不能作为“本体”。或者说，“良知”至多可为道德本体，而不可为存在本体。即，存在论意义下的“本体”必须是“绝对”，而不能是“相对”，而“自我坎陷”的“良知”却有“知性”与其相对，故不足以“充任”“本体”。质言之，“良知”与“知性”一样，均为“相对性”的概念，为“绝对性”的“本体”之下一个层次的概念，故不可为存在本体。既然不为存在本体，那么所谓“良知自我坎陷”便为“无源之水”，为无根据之论。②

其二，“良知”与“道德”的区分不明，故所谓“良知坎陷”并不准确。具体来讲，

① 《现象与物自身》，见《牟宗三先生全集》21，第127—128页。

② 参见黄玉顺。

"良知"作为道德本体与"道德心"是不同的，"良知"仅具"仁"为"仁体"，不包含"智"在内，而"道德心"则包含"智"在内，乃"既仁且智"。既然如此，所谓"良知坎陷"就存在理论漏洞，存在"小马拉大车之虞"，故"坎陷"的主词不应是"良知"，而应是"道德"，故须将"良知坎陷"改为"道德坎陷"。① 进而，人的生命结构分为"欲性"（感性）"智性"（知性）"德性"（仁性），即康德所讲的"感性""知性"（理论理性）"理性"（实践理性）。基于此区分，要开出"新外王"，不能仅由"良知""坎陷"出"知性"，还须涉及"欲性"即感性，因为科学与民主虽都属于"知性"，但民主还与"恶"相关，而"恶"的问题并非仅归于"知性"。质言之，"良知坎陷"不应是两层，只开出"知性"，还要涉及"感性"即"欲性"，而应展开为三层。②

其三，"道德理性"与"知性""了无牵涉"，故以"良知"开"知性"乃"无法说明的问题"。而且，既然"良知"已为"完满状态"，便没有必要再去开出"知性"，即"良知"没有必要"自我坎陷"。③ 这个问题落到现实层面即是，儒家伦理不仅未能开出"新外王"，而且还带来了"科学政治化"和"技术化"的"恶果"，因此，若依然基于儒家伦理、依靠"良知自我坎陷"以开"新外王"，简直无异于"痴人说梦"。质言之，儒家伦理与"新外王"相互冲突，所谓"良知自我坎陷"开出"新外王"是不可能的。④

其四，"良知只可呈现而不可坎陷"。即，现代人类的"病痛"在于"良知障蔽"，人心陷溺于私欲、物欲。要对治这种"病痛"，方法不是"坎陷良知"，而是"呈现良知"。否则，只会加重"良知障蔽"，加重人类的"病痛"。也就是说，如果"良知"可以"让开一步"，便意味着可以"永远让开"，而"良知"一旦"永远让开"，"知性"便会乘机"作主"，私欲、物欲会更加泛滥。因此，今日所应主张者不是"良知坎陷"，而应是"良知呈现"。⑤ 或者说，因为"良知坎陷"为自我"否定"，故"良知"一旦"坎陷"，会成为"放心"，而"放心"即是"情识"，这样，不仅"良知"未开出"知性"，反而"成就了人欲情识"，从而使"良知""为情识陷溺所困"，为物所累。⑥

其五，"认知心"虽可由"良知坎陷"而确立，但此说只是基于"时代必要性"而

---

① 参见杨泽波，第92—101页。

② 参见杨泽波，第244页。

③ 参见郑家栋。

④ 参见李毅，第263—264页。

⑤ 参见蒋庆，2003年，第94页。

⑥ 参见王邦雄，第305—306页。

言，而未能说明“坎陷”的理论必然性，故难以“稳住”“认知心”。[①] 展开来讲，儒家的基本信念与民主政治没有逻辑关联性，所以主张由儒家传统通过“坎陷”开出民主并不具必然性。[②] 而且，这种主张的实质是“强调人的内在力量的思想模式”，为“借思想、文化以解决问题的方法”，故而为一种理论上的“乌托邦”。[③] 具体来讲，历史地看，儒家讲“内圣外王”，但实际上“内圣”从未开出理想的“外王”，因为“内圣”只是“历代儒生构想”出来的“精神乌托邦”，既无“人性根据”，亦缺乏“学理深思”。[④] 质言之，儒家所谓“内圣”缺乏“道德动力”，即对于为何要“内圣”这一根本问题“从未作出正面回答”。[⑤]

关于上述批评，笔者逐一对应地辨析如下。

其一，就儒学史来看，“良知”已经超越道德范畴，而成为存在范畴。例如，孟子说“万物皆备于我”（《孟子·尽心上》），“我”即“良知”亦即“心”，可以与“天”贯通；故又说：“尽其心者，知其性也。知其性，则知天矣。”[⑥] 很显然，孟子之“良知”已不仅是道德范畴。在王阳明，“良知”不仅是造化的“精灵”，而且是知之是非和德之善恶的“试金石”，其为存在本体的表述更为彰明。他说：“良知是造化的精灵。这些精灵，生天生地，成鬼成帝，皆从此出，真是与物无对。”[⑦] “这些子看得透彻，随他千言万语，是非诚伪，到前便明。合得的便是，合不得的便非。如佛家说心印相似，真是个试金石、指南针。”[⑧] 牟宗三继承了此种意义的“良知”，并进行了深入论证。一个方面，“良知”既具“创造性”又具“无限性”，故而为存在本体。即，人虽在现实上为“有限存在”，却以“超越者”为体，而“超越者”既具“创造性”又具“无限性”，故“良知”亦具“创造性”和“无限性”。[⑨] 这“超越者”不是“上帝”，而是“天道”；“天道”与“上帝”一样，亦为“创造性本身”。[⑩] 另一个方面，“智”为“仁”即“良知”所包含者，即便

---

① 参见李毅，第 268 页。

② 参见林毓生，转引自李明辉，第 5 页。

③ 参见林毓生，转引自李明辉，第 6—7 页。

④ 参见启良，第 433 页。

⑤ 参见启良，第 438 页。

⑥ 同上。

⑦ 《王阳明全集》，第 104 页。

⑧ 《王阳明全集》，第 93 页。

⑨ 《智的直觉与中国哲学》，见《牟宗三先生全集》20，第 465—466 页。

⑩ 《中国哲学的特质》，见《牟宗三先生全集》28，第 103—104 页。

“智”经由“开出”而为“知性”，亦“隶属”于“良知”；它不是客体而是主体，是“良知的影子”，而不是与“良知”平列相对者；与“知性”平列相对者为“物”，而不是“良知”。① 可见，“良知”“知性”均非本体之下一个层次的概念，故“良知自我坎陷”为“有源之水”，为有根据之论。

其二，“良知”虽然是道德本体，但与“道德心”并无实质之不同：前者强调的是“本体”义，后者强调的是“总体”义。而且，“良知”作为“仁体”包含“智”于内，尽管这种“智”为“圆智”而非“方智”。牟宗三说：“这仁心中的圆智亦是智之直觉形态，而不是知性形态（知性形态的智是‘方智’）。孔孟俱仁智并讲，仁且智圣也。孔孟俱不敢以仁且智自居。敢不敢是另一回事。我们在这里是注意此种智的意义。孔孟之智俱是圣贤人格中的神智妙用，即是仁心之智慧，总之则曰‘德慧’。”② 而且，所谓“坎陷”即是由“圆智”“辩证地”开出“方智”，否则“方智”的开出便是“无中生有”，不合儒家的思想传统。因此，没有必要将“良知坎陷”改为“道德坎陷”。另外，“方智”即“认知心”，不仅包括狭义的“知性”，还包括“感性”即“欲性”。如前所引，牟宗三说：“感性与知性只是一认知心之两态，而认知心则是由知体明觉之自觉地自我坎陷而成者，此则等于知性。”③ 可见，“良知坎陷”不是“仁性”和“知性”两层，而乃已然展开为“仁性”“知性”“感性”三层。而且，由于“认知心”已包含“感性”即“欲性”在内，故“恶”的问题已经涉及，此即前述之“量化”和“外在化”的弊端，亦即“工具理性”所导致的科学主义、忽视“价值理性”所导致的“社会化”“庸俗化”，而后者即指与民主相关的“恶”。

其三，“良知”对应“实践理性”，“知性”对应“理论理性”，二者为同一理性之两种功能，而非两类不同的理性，故不可以说二者没有关联。既然有关联，而“实践理性”为完满状态，故它须能应对包括“知性”在内的任何要求，否则不可谓“完满状态”。而且，儒家伦理以“实践理性”见长，“新外王”乃“理论理性”之体现，既然“实践理性”“理论理性”为理性之两种功能，故不可说儒家伦理与“新外王”相互冲突。基于此，“良知自我坎陷”开出“知性”进而开出“新外王”并非“痴人说梦”，而是可能的，且“可以说明”的。本文第一、二部分即是此“说明”。而且，此“说明”表明，“良知

---

① 《道德的理想主义》，见《牟宗三先生全集》9，第201—202页。

② 牟宗三，第160页。

③ 《现象与物自身》，见《牟宗三先生全集》21，第135页。

自我坎陷”虽然目的在于开出科学和民主，但因为“良知”无时无地不发挥统驭作用，故而完全可以避免“科学政治化”“技术化”即“社会化”“庸俗化”的“恶果”。

其四，此批评实际上乃未完全理解“良知自我坎陷”内涵而有的担心。如前所述，“自我坎陷”的“良知”虽“归藏于密”，作用通过“认知心”呈显，但它仍然发挥统驭作用，不存在“良知”“永远让开”的情形，亦不会发生“知性”乘机“作主”的情形。这正是牟宗三讲“良知”虽“坎陷”但并非“真执持自己”、“认知心”不过是“良知的影子”之意旨。质言之，“良知坎陷”与“良知呈现”是一而二、二而一的关系，不可将其对立起来看待。而且，牟宗三对于“良知坎陷”为“知性”而非“堕落”“物化”已有说明。“这一步坎陷是有成果的，与堕落的物化不同。这一步坎陷，从心灵方面说，不是向上求清净解脱，而是转为冷静的理智向下落于实然中以成对于外物的理解。”① 即，“良知坎陷”之“让开一步”并非“放心”“情识”，而是“良知”依然“在场”并发挥作用，此即所谓“摄智归仁”之意旨，亦即“良知”虽然“让开一步”，但根本上“自坎陷中涌出其自己而复会物以归己，成为自己之所统与所摄”。② 因此，“良知坎陷”不会导致私欲、物欲泛滥，“良知”也不会“为情识陷溺所困”。

其五，实际上，所谓“必然性”，不仅可指逻辑的必然性，亦可指实践的必然性，即牟宗三所谓“客观地必要”之义。“良知自我坎陷”开出“认知心”，乃为实践必然性的开展，而非逻辑必然性的开展。既然有必然性，“认知心”便可以“稳住”。就其展开来讲，牟宗三恰是看到传统儒学无法与“新外王”实现关联，故才要经由“坎陷”使“良知”将“知性”开出，进而开出包括民主在内的“新外王”。因此，不可以儒家传统来否定“良知自我坎陷”的价值。而且，“强调人的内在力量的思想模式”和“借思想、文化以解决问题的方法”乃无可厚非者，因为“新外王”属于人的问题，而人的问题必然归结为人的“思想”“文化”范畴，故强调“人的内在力量”、在“思想”“文化”中去找寻化解之道乃合理路径，而绝非理论上的“乌托邦”。具体来讲，其批评包括历史和理论两个层面。就历史层面讲，所谓“内圣”从未开出理想的“外王”，实际上是混淆了理论与实践即“知”与“行”。即，虽然理论是实践的根据，但理论不可替代实践，不可将二者完全等同。也正是因此，牟宗三才提出“良知自我坎陷”，通过调节“旧内圣”而开出“新外王”；此“开出”不仅解决了“新外王”的需要，而且化解了“旧内圣”开不出

① 《道德的理想主义》，见《牟宗三先生全集》9，第121页。

② 《从陆象山到刘蕺山》，见《牟宗三先生全集》8，第207页。

“旧外王”的历史问题。因此，不可以历史来否定“良知自我坎陷”进而否定“内圣外王”的理论模型。就理论层面讲，说“内圣”是儒生构想出的“精神乌托邦”，未对人为何要“成圣”即“道德动力”作“正面回答”。这显然有“独断论”的嫌疑，因为儒学的理论核心恰是解释人为何要“内圣”和如何“成圣”；前者为儒学的心性论，后者为儒学的工夫论，这两个问题为儒学的“根本性问题”，均为“道德动力”提供了充分的理论支撑。

## 四、对“相”层面批评的辨析

批评者认为，“良知自我坎陷”在“相”的层面有“主体主义”和“泛道德主义”的问题。

其一，“良知自我坎陷”体现出明显“主体主义”倾向，甚至表现出“专制性”“咒术性”或“良知的傲慢”。具体来讲，“良知自我坎陷”表现出“极端内在化”的倾向，即，用内在生命和心性去涵盖所有事务，将所有事务的解决都“化约”为内在生命和心性问题，以为只要解决了内在生命和心性问题，包括社会政治问题在内的所有外在事务都会迎刃而解。① 而且，牟宗三赋予人以“智的直觉”，并将“心”普遍化、超越化和绝对化，不仅由“良知自我坎陷”开出“知性”，而且以“一心开二门”为模型建构“执的存有论”和“无执的存有论”，“良知”被赋予无所不及的地位，体现出极强的“主体主义”倾向。“当代新儒学背后则是主体主义的，是道德中心主义的……正因如此，良知成了一最高而不容置疑的顶点，是一切放射的核心，是整个中国儒学中存在的存在，本质的本质，一切都由此而转出，这么一来，就难免会被诬为良知的傲慢。”② 很显然，“良知”隐含着类似帝皇所具有的“专制性”和魔咒所具有的“咒术性”。即，“良知自我坎陷”为“本质主义”思维方式下产生的“道的错置”，它既把“良知学”异化为“父权压迫”和“专制权威”，又让儒学变为一种“咒术”。质言之，所谓“良知自我坎陷”之“辩证的转出”，不过是“专制性”的“良知”之“咒术性”的“转出”，故并“不足以转出”所需要的“知性”。③ 所谓“良知的傲慢”，乃仿照“知性的傲慢”而有之说——科

① 参见蒋庆，1991 年。

② 林安梧，2011 年，第 71 页。

③ 参见林安梧，1999 年。

学主义者主张“科学万能”，从而表现出“知性的傲慢”；牟宗三的“良知自我坎陷”实为主张“良知万能”，故而表现出“良知的傲慢”。或者说，科学主义者以独占“真理”自负，道德主义者以独得“良知”自负；二者置身于各自建造的巅峰，均有“会当凌绝顶，一览众山小”的气概。①

其二，“良知自我坎陷”有“泛道德主义”的问题。所谓“泛道德主义”，亦称“道德至上主义”，指把人生和社会的一切都“道德化”，以道德代替一切、“侵占一切”；人生和社会其他领域都不再有独立地位，甚至沦为道德的“奴婢”，故而无法实现独立、健康的发展。历史上中国未能产生科学和民主，“泛道德主义”的传统难辞其咎。② 究其实，“泛道德主义”乃一种“化约主义”理路，即将生命中所有层面都“化约”到道德层面，以“道德”统领、融摄人的生命，把解决人生和社会问题都托付于道德理论建构。“泛道德主义”固然有其优点，比如“充分化”了道德在人生和社会中的作用，但亦有其明显缺点，即造成了“自我封闭”的文化心态，进而产生了无谓的“华夏优越感”。因此，“泛道德主义”在文化方向上存在偏差。③ “良知自我坎陷”具有明显的“泛道德主义”特征：第一，其基本思维方式仍是儒家传统的“体用观念”。依此，它“硬把儒家的德治理想（即“体”）套到西方民主法治之‘用’上”。④ 第二，它“错置”或误解了“知性”以及科学和民主的地位和价值，“有泛道德主义偏向之嫌，免不了以儒家的有色眼镜去看‘知性探求’的存在理由与价值意义”。⑤ 第三，其理论不过是已有保守主义的“现代式翻版”，故而存在“时代错置”的错误，“仍不过是张之洞以来带有华夏优越感的‘中学为体，西学为用’这老论调的现代式翻版而已”，因而“犯了严重的时代错误（anachronism）”。⑥

关于上述批评，笔者分别辨析如下。

其一，关于“主体主义”问题。实际上，无论何时、何地，只要是人和社会的问题，包括社会政治等的“外在事务”，归根结底都发端于“人自身”，而“人自身”的核心和根本非“性命”“心性”莫属，这恰是孔子以“仁”来建构儒学、从而寻求恢复周礼的思

---

① 参见《余英时文集》，第五卷，第 39 页。

② 参见韦政通，第 88—89 页。

③ 参见傅伟勋，1988 年，第 98 页。

④ 参见傅伟勋，1989 年，第 446 页。

⑤ 参见傅伟勋，1989 年，第 448 页。

⑥ 参见傅伟勋，1989 年，第 491 页。

维路径。因此，牟宗三说："无论政治、经济与现代化，人总要是个'人'；而且，就这现代化的工作，也必须'人'来推动、完成。"[①] 由此来讲，要解决人和社会的问题，均须从"性命""心性"去寻求化解之道，故可言"极端内在化"并不为错的路径。进而，就"实践理性"之地位和功能讲，它必然需要具有一定的"专制性"，否则无法宰制"理论理性"，避免人类实践失去方向。在此意义下，"一心开二门"亦为不可否定者，因为"一心"即是指"实践理性"。所谓"咒术性"实指"辩证地开出"，而"辩证地开出"为就"实践的必然性"而非就"逻辑的必然性"所讲；"实践的必然性"相对于"逻辑的必然性"可能体现出"咒术性"，故"咒术性"亦为不可否定者。而且，"良知自我坎陷"虽然凸显了主体性，或者说具有"主体主义"倾向，但它不仅不会"异化"而导致"父权压迫""专制权威"，反而是对"父权压迫""专制权威"的限制，因为它开出了"知性"和"理性的架构表现"。另外，以"良知的傲慢"对比"知性的傲慢"有不当之处——"良知"对应"实践理性"，它虽不可"傲慢"、亦不为"万能"，但必须居于宰制地位；"知性"对应"理论理性"，它既不可"傲慢"、亦不可为"万能"，故它不可居于宰制地位。总之，"良知自我坎陷"实有两方面意涵：一个方面，它赋予"知性"以存在的合理性，从而淡化了"主体主义"；另一个方面，它须对"知性"施以方向限制，从而避免"知性的傲慢"，确保"主体主义"。在此意义下，虽然"知性"不可以"傲慢"，但"良知"可以"傲慢"，因为"实践理性"须有"会当凌绝顶，一览众山小"的气概。因此，不可一概否定主体主义。

其二，关于"泛道德主义"的问题。应该说，对儒学的"泛道德主义"和"化约主义"的批评有一定合理性，因为传统儒学作为"道德主义"确实有"泛化"的问题存在，即未能合理地解决"外王"问题，"圣而王"的理想往往"异化"为"王而圣"的现实——不是"圣者为王"，而是"王者为圣"，从而助长了长达几千年的封建专制。不过，正是因为"发现"了这些问题，牟宗三才提出"良知自我坎陷"理论，通过调节"旧内圣"以开出"新外王"，从而解决"泛道德主义"所带来的弊端。具体来讲，"良知"通过"自我坎陷"，把生命结构和文化结构中的道德"逆转"出"知性"；经过"自我坎陷"之后的"良知"乃至整个儒学，因为有了"理性的架构表现""理性的外延表现"，使得"知性"以至科学、民主有了相对独立的地位，而不再是道德的"奴婢"，从而可以健康、充分地发展。这不仅不是对"知性"的误解，反而是对"知性"的正视和正解。质言之，

---

① 《时代与感受》，见《牟宗三先生全集》23，第431页。

“良知自我坎陷”理论恰是应对现代化的时代主题需求、出于对传统儒学“泛道德主义”的“反拨”而进行的理论建构。因此，它虽依“体用观念”而展开，但不可比之为张之洞的“中体西用”，因为它已突破了传统保守主义的“自我封闭”而呈现出现代性的开放精神；其亦不是“老论调的现代式翻版”，而是“老论调的现代化新版”。而且，亦不可简单地说之为“华夏优越感”，因为它乃基于“实践理性”而建构，而“实践理性”为人类所共有，而非华夏民族所独有，犹如陆九渊所讲“东南西北海有圣人出焉，同此心同此理也”。① 如此来讲，如果说“良知自我坎陷”是一种“道德主义”尚可，但不可以说是“泛道德主义”，亦不可以说有“时代错置”的错误。

## 五、对“用”层面批评的辨析

批评者认为，“良知自我坎陷”在“用”的层面实践意义不具足。

其一，西方的民主传统与其说源于自由主义，不如说源于自由主义对于种种“黑暗势力”之正视和省悟的“幽暗意识”；儒家虽然对人性弱点有所洞察，但始终未能超越基于“性善论”的“乐感文化”和道德理想主义。因此，包括通过“良知坎陷”开出“知性”进而开出“新外王”都是不可能也不现实的事情。②

其二，传统儒家有“心性儒学”和“政治儒学”两种理路，分别对应“内圣之学”和“外王之学”；“心性儒学”只可解决“个体生命”的安立问题，“政治儒学”能够解决现实社会政治问题，二者之间并不存在必然联系，故要解决社会政治现实问题，必须依靠“政治儒学”而开展。质言之，“心性儒学”与“政治儒学”二者“离则两美，合则两伤”。③ 而且，所谓“新外王”乃来自西方，并不适合儒家文化传统。在此意义下，牟宗三实乃儒学内部的“歧出”或“别子为宗”。④ 鉴于此，当代儒学应从“心性儒学”转向“政治儒学”，以传统儒家思想为国家意识形态，依此而建构“儒家式的外王大业”，即“具有中国文化特色之政治礼法制度”。⑤

其三，以“良知自我坎陷”为核心的“开出说”的确具有理论意义，但对于解决实

---

① 《陆九渊集》，第 273 页。

② 参见张灏。

③ 参见蒋庆，1991 年。

④ 参见蒋庆，2003 年，第 58 页。

⑤ 参见蒋庆，2003 年，第 1—2 页。

际问题远远不够。所谓“新外王”和“理性架构”，理论探讨固然重要，但更重要者在于实践。“基本上，以历史家的眼光来看，我着重于解决实际问题，否则光在理论层次上讨论还是不够的。”① 即，牟宗三的“开出说”只是与人间社会完全隔绝的纯粹形上学，它虽然完成了“形而上的保存”，却并没有真正实现“实践的开启”，至多只是“实践的开启”的“预取”。② 具体来讲，探讨“现代化”问题实涉及三个“次序”：就其从无而有之创造讲，为“发生的次序”；就“学习而体现既有之创造”讲，为“学习的次序”；就“省察”现代化之“如何可能”讲，乃“理论的次序”。依此来衡断，关于现代化之继发的理论本应为“学习的次序”，但牟宗三的“良知自我坎陷”却只为“理论的次序”；其方法亦不是“发生学”的方法，而只是解释学的方法，故无法真正实现“实践的开启”。③ 或者说，“良知坎陷说”作为一种“对中国文化如何走上现代化的探讨”，“在逻辑上也许无可厚非”，但在现实上“总感有所不足”，因为按“原有节奏、速率自然生长”，“既无可能亦不必要”，因此，要实现“新外王”，与其“坎陷”，不如学习“更为切实”。④

关于上述批评，笔者逐一辨析如下。

其一，以自由主义之“幽暗意识”来解释西方民主政治传统固有其事实依据，但并不能将其作为开出“新外王”的唯一依据。准确地讲，“新外王”得以开出的理论依据并不是“幽暗意识”，而是“理性的架构表现”即“知性”。因此，牟宗三主张通过“良知自我坎陷”开出“知性”，进而实现“新外王”。不过，“良知”虽要“自我坎陷”以开出“知性”，但还须“摄智归仁”，因为“知性”同时涉及是非、善恶，而它自身无能力解决之，故须由“摄智归仁”通过“良知”来解决。显而易见，这样一种理论恰恰反映的是“幽暗意识”即对种种“黑暗势力”的正视和省悟。进而，既然理论上是可能的，实践上便有了依据；有了理论依据，实践也就有了可能。质言之，基于“性善论”的“乐感文化”和“道德理想主义”之开出“新外王”，是可能而且现实的。

其二，牟宗三的“良知自我坎陷”并非要直接解决政治问题，而是“哲学地”解释“新外王”之可能的理论问题，即通过“心性儒学”的探讨以解决“政治儒学”的基础问

---

① 参见余英时。

② 参见林安梧，2011 年，第 107 页。

③ 参见林安梧，1999 年。

④ 参见颜炳罡，第 212 页。

题，因为“心性儒学”是“政治儒学”的理论基础，二者乃“体”“用”关系。具体来讲，无论是“内圣之学”还是“外王之学”，所探讨的对象和目的无外乎“人”，而人之为人之根据唯在“心性”，故没有“内圣之学”的“外王之学”为无根之学，亦为无目的之学。因此，不仅不能将“政治儒学”“心性儒学”视为“离则两美”“合则两伤”的对立关系，而应将其视为“合则两美，离则两伤”的贯通关系。由此来讲，尽管可以发展“政治儒学”，但不可因此而否定“心性儒学”，因为发展“政治儒学”只是对传统儒学的“扩充”或“完善”，而不存在所谓当代儒学的“转向”问题。而且，以为“新外王”来自西方就拒绝，显然这是上世纪初叶保守主义的“复活”。实际上，与科学没有国界一样，“民主”乃天下之“共法”，而非专指西方民主。仿照维特根斯坦“家族相似”理论讲，各国的民主模式其实并无绝对的同质，所谓“民主”乃由不同“成员”构成的“家族相似”。因此，纵使可以拒绝西方民主，但不可拒绝作为“共法”的“民主”。如前所述，牟宗三已经看到西方文化并非完美无缺，而是有“量化”和“社会化”之弊。因此，不仅不可将牟宗三视为儒学的“歧出”或“别子为宗”，反而应将其视为对儒学的传承和发展。而且，所谓“儒家式的外王大业”实际上仍是传统儒家的“内圣外王”，而非牟宗三所致力的“新内圣”“新外王”；传统儒家的“内圣外王”已经过了两千多年的社会实践，而这种实践已经被辛亥革命宣告了失败，我们怎么能再去重蹈历史覆辙呢？

其三，哲学作为一门超越地研究事实与价值的学问，“超越性”而不是“经验性”是其根本特征，“形而上的保存”是哲学这门学问的“职责”和“使命”。如果于此而否定之，实际上是否定了作为一门学问的哲学。就此来讲，“良知自我坎陷”作为一种哲学理论，它只要能够说明在中国“新外王”是可能的，哲学家就已尽了职责，而在现实层面完成“新外王”事业则属科学家、政治家的责任。因此，“开出说”作为“实践的开启”的“预取”并不为错，故不可就其意义讲“总感有所不足”。就“现代化”所涉及的三个“次序”讲，“发生的次序”与作为继发者的中国现代化无关，故无须过多辨证；吾民族所可探讨者为“学习的次序”和“理论的次序”，而“学习的次序”是科学家、政治家的责任，哲学家的责任唯在于“理论的次序”，从而为“学习的次序”提供理论支撑。而且，就“理论的次序”讲，牟宗三之探讨不仅是解释学的方法——由探讨理性的“运用表现”和“架构表现”，对于现代化之原发进行了理论解释；而且是“发生学”方法——由探讨“良知自我坎陷”以开出“知性”，对于中国现代化之“继发”进行了理论解释。在此，虽曰“继发”，亦属于由无而有之“发生”，故关于继发的理论诠释亦当属于“发生学”方法。进而，“良知坎陷说”所要做的恰是由“良知”开出“知性”，而“开出”

过程在现实层面上必然包括对知识、制度的吸收，从而会改变“原有节奏、速率”的“自然生长”，实现“新的节奏、速率”下的“快速生长”。可见，“良知坎陷说”虽为理论探讨，但亦为“切实”的学习“实践”。总之，不可以“是否解决实际问题”来苛求哲学理论，否则便不仅否定了哲学这门学问，而且“错置”了哲学与现实的关系。

## 六、结语

总而言之，为了应对现代化要求这个时代主题，牟宗三以开出“新外王”为目标进行了形上的、思辨的严密论证，提出了“良知自我坎陷”理论——“良知”经过“自我坎陷”开出“知性”，由“理性的运用表现”开出“理性的架构表现”，进而基于“无执”到“执”的转折，依“一心开二门”的理论模型，建构起“无执的存有论”“执的存有论”之“两层存有论”。对于这样一套理论建构，牟宗三是以“内圣外王”为理论模型开展的——在稳住“旧内圣”内容和目标的前提下对其功能进行调节，实际上是将“旧内圣”转为“新内圣”，从而解决了开出“新外王”的可能性，即哲学地证明在中国开出科学和民主的可能性。很显然，相对于传统“内圣外王”讲，牟宗三不仅明确“旧外王”应转变为“新外王”，而且调节“旧内圣”的功能为“新内圣”，即对“内圣”“外王”进行了双向调节。质言之，牟宗三的理路不是“旧内圣”开“新外王”，而实为“新内圣”开“新外王”；在现代语境下“新内圣”与“新外王”实现了双向互动。笔者认为，对“新内圣”与“新外王”双向调节的理解，应以应对现代化要求这个时代主题而进行哲学理论建构为语境，否则可能会对此理论产生不同理解，前述的很多批评即多源于不同语境。因此，这些批评可谓“人病”而非“法病”，而此“人病”源于语境的变换。当然，亦不可完全否定前述“体”“相”“用”三个层面批评的价值，因为它们在改换后的自身语境下亦有其价值。总之，肯认牟宗三关于“内圣”“外王”之双向调节理论，不仅意味着对“良知自我坎陷”的理解，亦意味着对儒学自身损益盈虚、与时偕行的期待。

**参考文献**

[1] 古籍：《大学》《论语》《孟子》《尚书》《庄子》等。
[2] 傅伟勋，1988年：《“文化中国”与中国文化》，东大图书公司。
[3] 傅伟勋，1989年：《从西方哲学到禅佛教》，生活·读书·新知三联书店。
[4] 黄玉顺，2003年：《“伦理学的本体论”如何可能？——牟宗三“道德的形上学”批

判》，载《西南民族大学学报》第7期。
[5] 蒋庆，1991年：《从心性儒学走向政治儒学——论当代新儒学的另一发展路向》，载《深圳大学学报》第1期。
[6] 蒋庆，2003年：《政治儒学：当代儒学的转向、特质与发展》，生活·读书·新知三联书店。
[7] 李明辉，1991年：《儒学与现代意识》，文津出版社。
[8] 李毅，2007年：《中国马克思主义与现代新儒学》，天津教育出版社。
[9] 林安梧，1999年：《解开“道”的错置——兼及于“良知的自我坎陷”的一些思考》，载《孔子研究》第1期。
[10] 林安梧，2011年：《儒学革命：从“新儒学”到“后新儒学”》，商务印书馆。
[11]《陆九渊集》，1980年，中华书局。
[12] 牟宗三，2007年：《历史哲学》，广西师范大学出版社。
[13]《牟宗三先生全集》，2003年，联经出版事业股份有限公司。
[14] 启良，2003年：《“内圣”异议》，载吴光编，《当代新儒学探索》，上海古籍出版社。
[15] 王邦雄，2003年：《牟宗三先生会通中西文化之哲学慧命》，载吴光编，《当代新儒学探索》，上海古籍出版社。
[16]《王阳明全集》，1992年，上海古籍出版社。
[17] 韦政通，1990年：《儒家与现代中国》，上海人民出版社。
[18] 杨泽波，2014年：《贡献与终结：牟宗三儒学思想研究》第一卷，上海人民出版社。
[19] 颜炳罡，1991年：《牟宗三先生的自我坎陷说与当代文化症结》，载《当代新儒学论文集·外王篇》，文津出版社。
[20] 余英时，1983年：《从传统迈入现代的思想努力》，载台北《中国论坛》第十五卷、第1期。
[21]《余英时文集》，2006年，广西师范大学出版社。
[22] 张灏，2006年：《幽暗意识与民主传统》，新星出版社。
[23] 郑家栋，1993年：《牟宗三对儒家形而上学的重建及其限制》，载《中国社会科学》第1期。

（原文载《哲学研究》2020年第12期。
中国人民大学报刊复印资料《中国哲学》2021年第5期全文转载。
《社会科学文摘》2021年第3期转载）

# “物自身”何以可能

## ——牟宗三对“现象”与“物自身”的区分的“稳定”

在康德登上哲学舞台的时候，西方哲学处于经验论与唯理论“两军对垒”、相持不下的格局。为了化解经验论和唯理论的争论，康德在分析判断和综合判断之外提出“先天综合判断”的概念：“感性直觉”和“先天感性形式”即时空结合形成“质料”，“先天知性形式”即范畴对“质料”进行整理，从而形成的一种崭新判断形式。很显然，“先天综合判断”超越了经验论与唯理论的争论。不过，在康德看来，“先天综合判断”所形成的知识仍有局限性，因为它只能以“现象”为认识范围，作为“现象”根据和本体的“物自身”却不可知，因为人不具有“智的直觉”。尽管“物自身”不可知，但它并不是“可疑”和“虚伪”的，而是具有真实性的存在。这样，康德区分了“现象”与“物自身”，而且认为这种区分乃是“超越”的区分。牟宗三对于康德的上述理论十分赞赏，认为它是康德之“根源性的洞见”。但与此同时，牟宗三对此也表示出很大的遗憾，因为康德关于“物自身”的论定包含矛盾，故而并未“稳定”关于“现象”与“物自身”之“超越”的区分。鉴于此，牟宗三致力于依据中国哲学证成“物自身”，进而“稳定”“现象”与“物自身”之“超越”的区分。

### 一

众所周知，经验论强调一切知识都来源并奠基于经验，认为所谓知识不过是对经验的归纳概括。唯理论强调“先验性”，认为真正的知识是普遍必然的，奠基于感觉经验的知识是相对和偶然的，只有奠基于“先验观念”才能保证此普遍必然性。经验论和唯理论各有其局限性：经验论无法有效地论证知识的普遍必然性问题；唯理论无法让知识建立在经验基础之上。康德回答这一哲学困境的思路则是论证“先天综合判断如何可能”。

其中，“先天”以解决知识的普遍必然性，“综合”以解决知识的经验来源。他说：

> 既然经验的直观能扩大概念，那么纯直观也同样能做到这一点；不同的是：在后一种情况下，先天综合判断是可靠的，而且是毫无疑问的；而在前一种情况下，它只有后天的、经验的可靠性。……现在问题是这样了：怎样可能去先天直观什么东西？①

在康德看来，表达知识的判断有两类：一类是“分析判断”，指宾词为对主词的分析，与主词为同类，且包含于主词当中；一类为“综合判断”，指宾词为对主词的扩大，不与主词为同类，亦不包含于主词当中。② 不过，康德认为，在上述两种判断之外，还可能存在另外一种判断，即“先天综合判断”——既是“先天”又是“综合”的判断。他说：“盖玄学（即哲学——引者）之任务，不仅在分析吾人关于事物先天的所自行构成之概念，以之分析的究明此类概念，而且（原文漏“且”字，疑为误排——引者）在扩大吾人之先天的知识。……故玄学，——至少就其目的而言，——纯由先天的综合命题而成者也。”③ 康德之所以推导出“先天综合判断”，他的思维逻辑是：依其性质可将判断分为“分析”“综合”两类和“先天”“后天”两类，它们有的可分别互相对应，而组合为新的判断形式。其中，“分析”可与“先天”对应，因为所有分析判断都是先天的；“综合”可与“后天”对应，因为所有综合判断都是后天的；“分析”不可与“后天”对应，因为分析判断必是先天的。然而，“先天”是否可与“综合”对应，从而形成新的判断形式呢？在康德，这种对应以形成新的判断是可能的，而可能的判断形式可称为“先天综合判断”。

概括地讲，所谓“先天综合判断”，指以“先天直观形式”对后天“感觉经验材料”进行“加工”形成知识。因此，“感觉经验材料”作为“质料”乃是形成知识的基础。在康德看来，“感性直觉”作为人与外界接触的唯一渠道，可以使对象被给予而成为对象，从而为知识的形成提供“质料”。因此，如果没有“感性直觉”，对象不可能进入认识领域，知识也就不可能形成。不过，需要注意的是，康德所谓的“质料”，并非通常所言的

---

① 康德. 未来形而上学导论［M］. 庞景仁，译. 北京：商务印书馆，1978：39-40.

② 康德. 纯粹理性批判［M］. 蓝公武，译. 北京：商务印书馆，1960：35.

③ 康德. 纯粹理性批判［M］. 蓝公武，译. 北京：商务印书馆，1960：40.

客观事物本身，而是指“感性直觉”所“挑起”即生成的“现象”。他说：“在吾人人类，最后必与感性相关，盖因舍此以外别无其他方法能使对象授与吾人也。在吾人被对象激动之限度内，对象所及于‘表象能力’之结果，为感觉（Empfindung）。由感觉与对象相关之直观，名为经验的直观。经验的直观之对象（未规定其内容者）泛称为现象。在现象中与感觉相应者，我名之为现象之质料（Materie）。”① 因此，“现象”并非独立于人而存在，而是基于对象与主体的关系而形成的“感性经验材料”。他说：“盖为现象，则不能自身独立存在，唯存在吾人心中。至对象之自身为何，及离去吾人所有感性之一切感受性，则完全非吾人之所能知者。”②

依康德之见，知识的形成不仅需要“质料”，亦需要“形式”，而此“形式”称为“直观”。所谓“直观”指能够获取“质料”并对其进行加工整理的方式。他说：“知识不问其以何种式样何种方法与对象相关，乃一切思维所由此以得其质料者，为直观（Anschauung）。”③ 需要注意的是，在康德，之所以称这种“形式”为“直观”，在于其是“先天地存在于心中”的，即人所生而固有的。他说：“一切现象之质料仅后天的授与吾人，而现象之方式则必先天的存于心中以备整理感觉，故必容许离一切感觉而考虑之也。”④ 具体来讲，在感性范围内，这种“感性直观形式”指时间和空间——“在此种研究途程中，将发见有两种感性直观之纯粹方式，用为先天的知识原理，即空间与时间”。⑤ 通常，时间和空间被认为是存在的基本属性，具有不依人的意志为转移的特性。但康德否认这一点。他认为时间、空间作为主体所具有的“先天直观形式”，其功能在于“挑起”即生成现象，也就是接受外界刺激以形成“质料”。“空间”是人所先天具有的前提性的“直观形式”——“空间非由外的经验引来之经验的概念。……空间非普泛所谓事物关系之论证的或吾人所谓普泛的概念，乃一种纯粹直观”。⑥ “时间”也是人所先天具有的前提性的“直观形式”——“时间非自任何经验引来之经验的概念。……故时间乃先天的所授与者。现象之现实性唯在时间中始可能。……时间非论证的概念即所谓普

---

① 康德. 纯粹理性批判 [M]. 蓝公武，译. 北京：商务印书馆，1960：49.

② 康德. 纯粹理性批判 [M]. 蓝公武，译. 北京：商务印书馆，1960：64.

③ 康德. 纯粹理性批判 [M]. 蓝公武，译. 北京：商务印书馆，1960：49.

④ 康德. 纯粹理性批判 [M]. 蓝公武，译. 北京：商务印书馆，1960：50.

⑤ 康德. 纯粹理性批判 [M]. 蓝公武，译. 北京：商务印书馆，1960：51.

⑥ 康德. 纯粹理性批判 [M]. 蓝公武，译. 北京：商务印书馆，1960：51-52.

泛的概念，乃感性直观之纯粹方式”①。总之，时空作为“直观形式”是纯粹的，不含有任何经验成分；它们不是在于物的属性，而是在于人的“形式”。康德说：

> 凡一切表象其中绝无属于感觉之成分者，我名之为纯粹的（此就先验的意义而言）。普泛所谓感性直观之纯粹方式（直观中之一切杂多皆以某种关系在此方式中被直观者）必须先天的存于心中。此种感性直观之纯粹方式，亦可名之为纯粹直观。②

进而，康德认为，“感性直觉”依赖“时空形式”“挑起”即生成“现象”，从而为知识的形成提供了“质料”。然而，至此知识还未足以形成，因为这时“质料”只是经验性的“杂多”，还不能直接成为普遍性的知识。要形成知识，还需要对这些“杂多”进行“综合”。他说：“空间与时间包含纯粹先天的直观之杂多，……但若此种杂多为吾人所知，则吾人思维之自发性，须以某种方法审察此杂多，容受之而联结之。此种作用我名之为综合。”③ 在此，所谓“综合”，指将“先天感性直观”的“质料”加以整理、归纳以形成知识。康德说：“我之所谓综合，就其最普泛之意义而言，即联结种种不同表象而将其中所有杂多包括于一知识活动中之作用。”④ 在康德，“综合”乃“悟性”即“知性”所具有的功能。他说：“悟性正以其包含此类概念故名为纯粹悟性；盖惟由此类概念，悟性始能理解直观之杂多中所有之任何事物，即以此思维直观之对象。”⑤ 具体来讲，在知性范围内，“知性直观形式”指范畴，而“范畴”具有“整理”“杂多”“质料”的功能。为此，康德归纳出“量”“质”“关系”和“模态”四类共计十二个范畴。相对照地看，对知识的形成，时间和空间作为“先天感性直观形式”，功能在于“综合”“现象”即“质料”。关于“先天知性直观形式”，康德说：“其所以规定现象中之杂多使之能在某种关系中整理者，我名之为现象之方式（Form）。”⑥

取自后天的“质料”与来自先天的“形式”的结合，便形成了“先天综合判断”。在康德，“先天综合判断”之可能，不仅证成了一种崭新知识的可能，而且实现了对经验论

① 康德. 纯粹理性批判 [M]. 蓝公武，译. 北京：商务印书馆，1960：57.
② 康德. 纯粹理性批判 [M]. 蓝公武，译. 北京：商务印书馆，1960：50.
③ 康德. 纯粹理性批判 [M]. 蓝公武，译. 北京：商务印书馆，1960：87.
④ 康德. 纯粹理性批判 [M]. 蓝公武，译. 北京：商务印书馆，1960：87.
⑤ 康德. 纯粹理性批判 [M]. 蓝公武，译. 北京：商务印书馆，1960：89.
⑥ 康德. 纯粹理性批判 [M]. 蓝公武，译. 北京：商务印书馆，1960：89.

和唯理论的超越。从哲学史上看，这是一个重大突破和巨大贡献。不过，康德并未就此自满而止步，而是继续向前，探讨“先天综合判断”的局限性。在他看来，“先天综合判断”以“现象”为对象，而“现象”并不就是对象，因为感性直觉是人与外界接触的唯一渠道，它不能超出“感性直观形式”而获取“质料”。他说：“一切思维，不问其直接间接，由其性格最后必与直观相关，故在吾人人类，最后必与感性相关，盖因舍此以外别无其他方法能使对象授与吾人也。”① 质言之，人不能超越时空以认识事物，即事物不能“无形式”地被授与。他说：“关于解决——先天的综合判断何以可能？——之先验哲学问题所必须之关键，吾人今已有其一，即先天的纯粹直观（时间与空间）是。……但此类基于直观之判断，决不能推广至感官对象以外；仅对于可能的经验之对象，始适用有效耳。”② 康德的意思是，普遍性的知识以“现象”为范围，“现象”之外的“真相”是不可知的。具体来讲，人可以认识与“感性直觉”有关的世界，但无法认识与“感性直觉”无关的世界；后者是前者的根据和本体。相应地讲，与“感性直觉”有关的世界为“现象”，作为根据和本体的世界相对于“现象”可称为“物自身”。在康德，“物自身”概念的推导逻辑是：“感性直觉”之所以会形成“现象”，缘于背后真实实体的存在；背后真实存在的实体非“感性直觉”所可认识，它需要“智的直觉”以把握。然而，人只有“感性直觉”，没有更高级的“智的直觉”。这种由“智的直觉”以把握而人不能把握的真实实体即“物自身”。康德说：

> 对象自身纯非吾人所能知，凡吾人所称为外的对象，只为吾人之感性表象，而空间即此感性表象之方式。至于感性相应之真实事物，即物自身，则不能由此种表象知之，且亦不能知之者；况在经验中从未有关于物自身之问题发生也。③

显而易见，通过上述讨论，康德不仅推导出“物自身”，而且区分了“现象”与“物自身”。具体来讲，“现象”不是对象自身，而是对象之“现于我者”；作为对象自身的“物自身”不能通过“感性直觉”被给予。进而，既然“物自身”不能被给予，“知性”也由于没有“质料”，故无法形成关于“物自身”的知识。质言之，“物自身”处于“感

① 康德．纯粹理性批判［M］．蓝公武，译．北京：商务印书馆，1960：49.

② 康德．纯粹理性批判［M］．蓝公武，译．北京：商务印书馆，1960：71.

③ 康德．纯粹理性批判［M］．蓝公武，译．北京：商务印书馆，1960：56.

性直观形式”与“知性直观形式”之外，我们“绝不能知”其具体而真实的内容。康德说：“即令此现象能完全为吾人知悉其底蕴，而此类知识与对象自身之知识，固依然有天渊之别者也。……吾人以任何方法绝不能知物自身。”① 由此来讲，“现象”是一“此岸”概念，而“物自身”乃一“彼岸”概念。不过，在康德，“物自身”虽然作为“彼岸”概念不可知，但它仍然可以被思考，因为思考乃认知主体的“权利”。关此，维特根斯坦曾有相似思想，他说：“要划定思维的界限，我必须能从这个界限的两方面来思考（因此我们必须能够思考不能思考的事情）。”② 这样，就认识论来讲，我们可以思考“现象”，而且可以知道“现象”是什么；然而，我们可以思考“物自身”，但我们不能知道它是什么。因此，认识既是无限的，又是有限的。所谓“无限”，指认知主体可以解释一切“现象”；所谓“有限”，指认知主体只能解释“现象”，而不能认识“物自身”。在此，康德强调的是人之认识的有限性。他认为即便“自然全部皆为吾人所知，吾人仍绝不能解答此等越出自然以外之先验问题”。③

需要注意的是，在康德，尽管“物自身”不可知，但它并非是“可疑”和“虚伪”的。依康德的理解，“物自身”作为根据和本体，在逻辑上是“现象”的来源。因此，反过来讲，既然肯定“现象”存在，就必然肯定“物自身”存在。或者说，由“现象”的真实性必须推导出“物自身”的真实性。再反过来讲，正是因为“物自身”的存在，“感性直觉”才可能通过“感性直观形式”生成现象，进而由“知性直观形式”整理“质料”以形成知识。由此来讲，“物自身”的存在是人们不得不做出的“设定”，“理智由于承认了现象，从而也就承认了自在之物本身的存在，并且因此我们就可以说，把这样的东西表现为现象的基础”④。当然，尽管“物自身”是真实存在的，但由于人不具有“智的直觉”，故而无法认识它。康德说：“提供了现象的物，它的存在性并不因此就像在真正唯心主义里那样被消灭了，而仅仅是说，这个物是我们通过感官所决不能按照它本身那样来认识的。”⑤ 总之，虽然我们没有能力认识“物自身”，但我们不能否定它的真实存在。康德承认在我们之外有物存在，我们完全不知道这些物本身可能是什么样子的，但我们可以通过它们作用于我们的感性而得到的表象知道它们，我们把这些东西称之为“物

① 康德．纯粹理性批判［M］．蓝公武，译．北京：商务印书馆，1960：65.

② 维特根斯坦．逻辑哲学论［M］．郭英，译．北京：商务印书馆，1962：序 20.

③ 康德．纯粹理性批判［M］．蓝公武，译．北京：商务印书馆，1960：235.

④ 康德．未来形而上学导论［M］．庞景仁，译．北京：商务印书馆，1978：86.

⑤ 康德．未来形而上学导论［M］．庞景仁，译．北京：商务印书馆，1978：51.

体”，它意味着实在的对象的存在。不过，我们不可常规地理解康德关于“现象”与“物自身”的区分，因为这种区分只是主体对同一事物之“反思”的不同。或者说，“物自身”与“现象”的区分并非意指真正存在“对立”的二者，而是说由于认知主体的能力限制而引发认识层面的区分。质言之，二者的区分并不是“客观”的，而只是“主观”的，因为它非缘于认知对象，而是缘于认知主体。对此，康德说：“物自身之概念与现象之概念间的区别不是客观的，但只是主观的；物自身不是另一对象，但只是就着同一对象而说的表象之另一面相。”① 而且，需要注意的是，在康德，“现象”与“物自身”之不同是“超越”的区分。所谓“超越”的区分，一是指这种区分不是经验的，而是先验的，即尽管人可以在经验层面认识“现象”，但人不能在经验层面认识“物自身”。二是指这种区分不是相对的，而是绝对的，即“现象”可以通过“感性直觉”被给予，而“物自身”则绝对不能通过“感性直觉”被给予。概言之，“现象”与“物自身”的不同并非程度上的不同，而是根本性质上的不同；它们不是“现象”范围内层面的不同，而是超越“现象”范围而为本体层面的不同。关于这样两个方面所反映的“超越”的区分，牟宗三认为它乃康德的“理论创造”。他说：“不管是存在或本质，俱属于现象范围之内，俱非其所说之‘物自身’。‘物自身’是一个新的概念，康德以前是没有的。……现象与物自身底分别是‘超越的’是因为‘物自身’根本不在知识范围内，根本不能是知识底对象。”②

## 二

牟宗三非常重视康德哲学，认为其乃西方哲学之“高峰”和中西哲学联结的“桥梁”。他说：“西方哲学之高峰是康德。消化西方哲学必须从消化康德入手。在西方，亦实只有康德方是通中西文化之邮的最佳桥梁，而且是唯一的正途。”③ 在牟宗三看来，“现象”与“物自身”之“超越”的区分“代表着一个客观的、最高的而且是最根源的问

---

① 牟宗三．现象与物自身［M］．牟宗三先生全集 21．台北：联经出版事业股份有限公司，2003：16.

② 牟宗三．智的直觉与中国哲学［M］．牟宗三先生全集 20．台北：联经出版事业股份有限公司，2003：130-131.

③ 蔡仁厚．牟宗三先生学思年谱［M］．牟宗三先生全集 32．台北：联经出版事业股份有限公司，2003：44-45.

题”①，它属于康德哲学“最高而又最根源的洞见”②，是康德整个哲学系统的重大关键和理论前提。然而，对于这样一个重大问题，实际上康德并未真正地予以证成。他不仅没有充分地证成“物自身”，而且也没有真正地证成“现象”与“物自身”之“超越”的区分。牟宗三说：“严格地说，康德虽处处提到现象与物自身之超越的区分（transcendental distinction），但其实他在著作中并不能充分地证成（fully justify）之。”③ 概括地讲，康德之所以未能证成此重大问题，缘于其西方哲学背景和本人“哲学表达”的局限。牟宗三认为：“其实，这种区分当该是必然的，只是康德的表达程度以及其系统限制不能充分地证成之，亦不能使之成为显豁地可信服的，并非完全由于人们之智解不及也。”④ 他还说：“我们……只是了解其意义是如此，尚不是这样的物自身以及这样的区分之充分的证成；而且康德的随文点示亦实不能充分证成这样的物自身以及这样的区分，即并不能使人豁然心服。”⑤ 具体来讲，康德未能证成的原因主要有两个方面：其一，他关于“物自身”的论述包含矛盾；其二，他从认识论角度的论述有问题。牟宗三说：

> 这可以从两方面来检查。（1）从物自身那方面说，（2）从我们人类的感性与知性这方面说。⑥

关于第一个方面，其又具体分为两点。第一点，康德对“物自身”的论定包含矛盾。依康德，上帝只创造“物自身”，并不创造“现象”。牟宗三则认为，“物自身”既是上帝创造，必然为一有限之存在；如果“物自身”为一无限之存在，就会对无限之上帝形成威胁。既然“物自身”是一有限之存在，就必然在时空之中，但是康德否认“物自身”在时空之中。很显然，这其中有矛盾之处。牟宗三说：“上帝不在时空中创造（不带有时空形式去创造），而他所创造的却有时空性，这岂必定是不可通吗？是以其所创造的若定是有限，则不能稳住其必为物自身。然则说他所创造的亦是无限的吗？这似乎亦不能

---

① 牟宗三．现象与物自身［M］．牟宗三先生全集 21．台北：联经出版事业股份有限公司，2003：序 3.

② 牟宗三．现象与物自身［M］．牟宗三先生全集 21．台北：联经出版事业股份有限公司，2003：序 6.

③ 牟宗三．中国哲学十九讲［M］．上海：上海古籍出版社，2005：215.

④ 牟宗三．现象与物自身［M］．牟宗三先生全集 21．台北：联经出版事业股份有限公司，2003：11.

⑤ 牟宗三．现象与物自身［M］．牟宗三先生全集 21．台北：联经出版事业股份有限公司，2003：8-9.

⑥ 牟宗三．现象与物自身［M］．牟宗三先生全集 21．台北：联经出版事业股份有限公司，2003：9.

说。”① 第二点，康德消极性的“只遮不表”与“物自身”的重要地位极不相符。在牟宗三看来，对于“物自身”这样“重大”而“基本”的问题，康德不应当“空洞地”“只遮不表”，而应当充分地说明和证成。他说：“以如此重大之义理，就一系统言，如此基本之前提，而却事先不提出来予以厘清，这在表达方式上是有缺憾的。”② 因此，不仅康德所建构的“哲学大厦”基础不牢，而且“现象”与“物自身”之“超越”的区分亦未能“稳定”。他说：“如果以空洞无内容无真实意义的物自身为限制概念，比如说现象与‘非现象’，非现象只遮不表，则亦挡不住人们以吾人所知的现象为物自身，如是，……物自身既不稳定，则现象亦不稳定。③ 总之，从“物自身”的角度讲，康德的论证既不合理也不充分。牟宗三说：

> 不管我们能知道它，或不能知道它，我们必须把它的意义定住。如果“物自身”底意义摇荡不定，则现象之所以为现象亦必随之摇荡不定，如是，则“超越的区分”亦终不能被稳定。④

关于第二个方面，指从认识论的角度说。依康德，人类所知只为“现象”而不是“物自身”，缘于“感性”和“知性”的局限。但是，在牟宗三，“感性”与“知性”的局限是“事实问题”，由“事实问题”只能得出所知“有限”这样的结论，而不能得出所知是“现象”而不是“物自身”这样的结论；如此两种结论不是一个“程度”的问题，而是两种性质即“质的本质问题”。他说：“顺这事实的感性与知性说出去，我们只能说我们所知的有限，或隐隐约约而不能说我们所知的只是现象而不是物自身。有限是多少底问题，隐隐约约是程度底问题，而不是质的本质问题。我们岂不可部分地或若隐若显地知物自身耶？顺有限或隐约说，我们不能知物之无穷复杂，亦不能穷尽其本相，这是显明的。但若说我们只能知现象，而不能知物自身，这便不显明。”⑤ 然而，康德的“现象”与“物自身”作为“有限”与“无限”的区分，显然已超出“多少”和“程度”问题的层面，而属于两种性质的问题，但康德混淆了两种性质的问题。正因如此，从认识

---

① 牟宗三．现象与物自身［M］．牟宗三先生全集 21．台北：联经出版事业股份有限公司，2003：11.

② 牟宗三．现象与物自身［M］．牟宗三先生全集 21．台北：联经出版事业股份有限公司，2003：1.

③ 牟宗三．现象与物自身［M］．牟宗三先生全集 21．台北：联经出版事业股份有限公司，2003：9-10.

④ 牟宗三．现象与物自身［M］．牟宗三先生全集 21．台北：联经出版事业股份有限公司，2003：2.

⑤ 牟宗三．现象与物自身［M］．牟宗三先生全集 21．台北：联经出版事业股份有限公司，2003：12.

论角度讲，“物自身”没有“积极”意义，只有“消极”意义，它纯属于“对于彼岸的猜想”。牟宗三说：“如是，则物自身之积极意义仍是形式的，仍是一种对于彼岸的猜想，其具体而真实的意义仍不能呈现。不但不能呈现，甚至其形式的积极意义亦不见得真能稳定得往。”① 因此，康德未能“稳定”“现象”与“物自身”的区分。牟宗三说：

若顺事实的感性与知性说出去，我们不能决定物自身所指的究竟是物之存在之事实问题抑还是价值意味问题。如果是事实问题，我们不能决定我们所知的只是现象，而不是物自身，因而亦不能决定这分别是超越的分别。②

在牟宗三，上述两个方面表明，康德在确立“现象”“实在性”的同时，实际上却“毁灭”了“物自身”的“实在性”，进而导致未能充分证成“现象”与“物自身”之“超越”的区分。牟宗三认为，这是康德哲学的一个重大“缺陷”，而要解决康德哲学的“缺陷”，必须要先确立“物自身”为“最后的真实”即唯一的“实体”。他说：“此所谓‘绝对的必然性’意指客观地或存有论地（或体性学地）说的那‘无条件地必然的东西’而言，顺康德的词语说，即指属于睿智界的那‘物自身’式的‘最后的真实’而言。”③ 不过，如前所述，“感性”和“知性”只能认识和把握“现象”，而不能认识和把握“物自身”，故不能从认识论出发以证成“物自身”。既然认识论的途径走不通，就需要另辟途径，而此途径乃价值论的进路。很显然，牟宗三受到休谟关于“事实”与“价值”区分的启示。他说：“如果是价值意味底问题，则我们不能顺事实的感性与知性去决定之。价值意味底问题须要有一个价值底标准去决定；而我们只有这事实的感性与知性，它们是敞开的，并未被封住，因此，在我们身上并无一个标准去决定出这有价值意味的物自身。”④ 质言之，未能将“物自身”从“事实概念”中“超拔”出来，进而认定并证成其为一“价值概念”，此乃康德哲学的一个明显“缺陷”。牟宗三说：

物自身一概念仍不能稳定得住。……如是，现象之义亦不稳定。两不稳定，则

① 牟宗三．现象与物自身［M］．牟宗三先生全集 21．台北：联经出版事业股份有限公司，2003：10．

② 牟宗三．圆善论［M］．牟宗三先生全集 22．台北：联经出版事业股份有限公司，2003：12．

③ 牟宗三．心体与性体：上［M］．上海：上海古籍出版社，1999：136．

④ 牟宗三．现象与物自身［M］．牟宗三先生全集 21．台北：联经出版事业股份有限公司，2003：12．

超越的区分即不能充分地被证成，而人亦不能显豁地信服之，并无疑地接受之。因为康德并不能充分地稳住物自身一概念之高度的价值意味，亦不能规定出它之“虽有限而可具有无限性之意义”。①

那么，“物自身”何以是一个价值概念呢？牟宗三认为，按照通常理解，“物自身”是一个“事实概念”，即“事实上的原样”，但实际上认为“物自身”为“事实概念”讲不通，原因是，如果这种理解是正确的，那么所谓“物自身”不可知便不是绝对的“不能”，而只是相对的“不能”，因为人的认识可以不断地接近之。他说：“可是如果物自身是这个意思，则（1）它是一个事实概念，（2）我们总可求接近之。如是，我们的知识之不能达到它乃是一个程度问题，而不是一个超越问题。……我们既可设想其是无限心底智的直觉之所对，则它不是我们认知上所知的对象之‘事实上的原样’之概念甚显。”②而且，如果否认“物自身”具有时空性，那么“物自身”必然是一个空洞概念；如果认为“物自身”不是一个空洞概念，那么它就只能是一个价值概念。在牟宗三，“物自身”不仅是一个价值概念，而且是具有高度“价值意味”的概念。牟宗三认为，康德文意中已经显示“物自身”是一个高度价值意味的概念。他还认为，“物自身”实即儒家的“自由无限心”。“自由无限心”乃“价值概念”，故“物自身”也应该是价值概念。遗憾的是，康德未能达此高度，从而丧失了证成“物自身”的机会。因此，要解决康德的“缺陷”，需要将“物自身”由“事实概念”“转”为“价值概念”；若肯定“物自身”是一个价值概念，不仅作为“最后的真实”的“物自身”得以“稳定”，而且“现象”与“物自身”之“超越”的区分亦得以“稳定”。他说：

如果“物自身”之概念是一个价值意味的概念，而不是一个事实概念，则现象与物自身之分是超越的，乃始能稳定得住，而吾人之认知心（知性）之不能认知它乃始真为一超越问题，而不是一程度问题。③

由上述可见，这一“转”实是解决康德哲学之“缺陷”的关键。那么，如何证成作

① 牟宗三．现象与物自身［M］．牟宗三先生全集21．台北：联经出版事业股份有限公司，2003：11.
② 牟宗三．现象与物自身［M］．牟宗三先生全集21．台北：联经出版事业股份有限公司，2003：7.
③ 牟宗三．现象与物自身［M］．牟宗三先生全集21．台北：联经出版事业股份有限公司，2003：7.

为“价值概念”的“物自身”呢？在牟宗三，这个任务绝非西方哲学所能完成，而只能从中国哲学汲取资源和智慧。具体来讲，“物自身”对应“自由无限心”，而中国哲学认可“自由无限心”。“自由无限心”既是道德实体，以开道德界；又是形上实体，以开存在界；而存在界的实体即是“物自身”。由此可见，此“物自身”不是“消极”意义，而是“积极”意义。他说：“由吾人的道德意识显露一自由的无限心，由此说智的直觉。自由的无限心既是道德的实体，由此开道德界，又是形而上的实体，由此开存在界。存在界的存在即是‘物之在其自己’之概念是一个有价值意味的概念，不是一个事实之概念；它亦就是物之本来面目，物之实相。……我们对于自由无限心的意义与作用有一清楚而明确的表象，则对于‘物之在其自己’之真实意义亦可有清楚而明确的表象，物之在其自己是一朗现，不是一隐晦的彼岸。”① 牟宗三的意思是，事实界的对象经过“感性直觉”之给予可以向主体敞开，并可以被“知性直觉”进行加工整理，最终形成“先天综合判断”的知识。但是，价值界的存在并不通过“感性直觉”呈现，它只能通过“智的直觉”呈现，故人不能对“物自身”形成“先天综合判断”的知识。所谓“智的直觉”，即中国哲学所讲的“逆觉体证”，它包括“理智”和“直觉”两个关键词。关此，牟宗三说：“要想直觉到这真我自己，这直觉必须是理智的，而不是感性的。”② 所以，是否具有“智的直觉”就成为证成“物自身”的关键。关于“智的直觉”，牟宗三分理论和实践两个层面进行了论证。

就理论层面来讲，我们知道，康德一方面将具有普遍必然性的道德法则称为“绝对律令”，另一方面认为“绝对律令”为人类“自由意志”的“自我立法”。牟宗三则认为，康德的“自由意志”就是儒家的“良知”。因此，道德的“绝对律令”为“意志的自我立法”便即是“良知”的“自我立法”。而且，既然“绝对律令”是绝对而普遍的，则发布“绝对律令”的“良知”也应当是绝对而普遍的。他说：“当吾人由无条件的定然命令说本心、仁体、性体，或自由意志时，这无条件的定然命令便证成发此命令者之为绝对而无限。”③ 进而，既然“良知”是绝对而普遍的，那么作为“良知”之用的“直觉”也应当是绝对而普遍的。当然，这种“直觉”不是指“感性直觉”，也不是指“形式直觉”，

---

① 牟宗三．现象与物自身［M］．牟宗三先生全集 21．台北：联经出版事业股份有限公司，2003：序 8.

② 牟宗三．智的直觉与中国哲学［M］．牟宗三先生全集 20．台北：联经出版事业股份有限公司，2003.：186

③ 牟宗三．智的直觉与中国哲学［M］．牟宗三先生全集 20．台北：联经出版事业股份有限公司，2003：248.

而是指“智的直觉”。因此，只要绝对而无限的“良知”可能，作为“良知”之用的“智的直觉”便可能。概言之，只要承认道德法则的绝对普遍性，就不能不承认“良知”的绝对普遍性，就不能不承认“智的直觉”的可能性。牟宗三说：

> 本心仁体既绝对而无限，则由本心之明觉所发的直觉自必是智的直觉。只有在本心仁体在其自身即自体挺立而为绝对而无限时，智的直觉始可能。如是，吾人由发布无条件的定然命令之本心仁体或性体之为绝对而无限，即可肯定智的直觉之可能。此肯定尚只是理论上的。①

就实践层面来讲，指的是“智的直觉”不仅在理论上是可能的，而且在实践中也是真实无疑的。牟宗三认为，就日常生活来看，“恻隐之心”“羞恶之心”“于心不安”和“于心不忍”等，并不仅是经常使用的道德词汇，而且是广泛实际存在的道德经验。由此可以证明，“良知”本体不是“孤悬”的、“假设”的理论概念，而是具有活动能力、能够随时“跃动和呈现”的“本心”“仁体”。质言之，“恻隐之心”“羞恶之心”“于心不安”和“于心不忍”等道德经验便是“良知”本体“跃动和呈现”的生动证明。他说：“本心仁体不是一个孤悬的、假设的绝对而无限的物摆在那里，因而设问我们如何能智地直觉之。当吾人说‘本心’时即是就其具体的呈现而说之，如恻隐之心，羞恶之心，是随时呈现的。”② 而且，“良知”的“跃动和呈现”也就是“良知”之“智的直觉”的“跃动和呈现”，“这亦表示仁心随时在跃动在呈现，感通周流而遍润一切的。润是觉润，以不安不忍悱恻之感这种‘觉’去润生一切，如时雨之润”③。因此，只要道德感是真实存在的，“智的直觉”便“即时呈现而已可能”，“当本心仁体（自由意志是其良能）随时在跃动，有其具体呈现时，智的直觉即同时呈现而已可能矣”。④ 质言之，“智的直觉”

---

① 牟宗三. 智的直觉与中国哲学［M］. 牟宗三先生全集 20. 台北：联经出版事业股份有限公司，2003：248.

② 牟宗三. 智的直觉与中国哲学［M］. 牟宗三先生全集 20. 台北：联经出版事业股份有限公司，2003：249.

③ 牟宗三. 智的直觉与中国哲学［M］. 牟宗三先生全集 20. 台北：联经出版事业股份有限公司，2003：249.

④ 牟宗三. 智的直觉与中国哲学［M］. 牟宗三先生全集 20. 台北：联经出版事业股份有限公司，2003.：250

的确“为吾人所实有”。牟宗三说：

> 智的直觉不但是理论上必肯定，而且是实际上必呈现。……当吾人郑重正视此明觉义、活动义，始能知本心仁体是一呈现，而不是一假设（不只是一个理论上的设准），因而始能知智的直觉亦是一呈现而可为吾人所实有，不只是一个理论上的肯定。①

那么，回过头看的问题便是，“智的直觉”如何成就“物自身”呢？或者说，“智的直觉”如何认识或呈现“物自身”呢？牟宗三借用了佛教理论。根据佛教《大乘起信论》“一心开二门”的义理，“经验层的物”即“现象”由“识心之执”以其“执”成就，“超越层的物”即“物自身”由“自由无限心”以其“无执”而成就。不过，“识心之执”与“自由无限心”并非无关联，因为“识心之执”由“自由无限心”“坎陷”而来。因此，“现象”与“物自身”不仅有关联，而且是同源的。牟宗三说：“在无限心底明照前，物既是这样的物自身，则只当在‘识心之执’底认知活动前，它始成为决定的有限存在物，成为现象义的对象，因此，它有时空性，有生灭相。”② 既然“现象”与“物自身”是同源的，而它们又源于“一心开二门”，故二者的区分并非客观存在，而仅为一体之不同“面相”：相对于“良知”而言，它为“物自身”；相对于“识心”而言，它为“现象”。“对自由无限心（智心）而言，为物自身；对认知心（识心、有限心）而言，为现象。‘现象’与‘物自身’之特殊义，既皆得以确定而不摇动，而二者之间的超越区分，亦遂充分证成不摇动”③。至此，既然“物自身”已被“稳定”，而且“现象”亦被“稳定”，那么二者之“超越”的区分亦被“稳定”。牟宗三说：“物自身义既稳定，则现象义亦稳定；反之亦然。如是，现象与物自身之分别是超越的，又是主观的，这乃充分地被证成。”④

---

① 牟宗三. 智的直觉与中国哲学［M］. 牟宗三先生全集 20. 台北：联经出版事业股份有限公司，2003：249.

② 牟宗三. 现象与物自身［M］. 牟宗三先生全集 21. 台北：联经出版事业股份有限公司，2003：19.

③ 牟宗三. 圆善论［M］. 牟宗三先生全集 22. 台北：联经出版事业股份有限公司，2003：42.

④ 牟宗三. 现象与物自身［M］. 牟宗三先生全集 21. 台北：联经出版事业股份有限公司，2003：19.

## 三

综前所述，对于康德关于“现象”与“物自身”之“超越”的区分，牟宗三在非常赞赏的同时，亦发现了其重大理论“缺陷”。为了弥补康德哲学的“缺陷”，牟宗三立足于中国哲学，通过肯定人具有“自由无限心”，进而肯定人具有“智的直觉”，对应性地证成了“物自身”为一个“价值概念”，从而不仅“稳定”了“物自身”，亦“稳定”了“现象”与“物自身”之“超越”的区分。对于“物自身”价值概念的证成，牟宗三认为他避免了其“消极的意义”，而证成了其“积极的意义”。所谓“消极的意义”，指康德以“物自身”为不可知，不具有可知的内涵。他说：“他（指康德——引者）也很一致，因此取消极的意义而说物自身不可知，因为物自身不能对我们呈现，我们只能逻辑推论（by logical inference）地设想一些。”① 所谓“积极的意义”，指自己肯认“物自身”作为“价值意味的概念”，具有可知的内涵。他说：“如果这两方面（指感性和知性——引者）俱不能决定地表明出一个有价值意味的物自身，则那当该有价值意味的物自身即成一空洞的概念，而其价值意味亦不能保。”② 在此，牟宗三使用“消极”和“积极”两个反义概念，意在通过两个概念的反差来表达其超越康德哲学的意图：康德的“物自身”为“消极义”，牟宗三的“物自身”为“积极义”；康德关于“现象”与“物自身”之“超越”的区分未能“稳定”，牟宗三关于“现象”与“物自身”之“超越”的区分得以“稳定”。对此，牟宗三自己评论道：“我与康德的差别，只在他不承认人有智的直觉，因而只能承认‘物自身’一词之消极的意义，而我则承认人可有智的直觉，因而亦承认‘物自身’一词之积极的意义，而以智的直觉之有无决定‘物自身’一词之或为积极的意义或为消极的意义，则总成立。”③

（原文载《湖北大学学报》2018 年第 3 期，与林青合作）

---

① 牟宗三. 中国哲学十九讲［M］. 上海：上海古籍出版社，2005：215.

② 牟宗三. 现象与物自身［M］. 牟宗三先生全集 21. 台北：联经出版事业股份有限公司，2003：14.

③ 牟宗三. 智的直觉与中国哲学［M］. 牟宗三先生全集 20. 台北：联经出版事业股份有限公司，2003：160.

# 牟宗三哲学的问题及其解决

## ——“道德的形上学”的义理骨干

### 一、康德之“道德底形上学”与“道德神学”

就终极目标来看，康德意在建构一种作为“超绝的形上学”的“道德的形上学”，即以“道德”为进路、基于“理性批判”而展开的超越经验的形上学。因此，“研讨理性之能力”① 为其理论建构的前提。关于“理性”，他认为人的理性具有统一性，但基于其不同功能可以分为“理论理性”与“实践理性”：前者指理性所具有的认识功能，后者指理性所具有的意志功能；前者的任务是认识对象的先天的最高原理，后者的任务是规定意志的最终目的。因此，“实践理性”的重要任务是阐明道德的“绝对律令”。按照康德的理解，经验领域的法则都是有条件的，而有条件的法则不可成为“绝对律令”，因此，只有超越经验的法则才可成为“绝对律令”。鉴于此，他提出了三条“绝对律令”：其一，普遍性。即，此类道德法则必须是普遍的。他说：“你的行动，应该把行为准则通过你的意志变为普遍的自然规律。”② 其二，目的性。即，此类道德法则必须以人为目的。他说：“你的行动，要把你自己人身中的人性，和其他人身中的人性，在任何时候都同样看作是目的，永远不能只看作是手段。”③ 其三，意志自律。即，此类道德法则是由有理性的人所制定的。或者说，人不仅是道德的“守法者”，而且亦可为道德的“立法者”。他说：“每个有理性的东西，在任何时候，都要把自己看作一个由于意志自由而可能的目的

---

① 康德. 纯粹理性批判［M］. 蓝公武，译. 北京：商务印书馆，1960：575.

② 康德. 道德形而上学原理［M］. 苗力田，译. 上海：上海人民出版社，1986：73.

③ 康德. 道德形而上学原理［M］. 苗力田，译. 上海：上海人民出版社，1986：81.

王国中的立法者。[①] 总的看来，这三条“绝对律令”便是理性为道德的“立法”。

在康德，上述道德法则作为“绝对律令”，意味着它们应该是道德实践的法则。不过，这些道德法则还只是先验的形式，其价值的实现还有赖于与经验的结合。即，“绝对律令”仍只是“应然”，还不是“实然”；“绝对律令”只有落实于道德生活，才可具有实践价值，否则它便只有理论价值。这是康德在探讨“绝对律令”后所面临的一个新问题。毋庸置疑，实践价值而非理论价值才是道德哲学当然也是康德哲学的出发点和归宿。对于这样一个新问题，康德致思的前提仍然是“人是理性的有限存在者”[②]。也就是说，如果对“绝对律令”的探讨基于“人是理性的有限存在者”之“理性”的话，那么，回到经验世界解决人的道德实践问题乃基于“人是理性的在限存在者”之“有限存在者”而言。因此，康德在通过“理性”在先验世界找到纯粹的“绝对律令”之后，又回到经验世界来解决“有限存在者”的道德实践问题。

当然，“有限存在者”的道德实践须以“绝对律令”为原则。不过，在康德看来，作为“有限存在者”，依照“实践理性”对于意志最终目的的设计，则人的道德追求应以“至善”即“德福一致”为最终目标。康德认为，依据“合目的性原则”，有“德”之人须有“福”，有“福”之人须有“德”，故“德福一致”方为“至善”，亦方为人类道德实践所追求的最终目标。否则，有“德”之人无“福”，有“福”之人无“德”，这都不符合人的愿望，也不符合上帝的意愿。对此，康德说：“德性……是我们每逢追逐幸福时所当实现的至上条件……但是它还不因此就是完全圆满之善，还不是有限的理性存在者的欲望官能的一个对象；因为要想成为这个对象，也还需要加上幸福才行。……因为人如果需要幸福，也配享受幸福，而却无福可享，那末，这种情形是完全不符合一位既有理性而同时又具全能的存在者的圆满意欲的。”[③] 他还说：“一个人……在把德性和幸福结合起来以后，才算达到至善。”[④] 不过，由于“人是理性的有限存在者”，“至善”作为道德追求的最终目标，它的实现需要一些“设准”以为保障。所谓“设准”，指“实践理性上为道德法则之建立而有的一个必然的预定，而对于其本身之‘必然性’则吾人仍一无所知”[⑤]。康德说：

---

① 康德. 道德形而上学原理［M］. 苗力田，译. 上海：上海人民出版社，1986：86.

② 康德. 实践理性批判［M］. 关文运，译. 北京：商务印书馆，1980：113.

③ 康德. 实践理性批判［M］. 关文运，译. 北京：商务印书馆，1980：113.

④ 康德. 实践理性批判［M］. 关文运，译. 北京：商务印书馆，1980：113.

⑤ 牟宗三. 心体与性体（上）［M］. 上海：上海古籍出版社，1999：122.

> 那末由于以这种最后目的强使我们接受的那道德律，我们就有理由从实践观点来假定，为着把我们的力量都用于那个目的的实现，它是有其可能的，即有其实行的可能性的。①

具体来讲，康德的“设准”包括三个：第一个乃“意志自由”，即，道德实践须以“意志自由”为前提。他说：“我之所谓‘实践的’乃指由自由所可能之一切事物。”② 不过，虽然“实践的意志自由之事实，能由经验证明之”③，但人何以具有“意志自由”，却因为它超出人的理性，人不具有“理智的直观”即“智的直觉”故不可解答。他说：“如果把自由作为一个肯定概念看，那它就需要理智的直观（intellecktuelle anschauung）才能成立，而在这里我们完全不应该假设有这种直观。”④ 第二个“设准”是“灵魂不朽”。即，作为“有限存在者”，人在有限人生中不可能实现“至善”。他说：“关于我们天性的道德前程有一条原理，就是：我们只有在一个无止境的进步过程中才能达到与道德法则完全契合的地步。”⑤ 因此，“至善”在实践中要得以实现，就必须以“灵魂不朽”为前提。第三个“设准”是“上帝存在”。即，无论是“意志自由”，还是“灵魂不朽”，其最终的保障乃是“上帝存在”，故必须“假定”上帝存在。康德说：“这个法则（指“绝对律令”——引者）也必然……领到至善的第二个要素的可能性上，即领到与那种道德大小相称的幸福的可能性上，也就是说，它使我们必须不得不假设有一个与此结果相称合的原因存在，即不得不悬设神的存在，以为至善的可能性的必然条件。”⑥ 关于这三个“设准”，牟宗三则概括说：

> 道德生活若可能，就必须先假定“意志自由”。否则，道德律就建立不起来。但是，意志自由，在经验界或感触界，就是发现不出来的。所以，为道德生活之可能，

① 康德. 判断力批判（下）[M]. 韦卓民，译. 北京：商务印书馆，1985：125.

② 康德. 纯粹理性批判 [M]. 蓝公武，译. 北京：商务印书馆，1960：551.

③ 康德. 纯粹理性批判 [M]. 蓝公武，译. 北京：商务印书馆，1960：552.

④ 康德. 实践理性批判 [M]. 关文运，译. 北京：商务印书馆，1980：31.

⑤ 康德. 实践理性批判 [M]. 关文运，译. 北京：商务印书馆，1980：125.

⑥ 康德. 实践理性批判 [M]. 关文运，译. 北京：商务印书馆，1980：126-127.

在思辨上说，就须假定意志自由。充其极，也须假定灵魂不灭与绝对存在。①

在牟宗三看来，上述乃康德“超绝的形上学”的“骨干”，而这个“骨干”的实质只为道德哲学即“道德底形上学”，而非真正的“道德的形上学”。依牟宗三，“道德底形上学”（metaphysics of Morals）与“道德的形上学”（moral Metaphysics）是两个不同概念。其中，“底”字作形容词用，“的”字作“所有格”用。因此，所谓“道德底形上学”，指关于“道德”的形上学研究，它还不是“形上学”。所谓“道德的形上学’指以“道德”为进路的形上学，它乃是“形上学”。换言之，“道德底形上学”指通过对“道德”的形而上解析，探讨道德的先天原理，其论域止于“道德界”；“道德的形上学”指沟通“道德”与“存在”，对“存在”作根源性阐释，其论域为整个“存在界”。② 基于这样一种区分，牟宗三借用佛教“云门三句”来说明何以康德哲学为“道德底形上学”。在牟宗三，“截断众流”作为第一义，指道德主体即本体的自主自律；“涵盖乾坤”作为第二义，指本体所具有的宇宙论意义；“随波逐浪”作为第三义，指本体通过实践功夫而具体真实地“呈现”。只有三义均完整地表达出来，方可为“道德的形上学”，否则便只可为“道德底形上学”。然而，康德的哲学只达至第一义，而未能进至第二义和第三义。具体来讲，康德的道德哲学仅仅挺立起“道德主体”，而未能赋予其以宇宙论意义，更未将其在实践层面具体而真实地“呈现”。因此，尽管康德的哲学也涉及第二、三义，但它未予以正确的解决，故康德未能“开出”真正的“道德的形上学”。牟宗三说：

> 他（指康德——引者）缺乏一个“道德的形上学”，因而他只对于实践理性之第一义能充分地展现出来（亦只是抽象地思考的），可是对于其第二义与第三义，则因自由只是一被预定之理念，不是一呈现之故，根本不能接触到。这样遂使他的全部道德哲学落了空。这是他的哲学思考把他限住了，因而遂有他的“实践哲学之极限”之想法。就是这一极限，遂使他不能有一个“道德的形上学”出现。③

不仅如此，在牟宗三，康德的道德哲学最终“滑入”了“道德的神学”。他认为，此

---

① 牟宗三．道德的理想主义［M］．牟宗三先生全集（9）．台北：联经出版事业股份有限公司，2003：143.

② 牟宗三．心体与性体（上）［M］．上海：上海古籍出版社，1999：120.

③ 牟宗三．心体与性体（上）［M］．上海：上海古籍出版社，1999：153.

乃源于康德受制于西方哲学的局限。就西方哲学而言，自苏格拉底倡导“德性就是知识”① 以来，许多哲学家将知识归属于道德目的之下，以扭转人们仅仅追求知识的倾向。显然，康德也继承了这一传统，他以“实践理性”统领“理论理性”即意在于此。不过，无论是苏格拉底还是康德，他们虽不满于人们只关注纯知识探索，而无视人类终极目的的“至善”但是其思考方式却仍然属于知识论传统，故未能超越知识论进入形而上学。具体来讲，无论是苏格拉底的“善”，还是康德的“至善”，不能只是认识到便可“万事大吉”，它们的真正价值须在于现实道德践履。然而，西方哲学对此问题的思考具有局限性，它不能肯认人可有“智的直觉”，故康德不得不将“灵魂不朽”和“上帝存在”作为“设准”来保证“至善”的实现；而恰是对这些“设准”的依赖，使康德的“道德底形上学”又“滑入”“道德的神学”。对此，牟宗三说：“康德由实践理性而接近上帝与灵魂不灭而建立其客观妥实性，因而就神学言，即名曰‘道德的神学’。”② 质言之，以“上帝存在”为“设准”来保证“至善”的实现，必然归向以“上帝”作为信仰的“道德的神学”，而“道德的神学”不能真正解决“至善”问题。牟宗三还说：

> 康德也承认实践理性有一个必然的对象（necessary object），就是最高善（即至善——引者）。最高善是属于实践理性，属于道德范围之内。但是康德从最高善这个观念一定要追溯到上帝存在。从最高善这个观念过渡到上帝存在，这就接触到存在问题。从自由之必然的对象过渡到上帝存在，这在康德就不叫做 meta physics，而是叫道德的神学（moral theology）……③

总之，在牟宗三看来，康德哲学的局限体现在两个方面：其一，在道德问题上不具有“宇宙的情怀”，即，未能沟通“道德界”与“存在界”，只在道德范阈内论道德，未能“透至”道德本体之宇宙论的意义。因此，康德的哲学只为“道德底形上学”，而不能达至“道德的形上学”。其二，在实践问题上依靠“设准”以为追求“至善”的保障，缺乏保证道德法则实现的“动力”，“绝对律令”只能停留在“应然”状态，“实然”的意义未能“挖掘”出来。而且，“设准”的设定使“道德底形上学”最终“滑入”“道德的神

① 让·布伦．苏格拉底［M］．傅勇强，译．北京：商务印书馆，1997：90.

② 牟宗三．心体与性体（上）［M］．上海：上海古籍出版社，1999：120.

③ 牟宗三．中国哲学十九讲［M］．上海：世纪出版集团上海古籍出版社，2005：59.

学”。关于这两个方面，牟宗三说：“他（指康德——引者）的属于纯睿智界的意志之因果性与属于感觉界的自然因果性并非直贯的，乃是两不相属，而需有一第三者为媒介以沟通之，这是他的哲学中之一套。同时还有另一套，即在‘先验地给与意志’的最高福善这个对象上所设定的‘上帝存在’与‘灵魂不灭’这两个设准，这是属于‘道德的神学’的。”① 他还说：“他（指康德——引者）所分解表现并且批判表现的实践理性只是形式地建立，一方未能本着一种宇宙的情怀而透至其形而上的、宇宙论的意义，一方亦未能从工夫上着重其‘如何体现’这种真正实践的意义，即所谓‘践仁尽性’的实践工夫，因而其实践理性、意志自由所自律的无上命令只在抽象的理上的当然状态中，而未能正视其‘当下呈现’而亦仍是‘照体独立’的具体状态。”② 因此，康德哲学尽管很“精巧”，但不是一“康庄大道”。牟宗三说：“康德的构思只是一旁蹊曲径，不是一康庄的大道，只有辅助指点的作用，不足以尽担纲的说明。”③ 牟宗三的意思是，应该借助中国哲学对康德哲学予以“消化与提升”。他说：

> 康德的哲学并非容易随便批评。若依西方哲学传统及基督教传统，康德的说法也许是最恰当的了。只有依据中国的传统，始能看出康德哲学的不圆满、不究竟之处。我们希望能透过中国哲学的智慧，给予一种适度的消化与提升。④

## 二、牟宗三“道德的形上学”的建立

在牟宗三看来，就形上学的建构来讲，按照康德关于理性功能的划分，可依着“理论理性”建构，亦可依着“实践理性”建构。西方哲学虽有多种不同进路，诸如本体论、宇宙论、认识论、实用论等，但这些进路多是依着“理论理性”而开展的，故它们不与道德实践发生关系。康德虽是个例外，他采取了“道德的进路”，依着“实践理性”而展开建构，但遗憾的是，他只成就了“道德底形上学”，且最终“滑入”“道德的神学”。鉴

① 牟宗三. 心体与性体（上）[M]. 上海：上海古籍出版社，1999：149.

② 牟宗三. 心体与性体（上）[M]. 上海：上海古籍出版社，1999：120.

③ 牟宗三. 心体与性体（上）[M]. 上海：上海古籍出版社，1999：152.

④ 牟宗三. 中国哲学十九讲 [M]. 上海：世纪出版集团上海古籍出版社，2005：236.

于此，牟宗三继承了康德“道德的进路”，依着“实践理性”，致力于超越“道德底形上学”，扭转“道德的神学”的归向，以建立真正的“道德的形上学”。他说：“这有一点须注意，即这种性体的悟到，是因道德律的需要而起的。所以这种形上学也叫做道德的形上学，即形上学的成立和可能完全是依据于道德上的。”① 他还说：“实践理性的体性学亦曰‘道德的形上学’，或曰‘属行的体性学’。依照这种体性学，形上的实践非由实践理性去把握不可。”② 关于这种理路，牟宗三借用佛教“一心开二门”之说加以说明。他说：

> “实践的智慧学”之全体大用，可借用《大乘起信论》“一心开二门”之语来代表（真如门，相当于康德之智思界、物自身；生灭门，相当于感触界、现象）。……“一心开二门”，西方传统开生灭门开得好，中国传统则真如门开得特别透辟而通达。③

具体来讲，牟宗三对于“道德的形上学”的建构是借助儒家哲学开展的。对此，他说：“如果这‘道德的形上学’亦是一实践哲学，即亦可以哲学地讲出来，则它当是相应儒家成德之教的实践哲学，它是冲破康德所立的界限而将其所开辟的实践理性充其极的。”④ 进而，他认为，“道德的形上学”的建立有赖于两个方面问题的解决：一是道德之可能的先验根据。此为对 being 的讨论，故为本体论；此乃儒家的心性问题。二是道德的践履问题。这是对 becoming 的讨论，故为宇宙论；此乃儒家的工夫问题。他说：“其中心问题首在讨论道德实践所以可能之先验根据（或超越的根据），此即心性问题是也。由此进而复讨论实践之下手问题，此即是工夫入路问题是也。前者是道德实践所以可能之客观根据，后者是道德实践所以可能之主观根据。……以宋、明儒词语说，前者是本体问题，后者是工夫问题。”⑤ 依着牟宗三的理解，这两个方面落实于“物自身”“意志自由”“道德界与自然界之沟通”三个具体问题；这三个问题是“道德的形上学”

---

① 牟宗三. 寂寞中的独体［M］. 北京：新星出版社，2005：94.

② 牟宗三. 寂寞中的独体［M］. 北京：新星出版社，2005：54.

③ 蔡仁厚. 牟宗三先生学思年谱［M］. 牟宗三先生全集（32）. 台北：联经出版事业股份有限公司，2003：76.

④ 牟宗三. 心体与性体（上）［M］. 上海：上海古籍出版社，1999：153.

⑤ 牟宗三. 心体与性体（上）［M］. 上海：上海古籍出版社，1999：7.

得以建立的主要问题，而康德虽然有所涉及但未予以解决：关于前两个问题的探讨用以建立本体论，它可以解决康德关于“上帝存在”和“意志自由”的“设准”问题，从而超越其“道德的神学”；关于后一个问题的探讨用以建立宇宙论，它可以解决康德关于“道德界”与“自然界”在沟通上的困难，从而超越其“道德底形上学”。他说：

> 我们依据这个意思，把那“超绝形上学”转为一个“道德的形上学”（moral metaphysics）。但此名，康德并未提出，他只提出一个“道德的神学”（moral theology）。我们以为顺西方传统，可方便说为道德的神学，而顺中国的传统，则可名曰道德的形上学，而且称理而谈，亦只有这个“道德的形上学”。这“道德的形上学”的主题，我们可就康德所说的“物自身”，自由意志，道德界与自然界之沟通，这三者而规划之。这三者能成为完整的一套而真实地被建立起来，亦即道德的形上学之充分实现。①

牟宗三认为，“物自身”的“呈现”乃“道德的形上学”之可能的关键。按照康德对于“现象”与“物自身”的区分，“智的直觉”可使“物自身”直接“呈现”出来，但“智的直觉”仅仅属于上帝，故人类不可能认识“物自身”。不过，在牟宗三看来，“智的直觉”并不如康德所说仅仅属于上帝，它亦为作为道德主体的人所具有。正因为如此，儒家才主张“天人合一”，孟子才主张“尽心、知性、知天”。对此，牟宗三说：“一般人常说基督教以神为本，儒家以人为本，这是不中肯的。儒家并不以现实有限的人为本，而隔绝了天，他是重如何通过人的觉悟而体现天道。人通过觉悟而体现天道，是尽人之性。因人以创造性本身作为本体，故尽性就可知天。”② 质言之，“人不是决定的有限，他是虽有限而可无限的”③；人不仅能认识现象世界，而且也能“呈现”本体世界；之所以如此，就在于人具有“智的直觉”。他说：“我们必须在我们身上即可展露一主体，它自身即具有智的直觉，它能使有价值意味的物自身具体地朗现在吾人的面前，吾人能清楚而明确地把这有价值意味的物自身之具体而真实的意义表象出来。我们不要把无限心

---

① 牟宗三. 智的直觉与中国哲学［M］. 台北：台湾商务印书馆，1971：346-347.

② 牟宗三. 中国哲学的特质［M］. 上海：上海古籍出版社，1997：101.

③ 牟宗三. 现象与物自身［M］. 台北：学生书局，1990：19.

只移置于上帝那里，即在我们人类身上即可展露出。”① 这样，既然人具有“智的直觉”确立了，那么“物自身”就可以“呈现”；既然“物自身”可以“呈现”，那么本体便得以确立，进而“道德的形上学”也便具有了可能性。牟宗三说：

> 如依康德的思路说，道德以及道德的形上学之可能否其关键端在智的直觉是否可能。在西方哲学传统中，智的直觉是没有彰显出来的，所以康德断定人类这有限的存在是不可能有这种直觉的。但在中国哲学传统中，智的直觉却充分被彰显出来，所以我们可以断定说人类从现实上说当然是有限的存在，但却实可有智的直觉这种主体机能，因此，虽有限而实可取得一无限的意义。智的直觉所以可能之根据，其直接而恰当的答复是在道德。如果道德不是一个空观念，而是一真实的呈现，是实有其事，则必须肯认一个能发布定然命令的道德本心。这道德本心的肯认不只是一设准的肯认，而且其本身就是一种呈现，而且在人类处真能呈现这本心。本心呈现，智的直觉即出现，因而道德的形上学亦可能。②

在康德，“意志自由”亦是“道德的形上学”之可能的条件，因为没有“意志自由”，便不可能有道德践履。不过，因为人不可能有“智的直觉”，故只能将“意志自由”作为一种“设准”，以确保道德实践的可能性。对此，牟宗三说：“他（指康德——引者）由道德法则的普遍性与必然性逼至意志的自律，由意志的自律逼至意志自由的假定。不幸地是他视‘意志自由’为一假定，为一‘设准’，”③ 可见，尽管康德承认“意志自由”具有实践能力，但对“意志自由”何以能实践却不能解答。不过，牟宗三对康德关于“意志自由”仅为“设准”则不以为然。他说：“视‘意志自由’为设准，几使意志自由成为挂空者，几使实践理性自身成为不能落实者。而其所规划之‘道德的形上学’（其内容是意志自由、物自身、道德界与自然界之合一）亦在若隐若显中，而不能全幅展示、充分作成者。”④ 在牟宗三看来，“意志自由”并非只是一个理论“设准”，实际上它乃道德实践中的“呈现”，此种“呈现”即是儒家的“性体”“心体”。他说：“依原始儒家的

① 牟宗三. 现象与物自身［M］. 台北：学生书局，1990：16.

② 牟宗三. 智的直觉与中国哲学［M］. 台北：台湾商务印书馆，1971：346.

③ 牟宗三. 心体与性体（上）［M］. 上海：上海古籍出版社，1999：113.

④ 牟宗三. 心体与性体（上）［M］. 上海：上海古籍出版社，1999：33.

开发及宋、明儒者之大宗的发展，性体心体乃至康德所说的自由、意志之因果性，自始即不是对于我们为不可理解的一个隔绝的预定，乃是在实践的体证中的一个呈现。”① 这样，既然“意志自由”乃道德实践中的“呈现”，那么道德实践的可能性便得以保证，进而“道德的形上学”也便具有了可能性。因此，牟宗三说：

> 我们现在可单说意志自由。从思辨上，可以说为设准，这是理论地证明其必然，即有此设准；但是从践履的工夫上（儒者所谓圣贤工夫），则不是设准，而是“定然”，这是由践履上证实其彻底呈露。由此观之，康德虽已接触到“实践主体”之建立，这在西方是前人所未有的，但是尚未到从践履上证实其定然性（澈底透出）的境界，这是孔、孟之教以及宋明儒者所已作到的。在此，须知圣贤学问与圣贤工夫是一。不能光从思辨上成就它，亦须从践履上成就它。这是中国儒者所具备的最高智慧。②

进而，牟宗三认为，“道德界与自然界之沟通”乃“道德的形上学”之可能的前提，否则便不可能超越“道德界”进入“存在界”，也就既不能对 being 进行讨论建立本体论，也不能对 becoming 进行讨论建立宇宙论。对此，康德的办法是通过“合目的性原则”把“道德界”与“自然界”结合起来。然而，这种结合只是一种“技巧”的“凑泊”，而非真正的“沟通”。牟宗三说：“康德是以美的判断之无所事事之欣趣所预设的一个超越原理即‘目的性原理’来沟通这两个绝然不同的世界的。这固是一个巧妙的构思，但却是一种技巧的凑泊，不是一种实理之直贯，因而亦不必真能沟通得起来。”③ 不过，宋明儒者已经开拓出一条“成功之路”。牟宗三说：“这在宋、明儒者的学问里，本不成问题。因为如果自由本身因实践的体证而呈现，意志之因果性自亦因这体证而呈现，不只是一个隔绝的预定，如是，则意志之目的论的判断本是可以直贯下来的。如其如此，则它自然而然地即与自然系统之自然因果性相接合，这是一个结论，不是一个问题。”④ 具体来讲，“意志自由”是“体”，其所生发的行为是“用”；很显然，“体”与“用”之

---

① 牟宗三．心体与性体（上）[M]．上海：上海古籍出版社，1999：153.

② 牟宗三．道德的理想主义 [M]．牟宗三先生全集（9）．台北：联经出版事业股份有限公司，2003：143-144.

③ 牟宗三．心体与性体（上）[M]．上海：上海古籍出版社，1999：150.

④ 牟宗三．心体与性体（上）[M]．上海：上海古籍出版社，1999：150.

间必然是沟通的。尽管这种沟通起初只就道德行为讲，但在践仁尽性的扩大过程中，道德体用的沟通便扩大为宇宙论的体用沟通，此即儒家的“仁者浑然与物同体”① 之义。牟宗三说：“若依宋、明儒之大宗说，道德性的天理实理是本心性体之所发。本心性体或于穆不已之道体性体是寂感真几，是创造之源，是直贯至宇宙之生化或道德之创造。自宇宙生化之气之迹上说以及自道德创造所引申之行为之气之迹上说，是实然、自然，是服从自然因果律，但自创造之源上说，则是当然，是服从意志因果的。如是，则这种契合是很直接而自然的，不必曲曲折折强探力索地去艰苦建构了。”② 既然两界之沟通已不是问题，那么“道德的形上学”便亦具有了可能性。因此，牟宗三说：

> 儒家惟因通过道德性的性体心体之本体宇宙论的意义，把这性体心体转而为寂感真几之“生化之理”，而寂感真几这生化之理又通过道德性的性体心体之支持而贞定住其道德性的真正创造之意义，它始打通了道德界与自然界之隔绝。这是儒家“道德的形上学”之彻底完成。③

基于“物自身”“意志自由”和“道德界与自然界之沟通”三个具体问题的探讨，牟宗三认为，道德的先验根据和道德的践履两个方面的问题均已得到解决，从而不仅可以建立对 being 探讨的本体论，而且可以建立对 becoming 探讨的宇宙论。因此，康德所未能建立的“道德的形上学”便在儒学中建立起来。具体来讲，此建立仍可依“云门三句”来说明：其一，把一切外在对象的牵连斩断，显出“良知”本体的主宰性和意志的“自律”，此即“截断众流”。其二，由人性而“透至”天地之性，“透至”宇宙万物的本体，此即“涵盖乾坤”。其三，现实生活通过实践可以具体、真实地体现上述二义，此即“随波逐浪”。牟宗三说：“在形而上（本体宇宙论）方面与在道德方面都是根据践仁尽性，或更具体一点说，都是对应一个圣者的生命或人格而一起顿时即接触到道德性当身之严整而纯粹的意义（此是第一义），同时亦充其极，因宇宙的情怀，而达至形而上的意义（此是第二义），复同时即在践仁尽性之工夫中而为具体的表现，自涵凡道德的决断皆是

---

① 程颢，程颐．二程集［M］．王孝鱼，点校．北京：中华书局，1981：6.

② 牟宗三．心体与性体（上）［M］．上海：上海古籍出版社，1999：99.

③ 牟宗三．心体与性体（上）［M］．上海：上海古籍出版社，1999：155.

存在的、具有历史性的、独一无二的决断，亦是异地则皆然的决断（此是第三义）。”①由此来看，虽然康德确实伟大，但中国儒家“是康德所不能及的”②，完成了康德所未完成的作为“超绝的形上学”的“道德的形上学”。

## 三、“道德的形上学”之为“哲学原型”

在康德看来，理性不仅可以为自然“立法”，可以为道德“立法”，而且可以为哲学“立法”。他说：“哲学乃一切知识与人类理性之基本目的（teleologiarationis humanae）相关之学问，哲学家非理性领域之技术家，其自身乃人类理性之立法者。”③ 具体来讲，理性的对象有两个：一为自然，它对应自然界；二为自由，它对应道德界。相应地，理性的目的有两个层次：一为理性的基本目的，二为理性的最终目的；前者对应“理论理性”，后者对应“实践理性”。不过，这两个目的并非平行，而是以后者来统领前者，因为后者为终极目的。康德说：“就理性对于完全系统的统一之要求而言，仅能以其中之一为最高目的。故基本目的或为终极目的，或为必然与前者联结而为前者方策之附属目的。前者实不外人之全部职分，论究此种目的之哲学，名为道德哲学。”④ 进而，以自然为对象，出于理性的基本目的，讨论“是什么”的乃自然哲学；以自由为对象，出于理性的终极目的，讨论“应当是什么”的乃道德哲学。因此，自然哲学和道德哲学虽起初为两个体系，但最终将必然地统一于一个哲学系统。对此，康德说：“人类理性之立法（哲学），有两大目标，即自然与自由，因而不仅包含自然法则，且亦包含道德法则，最初在两种不同之体系中表现此二者，终极则在唯一之哲学的体系中表现之。”⑤ 在康德，这个“唯一的哲学体系”实为“哲学原型”，因为它“包含先天的规定吾人一切行动及使之成为必然者之原理”⑥。关于“哲学原型”的作用，他说：

哲学乃一切哲学的知识之体系。吾人若以哲学指评衡“一切哲学化企图”之原

① 牟宗三．心体与性体（上）［M］．上海：上海古籍出版社，1999：100.
② 牟宗三．心体与性体（上）［M］．上海：上海古籍出版社，1999：118.
③ 康德．纯粹理性批判［M］．蓝公武，译．北京：商务印书馆，1960：574.
④ 康德．纯粹理性批判［M］．蓝公武，译．北京：商务印书馆，1960：574.
⑤ 康德．纯粹理性批判［M］．蓝公武，译．北京：商务印书馆，1960：575.
⑥ 康德．纯粹理性批判［M］．蓝公武，译．北京：商务印书馆，1960：575.

> 型而言，又若此种原型为评衡各种主观的哲学（此种哲学之结构，往往分歧繁复而易于改变）之用，则此种哲学必须视为客观的哲学。所视为客观的之哲学，乃一可能的学问（非具体的存在）之纯然理念，但吾人由种种不同途径努力接近此种理念，直至最后发见为感性产物所掩蔽之唯一真实途径，以及迄今无成之心象能与此原型相类（在人力所能及之限度内）为止。①

牟宗三非常重视康德提出的“哲学原型”概念，因为它强调了基于人类理性统一性的哲学系统的统一性。历史地看，正是在康德“哲学原型”思想的启发下，黑格尔以“绝对理念”为基础建构了一个统一的、“大全式”的哲学体系。其实，康德“哲学原型”概念的意义并不在于影响了某一种哲学，而在于它具有普遍的恒久的价值。具体来讲，哲学虽可从不同角度切入，可进行不同方面的建构，但它们终究有一个统一性问题，因为人类的理性是统一的，且统一的理性有最终目的。不过，在牟宗三看来，康德只是“哲学原型”问题的提出者，因为他受制于西方哲学的局限，故未建立起真正的“哲学原型”。牟宗三认为，真正的“哲学原型”，不仅需要做正视并反思理性的理论建构，而且需要“理性化”生命的实践功夫；只有同时照顾到这两个方面，才能建立起真正的“哲学原型”。遗憾的是，康德只照顾到了第一个方面。牟宗三说：“哲学的原型（宇宙性的概念）不能永停在作哲学思考的人之筹划卜度中，必须在一圣人的生命中朗现。”② 当然，“哲学原型”的建构非依“理论理性”，而须依“实践理性”来完成。质言之，“哲学原型”端赖“实践理性”对于“至善”问题之真正的解决。他说：

> 在两层立法中，实践理性（理性之实践的使用）优越于思辨理性（理性之思辨的使用）。实践理性必指向于圆满的善（即至善——引者）。因此，圆满的善是哲学系统之究极完成之标识。哲学系统之究极完成必涵圆善问题之解决；反过来，圆善问题之解决亦涵哲学系统之究极完成。③

如前所述，康德哲学因为“滑入”“道德的神学”，故并没有真正解决“至善”问题，

---

① 康德. 纯粹理性批判［M］. 蓝公武，译. 北京：商务印书馆，1960：573.

② 牟宗三. 现象与物自身［M］. 台北：学生书局，1990：465.

③ 牟宗三. 圆善论［M］. 台北：学生书局，1985：序言.

因此并未建立起真正的“哲学原型”。牟宗三的意思是，唯有依着中国哲学，才可建立起真正的“哲学原型”。他认为，探讨“哲学原型”时，不应从系统处着眼，而只能从“生命处”着眼，因为“哲学原型”非依“思辨理性”而知解，而依“实践理性”而朗现。若究极而言，“哲学原型”虽为哲学但并无“哲学相”，它只是在道德践履中的“如如证悟”和“如如朗现”。他说：“哲学原型虽就盈教而立，然而一旦付诸实践，则不但无主观哲学可言，亦无哲学原型可言，此即哲学无哲学相，而只是在存在的呼应中，即，与圣者之生命智慧相呼应之呼应中，上达天德之践履，并在此践履中，对于无限心之如如证悟与如如朗现。”① 那么，为什么“哲学原型”不应有“哲学相”呢？在牟宗三看来，如果“哲学原型”有“哲学相”，便意味着其有“系统相”，而有“系统相”便意味着会有“限制”，即用系统表述不能说尽“哲学原型”。他说：“既如其本性而朗现之，即不能着于其有而有此有之‘有’相。有此有之‘有’相，即是有‘相’，有‘相’即不能如其无相之有而朗现之。”② 质言之，在牟宗三，真正能代表“实践理性”成就的为中国哲学，故唯有中国哲学能方能开出真正的“哲学原型”。

在牟宗三看来，康德所意欲建构的“超绝形上学”乃指“基本存有论”，所谓“基本的存有论”指它乃人类所有知识系统的“原型”；“道德的形上学”作为康德未完成而存在于儒家的“超绝形上学”，即是这样一种“基本的存有论”。具体来讲，“道德的形上学”因为沟通了“道德界”与“自然界”之隔绝，故不仅包含“理论理性”所探讨之“实然”系统，亦包含“实践理性”所探讨之“应然”系统，二者之合一即“哲学原型”。对此，牟宗三说：“‘基本的存有论’（funckmentalont ology）就只能从本心、道心或真常心处建立。本心、道心或真常心是‘实有体’；实践而证现这实有体是‘实有用’（本实有体起用）；成圣、成真人、成佛以取得实有性即无限性，这便是‘实有果’（本实有体起实践用而成的果）。体、用、果便是‘基本存有论’的全部内容。……是以我们如果不讲形上学则已，如要讲之，就只能就康德所说的‘超绝形上学’之层面，顺其所设拟者而规划出一个道德的形上学，以智的直觉之可能来充分实现之。基本的存有论就只能就道德的形上学来建立。”③ 质言之，因为不仅体现出“创造性”，而且体现出“无限性”，故“道德的形上学”可为“基本的存有论”。对此，他说：“说人是‘创造的’，因

① 牟宗三．现象与物自身［M］．台北：学生书局，1990：469．

② 牟宗三．从陆象山到刘蕺山［M］．台北：学生书局，1979：71．

③ 牟宗三．智的直觉与中国哲学［M］．台北：台湾商务印书馆，1971：347-348．

而是‘无限的’，并非无意义，亦并非不可证成的。据我们看，这正是基本存有论之所在。”① 关于“道德的形上学”作为“哲学原型”，牟宗三认为其核心乃“执的存有论”和“无执的存有论”之两层存有论。他说：

对无限心（智心）而言，为物自身；对认知心（识心，有限心）而言，为现象。由前者，成无执的（本体界的）存有论。由后者，成执的（现象界的）存有论。此两层存有论是在成圣、成佛、成真人的实践中带出来的。就宗教言，是成圣，成佛，成真人：人虽有限而可无限。就哲学言，是两层存有论，亦曰实践的形上学。此是哲学之基型（或原型）。②

那么，“道德的形上学”作为“哲学原型”如何体现呢？在牟宗三，“道德的形上学”实是一“圆轮”。所谓“圆轮”，意即“说它是一个中心点，是说由此收摄一切，由此开发一切”③。具体来讲，“哲学原型”本无“哲学相”，只是“如如证悟”和“如如朗现”，但因人“提不住”，故需要“圆轮”“上下”“内外”“正负”地开，以开出世间各种不同的哲学系统。他说：“说它是个圆轮，是说在这轮子底圆转中，人若不能提得住，得其全，则转到某方面而停滞了，向外开，亦都是可以的：上下、内外、正负，皆可开合。”④ 关于“道德的形上学”之作为“哲学原型”的作用，牟宗三还说：

如果实践理性充其极而达至“道德的形上学”之完成（在中国是儒家的形态，在西方是德国理想主义的形态），则这一个圆融的智慧义理本身是一个圆轮，亦是一个中心点，所谓“道枢”。⑤

这样，牟宗三以“道德的形上学”为“哲学原型”“开出”了宗教、哲学和科学，从而把所有义理系统都涵括于“道德的形上学”。即，“道德的形上学”不仅包含“执的存有论”，其可开出自然哲学；亦包含“无执的存有论”，其可开出“道德哲学”。他说：

---

① 牟宗三. 智的直觉与中国哲学［M］. 台北：台湾商务印书馆，1971：361.

② 牟宗三. 现象与物自身［M］. 台北：学生书局，1990：序15.

③ 牟宗三. 心体与性体（上）［M］. 上海：上海古籍出版社，1999：162.

④ 牟宗三. 心体与性体（上）［M］. 上海：上海古籍出版社，1999：161.

⑤ 牟宗三. 心体与性体（上）［M］. 上海：上海古籍出版社，1999：160-161.

“我们依圣人的盈教所决定的哲学原型不过就是两层存有论：执的存有论与无执的存有论，并通此两层存有论而为一整一系统。此是决定哲学原型的唯一真正途径。由此途径所朗现地决定的哲学原型正合乎康德所说‘哲学是把一切知识关联到人类理性的本质目的之学’，也就是展露‘人类理性的两层立法’之学。此就是说‘哲学是一切哲学知识之系统’。”① 就此而言，“道德的形上学”之建立，亦即是“哲学原型”之建构的完成。他说：“如是，我们只有一个哲学原型，并无主观的哲学可言。一切主观哲学而千差万别者皆是由于自己颓堕于私智穿凿中而然。如果它们尚是哲学的，而不是自我否定的魔道，则客观地观之，它们或只是一孔之见，或只是全部历程中之一动相，而皆可被消化。由各种专题之研究而成的各种哲学当然是被许可的。然这一些不同的哲学并无碍于哲学原型之为定然，皆可被融摄于哲学原型中而通化之。因为‘哲学就是一切哲学知识之系统。’”② 不过，牟宗三关于“哲学原型”的探讨还凸显出，只有在儒家“道德的形上学”完成时始可出现“哲学原型”。因此，由对“哲学原型”的讨论，牟宗三不仅将西方哲学统摄于中国哲学，而且将人类所有义理系统都统摄于儒家“道德的形上学”。他说：

> 人生真理的最后立场是由实践理性为中心而建立，从知性，从审美，俱不能达到这最后的立场。……中国儒家正是握住这“拱心石”的，而宋、明儒之大宗则是盛弘这拱心石而充其极而达圆熟之境者。③

## 四、结语

总而言之，牟宗三哲学具有明确而具体的问题意识：康德虽意在建构“超绝的形上学”，并采取了“道德的进路”，但所建构者只是对道德的形上学解释，故而只为道德哲学或“道德底形上学”；而且，其以“灵魂不朽”和“上帝存在”来保障，故而最终“滑入”“道德的神学”。在牟宗三看来，这是康德哲学的局限，而局限缘于两个方面的原因：其一，缺乏一种“宇宙的情怀”，未能真正沟通“道德界”与“存在界”。其二，以“设

① 牟宗三. 现象与物自身［M］. 台北：学生书局，1990：465-466.

② 牟宗三. 现象与物自身［M］. 台北：学生书局，1990：468-469.

③ 牟宗三. 现象与物自身［M］. 台北：学生书局，1990：162.

准”保证“至善”的实现，缺乏道德实践的动力。针对康德哲学的局限，牟宗三借助于宋明儒学，沿着康德所采取的“道德的进路”，通过肯认人可有“智的直觉”，不仅确立了“物自身”，肯认了“意志自由”，而且沟通了“道德界”与“自然界”，从而建构起真正的“超绝的形上学”——“道德的形上学”。进而，牟宗三亦肯认康德“哲学原型”的概念，但否认康德建立起真正的“哲学原型”。鉴于此，牟宗三认为，“道德的形上学”作为“基本的存有论”，即是康德所未建立起的“哲学原型”。“哲学原型”本无“哲学相”，只是“如如证悟”和“如如朗现”，但因为人“提不住”，故而它作为一个“圆轮”以开出“哲学相”。即，“道德的形上学”可以“上下”“左右”和“正负”地开，从而开出宗教、哲学和科学等所有义理系统。上述这样一种问题及其解决的理论建构，即是牟宗三哲学问题及其解决的义理骨干。就这样一种义理骨干的创造性而言，刘述先将牟宗三比作康德。他说：“我曾将牟先生在当代中国哲学的地位比之于康德在西方哲学的地位：你可以超过他，却不可以绕过他。”①

（原文载《河南师范大学学报》〔哲学社会科学版〕2016 年第 5 期，与史育华合作。

中国人民大学报刊复印资料《中国哲学》2017 年第 3 期全文转载。）

① 刘述先.《牟宗三先生全集》出版在今日的意义［N］. 联合报，2003-05-03.

# 台湾“鹅湖学派”的理论渊源、代表人物及义理走向

在历史上，宋代曾出现过一个“鹅湖学派”：陆九龄和陆九渊兄弟二人相与为学，探究性命之原，且讲学于江西鹅湖书院，故有“二陆”之称，亦被称为“鹅湖学派”。后来，因与朱熹有著名的“鹅湖之会”，“鹅湖学派”不仅名声大振，而且学派之名在历史上流传下来。在当代，台湾学界也形成了一个“鹅湖学派”，或称“鹅湖系”①，这是一个以东方人文学术研究基金会②和鹅湖人文书院③为中心、以《鹅湖》④ 月刊和《鹅湖学志》⑤ 半年刊和《鹅湖学术丛刊》⑥ 主笔群为主体的群体。这个群体多为牟宗三的弟子或私淑弟子，且其问题意识多来自于牟宗三哲学，故又可称为“牟宗三学派”。这个学派继承了宋代“鹅湖学派”自由论辩、切磋砥砺的传统。他们除定期举办“当代新儒学国际学术会议”“鹅湖学术论文研讨会”外，还致力于儒学的民间讲习活动，推动学术走下学术殿堂，深入民间。经过近半个世纪的精诚努力，台湾“鹅湖学派”已然成为当代新儒学的重镇。因此，对这个学派进行研究，不仅可以梳理牟宗三哲学的迁延脉络，亦可为现代新儒学乃至整个儒学的下步发展提供借鉴。

---

① 参见王其水：《鹅湖系：台湾新儒学的新趋向》，《孔子研究》1998 年第 2 期。

② 1988 年成立于中国台湾。

③ 2002 年成立于中国台湾。

④ 1975 年创办于中国台湾。

⑤ 1988 年创办于中国台湾。

⑥ 由文津出版社印行。

# 一

在20世纪20年代，在“全盘西化”和“全盘俄化”两股思潮的共同冲击下，儒家思想的传统主导地位受到严重冲击。与“国粹派”“保教派”和“保皇派”等以复古作为抵抗的保守主义不同，马一浮、熊十力和梁漱溟等人以接引古今、会通中西为基础，致力于儒学乃至整个中国文化的现代化。他们“接着”① 宋明理学讲，把“心性之学”看作中国哲学的核心和“道统”②。同时，他们主张，只有在对中国文化认同的基础上，才能谈得上对西方文化的吸纳。在他们看来，西方文化尽管有其长处，但只是“枝桠”，中国文化才是“根干”；“枝桠”若不“嫁接”于“根干”上，不仅不能够存活，更谈不上发展。熊十力说：“西洋人如终不由中哲反己一路，即终不得实证天地万物一体之真，终不识自性，外驰而不反，长沦于有取，以丧其真。……中西文化宜互相融和，以反己之学立本，则努力求知乃依自性而起大用，无逐末之患也。”③ 因此，他们主张“返本开新”：所谓“返本”，指以“心性之学”为本，即崇儒尊孔；所谓“开新”，指由“心性之学”“开出”民主和科学，即谋求儒学的现代化。很显然，这些主张不仅与上述两股“全盘外化”④ 思想不同，亦与保守主义不同。后来，这个思潮被称为“现代新儒学”⑤；上

---

① “照着讲”和“接着讲”是冯友兰所提出的一对概念。“照着讲”即比照、依照着讲，讲别人之所讲；“接着讲”是接着、承接着讲，讲别人所未讲。参见冯友兰：《三松堂全集》（第2版）（第四卷），郑州：河南人民出版社，2001年，第4页。

② 参见张君劢：《新儒家思想史》，北京：中国人民大学出版社，2006年，第567页。

③ 萧萐父主编：《熊十力全集》（第五卷），武汉：湖北教育出版社，2001年版，第62-63页。

④ “全盘外化论”为熊十力所使用一个概念。关于其含义，他说：“须知创新者，不是舍除其所本有，而向外移来为家的物事。移与创，分明不是一回事，故为全盘外化之说者，是太消灭自家创造力，自暴自弃之徒也，创新者，更不是从无生有，……创新，必依据其所本有，否即空无不能创。……吾为对于固有哲学，宜研究抉择，以为温故知新之资。”见萧萐父主编：《熊十力全集》（第八卷），武汉：湖北教育出版社，2001年，第102页。

⑤ 1941年8月，贺麟在《思想与时代》第1期发表《儒家思想的新开展》一文，第一次提出了“现代新儒学”意义上的“新儒学”概念，并对其思想观点作了系统阐述。参见张学智编：《贺麟选集》，长春：吉林人民出版社，2005年版，第130-140页。“现代新儒家”概念最早由宋志明于1985年在中国哲学史年会上提出。参见宋志明《序》，《德性与政治：牟宗三新儒家政治哲学研究》，北京：中国言实出版社，2008年版，第2页。

述三人因对这一思潮有开拓之功，而被称为儒学的“现代三圣”①。

不过，“现代三圣”的学术主张并不尽相同：马一浮所秉持的是经学的路子，梁漱溟所秉持的是文化的路子，而熊十力则开拓出一条“哲学化”② 的路子。之后，牟宗三、唐君毅、徐复观等继承乃师熊十力的理路，致力于推进儒学“哲学化”的进程。1958 年元月，为回应西方学界对儒学的偏见，表明自己对中国学术的见解，牟宗三、徐复观、张君劢和唐君毅联署《为中国文化敬告世界人士宣言——我们对中国学术研究及中国文化与世界文化前途之共同认识》③ 一文，同时发表在《民主评论》和《再生》两期刊上。此《宣言》即是被学界所熟悉的“现代新儒家宣言”。《宣言》否定“全盘外化”的主张，提倡“同情地理解”中国传统文化。其有言：“我们可以说，对一切人间的事物，若是根本没有同情与敬意，即根本无真实的了解。”④ 在他们看来，不能因当时的政治、经济状况而认为中国文化为“已死”的文明，其实“须肯定承认中国文化之活的生命之存在”⑤。中国文化虽有缺点，但亦有许多优长之处。能否对此予以正视，不仅关系到中华民族的生存，也关乎世界文化的未来发展。⑥ 历史地看，《宣言》的发表不仅被认为是第二代“现代新儒家”形成的标志，亦被认为是整个“现代新儒家”形成的标志。对此，刘述先曾将上述两代新儒家之贡献分别以“元亨利贞”之“元”和“亨”称之。他说：“当代新儒家哲学始于熊十力的形上学与宇宙论，这相当于濂溪之‘元’。唐君毅、牟宗三似二程，奠定了这一门学问的基础，或者可以说是‘亨’的阶段。”⑦

在上述两代现代新儒家学者当中，最有代表性的当为牟宗三。牟宗三的哲学是一个“道德的形上学”体系，核心是以“良知”为核心的本体论。在他看来，“良知”本体包括三个“我”：一是“物自身的我”，是知体明觉之“真我”，由“智的直觉”以应之；二是“心理学意义的我”，是“现象我”，由“感性直觉”以应之；三是“统觉我”即“认

---

① 熊十力的弟子谢石麟回忆说：“梁先生、熊先生和浙江马一浮先生是当时中国的‘三圣’，熊先生是我们的亲教大师，马、梁先生是叔伯老师。我们自称为圣人之徒。”见谢石麟：《往事历历如在眼前》，载《回忆熊十力》，武汉：湖北人民出版社，1989 年版，第 83 页。

② 在熊十力，所谓“哲学化”，是指借鉴西方哲学，建立儒家哲学。参见萧萐父主编：《熊十力全集》（第八卷），武汉：湖北教育出版社，2001 年版，第 759 页。

③ 内容参见张君劢：《新儒家思想史》，北京：中国人民大学出版社，2006 年版，第 552-595 页。

④ 见张君劢：《新儒家思想史》，北京：中国人民大学出版社，2006 年版，第 559 页。

⑤ 见张君劢：《新儒家思想史》，北京：中国人民大学出版社，2006 年版，第 557 页。

⑥ 参见张君劢：《新儒家思想史》，北京：中国人民大学出版社，2006 年版，第 582-595 页。

⑦ 刘述先：《黄宗羲心学的定位》，杭州：浙江古籍出版社，2006 年版，第 131 页。

知我”，由“形式直觉”以应之。三个“我”虽各不相同，但最终都统一于“物自身”之“真我”：“真我”是“智的直觉”之自视的“我”；“现象我”是以“感性直觉”应对“真我”时所起现的“我”；“认知我”则来源于“真我”之“自我坎陷”①，它以“形式直觉”应对②。可见，牟宗三虽然在本体层面给“现象我”和“认知我”以确认和安顿，但它们并不具有独立地位，而是“统摄”于作为本体的“真我”。这样，在“真我”统摄下的“三我”不仅有一个共同本体，而且可以应对多方面的理论诉求。进而，牟宗三借助于佛教“一心开二门”③ 以作为“公共模型”，建构起一个儒家式的“两层存有论”体系：“良知”为本体，它既可开出本体界，成就“无执的存有论”；亦可开出现象界，成就“执的存有论”。这样一个体系即是其“道德的形上学”之骨架。在这个体系当中，尤需注意者乃“良知坎陷说”，其格局为以“良知”为本体，不仅“收摄”“知性”于自身，也为“开出”民主和科学提供理论依据。很显然，牟宗三的“道德的形上学”对于传统儒学是一种新的理论创制。历史地看，这一理论创制不仅是现代新儒学的高峰，而且亦达至整个中国现代儒学的高峰。因此，刘述先将牟宗三的地位比同为康德在西方哲学史上的地位。他说：“我曾将牟先生在当代中国哲学的地位比之于康德在西方哲学的地位：你可以超过他，却不可以绕过他。”④

傅伟勋则认为，牟宗三哲学因为囊括了现代儒学的主要问题，故如何“消化”和超越牟宗三哲学成为儒学未来发展的重要课题。他说：“牟先生是王阳明以后继承熊十力理路而足以代表近代到现代的中国哲学真正水平的第一人。中国哲学的未来发展课题也就关涉到如何消化牟先生的论著，如何超越牟先生理论的艰巨任务。”⑤ 正因为如此，牟宗三 1995 年的逝世竟成为一个时代性标志，它提示人们，牟宗三时代已走入历史，“后牟

① 关于“自我坎陷”，牟宗三解释说：“知体明觉之自觉地自我坎陷即是其自觉地从无执转为执。自我坎陷就是执。坎陷者下落而陷于执也。不这样地坎陷，则永无执，亦不能成为知性（认知的主体）。它自觉地要坎陷其自己即是自觉地要这一执。”见牟宗三：《现象与物自身》，第 127 页，《牟宗三先生全集》（21），台北：联经出版事业股份有限公司，2003 年。

② 参见牟宗三：《智的直觉与中国哲学》，第 216 页，《牟宗三先生全集》（20），台北：联经出版事业股份有限公司，2003 年。

③ 《大乘起信论》有言：“依一心法，有二种门。云何为二？一者心真如门，二者心生灭门；是二种门皆各总摄一切法。”《大正新修大藏经》（第三十二卷），台北：财团法人佛陀教育基金会出版部，1990 年版，第 576 页。

④ 刘述先：《〈牟宗三先生全集〉出版在今日的意义》，台北：《联合报》，2003 年 5 月 3 日。

⑤ 傅伟勋：《从西方哲学到禅佛教》，北京：生活·读书·新知三联书店，1989 年版，第 25-26 页。

宗三时代”已悄然来临。高柏园说：“当牟先生过世之后，新儒学已迈入后儒学的时代。……‘后儒学’的‘后’并不是时间的观念，而是一种断裂性的代称。”① 也就是说，在牟宗三哲学这座高峰走入历史之后，牟宗三的哲学遗产当如何继承？现代新儒学当如何继续发展？这些都成为“后牟宗三时代”学界颇为关注的问题。李明辉说：“牟宗三先生之逝世象征当代新儒学的一个发展阶段之结束。当此之际，对其毕生的学问加以定位与评价，似乎是不容回避的工作。”② 如前所述，刘述先认为现代新儒家哲学由熊十力肇始，他可比之于周敦颐；由唐君毅和牟宗三奠基，他们可比之于二程。然而，其后续发展能否像宋明时期出现朱熹和王阳明之人物，他则持观望态度。他说：“能否有朱子、阳明一类的人物使之大行于天下呢？这里最关键的就是当代新儒家能否解决新外王的问题，而成功地应对现代西方文化的挑战，如同宋明时期成功地应对印度文化的挑战一样。在当今民主、法治、科技、商业高度发达的多元社会中，新儒家还有它的前途吗？正如牟先生以前曾说，‘世界有穷愿无穷’，我们且拭目以待吧！”③ 对此，郑家栋则更进一步，认为牟宗三之后其哲学的“线索”已然“终结”。他说：“无论在体系的完整和思想的深刻、圆融方面，牟宗三哲学都堪称是现代新儒学发展的一个峰巅，同时它也代表着一条发展线索的终结。”④

现代新儒学之后续发展问题之所以引人关注，确实与牟宗三哲学达至时代高峰有关。历史地看，当一种理论达至其极时，其后必然会呈现“裂散”格局或出现“拐点”。例如，“孔子殁后，儒分为八”；“墨子殁后，墨离为三”；阳明殁后，其学亦分为“江左”、“江右”之异。究其原因，就在于孔子、墨子和王阳明已将其学发展到极致。韩非说：“儒之所至，孔丘也。墨之所至，墨翟也。……孔、墨之后，儒分为八，墨离为三，取舍相反、不同，而皆自谓真孔、墨，孔、墨不可复生，将谁使定世之学乎？”⑤ 同样，牟宗三过世后，前两代现代新儒家动心忍性、“苦心操持”的形上学已达其极致，再沿此方向前进必难有理论建树。因此，现代新儒学在理论上的“裂散”或“拐点”应是“后牟宗三时代”的题中之义。不过，导致牟宗三哲学之“裂散”和“拐点”的还有另外一个原因，即儒学所面对的时代问题也在悄然发生着变化。概括地看，虽然中西哲学会通仍是

---

① 高柏园：《后儒学的文化面向》，《中国文化研究》2007年冬之卷，第11-12页。

② 李明辉：《略论牟宗三先生的康德学》，《中国文哲研究通讯》第五卷第二期，1995年版，第184页。

③ 刘述先：《黄宗羲心学的定位》，杭州：浙江古籍出版社，2006年版，第131-132页。

④ 郑家栋：《当代新儒学论衡》，台北：桂冠图书公司，1995年版，第111页。

⑤ 韩非著、陈奇猷校注：《韩非子新校注》，上海：上海古籍出版社，2000年版，第1124页。

儒学所面临的主题，但在这一主题之下，一些新情况正在形成：就中国文化来讲，存在境遇的变化、道德理想的失落、人生价值的重构、对现代性的重估等已上升为急迫的问题。就整个人类文化来讲，生命伦理、生态哲学、意义危机、人文关怀以及“后现代”问题亦摆在了儒学面前。因此，儒学作为一种哲学学说，如何回应中国文化自身的问题，以为国人提供精神层面的“安身立命”之据；如何面对人类共有问题以提出理论新创，进而在众多哲学学说中参与对话，均是“后牟宗三时代”儒学所不可回避的问题。郭齐勇说：“现当代新儒家是在文化失落、意义危机的时代应运而生的思潮、流派，在不同时期针对不同的思想文化问题，其论域也在不断改变。”①

因为上述两个方面的原因，在第二代现代新儒家先后作古后，围绕着其代表人物分别凝聚成数个学术群体。比如，围绕方东美出现了“方门四大弟子”——傅伟勋、孙智燊、成中英、刘述先；他们在“意义治疗”“创造的诠释”以及“本体诠释学”等方面有诸多理论新创。围绕唐君毅出现了以霍韬晦等为代表、以法住学会②和法住文化书院③为“道场”的“法住学派”；他们以“法住”即“真理永不死亡义”④ 为精神致力于复兴东方文化。不过，在这些群体当中，最有影响的是围绕牟宗三形成的“鹅湖学派”。相对地讲，这个群体不仅成员规模大、声势强，而且薪火相传的格局已然形成。尽管这个群体表示只“尊从道理”，无意于“门派”，但共同的学术渊源还是使他们集聚在一起。蔡仁厚说：“有人还提出‘鹅湖学派’的名称。这种称号，不是‘鹅湖’成员所希望的。我们只论是非，不落门派。道之所在，尊之；理之所在，从之。如此而已。”⑤ “鹅湖学派”对“德业”和“学问”没有偏执，在这两个方面均有所成就。⑥ 一个方面，他们有“理想的提揭”，通过前辈师长的精神感召和人格熏陶，将“圣贤之道”潜移默化于这个群体当中。另一个方面，有“学问的讲论”，大家除了各自教书外，还有规模不同、方式不同的讨论、演讲及学术会议。再一个方面，有“文字的表述”，不仅有《鹅湖》《鹅湖学志》之期刊，有《学术丛刊》和会议论文集，还有一般形式的书籍出版。总之，“鹅湖学派”在中国学界已经形成巨大影响力，甚至堪称全球儒学研究的重镇。

---

① 郭齐勇：《近 20 年当代新儒学研究的反思》，《求是学刊》，2001 年第 2 期，第 9 页。

② 1982 年成立于香港。

③ 1987 年成立于香港。

④ 参见霍韬晦：《霍韬晦选集——“佛教的现代智慧”及其他》，新北：弥勒出版社，1983 年版，第 89 页。

⑤ 蔡仁厚：《孔子的生命境界》，长春：吉林出版集团有限公司，2010 年版，第 320 页。

⑥ 参见蔡仁厚：《孔子的生命境界》，长春：吉林出版集团有限公司，2010 年版，第 319 页。

## 二

“鹅湖学派”是一个跨越二代甚至三代人的学术梯队。在这个梯队当中，蔡仁厚、戴琏璋、王邦雄等为第一代；他们奠定了“鹅湖学派”的学术方向和理论格局，从而成为这个学派的先驱。李瑞全、王财贵、高柏园、岑溢成、杨祖汉、李明辉、林安梧等为第二代，他们因卓越的理论新创而成为这个学派的中坚力量。此外，周博裕、邱黄海、潘朝阳、林日盛、林月惠、霍晋明、魏美瑗、黄汉忠等后来者为第三代。总的来看，在这三代人当中，较有代表性有如下几人。

蔡仁厚是“鹅湖学派”中年纪最长的一个，1930 年生于江西省雩都县（今于都县），1949 年正在广州大学就读时迁往台湾。1955 年起从游于牟宗三。先后任教于台中市第一高级中学、基隆水产职业学校和中兴大学。1970 年起历任中国文化大学哲学系教授，东海大学哲学系教授、哲学研究所所长。1980 年当选为“中华民国”哲学会理事，之后当选为常务监事。1985 年应聘为新加坡东亚哲学研究所高级研究员。1994 年当选国际儒学联合会第一届理事会理事，后为第二、三、四届理事会学术顾问。2000 年退休。2004 年被特聘为东海大学首届荣誉教授。蔡仁厚为《牟宗三先生全集》撰写了总序，并著有《牟宗三先生学思年谱》和《国史拟传·牟宗三》等。他认为，儒家哲学的宗旨是“仁义本心”，因此须以其为生命安顿之所。他说：“我自觉地将生命安顿在儒家的道理里面，有半个世纪了。我没有在儒家学术里面发现什么精奇玄妙的东西，它只是平平常常，方方正正，它只是反己体察，不安不忍。所以到最后‘万法归一’，也一定是归到仁义本心上。”① 蔡仁厚平生之学术致力于三个方面：其一，中国哲学史的讲授与著述，指对于中国哲学之源流、特质、分期、研究方法、哲学思想之介绍和阐述。其二，疏解宋明理学，指延续牟宗三《心体与性体》之脉络，对南、北宋到明代阳明学进行体系性的讲述、辨析。其三，综论儒家学术与中国现代化，阐述原始儒家“民本”“民贵”思想、“开物成务”“格物致知”与现代民主、科学思想之贯通性。基于他对传统儒学和现代新儒学的系统诠释，有学者将他冠以“继承之儒”。蔡德贵说：“蔡仁厚在当代新儒家中属于继承之儒。”②

① 蔡仁厚：《从礼的常与变看仁心之不安不忍》，《南昌大学学报》，2000 年第 2 期，第 137 页。

② 蔡德贵：《当代海外和港澳台儒学的五大学派》，《探索与争鸣》，2007 年第 10 期，第 15 页。

戴琏璋稍年轻于蔡仁厚，1932年生于浙江省丽水县，1948年只身到台湾。1951—1955年在台湾师范学院（台湾师范大学前身）国文系学习，期间受教于牟宗三。毕业后到新竹中学教书。1959—1962年在台湾师范大学国文研究所①学习，获得硕士学位。1962—1969年在淡江文理学院任讲师、副教授、教授。1969—1993年任职于台湾师范大学国文系、所，担任副教授、教授。1985—1987年任新加坡东亚哲学研究所高级研究员，1996年任新加坡国立大学中文系客座教授。1992—1997年任"中央研究院"中国文哲研究所筹备处主任、教授、咨询委员兼任研究员，后任文哲研究所所长。多次获得台湾"国家科学委员会""杰出研究奖"和"优等研究奖"。为国际儒学联合会第一、二、三、四届副会长。2002年退休。现为"中央研究院"中国文哲研究所咨询委员兼任研究员。作为编辑委员会主任，戴琏璋主持了《牟宗三先生全集》的编辑出版。戴琏璋"既有儒家尽其在我之忧患和担当，也有道家任运的自在和洒脱"②。其学术研究领域主要涉及中国哲学和古代语法两个领域。杨祖汉说："戴师……虽授国文文法，但亦精于义理。"③关于中国哲学，其研究有三个重点：其一，为周易哲学及以此为基础的儒家天命观研究。其二，为魏晋玄学研究。其三，为疏解传统儒学资源的现代价值。不过，在这些内容当中，"儒家思想与实践其实是先生一向关心之所在，而且大体皆环绕现实机缘而发，和儒学的存续发展有密切关联，不止是理论观念的阐扬而已"④。

另一个代表人物王邦雄，1941年生于台湾云林县。1961—1965年就读于台湾师范大学国文系，1969年和1975年先后获中国文化大学哲学硕士学位和文学博士学位。曾任中小学教师。1975年参与创办《鹅湖》月刊，任社长。1979—1983年任中国文化大学哲学系、所教授，1983—1986年任淡江大学中文系教授。1986年任中央大学中文系、所及哲学研究所教授，1987—1990年任哲学研究所所长。1993年借调至台北大学筹备处。现任淡江大学中文系教授。王邦雄属于牟宗三的私淑弟子。在他看来，在中国现代思想文化界，牟宗三、唐君毅具有代表性的地位。⑤ 从学术面向来看，王邦雄"思考的重点仍在

---

① 1956年在国文系外设立国文研究所，专职培养研究生。1991年国文研究所与国文系合并。

② 庄耀郎：《戴琏璋先生学行述要》，《含章光化——戴琏璋先生七秩哲诞论文集》，台北：里仁书局，2002年版，第8-9页。

③ 杨祖汉《杨序》，《含章光化——戴琏璋先生七秩哲诞论文集》，台北：里仁书局，2002年版，第1页。

④ 庄耀郎：《戴琏璋先生学行述要》，《含章光化——戴琏璋先生七秩哲诞论文集》，台北：里仁书局，2002年版，第8页。

⑤ 参见王邦雄《自序》，《中国哲学论集》（增订三版），台北：学生书局，2004年版，第1页。

世道人心的改变”；在他看来，“问世道何在，曰：在人心的开拓”①。以此为核心，其学术研究涉及儒、释、道诸家，并在很多领域有独到建树。就道家思想而言，因其卓越的理论贡献而被称为“华人世界庄子研究第一人”②。就儒家思想来看，其研究主要涉及三个方面：其一，探讨儒家的天命与心性思想，以此来展开对传统中国和现代中国的了解。其二，探讨现代新儒家的精神开展。他认为，儒家的历史发展经历了三个时期，分别是“原始儒家”“宋明新儒家”和“现代新儒家”③。其三，提出“中学为用”④ 的主张，致力于弘扬传统文化的现代价值，致力于把儒学的智慧引入当前现实生活当中。

李瑞全 1948 年出生于香港。1970—1976 年在香港中文大学学习，先后获学士学位和硕士学位；其间受教于唐君毅和牟宗三门下。1977—1981 年在美国南伊利诺依大学哲学系学习，获博士学位。1980—1985 年任台湾东海大学哲学系副教授。1985—1996 年任香港中文大学教育学院讲师。1996—1997 年任中央大学哲学研究所副教授，1997—1999 年兼任所长。为中央大学《应用伦理研究通讯》创办人、香港中华生命伦理学会创建者之一，曾兼任《鹅湖》月刊社长。现任中央大学哲学研究所教授、所长，兼任台湾生命伦理学会理事长，《鹅湖》月刊编审委员，《中央大学文学院人文学报》主编，《应用伦理研究通讯》主编，中国自然辩证法研究会生命伦理学专业委员会筹备委员会副主席等。李瑞全的主要研究领域为现代新儒家哲学、康德哲学、休谟哲学、生态哲学和生命伦理学等。概括地看，李瑞全力图避开乃师牟宗三“良知坎陷说”以收摄民主和科学的理路，转而开展应用伦理学的研究，并尝试把这些研究与儒家哲学关连起来。具体来讲，其学术研究主要包括三个方面：其一，儒家的生命伦理学，指对于儒家生命伦理学基本原则的探讨和对于其他伦理学系统的“消融”和“对接”。其二，儒家的生态哲学，指对于儒家生态哲学基本纲领的探讨。其三，现代新儒学与后现代主义之比较研究，指对于后现代理论的探讨和后现代社会的前瞻。

王财贵 1949 年生于台湾台南县，1969 年毕业于台南师范专科学校。1979 年毕业于台湾师范大学国文系，获得学士学位；1989 年毕业于台湾师范大学国文研究所，获得硕士学位。1996 年毕业于中国文化大学哲学研究所，获得博士学位。先后任教于台中市逢

---

① 王邦雄《前言》，《生命的学问十讲》，北京：中国人民大学出版社，2009 年版。

② 见王邦雄：《生命的学问十讲》，北京：中国人民大学出版社，2009 年版，前勒口“王邦雄简介”。

③ 参见王邦雄：《中国哲学论集》（增订三版），台北：学生书局，2004 年版，第 4 页。

④ 参见王邦雄：《中国哲学论集》（增订三版），台北：学生书局，2004 年版，第 301-316 页。

甲小学、台北市私立复兴中学，后任香港新亚书院哲学研究所研究员，《鹅湖》月刊社主编、社长，东海大学人文系、云林技术学院兼任讲师，台北师范学院兼任副教授。现任台中师范学院语教系教授、华山讲堂读经推广中心主任、华山书院院长、台湾汉学教育协会理事长、《鹅湖》月刊编审委员、美国科技教育协会研究员、全球“读经”教育基金会理事长。王财贵在大学时期曾在台湾大学、东海大学、中央大学和台湾师范大学听牟宗三讲课，并坚持每讲皆录音予以保存；牟宗三之《中国哲学十九讲》《中西哲学之会通十四讲》以及《庄子〈齐物论〉讲演录》都是依其录音整理出来的。王财贵主张，要将中华文化永远传承下去，“读经”是一条最可行的途径，而让儿童读经又是根本大计。① 1994年他在台湾发起“儿童诵读经典”运动。十几年来，他先后在中国台湾、美国、东南亚及中国大陆演讲1000多场，掀起了全球华人“儿童读经”的风潮。从学术角度来看，王财贵的研究主要包括三个方面：其一，主张“从良知而行”，以培养“胸怀万世”的人格。其二，从经典入手，发扬现代新儒家的志业，探讨中华文化复兴的基础。其三，提出从“全盘西化”到“全盘化西”，认为东西学问会通的责任在中国，主张以中国文化“统领”西方文化。

杨祖汉原籍广东省新会县，1952年出生于香港。1976年毕业于台湾师范大学国文系，获学士学位。1976—1978年在香港新亚研究所哲学组学习，获硕士学位。期间，受教于牟宗三门下。1979—2001年任职于中国文化大学哲学系、所，先后任讲师、副教授、教授；期间曾任职于“中央研究院”中国文哲研究所。2001年起任中央大学国文系教授兼系主任，现兼任该校儒学研究中心主任。2002年后曾兼任《鹅湖》月刊社社长。杨祖汉在读大学时开始对牟宗三哲学表现出浓厚兴趣。在他看来，牟宗三是现代新儒家的代表人物，他一生的学术成就并不止于儒学领域，而及于中国哲学思想大部分重要内容；又不止于中国哲学，对西方哲学亦有研究，其中于康德哲学用力尤深。尤为可贵的是，牟宗三在上述领域大都有不同于前人的创见，其见解多已成为后人研究中国哲学必须涉及的对象。具体来讲，杨祖汉的学术研究包括三个领域：其一，对传统儒学部分义理的研究，重点展开了儒家作为“成德之教”和其“道德的形上学”的研究。其二，在学理上疏解牟宗三“道德的形上学”的优长之处，并针对其“两层存有论”所可导致的流弊进行“修补”。其三，为现代新儒学的“道统观”和“开出说”进行辩护，并通过区分“自力宗教”与“他力宗教”，主张可有一种超越所有形式的宗教，即儒家的“道德良知

---

① 参见王财贵：《儿童经典诵读基本理论》，《北京教育》（普教版），2005年第4期，第34页。

之学”。

李明辉1953年出生于台北，台湾屏东县人。1971—1975年在台湾政治大学哲学系学习，获得学士学位。1977—1981年在台湾大学哲学研究所学习，获得硕士学位。期间，受教于牟宗三门下。1982—1986年在德国波恩大学哲学系学习，获得博士学位。1972—1988年先后任台湾大学哲学系助教、客座副教授。1988—1991年任中国文化大学哲学系副教授。1991—1995年任“中央研究院”中国文哲研究所副研究员，1995年起任研究员，并任台湾大学“国家发展研究所”和中央大学哲学研究所合聘教授、中山大学“长江学者”讲座教授。李明辉学术研究范围广泛，既包括传统儒学，亦包括现代新儒学，还包括西方哲学，尤其是康德哲学。多年来，李明辉致力于为牟宗三哲学进行辩护，成为当代继承并弘扬牟宗三学术理路的主要代表之一。其学术研究的趣向大致有三个方面：其一，基于牟宗三“道德的形上学”之立场，不仅论证中国哲学的正当性，亦为牟宗三哲学的正统性进行辩护。其二，肯定儒家的“内在超越性”，为现代新儒家之“道德的理想主义”进行辩护，对“所谓”“泛道德主义”的指摘进行批驳。其三，通过对比中西政治哲学理论，论述基于“性善论”的民主政治之可能，阐述“道德主体”“开出”民主与科学的合理性与必然性。

林安梧是“鹅湖学派”中坚力量中年纪较轻的一个，1957年出生于台湾台中县，祖籍是福建平和县。1975—1979年在台湾师范大学国文系读本科。1982年入读于台湾大学；1986年获得硕士学位，1991年获得博士学位。期间受教于牟宗三门下。曾任台湾清华大学教授暨通识教育中心主任，南华大学哲学研究所所长，《鹅湖》月刊主编、社长，《思与言》主编，佛光大学哲学所创所所长，台湾师范大学国文系、所专任教授，现为台湾慈济大学宗教与文化研究所所长、教授。兼任中央大学哲学所暨中文所教授、中南大学兼职教授、东方人文学术基金会董事、“教育部”大学评鉴委员。林安梧认为，牟宗三是现代新儒学的一座高峰，他继承了熊十力的理路，又发展了熊十力的思想。不过，在“后牟宗三时代”，应该在回溯与分判牟宗三哲学的基础上，将其作为现代新儒学发展的一个转折点。基于上述，林安梧提出了“后新儒学”的理论框架，主张由牟宗三回到熊十力，进而回到王夫之。他说：“由牟宗三先生上溯至熊十力先生，再上溯至王船山的哲学，这里隐含了我所谓‘后新儒家的哲学’可能向度。”① 具体来讲，其理论主张包括三个方面：其一，由“两层存有论”折转为“存有三态论”，即由“一心开二门”之“无执

① 林安梧：《儒学革命：从“新儒学”到“后新儒学”》，北京：商务印书馆，2011年版，第217-218页。

的存有论”和“执的存有论”转到“存有的根源”、“存有的开显”和“存有的执定”三种形态。其二，由“存有三态论”开启“意义的治疗”，即通过“存有的治疗”消解“话语的异化”。其三，从外王的学习过程中“调节”内圣，即外王与内圣“两端而一致”，由此而解决“道的错置”问题。

## 三

“鹅湖学派”成员为牟宗三的及门或私淑弟子，故其哲学思想的问题意识多来自于牟宗三哲学。基于此，林安梧将“鹅湖学派”分为两个不同的学术向度①：一是“护教的新儒学”，为沿着牟宗三哲学理路向前发展的向度。他们肯定以“心体”“性体”为核心的“道德的形上学”，主张由道德主体“融摄”一切文化活动，从而以道德精神为根基引导现代生活。由此来看，蔡仁厚对于牟宗三哲学的疏解和对于“开出说”“坎陷说”的辩护，杨祖汉对于“两层存有论”的“修补”，尤其是李明辉为“道德的形上学”的辩护，都可视为对牟宗三哲学的“护教”。公允地讲，这一向度不仅继承了“道德的形上学”，而且也丰富了“道德的形上学”，从而促进了牟宗三哲学成为学界的“显学”。二是“批判的新儒学”，为通过反思、批判牟宗三哲学以企求实现理论新创的向度。在林安梧看来，牟宗三因为轻忽了生活世界和历史社会总体，故只完成了“形而上的保存”，而缺乏“实践的开启”。质言之，牟宗三哲学虽有贡献，但“道德的形上学”将“主体主义”推向极至，从而将儒学带上了“歧路”；在此意义下，牟宗三实是儒学“最大的别子为宗”②。为了把儒学从“歧路”上拉回来，他提出“后新儒学”的主张，即，儒学之未来发展需要“颠覆”“一心开二门”的格局，以“存有三态论”取代“两层存有论”。很显然，相对于牟宗三哲学来讲，这一向度并非是局部性的批判，而是结构性的“革命”。因此，高柏园说：“后儒学并不是后牟宗三哲学，而是有着完全异质性的发展可能。”③

林安梧的这一划分受到李明辉的强烈反对，原因在于“护教”一词的使用。在李明辉看来“护教”一词本是宗教领域中的概念，通常指对宗教教条不加批判的接受与维护。因此，这个“封号”对宗教信徒而言未必有贬义，但对于以哲学思考为职志的学者决非

---

① 参见林安梧：《儒学革命：从“新儒学”到“后新儒学”》，北京：商务印书馆，2011年版，第78-81页。

② 林安梧：《儒学革命：从“新儒学”到“后新儒学”》，北京：商务印书馆，2011年版，第212页。

③ 高柏园：《后儒学的文化面向》，《中国文化研究》2007年冬之卷，第13页。

恭维之词。①事实上，李明辉的反驳有些过于“计较”，因为从林安梧的上述言说中看不出对“护教”一词的贬义，而且林安梧并未否认牟宗三哲学所具有的贡献。不过，在林安梧，“护教”一词尽管没有贬义，但它确实暗含着“固守而未发展”之义。即，这一向度下的学者只是固守牟宗三哲学的“衣钵”，没有或缺乏自己的理论新创。由此讲来，李明辉的“计较”似乎也有一定道理，因为这一向度的学者并非全无理论新创。总的看，尽管林安梧的划分不无道理，但它实际上确实有一定的局限性，即，它只从与牟宗三哲学的关系而言说，故未能彰显“鹅湖学派”诸学者学术思想的丰富性，从而也不能彰显这一学派所具有的义理走向。比如，“鹅湖学派”作为一个学派其共性的义理是什么？其诸成员之间不同的主张有哪些？哪些义理可代表未来儒学发展的走向？等。实际上，若超越“护教”与“批判”的角度，从其思想的实际情况来看，“鹅湖学派”的思想理论是多向度展开的；不仅有共性的义理内容，而且亦有不同的义理主张。

概括地看，在“后牟宗三时代”，“鹅湖学派”诸学者的致思主要出于两个动机：一个方面，“挖掘”和反思牟宗三哲学所蕴含的问题意识和理论资源，以求将其价值贡献于当代社会和全人类。另一个方面，在多元化的世界哲学格局中，儒家哲学应通过自身的理论新创参与人类哲学的对话，从而在谋求自身发展的同时为整个人类哲学做出贡献。因此，“鹅湖学派”诸学者的思想首先表现出诸多共性的内容，从而形成这个学派得以奠立的基础。具体来讲，这些共性内容有如下几个方面：

其一，在古与今之“纵向”的格局之下，注重儒学现代价值的挖掘，以为人类进步提供精神动力。他们认为，儒学尽管产生于遥远的“轴心时代”②，但它并不是博物馆里的“文物”或“化石”，而是仍具有生命力的“活生生”的存在。因此，他们反对美国学者列文森关于儒学已失去价值、只是博物馆里“陈列品”的说法。③在他们看来，儒学

---

① 参见李明辉：《如何继承牟宗三先生的思想遗产》，《思想》第13卷（2009年10月），第191-203页。

② “轴心时代”一词源于德国哲学家雅斯贝斯（Jaspers）。他认为公元前5世纪左右，在古代中国、希腊、印度等国家同时出现了一些重要哲学思想；这些哲学思想为人类文明做出了巨大贡献，至今仍为现代文明提供着精神资源。因此，公元前5世纪这个“巨人时代”乃是一个“轴心时代”。参见雅斯贝斯著，魏楚雄、俞新天译：《历史的起源与目标》，北京：华夏出版社，1989年版，第31页。

③ 列文森认为，儒学在现代中国已退出历史，成为博物馆中的陈列品，而“就博物馆学的意义而言，陈列品都只具有历史的意义，它们代表的是既不能要求什么，也不能对现实构成威胁的过去。或者说它们只具有‘审美’的意义……”见列文森著，郑大华、任菁译：《儒教中国及其现代命运》，北京：中国社会科学出版社，2000年版，第372页。

有许多理论仍具有现代价值，甚至具有全人类的普适价值。蔡仁厚说："儒家是一个学派，它又不止是一个普通的学派（它以常理常道为主，不同于一般专学）……儒家似乎很特殊，可是，'不与众同'的儒家却又同时具有很大的普遍性。"① 此外，儒学能够对西方强势的但却是排他性的人文精神进行反思，可提供一种融合不同文化并消除冲突的理论倾向，从而实现多元文化的互相包容。戴琏璋说："依个人浅见，中国哲学史里所谓中和思想当是这个大趋势的主导思想中最主要的成分。"② 正因为如此，蔡仁厚认为，当前一个重要的任务便是"挖掘"儒家思想的普适意义，以贡献于全人类。他说："就哲学的本性而言，既没有古今之异，也没有新旧之分，应该是超越时代的。中国传统哲学中许多基本概念都具有独立自足的意义，而且是无可取代的（如儒家的仁恕、时中，道家的无，佛教的空，等等）。只要运用现代语言加以诠释，就可以豁醒它的意涵，继续显发它的效用。"③

其二，在中与外之"横向"的格局之下，对儒学地位的认识发生了改变，体现出充分的平等对话意识。从牟宗三的哲学不难看出，他不仅系统探讨了道家、儒家和佛家的思想，而且通过对康德哲学的思考和"消化"，把西方哲学与中国哲学连接起来，表现出开放的心态。不过，牟宗三通过由"良知""开出""无执的存有论"和"执的存有论"，赋予儒学以"独一无二"的"优位"，又表现出明显的自我"护教"立场。与牟宗三相比，"鹅湖学派"诸学者的视野更加客观、平和、全面。尽管他们认可儒家一些思想的普适性，但他们不再坚持中国文化的"优位性"，不再企求以儒学来全面安排人类秩序、解决所有问题。因此，他们以更加开放的心态重新为儒学定位，将儒学置于多元哲学的比照中，既正视儒家思想的优长，亦正视儒家思想的弱点。他们大多相信，作为人类多元哲学中的一元，儒学必须面对民主、科学、自由、人权等现代价值，必须注重与其他思潮流派、文化传统的交流，在冲突与对话中实现儒学的现代化和世界化。或者说，面对"新轴心时代"④，不同族群、不同文明应该有更多的沟通和交流，儒学应积极参与到这种沟通和交流当中去；唯有如此，儒学才能不仅获得自身发展，而且亦可为人类哲学做出贡献。林安梧说："人类二十一世纪要走向一个新关系的重建，就是族群跟族群、文化

---

① 蔡仁厚：《宋明理学与当代新儒家的对比及其前瞻》，《南昌大学学报》，2004 年第 2 期，第 156 页。

② 戴琏璋：《文明的冲突与会通》，《中国文哲研究通讯》第三卷第四期，1993 年，第 23 页。

③ 蔡仁厚：《儒家思想的反省与前瞻》，《上饶师范学院学报》，2001 年第 1 期，第 31 页。

④ 即历史上的第二个"轴心时代"。参见杜维明：《新轴心时代的文明对话》，《杜维明文集》（第一卷），武汉：武汉出版社，2002 年版，第 9-11 页。

与文化，以及种种其他的关系一起朝向多元而和谐的状态。”①

其三，在时代问题之“当下”的格局下，强调儒学必须加快“创造性的转化”，为人类提供创造性的思想资源。他们认为，为了实现儒学的“创造性转化”，不仅需要做哲学史的工作，致力于中国哲学经典思想诠释，而且更需要做哲学的工作，致力于提出新的理论学说。蔡仁厚说：“中国哲学现代化的意指，应该含有两个方向：第一、如何通过现代语言，把中国哲学的思想阐述出来，……第二、如何对中国哲学作进一步批判的反省，既以重新认识和发挥它的优点长处，也要补救它的短缺和不足，以求进一步的充实发展。这才是中国哲学现代化最积极的意义。”② 高柏园则说：“儒学的存在不能只是一种儒学史的重述，而且应该包含后儒学的发展与建构。”③ 在他们看来，要实现儒学的“创造性转化”，不仅需要对经典有深度的理解和诠释，而且更需要正视时代问题。王邦雄说：“今天我们讲诸子百家的思想，一定要消化为民族文化的智慧，也就要把这个智慧引进当代之中，我们不是作一个凭吊怀古的学者，我们真的是要用诸子百家的智慧，面对当前的问题。”④ 质言之，要实现儒学“创造性的转化”，必须要置身于“当下”全球化的学术交流和文明对话格局下，面对人类之共性的哲学问题，进行独到的但却具有普适性的理论新创。在此方面，李瑞全的生态哲学、李明辉的“新外王”，尤其是林安梧的“后新儒学”等，都是有益的尝试和积极的探索。其中，林安梧之由“存有三态论”代替“一心开二门”的“后新儒学”，或可成为儒学将来发展的合理向度之一。⑤

尽管“鹅湖学派”被视为一个统一的学术派别，尽管这个学派诸学者有上述相同的思想内容，但因为哲学的“个体性”特征，其中还具有不同的主张，甚至表现出不同的义理走向。所谓哲学的“个体性”，是指哲学作为一种学说，通常是哲学家个体劳动的成果，因为不同哲学家往往具有“特别的眼光”，即不同的问题意识、不同的致思路径和不同的理论主张。熊十力曾说：“科学的理论恒是根据测验的，哲学的理论往往出于其一种

① 林安梧：《儒学革命：从“新儒学”到“后新儒学”》，北京：商务印书馆，2011年版，第169页。

② 蔡仁厚：《中国哲学史的总检讨与现代化、世界化背景上的新展望》，《东方论坛》，2007年第5期，第10页。

③ 高柏园：《后儒学的文化面向》，《中国文化研究》2007年冬之卷，第18页。

④ 王邦雄：《中国哲学论集》（增订三版），台北：学生书局，2004年版，第107页。

⑤ 参见程志华：《由“一心开二门”到“存有三态论”——儒学之一个新的发展向度》，《哲学动态》，2011年第6期。

特别的眼光。”[1] 在此意义下，“鹅湖学派”诸学者之不同主张就代表着他们“特别的眼光”。概括地看，这些不同主张可归纳为三个方面，或可代表三种不同的义理走向：

其一，在中西两种形上学理路之对照的格局下，沿着“道德的形上学”的理路，强调“实践的形上学”的意义。按照牟宗三的思路，形而上学分为两种：一种是基于对世界生成演化图景进行探讨的“知解的形上学”[2]；一种是基于追求人生意义和提升生命境界进行探讨的“实践的形上学”[3]。历史地看，“知解的形上学”在西方取得了较大发展，但这种形上学在20世纪受到了越来越多的批评，似乎已走入穷途末路而“终结”。于是，出现了所谓的“后形而上学时代”的问题。[4] 面对这种情形，“鹅湖学派”一些学者提出，东方的“实践的形上学”或可成为思考“后形而上学时代”问题的突破口。杨祖汉认为，儒释道三家的形上学均为“实践的形上学”，它们乃优长于“知解的形上学”的实践的学问。在他看来，由体证以肯定道体，进而以言形上学，是“理论理性”欲达而不能及的境界。正是因此，牟宗三“道德的形上学”作为东方的“实践的形上学”，它的建构不仅推进了儒学的发展，而且亦可化解“知解的形而上学”的困境。他说：“形上学而由实践以建立，可能是唯一能说形上学的路子，如此便见到儒（道释亦在内）家的形上学在世界哲学上应有的地位及其可能有之贡献。此贡献在于使康德哲学百尺竿头、更进一步。”[5]

其二，在主体性与客体性对立的格局之下，推进主体性向客体性的转化，表现出明显的“存有意识”。在牟宗三，他将康德认为只有上帝才有的“智的直觉”赋予人，从而把人提到上帝的层次。进而，他借助“一心开二门”之“公共模型”，由“良知”不仅开出“无执的存有论”，而且亦开出“执的存有论”。具体来讲，牟宗三主张“良知”不仅是“德性主体”，而且亦是“知性主体”和“政治主体”，其间的“通道”是“良知的自我坎陷”。进而，“良知”作为“知性主体”和“政治主体”时即可以“开出”科学和民主。林安梧认为，牟宗三哲学确实“是一‘高狂俊逸’的哲学系统”[6]，但它强调人具有

---

① 萧萐父主编：《熊十力全集》（第四卷），武汉：湖北教育出版社，2001年版，第243页。

② 参见牟宗三：《生命的学问》，桂林：广西师范大学出版社，2005年版，第19-20页。

③ 参见牟宗三《序》，《现象与物自身》，第17页，载《牟宗三先生全集》（21），台北：联经出版事业股份有限公司，2003年版。

④ 参见程志华：《道德的形上学与“后形而上学时代”》，《哲学研究》，2009年第11期。

⑤ 杨祖汉《论余英时对新儒家的批评》，《儒学与当今世界》，台北：文津出版社，1994年版，第161页。

⑥ 林安梧：《儒学革命：从“新儒学”到“后新儒学”》，北京：商务印书馆，2011年版，第294页。

"智的直觉"，不仅具有非常强的独断色彩，而且也表现出明显的"主体主义"倾向①。为此，林安梧提出"后新儒学"的构想，主张以"存有三态论"取代"一心开二门"。所谓"存有三态"，是指"存有的根源""存有的开显"和"存有的执定"之"存有"的三种状态："存有的根源"为"存有"的第一层状态，指"道"是不可说的，是一切存在的根源。"存有的开显"为"存有"的第二层状态，指"道"不能永远处于不可说的状态，它必经由"可道"而"开显"，即"道显为象"。"存有的执定"为"存有"的第三层状态，指"道"经由"可道"开启后当落在"名"上说，此乃"名以定形"。② 可见，林安梧的"道"与牟宗三的"良知"不同，前者强调"存有义"，后者强调"主体义"。很明显，由"良知"到"道"的转化凸显了由主体性向客体性的转化，即凸显了由"主体主义"向"存有意识"的转化。郭齐勇说："林安梧的'儒学革命'和'后新儒学'，强调重视'气'论，重视客观面，回到船山学……"③

其三，在体与用的格局之下，主张"中学为用"，强调道德意识在现代社会的教化功能。西方哲学东渐以后，中西两种哲学的"碰撞"逐渐演变为体与用即本与末的争论。在此争论当中，不仅出现了激进主义的"全盘外化论"，而且亦出现了"中学为体，西学为用"④ 之保守主义的"中体西用论"。在王邦雄看来，无论是激进主义，还是保守主义，它们都肯定"西学为用"的必要性，所强调者均是西学的现实意义，所区别之处只在于是"中学为体"还是"西学为体"。然而问题是，他们在强调"西学为用"的同时，却共同"遗忘"了"中学为用"，即"中学"所具有的道德教化功能。即使是牟宗三，他虽以"一心开二门"解决了"中体西用"和"西体中用"两大难题，但实亦独重"西学为用"，强调"开出"科学与民主，而忽略了"中学为用"。因此，"综合言之，'后牟宗三'的儒学课题，当往'中学为用'要如何去开展架构的路上走，否则，'中学为体'仅有形式意义，而未有实质的意义。"⑤ 关于"中学为用"的具体内容，王邦雄的主张是："'后牟宗三'，追随大师的脚步，我们要去拓展'中学为用'的路，来面对并解决新时代

---

①　参见林安括：《儒学革命：从"新儒学"到"后新儒学"》，北京：商务印书馆，2011 年版，第 294 页。

②　参见林安梧：《儒学革命：从"新儒学"到"后新儒学"》，北京：商务印书馆，2011 年版，第 295-298 页。

③　郭齐勇：《近 20 年当代新儒学研究的反思》，《求是学刊》，2001 年第 2 期，第 9 页。

④　苑书义、孙华峰、李秉新主编：《张之洞全集》（第十二册），石家庄：河北人民出版社，1998 年版，第 9740 页。

⑤　王邦雄：《中国哲学论集》（增订三版），台北：学生书局，2004 年版，第 307-308 页。

的两代传承、两性互动与两岸统独的三大课题。”① 与王邦雄相呼应，王财贵则通过推广儿童读经活动以落实“中学为用”。他认为，儒学经典乃天经地义且历久弥新，故需要将其价值弘扬于现代；而要弘扬其价值，最有效的办法是背诵经典，尤其是儿童背诵；唯有通过背诵，才能将经典扎根于人类心灵和民族文化深层，从而使其价值世代不竭地发扬光大。②

很明显，上述三个方面在义理走向上并不吻合。比如，第一种观点之重点在于对“实践的形上学”即牟宗三“道德的形上学”的强调，其理论特征是以主体性为根基的。第二种观点之重点在于对“存有三态论”的建构，其理论表现出明显的客体性特征。林安梧说：“是‘道’造化了这世间，并不是人的本心体现了这个世间，什么是‘道’？是‘人’‘参赞’‘天地’所形成的‘不可分’的‘总体’，就这‘总体的根源’或‘根源的总体’说‘道’。因此当我们说‘道’的时候，是天地万物以及人通而为一的。”③ 对主体性与客体性之不同侧重使这两种观点“分道扬镳”，在与牟宗三哲学的关系上也形成为不同倾向：前者表现为对牟宗三哲学的继承与发扬，后者表现为对牟宗三哲学的“反判”。若依着前述之林安梧关于两个向度的划分，便是：以第一种观点为核心形成所谓“护教的新儒学”；以第二种观点为核心形成所谓“批判的新儒学”。相对照来看，第三种观点既不是“护教”，也不是“批判”，而是对牟宗三“道德的形上学”的一种补充。即，它在继承牟宗三“道德的形上学”的前提下，就其所“遗忘”和“轻忽”的方面进行“修补”。因此，这种观点与上述第一种观点不尽相同，因为它不是围绕着“道德的形上学”本身作文章，而是围绕着儒学之道德教化功能作文章。同时，它虽为崭新的言说，但它与第二种观点也不相同，因为它没有新的理论建构，只是强调发扬儒学已有的实际价值。这样来看，第三种观点乃为一种独立的义理路向。

由上述可见，“鹅湖学派”诸学者既有共同性的义理内容，亦有歧异性的义理主张。就其共同之处来讲，它们是这些学者形成为一个派别的基础；就其不同之处来讲，它们分别代表着诸学者之“特别的眼光”。总之，无论是共同性，还是歧异性，“鹅湖学派”诸学者的理论出发点都是牟宗三的“道德的形上学”或“实践的形上学”。因此，可以

---

① 王邦雄：《中国哲学论集》（增订三版），台北：学生书局，2004 年版，第 316 页。

② 参见王财贵：《文化熏陶、智能锻炼、人格完善——儿童经典诵读工程》，《吕梁教育学院学报》，2007 年第 4 期，第 20-24 页。

③ 林安梧：《儒学革命：从“新儒学”到“后新儒学”》，北京：商务印书馆，2011 年版，第 296 页。

说，牟宗三是“后牟宗三时代”的逻辑前提，牟宗三“道德的形上学”是“鹅湖学派”得以形成的理论原点。既然如此，就须对“鹅湖学派”诸学者思想之共同性和歧异性有一平和的理解和公允的正视：既不可夸大其共同性，亦不可无视其歧异性。无论如何，他们均以“阐扬学问道业”为职志。此诚如林安梧所说：“‘孔子殁后，儒分为八’，‘墨子殁后，墨离为三’，阳明殁后，其学亦有江左、江右之异，此学派发展之所使然。所可贵者，孔子之徒仍为孔子之徒，墨子之徒仍为墨子之徒，阳明之徒仍为阳明之徒，皆戮力于学问道业之阐扬，未改其志也。牟宗三先生生前《鹅湖》朋友对于儒学见地亦本多歧异，唯彼此君子论交，以文会友，以友辅仁，时或不同，即如水火，亦相资而不相斥也。此亦可见宋代‘鹅湖’之会，一时朱、陆的景况，此盖《鹅湖》之真精神也。”①

## 四

综上所述，我们可以得出如下几点结论：其一，牟宗三“道德的形上学”是“鹅湖学派”形成的理论原点。牟宗三以其理论新创形成了现代儒学的高峰。然而，牟宗三的理论建构已达至其极，故如何往前发展便成为一个迫切且实际的问题。在此背景之下，牟门诸弟子以《鹅湖》《鹅湖学志》和《鹅湖学术丛刊》为平台，渐渐形成为一个学术共同体——“鹅湖学派”。其二：“鹅湖学派”是儒学当今发展之重要的一元。在围绕第二代现代新儒家所形成的派别当中，“鹅湖学派”不仅规模更为庞大，而且因其理论贡献使其影响更为巨大。宋志明说：“由牟宗三的弟子或再传弟子组成的‘鹅湖学派’（因其主办《鹅湖月刊》得名）已接过这把香火。他们作为新一代的现代新儒家群体，对于中国传统文化及其与现代化关系的理解也许更富有时代特色。”② 由此来看，在“后牟宗三时代”，牟宗三哲学并未如郑家栋所言其“线索”已“终结”。其三，这个学派虽具有诸多相同的义理内容，但亦表现出不同的义理主张；前者是其成为一个学派的基础，后者代表着不同学者“特别的眼光”。在此，如果参照上述刘述先将前两代现代新儒家比之为“元亨利贞”之“元”和“亨”，那么，“鹅湖学派”之学术或可比之为“利”和“贞”。

---

① 林安梧：《儒学革命：从“新儒学”到“后新儒学”》，北京：商务印书馆，2011 年版，第 77 页。

② 宋志明：《熊十力评传》，南昌：百花洲文艺出版社，1993 年版，第 234 页。

孔颖达说："元，始也。亨，通也。利，和也。贞，正也。"[1] 也就是说，如果说熊十力可比之为周敦颐，牟宗三和唐君毅可比之为二程，那么，"鹤湖学派"诸学者可比之为朱熹和王阳明：其理论之相同处乃"利"之"和"，分歧处则需要"贞"之"正"。不过，至于何种义理走向能够代表"贞"之"正"还需要拭目以待，因为"鹅湖学派"仍处于发展过程之中。

（原文载《东岳论丛》2013 年第 6 期。

中国人民大学报刊复印资料《中国哲学》2013 年第 8 期全文转载。）

---

① 王弼注、孔颖达疏：《周易正义》，北京：北京大学出版社，1999 年版，第 1 页。

河北大学
哲学研究文存

第三编

# 比较哲学与海外儒学研究

# 康德的伦理学其实不烂*

## ——对《康德的伦理学其实很烂》一文的回应

韩东屏教授在《江苏海洋大学学报》2020 年第 5 期发表《康德的伦理学其实很烂——〈道德形而上学原理〉批判》(以下简称韩文),以康德《道德形而上学原理》(以下简称《原理》)为蓝本,分析了其三个方面的错误:其一,“研究方法方面的错误”,指作为基本研究方法的形而上学不能成立,具体方法亦有错误。其二,“理论观点方面的错误”,指其系列观点几乎都是错误的,甚至没有实现“找到‘道德最高原则’的初衷”。其三,康德伦理学之所以“满是弊病”,主要原因在于“认知上存在四个根源性迷误”。基于三个方面的分析,作者得出结论——“康德的伦理学在学界广受推崇,但其实很烂”,以康德伦理学为对象的“不加批判和改造”的诠释也没有任何意义。笔者反复研读了韩文,并未被其观点和论证说服,反而发现韩文对康德伦理学方法、观点的分析存在诸多错漏,所谓“康德的伦理学其实很烂”的结论不成立。笔者的意思是,康德的伦理学不是不能批判,因为任何一种理论终将要走入历史,被崭新的理论所取代,但韩文没有能够颠覆康德的伦理学,故而欲以“人本伦理学”取代康德伦理学的愿望还不能实现。

为了说明笔者的上述观点,下面依着韩文的结构和顺序展开讨论。

### 一、关于方法性错误

韩文这一部分的核心观点是,康德作为伦理学方法的“单纯形式化的形而上学”是不存在的,他本人的研究亦未依此形而上学而开展。理由是:其一,康德认为,“逻辑学就是没有质料、特定对象和任何经验的理性知识”,“形而上学”作为“逻辑学的对象性

---

* 国家社会科学基金重点项目“王船山哲学研究”(20FZXA004)阶段性成果。

应用”，以“自然”为对象者为“自然形而上学”，以“道德”为对象者为“道德形而上学”。显然，康德所谓的“道德形而上学”以“道德”为“特定对象”，为“有质料”。既然如此，就不可谓“道德形而上学”为“单纯形式化的形而上学”。其二，就“康德的实际做法”看，“康德研究道德和建构道德哲学的方法，同样是要从经验开始，并依赖经验才能过渡到道德形而上学的方法”。其依据是康德如下一段话：“它分析地从普通认识过渡到这种认识的最高原则的规定；再反过来综合地从这种原则的验证、从它的源泉回到它在那里得到应用的普通认识。”① 这段话的意思是，“先天的，不沾带一毫经验”的道德原则，“只能在纯粹理性中找到，而半点也不能在其他地方找到”。然而，实际上康德又主张“从属于经验的普通知识开始”，这不是矛盾吗！

吾人对上述理由逐条辨析如下：

其一，这样一种推导类似一个三段论，似乎很思辨、很严谨，其实中间“偷换”了概念：康德讲的是，逻辑学以“道德”作为对象乃“道德形而上学”；韩文讲的却是，形而上学以“道德”作为对象乃“道德形而上学”。康德的原文是：“人们可以把全部以经验为依据的哲学称为经验哲学，而把完全从先天原则来制订自己学说的哲学称为纯粹哲学。单纯是形式的纯粹哲学，称为逻辑学；当它限制在知性的一定对象上的时候，就称为形而上学。”② 很显然，康德的原意是指，“道德”作为“逻辑学”而不是“形而上学”的“特定对象”和“质料”，从而产生了“道德形而上学”。而且，逻辑学以“道德”为对象并不意味对作为“单纯形式化的形而上学”的“道德形而上学”的否定，因为“道德形而上学”与“单纯形式化的形而上学”并不存在逻辑矛盾。质言之，康德所谓“一个纯粹的，完全清除了一切经验、一切属于人学的东西的道德哲学”③ 是可能的。

其二，实际上，韩文误读了康德这段话。就康德的原文讲，上半句所谓由“普遍认识”到“最高原则”的“过渡”乃是基于对纯粹理性的“分析”而得出，并非基于对道德经验的“概括”“归纳”而得出。下半句的意思是，“最高的道德原则”“规定”出来以后，必须要从“源泉”“应用”到“普通认识”，即从“理性”到“经验”以“验证”和“应用”。在此，所谓“验证”只是“检验”“证真”之义，而没有“概括”“归纳”之义。质言之，“最高原则”所依赖的是理性，而绝非经验；理性是“最高原则”的来源，经验

① 康德著，苗力田译：《道德形而上学原理》，上海：上海人民出版社 1986 年（下同），第 41 页。

② 康德著，苗力田译：《道德形而上学原理》，第 36 页。

③ 康德著，苗力田译：《道德形而上学原理》，第 37 页。

是“最高原则”的应用。然而，韩文误读了康德“过渡”和“源泉”的含义，故而认为康德关于“道德形而上学”所论存在矛盾；实际上康德所论与“做法”是前后一致而不存在矛盾的。

既然如此，一个方面，韩文所说“那种所谓可以不依赖任何经验的形而上学研究方法并不存在，康德的《原理》同样是含有经验成分的非单纯形式的道德哲学”，便是未能证真的。另一个方面，“在方法上，它与之前的其他伦理学理论，并无任何实质性不同，顶多是给自己理论加上了几个唬人的华而不实的修饰词而已”，韩文如此这般的批评也就失去了依据。

依韩文的说法，上面的内容为对“道德形而上学”不成立的分析，接下来，他还从两个方面对“道德形而上学”进行了批判。

其一，“即便算它存在”，“也完全没有必要性”。关于此，韩文引用了康德的一段话。康德这段话的大意是：尽管有些“道德规则”可以产生合乎道德的行为，但如果这些规则不是出于“道德本身”的理由，实际上很难保证必然导致合乎道德的行为。因此，要实现必然导致合乎道德行为的目标，必须要“找到正确评价”道德的“最高标准”，作为道德哲学的出发点，而“最高标准”不可能从“既有道德”和“道德实践”中寻找或提炼。① 很显然，这段话的用意是要说明“道德形而上学”的必要性。不过，韩文认为康德的说法存在问题，理由是：康德“还没有找到”“形而上学”这个“出发点”时，“道德实际上已经存在”，“最高标准和道德规律”应该从“既有道德和道德实践”中寻找或提炼，而不是去建构“道德的形而上学”，故而根本“谈不上”“必须是个出发点”，即，“道德形而上学”是没有必要的。

依吾人理解，韩文的说法存在逻辑矛盾——既然“道德”早出于“最高标准和道德规律”，那么“最高标准和道德规律”就应该从“已经存在”的“道德”去寻找或提炼——从上半句“既然”的内容并不能够必然地推出下半句“那么”的内容。可见，韩文错误地使用了“既然……那么……”这样一个表示因果关系的复句。然而，康德的本义却恰恰合乎逻辑——既然“道德”“实际上已经存在”，而已有的“道德规则”无法解决必然导致合乎道德行为的问题，故而需要另寻出路，而这个出路便是“道德形而上学”的必要性。

其二，“道德形而上学”作为一种方法是“不可行”的，理由是：康德讲过，作为

---

①　参见康德著，苗力田译：《道德形而上学原理》，第 38 页。

“定言命令”的“道德最高原则”即“自律性原则”不能通过“例证”“经验”来证明：“必须时时注意，不要通过例证，即通过经验，来证明在什么地方有这样一种命令式。”①然而，至少有两个方面可以证明康德违背了自己的观点：第一个方面，康德采用了诸多“例证式”的论证，即由“例证”“经验”概括、归纳出“道德最高原则”。第二个方面，康德使用“我们知道”“众所周知”来表述相关内容，这种表述与“形而上学纯形式思维”的主张发生了矛盾——这些相关内容若是经由“形而上学纯形式思维”得知，便说明“道德形而上学”“早在人们心中”，“根本无须康德建构”；它们若不是经由“形而上学纯形式思维”得知，那么便只能是“凭自己的经验知道”的。

吾人认为，康德那句话的意思是，“道德最高原则”不由对“经验”概括、归纳得出，而只能由“纯形式思维”得出。然而，这并不意味“道德最高原则”不能与“例证”“经验”有任何瓜葛。康德明确地讲，“例证”“经验”虽不可“推出”这些原则，但它们可以作为这些原则的“例证”，而且还是这些原则的应用对象。即“例证”“经验”虽不是“道德最高原则”的“来源”，但却可以是“道德最高原则”之存在和效果的“证明”。既然如此，韩文第一个方面的反证是不成立的。另外，在康德，“我们知道”“众所周知”等说法，并非指基于“经验”的观察或归纳，而是指基于纯粹理性分析所得出的“普遍性”。对此，韩文认为，如果这种“普遍性”基于纯粹理性分析而得出，那么便意味着“道德形而上学”的原则“早在人们心中”，“根本无须康德建构”。很显然，这是基于传统诠释学理论的说法——研究对象的“意义”是客观存在的，诠释的意义只在于“消除”对对象的误解。然而，依后起的哲学诠释学理论，研究对象的“意义”并非客观存在的，诠释是主体、客体互相作用的结果，甚至可以说诠释是“主体的诠释”。也就是说，“意义”不是“客观地”“摆在那里”，只须人去“发现”而已；“意义”是人“建构”起来的。就此来讲，根本不存在所谓“道德形而上学”原则“早在人们心中”之说，亦不能说“根本无须康德建构”。而且，非常可怕的是，若依韩文的逻辑推论，不仅康德的道德形而上学研究，而且人类所有理论研究，其价值都可以一笔抹杀。

除了对作为“基本方法”的“道德形而上学”的批判之外，韩文还认为康德伦理学“存在一些具体方法的错误”，具体包括四个方面。

其一，缺少对“道德”的界定。康德要建构“道德形而上学”，且使用了大量与“道德”相关的概念，但唯独没有对“道德”下定义，“始终没有关于道德的本质性界定”，

① 康德著，苗力田译：《道德形而上学原理》，第70页。

故不仅存在他所批评的“循环论证”之误，而且表明“康德还不知道德的本质”。

韩文这样一种批判似乎很有道理——在还没有定义“道德”时，就展开以“道德”为对象的研究，显然缺少一个逻辑环节。其实不然。吾人理解，“道德”就是存在于人们日常生活中的现象，而且前人已有广泛、深入的研究，要对这样一种现象进行研究没有必要先下定义。举个例子，是否所有数学著作都要先给“数学”下定义然后才能研究呢？否则是否就属于“循环论证”呢？对此，我们只能作否定的回答。更为重要的是，虽然康德没有给“道德”直接下定义，但他对“道德的本质性界定”有明确阐明，故说他“始终没有关于道德的本质性界定”并不正确。例如，他认为“道德”实乃人之为人的“唯一条件”。他说：“道德就是一个有理性东西能够作为自在目的而存在的唯一条件，因为只有通过道德，他才能成为目的王国的一个立法成员。”① 进而，康德还对道德本质进行了具体界说：“‘道德的第一个命题是：只有出于责任的行为才具有道德价值。’第二个命题是：一个出于责任的行为，其道德价值不取决于它所要实现的意图，而取决于它所被规定的准则。……第三个命题，作为以上两个命题的结论，我将这样表述：责任就是由于尊重（Achtung）规律而产生的行为必要性。”② 显而易见，这三个命题中“责任”“规律”“行为必要性”三个关键词就是“道德的本质性界定”。既然有了“本质性界定”，那么不是自然而然就有了“道德”的定义吗？唯一不足的是，康德在此没有直接使用“×××是×××”的定义句式而已。

其二，“《原理》正文的开端有些莫名其妙”，即“《原理》以探讨‘善良意志’为正文开端不合适”，具体理由有四点：第一，第一章的标题是“从普通的道德理性过渡到哲学的道德理性知识”，而康德却在没有“交代”任何“缘由”的情况下，在开头却先探讨了约 10 页的“善良意志”，显然已经偏离了标题内容。第二，“善良意志”为“此前没有人听说过的概念”，故不属于“普通的道德理性知识”。第三，“善良意志”既然为康德创造的概念，那么在它被创造之前，已然存在的“道德责任”是否体现“善良意志”呢？无论答案是否，康德的说法都存在困难——如果答案为“是”，那么“康德就不用再往下论述了”；如果答案为“否”，那么就意味着已然存在的“道德责任”不存在。第四，责任分为“道德责任”和“法律责任”，而康德却只将“全称”的“责任”概念归于“特称”的“道德责任”。

---

① 康德著，苗力田译：《道德形而上学原理》，第 88 页。

② 康德著，苗力田译：《道德形而上学原理》，第 49-50 页。

要判断韩文的观点是否恰当，应从具体理由开始分析。第一，《原理》第一章的自然顺序为：先探讨作为“哲学的道德理性知识”的“善良意志”，然后说明“普通的道德理性知识”需要“过渡”到“哲学的道德理性知识”。的确，关于“善良意志”的内容多了些，而且置于整章的开头部分，使得“善良意志”被凸显出来，而这恰恰是康德的“良苦用心”，故不可谓康德“正文开端”偏离了标题内容。第二，韩文的质疑已经表明其误读了康德，因为康德所谓“善良意志”不属于“普通的道德理性知识”，而属于“哲学的道德理性知识”。第三，“善良意志”在康德创造之前“道德责任”是否被体现的问题，与前述关于“道德形而上学”作为一种方法“不可行”的质疑，属同一思路。在韩文看来，在康德创造“善良意志”概念之前，“道德责任”是客观存在的，“人们显然也是知道责任并承担责任的”。实际上，这仍是传统诠释学的观点——“道德责任”是客观存在的，无论康德是否创造“善良意志”概念，并不影响它的“已然存在”。如前所述，后起的哲学诠释学已经否定了这种观点，而根据哲学诠释学，我们可以说，在康德提出“善良意志”问题之前，并不存在所谓的“道德责任”的“客观存在”或“已然存在”的问题。质言之，“善良意志”因为康德的“建构”才成为“存在”，不是因为它“存在”才有康德的“建构”。第四，纵然可以说“全称责任”仅包括“道德责任”和“法律责任”，但因为康德此书名为《道德形而上学原理》，故只探讨“道德”而不涉及“法律”，在正文当中将“道德责任”省略为“责任”，无任何不妥。

其三，在论述“善良意志”时方法有误。理由如下：第一，“不先说明善是什么就大谈善良意志如何、如何”，即，若不先定义“善”，所谓“善良意志”及相关探讨都没有根基。第二，“能成为普遍性道德原则的行为准则就是善”，康德这样一种观点是犯了“由特殊推出一般”的错误——“按照逻辑常识，一般性的善恶概念不能从特殊性的善恶概念如善良意志中引申出来，因为特殊只是一般中的情况之一”。第三，康德对于“准则具有普遍性就可称为‘善良’”“没做任何解释”，而“普遍性”是“事实词”，“善良”却属于“价值词”，康德却说“普遍的就是善良的”，很明显犯了“‘是’等同于‘善’”的“自然主义谬误”。第四，如果说“普遍性的行为准则就是善良的”，“那就意味着”“非普遍性的行为准则必定是恶劣的”，而这个推论是不成立的，关于此可列举许多例证。第五，康德对“善良意志”的论述存在自相矛盾：一方面，“责任”是“善良意志”的体现；另一方面，“责任”是“善良意志”的条件。然而，“一个东西的体现”，“不可能同时又是这个东西的条件”。譬如，“黄色作为香蕉的体现，并不是导致香蕉出现的条件”。第六，康德认为，“善良意志”“为自然的健康理智本身所固有”，“故而不须教导”，“只要把它解释清楚就足够了"。[①] 韩文认为，这个观点"明显不对"，因为"凡是人本身固有的东西"，"不仅不须教导"，"并且不须解释"。例如，欲望、情感等为"人本身所固有"，但它们并非经过"解释""才开始起作用"。因此，如果是需要"解释"的东西，那么只能证明它不为"人本身所固有"。实际上，"善良意志""根本不是人的健康理智本身所固有的"，因为在康德对"善良意志"进行"解释"之前，并没有人"有过"或"用过""善良意志"。

关于这样六点理由，吾人逐一辨析如下：第一，依康德的逻辑，所谓"善良意志"并非为"善"的下属概念，而是"意志"的下属概念。他给"意志"的定义是："意志被认为是一种按照对一定规律的表象（Vorstellung）自身规定行为的能力，只有在有理性的东西中才能够找到这种能力。"[②] 也就是说，"善良意志"是由"意志自由""推导"出来的，而不是相反。康德说："如果设定了意志自由，通过对概念的分析，就可以从这一前提，把道德及其原则推导出来。"[③] 因此，是"意志"而非"善"方为"善良意志"的"根基"概念。正是因此，康德有"善良意志"与"被感性欲望作用的意志"之分，即"意志"有"善"与"不善"之分。他说："除了被感性欲望作用的意志，另外还加上完全同一个意志的观念，其自身是纯粹的、实践的。"[④] 第二，这个理由与第一点紧密相关，因为韩文误将"善良意志"归为"善"的下属概念，故而才有从"特殊的善"推导"普遍的善"的说法。实际上，在康德，"意志"是一般性概念，"善"则是特殊性概念；由一般性的"意志"概念推出特殊性的"善良意志"，是合于"逻辑常识"的。第三，就康德的原义讲，"具有普遍性的准则"是指"具有普遍性的道德准则"可称"善良"，而不是"道德"之外的任何"具有普遍性的准则"都是"善良"。因此，"准则"本身是"价值词"，纵使"普遍性"为"事实词"，但它为"规则"的从属概念，表达的是"价值词"的性质。由此来讲，不能将作为"事实词"的"普遍性"与作为"价值词"的"准则"并列来论。既然如此，便不能说康德犯了把"是"等同于"善"的"自然主义谬误"。第四，就康德的原文讲，若合乎逻辑地推导应是，普遍性的行为准则"必然"导致"善"，非普遍性的行为准则"不必然"导致"善"。很显然，韩文的"非普遍性的行为准

---

① 康德著，苗力田译：《道德形而上学原理》，第 46 页。

② 康德著，苗力田译：《道德形而上学原理》，第 79 页。

③ 康德著，苗力田译：《道德形而上学原理》，第 101 页。

④ 康德著，苗力田译：《道德形而上学原理》，第 109 页。

则必定是恶劣的”在逻辑上不严密。既然如此，其所列举的数个例证便不具有反证意义了。第五，从字面来看，康德这样一种论述确实存在矛盾，但若就内涵讲，其实并不矛盾。康德的本意是指，“善良意志”只以“责任”为条件，不依赖任何其他条件；既然“责任”为“善良意志”的唯一条件，那么可以说两者实乃“二而一”；既然两者“二而一”，那么“责任”为“善良意志”的表现和条件便不存在矛盾了。然而，韩文以“黄色”与“香蕉”的关系来例证是不恰当的：“黄色”虽为“香蕉”的表现，但并不是“香蕉”的条件，更不是唯一的条件。第六，康德这段话的意思是，“善良意志”为人本身所固有，为人之内在秉赋，但对“内在的秉赋”人们未必能自觉，故而需要“解释”，以告诉人们“善良意志”为人所固有以及其内涵、原则和意义。所谓“不须教导”，是指“教导”往往是外在的，而外在的必然是“他律”，“他律”不能挺立人的尊严。为了挺立人的尊严，康德反对“善良意志”来自“教导”，而主张来自“人为自己立法”的“自律”。韩文的理路是“三段论”：凡是人本身固有的东西不需要“解释”，而康德认为“善良意志”需要“解释”，故“善良意志”不是人本身固有的。这样的理路看起来非常严谨，其实它的大前提存在错误——并非人本身固有的东西不需要“解释”。拿韩文列举的“欲望”“情感”为例，虽然不是因为有了“解释”，它们“才开始起作用”，但不能说“解释”对它们发挥作用没有影响。其实，“解释”的作用恰恰是要对它们发挥作用。如果说否认“解释”的作用，那么会把奠基于“解释”之上的所有理论研究、文化建构完全否定，如前所述，这将是非常可怕的一种结论，因为它会把人类引向回归史前时代的道路。韩文还提出在康德“解释”“善良意志”之前没有人“有过”或“用过”“善良意志”，故而可以推论“善良意志”不是“人本身所固有的”的结论。这样一种推导没有任何理论说服力，因为它基于传统诠释学言说，以为“意义”是客观存在的，“诠释”的任务只是“消除误解”而已。实际上，哲学诠释学告诉我们，若没有“诠释”，怎么能知道之前没有人“有过”或“用过”“善良意志”呢？而且，韩文前后观点相互矛盾——“欲望”“情感”未经“解释”可以存在，“善良意志”未经“解释”就不可以存在，这不是自相矛盾吗？总之，韩文并未能颠覆康德“善良意志”为人本身所固有的观点。

其四，康德以“意志自由”和“有理性的东西”为两大前提性设定，而这两大设定为“凭个人假设为前提弄出的理论观点”，“一点可靠性都没有”。理由如下：第一，“公设”成立的条件有二：一是逻辑证明；二是普遍承认。康德的设定不满足任何一个条件，故两大设定及所有推论都是没有根基或是错误的，因此康德最终不得不承认“不明了道德命令的无条件的实践必然性”。第二，康德“用有理性的东西作为论证道德普遍性的手段也很荒诞”，他认为“道德规律不能以人性为基础”，因为“人性”不能代表所有“有理性的东西”，故奠基于其上的道德规律不具有普遍性。康德说：“那些经验原则，不论在哪里，都不适于作道德规律的基础。因为，如果道德规律立足于人性的特殊结构，或者立足于人之所处的偶然环境，它们就不会有对一切有理性的东西都有效的普遍性，也不会有由此给予有理性的东西以实践必然性。”①

就上述两点理由，吾人辨析如下：第一，的确，两大设定均不能通过逻辑证明，但不能说它们不能在经验层面得到普遍承认。关于“意志自由”，康德将理性分为“理论理性”“实践理性”两种功能；依“理论理性”不能确立“意志自由”，即不能逻辑地来证明，但是依“实践理性”，无论是在理性层面，还是在经验层面，都是不可否认而只能肯认的。即依“实践理性”，“意志自由”是“意志”的终极问题，不能再去追问为什么。而且，就经验层面看，有哪个人的“意志”不是自由的吗？关于“有理性的东西”，人作为“有理性的东西”是完全可以“在经验层面能得到普遍支持”的。正因为如此，古希腊哲学家亚里士多德将人定义为“有理性的动物”。而且，康德的这两个设定，非常类似于孟子讲的人禽之别。孟子曰：“人之所以异于禽兽者几希，庶民去之，君子存之。舜明于庶物，察于人伦。由仁义行，非行仁义也。”② 孟子的意思是，凡是人就必然有“仁义”，否则便不是人。同样，康德的设定是，凡是人就必然有“意志自由”，就必然有“理性”，否则便不是人。正是在此意义下，康德才说：“我们确实并不明了道德命令的无条件的实践必然性。”③ 而且，韩文引用康德原文标注的页码并不准确，这段引文在《原理》的第120-121页，而不只是在第120页。总之，康德关于“意志自由”和“有理性的东西”这两个设定，“任何人都会认同”，“在哪里都有普遍经验的支持”。第二，仔细阅读康德的原文，他这段话的意思不是道德规律不能以“人性”为基础，而是不能“立足于人性的特殊结构”，而“人性的特殊结构”指道德的“经验原则”所依据的人的“感性”。质言之，道德规律只能以纯粹的人的“理性”为基础。可见，韩文误读了康德的原意，故而认为康德不是基于“人”而是基于外延更广的“有理性的东西”讲道德普遍性。既然如此，韩文的质疑便不攻自破了。

---

① 康德著，苗力田译：《道德形而上学原理》，第95-96页。

② 赵岐注，孙奭疏，廖名春等整理，钱逊审定：《孟子注疏》，北京：北京大学出版社1999年（下同），第223页。

③ 康德著，苗力田译：《道德形而上学原理》，第120-121页。

其五，康德“对概念的表述和使用相当混乱，且经常自相矛盾”。韩文列举了七个“证据”。

证据之一是，在康德那里，“有理性的东西”不仅指人，还包括某些非人的其他东西，可他又说：“有理性的东西，叫做人身。”① 很显然，这两种说法的外延不一致。

吾人认为，从字面即可以看出，“有理性的东西”不仅包括人，还包括人之外的对象，这在康德那里是有明确意识的。因此，他有诸多相关说法。例如，“‘你不应该撒谎’这条诫律（Gebot）并不只是对人类有效，而其他有理性的东西可以对此漠不关心，其余的真正道德规律也莫不如此。”②“自由必须被设定为一切有理性东西的意志所固有的性质。”③ 同时，他也确实有韩文所引的那样一样似乎不同的说法。但是，仔细阅读原文，康德讲韩文所引这句话的语境是：那些“只以自然的意志为依据的东西”，如果它们是“无理性的东西”，叫做“物件”；那些“以自身为目的”的东西，如果它们是“有理性的东西”，叫做“人身”。原文是：“那些其实存不以我们的意志为依据，而以自然的意志为依据的东西，如若它们是无理性的东西，就叫做物件（Sachen）。与此相反，有理性的东西，叫做人身（Personen），因为，他们的本性表明自身自在地就是目的，是种不可被当作手段使用的东西，从而限制了一切任性，并且是一个受尊重的对象。”④ 显而易见，韩文将其中“有理性的东西，叫做人身”半句话抽出来作别解，为离开语境的断章取义之举，故而导致对康德原意的误读甚至曲解。就康德对“有理性东西”概念的使用看，他的目的在于对“普遍性”的强调，意即——凡是与人一样具有理性的东西，均会如何如何——而不是指他真的发现了“某此非人的其他东西”。如果依康德“一切有理性的东西”推论除了人之外还有其他有理性的东西，只是具有逻辑意义，而没有任何实际意义。因此，韩文以“有理性的东西”与“人身”外延不一致来批评康德实无必要。

证据之二是，康德一边把用于谋求幸福的手段称为“机智命令”，一边又说还有“使自己有德行的机智”⑤，可是他的有德和有福又是互不包含的东西。

韩文此处引文标注页码为第96页不完整，因为康德《原理》讨论相关内容在第69-96页，而不仅仅在第96页。而且，引文将“德行”错引为“德性”，而无论是康德还是

① 康德著，苗力田译：《道德形而上学原理》，第80页。

② 康德著，苗力田译：《道德形而上学原理》，第37页。

③ 康德著，苗力田译：《道德形而上学原理》，第102页。

④ 康德著，苗力田译：《道德形而上学原理》，第80页。

⑤ 康德著，苗力田译：《道德形而上学原理》，第69-96页。

韩东屏教授，均认为两个概念含义是不同的——前者为“道德行为”的简称，后者为“道德性质”的简称。另外，韩文此段话的意思语焉不详，没有点出“混乱”或“自相矛盾”所在。依吾人理解，其意可能是指，“机智”均属人，康德将其区分为两种不恰当或存在矛盾。实际上，在康德，“机智”分为两种：一为谋求幸福的“机智”，二为谋求德行的“机智”；两者之区分不是指人有两种“机智”，而是指“机智”有两种功能。犹如他将理性区分为“理论理性”与“实践理性”一样，其本义是指“理性”有两种功能，而不是指人有两种理性。因此，依两种“机智”而设计的“有德”和“有福”之关系便亦明了了——它们虽有别，但终究应是一致的。显而易见，若这样来理解，便不会有康德使用“机智”概念“混乱”或“自相矛盾”的质疑了，也不会因此而质疑其与论述“有德”与“有福”的“混乱”或“自相矛盾”了。

证据之三是，康德讲，“约束性根据”不能从“人类本性”中寻找，而应从“纯粹理性”中寻找，在他处又说“理性也是人的本性”，两处的说法存在矛盾。康德的这两处说法的原文是：“约束性的根据既不能在人类本性中寻找，也不能在他所处的世界环境中寻找，而是完全要先天地在纯粹理性的概念中去寻找。”① “人性，一般说来，作为每人行为最高界限的理性本性是自在目的这一原则，不是从经验取得的。”②

其实，对这两段引文的语境稍加分析便可知道，前句话中的“人类本性”指“感性”，因为在这句话之后他又讲：“全部实践知识、道德规律及其原则和其余带有经验成分的知识有着本质区别，道德哲学是完全以其纯粹部分为依据的。在应用于人的时候，它一点也不须借用关于人的知识（人学），而是把他当作有理性的东西，先天地赋予以规律。”③ 在此，“人学”指基于经验的伦理学即“大众道德哲学”或“实践人学”。在上述引文之前，康德说：“伦理学也是这样，不过经验部分特别称为实践人学，把理性部分本身称之为道德学。”④ 既然如此，康德在两句话中均主张“约束性根据”应从“理性”中寻找，故无韩文所谓存在矛盾之说。

证据之四是，康德“十分确定”地讲了“幸福”的定义：“需要和爱好的全部满足，则被总括地称之为幸福。”⑤ 同时，他又说“幸福是个很不确定的概念”，人们常常不能

---

① 康德著，苗力田译：《道德形而上学原理》，第 37 页。

② 康德著，苗力田译：《道德形而上学原理》，第 83 页。

③ 康德著，苗力田译：《道德形而上学原理》，第 37-38 页。

④ 康德著，苗力田译：《道德形而上学原理》，第 36 页。

⑤ 康德著，苗力田译：《道德形而上学原理》，第 55 页。

确定“他所想望的到底是什么”。① 可见，康德关于“幸福”前后的说法存在矛盾。既然“幸福”就是“需要和爱好的全部满足”，那么，人的“每一次、每一种的需要和爱好的满足”，“就一定都是对幸福的某种程度的实现”，这是非常“确定”的事情，“这里又有什么不能确定的”呢？

查看康德的原文，他关于韩文所引“幸福”定义之完整的表述是：“人们在需要和爱好身上感到了一种和责任诫条完全相反对的强烈要求，这种诫条是理性向他们提出并要求高度尊重，而需要和爱好的全部满足，则被总括地称之为幸福。”② 很显然，“幸福”的这个定义是基于经验而有的，而不是基于理性的“责任诫条”而有的，而且它是与“责任诫条”“完全相反对”的。进而，正是因为它基于经验而有，故“幸福是个很不确定的概念”，因为经验性的归纳永远无法达到“全部满足”所包含的“绝对全体”和“最高程度”的要求。他说：“这种情况发生的原因在于：幸福概念所包含的因素全部都是经验的，它们必须从经验借来。同时，只有我们现在和将来幸福状况的绝对全体和最高程度才能构成幸福概念。所以，就是一个洞察一切、无所不能然而有限的东西，也不能从自己的当下愿望里造出一个确定的概念来。”③ 他还说：“幸福并不是个理性概念，而是想象的产物。只以经验为依据，人们是不能期待经验的根据会规定一个行为，因为这需要一个实际上是无限的因果系列的全体。”④ 可见，康德的意思是，通常人们认为“幸福”概念“十分确定”，但实际上“幸福”是个“很不确定”的概念。康德否定“幸福”概念“十分确定”，而韩文却误读了康德的原文和本意。

另，关于韩文提到的人的“每一次、每一种的需要和爱好的满足”，“就一定都是对幸福的某种程度的实现”，这是非常“确定”的事情，这样一种说法不仅误读了康德的原意，而且与自己关于“归纳”的说法存在矛盾。如韩文在批评康德关于“责任议题”的“观点性错误”时说：“因为一个有效的普遍性命题，只能是来自于对所有与之相关的经验事实的完全归纳，而不可能仅来自于其中的几个经验事实。”依此来讲，“每一次”“每一种”无论如何也达不到“绝对全体”“最高程度”。至于韩文说的“每一次”“每一种”自身的“确定”，不仅被康德所否定，而且亦为人们的普遍经验所否定。康德举例说：

---

① 康德著，苗力田译：《道德形而上学原理》，第 69 页。

② 康德著，苗力田译：《道德形而上学原理》，第 55 页。

③ 康德著，苗力田译：《道德形而上学原理》，第 69 页。

④ 康德著，苗力田译：《道德形而上学原理》，第 70 页。

“他想要财富吗？这将给他带来多少烦恼、忌妒和危险哪！他想要博学和深思吗？这可能只是使眼光更加锐利起来，以致那些直到如今还没看见但却无法避免的恶邪，引起更大的恐惧，并且把更多的要求加到本已使他备受折磨的欲望之上。他想长寿吗？谁能向他保证，这不会变成长期的痛苦呢。也许健康总是无害的罢？然而虚弱的身体却可以避免一个完全健康的人所易于陷入的放纵，这样的例子还可以举出很多。简而言之，他不可能找到一个使他真正幸福的、万无一失的原则。因为，只有无所不知才能做到这一点。”① 关于这样一种情况，王国维也认为，生活的本质是“欲望”，“欲望”的本质是不满足，不满足会导致痛苦；即使一时之“欲望”得到了满足，它亦会产生“厌倦”的痛苦。因此，生活、欲望和痛苦三者是“三而一”的关系。他说：“生活之本质何？‘欲’而已矣。欲之为性无厌，而其原生于不足。不足之状态，苦痛是也。……一欲既终，他欲随之。故究竟之慰藉，终不可得也。即使吾人之欲悉偿，而更无所欲之对象，倦厌之情即起而乘之。……故欲与生活、与苦痛，三者一而矣。”② 之所以会出现康德和王国维所分析的情况，原因在于基于经验而有的“幸福”是“不确定”的概念。总之，韩文所谓“每一次”“每一种”实际上并非是“确定”的“幸福”，故而也就无所谓对“幸福”的“某种程度的实现”之说了。

证据之五是，康德将“意志”分为“善良意志”与“被欲望作用的意志”，而在行文时“总是”将“意志”等同“善良意志”。韩文还引用了康德的一句话为例证：“意志被认为是一种按照对一定规律的表象自身规定行为的能力。”③

韩文的这个批评似乎“证据性”不强，原因如下：第一，韩文所引用的例证不符合将“意志”等同“善良意志”，因为康德这句话为给“意志”下的定义，而非仅指“善良意志”，它亦包括“被欲望作用的意志”，尽管这两种“意志”不是位于相同层面的并列关系，而是位于不同层面的排斥关系。因此，这句话还有下半句：“只有在有理性的东西中才能找到这种能力。”④ 第二，退一步讲，“善良意志”属于“意志”之一种，从行文或表述上讲，在特定语境下，在确保上下文不发生误解的前提下，将“善良意志”省略为“意志”不会被认为“混乱”。第三，在《原理》当中，康德使用“意志”及相关概念

---

① 康德著，苗力田译：《道德形而上学原理》，第 69 页。

② 姚淦铭、王燕编：《王国维文集》（第一卷），北京：中国文史出版社 1997 年，第 2 页。

③ 康德著，苗力田译：《道德形而上学原理》，第 79 页。

④ 康德著，苗力田译：《道德形而上学原理》，第 79 页。

近300次，多数情况下是区分“意志”“善良意志”“被欲望作用的意志”的，故说其“总是”将“意志”等同“善良意志”没有根据。

证据之六是，康德基于现象与物自身的区分，创造了若干个相关概念，诸如“感性世界”“知性世界”“感觉世界”“理智世界”“意会世界”，但并未对应地使用这些概念，对其关系把握混乱不清。而且，康德虽提出“意会世界”概念，但“不给任何解释”。康德使用这些概念，不仅“奇怪”，而且“离谱”。

的确，康德基于现象与物自身的区分创造了上述概念，但这些概念的内涵及关系是非常明确的，不存在混乱不清的情况。依康德的原文，其一，他先界定了“感觉世界”与“理智世界”；前者是就“感受性”讲，后者是就“能动性”讲。他说：“就自身仅是知觉，就感觉的感受性而言，人属于感觉世界；就不经过感觉直接达到意识，就他的纯粹能动性而言，人属于理智世界。”① 其二，然后，他将这两个世界分别名为“感性世界”与“知性世界”；前者是从“受约束”角度讲，后者是从“自由”角度讲。他说：“在我们把自己想成自由的时候，就是把自身置于知性世界中……在我们把自己想成是受约束的时候，就把自身置于感性世界中。”② 其三，康德还使用了“理智世界”“意会世界”这对概念；前者是就其“能动性”的角度讲，后者是就其“不可知”的角度讲。即虽然“理智世界”由人的能动性建立，但它终究属于“物自身界”；人虽有“充足理由”确定它的存在，但由于理性限制而不可“知悉”这个世界，故“理智世界”实为一种“意会世界”。康德说：“我可以陶醉在尚为我保留的意会世界，或理智的世界里；不过，虽然我对这个世界有一个理由充足的观念，但没有一点点知识，而不管我如何竭尽自己的理性自然能力，永远也不能得到这种知识。”③ 实际上，从康德的原文看，“理智世界”与“意会世界”为同一个西文单词，是译者苗力田先生根据康德原意将其“意译”为两个单词。这不能不说是苗力田先生的高明之处，令人深深佩服。而且，虽然康德因为“意会世界”不可知而不能给“意会世界”下定义，但在提出“意会世界”概念后，接下来两段及“一切实践哲学的最后界限”整节共10页内容都是对“意会世界”的解释。因此，说康德对“意会世界”“不给任何解释”是没有根据的。④ 总之，从康德原文来看，

① 康德著，苗力田译：《道德形而上学原理》，第106页。

② 康德著，苗力田译：《道德形而上学原理》，第108页。

③ 康德著，苗力田译：《道德形而上学原理》，第118页。

④ 康德著，苗力田译：《道德形而上学原理》，第109-119页。

即使康德没有对应地使用它们，也不会使我们产生“奇怪”“离谱”的认识。

证据之七是，康德一方面说“关切是他律的”，“是对情感的依赖”，而情感属于要被理性摆脱的东西；另一方面却又肯定“道德感”和“对道德感到关切”；两种说法都为“关切”，故明显存在矛盾。可见，康德此说为“随心所欲地使用概念”，甚至表现出“只许州官放火，不许百姓点灯”的“学术霸道”。

韩文标引这一个“证据”引文的页码有误，不是118-119页，而是116-119页。就康德的相关论述看，首先，他区分了两种关切：一种是基于感性的经验的“间接关切”，一种是基于理性的纯粹的“直接关切”；前者是需要摆脱的，后者是需要保持的。康德在脚注中解释道：“只有通过关切或兴趣（Interesse）理性才成为实践的，成为规定意志的原因。……如若人们准则的普遍有效性是规定意志的充足理由，那么对行为的直接关切只能为理性所有。只有这样的关切才是纯粹的。如果理性只有通过另外的欲望对象，或者以主体特殊感觉为条件才能规定意志，那么它对行为只有间接关切。因为离开经验，理性自身既不能发现意志的对象，也不能发现背后的特殊感觉，所以间接关切只能是经验的，而不是纯粹理性的。”① 也就是说，两者虽然都为“关切”，但“直接关切”为“理性”之对自身的“关切”；但这种“关切”需要“间接关切”提供“意志对象”和“特殊感觉”；“间接关切”虽然亦有其作用，但它不能成为“规定意志的原因”。其次，康德认为，尽管有上述区分，也不能以“关切”作为“道德感”的原因，因为“关切是他律的”，“是对情感的依赖”，而“道德感”的真正原因是“实践理性”。质言之，应该由“实践理性”出发思考“道德感”的“关切”，而不能由“道德感”的“关切”出发思考“实践理性”。总之，康德这样一种论说，不仅是其行文顺序，而且是其内容逻辑；不仅行文顺序和内容逻辑非常严谨，而且与其“纯粹理性”的思考高度一致。因此，将康德视为“随心所欲地使用概念”，甚至以“只许州官放火，不许百姓点灯”的“学术霸道”相称，既缺乏文献依据，亦缺乏学术理据，甚至有失学术论文用语应有的文雅。

基于上述七个“证据”，韩文认为，康德著作“晦涩难懂”的原因并非“理论高深”，重要原因是“表述含混”“逻辑相悖”“概念混杂”“违背同一律”。不过，吾人基于对七个“证据”的逐一辨析，未能得出与韩文一致的结论。

① 康德著，苗力田译：《道德形而上学原理》，第116页。

## 二、关于观点性错误

韩文这一部分的核心观点是，与方法方面的错误相比，康德“《原理》在理论观点方面的错误更多”。不过，因为“限于篇幅”，他只能“择其大者”，揭露 9 个“议题”的问题。

1. 规律议题。关于“规律”，康德在《原理》中有如下一段话：“自然哲学须给作为经验对象的自然界规定自己的规律；道德哲学则须给在自然影响下的人类意志规定自己的规律。”① 韩文认为，康德认为“自然规律”“自由规律”“都是人的规定”，“明显不对”，理由如下：其一，“自然规律”是客观存在的，具有“因果必然性”，不是由人“规定”的，人的作用只是“研究”“揭示”“描述”。例如，“物体受热膨胀”“在还没有人类之前”就已经存在了。其二，“自由规律”只有具有“必然性”才能称为规律，而作为“自由规律”的“普遍规律”“需选择”，那就“意味着”“并没有必然性”，故不可称为“规律”。例如，有暴力做后盾的法律规范都会有人违犯，何况没有暴力做后盾的道德原则？进而，“自由规律”由康德首先提出，故“至少在他之前”不具有“必然性”，亦“不可能是人们的实践规律，可见康德理论自身存在矛盾”。

吾人认为，上文所引康德原文是其“人为自然立法”和“人为道德立法”的对应表述。关于“立法”，康德说：“人类理性之立法（哲学），有二大目标，即自然与自由，因而不仅包含自然法则，且亦包含道德法则。”② 关于这两个“立法”，康德总的论证是：知识始于“经验”，但完成于“知识能力”；前者指“所受之于印象者”，为知识形成提供“质料”，后者指“知识能力”，为知识形成提供“形式”；两者共同作用才能形成知识。他说：“吾人之一切知识虽以经验始，但并不因之即以为一切知识皆自经验发生。盖即吾人之经验的知识，亦殆由吾人所受之于印象者及吾人之知识能力（感性印象仅为其机缘）自身所赋与者二者所成。”③ 因此，无论是关于自然界的知识，还是关于道德界的知识，均是主体、客体共同作用才能完成。在此意义下，为了强调主体所发挥的“形式”的能动作用，康德提出著名的“人为自然立法”“人为道德立法”的观点。也正是在此意义

① 康德著，苗力田译：《道德形而上学原理》，第 35-36 页。

② 康德著，蓝公武译：《纯粹理性批判》，北京：商务印书馆 1960 年（下同），第 575 页。

③ 康德著，蓝公武译：《纯粹理性批判》，第 29 页。

下，康德认为“自然规律”“自由规律”“它们都是人的规定”。很显然，康德这样一种观点有极强的理据，乃不容否定者。

关于韩文提到的“明显不对”的两个理由，吾人逐一辨析如下：

其一，关于“自然规律”的客观存在和“因果必然性”，依康德上述“人之立法”的论证，若没有人的“知识能力”，能有所谓“客观存在”和“因果必然性”这样的说法吗？怎么能说它不是由人“规定”的呢？而且，后来的哲学诠释学也给康德的理论提供了支持：诠释是主客体共同作用的结果，在“诠释”之前“意义”是不存在的。即在“研究”“揭示”“描述”之前，所谓“客观存在”“因果必然性”本是不存在的。然而，韩文的基点仍是早出的传统诠释学，认为“自然规律”是客观存在即“摆在那里”，人所需要做的工作只是“研究”“揭示”“描述”。其实，所谓“研究”“揭示”“描述”，不恰恰就是康德的“立法”吗？不恰恰就是哲学诠释学的“诠释”吗？因此，所谓“物体受热膨胀”“在还没有人类之前”就已经存在，这不过是一种“循环论证”——在科学家基于“人为自然立法”、经过“诠释”阐明这个规律之后，人们又把它作为预设前提来思考相同问题；假如去掉这个“预设前提”，谁能说它“在还没有人类之前”就已经存在呢？质言之，包括“物体受热膨胀”在内的“自然规律”，不过是基于“人为自然立法”而对自然界的“诠释”而已。另外，当代量子力学发展及量子卫星成功发射也证明，传统的物质决定意识观念及传统诠释学理论正在走入历史。总之，韩文认为康德关于“自然规律”的观点“明显不对”并不成立。

其二，在康德看来，“道德原则”包括两种：一种是不能同时具有普遍性的主观原则，一种是能够同时具有普遍性的客观原则；前者因为依赖经验条件、为“他律”，故不具有“必然性”，不为“必然性约束”，后者因为依赖理性自身、为“自律”，故具有“必然性”，为“必然性约束”。就此区别来看，前种“道德原则”不可称为“道德规律”，后种“道德原则”方可称为“道德规律”。① 基于此，康德主张在两种“道德原则”中“选择”为“必然性约束”的“道德规律”。他说：“在同一意愿中，除非所选择的准则同时也能被理解为普遍规律，就不要做出选择。”② 很显然，康德虽然认为需要对两种“道德原则”进行选择，但对“道德规律”是没有“选择余地”的，因为“道德规律”是为“必然性约束”的“定言命令”。“这一实践规则是个命令式，也就是说，任何有理性的东

---

① 康德著，苗力田译：《道德形而上学原理》，第 72 页。

② 康德著，苗力田译：《道德形而上学原理》，第 94 页。

西的意志，都必然地受到它的约束。……经过解剖就会发现，道德原则必定是个定言命令。”① 由此来看，韩文未准确把握康德的意思，属于对康德原文的误读。进而，韩文以法律规范为例证实则偏离了论题本身——论题讲的是道德原则有没有“必然性”，而例证讲的是道德原则的遵守与否；“必然性”与“遵守与否”显然是两个问题。退一步讲，即便可以拿法律规范做例证，法律规范不也有遵守与否的问题吗？进而，韩文提出，“自由规律”由康德首先提出，故以前不具有“必然性”，“不可能是人们的实践规律”，与其关于“必然性”的主张存在矛盾。很显然，韩文这样一种观点是站在传统诠释学立场，将“自由规律”视为“客观存在”，仅为康德的“研究”“揭示”“描述”，而不是“立法”“诠释”。实际上，若依康德“人为自由立法”和哲学诠释学理论来讲，“自由规律”在康德提出之前，确实没有“必然性”，也“不可能是人们的实践规律”，这是合乎逻辑的正确的推论，根本不能形成对康德关于“自由规律”理论的反证。由上述可见，韩文对康德关于“自由规律”的质疑亦不成立。

2. 必然性议题。关于此议题，韩文认为康德存在三点错误：其一，康德把“普遍性”当作“必然性”，并引用了康德的一段话：“一条规律被认为是道德的，也就是作为约束的根据，它自身一定要具有绝对的必然性。”② 其二，康德“把客观等同于必然”，例如《原理》中有“先天地、必然地、不过是客观地”③ 的说法。然而，“这个逻辑能成立吗”？例如，偷盗行为虽具有“客观性”，但是没有“必然性”。其三，康德将“普遍性”等同于“客观性”，把没有“普遍性”等同于“主观性”。

吾人对这三点逐一辨析如下：其一，非常明显的是，韩文所引康德这段话根本未涉及“普遍性”内容，其意思是指，唯有具有“绝对必然性”的原则才能成为“道德规律”，或者说，真正的“道德规律”一定具有“绝对必然性”。遗憾的是，韩文却“从这段话可以看出”，康德把“普遍性”当作了“必然性”，还质问“这二者是一回事吗”，进而得出结论：“普遍性”“根本”“与必然性无关”。很显然，这是韩文不应出现的一个“硬伤”。其二，经核对康德原文，韩文所引内容不完整，完整的内容是，康德在解释“定言命令”作为“先天综合命题”时，在脚注处注释了如下一段话：“我不以任何来自爱好的条件为前提，先天地、必然地、不过是客观地，也就是在一个对一切主观动因具

① 康德著，苗力田译：《道德形而上学原理》，第 94 页。

② 康德著，苗力田译：《道德形而上学原理》，第 37 页。

③ 康德著，苗力田译：《道德形而上学原理》，第 72 页。

有充分威力的理性观念之下，把活动和意志联系起来。”[①] 其意思是，“活动”和“意志”之结合是通过理性的“综合”而实现的。显而易见，“先天地、必然地、不过是客观地”几个词是并列关系，共同修饰“活动”与“意志”之“综合”，并不存在“把客观等同于必然”的情况。既然如此，依此来批评康德便没有了文本依据，偷盗行为之“客观性”没有“必然性”的例证也就失去了意义。其三，康德的确认为，“普遍性”即是“客观性”，即所有人都认同者即是所谓的“客观”，非所有人都认同者便是所谓的“主观”。这样一种对“客观”的解释，明显比“不依人的精神存在”的传统观念要周延：一个方面，它基于主体与客体发生关系进行解释；传统观念则回避了主体与客体发生关系，而实际上若无主客体发生关系，怎么会有所谓“客观”之说呢？另一个方面，它避免了传统观念的“循环论证”——“不依人的精神存在”，既是思考和解释“客观”的结论，同时又是思考和解释“客观”的预设。关于此，贝克莱的说法可作为参考：“您这种说法只足以表明您能在自己心中构成各种观念；可是它们并不曾表明，您能够设想您的思想的对象可以在心外存在。要想证明这一点，则您必须想象它们是不被设想而能存在的，那就分明是一个矛盾了。”[②] 再一个方面，康德的“客观”定义可包含传统定义，因为“所有人都认同”可包含“不依人的精神存在”。总之，韩文否定康德“必然性议题”的观点是站不住脚的。

3. 理性议题。韩文关于此的核心问题是，康德提出“理性”以“在自身产生善良意志为使命”有错误，而错误主要表现在三个方面：其一，康德认为，“幸福”由“本能”来规定比由“理性”来规定更加适宜。这样一种说法，实际上等于认为“只有本能的动物和理性极不发达的原始人”“有比现代人类更舒适的生活”。然而，实际情况并非如此，故康德的说法有误。其二，康德将“假言命令”分为“机智命令”和“技艺性命令”，这两种命令均可为谋求“幸福”的手段，但它们均非以“善良意志”为使命，却又都属于“理性”，故所谓“理性”以“在自身产生善良意志为使命”有错误。就此来讲，“理性”的真正使命不是“产生善良意志”，而是“产生”两种假言命令。其三，所谓“使命”乃“自始至终都存在的任务”，而“在自身产生善良意志”直至康德才提出，故而“善良意志”“不是理性的使命”。

关于上述三个方面，吾人逐一辨析如下：其一，如前所述，康德的确说过，“幸福”

---

① 康德著，苗力田译：《道德形而上学原理》，第72页。

② 贝克莱著，关文运译：《人类知识原理》，北京：商务印书馆1973年，第30页。

为基于经验而有的概念，指“需要和爱好的全部满足”，因此，由“本能”规定“幸福”比由“理性”规定“幸福”更加适宜。不过，这种说法只是康德一种“阶段性”观点，因为在此所谓“理性”意指“理论理性”而非“实践理性”。但是，在“理论理性”下，“幸福”之筹划“难以得到真正的满足”，唯有在“实践理性”下，“德福一致”被作为“至善”的内容规定下来，“幸福”才能真正实现。质言之，康德不认为基于“本能”的“幸福”为真正的“幸福”，而唯有与“道德”一致者方为“真正幸福”或“足值幸福”。即“道德”是实现“真正幸福”的条件。他说：“幸福就其自身而言，在吾人之理性视之远非完全之善。理性除幸福与足值幸福（即道德的行为）联结以外，并不称许幸福（不问个人倾向，如何愿望幸福）……在实践的理念中，道德与幸福两种要素本质上联结一致，至其联结之形相，则为道德性情乃参与幸福之条件及使之可能者，而非相反的，幸福之展望使道德性情可能者。”① 而且，康德所谓“幸福”只就人讲，动物并不在讨论范围内。他说：“幸福乃满足吾人所有一切愿望之谓。”② 因此，韩文以动物来比人并不符康德原意。由前述可见，依康德关于“本能”与“幸福”之说批评属于断章取义式批评。其二，关于“定言命令”“假言命令”与“幸福”的关系，康德完整的意思是，“机智命令”“技艺性命令”虽均可为“幸福”提供条件，但它们不能保证“幸福”的必然性及“真正幸福”的实现。质言之，康德既否定“机智命令”，因为它不能确保“幸福”之“绝对全体”和“最高程度”的实现；亦否定“技艺性命令”，因为它缺少“价值判断”，不能保证“幸福”之为“真正幸福”。关于“机智命令”的否定，他说：“严格地说，机智命令不可能饬令去做使人幸福的事情，因为幸福并不是个理性观念，而是想象的产物。只以经验为依据，人们是不能期待经验的根据会规定一个行为，因为这需要一个实际上是无限的因果系列的全体。”③ 关于“技艺性命令”的否定，他则说：“这些为达到某种目的而作出的指示，一般地叫做技艺性（Geschicklihkeit）命令。至于目的是否合理、是否善良的问题这里并不涉及，而只是为了达到目的，人们必须这样做。……他们竟普遍地忽略了，对所选为目的的事物的价值加以判断，和怎样校正这一判断。”④ 正是基于此，康德提出“定言命令”以避免“假言命令”的缺陷，从而保证“幸福”之为“真正

① 康德著，蓝公武译：《纯粹理性批判》，第559页。

② 康德著，蓝公武译：《纯粹理性批判》，第554页。

③ 康德著，苗力田译：《道德形而上学原理》，第70页。

④ 康德著，苗力田译：《道德形而上学原理》，第66页。

幸福”。因此，韩文说“理性”的使命为“产生假言命令”，显然亦属于断章取义式批判。其三，韩文以“使命”乃“自始至终都存在的任务”，而“在自身产生善良意志”直至康德才提出，故而“善良意志”“不是理性的使命”。这样一种分析，显然仍是基于传统诠释学的理解——“使命”是客观存在的，康德只是“发现”了它。实际上，若依哲学诠释学来理解——“使命”是康德的理论建构，在康德之前它是不存在的。此内容前文已有论及，在此不再赘述。

4. 道德价值议题。关于此，韩文的要点是：康德所谓“道德价值”只指“出于责任的行为”，即唯有“动机”为“责任”或“道德”的行为才具有“道德价值”，因为“这种准则不具有道德内容”。除此以外，“其他任何动机的行为”，“哪怕”“表象上合乎责任或道德的行为”，都不具有“道德价值”。对此，韩文提出多个质疑：其一，“出于责任的行为”怎能说“不具有道德内容”？其二，如果说出于其他动机而合乎责任或道德的行为不具有“道德价值”，难道说它与无关道德甚至违背道德的“恶”一样？实际情况是，这样的行为“所具有的道德价值”没有“那么纯、那么大”，“而不是完全没有”。否则，康德自己怎么会说“幸而是……合乎责任”的“对荣誉的爱好”“应当受到称赞、鼓励，却不得高度推崇”？其三，康德在论述意志原则时把“符合性”当作决定因素：“只有行为对规律自身的普遍符合性，只有这种符合性才应该充当意志的原则。”① 同时，他又认为，“合乎道德”的行为不具有“道德价值”。这就出现了自相矛盾：同样是符合道德，为何一种有道德价值，一种完全没有？

关于上述质疑，吾人逐一辨析如下：

其一，就这个内容，康德的意思是，具有“道德价值”的行为所遵循的“准则”“不具有道德内容”，而不是指“道德行为”“不具有道德内容”。原文是：“这种准则不具有道德内容，道德行为不能出于爱好，而只能出于责任。”② 然而，韩文以“出于责任的行为”不能说“不具有道德内容”来质疑康德，以“行为”替换了“准则”，乃对康德原文的误读。在康德，所谓“不具有道德内容”，指只是出于“责任”“道德”本身，而不能有任何“具体”的道德内容。

其二，关于道德价值，康德的意思是，只有“出于责任”同时又“直接爱好”的行为才有道德价值。除此以外，尽管“合乎道德”但却是“间接爱好”的行为，并不具有

---

① 康德著，苗力田译：《道德形而上学原理》，第 51 页。

② 康德著，苗力田译：《道德形而上学原理》，第 48 页。

"真正"的道德价值。康德区分了"出于责任"与"合乎道德"——前者从"动机"角度讲合乎道德，后者从"后果"角度讲合乎道德；也区分了"直接爱好"与"间接爱好"——前者即指"出于责任"，后者则指"出于其他目的"。因此，尽管某种行为的结果"合乎道德"，但对"责任"却是"间接爱好"，亦不能称具有"真正的道德价值"。例如，商人的公平交易虽"合乎道德"，但其对"责任"属"间接爱好"，其"直接爱好"是"自利"。再如，通常意义下的"保存生命"不具有道德价值，因为它虽"合乎道德"，但不是"出于责任"；唯有身处逆境甚至绝境而依顽强意志"保存生命"的行为才是"出于责任"，才具有道德价值。再如，出于同情心尽可能对人做好事，其目的是对"荣誉"的"直接爱好"，而不是完全"出于责任"，不是对"责任"的"直接爱好"，亦不具有"真正"的道德价值。总之，"他的行为不受任何爱好的影响，完全出于责任，只有在这种情况下，他的行为才具有真正的道德价值。"① 需要注意的是，康德所讲的"真正的道德价值"，不是通常意义的"道德价值"。如果韩文能够如此理解，便不会说康德无视出于其他动机而合乎责任或道德的行为的"道德价值"，更不会说它可能与无关道德甚至违背道德的"恶"一样了。而且，康德亦讲到，韩文亦引到，"出于责任"的行为具有"真正"的"道德价值"，"值得高度推崇"；"合乎道德"的行为具有一般意义的"道德价值"，也值得一般地"推崇"。可见，韩文的质疑没有理据。

其三，韩文在此处引康德的话有点令人莫名其妙，因为它并不能对韩文的观点形成支持。就康德原文来看，所讲虽为"符合"，但它所指为意志应符合"普遍规律"，而不应"符合""特殊规律"。质言之，尽管"规律"是就"道德"讲的，但"符合"是对普遍性"规律"的符合，而不是对特殊性"道德"的符合。但是，韩文没有看到这种区分，却说"同样是符合道德"，进而质疑康德对"道德价值"的辨析，属于偷换概念而产生的误读。康德这段话完整的原文是："意志完全不具备由于遵循某一特殊规律而来的动力，那么，所剩下来的就只有行为对规律自身的普遍符合性，只有这种符合性才应该充当意志的原则。这就是，除非我愿意自己的准则也变为普遍规律，我不应行动。"② 实际上，引用这段话不仅未能对韩文的观点形成支持，反而进一步强化了对康德观点的支持——关于"道德价值"，康德主张"准则不应具有道德内容"；关于"道德规律"，康德主张"意志不应符合特殊规律"；两个主张的立场是一致的，均为超越特殊性而在普遍层面的

① 康德著，苗力田译：《道德形而上学原理》，第 48 页。

② 康德著，苗力田译：《道德形而上学原理》，第 51 页。

言说。

5. 最高善议题。韩文引用了康德原文："善良意志""虽然不是唯一的善、完全的善，但却定然是最高的善，它是一切其余东西的条件，甚至是对幸福要求的条件。"① 基于引文，韩文提出了如下批评：其一，"最高的善"居然不是"完全的善"，"最高"与"完全"之间有抵触。其二，"最高的善"不是"幸福"，那怎么能称为"最高的善"？其三，善良意志"是一切其余东西的条件"缺乏判断的依据，因为"善良意志"作为"最高的善"而不是"完全的善"，不能"统摄"所有的善，故只能是"被它统摄的善的条件"，而肯定不是"未被统摄的善"的条件。基于这样三点可见，"康德的最高善的观点是错的"。

下面，吾人对韩文的三点批评逐一辨析如下：其一，"最高的善"不是"完全的善"的观点无误，因为除了"最高的善"之外，还有其他不属于"最高"的善。如康德区分了"出于责任"与"合乎道德"的善；前者可归之于"最高的善"，后者仅可归之于"完全的善"。其二，"最高的善"作为"善良意志"，其内容乃"德福一致"，在此意义下，"最高的善"不直接是"幸福"，而是"幸福要求的条件"。质言之，以"道德"为条件的幸福才是真正的"幸福"。康德说："最完善之道德意志与最高福祉在其中联结之一种智力之理念，乃世界中一切幸福之原因，在幸福与道德（即足值幸福）有精密关系之限度内，我名之为最高善之理想。故理性仅在本源的最高善之理想中，能发见引申的最高善之二要素（按即道德与幸福）间之联结根据（此种联结自实践的观点言之，乃必然的）——此种根据乃直悟的即道德的世界之根据。"② 可见，康德所说"最高的善"是"幸福"的条件不为错。其三，因为"最高的善"不是"完全的善"，就推断出"最高的善"不能"统摄"所有的善，不能是所有善"之所以为善"的根据。韩文这样一种说法，犹如说树根不是树干、树枝，故不能为树干、树枝的根据一样，是没有理据的论说。因此，虽然"最高的善"不是"完全的善"，并不影响它"统摄"所有的善，为所有的善"之所以为善"的条件。

6. 责任议题。韩文认为，康德关于"责任"的定义为错，"关于责任的各种说法都经不起推敲"，"在责任后面出现且以责任为直接前提或间接前提的那些观点""全都变得不可靠"，理由为如下几点：其一，"责任"为"通过概括几个责任实证的分析所得"，这

① 康德著，苗力田译：《道德形而上学原理》，第 45 页。

② 康德著，蓝公武译：《纯粹理性批判》，第 557 页。

种“经验性论证”不是对所有经验事实的完全归纳，故不具有普遍有效性。而且，“经验性论证”也是康德所反对者。其二，“责任”的定义不应是“由于尊重规律而产生的行为必要性”，而应是“责任应该就是按规则行事”，“事实上，这也正是责任的要义”。其三，“责任的普遍命令”即“道德律令”之“普遍性”的要求只是一种“境界”，而不是“责任的本质性说明”。

关于这样三点，吾人逐一辨析如下：其一，查看康德的原文可以发现，康德并不是由“保存生命”“对他人作好事”“保证自己幸福”等来“归纳”“责任”的定义，而是通过上述事例来“例证”“责任”的定义。康德反复地讲，“责任”乃基于纯粹的理性而得出，不可经由经验而论证。他说：“十分清楚，决不可把经验作为依据，来推导这些必真规律的可能性。如若这些规律都是经验的，没有充分先天地，在纯粹而又实践的理性中获得它们的泉源，那么我们有什么权力让那也许在偶然的条件下只适用于人类的东西，当作对每一有理性东西都适用的普通规范，而无限制地予以恪守呢？”① 质言之，与其行文顺序相反，康德的思考逻辑是，先定义“责任”，然后进行例证。这也正是谈到“保存生命”“对他人作好事”“保证自己幸福”时用“例如”这个词来说明的用意。可见，康德采用的不是“经验性论证”，而是“经验性例证”。其二，韩文将“责任”定义为“按规则行事”，却显然是基于“经验性论证”而得出的结论，而“经验性论证”也是被韩文所否定者，因为它不能得出“普遍性结论”。其三，“责任的普遍命令”归结为“境界”本身不为错，关键是“境界”的本质是什么：韩文将其从效果即“合乎道德”的角度言说，而康德则将其从“出于责任”的角度言说，两者言说角度明显不同。就此来讲，韩文以自己的角度攻讦康德的角度无可厚非，但康德对于韩文的角度已有排斥性说明，因为“合乎道德”不能保证普遍必然性，不能保证对“伪善”的避免，甚至可能导致“危险”的后果。康德说：“为了求谋道德法则在意志上发生影响起见，我们就不当找寻可以使人抛弃道德法则自身的任何别的动机（因为那只能产生种种伪善，无法自圆其说）；而且人们只要允许别的动机（如利益动机）与道德法则通力合作，那还是有危险的。”② 很明显，康德的这种分析已经反驳了韩文的观点。基于这样三点辨析可见，韩文说康德“关于责任的各种说法都经不起推敲”，“在责任后面出现且以责任为直接前提或间接前提的那些观点”“全都变得不可靠”的结论并不成立。

---

① 康德著，苗力田译：《道德形而上学原理》，第58页。

② 康德著，关文运译：《实践理性批判》，北京：商务印书馆1960年，第73页。

7. 定言命令议题。韩文的批评可概括为如下几个要点：其一，康德提出“定言命令”“假言命令”虽为新创，但“独创的意义不大”，因为它“只不过陈述了一个向来如此的事实而已”。其二，康德关于“定言命令”的四个实例均是“有条件”的，并不真正的“无条件”的定言命令，故其所谓“定言命令”“无条件”存在自相矛盾。其三，康德通过“不要骗人”“保持生命”“发展才能”“帮助有难者”四个实例推出四种责任的“定言命令”，进而得出“责任应该是一切行为的实践必然性”① 结论，“其中的逻辑不能成立”。例如，康德每天下午五点钟准时散步，这“属于对自己的责任”，但“这个准则”就不是“普遍性的定言命令”。其四，康德区分责任为多种不同的责任类型，诸如“完全责任”“不完全责任”，“必然责任”“偶然责任”等，而对应这些不同责任类型的“定言命令”无论是否“一样”，都存在逻辑矛盾，故所谓“定言命令”的说法不成立，“责任”“对我们的行动实际上起着立法作用”也不成立。其五，既然康德关于“定言命令”存在这么多“极其严重”的错误，故《原理》“后面论述的主要内容”即“定言命令如何可能”及相关论述“都是无用和多余的”。

关于这几点批评，吾人逐一辨析如下：其一，实际上，“陈述了一个向来如此的事实”恰恰就是康德的贡献，因为康德之前1500年竟然没有人能够“陈述”这个“事实”。从哲学史来看，康德的“陈述”就是“理论创造”，这个“理论创造”“告诉”我们“存在”“定言命令”“假言命令”，恰恰就是康德的理论贡献。若否认之，从小的方面讲，等于无视康德伦理学的理论价值；从大的方面讲，会导致抹杀包括韩文在内的所有理论研究价值的结论。其二，就康德的论述看，他对四个实例的论证逻辑是：“如果不当成普遍的自然规律，就会出现矛盾”，然后分别列出可能出现的“矛盾”。很显然，不可将康德假设或“虚拟”的“如果不”视为“普遍的自然规律”的条件，因为“如果不”讲的不是“条件”，而恰是讲的“无条件”。可见，康德关于“定言命令”“无条件”之说并不存在自相矛盾。其三，在康德，“不要骗人”等四个实例只是“定言命令”的“例证”，因为“定言命令”由纯粹理性确立，并非由这四个实例“推出”。如前所引，康德明确区分了“以经验为依据”的“经验哲学”与“从先天原则来制订”的“纯粹哲学”：“人们可以把全部以经验为依据的哲学称为经验哲学，而把完全从先天原则来制订自己学说的哲学称为纯粹哲学。”② 进而，“责任应该是一切行为的实践必然性”是四个实证相关四种

① 康德著，苗力田译：《道德形而上学原理》，第77页。

② 康德著，苗力田译：《道德形而上学原理》，第36页。

责任的“原因”，而不是作为其“结果”。韩文所引康德这句话的完整原文是：“为了证明上述种种，最重要的事情就是注意，千万不要从人的本性的个别性质，把这样原则的实在性引申出来。因为，责任应该是一切行为的实践必然性。”① 而且，康德原文还在“人的本性的个别”下面加上着重号，以强调不能从“个别”推出“一般”。另外，康德讲“定言命令”是以“道德”为语境来讲，韩文以“康德每天下午五点钟准时散步”作为例证反驳，已经超出“道德”语境，故反驳根本无力。其四，其实，要回答这个问题非常简单，因为它仅仅是“一般与个别”（或“普遍与特殊”“共性与个性”“理一分殊”）的关系；韩文割裂了“一般”与“个别”的关系，将康德四个实证所论及的四种责任完全脱离作为“一般”的“定言命令”讨论，故而有上述结论。但是，“一般”与“个别”是不容割裂的——“定言命令”为“一般”层面，而诸种不同的责任类型为“特殊”层面，它们之间乃对立统一关系，并不存在所谓的“逻辑矛盾”。其五，说《原理》“后面论述的主要内容”即“定言命令如何可能”为“无用和多余”，恰恰说明韩文没有理会康德的思维逻辑——韩文所批评的内容为康德关于“定言命令”的结论，被认为“无用的多余”的内容则是康德对“定言命令如何可能”的论证——在还没有研究其论证时，就依据其结论而否定其论证，这种情况至少在逻辑上不严谨，故难免会“不明真相”，甚至得出错误的判断。

8. 目的议题。这个议题的核心是康德“人只能是目的，而不能是手段”的道德律令。康德的原文是：“你的行动，要把你自己人身中的人性，和其他人身中的人性，在任何时候都同样看作是目的，永远不能只看作手段。”② 据此，韩文认为，康德所论实际是“把理性视为真正目的”，而“人作为目的只是沾理性的光”，“仍然不过是手段”。他说：“这就表明，理性才是真正具有绝对价值的自在目的，而人只不过是理性的载体，这才有幸也跟着理性成为目的。”因此，“学界普遍”将康德“把人视为目的”视为一个“伟大的洞见”的评价“要打折扣”。

很明显，韩文这样一种思考，前提是将“人”与“人性”绝对分开；前者指“载体”，后者指“理性”。但吾人的问题是，“人”与“人性”能分开吗？尽管“人”与“人性”是两个概念，但“人性”指“人”的“性质”，康德将其本质规定为“理性”，对此我们只能在思维中将其分开，而实际上它们是不可分开的。因此，所谓“以理性为目的”

① 康德著，苗力田译：《道德形而上学原理》，第77页。

② 康德著，苗力田译：《道德形而上学原理》，第81页。

就是指“以人为目的”。如下文，康德明确讲，作为“有理性的东西”的“人”，“任何时候都必须被当作目的”。他说：“人，一般说来，每个有理性的东西，都自在地作为目的而实存着，他不单纯是这个或那个意志所随意使用的工具。在他的一切行为中，不论对于自己还是对其他有理性的东西，任何时候都必须被当作目的。”① 既然如此，那么所谓康德“把理性视为真正目的”，“人作为目的只是沾理性的光”，“仍然不过是手段”，并不符合康德的原义，进而否认康德之说为一个“伟大的洞见”“要打折扣”便也失去了根据。

9. 自由议题。韩文认为康德此议题的错误有三个方面。第一，康德在探讨“意志自由”时，区分了“消极自由”与“积极自由”——前者指“不受外来原因限制”而“独立地起作用”，后者指“自由意志和服从道德规律的意志，完全是一个东西”。基于此，康德以“积极自由”为意志自由的本质。康德的原文是：“意志是有生命东西的一种因果性，如若这些东西是有理性的，那么，自由就是这种因果性所固有的性质，它不受外来原因的限制，而独立地起作用。……以上对自由的消极阐明，因此不会很有成效地去深入到自由的本质。不过，从这里却引申出了自由的积极概念，……这一原则也就是……自由意志和服从道德规律的意志，完全是一个东西。”② 韩文认为，康德“在逻辑上”应有一个“既涵括消极自由也涵括积极自由的全称自由概念”，但康德缺少这一步，故而将“积极自由”认定为“意志自由”的本质的依据不足。第二，既然康德区分“善良意志”与“被欲望作用的意志”，同时又区分“消极自由”与“积极自由”，那么其所谓“意志自由”便只是“积极自由”的表现，即只是“善良意志自由”，而不是整个的“意志自由”。很明显，这样一种论说存在逻辑矛盾。第三，康德区分“感觉世界”与“知性世界”，并认为后者是前者的依据，故而人应该按照理性规律或道德规律行动，这些观点都是错误的，理由如下：“感觉世界”对应的是事物的“千差万别”的现象，而这“千差万别”的现象不能有“自然规律”，因为“规律”“理应属于现象背后的东西”。另外，人的“知性”晚出于“感觉”，而“知性”的功能仅是认识“感觉世界”而已，不能作为“感觉世界”的依据。

对于上述批评，吾人逐一辨析如下：第一，依吾人之见，依康德“消极自由”与“积极自由”之区分，不能逻辑地推导出必然要有一个“全称自由概念”，因为这两种自

① 康德著，苗力田译：《道德形而上学原理》，第 80 页。

② 康德著，苗力田译：《道德形而上学原理》，第 100-101 页。

由不是位于相同层面的并列关系，而是位于不同层面的排斥关系，即“消极自由”是要被否定的，“积极自由”是要被肯定的。既然如此，康德将“积极自由”认定为“意志自由”的本质便没有了逻辑障碍。第二，如前所述，“消极自由”与“积极自由”不是并列关系，“善良意志”与“被欲望作用的意志”亦不是并列关系，它们均是不同层面的排斥关系。因此，只就“积极自由”和“善良意志”讨论，无所谓整个的“意志自由”之说，“意志自由”仅指“善良意志自由”，康德这些观点根本无所谓逻辑矛盾之说。第三，韩文认为“感觉世界”不能有“自然规律”这样一个说法，是康德的两段话混淆在一起讲所得之结论。在《原理》的第106页，康德说：“感性世界……由于感觉之不同，所以在不同的对世界的观察者中，是千差万别的。”在该书的第109页，他说：“知性世界是感觉世界的依据，从而也是它的规律的依据。”很显然，前一句话讲的是对于“感觉世界”，因主体不同而有“千差万别”的感觉，而“千差万别”的感觉自然不会有“自然规律”。后一句话讲的是“感觉世界”本身，而这个“感觉世界”本身即是自然界，只不过康德认为人的理性有限制而不能完全认识它故而将它定义为“现象界”。虽然为“现象界”，并不能说它不可有“自然规律”。然而，韩文误读了康德的“现象”，代之以自己所理解的“现象”，以致认为“感觉世界”只有现象而不能有“自然规律”。另外，在康德，如前所述，知识的来源不仅包括“感觉”，而且还包括“知性”；前者提供“质料”，后者提供“形式”；知识始于“感觉”，而完成于“知性”。因此，基于“感觉”而有的“感觉世界”不仅低于基于“知性”而有的“知性世界”，而且“知性世界”是“感觉世界”的依据。而且，韩文所讲“知性”与“感觉”之别为人的生理意义顺序，而康德所谓的“知性”与“感觉”之别乃功能层次顺序，两种说法“不在同一个频道”。因此，韩文批评康德关于人“只能按理性规律行事的结论”是不成立的。

10. 行为动机议题。韩文的批评是，康德“仅以道德为行为动机”“太过乌托邦”，没有“任何现实可能性”。理由有三点：其一，因为“欲望”和“感性诱惑”是必需的，它们既包括维持生命的“先天欲望”，又包括发展才能的“后天欲望”，“欲望”的满足实际上乃“自己的责任”，故不能“限制感性动机”。其二，在现实生活中，“仅以道德准则为动机而发起的行为甚少”。而且，即便这是“甚少”的行为“也是为了需求”即“欲望”。因此，所谓“仅以道德为动机”实际上是不存在的。例如，在公交车上让座和扶贫济困，便是为了“满足人们和谐相处的需求”。其三，具体道德准则“非常之多”，如果说“只以道德为行为动机”，那么在日常生活中应该以“哪一个道德准则”为动因呢？确定的“标准”或“理由”是什么？这些问题康德“都不可能”有“好的回答”。

针对上述批评，吾人一一辨析如下：其一，康德并不否认，人要生存，就需要满足“先天欲望”；要发展自己，亦需要满足“后天欲望”。但是，他认识到，无论是“先天欲望”还是“后天欲望”，它们均可能引发“恶”，也可能引发“合乎道德”的“伪善”。为了克服“恶”和“伪善”，他基于“实践理性”之思想，在“动机”层面提出“善良意志”问题，以为解决这些问题的根据。可见，不是否定“欲望”而是解决“欲望”所带来的问题，方是康德的问题意识。然而，韩文误读了这样一种“问题意识”，将“欲望”引发的问题等同于“欲望”本身。而且，依韩文对“欲望”的完全肯定看，应该可以推出其亦肯定“恶”和“伪善”，而这种肯定显然有悖于伦理学基本观点。其二，在康德，正是因为“仅以道德准则为动机而发起的行为甚少”，才足以显示以“动机”为出发点解决现实问题的深刻，即“动机”为“因”，现实践履为“果”；在“因”层面来解决“果”的问题，毋庸置疑比其他理论要更为根本。至于韩文说即使这“甚少”的所谓“仅以道德准则为动机而发起的行为”，实际上也是“为了需求”即“欲望”，这样一种说法并没有事实根据。例如，孟子早在2500年前就讲过，“不忍人之心”乃人所固有，而“不忍人之心”便不是韩文所讲的“需求”。孟子说：“人皆有不忍人之心。……所以谓人皆有不忍人之心者，今人乍见孺子将入于井，皆有怵惕恻隐之心，非所以内交于孺子之父母也，非所以要誉于乡党朋友也，非恶其声而然也。”① 很显然，“不忍人之心”便不是韩文所讲的“需求”或“欲望”，而是“仅以道德准则”的“动机”。因此，不可以说“仅以道德为动机”实际上是不存在的。另外，如果在公交车上让座和扶贫济困是出于“需求”或“欲望”，那么它不仅不是孟子的“不忍人之心”，亦不是康德的“仅以道德为动机”。质言之，如果依上述康德的说法，这种行为虽然值得一般地“推崇”，但不值得“高度推崇”，因为它虽“符合道德”，但却不是“真正的道德”；因为它不能够保证避免“恶”或“伪善”的发生，因为它不能够保证让座和扶贫济困行为背后没有其他动机。其三，韩文的质疑是多余的，因为康德已然给出了答案，即韩文在文中多次提及的“道德律令”。也就是说，若遵循“道德律令”，不论具体道德准则如何繁多，均可依“道德律令”而确定。当然，韩文否定了康德“道德律令”的必然性，而恰恰是因为其否定了“道德律令”，才导致了诸如“这里又是否有什么标准或理由来加以确定”的质问。总之，否定康德“动机”层面的“善良意志”，说其“没有任何现实可能性”，乃是过于绝对且未能证真的观点。

---

① 赵岐注，孙奭疏，廖名春等整理，钱逊审定：《孟子注疏》，第93-94页。

## 三、关于总体评析

此部分为韩文在总体上对康德伦理学的评析，要点有如下几个方面：其一，他认为，一套理论，如果方法是错误的，基本观点也几乎是错误的，那么“就只能说它是一套很烂的理论”，康德的伦理学“就是一个这样的理论”，因为“它的研究方法和各个主要观点”，“没有一个可以直接得到肯定”。因此，康德《原理》“整个写作目的最终是失败的”。其二，“其中最致命的错误”，是通过几个实例推出普遍性的“意志的原则”，进而“以它为前提的所有论点也不可能正确”。其三，康德的《原理》“最多”只是具有“启发”意义，而“启发”意义是指为了“拯救”康德伦理学，将康德三条“道德律令”予以“改造”或“重释”：第一条为“普遍性原则”：“你的行动，应该把行为准则通过你的意志变为普遍的自然规律。”① 此条原则应该“改造”或“重释”为“向善的意志”，而不必强调它为“普遍规律”。第二条为“目的性原则”：“你的行动，要把你自己人身中的人性，和其他人身中的人性，在任何时候都同样看作是目的，永远不能只看作是手段。”② 此条原则应该“改造”或“重释”为“人直接就是目的”，而不是“跟着理性才成为目的”。第三条为“自律性原则”，为康德的“道德最高原则”：“在同一意愿中，除非所选择的准则同时也能被理解为普遍规律，就不要做出选择。”③ 此条原则应该“改造”或“重释”为“自律原则”仅是制定、选择、评价规则的“方法之一”，而不是“人所有行动的原则”。

对于上述总体评析，吾人逐一辨析如下：其一，基于前述辨析，吾人不认为康德的研究方法和基本观点是错误的，更不认可“它的研究方法和各个主要观点”“没有一个可以直接得到肯定”的说法，故不能认可“它是一套很烂的理论”的观点，亦不认可《原理》“整个写作目的最终失败”的观点。其二，如前所述，韩文在此为断章取义或有意曲解康德原意，因为康德的原文是讲普遍性的“意志的原则”是“原因”，而不是“结论”。或者说，普遍性的“意志的原则”不是由这几个实例推出来的，而是由纯粹的实践理性推出来的；这几个实例的作用仅仅是“例证”，而不能被理解为“根据”。然而，韩文却

---

① 康德著，苗力田译：《道德形而上学原理》，第 73 页。

② 康德著，苗力田译：《道德形而上学原理》，第 81 页。

③ 康德著，苗力田译：《道德形而上学原理》，第 94 页。

把这几个实证作为“根据”，将普遍性的“意志的原则”作为“结论”。如果说韩文认为康德就此犯了“最致命的错误”，那么韩文在此却真正犯了“最致命的错误”。既然韩文存在这样的“初始性错误”，那么“以它为前提的所有论点也不可能正确”这一对康德的批判也失去了前提。其三，关于这样一种“拯救”，因为韩文关于“意志的原则”问题上犯了“初始性错误”，故其对于三条“道德律令”的“改造”或“重释”便失去了根据，成为画蛇添足之举，毋庸吾人再去讨论。而且，韩文关于康德“自律原则”的引文不准确。在康德，三条道德律令虽然分别表述，但它们是互相满足的，任何一条律令都同时满足三条律令。也就是说，任何一条道德律令都同时具备“普遍性”“目的性”“自律性”。然而，韩文所引康德“在同一意愿中，除非所选择的准则同时也能被理解为普遍规律，就不要做出选择”，这句话讲的不是“自律性原则”，而是指“普遍性”的道德律令亦具有“自律性”。韩文之所以会误引，可能是因为康德在这句话前有“所以自律原则就是”① 的说法。若是如此，则显然是望文生义。在《原理》中，康德对于“自律原则”的准确表述是：“作为自己和全部普遍实践理性相协调的最高条件，每个有理性东西的意志的观念都是普遍立法意志的观念。”②

进而，韩文认为，康德伦理学之所以“满是弊病”“乏善可陈”，源于“四个根源性迷误”。其一，“独断”地区分了现象与物自身，“凡遇”说不清的问题就“心安理得”地归于此，从而丧失了理论的“彻底性”。康德依凭感觉的限制提出“物自身”进而认为其不可知的理由并不充分，根本点在于：“倘若物自身真的不可认知，康德就不知道它存在”。实际上，所谓“物自身”并非不可知，因为它即是“本质”，为一物区别于他物的“独特性”。其二，割裂了人的“感性”与“理性”的联系。人的本性主要指“感性”，“感性”本身没有善恶，只是在现实选择时才产生善恶，因此，“根本无须理会”道德的“普遍性要求”，因为“理性”“道德”“是为人的本性服务的”，“属于人的工具”。具体来讲，人性本“无所谓善恶”，只有当选择“自利”方式时，“才有善恶出现”——损人的自利方式为恶；利人的自利方式为善；既没损人也没利人的方式非善非恶即正当。因此，有如下道德的“实际指导”足矣：“禁止损人行为，提供利人行为，允许正当行为。”其三，忽略了“理解”“既有道德”的必要性，“完全没有对它的思考”，即“康德没有关于在他之前已然存在数千年的道德的研究，根本不知道实际道德的起源与本质”，而这“也

① 康德著，苗力田译：《道德形而上学原理》，第 94 页。

② 康德著，苗力田译：《道德形而上学原理》，第 83 页。

是从古至今的西方伦理学家的通病”。之所以如此，原因有四：1. 韩东屏教授所著《人本伦理学》指出，“道德”“是在一定社会群体中约定俗成的受社会舆论和内在信念直接维系和推动的行为规范与品质规范的总和，负责为人提供善的为人处事方式，以满足人处理人际关系和实现自我的需求”①，而康德和所有西方伦理学家对此“根本不知道”。2. 因为上述原因，康德不应该“排斥”人的“欲望”“本性”以及“来自实践的经验”。3. 道德的“普遍性”来自“人们共同约定俗成”，这是“道德规范”“本来就有”的“事实”，“故根本不需要费那么大劲儿去推论”“道德准则”及其“普遍性”，“只需指出道德规范具有普遍性的事实即可”。4. 道德不仅指导人“做事”，也指导人“做人”；前者对应“行为”，为“德行伦理学”，后者对应“品行”，为“德性伦理学”；康德伦理学只讲前者，故“注定是一个片面的伦理学”。既然康德的伦理“片面”，故其所谓的“道德最高原则”并非“道德最高原则”，“顶多是行为的最高原则”，即便如此，“但不幸它还是错的”。其四，错误地“坚信”“为道德而道德”为“最有价值”“最有尊严”的“最高理想”。理由如下：1. 人们的一切行为“最终”是为了“满足自己的需求”，故“为道德而道德”是不可能的“空想”。既然如此，人类生活只需守住道德底线即可，只需服从道德规范即可。2. 人生的目的根本“不是道德”，而是“使自己活得更好”，故“道德”只有“工具”价值，即不是“人服从道德”，而是“道德服从人”。因此，履行道德义务只是“使人类活得更好”的条件，而不是“直接让人们活得更好”，故不是“最值得称赞”和“最有尊严”的事情。

就“四个根源性迷误”，吾人逐一辨析如下：

其一，康德关于“现象”与“物自身”的区分在自身能够自圆其说，因为它奠基于所不可否认的四个“二律背反”。而且，由这种区分所包含的“人的理性有限制”理念产生了极强的现实意义——无论是对反人类中心主义，还是对反专制独裁政治，都发挥了极其重要的根据作用。当然，这种区分及基于此的不可知问题甫一提出便引发质疑不断，后来黑格尔以“绝对精神”的自我发展、马克思以唯物的反映论，均对康德理论提出了挑战。实际上，直至今日，相关争论并未停息。既然如此，韩文不认可现象与物自身的区分无可厚非，但主张以“本质”替换“物自身”，以“可知”替换“不可知”，如此观点完全出于经验常识，但问题是，历史上经验常识经常被推翻。例如，“地心说”被推翻而代之以“日心说”，物质决定意识被量子力学所挑战，等等。韩文还提出，“倘若物自

① 韩东屏：《人本伦理学》，武汉：华中科技大学出版社 2012 年，第 45 页。

身真的不可认知，康德就不知道它存在”，实际上这是混淆了“存在”与“可知”的概念。关于“物自身”的“存在”，康德不仅有四个“二律背反”作为支持，而且他明确区分了“存在”与“认知”概念——虽然我们不能“认知”它是什么，但我们可以思考它的“存在”。他说：“吾人进一步之论议，自亦当切记在心，即吾人虽不能认知‘所视为物自身之对象’，但吾人自必亦能思维此等‘视为物自身之对象’。”① 鉴于上述，尽管围绕现象与物自身区分有诸多争论，但于康德深刻、周密、严谨的论证不顾，说其“独断”，“凡遇”说不清的问题就“心安理得”地归于此，从而丧失理论“彻底性”，这样的说法却明显表现出“独断”。

其二，韩文认为康德“割裂”了人的“感性”与“理性”的联系不准确，因为康德并非认为“感性”就是“恶”，而是认为“感性”“可能”引发“恶”，即并非认为“自利就是恶”，而是认为“自利”“可能”引发“恶”。这里，需要注意的是，“可能”与“是”的含义是不同的。正是基于这种“可能”，故而需要由“理性”来指导“感性”，从而避免“可能”引发“恶”；这样一种理路，不仅未显现“理性”“感性”的“割裂”，反而显现的是二者的“联系”。进而，韩文认为“人性”“无所谓善恶”，只是在选择“自利”方式时“才有善恶出现”，故“根本无须理会”道德的“普遍性要求”，只需将“理性”置于“感性”之下，使“感性”有“实际指导”即可。稍加分析，这样一种说法存在严重理论困境：将“感性”置于“理性”之上，“理性”仅仅具有“工具”地位，仅仅依靠“禁止损人行为，提倡利人行为，允许正当行为”的“实际指导”，能保证“恶”和“伪善”的避免吗？它是将导致“趋善避恶”的结果，还是将导致“情识而肆”的后果？吾人不敢想象！康德说：“一个有理性的东西必须把自己看作是理智，而不是从低级力量方面，把自己看作是属于感性世界。”② 另外，韩文将“禁止损人行为，提倡利人行为，允许正当行为”三句话视为普遍有效的“实际指导”，吾人亦绝不敢苟同。一个方面，先不说这三句话只是一些“道德箴言”，虽闪耀着大众生活智慧，但无论如何不具有康德“道德律令”的深刻和理论魅力，且说在韩文所主张的“感性”层面之落实——如何判断“自利”前提下的“损人”“利人”“既没损人也没利人”？因为不同的人、在不同的情境、不同的时间下，所谓“损人”“利人”“既没损人也没利人”的标准可能是不同甚至相反的。另一个更为关键的方面，这样几个“实际指导”是经验性归纳，为对“各民族”道

---

① 康德著，蓝公武译：《纯粹理性批判》，第 19 页。

② 康德著，苗力田译：《道德形而上学原理》，第 107 页。

德状况观察、分析基础上的概括，然而如前所述，韩文坚决反对通过经验性归纳得出普遍性结论，还曾依此“强烈”批评康德。韩文有言：“一个有效的普遍性命题，只能是来自于对所有与之相关的经验事实的完全归纳，而不可能仅来自于其中的几个经验事实。”依此来衡量，“实际指导”是对所有民族、全人类的“完全归纳”？还是“仅来自于其中的几个经验事实”？显而易见，韩文在此以自己的矛攻了自己的盾。

其三，吾人先具体辨析四个原因如下。①韩文在论文“具体方法错误”部分提出，康德从来没有给“道德”下定义，在此处又提到康德“根本不知道实际道德的起源与本质”，似乎康德是一个江湖中人，“忽悠”了学界数百年。其实，如吾人前面所述，康德虽然没有直接给“道德”下定义，但对“道德的本质”却有明确的阐明，于此视而不见而批评康德，可能不会让人信服。而且，韩文给“道德”下的定义完全是经验性论说；既是经验性的论说，便不会有普遍性，故亦难以让读者信服。②韩文所谓康德不应该“排斥”人的“欲望”“本性”以及“来自实践的经验”，如前所述，这是对康德的误解，因为康德认为“欲望”“感性”“实践经验”可能引发“恶”“伪善”，故而需要通过“理性”对其进行“约束”“规范”，而不是“排斥”。③将道德的“普遍性”归为“人们共同约定俗成”，认为“只需指出道德规范具有普遍性的事实即可”，这不仅曲解了“普遍性”概念的含义，而且否定了康德伦理学的价值，进而否定了所有伦理学研究的价值。这的确是很有气魄的说法，但关键是这个“气魄”没有根基。一个方面，道德的“普遍性”源自“约定俗成”正确吗？基于经验概括、归纳出来的这样一种观点正确吗？另一个方面，能肯定“道德规范本来就具有普遍性”吗？实际情况是，不同民族、不同文化甚至不同地域，道德规范的差异性非常明显。④将伦理学依“做事”与“做人”或“行为”与“品质”区分为“德行伦理学”与“德性伦理学”确有新意，可能是韩东屏教授的理论新创。如果依这一理论新创来衡量，康德的确侧重讲“行为”，而不侧重讲“品质”，由此可以将其伦理学归为“德行伦理学”。不过，如果说康德“只讲”“行为”而“不讲”“品质”，似乎缺少文献依据，因为康德有诸多关于“品质”的论述。例如，“道德”“善”“善良”是什么？它不是指“品质”吗？如此等等，不胜枚举。而且，学界通常将伦理学分为“义务论”“目的论”，后来又出现“美德伦理”；这种区分只是指明其角度不同，而根本没有两者或三者合在一起为“全面伦理学”、每一类只为“片面伦理学”的说法。如果硬要这样讲，估计任何一类都不会同意的。因此，将康德伦理学说为“片面”并不妥当。既然如此，进而否定康德的“道德最高原则”便没有了根据。由上述对四个原因的辨析以及前述相关内容可见，所谓康德忽略了“理解”“既有道德”的必要性，“完全没有对它的思考"，"康德没有关于在他之前已然存在数千年的道德的研究，根本不知道实际道德的起源与本质"，以及这"也是从古至今的西方伦理学家的通病"，这些说法乃无稽之谈。

其四，韩文这样一种观点颇值得商榷。就其理由来讲，①的确，人类一切行为"最终"是为了"满足自己的需求"，但"道德"不是人类"自己的需求"吗？显然，韩文将"需求"与"道德"对立起来，并将"道德"排除在"需求"之外了。正是此处之误，从而误将"为道德而道德"视为不可能的"空想"。进而，"只需守住道德底线即可""只需服从道德规范即可"，但事实果真如此吗？一个方面，从理论上讲，所有伦理学内容都包括"道德底线""道德规范"的要求，但均并未实现韩文"即可"的目标。另一方面，从现实上讲，周、孔所奠立的德治和儒学在中国实践几千年，核心就是推行"道德底线""道德规范"，但是结果呢？理论和现实两个方面均表明，"只需守住道德底线""只需服从道德规范"似乎并非"即可"。②依韩文，人生的根本目的不是"道德"，而是"使自己活得更好"。然而，何谓"使自己活得更好"？仅仅是感性、经验层面"需要和爱好的满足"吗？许多哲学家、伦理学家对此进行探究，康德以"德福一致"为真正的"使自己活得更好"。显而易见，就"使人类活得更好"看，与视"道德"仅仅具有"工具"价值、不是"人服从道德"而是"道德服从人"相比，"德福一致"不仅可给予人类以理想，而且可赋予人类以尊严。于此不顾而简单地否定之，于情、于理都讲不过去。既然韩文的两条理由都不成立，那么便不可否定康德"为道德而道德"为"最有价值""最有尊严"的"最高理想"。

基于"四个根源性迷误"，韩文得出了如下结论：其一，康德的伦理学"不可能不是错误不断"，"运用康德伦理学"的研究也"不可能得到正确的结论"，对康德伦理学进行的"诠释"也没有什么意义。其二，对于包括康德在内的"以往的伦理思想史""没有让人满意的回答"的两个问题，即"人的最高理想"和"道德最高原则"，韩东屏教授的"人本伦理学"给出了"很可能不一样"的回答：前者的答案是以"人的全面而自由的发展"取代"至善"，因为它同时满足了"至善"的四个特征，即"普适性""综合性""现实性""永恒性"；而且，"它意味着人的需求的全面性满足和提高"，故而"也就是个人幸福所在"。后者的答案是以"以人的全面自由发展为至善，以每个人的全面自由发展为一切人全面自由发展的条件"取代康德的"道德律令"，因为它同时满足了"合理性道德原则"的六个条件，即"唯一的一级原则""以人为本""与至善一致""个人目标与社会目标统一""能够同时提供为人处事的品质规范与行为规范""能够为社会提供善的为人处事方式”。其三，道德与幸福是统一的，其关系是：“道德是人追求幸福或满足自己需求的一种工具。”

下面，吾人逐一辨析如下：

其一，吾人基于前述之逐一辨析，不赞同康德的伦理学“不可能不是错误不断”，“运用康德伦理学”的研究也“不可能得到正确的结论”，对康德伦理学进行的“诠释”也没有什么意义。相反，韩文当中却是方法、观点“错误不断”。其二，韩文以“人的全面而自由的发展”为“人的最高理想”，“以人的全面自由发展为至善，以每个人的全面自由发展为一切人全面自由发展的条件”为“道德最高原则”，两个观点很难有说服力。就前者看，“全面而自由的发展”只是条件，不能是目的，犹如“春风得意马蹄疾”只是条件、“一日看尽长安花”才是目的一样。如果将“全面而自由的发展”视作“最高理想”，便属于对“条件”“目的”的错置。而且，所谓“至善”的四个特征，不过是一些经验性概括而已，并且它们非依相同标准而划分，故而内涵、外延均有交叉错杂。可见，依如此之特征概括出来的“最高理想”难以成为真正的“至善”。就后者看，其中的逻辑不过是“小河没水大河干”式的经验观念；若将其视为“道德最高原则”，不仅过于浅显、没有理论魅力，而且基本上没有操作性。之所以说其没有操作性，在于它的逻辑是一种“循环论证”，即在“问题”与“答案”之间循环——“问题”是“如何实现全面自由发展”，“答案”是“实现全面自由发展”；“人的全面而自由发展”不就是“每个人的全面自由发展”吗！所不同者只是，前者指“人”而后者指“每个人”，两者在概念上有所不同。进而，关于“合理性道德原则”的六个条件亦非常值得商榷：从内容上看，不过为经验性概括，非常像道德教化式的“应景性”归纳；从形式上看，它们非依相同标准而划分，内涵、外延多有交叉错杂。这样两个方面表明，所谓“道德最高原则”完全没有康德“道德律令”尤其是“自律性原则”的内容深度和形式魅力。其三，“德福一致”是康德对于“至善”的理解，乃其伦理学探究的“最高目的”“终极目的”。韩文虽然认可“至善”概念，但内涵已与康德的观点不同，认为“至善即幸福”，“至善”“也就是个人幸福所在”，进而认为“德福一致”的含义乃“道德是人追求幸福的一种工具”。吾人认为，这样的“德福一致”存在严重的伦理悖论：道德是追求崇高，还是寻求卑劣？韩文所谓的“幸福”乃就感性、经验层面言说，指“需要和爱好的全部满足”，而“道德”则是追求满足这种“需要”“爱好”的工具。很难想象这样一种理论的实践前景会是什么，至少可以讲，它不能高扬人性的崇高和尊严，而可能使人性归于世俗和平庸。

我们知道，对康德思想影响较大的有三个人：一是牛顿，他给予康德以科学的严谨性；二是休谟，他给予康德以理性的怀疑精神；三是卢梭，他给予康德以自由的信念。就其理论建构来讲，尽管必须以严谨性为基础，也必须以怀疑精神审视一切，但自由信念却是康德预定的目标。正是基于这个目标，高扬人性的崇高和尊严成为康德伦理学的重要内容。例如，关于道德原则的“自律性”，他说：“他之所以崇高，并不由于服从道德规律，而是由于他是这规律的立法者，并且正因为这样，他才服从这一规律。”① 这是我们研究康德伦理学时不可忽视的一点，但遗憾的是，韩文忽视了这一点。

对于“人的最高理想”和“道德最高原则”这两个重要问题，“以往伦理思想史”“没有让人满意的回答”，是韩文批评康德伦理学“很烂”的主要根据。韩文意识到这个说法可能会引发质疑，遂提出“请读了笔者的《人本伦理学》后再看是否还能提出质疑”。关于此，笔者没有遵从韩文的意见去读《人本伦理学》，因为此文对康德伦理学的批评并不成立，故与不成立的批评相一致的“人本伦理学”便不必去读了。

在全文结尾外，韩文再次申明坚持“已对康德伦理学做出的‘很烂’的总评”。其实，在论文开始处作者已直接点题：“康德的伦理学和他的其他哲学著述一样，都有大批满怀敬佩之情的追随者。可在笔者看来，康德的伦理学其实非常糟糕，错误甚多，并且有不少是基本性的大错误。”作为对韩文“总评”的回应，吾人在此论文结尾处亦申明：我不认为康德伦理学不可颠覆，因为任何一种理论都是应该发展的，但韩文没能完成“颠覆”康德伦理学这个任务。至少截至目前吾人还认为，康德的伦理学“其实不烂”，“其实不糟糕”，康德依然让人“满怀敬佩之情”！同时，也期待着学界尤其是中国学界出现能够颠覆康德伦理学的成果问世。

综上所述，吾人认为，韩文之所以批评康德伦理学不成功，概括前文来讲，主要有如下几方面原因：其一，用康德的理论讲，韩文的基本立场为“大众道德哲学”，属于“经验哲学”，康德的基本立场为“道德形而上学”，属于“纯粹哲学”；“大众道德哲学”为基于“机智命令”设计的“理性的劝导”，而“理性的劝导”不可能“一劳永逸”地解决“至善”问题。② 康德说：“机智命令，严格地说，并不限定什么，并不把行为看做是客观的，实践上必然的；它们与其说是理性诫命，还不如说是理性的劝导；完全不可能一劳永逸地，规定什么样的行为是有理性的东西得到幸福所普遍必需的。”③ 正是由于

① 康德著，苗力田译：《道德形而上学原理》，第 93 页。

② 参见康德著，苗力田译：《道德形而上学原理》，第 36 页。

③ 康德著，苗力田译：《道德形而上学原理》，第 70 页。

“大众道德哲学”有这样的局限性，故仅有“大众道德哲学”是远远不够的，需要提升到“道德形而上学”，在人性中寻找道德哲学基础。显而易见，基于“大众道德哲学”来“颠覆”“道德形而上学”，是不可能取得成功的。[1] 这是韩文之所以不成功的根本原因。其二，韩文未充分汲取学术发展新成果。例如，传统诠释学已经走入历史，哲学诠释学已经被学界广泛接受；物质决定意识也受到量子力学的挑战。但韩文的基本观点仍是传统诠释学，仍是传统的物质决定意识，仍是“客观存在”“不依人的意志为转移”等传统观念。显而易见，若依此来解构、批评已经超越这些传统观念的康德，必然会因“力不从心”而发生不成功的结果。其三，韩文还存在较多的“技术层面”的问题。例如，引用康德原文有误，有的为断章取义或故意曲解，这些情况吾人在前文已经分别说明。再如，有些论断过于绝对故而显得“独断”，诸如完全否定康德伦理学、完全否定依康德伦理学所开展的研究、完全否定从古至今所有西方伦理学家、完全否定“人本伦理学”之外的他人之研究，这样的说法因缺乏理据通常不被人采用。再如，尽管新文化运动之后，文言文被白话文所取代，但学术论文通常有学术用语的规范，而不使用过于通俗的“白话”。例如，“很烂”这样的词通常不会出现在学术论文当中。

以上内容，为笔者对《康德的伦理学其实很烂》一文的回应，敬请《很烂》一文的作者和学界同仁批评指正。

（原文载程志华主编《畿辅哲学研究》〔第一辑〕，河北大学出版社 2021 年）

① 参见邓晓芒：《康德道德哲学详解》，《西安交通大学学报》（社会科学版）2005 年第 2 期。

# 由“儒学在美国”到“美国的儒学”：百年美国儒学发展脉络

与欧洲来华传教士相类，美国传教士在传教的同时，也开展了对中国文化的研究。自此，不仅中美文化的直接交流得以开展，而且美国儒学研究的“序幕”也渐渐开启。历史地看，尽管美国对中国文化的研究只有百多年的时间，但就美国的历史而言，儒学却已是美国一门“古老”的学问，或者说是美国“轴心时代”的学问。而且，值得注意的是，美国的儒学研究发展很快，以至于到20世纪下半期，美国儒学已然成为中国海外儒学研究的重镇。当然，在多元的美国学术思想界，儒学研究并没有成为思想主流，甚至不能对主流思想形成挑战。尽管如此，就整个儒学的发展来看，梳理美国儒学发展的主要脉络，不仅有利于掌握美国儒学的发展线索，而且亦可能对于中国儒学的发展产生借鉴意义。

## 一

“夫学术者，天下之公器。”① 与西学不断外渐、走入他国并走向世界一样，发端于中国本土的儒家学术，不仅由一种地方学术渐而成为一种全国性学术，并且也跨出国门，走向世界。由于地缘的关系，儒学最初“走出去”的范围主要是亚洲地区，尤其是朝鲜和日本。最初，传入朝鲜地区的主要是“五经”《论语》《千字文》等儒家经典。后来，以“朱子学”为代表的两宋儒学也传入朝鲜，进而形成了“性理学”鼎盛的时代。一直到现在，这个地区的儒学都是以“性理学”为主。与传入朝鲜地区的儒学不同，传入日

---

① 黄节．李氏焚书跋［A］．张建业．李贽文集（第一卷）［M］．北京：社会科学文献出版社，2000：245．

本的除了“朱子学”之外，影响更大的是阳明心学，到20世纪，出现了冈田武彦这位国际上享有盛誉的阳明学家。后来，儒学又在马来西亚、印度尼西亚、新加坡等东南亚国家传播。总之，儒学至今仍是东亚、东南亚地区的重要思想，以至于出现了“儒家文化圈”的概念，用以指涉这个地区的思想特质。在11—13世纪，儒学开始传播到欧洲。17世纪时，儒学在整个欧洲迅速地传播开来。尤其在18世纪，欧洲出现了较长时期的“中国文化热”，儒家思想与“文艺复兴”的新思想相结合，成为欧洲近代启蒙思想的重要渊源。例如，伏尔泰对儒学给予了非常高的评价。他说：“中国的儒教是令人钦佩的。毫无迷信，毫无荒诞不经的传说，更没有那种蔑视理性和自然的教条。”① 不过，到了18世纪末至20世纪，儒学在欧洲的影响渐渐衰落。

美国与中国的直接接触始于18世纪末，而之前的联系均是以欧洲为媒介的。1784年美国第一艘商船从纽约驶向中国，第二年从中国返回美国本土②。19世纪30年代，在欧洲传教士到达中国三个世纪以后，美国传教士也开始进入中国传教。同样，美国传教士在传教的同时，也开展了对中国文化的研究。由此来看，美国对中国文化的研究还不到两百年的时间。因此，相对于欧洲而言，美国早期对中国文化的研究非常落后。马森（Mary Gertrude Mason，1900—1951年）曾说：“美国人在汉学领域的研究工作是非常落后的。诸如卫三畏（Samuel Wells Williams）、毕治文（Bridgman）（即裨治文——引者）一类的学者型传教士和其他一些人对中国语言和文学感兴趣，但是迟至1875年，美国的学院和大学中的汉学研究并没有取得真正的进展。这些情况都是真实的。”③ 但是，就美国的历史而言，儒学却可以说是美国一门“古老”的学问，或者说是美国“轴心时代”的学问。④ 而且，美国的儒学研究发展很快，以至于到20世纪下半叶，晚出的美国儒学渐渐成为海外中国研究的“重镇”，甚至“统领”起所有海外的儒学研究。有学者说：“20世纪30年代之后，中美学术界交流加增，中国研究在美国在质与量上皆有大进，光

① 伏尔泰. 哲学辞典［M］. 王燕生译. 北京：商务印书馆，1991：331.

② 卫三畏. 中国总论［M］. 陈俱译. 上海：上海古籍出版社，2005：910.

③ 马森. 西方的中华帝国观［M］. 杨德山译. 北京：时事出版社，1999：24-25.

④ 在此使用“轴心时代”为借用或类比，指美国文化之发端的时代。“轴心时代”一词来源于德国哲学家雅斯贝斯（Karl Jaspers，1883—1969年）。他认为，在公元前六世纪左右，在古代中国、希腊、印度等国家几乎同时出现了一些重要思想家，他们的思想为人类文明的形成做出了巨大贡献，至今仍为现代文明提供着精神资源。因此，这个“巨人时代”乃可称为人类文明的“轴心时代”。雅斯贝斯. 历史的起源与目标［M］. 魏楚雄等译. 北京：华夏出版社，1989：7-9.

景一变。两次大战之后，美国学术界对中国之兴趣有增无减，各著名学府多有中国学科之设，研究亦日趋多元化、精致化，大大越出传统汉学之范围，由于人才汇聚，资源丰沛，中国研究蔚成大国，成绩斐然可观，美国隐然已成为中国研究之重镇。”①

总的来看，基于百多年来的发展，美国儒学取得了巨大成就，也具有重要的学术价值：其一，其研究对美国学术思想的发展起到了一定的推动作用。儒学对于西方学术来讲是一种异质文化，它在美国学术界的“落地”“生根”“开花”“结果”，由“儒学在美国”过渡到“美国的儒学”，无疑为传统的西方学术增加了新的内容。可以说，美国学术之所以有今天的繁荣，其中也有儒学的一份贡献。其二，美国的儒学研究不仅为东西方文明的交往搭建起一座“桥梁”，而且可为化解西方文明之困境提供一种借鉴。对此，安乐哲指出：“鉴于世界各文化之间的相互依存关系，求助于被正确理解的儒家资源可以为一种更加切实可行的新型的美国民主指出一个可能的方向。至少，美国当代的社会问题可以向那些倾向于抛弃儒家遗产的亚洲文化敲响警钟，告诫它们不要过分急于这样做，否则它们将无法探索儒家对于一种更加安全的亚洲式民主可能作出贡献。”② 其三，更重要的是，其研究成果为儒学的“现代性转生”提供了一种参考路径。面对现代化和后现代主义思潮，传统儒学必须实现形态上的“现代性转生”，否则将会被历史所淘汰，真正成为“博物馆哲学”。在这方面，美国的儒学研究具有相当强的借鉴意义，因为经过美国学者百多年的努力，儒学在现代和后现代的美国从无到有，已然成为与西方哲学互动、互补的学术力量。

关于儒学由发源地开始的外渐，杜维明曾有过相关的论述。他认为，儒学的历史发展大致分为三期，而此三期发展不仅有时间的维度，而且均体现出一定的空间维度。具体来讲，第一期指由先秦至两汉之儒学。在此期间，儒学从鲁国的一种地方文化扩展为整个华夏文明的思想主流。第二期指宋明清之儒学。在此期间，儒学从中国的民族文化扩展为整个东亚文明的体现。第三期则是民国以来现当代之儒学。在此期间，儒学面临的任务是如何走向世界，从而成为世界性多元文化的一元。杜维明说：“儒学的第二期发展是大家都承认的，因为宋明理学与先秦儒家以及汉唐儒学确有不同。一期儒学由诸子源流发展为中原文化，二期儒学我认为是东亚文明的体现，已经影响到日本、朝鲜、越南等国家。如果有第三期发展，那就是世界性的了。关键是面对西方的挑战，儒学能否

---

① 狄百瑞．中国的自由传统［M］．李弘祺译，香港：香港中文大学出版社，1983：136.

② 安乐哲．儒家学说与社会进步——美国的“东方化”［J］．东方论坛，2006（6）：10.

做出创造性的回应。”① 显而易见，尽管杜维明对儒学的“世界性”仍有期许的成分，但历史已足以说明，无论从时间上看，还是从空间上看，儒学不仅可以是中国的，而且也可以是世界的。正因为如此，在全球范围内，除了中国儒学外，还出现了韩国儒学、日本儒学、印度尼西亚儒学、法国儒学、荷兰儒学等。由此来讲，随着中美文化交流的开展，美国儒学的出现便顺理成章了。基于此，杜维明提出了“文化中国”的概念，以回应儒家文化现代化的课题。所谓“文化中国”，主要指中国内地、台湾、港澳和新加坡华人所组成的世界，也包括东亚、东南亚、南亚和北美、欧洲等世界各地的华人社会②。

实际上，与儒学在中国的发展具有阶段性一样，儒学在海外的外渐与发展亦呈现出阶段性。1958年，现代新儒家的代表人物牟宗三、徐复观、张君劢、唐君毅四人联署发表《为中国文化敬告世界人士宣言》（以下简称《宣言》）。《宣言》强调，以儒学为核心的中国文化具有普世价值。而且，不同于埃及、希腊、罗马之学术为“已死的文明”，中国文化在现代社会仍为“活的存在”。《宣言》说：“我们之所以要把我们对自己国家文化之过去现在与将来前途的看法，向世界宣告，是因为我们真切相信：中国文化问题，有其世界的重要性。我们姑不论中国为数千年文化历史迄未断绝之世界上极少的国家之一，及18世纪以前的欧洲人对中国文化的称美，与中国文化对于人类文化已有的贡献。”③ 进而，关于中国文化在海外的传播，《宣言》将其大致分为三个阶段：第一个阶段是出于传教需要而进行研究，指“中国学术文化之介绍入西方，最初是300年前耶稣会士的功绩”；第二个阶段是出于现实政治需要而进行研究，指“近百年来，世界对中国文化之研究，乃由鸦片战争，八国联军，中国门户逐渐洞开，而再引起”；第三个阶段是出于“兴趣”而进行纯粹学术研究，指“至最近一二十年之世界之对中国文化学术之研究，则又似发展出一新方向。此即对于中国近代史之兴趣。”④ 毋庸置疑，这样一种阶段划分，虽针对整个中国文化而言，因儒学乃中国文化之核心，故它亦可反映儒学外渐的阶段性。

不过，现代新儒家的上述阶段划分亦提示我们，不能将中国文化的外渐完全等同于儒学的外渐，因为二者的内涵、外延并不绝对等同。实际上，要研究美国儒学史，需要先区别“汉学”“儒学”“哲学”三个概念，否则会因内涵不清而导致外延的混淆。就内

① 郭齐勇，郑文龙. 杜维明文集（第五卷）[M]. 武汉：武汉出版社，2002：420.

② 郭齐勇，郑文龙. 杜维明文集（第五卷）[M]. 武汉：武汉出版社，2002：409-412.

③ 唐君毅. 中华人文与当今世界 [M]. 台北：学生书局，1975：867.

④ 唐君毅. 中华人文与当今世界 [M]. 台北：学生书局，1975：868-870.

涵来讲，所谓“汉学”，指国外学界对中国文化研究的学问，它大致相当于中国所谓的“国学”①。对于这样一种意义的“汉学”，李学勤曾说：“汉学一词，在英语是 Sinology 或 Chinese studies，而前者的意味更古典些，专指有关中国历史文化、语言文学等方面的研究。汉学的‘汉’，是以历史上的名称来指中国，和 Sinology 的词根 Sino-来源于‘秦’一样，不是指一代一族。汉学作为一门学科，词的使用范围本没有国别的界限。外国人研究中国历史文化是汉学，中国人研究自己的历史文化也是汉学。因此有人把中国人讲的‘国学’就译作 Sinology。……实际上，按照国内学术界的习惯，汉学主要是指外国人对中国历史文化的研究而言，……”② 所谓“儒学”，专指儒家的学说，即以“仁”概念为核心而展开的学问。所谓“哲学”，指在超越层面研究事实与价值的学问。③很显然，就外延来讲，“汉学”要大于“儒学”，而“儒学”要大于“哲学”；反过来讲，“哲学”包含于“儒学”，而“儒学”又包含于“汉学”。基于“汉学”“儒学”“哲学”之不同，本文主要从“儒学”并辅之以“哲学”的角度展开。

## 二

历史地看，上述关于海外汉学研究之三个阶段的概括是有道理的。不过，由于它面对的是整个海外汉学，故其比较宏阔而不具体，因此，若以这样三个阶段反映美国儒学史太过简要，不足以具体反映其内在发展理路，借鉴意义也会大打折扣。依着笔者的理解，美国儒学的发展可细分为五个阶段，这五个阶段展示为一个不断深化和发展的过程，其大致是：

第一阶段：汉学研究的兴起时期，大约指 19 世纪 30 年代至 20 世纪初叶。19 世纪 30 年代起，裨治文（Elijah Coleman Bridgman，1801—1861 年）、卫三畏（Samuel Wells Williams，1812—1884 年）、明恩溥（Arthur Henderson Smith，1845—1932 年）等一批传教士先后来华。他们在传教的同时，也学习中国语言，了解中国文化，从而揭开了美国海外汉学研究的“序幕”。传教士对中国文化虽主要停留在描述层面，如裨治文创办的

① 在清乾隆年间，学界形成了重考据的“朴学”。“朴学”虽然分为“吴派”和“皖派”两支，但其均以汉儒经说为宗，推崇东汉许慎、郑玄之学，所以也称之为“汉学”。本文所谓“汉学”非此“汉学”。

② 李学勤．国际汉学著作提要［M］．南昌：江西教育出版社，1996：序 1-2.

③ 程志华．哲学概念三解［J］．河北大学学报（哲学社会科学版），2011（1）：6.

《中国丛报》、卫三畏写作的《中国总论》等，但亦有一些较深入的学术思考。例如，裨治文经过比较研究认为，中国文化存在三个方面的缺欠：其一，厚古薄今，僵化停滞；其二，妄自尊大，盲目排外；其三，重人伦，轻宗教。关于厚古薄今与僵化停滞，他说："在两千多年的历史中，中国人似乎没有任何发展的愿望，也不探讨超越先人的可能，因为它们在任何一个领域中都被认为是异端。"① 林乐知（Young John Allen，1836—1907年）则认为，儒教特别强调"人伦之道"，此乃中国文化的重要特征。他说："中国教化，以孝悌忠信为本，以仁义礼智为德，以推己及人为恕，是皆为人伦中之要道。中华所以称为东方有教化之宗国者，此也。"② 然而，仅仅强调"人伦之道"并不够，因为人须同时面对"人伦""物伦"和"天伦"之"三伦"。他说："中国专重人事，有五常之德，而发之于五伦。不知天之生人，厥有三大伦焉：天人一也，人人二也，人物三也。"③ 此外，丁韪良（William Alexander Parsons Martin，1827—1916年）对中国伦理哲学、儒道佛"三教"以及儒耶会通，明恩溥对中国人的素质等，分别进行了研究。

第二阶段：美国汉学研究的开展阶段，时间大致在20世纪初叶至20世纪80年代。在海外传教士之后，美国本土亦出现了汉学研究。劳费尔（Berthold Laufer，1874—1934年）曾数次来中国考察，并从中国获得了大量器物和典籍，他对这些器物和典籍进行研究，开启了美国本土的"微观汉学"，也成为美国本土汉学研究的开拓者。此外，他对中国文明进行了研究，将中国文明基本观念概括为"重视家庭""平均分配""重视农业""文化吸收能力强""实用技术发达"和"历史意识强"六个方面。关于"重视家庭"，他说："基于宗教性的祖先崇拜制度而建立的家庭组织，家庭生活神圣性、纯粹性的观念，孝文化、个人对家庭和国家理想的服从，必须被视作中国之种族和国家连续的主要因素，他们的文化和组织具有不可摧毁的生命力和韧性。"④ 关于"文化吸收能力强"，他则说："消极抵抗的杰出能力、无限的吸收能力，是这种文明的显著特征，它的

① Elijah Coleman Bridgeman. Education among the Chinese [J]. Chinese Repository. 1835，4（5）：4-5.

② 林乐知，任廷旭. 全地五大洲女俗通考（第十集上卷）[M]. 吴江，任保罗译. 上海：上海华美书局，1903：20.

③ 林乐知，蔡尔康. 险语对下之中 [M]. 台北：华文书局，1968：15951.

④ Berthold Laufer. Some Fundamental Ideas of Chinese Culture [J]. The Journal of Race Development，1914，5（2）：P. 170.

生命力已被检验过多次。"① 卜德（Derke Bodde，1909—2003 年）对中国神话进行了研究，认为其已经"历史化"和"碎片化"，即神话融入了人类历史。此外，他从"超自然世界""自然世界"和"人的世界"三个方面，探讨了中国文化的"主导观念"。卜德认为，中外文明在宗教态度上存在重要差别："通常说来，相对于自然世界和人的世界，中国人很少关注超自然世界。"② 因此，"是伦理（尤其是儒家伦理）而不是宗教（至少不是那种正式组织形式的宗教）为中华文明提供了精神基础。……这些昭示了中华文明与世界上其他主要文明之间的根本差异，后者是寺院、僧侣发挥着主导作用。"③ 杨联陞从实证主义立场出发，主张"训诂治史"。此外，他认为，"报"作为人际关系的"交互报偿"原则，具有"家族主义""现世理性主义"和"道德分殊主义"三个方面的特征；其中，"现世理性主义"是核心，它对中国社会关系的形成产生了重要影响。他说：中国社会"将用于人世的推理也同样用于上天，由此，将上天带到人间，而非将人提升到那至高之处。神明报应与现世报应是携手合作的，以前者补充后者"④。

第三阶段：儒学研究与"中国学"的分化与并容时期，时间大致在 20 世纪 40 年代中期至 20 世纪 90 年代。1925 年，以研究亚太地区政治、经济、文化为宗旨的美国"太平洋国际学会"在檀香山成立，该团体"孕育"了美国汉学研究的分化：在传统汉学研究之外，出现了"中国学"研究。1947 年，费正清（John King Fairbank，1907—1991 年）在哈佛大学推行"地区研究"计划，正式确立起"中国学"的研究理路和基本框架。1948 年，"美国远东协会"成立，为现实政治服务的亚洲研究、中国研究成为其研究重点⑤。20 世纪 60 年代，伴随着"越战"等重要历史事件的发生，"中国学"研究更是快速发展而独成一脉。渐渐地，美国汉学界形成了两大派别"并驾齐驱"的格局：一派是由传统汉学转向儒学研究的学者群体；另一派是以费正清为首致力于"中国学"研究的"哈佛学派"。对于这样两个派别，杜维明说：费正清等人"主要是把儒家当作一种政治

---

① Berthold Laufer. Some Fundamental Ideas of Chinese Culture [J]. The Journal of Race Development, 1914, 5 (2): P. 171.

② Derk Bodde. Dominant Ideas in the Formation of Chinese Culture [J]. Journal of the American Oriental Society, 1942, 62 (4): P. 293.

③ Derk Bodde. Dominant Ideas in the Formation of Chinese Culture [J]. Journal of the American Oriental Society, 1942, 62 (4): P. 293-294.

④ 杨联陞. 中国文化中报、保、包之意义 [M]. 贵阳：贵州人民出版社，2009：82.

⑤ 费正清. 费正清对华回忆录 [M]. 陆惠勤等译. 北京：知识出版社，1991：115.

意识形态、一套政治运作性能很强的基本价值理念……另一批学者如陈荣捷等感到要深入儒家的人格和思想内部的哲学课题，于是与当时还是助教授（Assistant Professor）的狄百瑞（Wm. Theodore de Bary）合作，通过哥伦比亚大学开创了另一路径”①。

就前一个派别来讲，以陈荣捷、顾立雅（Herrlee Glessner Greel，1905—1994年）、狄百瑞和倪德卫（David Shepherd Nivison，1923—）等为代表的一批美国学者不满足于“宽泛的”汉学研究，而是选择作为汉学一部分的儒学开展研究。或者说，以前美国学者把汉学作为一个整体进行研究，而自此他们开始将其中的儒学作为一门学问单独研究。陈荣捷致力于探讨儒家的“人本主义”，认为“人本主义”并非西方文化的独有内容，其实它乃儒家的一种基本精神，而且是整个中国哲学的基本精神。他说：“吾人从上可清楚看出，中土境内，不单儒家，同时道家、佛家均具有深厚之人本主义色彩。吾人毋需再辩人本主义乃中土思想之主调。此一主调震颤着整个中土历史。”② 关于儒家的形上学，陈荣捷认为“综合”是其重要特征。他说：“倘若吾人志在哲学之综合，则值得吾人审视中国哲学所发生者，是因中国哲学史上一项特出之事实乃其综合之倾向与能力。中国哲学史通常分为四期，而每一期均终于某种综合。”③ 于是，他对哲学史上六对重要概念，即“有与无”“理与气”“一与多”“人与天”“善与恶”和“知与行”，所体现的“综合”特征分别进行了诠释。④ 顾立雅则认为，孔子的哲学思想具有强烈的“现实性”；它虽在历史上发挥了积极作用，但不可能持久地发挥作用。在他看来，孔子并非是一个“崇古者”，而是一个“革命者”，其思想对欧美民主思想发生过重要影响。他说：“在欧洲，对于以法国大革命为背景的民主思想的发展，孔子哲学发挥了相当大的作用，通过法国思想运动，孔子哲学又间接影响了美国民主政治的发展。……然而，因为种种原因，儒学对西方民主发展的贡献经常在某种程度上被人们忘却；为此，我们必须审视儒学在西方民主发展过程中所发挥的适当作用。”⑤ 倪德卫则重点探讨了儒家的心性之学，并研究了

---

① 杜维明．东亚价值与多元现代性［M］．北京：中国社会科学出版社，2001：19.

② 陈荣捷．中国哲学之理论与实际——特论人本主义［A］．黎登鑫译．方东美．中国人的心灵：中国哲学与文化要义［C］．台北：联经出版事业股份有限公司，1984：14.

③ 陈荣捷．中国形上学之综合［A］．方东美．中国人的心灵：中国哲学与文化要义［C］．台北：联经出版事业股份有限公司，1984：99.

④ 陈荣捷．中国形上学之综合［A］．方东美．中国人的心灵：中国哲学与文化要义［C］．台北：联经出版事业股份有限公司，1984：99-116.

⑤ 顾立雅．孔子与中国之道［M］．高专诚译．郑州：大象出版社，2000：5.

儒学的“德性的悖论”和“意志无力”问题。所谓“德性的悖论”，指儒家思想存在着一种悖论：要做有德之事，人必须先有德；然而，实际上人往往无法做到先有德。他说：“德这个原始概念的结构结果产生了一种悖论：为了取得‘德’，人必须已经有了它。更坏的是，追求德就是追求一种优势（好处），而这种优势是非德的。”① 所谓“意志无力”，是指人们对于应该做的事而没有去做。即人虽然清楚应该做什么和为什么这么做，但却没有这么做或故意做别的事。他说：“自古以来，许多西方哲学家对以下现象是如何发生的感到迷惑不解：我既认识到我应该做某一类特定的事，又明白做一个对我开放的特定的选择就是做这类事，但我却没有去做，反而可能是做刚好相反的事。”② 很明显，这一阶段的儒学研究已为纯粹的学术研究。关此，陈荣捷说：“近 20 年美国研究中国思想，跃进甚大。”③

就后一个派别来讲，他们突破了传统汉学研究的“樊篱”，创建了为现实政治服务的“地区研究”，采用多种社会科学研究方法对中国文化进行研究。具体来讲，费正清的“冲击—反应说”和列文森（Joseph Richmond Levenson，1920—1969 年）的“传统—现代说”都认为，儒学是僵化的、封闭的思想体系，故而是中国实现现代化的障碍。“冲击—反应说”认为，中国的现代化需要西方“冲击”和中国“反应”的互动，而在互动当中以“冲击”为主。费正清说：“当代中国变革转型的根本原因，主要源自西方的新兴力量与本土传统习惯及思维方式之间的冲突互动。”④ “传统—现代说”的基本思想是：“假设儒教与近代社会基本上水火不容，并认为只有摧毁传统秩序之后才可能建立新的近代秩序……”⑤ 此外，列文森之所以提出“传统—现代说”，一个重要的理论前提是，儒学已随着中国封建社会一起“走入历史”，而成为一块“历史纪念碑”或“博物馆”里的“陈列品”。质言之，儒学已然成为一种“博物馆哲学”。他说：“当儒教最终成为历史时，这是因为历史已超越了儒教。……儒教变成了理性研究的对象（而不是理性研究的条件），而没有成为情感维系的对象，成为一块引起人们对过去之虔诚的历史纪念碑。”⑥ 不过，随着“冷战”的结束和意识形态的淡化，尤其是在费正清逝世后，美国汉学界开

① 倪德卫. 儒家之道：中国哲学之探讨［M］. 周炽成译. 南京：江苏人民出版社，2006：67.

② 倪德卫. 儒家之道：中国哲学之探讨［M］. 周炽成译. 南京：江苏人民出版社，2006：107.

③ 陈荣捷. 王阳明与禅［M］. 台北：学生书局，1984：114.

④ 费正清. 中国：传统与变迁［M］. 张沛译. 北京：世界知识出版社，2002：3.

⑤ 柯文. 在中国发现历史——中国中心观在美国的兴起［M］. 林同奇译. 北京：中华书局，2002：75.

⑥ 列文森. 儒教中国及其现代命运［M］. 郑大华等译. 北京：中国社会科学出版社，2000：359-360.

始对“中国学”研究进行全面反思，尤其对其理论所体现的思维模式产生了质疑。例如，柯文（Paul Cohen，1934—）就一改“西方中心主义”，而以“中国中心观”来“同情地理解”和研究中国文化。所谓“中国中心观”，不是从西方历史的观点出发，而是努力从中国历史的观点出发，来研究中国历史的轨迹和中国人对自身问题的看法。对于这种模式，他解释说：“我相信粗制滥造、为害甚烈的各种种族中心主义的表现是可以避免的，这并不是幼稚的想法。我们可以做到较多地从中国内部出发，较少地采用西方中心观点来研究中国近世史。换言之，我们至少可以把这段中国历史的起点放在中国而不是放在西方。”①

第四个阶段：美国儒学研究的纵深发展，时间大致为 20 世纪 80 年代至 21 世纪初叶。进入 20 世纪后半叶以来，伴随着中国的崛起和中美关系的正常化，美国的儒学研究得到迅速发展，甚至一举成为中国海外的儒学研究中心。对此，陈荣捷说：“理学研究之中心，昔在欧洲，今则已移美国。”② 这个时期的代表人物主要包括余英时、墨子刻（Thomas A. Metzger，1933—）、傅伟勋、林毓生、成中英、南乐山（Robert C. Neville，1939—）等。之所以称这个阶段为美国儒学研究的“纵深发展”，在于其“学术化”“精细化”所体现的“哲学化”倾向，即从哲学层面开展儒学研究。其中，傅伟勋的“创造的诠释学”、成中英的“本体诠释学”、南乐山为代表的“波士顿儒学”明显地体现出这种倾向。“创造的诠释学”作为一种方法论，它包括以“五谓”即“实谓”“意谓”“蕴谓”“当谓”和“创谓”为核心的五个环节。“实谓”，指通过考证、训诂等以揭示作者实际所说的内容。“意谓”，指从背景材料、语言解析、理论贯穿、意涵彰显的研究中了解作者的原意。“蕴谓”，指发现原作者实际未说而可能说的东西，即从原有思想的发展来推断它可能的意蕴。“当谓”，指如果原作者在今天还活着，当他面对一个新的世界时会做如何思考？“创谓”，又称“必谓”，指从原作者之已说导出读者之“应说”③。在傅伟勋看来，这五个环节的“落脚点”在最后一个环节即“创谓”。他说：“就广义言，创造的诠释学包括五个层次，就狭义言，特指‘必谓’层次。”④ 所谓“本体诠释学”，指以建立本体意识和本体论系统作为诠释学的基础对象的学说。成中英说：“把诠释学同时看

① 柯文. 在中国发现历史——中国中心观在美国的兴起 [M]. 林同奇译. 北京：中华书局，2002：170.

② 陈荣捷. 王阳明与禅 [M]. 台北：学生书局，1984：115.

③ 傅伟勋. 从西方哲学到禅佛教 [M]. 北京：生活・读书・新知三联书店，1989：51.

④ 傅伟勋. 从创造的诠释学到大乘佛学 [M]. 台北：东大图书公司，1990：45.

成本体论和方法论，这就是本体诠释学。本体诠释学本身既是一种本体哲学，同时也是一种方法哲学，更是一种分析和综合的重建（再建构）的方法。”① 具体来讲，经过“现象分析”“本体思考”“理性批判”“秩序发生”四个环节，一次“诠释本体”的活动才得以完成②。总之，在这个阶段，美国学者以西方哲学理论对儒学进行研究，并在儒学中寻求解决西方哲学问题的资源。对此阶段之美国儒学，陈荣捷评论说：“谓西方研究儒学已进入讲求理学之阶段，亦无不可也。”③

第五个阶段：后现代时期美国儒学的新动向。自20世纪后半叶以来，后现代主义逐渐兴起、发展而形成“气候”，并对美国的哲学研究包括儒学研究产生了深刻影响。这些新的动向主要体现在杜维明、郝大维（David L. Hall，1937—2001年）、安乐哲（Roger T. Ames，1947—）、艾尔曼（Benjamin A. Elman，1946—）、包弼德（Peter Kees. Bol，1948—）和艾文贺（Philip J. Ivanhoe，1954—）等人的研究之中。这当中，杜维明的思想颇具有代表性。他认为，与西方哲学相比，中国哲学的“基调”体现在“存有的连续”“有机的整体”和“辩证的发展”三个方面，而这三个方面分别反映着中国哲学本体论、宇宙论和方法论的特征：所谓“存有的连续”，指“天”与“人”“神”与“我”不相割裂的本体观；所谓“有机的整体”，指“天人合一”“万物一体”的宇宙观；所谓“辩证的发展”，指奠基于“对立统一”之上的认识论④。另外，杜维明认为，历史上，“轴心时代”为人类文明做出了巨大贡献。在现代社会，面对人类社会所暴露的主要问题，不同文明之间若展开积极“对话”，便可能促生一个“新轴心时代”。他说：“轴心时代的各种不同文化源头聚在一起，肯定可以灌溉出新的奇花异草。”⑤ 基于“新轴心时代”的思考，杜维明认为，能否对西方文化做出“创建性的回应”乃儒学现代发展的关键；而这个“关键”包括“科学精神”“民主运动”“宗教情操”和“深层意识”四个方面的内容。他说：“科学精神、民主运动、宗教情操，乃至弗洛伊德心理学所讲的深层意识的问题，都是儒家传统所缺乏的，而又都是现代西方文明所体现的价值。这是中国现代化所必须要发展、必须要掌握的价值。如果儒家传统不能对其做出创建性的回应，乃至开出一些类似的崭新价值，那么连健康的传统价值都可能因异化而变质，更不会有进

① 李翔海，邓克武．成中英文集（第四卷）[M]．武汉：湖北人民出版社，2006：119.

② 成中英．创造和谐 [M]．上海：上海文艺出版社，2002：234.

③ 陈荣捷．王阳明与禅 [M]．台北：学生书局，1984：114.

④ 郭齐勇，郑文龙．杜维明文集（第五卷）[M]．武汉：武汉出版社，2002：4-9.

⑤ 郭齐勇，郑文龙．杜维明文集（第二卷）[M]．武汉：武汉出版社，2002：638.

一步发展的可能性。”[①] 郝大维、安乐哲着重探讨了中西哲学之差异，并以“理性秩序”与“审美秩序”、“超越”与“内在”、“本质”与“典范”三个方面的差别来表达。即西方哲学以追求“理性秩序”为首要特征，中国哲学以考虑“审美秩序”为优先性。[②] 西方哲学是“超越”的，中国哲学是“内在”的。[③] 西方哲学关注的是事物的“定义”和“本质”，中国哲学强调的是诉诸“典范”和“历史传统”。[④] 此外，他们还在西方“自由主义民主”模式之外，提出了一种儒家民主模式——“社群主义民主”，并对其主要内容特征进行了诠释。[⑤]

## 三

中外文化交流史上有两个重要的学术事件：其一是佛教东渐进入中国，其二是西方哲学东渐进入中国。回顾并分析这两个学术事件的历程和结果，有助于我们把握美国儒学的脉络和走向。

佛教自东汉传入中国后，从为朝廷所用的“秘籍”到教化众生的指导，经历了几个朝代的过程。在这一过程中，佛教与中国思想不断地“碰撞”和“冲突”，而就在“碰撞”与“冲突”过程中，佛教与“儒教”互相找到了契合点，因此中国文化最终接受了佛教。根据文献记载，南朝梁武帝、隋朝隋文帝、唐朝武则天、清朝顺治等帝王都崇信佛教。更为重要的是，佛教在流传过程中，为了普及一般大众，通过会通中国文化，逐渐放弃原来的“究竟法”，而发展出各种“方便法”，渐而派生出中国的佛教宗派。具体来讲，为了迎合众生“消除业障”“积集功德”的有为心态，佛教不再直接进行“四圣谛”“八正道”“缘起无我”的修持，而提倡朗诵经文、念佛打坐、吃素放生等“方便法”作为主修，以至于佛教不立文字、顿悟修习的方法被发扬到极致，于是在中原大地出现

---

① 郭齐勇，郑文龙. 杜维明文集（第二卷）[M]. 武汉：武汉出版社，2002：615.

② 郝大维，安乐哲. 期望中国：对中西文化的哲学思考 [M]. 施忠连等译. 上海：学林出版社，2005：138.

③ 郝大维，安乐哲. 汉哲学思维的文化探源 [M]. 施忠连译. 南京：江苏人民出版社，1999：194.

④ 郝大维，安乐哲. 导言：期待论证 [A]. 郝大维，安乐哲. 期望中国：对中西文化的哲学思考 [M]. 施忠连等译. 上海：学林出版社，2005：导言 12.

⑤ 郝大维，安乐哲. 先贤的民主——杜威、孔子与中国民主之希望 [M]. 何刚强译. 南京：江苏人民出版社，2004：111-142.

了“中国化”的佛教宗派——禅宗。总之，佛教最初传入中国看似只是一种偶然机缘的结果，实际上乃因它对于中国人的心灵亦有同样的慰藉价值，故而不仅被国人所接受甚至发扬，而且还产生出中国本土的佛教宗派。就目前来看，中国已是全球最大的佛教国家，其总体规模已超越了它的发源地——印度。回顾佛教之东渐，需要注意的是，佛教在中国“落地”“生根”和“开花”“结果”，一个方面缘于其义理的一定的普遍性，另一个方面缘于其会通中国文化基础上的理论创造。就后一个方面讲，一些高僧大德用中国本土儒道思想对佛教教义进行诠释，确保了佛教在中国的“落地”“生根”。更为重要的是，面对中国文化的实际情况，一些高僧大德大胆进行义理创新，推进了佛教的“中国化”进程，从而派生出中国本土的佛教宗派。此乃佛教面对“中国文化”的创造，为佛教在中国之“开花”“结果”。

除了佛教东渐以外，西方哲学的东渐是中外文化交流史上的又一重要学术事件。我们知道，Philosophy 是西方一门具有悠久历史的学科，原本含义是“爱智慧”的学问，即“智慧之学”。近代末期，西方的 Philosophy 在东渐时，按照中国文化对“哲”的理解，被译为“哲学”。不过，中国的“智慧之学”一直未成系统，更谈不上是一门学科。于是，谢无量、胡适、冯友兰等学者，试图参照西方哲学学科创建一门“中国哲学”学科，并先后出版了“中国哲学史”的专著。在谢无量看来，“哲学”在中国学术史上古已有之，因为儒学即是哲学。他说：“古之君子，尽力于道术，得其全者，是名曰儒。杨子云曰：通天地人之为儒，通天地而不通人之谓伎。儒即哲学也。伎即科学也。”① 胡适承认“中国哲学”的存在，且将其与西方哲学并称为分别代表东西方哲学传统的“两大支”。胡适说：“世界上的哲学大概可分为东西两支。东支又分为印度、中国两系。西支也分希腊、犹太两系。”② 冯友兰也承认“中国哲学”的存在，只不过历史上的“中国哲学”缺少外在形式，即缺少类似西方哲学的表述方式。因此，为“中国哲学”建立“形式系统”就成为重要使命。他说：“然所谓系统有二：即形式上的系统与实质上的系统。此两者并无连带的关系。……中国哲学家之哲学之形式上的系统，虽不如西洋哲学家；但实质上的系统，则同有也。讲哲学史之一要义，即是要在形式上无系统之哲学中，找出其实质的系统。”③ 他还说：“哲学本一西洋名词。今欲讲中国哲学史，其主要工作之

① 谢无量. 中国哲学史 [M]. 台北：中华书局，1980：1.

② 胡适. 中国哲学史大纲（卷上）[M]. 北京：东方出版社，1996：4.

③ 冯友兰. 中国哲学史（上册）[M]. 北京：中华书局，1961：14.

一，即就中国历史上各种学问中，将其可以西洋所谓哲学名之者，选出而叙述之。”①

不过，金岳霖虽然肯定了胡适和冯友兰的贡献，但他亦从另一个角度提出了问题。在他看来，“中国哲学”有两种：其一是“中国的哲学”，意指在中国“国学”中存在类似西方哲学的“智慧之学”，这两种哲学的特征可以不尽相同；其二是“哲学在中国”，指“以西释中”而“建构”的中国哲学，意味着在中国“国学”中不存在类似西方哲学的“智慧之学”。质言之，所谓“中国的哲学”，指针对中国的哲学问题开展研究而形成的专门学问；所谓“哲学在中国”即“在中国的哲学”，指“哲学”作为外来学问在中国只是被研究的对象，与中国的哲学问题本身没有内在关联。这里，金岳霖的意思是，如果完全参照西方哲学来诠释中国哲学，胡适、冯友兰所建构的不仅不具有“中国的哲学”的“形式”，而且也不具有“中国的哲学”的“实质”，故而不能称为“中国的哲学”，而只能称为“哲学在中国”。他说：“有哲学的实质而无哲学的形式，或有哲学的形式而无哲学的实质的思想，都给哲学史家一种困难。‘中国哲学’，这名称就有这个困难问题。所谓中国哲学史是中国哲学的史呢？还是在中国的哲学史呢？……写中国哲学史就有根本态度的问题。这根本的态度至少有两个：一个态度是把中国哲学当作中国国学中之一种特别学问，与普遍哲学不必发生异同的程度问题；另一个态度是把中国哲学当作发现于中国的哲学。……如果我们把中国的哲学当作发现于中国的哲学，中国哲学史就是在中国的哲学史，……”②

纵观整个哲学史便不难发现，不仅金岳霖对“中国哲学”提出质疑，“中国哲学”作为一门学科也不被很多西方哲学家接受。从文献资料看，很早就有一些西方学者认为“中国哲学”仅是一种“道德哲学”，而不是西方哲学式的“思辨哲学”。例如，利玛窦（Matteo Ricci，1552—1610 年）说：“中国所熟习的惟一较高深的哲理科学就是道德哲学，但在这方面他们由于引入了错误，似乎非但没有把事情弄明白，反倒弄糊涂了。”③黑格尔则认为，哲学的“起点”是思想的自由，只有当人类超越自然阶段达到思想自由时才产生哲学。因此，只有希腊哲学和日耳曼哲学才能称为“哲学”，孔子至多是一位人世间的“智者”。他说：“孔子只是一个实际的世间智者，在他那里思辨的哲学是一点也没有的——只有一些善良的、老练的、道德的教训，从里面我们不能获得什么特殊的东

① 冯友兰．中国哲学史（上册）[M]．北京：中华书局，1961：1.

② 金岳霖．审查报告二［A］．冯友兰．中国哲学史（下册）[M]．北京：中华书局，1961：5-6.

③ 何兆武，柳卸林．中国印象——世界名人论中国文化（上册）[M]．桂林：广西师范大学出版社，2001：3.

西。西塞罗留下给我们的‘政治义务论’便是一本道德教训的书，比孔子所有的书内容丰富，而且更好。我们根据他的原著可以断言：为了保持孔子的名声，假使他的书从来不曾有过翻译，那倒是更好的事。”① 直到当代，德里达（Jacques Derrida，1930—2004年）还认为，“哲学”只是“与一种有限的历史相联，与一种语言、一种古希腊的发明相联”的“发明”，是欧洲和西方所独有的思想，中国历史上不曾出现这种思想形态，因此不能将“中国哲学”“称为严格意义上的‘哲学’”。② 正是基于此种认识传统，在欧美国家的大学中，“中国哲学史”课程一直主要开设在历史系而非哲学系。

实际上，西方哲学家之所以认为中国无哲学，主要原因在于中、西哲学无论是在形式上还是在内容上都存在巨大差异。从形式上看，中国学术思想史上始终就没有单独存在过类似西方哲学的学术形态。从内容上看，“中国哲学”的问题意识、观念框架、价值系统确实都异于西方哲学。即便如此，金岳霖对胡适、冯友兰等人所建构的“中国哲学”仍然提出质疑，认为其乃依西方哲学来理解“中国哲学”。他说：“我们可以根据一种哲学的主张来写中国哲学史，我们也可以不根据任何一种主张而仅以普通哲学形式来写中国哲学史。胡适先生的《中国哲学史大纲》就是根据于一种哲学的主张而写出来的。我们看那本书的时候，难免一种奇怪的印象，有的时候简直觉得那本书的作者是一个研究中国思想的美国人；胡先生于不知不觉间流露出来的成见，是多数美国人的成见。”③ 那么，为什么会出现这种吊诡的情况呢？这里，金岳霖在批评胡适和冯友兰的同时，实际上提出了哲学的普遍性与特殊性问题：哲学作为一门学问是普遍的，为“普遍哲学形式”；哲学作为一种学说是特殊的，指具体的“哲学的主张”。由此不难发现，上述西方哲学家不承认中国哲学，关键问题是他们在理解“哲学”概念时出现了偏差。

那么，如何正确理解“哲学”的定义呢？如前所述，所谓“哲学”，指在超越层面研究事实和价值的学问④。就这一定义来讲，“哲学”乃是具有普遍性的一门学问，而其具体的哲学形态都是特殊的。即“哲学”是个“全”，而每一种哲学学说都是“分”。关此，牟宗三说：“哲学虽然是普遍的真理，但有其特殊性，故有中国的哲学也有西方的哲学，普遍性与特殊性均要承认，这样就可解消二律背反。以其有普遍性，通过中华民族或希

---

① 黑格尔．哲学史讲演录（第一卷）[M]．贺麟等译．北京：商务印书馆，1959：119-120．

② 雅克·德里达．书写与差异 [M]．张宁译．北京：生活·读书·新知三联书店，2001：9-10．

③ 金岳霖．审查报告二 [A]．冯友兰．中国哲学史（下册）[M]．北京：中华书局，1961：6．

④ 程志华．哲学概念三解 [J]．河北大学学报（哲学社会科学版），2011（1）：6．

腊罗马民族来表现也可以相沟通。可相沟通就有普遍性，由此可言会通，若无普遍性就不能会通。”① 他还说：“道是完整的，它是个全。由于人各得一察焉以自好，于是‘道术将为天下裂’。”② 因此，如果形象地说，“哲学”其实乃一个“共相”，即一个“家族相似”的概念；西方哲学与中国哲学一样，均是“哲学”这一“共相”下的“殊相”。关此，张岱年则说：“我们也可以将哲学看作一个类称，而非专指西洋哲学。可以说，有一类学问，其一特例是西洋哲学，这一类学问之总名是哲学。如此，凡与西洋哲学有相似点，而可归入此类者，都可叫作哲学。以此意义看哲学，则中国旧日关于宇宙人生的那些思想理论，便非不可名为哲学。中国哲学与西洋哲学在根本态度上未必同；然而在问题及对象上及其在诸学术中的位置上，则与西洋哲学颇为相当。”③ 显而易见，若从普遍性与特殊性、“共相”与“殊相”的角度来理解“哲学”与中西哲学，便不会有西方哲学家对“中国哲学”的否认了。

依着上述“哲学”的定义可以推断，哲学的问题意识是普遍的——任何一种文化都“爱智慧”，都具有从超越层面研究事实与价值的倾向。由此来讲，之所以出现“哲学在中国”而非“中国的哲学”的观点，除了对“哲学”定义理解的偏颇之外，一个根本的原因是，“中国哲学”作为一门学科的时代原创性不足，尽管在历史上它已做出了很大贡献。即在金岳霖和上述西方哲学家生活的时代，中国哲学的原创性不足。当然，不能以今天的标准苛求为“中国哲学”学科奠基的胡适和冯友兰等人。然而，这种情况在之后渐而有了很大改观：进入20世纪以后，熊十力建构了“新唯识论”哲学体系，梁漱溟建构了“新孔学”体系，冯友兰建构了“新理学”体系，贺麟建构了“新心学”体系，方东美建构了“生命哲学”体系，徐复观提出了“形而中学”的学说，牟宗三建构起“道德的形上学”，张岱年建构起中国的“辩证唯物论”体系。毋庸置疑，这诸多学说不仅是原创的，而且具有“中国式”的问题意识，更重要的是在于它们均遵循着哲学的基本学科规范。正因为如此，波士顿大学教授白诗朗（John H. Berthrong，1946—）认为，牟宗三不只是中国的哲学家而已，而已然是世界水准的大哲学家。④ 1987年，由于牟宗三哲学的影响，德国波恩大学哲学系开讲“中国哲学”，其中有一门课程专讲“牟宗三哲

① 牟宗三. 中西哲学之会通十四讲［M］. 上海：上海古籍出版社，1997：5.

② 牟宗三. 中国哲学十九讲［M］. 上海：上海世纪出版集团，2005：6.

③ 张岱年. 中国哲学大纲［M］. 北京：中国社会科学出版社，1982：序论2.

④ 蔡仁厚. 牟宗三先生学思年谱［M］. 台北：学生书局，1996：56.

学”。自20世纪80年代以来，牟宗三的著作相继被译成韩文、英文和法文陆续出版，其哲学思想已然进入西方国家的哲学界。质言之，由“哲学在中国”到“中国的哲学”的转变，根本在于“中国哲学”实现了创造，即对时代哲学问题进行了自己的回答，从而为中国、也为人类做出了贡献，也从根本上化解了“哲学在中国”的质疑，真正建构起“中国的哲学”。

## 四

通常来讲，人们在讲中外学术交流时，只将佛教和西方哲学东渐作为两个重要学术事件。事实上，儒学之外渐亦是一个重要学术事件。若按照上述排序，这一事件可称为中外学术交流史上第三个重要学术事件。就这个学术事件的内容来看，儒学在美国的传播与发展非常具有代表性。因此，对其发展脉络进行分析，可大致反映儒学在海外传播与发展的脉络。

很明显，前述关于美国儒学几个阶段的划分在时间上有交叉，尤其是第四、第五两个阶段在时间上基本是重叠的。对此，需要说明的是，一方面，美国儒学发展史时间较短，在这样一个较短区间内区分出阶段性难免产生时间交叉。另一方面，之所以区分出第四、第五两个阶段，意在凸显第五个阶段“新动向”的意义。即第五个阶段除了具有第四个阶段的特征之外，还具有一些“新动向”；而恰是这种“新动向”，或许成为美国儒学发展的新方向。实际上，划分上述几个阶段的目的并不在于时间维度，而在于其内在的发展脉络。这个发展脉络表现于研究主体、研究内容和研究目的三个方面。就研究主体来讲，第一、第二两个阶段的研究者多是传教士，后来是职业汉学家、学者；第三、第四、第五阶段的研究者则多为大学的思想家和哲学家。就研究内容来讲，第一、第二两个阶段为汉学研究；第三、第四两个阶段为儒学研究和“中国学”研究；第四、第五两个阶段则多为哲学研究。就研究目的来看，第一阶段是以宣教为根本目的，汉学研究仅仅是宣教的手段；第二阶段的汉学研究以对汉学进行学术研究为目的；第三阶段，汉学研究转向了以对儒学进行学术研究为目的，“中国学”则以为美国现实政治服务为目的；第四、第五阶段以对儒学进行哲学研究并致力于儒学的哲学创新为目的。

如果就上述发展脉络来看，上述五个阶段可再概括为由“汉学”到“儒学”和“中国学”再到“哲学”三个阶段。很显然，这样几个阶段所反映的是一种由外到内、由浅入深、由现象到本质、由形下到形上的发展脉络。质言之，这个过程体现的乃一种由

“非哲学”而“哲学”的走向。在此意义下，前述五个阶段中，前三个阶段是“非哲学”的阶段；后两个阶段是“哲学”阶段。因此，前三个阶段研究所涉及的内容非常广泛，基本上包括整个文化范围。因此，汉学家所涉及的学科范围和学术领域非常广泛。李学勤曾说：“尤其要注意，汉学家的思想观点常与哲学、社会学、文化人类学等学科存在密切的联系。因此，即使是研究一位汉学家，甚至他的一种论著，也需要广博的知识和深入的分析。”① 相对来讲，后两个阶段的研究所涉及的内容则“纯粹”很多；它主要是思想理论的范围，而且主要是以哲学为主。关于这种走向，若从原创性的角度来看，对照西方哲学东渐所引发的前述两个概念——“哲学在中国”和“中国的哲学”——来描述：前三个阶段是将儒学作为一个客观对象进行研究，故可称为“儒学在美国”；后两个阶段是基于哲学理路对儒学进行创造性诠释，而且对一些美国哲学的问题进行了儒学层面的回答，故可称为“美国的儒学”。具体来讲，做如此结论性判断需要回答的问题是：其一，儒学在美国是否实现了创造？其二，儒学是否与哲学一样具有一定的普遍性？

就前三个阶段的情况来看，其对儒学的研究多为在文化层面对儒学的介绍或诠释。如，裨治文通过《中国丛报》、卫三畏通过《中国总论》对中国文化进行了介绍。关于《中国丛报》办刊的宗旨，裨治文说：“本刊物的目的之一是对外国人写的关于中国的书籍进行评论，尤其是对于中国发生的变化、变化的方式和变化的时机，在是与非之间寻求真相。”② 德效骞（Homer Hasenpflug Dubs，1892—1969 年）将《汉书》《荀子》等中国典籍译成英文，向美国介绍中国文化。他对荀子进行了专门研究，著有《荀子：古代儒学之塑造者》一书。在他看来，荀子为儒学的专制主张提供了“系统的理论基础”，故是荀子而不是孟子乃古代儒学的“塑造者”。③ 一方面，荀子哲学虽为实践哲学，但其“性恶论”可以促使人们“向善”，从而为儒家的道德哲学奠定了理论基础；另一方面，荀子通过“礼”的探讨而“逼显”出“权威”的地位，从而为儒家重视“权威”的传统奠定了理论基础。对于这样两个方面，德效骞说：“他（指荀子——引者）最著名的学说是，人性的倾向是恶，需要教化以向善。因此，需要由权威提出行为的规范。这样，荀

① 李学勤. 国际汉学著作提要［M］. 南昌：江西教育出版社，1996：序 3.

② Elijah Coleman Bridgeman. Introduction［J］. Chinese Repository. 1832，1（5）：2.

③ Homer H Dubs. Hsüntze：The Moulder of Ancient Confucianism［M］. London：Arthur Probsthain，1927：Preface P. xx。

子为儒学的权威传统提供了哲学基础。"① 后来，狄百瑞致力于研究自由主义，并认为儒学蕴含着丰富的自由主义传统。他说："我相信，任何人只要接受这些因素是其'自由'概念中必不可少的部分，就能够承认，儒家传统中是存在这些因素的对应价值的，……儒家本身是一种无须融汇外来文化的潮流和影响就可以产生和维护人权的自由传统。"② 正因为如此，儒学不仅在历史上为中国发展做出了贡献，而且也为东亚的现代崛起发挥了巨大作用。与此同时，在"哈佛学派"内部，与费正清等人略有不同，史华慈更多地关注于儒家学术思想。他认为，尽管儒家学派林立，且不断发展，但"修身"与"平天下"、"内"与"外"、"知"与"行"这三对"极点"反映了儒家思想的"内在整体性"。③ 总的看，在这三个阶段，儒学进入美国学界视野之后，其作为一种外来的学问被介绍或诠释。若形象地比喻，在这个时期，儒学处于在美国学界"落地""生根"的阶段。因此，对照佛教和哲学初入中国时的情况，此时的美国儒学因为没有实现创造性，故而也没有显现普遍性，可称为"儒学在美国"。对此，如果模仿金岳霖对胡适、冯友兰评价的话，美国学者可能会说：此时的美国儒学是中国儒学的"翻版"，作者乃研究美国思想的中国人，其不知不觉流露出来的成见，是多数中国儒者的成见。

就后两个阶段的情况看，这个时期的美国儒学研究渐渐走向深入，呈现出明显的"学术化""精细化"特征：一个方面，研究主体发生了变化。以前的汉学研究者多是传教士或汉学家，至此儒学研究者则多为大学中的专业学者。另一个方面，研究内容发生了变化。关于内容变化，陈荣捷认为，战后美国的中国哲学研究呈现出两种变化趋势：其一，由部分到全体。以前学者的研究范围局限于先秦时代，并将先秦哲学等同于整个中国哲学；战后研究范围逐渐扩大至宋明理学甚至整个中国哲学。其二，自宗教至哲学。以前学者只把儒学当作宗教"处理"；战后学者开始把宗教与哲学分开，并把儒学作为哲学加以研究。④ 陈荣捷的这一概括虽针对美国的整个中国哲学研究而言，但它亦准确揭示出美国儒学研究内容的变化。在此时期，在后现代思潮的影响下，美国的儒学研究也表现出许多新动向。之所以谓"新"，在于它是在与后现代思潮互动中产生的，故乃是儒

---

① Homer H Dubs. Hsüntze：The Moulder of Ancient Confucianism［M］. London：Arthur Probsthain，1927：Preface P. xxviii.

② 狄百瑞. 亚洲价值与人权：儒家社群主义的视角［M］. 尹钛译. 北京：社会科学文献出版社，2012：150.

③ 史华慈. 思想的跨度与张力：中国思想史论集［M］. 郑州：中州古籍出版社，2009：161-174.

④ 陈荣捷. 王阳明与禅［M］. 台北：学生书局，1984：106-109.

学史上所没有过的。比如，儒学史上一些所谓“定论”在后现代语境下被重新诠释。其中，一个重要的问题就是儒学的现代价值：在现代化语境下，儒学在民主、科学方面因表现“无奈”而备受批评。但是，在后现代语境下，面对西方社会的一些新问题，儒学的现代价值成为许多学者热衷的课题。例如，艾文贺关于“美德伦理”与儒家传统的研究即很有新意，他将“美德伦理”作为一种伦理模式看待，并认为儒家传统是这种模式的重要资源。①。此外，他还认为，中国哲学乃一种“活的传统”，这种传统不仅在历史上发挥了作用，而且以后还会继续发生影响。当然，在以后的人类社会过程中，中国哲学自身也需要变化和发展。他说：“丰富和复杂的‘中国哲学’中所呈现的与其说是单一的理论、思想家或传统，不如说是一种已经传衍了2500多年的多样的、活泼的会话，这种会话至今仍是活跃的并处于演化过程之中。”②

更为重要的是，在后两个阶段，儒学在美国不仅“落地”“生根”，而且“开花”“结果”，产生了“夏威夷儒学”“波士顿儒学”这样的美国本土儒学学派。所谓“夏威夷儒学”，是以成中英、郝大维、安乐哲等人为代表的学派。其中，成中英基于对西、中、印三种哲学辩证法的比较，探讨了重建中国哲学的可能性，进而提出了“新新儒学”的主张。就其思想核心来讲，他建构了“本体诠释学”，提出了“本体诠释”的原则，从语言、概念和本体方面沟通中西哲学，对中国哲学进行“解构”“重建”和“创新”。所谓“波士顿儒学”是南乐山、白诗朗与杜维明在共同举办学术沙龙过程中逐渐形成的学派。1993年，南乐山在“国际中国哲学会”学术研讨会演讲时，提出了“波士顿儒家”的概念，此后他与白诗朗又多次阐述关于“波士顿儒学”的构想。2000年，南乐山出版了专著《波士顿儒家》，正式宣告这一学派的确立。通常来讲，所谓“波士顿儒家”多指南乐山和白诗朗。南乐山则认为，“波士顿儒学”应承担起儒学在西方世界发展的重任。他说：“对于一个传统来说，必须不断地考察和重新解释它的过去，因而历史的研究总是很有必要。然而，这不应该是当代儒家哲学研究的全部。③ 作为一名儒家主义者，我承认

---

① Rebecca L. Walker and Philip J. Ivanhoe：Working Virtue：Virtue Ethics and Contemporary Moral Problems [M]. New York：Oxford University Press，2007：3.

② Philip J. Ivanhoe，Bryan W. Van Norden，Introduction，Readings in Classical Chinese Philosophy [M]. New York：Seven Bridges Press，2001：XVII.

③ 南乐山. 当代儒家思想的扩展形态 [A]. 崔雅琴译. 俞立中. 智慧的圣坛 [C]. 上海：华东师范大学出版社，2008. 21.

有必要理解和尊重传统。但与此同时，我们有责任发展传统以适应当今哲学的需要。”① 具体来讲，要承担此重任需要在四个方面进行理论拓展：形而上学、哲学宇宙论、人性论和社会理论。他说：“儒学需要在四个相关领域拓展它的话语范围：形而上学的当代话语、与科学相关的哲学宇宙论的当代话语、关于人性和经验的当代话语以及社会理论的当代话语。在这些话语中，儒学的传统主题表明了儒学应有的兴趣和立场。这些话语本身不仅产生于东亚思想，而且也产生于南亚与西方传统。它们必须有足以反映当下讨论的最佳形式。”② 很显然，在这两个阶段，百多年的美国儒学已由一种纯粹外来的学术研究对象蜕变为致力于回答美国社会哲学问题的派别。或者说，儒学作为美国哲学界的一个派别，它与其他众多学派一样，可以在道德领域提供一些崭新视角和独特答案。因此，对照佛教和哲学传入中国后期的情况，这个时期的儒学实现了在美国的创造性，从而显现出一定的普遍性，故而已由“儒学在美国”过渡到“美国的儒学”。对此，如果模仿金岳霖评价胡适、冯友兰的话，可以说：此时的美国儒学已经不是根据某一种儒学主张，而是以儒学的普遍形式来“写作”美国儒学，即利用儒学的普遍形式来研究美国的哲学问题，因此已超越了“儒学在美国”，而真正建构起了“美国的儒学”。

## 五

尽管百多年来的美国儒学取得了巨大成就，但学界对整个美国儒学史的研究却还不尽如人意。李学勤说：“作为中国人去看外国的汉学，不仅要知道汉学的具体研究成果，还应当研究汉学产生和发展的历史过程。从这一点而言，我们的国际汉学研究也就是汉学史的研究。这种研究最好采取学术史研究的理论和方法，将汉学的发展演变放在各国社会与思想文化变迁的大背景中去考察。只有这样做，才可能正确评估汉学各种流派的意义和特点。可惜的是，汉学史的研究一直没有很好地建立起来。”③ 侯且岸也说：“从当前关于国外汉学的研究来看，我感到存在着诸多缺陷：其一，缺乏深入的学术史分析，对于国际汉学的历史过程没有进行整体的探讨和总结；其二，对于典型性的国别汉学史

① 南乐山．当代儒家思想的扩展形态［A］．崔雅琴译．俞立中．智慧的圣坛［C］．上海：华东师范大学出版社，2008．33.

② 南乐山．当代儒家思想的扩展形态［A］．崔雅琴译．俞立中．智慧的圣坛［C］．上海：华东师范大学出版社，2008：21-22.

③ 李学勤．国际汉学漫步［M］．石家庄：河北教育出版社，1997：序 2.

研究尚未展开；其三，对于汉学的分化，即汉学与中国学、古典汉学与近现代汉学的分化乃至并存，没有专门的研究；其四，对于各个学术发展时期有代表性的汉学家及其成果，还没有围绕学术史的演变来揭示其研究特点。……有鉴于此，我认为，有必要在已有的研究基础上进一步深化、完善，以美国汉学为个案，从国别学术史角度入手，研究'美国汉学史（1830—2000）'。据我掌握的资料，目前国内外学术界还没有人从事这种研究。做好这项研究，将为今后更全面的国际汉学史研究提供初步的探索和借鉴。"① 无疑，无论是李学勤所提及的"国际汉学史"，还是侯且岸所主张的"美国汉学史"，它们均包括美国儒学史在内。因此，就国内学界来讲，研究美国儒学史应该提上日程。

（原文载《深圳大学学报》2017年第3期。
《高等学校文科学术文摘》2017年第4期摘编）

① 侯且岸. 论美国汉学史研究［J］. 新视野，2000（4）：75.

# 中国文化的特质、基础及可有贡献

## ——德克·卜德关于汉学的基本认识

德克·卜德（Derk Bodde，1909—2003年）在中国学界较有知名度，直接原因在于他是冯友兰先生的挚友——他编订了冯友兰英文版的《中国哲学简史》，翻译了冯友兰中文版的《中国哲学史》上下册。改革开放初期，卜德重访中国，两次到北京大学拜访冯友兰，均因客观原因未果。他对于汉学的研究和贡献远不止于上述编订和翻译。他是美国宾夕法尼亚大学汉学研究的奠基人，对美国汉学发展也做出了巨大贡献，为美国汉学研究的重要代表人物。他长期担任宾夕法尼亚大学中文教授，亦曾兼任美国东方学会主席、美国亚洲研究协会理事，获亚洲研究协会杰出贡献奖。在他看来，西方人研究中国文化会遇到诸多困难，这不仅有地理距离原因，而且中国文化浩若烟海，有诸多方面和不同层次，从哪个方面和层次入手都是一个困难。鉴于此，唯一可行的途径是择其要者以契入，而其所理解的“要者”包括神话、逻辑、语言、主导观念四个方面。由这四个方面入手，不仅可以见微知著，把握中国文化整体面貌；而且可以由浅入深，把握中国文化的本质、基础；还可以见端知末，明了中国文化对人类文明所可有的贡献。

### 一、中国神话的存在状态

通常来讲，神话是探讨文明起源的重要内容。那么，何谓“神话”呢？神话的狭义定义是：“它与神及其行为有关，神话具有创造性，具有宇宙和世界的普遍性。”① 依此看，在探讨中国文明起源时，西方学界通常的观点是：汉代以后的“后古代中国”神祇

---

① DERK BODDE. Myths of Ancient China［M］// Essays on Chinese Civilization. Princeton：Princeton University Press，1982：46.

数量较多，既有佛家、道家的神祇，还有相当数量的“地方性”神灵，而且这些神祇具有清晰的“人格化”特征。但是，相对照之下，汉代以前“古代中国”的神祇数量要少得多，且很少甚至根本没有“人格化”特征；即使个别神祇具有“人格特征”，也多特征较简单，有时连性别都模糊不清。例如，女娲的性别直到公元1世纪才确定下来。因此，根据“古代中国”的情况判断，中国并不具备“神话传统”。① 此结论的言外之意是，中国文明的起源与其他文明不同。②

不过，卜德认为上述观点不完全正确，因为汉代以前的“古代中国”不仅产生过许多神话，而且这些神话并非中国所独有，反而很多是有着“普遍相似”的“世界神话”。例如，“盘古创世”“女娲造物”“天地相分”“羿射九日”“洪水灭世”等神话，虽然主要记载于“后古代中国”的文献，但在之前的文献如《书》《诗》已有相关记载。他还专门提到，顾颉刚经过大量考证，不仅复原了许多神话故事，而且建立了神祇的体系。更为重要的是，这些神话不仅均具有鲜明的形象特征，而且与同时代其他文明的神话非常相似。例如，苏门答腊岛的巴塔克人、加利福尼亚的印第安人等也有“羿射九日”类似的神话。另外，“洪水灭世”的神话也并非中国仅有。由此来看，中国文明与其他文明在起源上是有共通性的。基于此，他具体探讨了中国神话的特征。

尽管“古代中国”存在神话，但中国确实没有形成西方式的“神话体系”，这亦是不可否认的事实。卜德说：“在中国，单个的神话的确产生了，但是没有形成体系。而且，这些神话记载通常都非常零碎，以至于想把它们复原为单个完整的神话都有困难，更不用说是建立充分发展的神话体系了。”③ 他的意思是，既不能完全否认中国产生了神话，亦不能完全承认中国有独立的神话体系；中国神话体现出“零星碎片”和“历史化”的特征。

所谓“零星碎片”，指中国神话不仅没有专门体裁，而且故事本身亦不完整，多为散落于不同文献的“只言碎语”或“断章残篇”，总体上没有西方神话的完整性和系统性。卜德说：“汉代以前的文献，不仅没有可以称为神话的专门体裁，而且也没有一篇表述连

---

① DERK BODDE. Myths of Ancient China [M] //Essays on Chinese Civilization. Princeton: Princeton University Press, 1982: 46.

② “古代中国”与“后古代中国”为西方汉学界约定俗成的学术概念，两者以公元220年东汉结束为分界线。

③ DERK BODDE. Myths of Ancient China [M] //Essays on Chinese Civilization. Princeton: Princeton University Press, 1982: 46.

贯、完整的神话故事。我们能看到的只是一些不经意间记录下来的只言片语，以及散落在不同时代、多种文献中的断章残篇。因此，学界对于怎样组织这些碎片将其复原为一个整体，很难取得共识。”① 例如，“盘古创世”的神话虽然流传很广，但在汉代以前只为口耳相传，汉代以后才散见于多篇文献。“女娲造物”的故事则散见于字书、诗歌，缺少完整、系统的文字记载。而且，这些神话不仅自身不完整，神话之间的关联性也不明确，多为单个、独立互不关联的神话。

在卜德看来，造成“零星碎片”情况的主要原因有两个方面：其一，意识形态的原因。即儒家出于塑造“理想人格”的现实需要“篡改”了神话，而儒家思想长期为国家意识形态。因此，中国很多神话都有儒家“理想人格”的“影子”，而不再是“纯正”的神话。与儒家不同，道家与宗教联系更紧密，对民间宗教也有兴趣，但其真正追求的并不是宗教信仰，而是哲学和艺术效果。因此，其所记载的神话也不完整，也不具有神话的“纯正性”。② 其二，古代汉语的原因。古代汉语中多义词和容易混淆的形近字太多，文言文本身“电报式”的简要，再加上缺少词形、性别、时态等变化，都影响了神话记载的完整性。不仅记载本身不完整，也影响了后人理解的完整性。“本来这种零星碎片的记载（如《楚辞》关于彭祖的记载片段）已造成将神话复原成整体的困难，而中国古代语言文字的特性更大大加重了这种困难。”③

所谓“历史化”，指将神话置于人类历史，将神视为真实的历史人物，并从人类历史中去寻找神话起源。然而，就多数神话的内容看，人类是神创造的，神是超越人类历史的，不能融入人类历史。但是，神话“历史化”的基本特征是“神话即历史”，神话和神祇转化为人类历史和真实人物。例如，在“洪水灭世”中，鲧和禹都已经不是神祇，而变成历史的真实人物。这样讲来，宇宙起源不仅缺乏“超自然”的“第一因”，而且神祇多为半神半人甚至直接就是古圣先贤、英雄豪杰。在卜德看来，神话“历史化”过程中，孔子发挥了关键作用——他以“人文转向”赋予神话“历史化”以合理性，故可以说是孔子乃中国神话“历史化”的始作俑者之一。卜德说：“一般说来，中国的理论家们在阐

---

① DERK BODDE. Myths of Ancient China［M］//Essays on Chinese Civilization. Princeton：Princeton University Press，1982：52.

② DERK BODDE. Myths of Ancient China［M］//Essays on Chinese Civilization. Princeton：Princeton University Press，1982：51.

③ DERK BODDE. Myths of Ancient China［M］//Essays on Chinese Civilization. Princeton：Princeton University Press，1982：53.

释人世间的现象时，宁可采用理性主义（或在他看来是合乎理性的）原则，而不借助超自然的学说。早期中国文献中所反映出的中国神话的遭遇，即是一个很好的例证。在我们所接触到的文献中，有一些零碎的史料表明，人们根据‘神话即是历史’的原则，将神话中的神、半神半人及妖怪们转虚为实，变成似乎在历史上确实存在过的贤明君主、英雄或者叛逆者。”①

卜德认为，神话“历史化”的影响是消极的。一个方面，它降低了“神话”的“神圣性”，也破坏了神话的“纯粹性”，从而为人为“篡改”神话提供了可能性。依一般的宗教观念，神、人二分，二者有明显的界线。另一个方面，关于中国文明起源的解释可能是“失真”的，因为有些内容经过了人为的“加工”。② 例如，所谓中国历史的“黄金时代”就可能不真实。“人们坚信这样一个基本的历史信念——在遥远的古代存在一个黄金时代——圣人统治着幸福且劳作的人民。”③ 经过钻研历史文献，卜德与许多学者一样，否认这样一个“黄金时代”的真实性，认为“所谓‘黄金时代’其实不过是后人的加工”④，因为“三皇”“五帝”未必具有历史真实性。

## 二、中国人的分类思维

西方学者通常认为，中国文化与西方文化一个重要区别是，没有发展出西方的逻辑系统，中国人缺乏西方人的逻辑思维。卜德却反对这种观点，因为早在先秦时期中国就已经出现了墨家的逻辑思想。“与其他大多数影响广泛的批评观点一样，这种观点绝对是不正确的，因为在公元前三、四世纪，墨家学派就在很多方面已经有了西方式的逻辑思维方法。”⑤ 但是，遗憾的是，墨家学派虽一时成为“显学”但它在历史中兴盛的时间较

---

① D. 布迪，C. 莫里斯. 中华帝国的法律［M］. 朱勇，译. 梁治平，校. 南京：江苏人民出版社，1995：8-9.

② DERK BODDE. Myths of Ancient China［M］//Essays on Chinese Civilization. Princeton：Princeton University Press，1982：48-49.

③ DERK BODDE. Types of Chinese Categorical Thinking［J］. Journal of the American Oriental Society，1939，59（2）：200-219.

④ DERK BODDE. Types of Chinese Categorical Thinking［J］. Journal of the American Oriental Society，1939，59（2）：200-219.

⑤ DERK BODDE. Types of Chinese Categorical Thinking［J］. Journal of the American Oriental Society，1939，59（2）：200-219.

短，没能对中国思想发生深刻影响，故中国人使用逻辑方法较少。由此来讲，上述西方学者的观点也有一定道理。不过，这也不意味着中国人是无序的、不讲逻辑的，因为中国人有独特的“分类思维”甚至分类思维可以上升为中国人的宇宙观——努力把世间所有现象分门别类，归纳为一幅幅“有序”的“图景”。卜德说：“中国人宇宙观的特点是，倾向于把人的世界和物质世界分为若干固定的类别。在人的世界中，又努力把每一个人置于其中的某个类别。”① 很显然，卜德将“分类思维”视为逻辑思维的一种形式。

在卜德看来，中国人的“分类思维”体现在生活的多个方面。一个方面，中国人持有“二元论”的宇宙观，认为所有现象可统摄于“阴”“阳”，且为“阴”“阳”相互作用的结果。“阴”“阳”作为宇宙论的最基本概念，代表正与负、男与女、肯定与否定等抽象元素。“‘阴’‘阳’不仅是宇宙的原则，在人类社会，它们也是男、女的象征。……‘阴’（负）‘阳’（正）原则对于宇宙和谐运行均是必要的。”② “阴”“阳”统摄世界万物，这种宇宙观可称为“二元论”。不过，这种“二元论”与西方哲学的“二元论”有很大不同。西方的“二元论”，强调的是二者的对立。“后者是说两相抵对的物事之间相互敌对，克服坏的是必然的需要，同时必然的胜利是属于好的。”③ 中国哲学的“二元论”凸显的是二者的“对称”。“阴阳二元论，非基于相互的对立，而本乎相互的对称。”④ 质言之，前者强调矛盾双方的对立；后者强调矛盾双方的统一。正因为如此，西方的“二元论”与科学意识更为接近，中国的“二元论”则“远落现代科学意识之后”。⑤

另一个方面，中国人运用数字把世间所有事物归类。例如，在“三”这个数字下，有“三礼”“三牲”“三吉星”等；在“四”这个数字下，有“四海”“四大河”“四方”等；进而，“‘万物’成为代表世间所有事物的一般术语”。⑥ 在这些数字当中，“五”和“九”的分类具有特别意义：就“五”讲，最有代表性的是“五行学说”——“木”“火”

---

① DERK BODDE. Types of Chinese Categorical Thinking [J]. Journal of the American Oriental Society, 1939, 59 (2): 200-219.

② WILLARD J PETERSON, ANDREW H PLAKS. The Power of Culture: Studies in Chinese Cultural History [M]. Hong Kong: The Chinese University of Hong Kong Press, 1994: 349.

③ DERK BODDE. 中国之传统思想 [J]. 陈澄之，译.《新中华》复刊，1948 (6).

④ DERK BODDE. 中国之传统思想 [J]. 陈澄之，译.《新中华》复刊，1948 (6).

⑤ DERK BODDE. 中国之传统思想 [J]. 陈澄之，译.《新中华》复刊，1948 (6).

⑥ DERK BODDE. Types of Chinese Categorical Thinking [J]. Journal of the American Oriental Society, 1939, 59 (2): 200-219.

“土”“金”“水”五种元素相继起灭形成宇宙所有现象。“在公元前三世纪以后，五行学说完全主导了中国人的宇宙论、医学和思维方式。”① 因此，“中国人把宇宙万物莫不按五以分之，如，五色、五嗅、五味、五声、五官、五脏，而五者又莫不息息相关相应”②。就“九”讲，宇宙被分为九大洲，它们分别由海洋分割开来；九大洲又依次分为九小洲，亦分别由海洋分割开来；总共分为八十一洲，中国居其中之一。

在卜德看来，把世间事物进行上述分类在今天看来似乎荒谬可笑，但在当时它反映的是科学方法的探索。正是基于此，中国古代出现了许多发明创造，为人类文明做出了重要贡献。“如果没有以上所述的那些发明创造，我们西方的文明将会何等贫乏，这是不难想象的。……还有一些中国的发明创造，不仅完全改变了我们的生活方式，而且为整个现代文明奠定了基础。”③ 但遗憾的是，这种探索最终没能产生真正的自然科学，因为它不是对自然现象进行客观观察的经验方法，而是把“人为因素”带进了对自然现象的理解，故而它是“武断”的而非“理性”的。“虽然它实足以代表中国对科学方法的追求，但始终没有走向真正自然科学的途径，因为中国人的这一种追求和探讨，仅基乎武断而不合理的类例，并未直接透视到自然里去。”④ 不过，这种情况在近代欧洲以前“也同样存在”。卜德说：“这种情况在近代以前的欧洲也同样存在，即仅依靠逻辑体系的存在，不能产生自然科学的伟大成就，直到客观观察和实验的经验方法的重要性被确立下来，情况才有了改变。”⑤

中国人的“分类思维”不仅被广泛用于自然现象，而且亦被广泛用于人类社会。“尽管人们对此不熟悉，但同样非常有趣，他们努力依其智力、道德水平或社会追求将人分为不同类别。”⑥ 中国社会结构深受这种思维影响。在这个“结构”当中，每个人都有其归趋的位置，每个位置都有其归属的“团体”，最终的“团体”是所谓的“天下”。“在儒

---

① DERK BODDE. Types of Chinese Categorical Thinking [J]. Journal of the American Oriental Society, 1939，59 (2)：200-219.

② DERK BODDE. 中国之传统思想 [J]. 陈澄之，译.《新中华》复刊，1948 (6).

③ 中外关系史学会. 中外关系史译丛：第一辑 [M]. 上海：上海译文出版社，1984：232.

④ DERK BODDE. 中国之传统思想 [J]. 陈澄之，译.《新中华》复刊，1948 (6).

⑤ DERK BODDE. Types of Chinese Categorical Thinking [J]. Journal of the American Oriental Society, 1939，59 (2)：200-219.

⑥ DERK BODDE. Types of Chinese Categorical Thinking [J]. Journal of the American Oriental Society, 1939，59 (2)：200-219.

家思想当中，理想社会是一种结构性的等级制，至少在理论上，它允许个人依据其能力和环境向上或向下变动。……在这个社会当中，个人总是被认为是某个社会团体，诸如家庭、社区、行会或其他行业协会、县、省，最终归于‘天下’。”①

为了说明中国人的“分类思维”，卜德不仅列举了孔子关于上智下愚、圣仁智愚等的分类，而且列举了刘向《说苑》基于德行对人的分类，认为其目的在于为政治活动树立道德范式。他说：“值得注意的是，这些分类均与政府或行政活动相关，而政府或行政活动被中国人视为人类活动的最高等次，而且为这些活动作准备是进行道德分类的主要原因。”② 与刘向相似，曹魏时期刘劭的《人物志》按照能力和个性将政治家分为十二类，而且为每类明确了历史上的典范人物，甚至明确了在政府中合适的具体岗位。③ 另外，卜德详细探讨了《汉书》中班昭续写的“古今人表”④，对其依德、才对历史人物进行的分类进行了说明。依卜德的理解，这些分类主要基于儒家的“和谐理想”而展开。他说：“强调社会和谐的理想，虽然这种和谐建立在不平等的基础上。换句话说，这一强调的基础是，每个人准备接受他在一个有等级的结构中的特定地位，尽其最大的努力履行与那个地位有关的社会职责。”⑤ 也就是说，为了“社会共同体”的共同利益，每个人均须依能力和名分而尽职责。“这种社会区分和意识……部分地来自儒家的关于社会共同体的设计，即共同体的成员必须结合在一起为其统治者效劳，每个人则各按自己的能力和名分行事。”⑥

此外，卜德还特别关注《汉书》“古今人表”所列举的儒、道、墨、法、名家等学派的代表人物，并据此对这些学派的兴衰原因进行了分析，以反映中国人在思想领域的分类及原因。在他看来，儒家历史地位之所以较高，除了孔子个人努力的原因之外，孟子和荀子的个人努力也是重要原因。不过，本来在汉代时荀子的影响大于孟子，但唐、宋时期儒学复兴以后，因为荀子的人性论是消极的，而孟子的人性论是积极的，故孟子的

① WILLARD J PETERSON，ANDREW H PLAKS. The Power of Culture：Studies in Chinese Cultural History ［M］. Hong Kong：The Chinese University of Hong Kong Press，1994：348.

② DERK BODDE. Types of Chinese Categorical Thinking ［J］. Journal of the American Oriental Society，1939，59（2）：200-219.

③ 刘劭. 人物志［M］. 刘昞，注. 王玖，评注. 北京：红旗出版社，1996.

④ 班固. 汉书：第三册［M］. 颜师古，注. 北京：中华书局，1962：861-951.

⑤ 崔瑞德，鲁惟一. 剑桥中国秦汉史［M］. 北京：中国社会科学出版社，1992：44.

⑥ 崔瑞德，鲁惟一. 剑桥中国秦汉史［M］. 北京：中国社会科学出版社，1992：28.

地位变得“至高无上”了。这种情况反映出，儒家之所以具有较高的历史地位，根本上在于儒家的理想主义符合中国人的愿望。也正因为如此，本来最初和儒学同为“显学”的墨家，后来在几个世纪都不得不屈居于儒家之下。另外，道家在汉代也居于重要地位：在汉代前期，黄帝被认为是道家的创始人，“黄老道家”成为此时的主导性流派。但到了汉代末期，庄子取代了黄帝的重要性，故“黄老道家”被“老庄学派”取代了。这种变化是合理的，因为庄子在汉代前期被“意外地”忽视了。另外，名家的思辨虽非常有趣，但不被时人接受而受到嘲笑，故渐而消失于历史当中。法家的命运似乎比预期得要好些，它不仅在秦代成为显学和意识形态，而且在历代帝皇专制统治中都发挥着重要作用。①

## 三、汉语言文字对中国文化的影响

卜德汉学研究的另一个重要内容是汉语言文字。在他看来，汉语言文字作为表意文字，因具有“丰富意义”和极强的“感染力”，能够对文化产生潜移默化的影响。他从反面讲：“必须强调，我只是针对文言文作为一种表达学术和科学思想的实际工具而言的，丝毫没有否定其对诗歌和文学的表达之美和力量的意思，也丝毫不否定汉字独一无二的感染力及其固有的丰富意义。”② 进而，他分析了汉字的本义、构字方式、文字变迁等与文化现象的关联。例如，他考证了“法”“刑”“律”三个汉字的文化意义：“法”的本义指式样、典范和准则等，引申义为应遵循的方式和程序等。因此，“法是最高统治者强制制定的、人们必须服从的准则”③。“刑”的本义指“罚”，尤其侧重指“体罚”，因为“刑”字包括“刀”作为偏旁。“‘刑’这一概念……表现了古代中国人这样的一种法律意识：法就是刑，成文法的最初含义就是刑法。”④“律”的本义指音乐的音调节奏，后借

① DERK BODDE. Types of Chinese Categorical Thinking [J]. Journal of the American Oriental Society, 1939, 59 (2): 200-219.

② DERK BODDE. Chinese Thought, Society, and Science: The Intellectual and Social Background of Science and Technology in Pre-modern China [M]. Honolulu: University of Hawaii Press, 1991: 96.

③ D. 布迪，C. 莫里斯. 中华帝国的法律 [M]. 朱勇，译. 梁治平，校. 南京：江苏人民出版社，1995：7.

④ D. 布迪，C. 莫里斯. 中华帝国的法律 [M]. 朱勇，译. 梁治平，校. 南京：江苏人民出版社，1995：8.

用到法律领域，主要指“制定法”和“法典”。[①] 他还考证了“皇帝”一词：“帝”之初义为表示祭祀的概念，在商代变为“主神”或“诸神”的名称，到了周代则用来指“尧”“舜”等圣人。“皇”之本义表示“威严”“强力”“庄严”等。秦始皇将“皇”“帝”两字结合起来，表示其权力的至高无上和“神圣性”。“尽管当时人们认为，‘皇帝’这个名称唯有具有超人能力的人才可拥有，但它可为统一的中国的至高无上的统治者承受。”[②] 自此，“皇帝”这个称号被历代最高统治者沿袭了下来。很显然，汉语言文字不仅仅是符号，而且具有文化含义。

正因为此，与其他民族的文字不同，汉语言文字可对文化产生影响，这种影响主要有如下两个方面：

一个方面，汉语言文字是中国文化保持统一的重要因素。在卜德看来，中国幅员辽阔，地理上有重重分割，但中国文化却始终保持着统一，也非常重视和强调统一。“从政治上讲，中国人对统一观念的强调由来已久，至少可以追溯到周代早期。”[③] 中国文化的统一是多方位的，政治、经济以至思想都包含在内。因此，“统一”可谓中国历史的“主题”。“强调大一统，它不但包括政治的大一统，也包括思想意识和文化的统一，同时它也为和平、好政府和社会福利提供一个必不可少的基础。……这在政治上表现为普天之下不能有二主的思想。（它实际上是整个中国历史中压倒一切的主题。）”[④] 在影响文化统一的众多因素当中，汉语言文字发挥了重要作用：其一，从历时性的角度看，汉语言文字促进了中国文化的持久延续。汉语口语和书面语相对分离，口语在语音等方面不断变化，但书面语却始终保持稳定的表达方式，而稳定的表达方式有利于文化的持续传承。其二，从共时性的角度看，汉语言文字亦保证了中国文化的统一性。尽管中国有许多差异性很大的方言，但相同的书面语使人们之间的交流成为可能。而且，以书面语为基础

---

① D. 布迪，C. 莫里斯．中华帝国的法律［M］．朱勇，译．梁治平，校．南京：江苏人民出版社，1995：8.

② DERK BODDE. China's First Unifier［M］. Hong Kong University Press & Oxford University Press，1938：131.

③ WILLARD J PETERSON，ANDREW H PLAKS. The Power of Culture：Studies in Chinese Cultural History［M］. Hong Kong：The Chinese University of Hong Kong Press，1994：351.

④ 崔瑞德，鲁惟一．剑桥中国秦汉史［M］．北京：中国社会科学出版社，1992：44.

的文言文具有“统治地位”，因此有效地“扼制”了地方性文化。①

另一个方面，汉语言文字导致中国学术思想僵化，以至于科学在近代与中国失之交臂。卜德说：“中国的表意文字阻碍了现代科学在中国的发展。”② “在很多方面，汉语书面语对于中国思想中科学思维方式的影响是阻碍大于促进……有证据表明这种抑制性的影响在很早就已经开始了。”③ 具体来讲，虽然汉语书面语对科学知识的记载和积累做出了贡献，但书面语只有少数读书人才能掌握，而且文言文没有标点符号、具有多义性、表达不精确等，都成为科学观念、科学研究和科学精神的障碍。④ 另外，汉语书面语与口语分离，促进了中国官僚制度的发展，而官僚制度不利于科学发展。“很明显，中国官僚体制国家的发展肯定鼓励强调书面文字，但是，我也想说明，对书写文字的膜拜早在帝国之前——意在把认为重要的东西都写成文字之时——就已经出现，这可能也相互作用地促进了官僚主义国家的发展。”⑤ 更为关键的是，汉语书面语追求平衡的风格影响了中国人的思维，而这种思维不利于科学的发展。卜德说：“汉语书面语以多种方式阻碍而不是帮助了中国人科学思维方式的发展。”⑥ “的确，他们不加批判地接受或容忍成为后来阻碍真正科学方法产生的因素。”⑦

可见，汉语言文字与中国文化的关联非常紧密，而其对文化发生的影响则利弊共有。

---

① DERK BODDE. The Chinese Language as a Factor in Chinese Cultural Continuity [M] //Essays on Chinese Civilization. Princeton: Princeton University Press, 1982: 44.

② DERK BODDE. Chinese Thought, Society, and Science: The Intellectual and Social Background of Science and Technology in Pre-modern China [M]. Honolulu: University of Hawaii Press, 1991: 93.

③ DERK BODDE. Chinese Thought, Society, and Science: The Intellectual and Social Background of Science and Technology in Pre-modern China [M]. Honolulu: University of Hawaii Press, 1991: 96.

④ DERK BODDE. Chinese Thought, Society, and Science: The Intellectual and Social Background of Science and Technology in Pre-modern China [M]. Honolulu: University of Hawaii Press, 1991: 25.

⑤ DERK BODDE. Chinese Thought, Society, and Science: The Intellectual and Social Background of Science and Technology in Pre-modern China [M]. Honolulu: University of Hawaii Press, 1991: 28.

⑥ DERK BODDE. Chinese Thought, Society, and Science: The Intellectual and Social Background of Science and Technology in Pre-modern China [M]. Honolulu: University of Hawaii Press, 1991: 96.

⑦ DERK BODDE. Types of Chinese Categorical Thinking [J]. Journal of the American Oriental Society, 1939, 59 (2): 200-219.

## 四、中国文化的主导观念

在卜德看来，所谓中国文化的“主导观念”指真正属于中国的、具有根源性和发生历史影响的观念。

“所谓‘主导观念’是……指对大多数中国人（无论他们是否受过教育）真正重要的观念；是作为中华文明根源且在起源上真正属于中国的观念；同时，是长期对中国人思想产生巨大影响并延续至今的观念。”① 基于这样一种理解，卜德重点考察了三个方面，即“中国人对待宗教、对待物质世界、对待人类自己的流行的态度”②。

所谓“对待宗教”的态度即关于“超自然世界”的观念。在卜德看来，在对待宗教的态度上，中外文明存在重要区别——与西方人截然不同，中国人不将注意力投向“超自然世界”。“许多别的文明多是利用教堂及传教士的活动，来作为传统的依据。”③ 中国文明则显然不同。“第一印象便是否定性的，即一般而言，相对于对自然世界和人的世界的关注来看，中国人很少关注超自然世界。”④ 与此相关，“非常重要的一点是，中国人的宇宙论通常既不愿意思考宇宙起源，也拒绝神创世的观念”⑤。因此，历史地看，在佛教传入之前，中国文化中并没有天堂与地狱、现世与来世以及死后报应等观念。⑥ “最初在中国是没有人死之后神主宰着报应的意念的。”⑦ 在佛教之前，中国人认为“神”的境界是“天”“鬼”的境界是“黄泉”。这种境界的区分，并没有“福人”的“天堂”与“罪人”的“地狱”之截然分别。而且，人死后“魂”升“天”，“魄”入“黄泉”，也没

---

① DERK BODDE. Dominant Ideas in the Formation of Chinese Culture [J]. Journal of the American Oriental Society，1942，62 (4)：293-299.

② DERK BODDE. Dominant Ideas in the Formation of Chinese Culture [J]. Journal of the American Oriental Society，1942，62 (4)：293-299.

③ DERK BODDE. 中国之传统思想 [J]. 陈澄之，译.《新中华》复刊，1948 (6).

④ DERK BODDE. Dominant Ideas in the Formation of Chinese Culture [J]. Journal of the American Oriental Society，1942，62 (4)：293-299.

⑤ WILLARD J PETERSON，ANDREW H PLAKS. The Power of Culture：Studies in Chinese Cultural History [M]. Hong Kong：The Chinese University of Hong Kong Press，1994：347.

⑥ DERK BODDE. Dominant Ideas in the Formation of Chinese Culture [J]. Journal of the American Oriental Society，1942，62 (4)：293-299.

⑦ DERK BODDE. 中国之传统思想 [J]. 陈澄之，译.《新中华》复刊，1948 (6).

有“报应”的含义。① 不容忽视的是，中国存在着祖先崇拜和自然崇拜。关于祖先崇拜，尽管它在中国非常普遍，而且非常重要、必不可少，但它通常局限在家族内部，而且局限在近亲属之间，故难以发展为全国性、国际性的有组织的宗教信仰。关于自然崇拜，崇拜对象为多种自然物和自然力，但这些对象通常是非人格化的，即使至高无上的“天”“地”也没有人格化，只是一种抽象的“伦理权威”。显而易见，这两类崇拜尽管在形式上也表现出“宗教意识”的虔诚，但它们与基督教等存在很大差异，故其实并非真正的宗教。② 基于前述，卜德认为，尽管中国比其他国家有更多的佛教徒，道教诸神也颇受广大民众的欢迎，但这些往往多半“有名无实”。而且，中国本土没有产生过“被尊崇为宗教领袖的思想家”③。因此，归根结底“宗教观念和宗教活动并不构成中国人生活中最重要、最诱人的内容”④。至于造成这种态度的原因，一个方面在“轴心时代”的思想家。“他们的思想孕育了中国文明的精神基础，乃是道德的（尤其孔子学说的道德观），而不是具有正式组织的、宗教的。”⑤ 这里，“他们”便是指先秦诸子。不过，孔子在其中发挥了关键作用，他影响了“中国人不正确的超自然的意向的趋势”⑥。例如，弟子向孔子请教“死”的问题，孔子的回答是“未知生，焉知死”（《论语·先进》）。后来，这渐而成为多数中国人的普遍态度。另一个方面在统治者，因为统治者已经是“人间的神”，故不再需要也不容许第二位“神”。“中国从来就没有传教士职司的设置，因为神力的崇敬不是由平民形成的，也不是由僧侣阶级形成的，而完全是由统治者主宰着。”⑦

中国文化不重视“超自然世界”，自然就注重现实社会生活，从而表现出明显的“世俗性”。卜德说：“中国的历史理论和哲学理论皆具有一个显著特征，即注重现实的社会生活。这一特征在中国历史的早期即已显示出来。一般说来，中国的理论家们在阐释人世间的现象时，宁可采用理性主义（或在它看来是合乎理性的）原则，而不借助超自然

---

① DERK BODDE. 中国之传统思想 [J]. 陈澄之，译.《新中华》复刊，1948 (6).

② DERK BODDE. Dominant Ideas in the Formation of Chinese Culture [J]. Journal of the American Oriental Society，1942，62 (4)：293-299.

③ DERK BODDE. 中国之传统思想 [J]. 陈澄之，译.《新中华》复刊，1948 (6).

④ DERK BODDE. Dominant Ideas in the Formation of Chinese Culture [J]. Journal of the American Oriental Society，1942，62 (4)：293-299.

⑤ DERK BODDE. 中国之传统思想 [J]. 陈澄之，译.《新中华》复刊，1948 (6).

⑥ DERK BODDE. 中国之传统思想 [J]. 陈澄之，译.《新中华》复刊，1948 (6).

⑦ DERK BODDE. 中国之传统思想 [J]. 陈澄之，译.《新中华》复刊，1948 (6).

的学说。”[①] 质言之，与其他民族由宗教提供精神力量不同，中华文明则由儒家伦理提供精神基础。卜德说：“是伦理（特别是儒家伦理）而不是宗教（至少不是有正式组织形式的宗教）为中华文明提供了精神基础。……当然，这显示出中华文明与世界上其他主要文明之间存在根本的不同，后者是寺院、神职人员扮演了主要角色。”[②] 因此，许多思想家对“死”这个主题予以回避，而将致思重点放在“生”的世界。正因为不关注“超自然世界”，故中国人对宗教非常包容，对宗教采取了折中主义或中庸之道。因此，中国很少有西方的宗教迫害情况发生。虽然历史上也有灭佛等事件发生，但原因并不在于反对其思想，而是因为它威胁到了政权稳固。“无数佛教和道德的神仙，中国人都一概予以欢迎接受，这证明中国人心理上高度的折衷天性，远在任何强烈的宗教感应之上。由于此一折衷主义的存在，中国人和印度教徒一样，很显著地规避了宗教的顽固。宗教上所谓迫害时期，在中国发生的次数很少。大半不是为了反对宗教思想，而是为了反对宗教成了社会的和政治的制度，危害着国家的安全。”[③]

所谓“对待物质世界”的态度即关于“自然世界”的观念。卜德认为，因为中国人不重视“超自然世界”，故必然重视“自然世界”——与其他文化相比，中国文化“自然的意识势必高强”[④]，“天人合一”便是一种重要表现。“人类的世界和自然的世界冥茫地混成了一体。……此一意念大部分渗透在中国的哲学、艺术和文学里。”[⑤] 道家主张“道法自然”即是明证——人为的道德规范是不稳固的、脆弱的，容易受到干扰、破坏，故应超越或者摆脱人为道德规范，回到“自然世界”；唯其如此，才可给人提供稳定的、坚强的根基，而这个根基就是“道”。“道家认为人类道德的标准是人为的，所以这种人为的道德标准是相当的脆弱，随时代之消沉而消沉，随文化之没落而没落……他们主张人类一定要摆脱这一切道德的桎梏，而回到自然。……道家也主张摒弃人类道德的标准，而以一较高的标准代替之，即所谓宇宙间唯一之道是也，道家派别之命名即由此而

---

① D. 布迪，C. 莫里斯. 中华帝国的法律［M］. 朱勇，译. 梁治平，校. 南京：江苏人民出版社，1995：8.

② DERK BODDE. Dominant Ideas in the Formation of Chinese Culture［J］. Journal of the American Oriental Society，1942，62（4）：293-299.

③ DERK BODDE. 中国之传统思想［J］. 陈澄之，译.《新中华》复刊，1948（6）.

④ DERK BODDE. 中国之传统思想［J］. 陈澄之，译.《新中华》复刊，1948（6）.

⑤ DERK BODDE. 中国之传统思想［J］. 陈澄之，译.《新中华》复刊，1948（6）.

来。”[①] 进而，中国人“倾向于放弃关于天地运行的超自然的和神话的旧解释，而代之以非人格化的力量和趋势（如道、阴阳、五行）作出的解释”[②]。即中国人通常认为“道”是自然世界形成、发展的“第一因”或“原动力”，“因道而万物发，因道而万事生”[③]。“道”通过“阴”“阳”来“包罗”万象——“阴”“阳”相互作用形成“五行”，“五行”依次组合、变化生成自然界万物。之所以这样以“阴阳”“五行”解释世界，在于视“自然世界”与“人的世界”构成一个有机整体，此即所谓的“天人合一”。在卜德看来，“天人合一”观念源于农耕文明，它凸显的是自然力量的重要性。“与世界其他主要文明相较看，如果说中国人很少关注超自然世界的话，那么其对自然世界的态度则恰恰相反。对中国人来讲……人的世界和自然世界共同构成一个不可分的整体。与西方人认为人至高无上不同，中国人认为人只是世界整体的一部分，尽管是非常重要的部分。这种观念可能源于农耕文明——人的生存端赖于自然力量的循环更替。”[④]

在卜德看来，“阴阳”“五行”等观念具有“理性主义”性质，故而中国有卓越的技术成就。但是，这种“理性主义”并不彻底，故终未发展出科学体系和科学精神。“它同时有助于解释：为什么……中国人尽管取得了显著的技术成就，但却没有把这些技术应用于自然世界的探索，从而发展出自然科学。”[⑤] 也就是说，无论是“阴阳”还是“五行”，它们不属于科学所依赖的经验观察，而只是人为的、武断的“类推”，故难以推动由技术向科学的转变。“虽然中国人尝试使用科学方法，但由于这些技术建立在武断、主观类推基础上，而摈弃自然世界的直接经验观察，故终未能走上真正的自然科学道路。”[⑥] 不过，“天人合一”观念在中国人实际生活中也发挥着积极作用，因为“天人合一”透显出的不是斗争和混乱，而是和谐和统一观念，它可以引导人们“安贫乐道”甚至“宁静淡泊”，而这是社会和谐的重要因素。卜德说：“依据中国的传统观念，圣人可

① DERK BODDE. 中国之传统思想［J］. 陈澄之，译.《新中华》复刊，1948（6）.

② 崔瑞德，鲁惟一. 剑桥中国秦汉史［M］. 北京：中国社会科学出版社，1992：44.

③ DERK BODDE. 中国之传统思想［J］. 陈澄之，译.《新中华》复刊，1948（6）.

④ DERK BODDE. Dominant Ideas in the Formation of Chinese Culture［J］. Journal of the American Oriental Society，1942，62（4）：293-299.

⑤ DERK BODDE. Dominant Ideas in the Formation of Chinese Culture［J］. Journal of the American Oriental Society，1942，62（4）：293-299.

⑥ DERK BODDE. Dominant Ideas in the Formation of Chinese Culture［J］. Journal of the American Oriental Society，1942，62（4）：293-299.

以达至与天地万物一体的境界，从而在简单生活中获得真正的满足和幸福。这种观念在中国被广泛接受，故它可以解释为什么中国人无论是否受过教育，对于西方人无法忍受的贫穷、原始生活条件却能够保持愉悦甚至幸福的心态。”①

所谓“对待人类自己”的态度即关于“人的世界”的观念。在卜德看来，此乃“中国哲学思考的核心部分”②。在三个世界当中，中国文化最重视的是“人的世界”不仅与西方文化不同，与印度文化也有显著差异。因此，中国自汉代开始就特别重视修史，而且是官方组织修史；修史不仅保留下大量文明成果，而且强化了中国人的历史观念。进而，在中国文化中，尽管有道家强调思考人与外在世界关系，但在儒家文化影响下，中国文化的主流是侧重思考人与人的关系。“与道家致力于解决人与外部世界关系问题不同，儒学则致力回答人与人如何和谐相处的问题。中国人从很早以前就认识到，除非解决好人际关系这个核心问题，物质方面的力量和发展只会增加人类苦难。这对中国人来讲完全是常识。”③ 质言之，“人际关系”成为“人的世界”的核心问题。“人与人之间如何平等相处，如何合群相安：这一问题乃是儒家致力解答的。”④ 基于此，儒家的宗旨乃以“和谐”为基础为大众谋取福利。“儒教以全力教导每一个人立身处世要竭力避免跟别人发生摩擦，同时他们所欲努力完成的人生重大责任乃为大众谋取大的福利。”⑤ 这种进路实际上就是后人讲的“道德理想主义”而这种进路具有两个方面的局限性：一是，它“不容易达到他们的现实的目的”⑥，往往成为永远无法抵达目的地的长途旅行。“它们有时患一通病，这通病就是以为道德，经过高尚严肃道义的熏陶，而不顾这一切道义在实践方面诸多的困难，便可以自动实现完成的。”⑦ 二是，它阻碍了中国近代科学的产生，因为它既缺乏形而上学，也不重视逻辑。“中国人既不乐意研究深奥的印度教的形而上学，更对西方哲学伟大成就之一的逻辑毫无探讨的兴趣。这种直接迫近人生的实践关系

---

① DERK BODDE. Dominant Ideas in the Formation of Chinese Culture [J]. Journal of the American Oriental Society，1942，62 (4)：293-299.

② DERK BODDE. Dominant Ideas in the Formation of Chinese Culture [J]. Journal of the American Oriental Society，1942，62 (4)：293-299.

③ DERK BODDE. Dominant Ideas in the Formation of Chinese Culture [J]. Journal of the American Oriental Society，1942，62 (4)：293-299.

④ DERK BODDE. 中国之传统思想 [J]. 陈澄之，译.《新中华》复刊，1948 (6).

⑤ DERK BODDE. 中国之传统思想 [J]. 陈澄之，译.《新中华》复刊，1948 (6).

⑥ DERK BODDE. 中国之传统思想 [J]. 陈澄之，译.《新中华》复刊，1948 (6).

⑦ DERK BODDE. 中国之传统思想 [J]. 陈澄之，译.《新中华》复刊，1948 (6).

足以帮助我们解释，为什么中国人虽然对世界上最高的现实价值有很多的发明——纸张、印刷、瓷器、罗盘——而对理论的自然科学却毫无进展。”①

具体来讲，中国人关于“人的世界”的观念包括如下几个方面，而这些方面又可分为两个层面：一是社会层面，二是政府层面。

关于社会层面：其一，以家庭而不是个人为社会基本单元。“中国社会基本和最重要的单元是家庭或宗族，每个个体都应忠诚并服务于家庭或宗族……反过来，家庭成为互助性的庇护所，使个体免于其他族群或力量的攻击。”② 因此，祭拜祖先、孝养父母、抚育子孙成为人所应依次承担的基本责任。进而，家庭不仅影响日常生活和文化传承，而且与社会和政治紧密相关：虽然在天下大乱时，“有志之士一跃为显贵是可能的”③，但是，“跟西方比较起来，中国人的国家观念很模糊，爱国思想很脆弱”④。其二，强调的不是个人主义，而是集体主义。“确切地说，儒学旨在教导个体如何在社群中减少摩擦的前提下确立自己的位置，进而以同样的方式履行在社群中应负的职责，从而为社群带来整体上的最大利益。”⑤ 每个人都需在家庭或社群定位，并要为家庭或族群尽责。因此，中国文化中没有西方的“个人主义”观念。卜德说：“在中国，‘个人主义’是从日本输入的一个现代词语。因此，个人主义概念在中国好像是不被接受。”⑥ 其三，强调个人典范作用。在中国社会，每个个体都居于特定位置，并被赋予相应职责和义务，因此个人典范被赋予崇高地位。“人之本性为善；人没有原罪；人皆可以为圣人；这些被中国大多数思想家持有的信念是社会的道德伦理基础。”⑦ 相应地，统治者“必定要具备有标准很高的道德……在政治生涯中，这影响很大，足以为人榜样，引人崇敬，同时使人们深感

---

① DERK BODDE. 中国之传统思想［J］. 陈澄之，译.《新中华》复刊，1948（6）.

② DERK BODDE. Dominant Ideas in the Formation of Chinese Culture［J］. Journal of the American Oriental Society，1942，62（4）：293-299.

③ DERK BODDE. 中国之传统思想［J］. 陈澄之，译.《新中华》复刊，1948（6）.

④ DERK BODDE. 中国之传统思想［J］. 陈澄之，译.《新中华》复刊，1948（6）.

⑤ DERK BODDE. Dominant Ideas in the Formation of Chinese Culture［J］. Journal of the American Oriental Society，1942，62（4）：293-299.

⑥ WILLARD J PETERSON，ANDREW H PLAKS. The Power of Culture：Studies in Chinese Cultural History［M］. Hong Kong：The Chinese University of Hong Kong Press，1994：348-349.

⑦ DERK BODDE. Dominant Ideas in the Formation of Chinese Culture［J］. Journal of the American Oriental Society，1942，62（4）：293-299.

道德修养的必要"①。

关于政府层面：其一，"家国同构"。国家是放大的家庭。"在家庭之外就是国家，国家只不过是一个家庭单元的放大。因此，皇帝通常自称为'人民的父母'，而即便在现代汉语中'国家'一词的字面含义仍为'国的家'。"② 不过，在这种国家观念下，儒家也强调统治者与被统治者权利与义务的相互性。其二，以德治国而不是以法治国。"中国社会注重道德说教而不是法律强制，他们拒绝冷冰冰的、机械的依法治国模式，而这种模式乃西方文明的基石。成文法典在中国固然是存在的，但这些法典在相当程度上受制于个人判断和理解，而判断和理解依据传统经验和伦理的'礼'。"③ 因此，"中国古代虽然制定了很多、而且具有较高水平的法典，但传统的中国社会却不是一个由法律来调整的社会"④。其三，官僚机构和科举制。西方近代以前一直被世袭贵族、神职人员、军阀统治，而中国很早就建立起官方科举考试制度。"中国最独特的政府制度无疑是它的官僚机构和补充官僚机构的考试制度。"⑤ "所有这一切，孕育享有盛誉的科举制度，这曾经是中国政治最鲜明的特征。……因此，伏尔泰通过对比欧洲启蒙时期的政治状况，称赞中国政府的组织是世界最好的，这就毫不足奇。"⑥ 之所以科举制度"享有盛誉"，原因在于：它公平清正，任何人只凭自己的能力便可中举而贵；它向社会各阶层开放，任何人都可以应试；它"能发挥较高的效能，而趋向腐化的潜力较少"。⑦ 不过，科举制度也有明显局限性，比如，死读书、死记硬背便是"更显著的缺点"。再如，引导考生所追求的不是学问本身，而是荣华富贵。而且，官吏俸禄普遍微薄，"逼使着他们贪污作恶"。也

---

① DERK BODDE. 中国之传统思想［J］. 陈澄之，译.《新中华》复刊，1948（6）.

② DERK BODDE. Dominant Ideas in the Formation of Chinese Culture［J］. Journal of the American Oriental Society，1942，62（4）：293-299.

③ DERK BODDE. Dominant Ideas in the Formation of Chinese Culture［J］. Journal of the American Oriental Society，1942，62（4）：293-299.

④ D. 布迪，C. 莫里斯. 中华帝国的法律［M］. 朱勇，译. 梁治平，校. 南京：江苏人民出版社，1995：2.

⑤ WILLARD J PETERSON，ANDREW H PLAKS. The Power of Culture：Studies in Chinese Cultural History［M］. Hong Kong：The Chinese University of Hong Kong Press，1994：352.

⑥ DERK BODDE. Dominant Ideas in the Formation of Chinese Culture［J］. Journal of the American Oriental Society，1942，62（4）：293-299.

⑦ DERK BODDE. 中国之传统思想［J］. 陈澄之，译.《新中华》复刊，1948（6）.

就是说，科举制度未能彻底解决腐败问题。①

## 五、结语

总而言之，卜德选择了上述四个方面研究，力图由这些方面来反映中国文化整体面貌及本质和基础。需要说明的是，上述四个方面虽分而论之，但在卜德看来，它们乃紧密关联者，因为它们均奠基于“和谐宇宙观”。或者说，上述每个方面均为“和谐的宇宙观”之不同方面的体现。“中国固有思想中的统一和相称的基本观念，苟欲予以消弭或磨灭是不可能的。中国人的意识中超自然、自然和人类的世界，没有真正显著的区分。他们是规范在包罗万象的统一意识里。”② 这里“统一意识”即是“和谐的宇宙观”，而这种宇宙观乃中国文化的根本特质。“实际上，在地球上，没有哪个民族像中华民族一样始终一贯在追求宇宙的平衡和和谐。”③ 关于这种“和谐的宇宙观”，卜德认为它有重要的理论价值，尤其在不断冲突的现代社会更有价值，而且对于未来崭新世界的建设亦具有重要意义。他的意思是，随着国际交往日益频繁，国际冲突会成为重要问题，而要化解或避免这个问题，中国文化“和谐的宇宙观”可以为人类提供智慧。“当今世界正处于可怕的冲突之中。但是，当这些冲突结束后，在一个崭新的世界到来之时，西方人应该由衷地去践行这种‘和谐的宇宙观’——与东方人一起，共同努力、携手合作建设一个和谐的新世界。确切地说，在这个崭新世界，东西方所有信仰和民族将建立在公正、平等和手足情谊的基础之上。”④ 很显然，卜德所持者乃一种多元文化观，正是以这种文化观为前提，他对中国文化不仅看到其不足，亦看到其优长之处。他说：“只有诚实地承认世界各国越来越相互依赖，我们才能为未来生活在更加美好的社会中过和平生活做好准备。这常常要求我们改变对其他国家人民及其风俗的态度，而这种态度是长期遗留下来的，往往是不合理的。正是在这相互谅解之中孕育着前所未有的人类文明繁荣昌盛的希望。这种文明绝不是像全世界人都吃同样的食物，穿同样的衣服，有同

---

① DERK BODDE. 中国之传统思想［J］. 陈澄之，译.《新中华》复刊，1948（6）.

② DERK BODDE. 中国之传统思想［J］. 陈澄之，译.《新中华》复刊，1948（6）.

③ DERK BODDE. Types of Chinese Categorical Thinking［J］. Journal of the American Oriental Society，1939，59（2）：200-219.

④ DERK BODDE. Dominant Ideas in the Formation of Chinese Culture［J］. Journal of the American Oriental Society，1942，62（4）：293-299.

样的思想那样单调乏味。它一定是让全世界各族人民都享有选择人类所创造的最好成果的同等机会。同时，根据各国独特的聪明才智和环境自由地发展本国的生活方式。”①

（原文载《河北大学学报》〔哲学社会科学版〕2021 年第 5 期）

① 中外关系史学会．中外关系史译丛：第一辑［M］．上海：上海译文出版社，1984：233．

# 杨联陞之主要汉学思想述论

## ——以“训诂治史”为基点

杨联陞，字莲生，原籍浙江绍兴，1914 年生于河北保定。1933—1937 年就读于清华大学经济系。1940—1942 年就读于哈佛大学，获硕士学位。1946 年以毕业论文《晋书食货志译注》获哈佛大学博士学位。1947 年任哈佛大学远东语言文学系（后改称东亚语言及文化系）助理教授，1951 年任副教授，1958 年任教授。1965 年受聘“哈佛—燕京中国历史讲座教授”。1980 年在哈佛大学退休。1990 年逝世于纽约。杨联陞是海外汉学的重要代表，在中国文化尤其是中国史研究领域做出了许多开创性贡献。主要著作包括《简明汉语口语词典》（合编）《中国史专题讲授提纲》《中国货币与信贷简史》《文白对照中文诗选》《中国制度史研究》《汉学散策》《汉学论评集》《国史探微》等。另外，后人编选了《杨联陞论文集》《中国现代学术经典·洪业、杨联陞卷》《哈佛遗墨》等。

### 一、“训诂治史”

杨联陞之所以能在中国历史研究领域有精深造诣，与他年轻时所受到的学术训练有密切关系。林聪标说：“近代中国史学的研究当然是由乾嘉史学因缘发展而成，由劄记考证、名物训诂而进以贯通史事，探究风俗典章，遂蔚为大观。但 19 世纪、20 世纪中西交通发达，西洋史学的绵延扩大由考古史者所发扬，每以博闻广问、记诵考索为根本，自不免与乾嘉以降史法史识相互为用，而援引壮大。……在王国维、陈寅恪诸位大师的开拓下，在浓郁学风中，于民国初年熏陶出一批杰出的青年史学家。……就在这一段潜移默化的日子里，先生（指杨联陞——引者）奠定了日后数十年研究的深厚基础。”① 叶理

① 参见杨联陞《中国文化中报、保、包之意义》，贵州人民出版社，2009（下同），第 58-59 页。

绥也说："杨先生受过最严格的现代学术训练，是最杰出的中国史学家。"① 具体来讲，杨联陞"出身"于中国史学传统，故讲求史料的考证；亦接受了美国史学主流思想，强调"价值中立"之史学研究。也正因为此，作为训诂学之核心的语言学是其颇为重视者。不过，他对语言学的重视乃师承于赵元任。杨联陞作为讲师协助赵元任在美国陆军特训班讲授中文，还曾于1947年合编了《简明汉语口语词典》，并共同制订了汉语课程教学计划。赵元任对语言学的兴趣和造诣深深影响了杨联陞——杨联陞的许多史学研究著作是通过语言学开展的。对于杨联陞的学术理路，余英时评论说：

> 他特别强调任何理论都必须以基本史料的整理和考订为依据。这不仅是中国朴学的传统，而且也和美国史学主流派的观点相近。②

基于所受到的严格的学术训练，杨联陞之史学研究始终有明确的方法论意识。他承认社会科学的融入有助于中国历史研究的展开，故自觉于"实证主义"知识论以追求"历史的客观性"。所谓"实证主义"知识论，它预设历史由"历史事实"所构成；"历史事实"是独立客观的，不受研究者主观解释的影响；如果研究者的解释与"历史事实"之间发生冲突，则必须尊重事实。③ 不过，若准确而具体地讲，杨联陞的基本立场乃是其一以贯之的"训诂治史"的方法论。余英时说："杨先生所走的'训诂治史'的一条路……即'从小处着手，从大处着眼'。"④ 所谓"训诂治史"，其核心在于强调彻底掌握史料的文字意义，尤其要扣紧史料的时代而得其本义；倘若史料中存在纷歧错乱之状况，治史者须史料的严格鉴定和准确理解，从而"建立"起可靠的客观史实。⑤ 因此，杨联陞主张超然并中立于任何史学理论，而必须首先重视文献资料问题。他认为，就中国历史研究而言，各类历史文献都有其特殊的"训诂"问题；治史者唯有深入中国文献资料的内部，方能尽其"曲折"从而才可能有所"斩获"。他说：

> 要研究中国史的人必须具有起码的训诂学素养。够不上这种要求的研究者，只

① 参见余英时《钱穆与中国文化》，上海远东出版社，1994（下同），第164页。

② 余英时：《钱穆与中国文化》，第173页。

③ 参见余英时《钱穆与中国文化》，第175页。

④ 余英时：《钱穆与中国文化》，第170页。

⑤ 参见余英时《钱穆与中国文化》，第174-175页。

能算是玩票性质，而不会成为一个全健的汉学家。毕竟中国史的主要资料仍旧是典籍，虽然考古材料与口耳相传的掌故也很重要。训诂学的一大法宝——典籍考证学能够使研究工作者在使用文献的时候，保持高度的谨慎。一旦有了一份典籍，其他训诂学的技巧就能够帮助研究者正确地去了解它的意思。我得承认这些东西并不就构成汉学的全部，但它们确实是汉学的基础。①

不过，杨联陞主张的“训诂治史”绝不仅仅是训诂和考证，其目的在于通过“训诂考据”以审查和运用史料。也就是说，“训诂”为手段，“治史”才是目的。他说：“西文philology指语文，即训诂。……汉学家须通训诂……更令我向往的是考据而兼义理的训诂创见。”② 因此，余英时评论说：“杨先生考证精到而取材广博，但并不是传统意义下的考证学家；他的训诂和考证都能为更大的史学目的服务。”③ 基于这样一种“更大的史学目的”，其“训诂治史”主要包括三个方面的内容：其一，以对史料的广泛占有为基础，虽然浩繁的历史文献存在许多显而易见的局限。其二，对史料要准确把握，故凡治中国史的学者必须具备起码的训诂学素养。在他看来，训诂学能够使研究者在使用文献时保持高度的“警醒”，从而有助于正确地了解文献资料的本义。其三，对史料要进行“高明的综合”，即研究者要透过各种表面上似无牵涉的现象，找出它们之间的内在关联，进而加以“富于条理”的综合。④ 他说：“中国的各类历史文献（从制度到思想）都有其特殊的‘训诂’问题，治中国史者首先必须深入中国文献的内部而尽其曲折，然后才能进一步提出自己的必得。”⑤ 质言之，所谓“训诂治史”，是既能够掌握“浩博的资料”，同时进行“精密的分析”，并在此基础上“得出综合性的结论”。对此，法国汉学家戴密微说：

杨联陞的学问是出于把一己的才性灵活运用在中国最好的博雅传统上面。因此他擅长于对浩博的资料进行精密的分析并从而得出综合性的结论。⑥

---

① 杨联陞：《国史探微》，新星出版社，2005（下同），第137页。

② 杨联陞：《中国文化中报、保、包之意义·引言》，第2页。

③ 余英时：《钱穆与中国文化》，第170页。

④ 参见余英时《钱穆与中国文化》，第166-170页。

⑤ 参见余英时《钱穆与中国文化》，第176页。

⑥ 参见余英时《钱穆与中国文化》，第167页。

如果说，著作和论文充分展现了杨联陞思想的“深邃”，那么，书评则尽情显露出他的“博雅”。或者说，他最精彩的思想和学问，多半见于他写的书评。余英时说：“杨先生的博雅在他的书评中显露无疑，《汉学论评集》所收四十几篇英文书评便遍涉语言、官制、考古、地理、边疆史、文学史、科技史、哲学史、经济思想史、书画史、佛教史、史学史、敦煌学等专门领域，包罗了中国文化史的全部。”① 令人叹为观止的是，他的评论常常指向海外第一流汉学家的作品，并且篇篇都有深度；或纠正原作中的重大失误，或澄清学界困惑已久的关键问题，因此其书评往往把相关研究朝前推进一步。特别值得一提的是，他应约所写之书序，并非应时、世俗喝彩之作，而多为公允、客观之评论。例如，在《原商贾——余著〈中国近世宗教伦理与商人精神〉序》一文中，他“原商”“说儒”，每到关键处给人指点，予人启迪。如考证“商贾”与“殷商”之“商”的内在关联，探讨历史中商人角色之充任与地位之演变，他回旋于社会经济史和思想史之间，充分显现了其对相关问题的“边际”贡献。很显然，此一精神亦是其“训诂治史”之方法论的具体体现。有学者评论杨联陞说：

> 学术触觉灵敏，常能贯通各方面的知识……凡中外学人讨论中国学术问题，他发现谬论，必直言批驳，不留情面，为国际间公认的汉学批评名家。②

就当时美国学界的状况来看，杨联陞以其“训诂治史”的鲜明风格而成为汉学界的重要代表。对此，林聪标说：“联陞先生代表了博闻强记、学贯古今的通儒传统，也代表了知识即乐趣、致知能自足的文士理想。……这样的人在当今学术界已逐渐稀少。……联陞先生的学问旨趣正在于此。不仅如此，联陞先生更是当世卓越的汉学家，是中国生活艺术和中华文化的最佳诠释者。”③ 不过，杨联陞的研究并未拘泥于“训诂治史”之狭窄领域，而是涉及经济史、社会史和文化史等多种人文社科领域。因此，他的研究多是以“训诂考证”的“微观”和社会科学的“宏观”相互阐发，从而在诸多相关领域进行了开创性研究。余英时评论道：“杨先生的论著都是读书有得的产品，他所提出的问题无

① 余英时：《钱穆与中国文化》，第169页。

② 严耕望：《钱宾四先生与我》，台湾商务印书馆，1992，第133页。

③ 参见杨联陞《中国文化中报、保、包之意义》，第58页。

—不是从中国史料内部透显出来的真问题，不但有客观的基础而且具自然的脉络。另一方面，传统和现代的学术训练则为他提供了整理、批判、分析和综合的主观条件。因此他从不把西方的概念强加于中国材料之上，他的社会科学的修养融化在史学作品之中，而不露斧凿的痕迹：这是所谓‘水中盐味’而非‘眼里金屑’。”① 正因为如此，早在20世纪50年代中期，就有学者推许杨联陞是汉学界的“第一人”。② 然而，他对此却深感不安，谦让未遑。他说：

论学问最好不要谈第一人，而谈第一流学人与第一线学人（或学徒）。凡治一门学问，有了基本训练，自己认真努力，而且对前人及时贤（包括国内外）的贡献，都有相当的认识的人，都是第一线学人或学徒。第一流学人则是已经卓然有所成就，他的工作同行决不能忽视的人……③

## 二、“报”与中国之社会关系

由于语言学乃当时汉学界的焦点，更由于与赵元任的师承关系，杨联陞始终对语言学非常重视。不过，杨联陞的语言学研究与赵元任既相同又有异：相同之处在于他们均非常重视语言学本身之研究，不同之处在于杨联陞常将语言放在历史情境下研究。或者说，赵元任所研究的是纯粹的语言问题，而杨联陞则把语言问题与历史问题结合起来。也正是因此，杨联陞才会对“训诂治史”的“创见”更加“向往”，如前所述，他说：“西文 philology 指语文，即训诂……汉学家须通训诂，……更令我向往的是考据而兼义理的训诂创见。”④ 依着杨联陞的理解，语言文字并非单纯的符号，它有着丰富的文化含义；对这些文化含义进行挖掘，将是更具学术价值的任务。他说：“一个字牵涉许多重要事物，则其研究皆可构成一部（不必是全部，亦不可能是全部）文化史。寅恪先生之说甚是。”⑤ 在此意义下，语言学研究不仅具有纯粹的“训诂”意义，而且也是了解相应时

① 余英时：《钱穆与中国文化》，第168页。

② 参见余英时《钱穆与中国文化》，第164页。

③ 参见余英时《钱穆与中国文化》，第164-165页。

④ 杨联陞：《中国文化中报、保、包之意义·引言》，第2页。

⑤ 杨联陞：《中国文化中报、保、包之意义·引言》，第3页。

代思想的重要途径。他说："语文与思想，关系甚密，有人说：不会德文则不能了解康德哲学。同样也可说不会古汉语，很难了解古代思想。"① 基于如此之认识，杨联陞考察了"报"这个字所代表的中国社会关系之重要基础。

杨联陞认为，"报"一字虽具有"广泛"的含义，但其核心意义乃是"反应"或"还报"。他说："中文里'报'这个字有很广泛的意义，包括'报告''报答''报偿''报仇'以及'报应'。这些名词的中心意义是'反应'或'还报'，而此观念是中国社会关系中重要的基础。"② 那么，何为"反应"或"还报"呢？他解释道：中国人相信行动的"交互性"，即人与人之间以至人与超自然之间应当存在一种确定的因果关系。因此，通常来讲，当一个人有所行动时，他会"预期"对方有所"反应"或"还报"。也就是说，一个人给别人好处通常被认为是一种"社会投资"，因为他期待将来得到相当的"还报"。由此来看，"报"的含义乃是基于人际关系而言的一种"交互报偿"原则。杨联陞说："中国人的'报'，注重人的来往关系，总必先有两人：我可以先施，你后报；或你施我报，两者缺一不可。"③ 比如，儒家经典《礼记》中有一段名言："太上贵德，其次务施报。礼尚往来，往而不来，非礼也；来而不往，亦非礼也。"④ 在杨联陞看来，"报"作为一种"交互报偿"原则虽然被许多社会所认可，但却以中国社会的历史最为悠久、意识最为自觉、影响最为深刻。他说：

当然，实际上每一个社会中这种交互报偿的原则都是被接受的。而在中国，其不同之处是这项原则有由来久远的历史，高度意识到其存在，广泛地应用于社会制度上，而且产生深刻的影响。⑤

那么，怎样才算是适当的"还报"呢？杨联陞认为，"恕"在儒家思想系统中占有重要地位，故儒家主张不要太计较别人的错恶，最高的理想乃是帮助别人而不求报偿。不过，同时儒家对这样的理想"认为有点不合实际"⑥，故实际上"在这一点上，儒家着重

---

① 杨联陞：《中国文化中报、保、包之意义·引言》，第 2 页。

② 杨联陞：《中国文化中报、保、包之意义》，第 67 页。

③ 杨联陞：《中国文化中报、保、包之意义》，第 3-4 页。

④ 郑玄注，孔颖达疏，龚抗云整理，王文锦审定《礼记正义》，北京大学出版社，第 17 页。

⑤ 杨联陞：《中国文化中报、保、包之意义》，第 67 页。

⑥ 杨联陞：《中国文化中报、保、包之意义》，第 70 页。

的是公正的原则，不可受慈善的影响”①。此外，武侠或游侠的“报”的观念也在中国文化中有重要影响，他们坚持一定得报答别人的恩惠，但他们给别人的恩惠却不期望任何报偿，这种德行称作“义”。不过，这种观念在中国文化中并不占主流，主流是“报”所代表的“交互报偿”原则。当然，就时间来讲，“反应”或“还报”不一定是即时的。通常来讲，逢年过节的往来送礼大多是即时的，而其他场合如生日庆典或婚丧喜庆的送礼，则只有在对方有同样情况时才能“还报”。也就是说，除了上述“即时”的“还报”以外，“还报”多是可以延后的，因为中国人的社会关系是以家庭为基础的；而家庭像一个“法人”，是可以延续很长时间的。因此，在两个已经建立了友善关系的家庭之间，社交礼之往来不必每次都“结清”。然而，这仍然有一定的“时间限度”，对此不能忽视。总之，中国文化中的“还报”通常是以“保持平衡”为原则的。杨联陞说：

> 在长时间内，这种社交收支则必须保持平衡。其中极重要的一点是所欠的“人情”，这不但包括感情在内，也包括种种社交的表示，如庆贺、吊唁，以及适当场合的送礼等，如果没注意保持平衡，就是没尽到社会义务，将使别人看不起他的家族。②

在杨联陞看来，“报”的观念遍及于所有社会关系，故它乃是普遍合理的。具体来讲，虽然儒家主张“厚之至”的“劳而不怨”，但却同时认为“以市道接”之“还报”乃是一个现实原则。就“五伦”之首——君臣关系来看，儒家甚至将“还报”视为“德政”之基。他说：“在古代就已经知道，报恩是德政的基础。”③ 汉代学者刘向曾说：“孔子曰：‘德不孤，必有邻’。夫施德者贵不德，受恩者尚必报；是故臣劳勤以为君，而不求其赏，君持施以牧下，而无所德。故《易》曰：‘劳而不怨，有功而不德，厚之至也。’君臣相与，以市道接，君悬禄以待之，臣竭力以报之，逮臣有不测之功，则主加之以重赏；如主有超异之恩，则臣必死以复之。……夫禽兽昆虫，犹知比假而相有报也，况于士君子之欲兴名利于天下者乎？夫臣不复君之恩，而苟营其私门，祸之源也；君不能报

① 杨联陞：《中国文化中报、保、包之意义》，第70页。

② 杨联陞：《中国文化中报、保、包之意义》，第69页。

③ 杨联陞：《中国文化中报、保、包之意义》，第74页。

臣之功，而惮行赏者，亦乱之基也。夫祸乱之原基，由不报恩生矣。”① 在儒家，为了论证“还报”之合理性与普遍性，他们甚至以之与鸟兽、昆虫来比较。例如，董仲舒就曾发展出一套“天人合一”的理论，认为国家社会的系统是与宇宙结构相应的，它们都“遵循还报的原则”，故“政府制度的行使应该模仿天道的运行”②。对此，杨联陞说：

> 我们可以说，“天”不论是人格化或非人格化的，中国人相信它都遵循还报的原则。③

在杨联陞看来，对中国社会关系具有广泛影响的“报”有三个方面的特征：

其一，“家族主义”(familism)④。杨联陞认为，“还报”是在家族系统的基础上行使的。因此，赏与罚、赐福与诅咒全都可以在家族内转移。在杨联陞看来，此乃缘于中国文化中一个“深植”的传统，即相信自然或神的报应。如《尚书》所言“天道福善祸淫”⑤“上天孚佑下民，罪人黜伏”⑥，中国人相信这些“报应”都是降在家族身上的。因此，《周易》上说：“积善之家，必有余庆。积不善之家，必有作殃。”⑦ 因此，中国的思想家大多认为，命运是由同一家庭、家族或住在同一地区的人共有的。而且，这种家族或同乡“连带负责”的原则自古以来即落实于中国政治与法律上。因此，在政治与法律制度中有很多这样的例子，如“荫”或“荫叙”指恩泽及于家中后代子孙；如“封赠”一二三代，即是指把爵位赠与二三代的祖先。反过来，这样一种做法转而又强化了家族系统，“孝道”即是这样一种“还报”原则最恰当的说明——即使以最严格的“交易”来说，儿子也应该孝顺，因为他受到了父母太多的照顾。因此，中国有句俗谚说：“养儿防老，种树求荫。”在此意义下，杨联陞说：

---

① 刘向著，王锳、王天海译注《说苑全译》，贵州人民出版社，1992，第214-215页。

② 杨联陞《中国文化中报、保、包之意义》，第76页。

③ 杨联陞：《中国文化中报、保、包之意义》，第76页。

④ 杨联陞：《中国文化中报、保、包之意义》，第81页。

⑤ 孔安国传，孔颖达疏，廖明春、陈明整理，吕绍纲审定《尚书正义》，北京大学出版社，1999（下同），第200页。

⑥ 孔安国传，孔颖达疏，廖明春、陈明整理，吕绍纲审定《尚书正义》，第200页。

⑦ 王弼注，孔颖达疏，李申、卢光明整理，吕绍纲审定《周易正义》，北京大学出版社，1999，第31页。

养育儿女可视为最普通的社会投资，一个不孝子同时也是一个不高明的生意人，竟不能偿付他父母的老年保险。①

其二，“现世的理性主义”（worldly rationalism）②。在儒家经典《礼记》中，用作“报恩”意义的“报”多次出现，用以说明牺牲献祭的宗教制度。由此来看，似乎“报”具有“超越”的宗教崇拜之义。不过，在杨联陞看来，就中国文化来讲，牺牲献祭所体现的“报恩”主要目的是“现世的”，而不是“超越的”；是“理性主义”的，而不是“信仰意义”的。对此，梁启超有一段论述恰当地说明了这一点，即“祭”的实质乃是“还报”的原则。他说：“《论语》说：‘非其鬼而祀之，谄也。’‘其鬼’和‘非其鬼’的分别，和西洋人的看法不同。意思只是鬼神不能左右我们的祸福，我们祭他，乃是崇德报功。祭父母，因父母生我养我；祭天地，因天地给我们许多便利，父母要祭，天地山川日月也要祭。推之于人，则凡为国家地方捍患难、建事业的人也要祭；推之于物，则猫、犬、牛、马的神也要祭。只此，‘报’的观念便贯彻了祭的全部分。”③ 这里，梁启超说鬼神并不能影响人间的祸福，这种说法实际上是过分“理性化”了。实际情况是，尽管有些读书人有此等认识，但一般大众自然是期望从祭礼中得到降福的。总之，“现世的理想主义”乃是“还报”的重要特征。杨联陞说：

将用于人世的推理也同样用于上天，由此，将上天带到人间，而非将人提升到那至高之处。神明报应与现世报应是携手合作的，以前者补充后者。④

其三，“道德的分殊主义”（ethical particularism）⑤。杨联陞认为，西方社会秩序的基础之一是道德的普遍主义。相对而言，“还报”的原则体现于中国社会的所有关系中，故此原则在性质上也是普遍主义的。然而，这种“还报”原则实际上却导致了“分殊主义”。也就是说，“还报”作为一种“个别化的关系”有一种倾向，它“使得原来意图应

① 杨联陞：《中国文化中报、保、包之意义》，第 82 页。

② 杨联陞：《中国文化中报、保、包之意义》，第 81 页。

③ 梁启超撰，汤志钧导读《中国历史研究法》，上海古籍出版社，1998，第 285 页。

④ 杨联陞：《中国文化中报、保、包之意义》，第 82 页。

⑤ 杨联陞：《中国文化中报、保、包之意义》，第 81 页。

用于普遍态度上的制度变得分殊化”①。他说：“这个原则的行使却是倾向于分殊主义，因为在中国任何社会还报绝少只是单独的社交交易，通常都是在已经建立个别关系的两个个人或两个家族之间——一本由来已久的社交收支簿上又加上的一笔。”② 因此，在中国传统中，即使为办理公务，如果能恰好使某人得到利益，这个人也须以感激之情对待办理公务的对方。很显然，“限于已经建立起来的个别关系，个人的还报很容易造成——或至少在表面上——偏袒徇私的结果”③。在杨联陞看来，此时还有一个儒家“二元道德标准”的问题，即所谓“君子”道德与“小人”道德。当然，儒家的理想主义赞扬“君子”的所为，但儒家的理想主义也容忍“小人”的所为。也就是说，儒家思想是结合“理想主义”与“现实主义”于一身的，故其“允许”两种不同的道德标准同时并存，而作为这两种不同标准之共同基础的乃是“交互报偿”原则。对此，杨联陞说：

> 其中交互报偿一直是正常的标准，既然这在儒家看来是一个低下但却可以接受的标准，这个原则遂成为君子与小人二者共同的立足点——换言之，即是整个社会的基础，这里才是真正意义所在。④

## 三、“朝代循环”与“朝代形态”

杨联陞认为，从事中国史研究的学者通常都同意：在朝代的兴亡更迭中，存在一个“周而复始”的“朝代循环”（dynastic cycle）模式。他说：“西洋学者论中国史，常用‘朝代循环’（dynastic cycle）一词。狭义指朝代兴亡相继，广义则指似与朝代兴亡有关的其他类似循环的现象。”⑤ 实际上，关于“朝代循环”的思想古已有之。比如，孟子认为，由尧、舜、禹至夏、商、周，“天下之生久矣，一治一乱”⑥，“五百年必有王者

① 杨联陞：《中国文化中报、保、包之意义》，第 84 页。

② 杨联陞：《中国文化中报、保、包之意义》，第 84 页。

③ 杨联陞：《中国文化中报、保、包之意义》，第 84 页。

④ 杨联陞：《中国文化中报、保、包之意义》，第 91 页。

⑤ 杨联陞：《国史探微》，第 30 页。

⑥ 赵歧注，孙奭疏，廖名春、刘佑平整理，钱逊审定《孟子注疏》，北京大学出版社，1999，第 176 页。

兴”①。关于“朝代循环”，杨联陞亦持肯定的态度。他说：“狭义的朝代兴亡，正如人有生死，是一种无可否认的现象。”② 不过，杨联陞认为，朝代兴亡是非常复杂的现象，因为一个朝代往往经历数次衰落与复兴，然后才完成整个“循环”。他说：“研究历史，除掉兴亡外，还要看全部的盛衰得失，从各方面分看，再合拢起来看，这样画成若干条或再简化为一条起伏线，代表一朝的大势，才好作精细的比较。”③ 因此，一个前提性问题是对一个朝代的“形态”进行准确把握，然后才能开展对“朝代循环”的研究。所谓一个朝代的“形态”，“不但考虑到该朝代整体的兴起与衰落，同时也考虑到其间的小起伏，我们就可以称之为朝代的形态”④。基于这样的理解，杨联陞认为，与“朝代形态”相关的问题包括如下几个方面：

其一，“哪些朝代包括在我们的研究之内”⑤。中国历史上的朝代很多，有维持时间长的，有维持时间短的；有汉族的政权，也有异族的统治；有统治全境或大部分的“大朝代”，也有控制一小部分的“小朝代”。面对这种情况，多数学者在探讨“朝代循环”时只关注“传国久远”的“大朝代”。对此，杨联陞认为：“现代学者讲到朝代循环的时候，差不多都只是指传国久远的朝代。这是可以接受的，因为很显然不是所有的朝代都能够用同一个尺度来处理。”⑥ 不过，将分崩离析之时代的“中小朝代”和“异族政权”的“形态”也描绘出来，杨联陞认为不仅是有趣的，也是非常有价值的。比如，关于“战国时代”之“七雄”或“五代时期”之十国等独立的小邦国，“如果我们能找出形态的差异与领土的差异两者之间的相互关系，那将是件极其有趣的事情”⑦。此外，中国传统上讲求区分“正统朝代”与“僭伪朝代”，但判定这种区分的标准却因时代不同而不同。例如，对魏、蜀、吴三国之“正统”与“僭伪”的区分：在西晋时代，魏被认为是“正统”，因为晋朝政权袭自于魏国。到了宋代，朱熹则将“正统”给了蜀国。因此，“一定要切记不要让正统的观念限制住历史研究的视野”⑧。杨联陞的意思是，研究“朝代循

① 赵岐注，孙奭疏，廖名春、刘佑平整理，钱逊审定《孟子注疏》，第125页。

② 杨联陞：《国史探微》，第31页。

③ 杨联陞：《国史探微》，第31页。

④ 杨联陞：《国史探微》，第14页。

⑤ 杨联陞：《国史探微》，第14页。

⑥ 杨联陞：《国史探微》，第14页。

⑦ 杨联陞：《国史探微》，第14页。

⑧ 杨联陞：《国史探微》，第15页。

环”时，不应把视野局限于“传国久远”的“大朝代”和“正统”，而应将视野扩大到“传国短暂”的“中小朝代”和“僭伪朝代”等。

其二，“朝代的终始要怎么讲才好”①。在杨联陞看来，这样问题涉及如下几种情况：第一种情况是：“中国传统通常都把建立国号的时间定为一个朝代的开始。”② 杨联陞指出，实际上一个朝代在建立“国号”之前可能早已以国家的形式存在了。因此，他说：“在我们的研究中，把朝代正式建号以前的情况也包括进来应该是合理的。”③ 第二种情况是：“朝代的终结牵涉到‘中兴’这个有趣的问题。”④ 对此，杨联陞认为，“历史家们只有把中兴与残存的局面一并包括到朝代形态的研究里来，才显得公平。”⑤ 第三种情况是：“把大小朝代还有朝代成立前的既存状况都包括到我们的研究里来，使我们必须要考虑到各个形态在时间上重叠的问题。这种重叠或许是外部的，或许是内部的。”⑥ 所谓“内部重叠”，是指经由“禅位”方式而来的朝代变迁。⑦ 所谓“外部重叠”，是指两个朝代或者不同王朝之间的更迭。⑧ 第四种情况是：传统学者常常把汉族朝代当作“孤立的实体”来研究，但这种讲法严重影响了对于与异族邦国关系的认识。对此，杨联陞说：“不管那些异族邦国是直接，或者甚至于只是间接与中国发生关系，从事中国史研究的学者，如果将视野放宽，也研究所有的非汉族邦国的形态，一定会受益不浅的。”⑨ 总而言之，在杨联陞，不仅要考虑建立国号之后的情况，亦须考虑建立国号以前的情况；不仅要考虑“中兴”的情况，也须考虑“残存”的情况；不仅要单独考虑“朝代形态”问题，亦须考虑“形态”之间“内部重叠”或“外部重叠”；不仅要考虑汉族政权，亦须考虑非汉族异邦；唯有如此，才可讲好“朝代的终始”问题。

其三，“分级的基点，或说衡量的尺度是什么”⑩。对此，杨联陞认为，衡量的尺度通常大概有两种情况：一种是，对于“创业之君”的衡量标准是“武功”；另一种是，对

---

① 杨联陞：《国史探微》，第15页。
② 杨联陞：《国史探微》，第15页。
③ 杨联陞：《国史探微》，第16页。
④ 杨联陞：《国史探微》，第16页。
⑤ 杨联陞：《国史探微》，第17页。
⑥ 杨联陞：《国史探微》，第17页。
⑦ 参见杨联陞《国史探微》，第17页。
⑧ 参见杨联陞《国史探微》，第18页。
⑨ 杨联陞：《国史探微》，第18页。
⑩ 杨联陞：《国史探微》，第18页。

于“守成之主”的衡量标准是“文治”。他说：“两组明显的标准是统一与扩张、和平与繁荣，换句话说，也就是文治与武功。当然，这两种功绩，多少是互相对立的，因为统一与扩张总会卷入战争，而这必然破坏和平。总之，中国人一向期待皇朝的建立者有武功，而其继位者有文治，这也就是‘创业之君’与‘守成之主’的分野。”① 此外，亦有史学家从文化角度来衡量，即从哲学、艺术以及文学等角度来衡量。对此，杨联陞有两个方面的主张：一个方面是要明确“文化”的定义。即不仅要区分“一种文化活动或文化的单一部门”，还要区分“该部门的一种特殊形式或种类”，更要注意“就整体而言的文化活动”，因为这三种意义的“文化”的“形态”并不一致。② 另一个方面是“文化”的“质与量”。通常来讲，史学家从心底关心的是“质”的问题，而不是“量”的问题；在个别的范围里，这种研究方法是可以应付的。然而，若要对文化史做一个充分理解，不但要去了解杰出大师们所体现的“质”，也要去了解文化活动全部参与者所体现的“量”。③

在杨联陞看来，以往学者对于“朝代循环”之研究已取得了很多成果，为中国历史研究做出了“可观的贡献”。但是，这些学者的研究并不全面，有些成果在断定“朝代形态”方面甚至存有偏颇。然而，若依着上述标准，透过“正史”即可断定一种“朝代形态”的“基本面貌”。他说：“用我们界定过的标准，首先透过正史的本纪，我们便可以掌握该形态的基本面貌。历史家在本纪末尾的批评，即所谓的论赞中，经常讨论那位皇帝在该朝代历史中的地位。这种讨论在形式上通常都已样板化了。虽然如此，它们还是相当重要，因为它们代表了传统的评价。”④ 杨联陞的意思是，只有在进行完上述三个问题的讨论之后，我们才可以对不同的“朝代形态”进行比较与解释。也只有如此，我们才进而可以断定，中国历史上各朝代之间是重复着同样的循环，还是展开着不同的循环。不仅如此，由这样三个问题的讨论，我们还可以进一步讨论朝代兴衰所包含的“循环”与“非循环”因素，而这亦是一个颇有学术价值的问题。总之，“讨论朝代循环而置形态于不顾，也显得太过玄虚，反而可能一点用处也没有”⑤。当然，讨论“朝代循环”本身并不是目的，目的在于从中“获取教益”。杨联陞说：

---

① 杨联陞：《国史探微》，第 19 页。

② 参见杨联陞《国史探微》，第 19-20 页。

③ 参见杨联陞《国史探微》，第 20 页。

④ 杨联陞：《国史探微》，第 22 页。

⑤ 杨联陞：《国史探微》，第 29 页。

朝代有兴亡，正如人有生死。重要的是要从朝代兴亡的得失成败——换句话说，就是业绩——中获取教益。①

（原文载孙熙国、李翔海主编《北大中国文化研究》总第三辑〔2013 年〕，社会科学文献出版社 2013 年）

① 杨联陞：《国史探微》，第 29 页。

# 陈荣捷儒家哲学思想三题[①]

## 一

作为华裔美国学者，陈荣捷对于中国哲学在美国的传播做出了巨大贡献。陈荣捷之哲学研究尤其是儒家哲学研究有诸多理论新创。关于儒家哲学，其主要思想体现在三个方面：儒学之“人本主义”，儒家形上学之“综合”特征，儒学之宗教性。

在西方，“人本主义”（humanism）产生于“文艺复兴”时期，它是基于对中世纪“神性”压抑“人性”之反叛而形成的一种思想。因此，它以对人的关怀为出发点，以高扬人的价值、强调人的尊严为宗旨。这样看来，似乎“人本主义”是西方文化的独有内容。不过，陈荣捷认为，虽然中国原典没有“人本主义”这个词，但中国的“人本主义”思想却很悠久。中国的“人本主义”起源于西周时代——当推翻了商朝以后，便发现了“人力”的重要性，进而发现了“人”的重要性。[②] 后来，孔子把源于西周的“人本主义”推向高峰，其“未知生，焉知死”[③] 与“人能弘道，非道弘人”[④] 等观点，不仅表达了对现实人生的关怀，也表示了对人的价值的肯定。在此意义下，陈荣捷说：“将中国之人本主义带到最高之境地者，当然首推孔子。”[⑤] 在孔子以后，几乎所有的儒者，从孟子、荀子到朱熹、王阳明，再到康有为、谭嗣同，他们都是“人本主义者”，因为他们都

---

① 本文系教育部人文社会科学研究基金项目“台湾‘鹅湖学派’研究”（编号 13YJA720004）和河北省社会科学基金项目“牟门弟子研究”（编号 HB09BZX001）的阶段性成果。

② 见陈荣捷，1984 年 a，第 8—9 页。

③ 《论语注疏》，第 146 页。

④ 同上，第 216 页。

⑤ 陈荣捷，1984 年 a，第 9 页。

以关心“人事”为首务，都热衷于政治与社会事务。陈荣捷认为，中国的“人本主义”具体体现在两个方面：其一，人居于政府之中心地位；其二，人事实上亦被认为重要。①

显而易见，陈荣捷是以关怀现实人生来界定“人本主义”的。正因为此，他高度评价孔子的“人本主义”，并通过“君子”和“仁”两个概念对其进行了阐发。关于“君子”，陈荣捷认为，“君子”之原义是“君之子”，即统治者的后代，但孔子赋予了它全新的含义，即“道德高尚的人”。因此，在孔子心目中，一个人是否为“君子”，并不取决于他的血统或身份，而取决于他的个人品质。自孔子以后，历经几千年的历史传衍，“君子”渐而成为儒家乃至整个中华民族的人格范式。② 关于“仁”，他认为，它乃是包容众德的最高德性，这个概念因其所关怀者乃人伦关系的和谐，故它可为纠正社会中过度的个人主义做出贡献。

在陈荣捷看来，“人本主义”不仅是儒家的一种基本精神，而且是整个中国哲学的基本精神。或者说，由于儒家在中国哲学中处于“主干地位”和有着长期影响，“人本主义”遂成了中国哲学各家各派的“理论特色”。他说：“吾人必须找寻一长久流行而为儒家、道家与佛家所共具、最足代表三家之学说。……大部分探究中国思想之学者会立刻提到人本主义为三大传统思想体系之特色，因为人本主义很明显地表现在中国人生各层面，且在中土达数世纪之久。”③ 具体来讲，道家虽属“自然主义”，但亦有“人本主义”思想，即老、庄表面上提倡从人类社会隐退，但实际上理想人物是“圣人”，而非“隐士”。道教追求延年益寿，其旨归更在于现实之人生。④ 至于佛教，其“出世”思想固然很明显，但佛教的“中国化”过程却体现了佛教“人本主义化”的过程。也就是说，印度佛教在传入中国以后，中国人不是以“佛性”来理解“佛性”，而是以“人性”来理解“佛性”，从而开创出具有中国特色的中国佛教派别。例如，最能体现中国佛教特色的禅宗完全把“佛性”放在“人心”上，主张“直指本心，见性成佛”。显而易见，中国佛家思想亦表现出明显的“人本主义”精神。总之，“人本主义”是整个中国哲学的基本“色彩”和“主调”。陈荣捷说：

---

① 陈荣捷，1984 年 a，第 14—17 页。

② 同上，第 9 页。

③ 陈荣捷，1984 年 a，第 8—9 页。

④ 见同上，第 11—12 页。

吾人从上可清楚看出，中土境内，不单儒家，同时道家、佛家均具有深厚之人本主义色彩。吾人毋需再辩人本主义乃中土思想之主调。此一主调震颤着整个中土历史。①

## 二

陈荣捷对两千多年中国哲学发展的脉络进行了梳理，并在此基础上探讨了中国哲学发展的主要特点。他说："古代与现代之中国哲学，其主要关怀者一向是伦理、社会与政治诸问题。形上学只有在从印度东传之佛教对儒家构成强大之挑战而后方才发展起来。"② 因此，诸如"上帝""普遍性""时空"、物质与精神等形上问题，中国哲学大多数学派不是不加讨论，就是偶尔基于伦理学而加以讨论。而且，相关讨论也一向漫无体系，罕有基于假设与逻辑所展开之辨析。之所以如此，在于中国哲学有一倾向，即关注于美好人生与社会，而非有系统之知识，故它一向"避开""抽象"与"概括"。因此，倘若依西方哲学所"仰仗"之理论基础和严密逻辑的标准来看，中国哲学所能贡献于世界者在形上学方面"委实有限"。陈荣捷说："大部分当代中国哲学家都觉得，中国哲学在伦理学上对世界大概有所贡献，但在形上学上却在接受之一方。"③ 尽管如此，却并不能说中国哲学不存在"形上学"。实际上，后起的中国哲学之"形上学"具有自身明显的特征，即"综合"。反过来讲，若从"综合"的角度视之，中国哲学之"形上学"在世界哲学中很"独到"。于是，对于这种"综合"，陈荣捷分别从"纵向"和"横向"两个角度进行了诠释。所谓"纵向"，是就历史发展之阶段性而言说；所谓"横向"，是就六对重要概念之体现而言说。

关于"纵向"之言说，陈荣捷将中国哲学史分为四个阶段，而每个阶段都"终结"于一种"综合"。具体来讲，这四个阶段分别是：第一阶段为汉朝及以前时代。在这个时期，最明显的"综合"是儒家成为"国教"而变得至高无上。此外，道家、阴阳家与《中庸》之形上学说也渐而趋于"综合"。这种"综合"的结果是，儒家、道家及其他各

---

① 陈荣捷，1984年a，第14页。

② 陈荣捷，1984年b，第99页。

③ 同上，第116页。

家均接受了“变化哲学”。“变化哲学”主宰中国思想达数世纪之久，且构成了宋明理学之坚实基础。① 第二阶段为汉唐之间的佛教之“综合”。此一“综合”的结果是，佛教之“虚无主义”“实在主义”“理想主义”与“否定主义”诸教派，“综合”成具有中国特色的华严宗之“整体主义”；这种“整体主义”的核心是“理界”与“法界”圆融无碍，故“理论与实际”“一与多”“本体与现象”均相互交织、相互补足以至相互含摄与反映。② 第三阶段为宋明儒学之“综合”。在这个时期，宋明“新儒家”将佛家与道家的思想“同化”为儒家思想，从而使佛家与道家思想“综合”成为“儒家传统”之内涵。③ 第四阶段为现代正在进行之“综合”。尽管现代中国哲学仍在“襁褓”时期，但西方哲学与中国哲学之“综合”却成为哲学家们共同努力的方向。④

不仅限于“纵向”之言说，陈荣捷认为“横向”之言说更有意义。他说：“吾人较感兴趣者，毋宁是各种观念之综合。”⑤ 于是，他对于哲学史上六对重要概念所体现的形上学之“综合”一一进行了诠释。

其一，关于“有与无”。依据佛教理论，“有”乃不可能，“无”亦不可能，二者均为“空”。具体来讲，原因有二：一个方面，若肯定“有”，则意指物或者来自自身，或者来自他物，而二者均为荒谬。另一个方面，若肯定“有”与“无”，则意指它们具有“自性”；实际上二者均只是“缘起”，并没有“自性”。就道家来看，它不同于佛家同时否定“有”与“无”，而将一切均“化约”为“无”。《道德经》曰：“天下万物生于有，有生于无。”⑥ 对此，早期道家解释“无”为“无名”，意即“道”“不可形状”。后来之道家如郭象进一步将“无”确认为“空”。在陈荣捷看来，这些解释均不准确，准确的解释应为，“有生于无”乃指“来自本身”。他说：“吾人该注意的是，道家并非倡导虚无主义。他们毋宁在倡导‘自化’之说，意即物来自本身，而此即是道。”⑦ 与佛家和道家均不同，“新儒家并不否定有与无，反之，同予肯定”。⑧ 依儒家之见，“物性”或“人性”之

---

① 见陈荣捷，1984 年 b，第 99—100 页。

② 同上，第 100 页。

③ 同上。

④ 同上。

⑤ 陈荣捷，1984 年 b，第 100 页。

⑥ 《老子校释》，第 165 页。

⑦ 陈荣捷，1984 年 b，第 101 页。

⑧ 同上，第 102 页。

本质乃在于“化育”，而“化育”即是“变易”。关于“变易”，《周易》曰：“易有太极，是生两仪。两仪生四象，四象生八卦。八卦定吉凶，吉凶生大业。”① 在此，“两仪”为“阳”与“阴”，而“阳”为“有”，“阴”为“无”；“阴”与“阳”“有”与“无”相互交感而形成生生之过程；在这个过程当中，“有”与“无”实现了“综合”。

其二，关于“理与气”。在儒家，通常来讲，“理”是统摄万物之潜在的普遍法则，或者说，“理”是存有之因或形、质之理由，是万物至高之标准，亦即“太极”。而且，“理”乃自生，永恒而不毁；万物莫不有“理”，“理”处处显现。与“理”不同，“气”则为特殊原则，为“理”之具体化、表现与运作。或者说，“气”赋予万物以实质和个性，故依“气”以区分万物。然而，宋明儒家对于“理”与“气”关系之解释却甚为分歧。程颐与朱熹代表一方，主张“理为形而上，气为形而下”②；陆九渊和王阳明代表另一方，主张“心即理”③。很明显，二者之主要区别在于：前者为“理与气之二分法”，后者为“将理与心合一”④ 之后，颜元和戴震则主张“气即理之气，理即气之理”。⑤ 关于上述三派之异同，陈荣捷认为，它们对“理”“气”关系之主张虽然不同，但无一派认为只有“理”或只有“气”乃是真实者。具体来讲，程颐、朱熹虽然声称“理”先于“气”并独立于“气”，但他们亦言无离开“气”而存在之“理”。陆九渊、王阳明罕言“气”，但他们视“气”为“理”之运作或功能。颜元和戴震否定“理”为先验或超越，但并未倡言“理”只是抽象之物。质言之，“理”与“气”实乃“相互存在”，而“相互存在”即体现出“综合”特征。

其三，关于“一与多”。陈荣捷认为，就学术史而言，“一”与“多”首先由佛教透彻地讨论。依着佛教理论，“一”即“多”，“多”即“一”。如此来看，“一”与“多”似乎业已“综合”。然而，佛家坚持说，“一”乃“真规”或“真心”，即重要者乃是“整全”亦即“一”。与佛家相似，道家也一向强调“太一”。但是，道家强调“太一”与佛家之强调不同：佛家之强调导致了“一”与“多”的“分别论”，道家之强调导致了“一”与“多”的“齐物论”。无论是“分别论”，还是“齐物论”，它们虽在伦理上促进

---

① 《周易正义》，第 289 页。

② 《朱子语类》，第 3 页。

③ 《王阳明全集》，第 2 页。

④ 见陈荣捷，1984 年 b，第 106 页。

⑤ 《颜元集》，第 1 页。

了宽容与无私等美德，但在“形上学”上却引发了一物是否有“个性”即本性之严重后果。[①] 与佛家和道家不同，儒家更好地表达了“一”与“多”的“综合”。陈荣捷说：“新儒家在此之综合是：一与多同为真实。”[②] 例如，张载认为，由于“气”对每物之作用各异，故无一物相肖者；由于物为“气”所生，故万物在和谐中又均归结为“一”。他说：“太虚无形，气之本体，其聚其散，变化之客形尔；至静无感，性之渊源，有识有知，物交之客感尔。客感客形与无感无形，惟尽性者一之。”[③] 对于宋明儒者之如此观念，陈荣捷说：“佛家之和谐经由了别或甚至否定一与多而达成，而新儒家则经由肯定一与多而达及。此外，佛家之和谐在超越界里达成，而新儒家则在当下达成。”[④] 尽管具体主张有所不同，佛、道、儒实际上均主张“一与多”的“综合”。陈荣捷说：“三家中无一家认为一吸收多而消除多，反之亦然。三家共同之信念，是一与多彼此相辅相依。”[⑤]

其四，关于“人与天”。在陈荣捷看来，在中国哲学当中，个人与宇宙之关系非常重要。就其理论主张来看，一方面，个人自有其位置；另一方面，个人也可与宇宙合而为一。[⑥] 具体来讲，就道家而言，个人与宇宙乃是“小宇宙”与“大宇宙”之关系，二者同为“宇宙”，则定然可以合一。就儒家来讲，个人与宇宙更是一相互贯通之关系。就孔子来看，“他建立天人之间的平衡……为儒家天人合一的悠久传统铺好了发展的道路。两千年来，这个传统就这样历久不衰”。[⑦] 后来，无论是在《孟子》，还是在《中庸》，均继承孔子的传统，对于天人关系进行了详尽而深入的阐述：人性与宇宙之性既然相同，故能“尽己之性”，亦能“尽人之性”；能“尽人之性”，亦能“尽物之性”；能“尽物之性”，亦能“尽全宇宙之性”。[⑧] 历史地看，《孟子》和《中庸》之如此论述乃是宋明儒学理论之基础，进而形成了整个儒家之传统。不过，宋明儒家比传统儒家又有所增进，即在人与宇宙之“通性”上进行了补充：由于“心”满含“理”，故“全尽之心”亦会涵摄

---

① 见陈荣捷，1984 年 b，第 107—108 页。

② 陈荣捷，1984 年 b，第 108 页。

③ 《张载集》，第 7 页。

④ 陈荣捷，1984 年 b，第 109 页。

⑤ 陈荣捷，1984 年 c，第 285 页。

⑥ 见陈荣捷，1984 年 b，第 109 页。

⑦ 陈荣捷，1987 年，第 33 页。

⑧ 参见《孟子注疏》，第 350 页；《礼记正义》，第 1592 页。

“众理”，亦即等于涵摄整个宇宙。因此，仁者“以天地万物为一体”。[①] 很明显，不论就道家来讲，还是就传统儒家与宋明儒家来看，“天人合一”乃一以贯之之观念。

其五，关于“善与恶”。陈荣捷说：“此为中国形上学上最重要之问题。此一形上问题，辩论最早，且亦最为广泛。”[②] 在中国哲学，宇宙为善，而人与宇宙合一，故人性必善，此乃多数中国人所一直持有之坚定不移的信念。然而，历史地看，对于道德之“恶”的解释却众说纷纭：佛家认为是“无明”，道家则归因于“欲望”，宋明儒者则归因于“私欲”。比如，朱熹认为，“理”是“善源”，而“气”则为“恶源”，故须“存天理”“灭人欲”。他说：“人之所以有善有不善，只缘气质之禀各有清浊。”[③] 然而，随着时间之推移，越来越多的后世儒家认为“欲望”亦为善，因为“欲望”亦乃人性之部分。在陈荣捷看来，究极而言，不论“恶源”之理论为何，“恶”乃意指“岔出”“中庸”之外。即“理”与“气”或“理”与“欲”之和谐乃“中庸”之理想状态，而“恶”乃由于“私欲”即“外在影响”“缺乏教育”“缺少自制”等而形成。总之，“恶乃非自然、意外与暂时，主要由于个人本身之缺陷”。[④] 既然如此，对“恶”之拯救则须在于“尽”吾人天生之“善性”。如此来讲，“善”与“恶”实亦可理解为“综合”。

其六，关于“知与行”。在陈荣捷看来，知与行的关系，长久以来一直是儒家关切的一个问题。这个问题在王阳明“知行合一”的学说中发展到最高峰。[⑤] 事实上，大部分中国哲学家肯定“知与行为一”，而这一命题之下包含着一连串的“综合”。首先，“有知者与所知者之合一”[⑥]，此“合一”之可能的理据在于“理一”，即由于“有知者”与“所知者”有此共性，故两者乃能“合一”。具体来讲，“有知者”欲真知一物，必须体现自身之理，进而以“同情之智慧”与“一体之感”亲之近之，才可“推致”万物之理。其次，“知兼需吾人知性之活动与实际之实践”[⑦]，即“知”本身即含有“知”与“行”之两面，而非通常所谓“知”之一面。再次，“贯通”通常解作“直觉”，而“直觉”即

---

① 《二程集》，第 15 页。

② 陈荣捷，1984 年 b，第 110 页。

③ 《朱子语类》，第 68 页。

④ 陈荣捷，1984 年 b，第 111 页。

⑤ 见陈荣捷，1987 年，第 24 页。

⑥ 陈荣捷，1984 年 b，第 111 页。

⑦ 同上，第 112 页。

“知”与“行”之“贯通”。① 关于这样三个方面，陈荣捷说：“此一经验首先涉及吾人与所知之物之认同，其次涉及道德准备与社会行为，再次涉及合理与直觉之方法。总而言之，此一经验结合形上学、认识论与伦理学而为一大和谐。”② 对于“知”与“行”之“综合”，他还说：“知与行之关系问题，仅次于人性之问题，在中国哲学里一向最受争论。哲学家对于知与行孰先孰后，与孰较困难，颇多出入，但大部分均同意，本质上，知与行合而为一。”③

陈荣捷认为，“综合”体现了中国哲学尤其是儒家“形上学”特有的运思方式，它与西方哲学之“二元论”有明显不同。在西方哲学，“二元论”把“共相”与“殊相”“本质”与“现象”“物质”与“精神”等视为互不相容的两面，这两面乃处于一种难容的紧张关系中。比如，柏拉图的“共相”与“殊相”、笛卡尔的“心”与“物”是代表性的“二元论”。然而，在中国哲学，“共相”与“殊相”“本质”与“现象”“物质”与“精神”等并不处于难容的紧张关系中，而是像“车之两轮”“鸟之两翼”一样“综合”共存。在此意义下，中国哲学之“形上学”可谓之为“两轮哲学”。比如，朱熹既“道问学”，又“尊德性”，认为二者“废一不可”。陈荣捷说：“彼（指朱熹——引者）生平著作教人，均以‘两脚’为主。如知行并进，居敬穷理，明诚两进，敬义夹持，博文约礼，持敬致知，皆是两轮两翼，废一不可。”④ 在他看来，“二元论”与“两轮哲学”之分野体现了中西哲学之异，而恰就是这种差异或许使儒家形上学之“综合”特征具有解决现代社会科学与伦理、人与社会、法治与德治等紧张关系的价值。

## 三

自明朝末年西方传教士来华以后，儒学是否宗教便渐而凸显为一个颇受关注的问题。不过，对于儒学是否宗教学界一直是众说纷纭。陈荣捷则认为，通常来讲，有教规、教堂、教会、教典以及严密组织往往成为人们衡量宗教的标准。如果以此标准来衡量，儒学的道德原则不是教规，孔庙不是教堂，“四书五经”也不是教典；儒者所具有的是“人

---

① 参见陈荣捷，1984 年 b，第 112—113 页。

② 同上，第 114 页。

③ 同上，第 113—114 页。

④ 陈荣捷，2007 年，第 189—190 页。

文主义”精神，没有非理性的狂热信仰，故完全有理由说儒学不是一种宗教。他说：“儒家学说含有宗教的元素，但却不是一个有组织的、制度化的宗教。”① 不过，陈荣捷认为，在讨论儒学是否宗教时，应该把“宗教”（religion）和“宗教性”（religious）两个概念区分开来。因此，说儒学不是一种宗教，并不意味着它完全不具有“宗教性”。质言之，陈荣捷认为儒学不是一种宗教，但儒学的“宗教性”是很明显的。他说：

> 我们能说的只是儒家具有宗教性质，却不能由此证明儒家就是宗教，尤其更不要说是西方意义之下那种有组织的教会；因此跟佛教或道教不可同日而语。时至今日，中国人皆一致认为儒家不是一种宗教。②

在陈荣捷，对于儒家之“宗教性”可从三个方面来理解。他说：“首先在于审视中国宗教之目的为何；其次在于审视企及此一目的之途径；第三则在于审视个人与究极实体——在儒为天，在道为道，在佛为涅槃或真如——之关系位置。”③ 对于这样三个方面，陈荣捷一一进行了诠释。

关于儒家“宗教性”的目的，陈荣捷认为其乃是“自我体现之目标”。④ 他说：“像其他任何民族一般，中国人民在其宗教信仰与行为当中，亦志在多端，但其终极目标，只是个人之延续与其本性之体现。”⑤ 可见，儒家之“终极目标”具体涉及两个方面：其一是个人“生命之延续”，其二是“本性之体现”。关于“生命之延续”，中国人很早即相信此等观念。比如，就商朝甲骨文关于祭祀祖先之记载来看，此等祭祀所反映的是人们坚信死后生命之延续的观念。到了周朝，曾流行另外一种风俗，即“唤回”个人之灵魂。这一风俗说明，死者的灵魂已升天，经过“召唤”可能返归受祀。如《尚书》有言：“如惟天无亲，克敬惟亲。民罔常怀，怀于有仁。鬼神无常享，享于克诚。”⑥ 不过，孔子将此一风俗的内容进行了重大调整，将“宗教性”的目的由“生命之延续”改变为“本性之体现”。即孔子主张以人的“本性之体现”来取代“生命之延续”。他说：“未能事人，

---

① 陈荣捷，1987年，第178—179页。

② 陈荣捷，1987年，第12页。

③ 陈荣捷，1984年c，第272页。

④ 同上。

⑤ 同上。

⑥ 《尚书正义》，第213页。

焉能事鬼？……未知生，焉知死？”① 对此，陈荣捷说：“不论孔子有意或无意，他即使不摧毁，但也削弱了死后个人延续的信仰。”② 自孔子之后，儒家所谓“不朽乃在于社会之不朽或影响力之不朽”。③ 此如所言：“太上有立德，其次有立功，其次有立言。虽久不废，此之谓不朽。”④ 正因为如此，孟子说：

> 尽其心者，知其性也。知其性，则知天矣。存其心，养其性，所以事天也。夭寿不贰，修身以俟之，所以立命也。⑤

关于儒家“宗教性”的实现途径，陈荣捷称之为“自我体现之道”⑥ 他认为，儒、道、佛三家之实现目标的途径各不相同：“此三大宗教各有自己之途径，但一言以蔽之，道家为虚，佛教为定，而儒家则为诚。”⑦ 关于儒家之“诚”，陈荣捷认为，“诚”字兼有“诚”与“实”两义。⑧ 孔子说：“祭如在，祭神如神在。……吾不与祭，如不祭。”⑨ 由此可知，孔子所重者端在于“诚”；“诚”不单使“与祭者”感觉鬼神真实，此为“诚”；同时也使得鬼神本身“真实”，此为“实”。对此，儒家有详细之解释：鬼神乃是宇宙元气，特别是阴、阳二气。《周易》曰：“精气为物，游魂为变，是故知鬼神之情状。”⑩ 张载说：“鬼神者，二气之良能也。”⑪ 正因为如此，“诚”能使气交感而结合，甚至结合到有若真人。质言之，物物皆为阴、阳二气所生，故“诚”可使祭祀之物为真实。对此，陈荣捷说：“诚不单是体现自家德性之道，抑为体现物性之道。《中庸》上说，‘诚者非自成己而已也，所以成物也。’诚因而具有形上意义。”⑫ 依照陈荣捷的理解，既然“诚”

① 《论语注疏》，第 146 页。

② 陈荣捷，1984 年 c，第 274—275 页。

③ 同上，第 276 页。

④ 《春秋左传正义》，第 1003—1004 页。

⑤ 《孟子注疏》，第 350—351 页。

⑥ 陈荣捷，1984 年 c，第 279 页。

⑦ 同上。

⑧ 见同上，第 281 页。

⑨ 《论语注疏》，第 35 页。

⑩ 《周易正义》，第 266—267 页。

⑪ 《张载集》，第 9 页。

⑫ 陈荣捷，1984 年 c，第 282 页。

具有“诚”与“实”两义，故它可为实现“宗教性”目标之途径。他说：“中庸之实体为诚，诚一则为真实无妄，而一则表示‘物之始终’，从而导致‘动……变……化’。”① “吾人意诚而后便能心正，则德性生活，便臻完美。”②

关于儒家之“个人与究极实体之关系”，陈荣捷认为，一个方面，个人自有其位置；另一个方面，个人可与宇宙合而为一。通常来讲，虽然个人在中国宗教中至为重要，但若依着前述之“自我体现之目标”和“自我体现之道”，则会产生疑问：在终极境界里，个人最后终究被“消解”或被“吸收”，因为在该境界里一切个性与差别均消失而归为“一”。在陈荣捷看来，此问题表面看来是关于整体之“混沌”与特殊之“个性”的关系，实际上其本质乃是中国哲学之“一与多”关系这一基本问题。③ 就这一基本问题来看，如前所述，无论是道家与佛家，还是儒家，它们均有其共同的主张，即“一”与“多”相辅相成。他说：“吾人可以充分说，在儒家、道家与佛家三大体系里，一与多之间此一表面冲突之解决，主要相同，亦即彼此相涉。三家中无一家认为一吸收多而消除多，反之亦然。三家共同之信念，是一与多彼此相辅相依。”④ 当然，就儒家来讲，“诚”是实现“天人合一”的关键，是连结天人的“纽带”。基于此，“个人”与“究极实体”之关系在儒家便得以解答。陈荣捷说：“吾人对于命运之信仰又作何话说？……‘命’并非指受到神所神秘控制之命运，而是指天命，亦即上天所赋予之物。此即《中庸》所载‘天命之谓性’之意义。此是有待显现之本性，而实现之道……乃经由吾人德性之培养，例如诚意。……个人虽不能完全驾御自己之命运，但在这并非完全波平浪静之海上，却是自己船只之主人。”⑤

## 参考文献

[1] 陈荣捷，1984 年 a：《中国哲学之理论与实际——特论人本主义》，载东海大学哲学系编译：《中国人的心灵：中国哲学与文化要义》，联经出版事业股份有限公司。
[2] 陈荣捷，1984 年 b：《中国形上学之综合》，载东海大学哲学系编译：《中国人的心

---

① 陈荣捷，1984 年 b，第 103 页。

② 陈荣捷，1984 年 c，第 280 页。

③ 见陈荣捷，1984 年 c，第 285 页。

④ 陈荣捷，1984 年 c，第 285 页。

⑤ 同上，第 288 页。

灵：中国哲学与文化要义》，联经出版事业股份有限公司。
[3] 陈荣捷，1984 年 c：《中国宗教中之个人》，载东海大学哲学系编译：《中国人的心灵：中国哲学与文化要义》，联经出版事业股份有限公司。
[4] 陈荣捷，1987 年：《现代中国的宗教趋势》，廖世德译，文殊出版社。
[5] 陈荣捷，2007 年：《朱子新探索》，华东师范大学出版社。
[6]《春秋左传正义》，左丘明传，杜预注，孔颖达正义，浦卫忠等整理，杨向奎审定，1999 年，北京大学出版社。
[7]《二程集》，王孝鱼点校，1981 年，中华书局。
[8]《老子校释》，朱谦之撰，1984 年，中华书局。
[9]《礼记正义》，郑玄注，孔颖达疏，龚抗云整理，王文锦审定，1999 年，北京大学出版社。
[10]《论语注疏》，何晏注，邢昺疏，朱汉民整理，张岂之审定，1999 年，北京大学出版社。
[11]《孟子注疏》，赵岐注，孙奭疏，廖名春、刘佑平整理，钱逊审定，1999 年，北京大学出版社。
[12]《尚书正义》，孔安国传，孔颖达疏，廖明春、陈明整理，吕绍纲审定，1999 年，北京大学出版社。
[13]《王阳明全集》，1992 年，上海古籍出版社。
[14]《颜元集》，1987 年，中华书局。
[15]《张载集》，1978 年，中华书局。
[16]《周易正义》，王弼注，孔颖达疏，李申、卢光明整理，吕绍纲审定，1999 年，北京大学出版社。
[17]《朱子语类》，黎靖德编，王星贤点校，1986 年，中华书局。

（原文载《哲学研究》2015 年第 3 期）

# 儒家文化的古代发生、现代困境与未来出路

## ——余英时关于儒家文化的理解

余英时，安徽潜山人，1930年生于天津。1949年考入燕京大学历史系。1950—1955年就读于香港新亚书院及新亚研究所，师从钱穆，获硕士学位。1956—1961年赴美国就读于哈佛大学，师从杨联陞，获博士学位。曾任美国密西根大学、哈佛大学、耶鲁大学教授和香港新亚书院院长兼香港中文大学副校长。现为普林斯顿大学荣誉教授，台湾“中央研究院”院士。2006年获得美国国会图书馆颁发的“克鲁格人文与社会科学终身成就奖”。特定的学术师承、西学的长期熏陶，使其对儒家文化的理解自成一家，在中美学术界均有较大影响。

### 一

在余英时看来，古代人类文明史有两个重要的里程碑：一是“文字的突破”，指人类历史上文字的出现。文字的出现促生了“以文字为专业”的人即知识分子，而知识分子是“社会的良心”。① 二是“哲学的突破”，指人类古代文明进程中一个思想上的突进，即“是说人对于他所属的现实世界发生了一种‘超越的反省’”②。具体来讲，“哲学的突破”表现为“开始有系统地追寻一些关于存在的基本问题”③。例如，宇宙是怎样创生和运行的？人在宇宙中占有什么地位？生命的意义究竟是什么？人间秩序又是怎样成立的？这个人间秩序是合理的吗？余英时认为，这些问题是每一个高级文化在“突破”阶

---

① 参见沈志佳编：《余英时文集》第四卷，桂林：广西师范大学出版社2004年（下同）第147-148页。

② 沈志佳编：《余英时文集》第四卷，第152页。

③ 沈志佳编：《余英时文集》第四卷，第152页。

段都要追问的普遍性问题，尽管追问的方式和问题的重点及先后顺序有所不同。历史地看，世界不同地区的高级文化几乎同时出现了“哲学的突破”。比如，古希腊的哲学、以色列的宗教“先知运动”、印度的印度教和佛教、中国的先秦诸子，都是这一“突破”的具体表现。后来，古希腊哲学和以色列的宗教合流而形成西方文化的传统，而印度和中国则仍大体上沿着原来“突破”的方向前进。这样，“哲学的突破”其实主要形成了代表人类智慧的“三大原型”。[①] 关于“哲学的突破”的意义，余英时说：

> 由于“哲学的突破”，人便在现实世界之外开辟了另一个世界——理想的世界、精神的世界，或意识的世界。[②]

余英时认为，“哲学的突破”虽发生于古代，但“三大原型”却对人类文明的发展产生了重要影响。他说：“在任何一个具体的文化系统中，因‘哲学的突破’而出现的理想世界却对该文化以后的发展具有长期的支配作用、规范作用。我们今天仍然能清楚地分辨出世界上各种民族文化的传统便是这一重要事实的最好说明。”[③] 正因为如此，今天我们依然可以区分中、西、印之不同文化类型。例如，西方人在今天仍以“公平”“理性”“爱”“自由”等为普遍价值，其来源便是古代希腊哲学和希伯来宗教。中国人在未接受近代西方文化挑战以前，“仁”“义”“礼”“智”“信”作为普遍价值也被多数人所接受，而这些价值起源于中国的先秦儒家。印度文化虽然受了西方文化的诸多影响，但其以宗教为中心的特质仍显而易见。由此来看，“哲学的突破”之所以重要，在于中、西、印之文化的价值系统是由“哲学的突破”时期塑造的，而“文化价值代表每一民族在每一历史阶段的共同而普遍的信仰，因此才具有神圣的性质”[④]。也就是说，价值系统不是单纯的概念问题，而是涉及一个民族对于宇宙、自我、社会、生死等基本问题的实质看法。关于“哲学的突破”的重要性，他还说：

> “哲学的突破”之所以如此重要，是因为一个民族的中心文化价值大体上是在

---

① 参见沈志佳编：《余英时文集》第四卷，第 152 页。

② 沈志佳编：《余英时文集》第四卷，第 152 页。

③ 沈志佳编：《余英时文集》第四卷，第 152 页。

④ 沈志佳编：《余英时文集》第四卷，第 153 页。

这一阶段定型的，而这些价值对该民族此后的发展则起着范畴的作用……①

依着余英时的理解，“哲学的突破”之所以能够发生，缘于“理性的思考”。同样，“三大原型”之所以能够成为一个民族共同的价值信仰，也缘于“理性的思考”。他说：“文化价值为什么能成为一个民族的共同而普遍的信仰呢？用西方的观念说，这是由于理性思考的结果。每一个人都是有理性的。人只要能自由地运用理性，对现实的生活经验进行系统的反省和检查，便自然可以照明现实世界上种种不合理的现象。”② 然而，尽管人类具有共同的理性，但古代几个高级文化之“哲学的突破”的路向却各有不同。之所以会有如此不同，根源在于“哲学的突破”时“三大原型”之理性的着力点不同。大致说来，古希腊哲学是以寻求宇宙的“终极原理”及运行规律为主，它形成了西方自然科学的渊源。以色列的“先知运动”突出了“造物主”的观念，以为人间秩序来自上帝的意旨。印度的“突破”则以现实世界为虚幻，故形成了离世或出世的基本方向。后来，希腊哲学与基督教合流，哲学成为神学的“婢女”，这便形成了中古以下以宗教为主体的西方文化。因此，无论在印度文化，还是在中古西方文化，精神价值都是寄托在宗教之中，僧侣阶层成为价值的“卫护者”，而世俗知识分子并不成为一个独立的社会群体。因此，余英时说：“这恰好说明为什么西方各国一直要到宗教革命甚至启蒙运动以后才出现了现代型的俗世知识阶层。”③

中国的情况却截然相异。中国古代“哲学的突破”最早有儒、墨、道三派，而维护精神价值的知识分子主要来自儒家和道家；巧合的是，这两派都是着眼于“人间世”的。孔子说：“未能事人，焉能事鬼？……未知生，焉知死？”④ 这种态度基本切断了建立宗教之路。庄子说：“六合之外，圣人存而不论。”⑤ 这种说法又阻碍了建立思辨形而上学之路。同时，他们都用一种超越性的“道”来批判现实世界。所不同的是，儒家比较注重群体的秩序，道家较偏重个体的自由；儒家较入世、较积极，道家较出世、较消极。具体来讲，儒家坚持“道”高于“势”；“道”指精神世界或理想世界，而“势”指权势

---

① 沈志佳编：《余英时文集》第四卷，第 152 页。

② 沈志佳编：《余英时文集》第四卷，第 153 页。

③ 沈志佳编：《余英时文集》第四卷，第 153-154 页。

④ 何晏注，邢昺疏，朱汉民整理，张岂之审定：《论语注疏》，北京：北京大学出版社 1999 年（下同），第 146 页。

⑤ 郭庆藩撰，王孝鱼点校：《庄子集释》，北京：中华书局 1961 年，第 83 页。

尤其指政治权势。孔子说："天下有道，则庶人不议。"① 他的反面意思是，因为"天下无道"，故他不得不对其加以批判。孟子更为激烈，他说："民为贵，社稷次之，君为轻。"②"闻诛一夫纣，未闻弑君也。"③ 道家则从个体自由的观点出发，通过批判现实以维护中国的精神价值。比如，魏晋时代的新道家用"自然"观念来批判官方儒学的"名教"，提出"越名教而任自然"④ 的主张。总之，关于中国古代"哲学的突破"，余英时说：

> 中国人把"哲学的突破"后所建立起来的精神世界或理想世界称为"道"——"道"即是人人都走的大路。但中国人的"道"基本上既不寄身于宗教，也不托庇于思辨形而上学。"道"超越现实的世界，然而并非完全脱离人间。⑤

显而易见，中西之"哲学的突破"的路向差别很大。具体来讲，西方的理想世界即所谓"彼世"与现实世界即所谓"此世"有一种"两极化"的倾向。例如，柏拉图哲学中的"理念"与具体事物、基督教教义中的"天国"与"人间"，其对比都是非常强烈的。特别是在基督教成为西方文化的主流以后，"恺撒的事归恺撒管，上帝的事归上帝管"⑥ 则变成一种普遍的信仰。这样一来，因为精神世界是属于教会的，故维护精神价值的责任完全落到了僧侣阶层；世俗的知识分子根本没有存在的"余地"，更不必说代表"社会的良心"了。与西方的情形不同，中国的"道"，一方面代表超越性的精神世界，另一方面却又不脱离"人间世"。质言之，"理想世界"与"现实世界"是一种"不即不离"的关系，此乃中国思想之"独特的思想背景"。余英时说："不离世间以求出世间，这就使中国的理想世界与现实世界成为一种'不即不离'的关系。'不即'才能超越，也就是理想不为现实所限；'不离'才能归宿于人间，也就是理想不至于脱离现实。这是中

① 何晏注，邢昺疏，朱汉民整理，张岂之审定：《论语注疏》，第 224 页。

② 赵歧注，孙奭疏，廖名春等整理，钱逊审定：《孟子注疏》，北京：北京大学出版社 1999 年（下同），第 387 页。

③ 赵歧注，孙奭疏，廖名春等整理，钱逊审定：《孟子注疏》，第 53 页。

④ 房玄龄等撰：《晋书》，北京：中华书局 1974 年，第 1369 页。

⑤ 沈志佳编：《余英时文集》第四卷，第 154 页。

⑥ 参见《中英圣经》和合本——新国际版，伯克利：圣书书房 1990 年，第 1230 页。

国知识分子所以形成其独特传统的思想背景。”① 这样一种“背景”一直延续到今天，因此，可以说中国文化的渊源即在于此。他说：

> 总之，无论是儒家型或道家型，中国知识分子“明道救世”（顾炎武语）的传统一直延续了两千多年，至今仍在。这确是世界文化史上最独特也最光辉的一页。②

## 二

余英时认为，在讨论文化现象时，不仅应注重文化的“通性”，而且更应注重文化的“个性”。当然，“个性”是相对的，而非绝对的。他说：“所谓个性是就某一具体文化与世界其他个别文化相对照而言的，若就该文化本身来说，则个性反而变成通性了。”③ 然而，在讨论文化的“通性”与“个性”时，人们往往表现出或者落入“偏见”。具体来讲，中国文化的现代转变自然受到西方文化的重大影响，但“现代化”绝不等于“西化”；“西化”又有各种不同的层次，科技甚至制度层面的“西化”并不是文化的核心；此实乃一种基于误解“通性”与“个性”关系的“偏见”。对此，余英时说：“现在一般深受西方论著影响的知识分子往往接受西方人的偏见，即以西方现代的价值是普遍性的(universalistic)，中国传统的价值是特殊性的（particularistic)。这是一个根本站不住的观点。其实，每一个文化系统中的价值都可以分为普遍与特殊两类。把西化与现代化视为异名同实便正是这一偏见的产物。”④ 在他看来，在讨论文化的异同时，需要着眼于两个方面：一是“价值的来源”；二是“价值世界与实际世界的关系”。他说：

> 我们首先要提出的是价值的来源问题，以及价值世界和实际世界之间的关系问题。这两个问题是一事的两面，但后一问题更为吃紧。这是讨论中西文化异同所必须涉及的总关键，只有先打开这一关键，我们才能更进一步去解说由此而衍生的、

---

① 沈志佳编：《余英时文集》第四卷，第 156 页。

② 沈志佳编：《余英时文集》第四卷，第 156 页。

③ 沈志佳编：《余英时文集》第三卷，桂林：广西师范大学出版社 2004 年（下同），第 4 页。

④ 沈志佳编：《余英时文集》第三卷，第 4 页。

但涉及中国价值系统各方面的具体问题。[①]

就第一个方面来看，余英时认为："仅从价值具有超越的源头一点而言，中、西文化在开始时似乎并无基本不同。"[②] 的确，西方文化认为价值源于"超越的源头"。具体来讲，古希腊致力于通过理性寻求价值之源，无论是柏拉图的"理念说"，还是亚里士多德的"第一动因"，其努力都是逼出一个至善的、作为价值根源的"上帝"。[③] 很显然，希腊人是靠"理性"追溯价值之源的，但人的理性并不能充分完成这个任务。不过，希伯来的宗教信仰恰好填补了此一空缺，即它可将"上帝"作为价值之源提供给人们。在此意义下，"西方文化之接受基督教，决不全出于历史的偶然。无所不知、无所不在的上帝正为西方人提供了他们所需要的存有的根据"[④]。同样，中国文化也认为价值有其"超越的源头"。在中国，人间秩序和道德价值归源于"帝"或"天"，因此才有所谓"不知不识，顺帝之则"[⑤]；"天生烝民，有物有则"[⑥] 之说。不过，从子产、孔子开端以后，"人"的分量加重了，"帝"或"天"的分量则相对减轻了。但是，尽管"夫子之言性与天道，不可得而闻"[⑦]，并不能因此说孔子否认"性与天道"的真实性。孟子说，"仁""义""礼""智"四端都内在于人性，而此性"乃我固有之也"[⑧]，故"知其性，则知天矣"[⑨]。后来，《中庸》说得更明白："天命之谓性，率性之谓道。"[⑩] 总之，在中国人的观念中，价值之"超越的源头"并不"起于人间"，而与西方同样有超人间的来源。对此，余英时说：

---

① 沈志佳编：《余英时文集》第三卷，第 6 页。

② 沈志佳编：《余英时文集》第三卷，第 6-7 页。

③ 参见沈志佳编：《余英时文集》第三卷，第 7 页。

④ 沈志佳编：《余英时文集》第三卷，第 7 页。

⑤ 毛亨传，郑玄笺，孔颖达疏，龚抗云等整理，刘家和审定：《毛诗正义》，北京：北京大学出版社 1999 年（下同），第 1032 页。

⑥ 毛亨传，郑玄笺，孔颖达疏，龚抗云等整理，刘家和审定：《毛诗正义》，第 1218 页。

⑦ 何晏注，邢昺疏，朱汉民整理，张岂之审定：《论语注疏》，第 61 页。

⑧ 参见赵岐注，孙奭疏，廖名春等整理，钱逊审定：《孟子注疏》，第 300 页。

⑨ 赵岐注，孙奭疏，廖名春等整理，钱逊审定：《孟子注疏》，第 350 页。

⑩ 郑玄注，孔颖达疏，龚抗云整理，王文锦审定：《礼记正义》，北京：北京大学出版社 1999 年，第 1422 页。

我们在此毋须详细分析“天”到底有多少不同的含义。我们所强调的一点只是中国传统文化并不以为人间的秩序和价值起于人间，它们仍有超人间的来源。①

就第二个方面来看，余英时认为，中西文化确有很大不同。他说：“从超越源头和人世间之间的关系着眼，则中西文化的差异极有可以注意者在。中国人对于此超越源头只作肯定而不去穷究到底。……西方人的态度却迥然两样，他们自始便要在这一方面‘打破沙锅问到底。’”② 具体来讲，在西方文化，“超越世界”和“超越性”的“上帝”表现出无限的威力，个人实践社会价值或道德价值乃是听从上帝的“召唤”。换言之，人必须遵行上帝所规定的法则，因为上帝不仅是“造物主”，也是宇宙价值的根源。在中国文化，中国人自始至终便知道人的智力无法把“超越世界”清楚而具体地展示出来，故将它与“人间世界”联系起来展现。也就是说，中国人用“道”来代表理想的“超越世界”，以人伦日用来代表现实的“人间世界”；“道”即在“人伦日用”之中，“人伦日用”不能须臾离“道”。可见，如果说西方的“超越世界”与现实世界“泾渭分明”，那么中国人的这两个世界是“离中有合”“合中有离”的。对此，余英时说：

西方哲学上本体界与现象界之分，宗教上天国与人间之分，社会思想上乌托邦与现实之分，在中国传统中虽然也可以找得到踪迹，但毕竟不占主导的地位。中国的两个世界则是互相交涉、离中有合、合中有离的。③

正因为上述，西方文化表现为“外倾”的性格，中国文化则表现为“内倾”的性格。就中国文化的“内倾性格”来讲，其内在力量表现在儒家“求诸己”“尽其在我”和道家的“自足”等上面，佛教的“依自不依他”也加强了这种意识。客观地讲，中国文化之所以能延续数千年，主要是受这种文化之赐。然而，中国近代的思想界却没有看清上述情况，出现了亦步亦趋照抄西方模式的现象。不过，“中国的历史文化背景与西方根本不同，这就决定了它无法亦步亦趋地照抄西方的模式”④。具体来讲，西方文化为“外倾性

① 沈志佳编：《余英时文集》第三卷，第 6 页。

② 沈志佳编：《余英时文集》第三卷，第 7 页。

③ 沈志佳编：《余英时文集》第三卷，第 8 页。

④ 沈志佳编：《余英时文集》第三卷，第 11-12 页。

格”，故其历史上出现了“文艺复兴”问题和“启蒙”问题。与此不同，“中国的古典研究从来未曾中断，自然不需要什么‘文艺复兴’；中国并无信仰与理性的对峙，更不是理性长期处在信仰压抑之下的局面，因此‘启蒙’之说在中国也是没有着落的”①。历史地看，忽视中西文化之差异，“照抄”西方文化模式，不仅给中国文化带来严重的负作用，也使得中国的现代化遭受了严重挫折。余英时说：“五四的知识分子要在中国推动‘文艺复兴’和‘启蒙运动’，这是把西方的历史机械地移植到中国来了。他们对儒教的攻击即在有意或无意地采取了近代西方人对中古教会的态度。换句话说，他们认为这是中国‘俗世化’所必经的途径。但事实上，中国的现代化根本碰不到‘俗世化’的问题，因为中国没有西方教会的传统，……”② 总之，余英时说：

> 中国文化的病是从内在超越的过程中长期积累而成的。这与西方外在超越型的文化因两个世界分裂而爆发的急症截然不同。中西双方的病象尽有相似之处，而病因则有别。五四人物是把内科病当外科病来诊断的，因此他们的治疗方法始终不出手术割治和器官移植的范围。③

在余英时看来，中国文化在现代化过程中实际上可有积极意义。一个方面，中国文化与科学不存在冲突，此可利于现代化的实现。或者说，由于中国人的价值之源不寄托于人格化的上帝，其出于“天”而实现则落在人性之中，故中国文化对于现代化的观念更容易接受。比如，在西方，因为有“创世”的神话，所以达尔文的生物进化论引起强烈的抗拒，但它在中国的传播却完全没有遇到阻力。对此，余英时说：“近代中国人比较容易接受西方的科学知识确与其内在超越的价值系统有关。中国文化中没有发展出现代科学是另一问题，但是它对待科学的态度是开放的。”④ 另一个方面，中国文化更重视“人的尊严”，此是现代化之重要内容。在西方近代“世俗化”的历史进程中，虽然人文主义者率先提出“人的尊严”的观念，但倾向宗教或形而上学的人往往把人的本质举得过高；倾向无神论、唯物论或科学的人又把人性贬得过低，故“人的尊严”始终难以建

---

① 沈志佳编：《余英时文集》第三卷，第 12 页。

② 沈志佳编：《余英时文集》第三卷，第 12 页。

③ 沈志佳编：《余英时文集》第三卷，第 12 页。

④ 沈志佳编：《余英时文集》第三卷，第 13 页。

筑在稳固基础之上。总之，“所谓‘人文主义’（humanism）在西方思想界一直都占不到很高的地位。……这是西方在俗世化过程中建立‘人的尊严’所无法避免的困难”①。与之不同，“人的尊严”的观念在中国文化中自孔子以来便牢固地建立了，两千多年来不但很稳定，而且遍及社会各阶层。对此，余英时说：“在中国文化的价值系统中，人的尊严的观念是遍及于一切人的。……所以仅就人的尊严一点而言，中国文化早已是现代的，不必经过俗世化才能产生。”② 总之，基于上述这样两个方面，余英时认为中国文化在现代化过程中仍是“充满着活力的”。他说：

> 从实质方面看，中国的文化价值一直到今天也还是充满着活力的。③

## 三

余英时认为，儒学自产生以后虽然已传衍了数千年，但它在历史上曾经历过三次由社会解体而导致的反儒学的“困境”。第一次困境是，孔子之后儒学遇到了杨、墨特别是墨家的挑战。第二次困境是，汉晋之际出现了新道家“反名教”的运动，而且之后便是佛教对思想界和民间信仰的长期支配。第三次困境是，晚明“泰州学派”的风行一时引发“三教合一”运动的兴起。这场运动虽未有“反名教”之名，但实际也相去不远。例如，李贽曾公开宣称“不以孔子之是非为是非”④。因此，黄宗羲说：“泰州学派”到了颜山农、何心隐诸人手上，“遂复非名教之所能羁络矣”⑤。⑥ 历史地看，这三次反儒学运动虽可称为“困境”，但它们均未突破儒学的“大格局”，从而引发儒学的彻底解体。余英时说：“以现代眼光来看，上述三次社会解体都没有突破中国文化传统的大格局。儒学

---

① 沈志佳编：《余英时文集》第三卷，第 13-14 页。

② 沈志佳编：《余英时文集》第三卷，第 14-15 页。

③ 沈志佳编：《余英时文集》第四卷，第 152-153 页。

④ 参见李贽：《藏书世纪列传总目前论》，张建业主编：《李贽文集》第二卷，北京：社会科学文献出版社 2000 年，第 7 页。

⑤ 沈善洪主编：《黄宗羲全集》第七册，杭州：浙江古籍出版社 1985 年，第 821 页。

⑥ 参见沈志佳编：《余英时文集》第二卷，桂林：广西师范大学出版社 2004 年（下同），第 261 页。

在经历一番自我调整之后，仍能脱出困境，恢复活力。”① 然而，现代儒学的困境则是“空前的”，远非上述情况所可比。他说：

> 自19世纪中叶以来，中国社会在西方势力的冲击之下开始了一个长期而全面的解体过程。这个过程事实上到今天还没有走到终点。由于社会解体的长期性和全面性，儒学所面临的困境也是空前的。②

在余英时看来，现代儒学的困境经过一个积累过程之后，终于在“五四”前后达到了“空前的”程度。鸦片战争以后，中国人最初只承认在“船坚炮利”方面不如西方，所以最初向西方学习的仅限于科技。到了清末时期，中国人渐渐承认政治制度落伍了，因此才有所谓“维新变法”运动。在这种情况下，传统社会逐渐开始“解体”——最早“崩坏”的是政治制度，然后整个社会制度开始全面“动摇”。历史地看，社会制度的“动摇”速度是惊人的，波及范围是全面的。具体来讲，从“维新变法”到“五四运动”不过二十年，但这二十年间中国传统制度的全面瓦解已经“表面化”：从家族婚姻、乡里制度到风俗习惯、教育制度和政治制度，没有任何哪一部分可以站得住脚。需要注意的是，“五四运动”又号称“新文化运动”，所谓“新文化”，乃是以“民主”与“科学”为主要内容的西方文化。在这场运动当中，儒学因其固有的特质与“民主”与“科学”不合而成为反传统的主要对象，此乃儒学所遭遇的“空前的”困境。对此，余英时说：

> 近百余年来，中国的传统制度在一个个地崩溃，而每一个制度的崩溃即意味着儒学在现实社会中失去一个立足点。等到传统社会全面解体，儒学和现实社会之间的连系便也完全断绝了。③

这时的问题是，为什么社会解体会导致儒学的困境呢？余英时认为，这需要从儒学的性质说起。在他看来，“儒学不只是一种单纯的哲学或宗教，而是一套全面安排人间秩

---

① 沈志佳编：《余英时文集》第二卷，第261页。

② 沈志佳编：《余英时文集》第二卷，第261-262页。

③ 沈志佳编：《余英时文集》第二卷，第263页。

序的思想体系”①；一个人自生至死到家、国、天下的构成，都在儒学的运思范围之内。他说：“在两千多年中，通过政治、社会、经济、教育种种制度的建立，儒学已一步步进入百姓的日常生活的每一角落。”② 儒家之所以能发挥这样巨大而深刻的影响，“显然与儒家价值的普遍建制化有密切的关系”③。然而，自辛亥革命以来，这个建制开始全面地解体了。历史地看，这次社会解体的全面而彻底是“空前的”，故其引发的儒学困境亦是“空前的”，远非前三次困境所可比。于是，儒家思想被迫从各层面建制中“撤退”，包括家族制度、教育系统以至政治制度等，其中教育系统尤为关键。儒家与有组织的宗教不同，它的思想传播中心不是教会而是学校，而中国传统的学校教育又直接与科举制度连成一体。1905 年科举制度被废止，新式学校代之而起，儒学因此失去了赖以存在的“托身之所”。显而易见，这与西方近代政教分离的情况截然不同：基督教与政治建制划清界限之后，仍有教会的建制作为“托身之所”；儒家思想与传统建制“分手”以后，却完全失去了赖以存在的“托身之所”。余英时说：

> 无论儒家建制在传统时代具有多大的合理性，自辛亥革命以来，这个建制开始全面地解体了……儒家建制不能适应现代社会是一个无可否认的事实。④

余英时进而认为，正因为社会解体导致了现代儒学的困境，故中国在现代才要求“速变”“全变”。但不幸的是，这个“变”始终未能成功。也就是说，传统秩序已随着旧制度的全面崩溃一去不返，但是中国人所追求的新秩序却迟迟没有形成。在晚清和民初，人们还能把“变而无成”的责任推到旧制度身上，但“五四”以后旧制度已经瓦解，故必须找寻新的对象以安顿责任。“这个对象当然不能是已崩溃的制度，而是制度后面的精神或思想”⑤。于是，儒学便成了“民主”和“科学”的“敌人”，因为“精神或观念总是在文化或社会大变动中最后退出历史舞台的东西”⑥。所以，中国人在追求“民主”和“科学”的同时，便把儒学当成了“敌人”加以反对和批判。概言之，一个方面，儒学和

---

① 沈志佳编：《余英时文集》第二卷，第 262 页。

② 沈志佳编：《余英时文集》第二卷，第 262 页。

③ 沈志佳编：《余英时文集》第二卷，第 130 页。

④ 沈志佳编：《余英时文集》第二卷，第 131 页。

⑤ 沈志佳编：《余英时文集》第二卷，第 263 页。

⑥ 沈志佳编：《余英时文集》第二卷，第 263 页。

制度之间的联系中断了，制度化的儒学已经“死亡”，此乃儒学之一个严重的生存危机；另一个方面，“变而无成”的责任又强加在儒学身上，儒学成了现代化的“敌人”，此对儒学更是“雪上加霜”。在余英时看来，现代儒学之如此困境可以“游魂”概念来描述。他说：

> 儒学目前的困境也在此。让我们用一个不太恭维但毫无恶意的比喻，儒学死亡之后已成为一个游魂了。如果我们因此庆祝儒学获得了新生，那么儒学又将以何种方式维持它的新生命呢？它将从此成为“游魂”呢，还是要“借尸还魂”呢？①

在余英时看来，今天我们首先必须认清儒学自二十世纪初以来已成为“游魂”这一无可争辩的事实，然后才能进一步讨论儒学的现代价值诠释，或者讨论儒学的未来前景。所谓认清儒学之为“游魂”这一事实，意指我们不得不承认：儒学已失去了作为其“托身之所”的建制，又没有找到新的“托身”之地，故儒学实已乃“孤魂野鬼”。他说：“传统儒学的特色在于它全面安排人间秩序，因此只有通过制度化才能落实。没有社会实践的儒学似乎是难以想像的”②；“儒家通过建制化而全面支配中国人的生活秩序的时代已一去不复返”③。他还说：“这一儒家建制的整体自辛亥革命以来便迅速地崩溃了。建制既已一去不返，儒学遂尽失其具体的托身之所，变成了‘游魂’。所以儒学在可见的未来似不可能恢复它以往那种主宰的地位。”④ 因此，志于为儒家“招魂”的人不必再在这方面枉费心力。但是，由于儒学在中国又确有两千多年的历史，凭借深厚，取精用宏，它的“游魂”在短期内是不会散尽的；只要儒家知识分子肯认真致力于儒学的现代诠释，儒家仍能为现代社会“开出”新的精神资源。对此，余英时的主张是，若要为儒学“招魂”，须避开“制度化”的传统即“借尸还魂”，而通过“日常人生化”以谋求儒学之“新生”。他说：

> 近年来我对儒家究竟怎样融入现代中国人的生活之中的问题曾反复思索。我所

① 沈志佳编：《余英时文集》第二卷，第 264 页。

② 沈志佳编：《余英时文集》第二卷，第 264 页。

③ 沈志佳编：《余英时文集》第二卷，第 132 页。

④ 沈志佳编：《余英时文集》第二卷，第 245-246 页。

得到的基本看法是儒家的现代出路在于日常人生化，唯有如此儒家似乎才可以避开建制而重新发生精神价值方面的影响力。①

关于儒学“日常人生化”，余英时认为，它在儒家其实有着悠久的传统。例如，孔子虽主张直接参政，但也肯定修身、齐家具有自足的价值；此一思想对于儒家价值意识的现代重建具有重要启示。《论语》记述“或谓孔子曰：‘子奚不为政?’子曰：‘《书》云：孝乎惟孝，友于兄弟，施于有政。是亦为政，奚其为为政?’”② 后来，儒家的“日常人生化”在明清儒者那里开始凸显出来；他们不再把“道”的实现完全寄托在建制上面；对于皇帝以至朝廷的作用也不像宋儒那样重视。例如，朱熹的学说，无论是“修己”还是“治人”，主要是以皇帝以至士大夫为对象。王阳明的“致良知”则大为不同，专就日常生活处指点，把“先天妙道”通贯至“日用常行”，遍及于“愚夫愚妇”。他说：“不离日用常行内，直造先天未画前。”③ 由此可见，此时儒家不再期待“圣君”，因为他们已逐渐了解：普通百姓能够为自己的利益做最大努力，这远比等待“圣君”从上而下的施德更为可靠。质言之，在余英时看来，“内圣”与“外王”之间自秦汉以后便已不存在必然的联系，如此一种事实乃我们思考儒家现代价值的重要前提。对此，他说：

> 我们由此可以看出，儒家日常人生化带来一种重点的转移，以前儒者把希望寄托在上面的“圣君贤相”，现在则转而注重下面的普通百姓怎样能在日常人生中各自成圣成贤。④

## 四

总之，基于对人类文明进程中“哲学的突破”的考查，余英时探讨了代表人类智慧的中、西、印文化之“三大原型”，并就“三大原型”对人类文明的影响进行了疏解。具

---

① 沈志佳编：《余英时文集》第二卷，第 132 页。

② 何晏注，邢昺疏，朱汉民整理，张岂之审定：《论语注疏》，第 22 页。

③ 王阳明撰，吴光等编校：《王阳明全集》，第 791 页。

④ 沈志佳编：《余英时文集》第二卷，第 133 页。

体来讲，西方文化和印度文化“原型”之着力点在“终极原理”和“造物主”，故其路向主要是将精神价值寄托于宗教当中。中国文化“原型”之着力点在“人间世”，故其路向主要是将精神价值寄托于人类社会当中。就中西文化来讲，两者虽然均有“超越的价值来源”，但两者对“价值世界”与“实际世界”关系的认识却有明显差异。即在西方文化，“价值世界”与“实际世界”“泾渭分明”；在中国文化，“道”即在人伦日用当中。正因为如此，不能将化具有不同的“个性”。在余英时看来，作为“三大原型”之一，儒家文化在中国历史上曾遇到过三次困境，但是，儒学在近代以来所遇到的困境却是“空前的”。具体来讲，由于儒学“托身”于社会建制，故一旦社会建制完全而彻底地崩溃，儒学便会由于失去“托身之所”而陷入困境。如此来看，儒学实际上已成为现代社会的“游魂”。既然如此，谋求儒学发展的方向只能是“招魂”，而不可能是“借尸还魂”。质言之，若希望儒学“开出”新的精神价值，进而以谋求“新生”，唯一的出路在于避开“制度化”而走向“日常人生化”。

（原文载《中共宁波市委党校学报》2015 年第 2 期）

# 基于超越的创造性转化

## ——林毓生之现代中国文化观

美籍华裔学者林毓生（Yu-sheng Lin）1934年生于辽宁，后随家人迁至台湾。先后毕业于台湾大学，获得学士学位；毕业于美国芝加哥大学，获得哲学博士学位。后曾在美国哈佛大学东亚研究中心做博士后研究。1970年开始长期执教于美国威斯康星大学麦迪逊分校历史学系。2004年退休，改任该校历史学系荣誉退休教授。就其学术思想来讲，虽然林毓生是自由主义“健将”殷海光的弟子，但他对中国传统文化不再持盲目反对的态度，而是希望对中国传统文化进行“创造性转化”。在林毓生诞辰80周年和荣退10周年之际，特将其现代中国文化观疏解成文，以为纪念。同时，也希望林毓生的现代中国文化观能对当前国内之文化建设有所启迪。

### 一、超越“五四思想”

就中国近现代思想史来看，主要思潮有两类：一类是“保守主义”，以“国粹派”“保皇党”和“保教派”为代表；以维护传统文化为主要特征。一类是“激进主义”，以“全盘否定论”为主要代表；以全盘否定传统文化、全面接受外来文化为主要特征。对于这两类思潮，林毓生均持以理性的批判态度。关于“保守主义”，他认为，这种思潮其实乃一种“开倒车式”的尝试，它不适合当时的情况和要求，因为他们的主张与自由、民主、科学等现代理念不相容。具体来讲，部分“保守主义者”“硬说”中国传统中有现代民主与科学思想，这种说法非但不能将传统发扬光大，反而损害了许多传统成分原有的价值。① 关于“激进主义”，他则认为，持整体性反传统思想的“激进主义”是不可能真

---

① 林毓生. 中国传统的创造性转化［M］. 北京：生活·读书·新知三联书店，1988：235.

正推动文化发展的，因为他们对西方文化的认识和介绍是表面的而非整体的，是零散的而非系统的。而且，正由于缺乏对西方文化的足够认识，“激进主义”者并不能真正摈弃传统中所有有害的成分，亦未能真正汲取西方文化中有益的成分。① 总之，“保守主义”和“激进主义”作为近现代思潮的两个极端，它们均未能解决中国文化的发展问题。林毓生说：

> 过去我们的文化界呈现着没有生机的两个极端：一方面是把过去的腐朽与纤巧当作国粹宣传，愈喊愈使人觉得中国传统中好像只有这种腐朽与纤巧；另一方面则是盲目的崇洋，这样，对西洋愈崇拜，愈不能对西洋产生深切的了解，而且愈使自己失去文化创造不可或缺的自我。②

在上述两类思潮当中，林毓生重点分析了“激进主义”。在他看来，所谓“激进主义”，其主要表现在两个方面：其一是“全面”接受外来文化；其二为“全盘”否定传统文化。③ 质言之，他们认为，要接受自由、民主、科学等价值观念，就非得先从传统权威中解放出来不可。因此，传统的权威与新的价值被作为“敌对”的两端。历史地看，对中国传统文化全盘否定态度的出现与持续，成为20世纪前半叶中国思想史的显著特征。具体来讲，近代中国的反传统思想肇始于19世纪末中国社会第一代新知识分子的兴起。不过，他们一直认为中国传统是一个“混合体”——其中包涵多种不同成分与不同倾向；这些不同成分与不同倾向是彼此不能相融的，故对传统的反抗应指向其特定的“点”“面”。可是，崛起于“五四”时期的第二代知识分子却把传统中国看成一个“有机体”——凡是属于中国传统的各部分都具有整个传统的基本特性，而这个传统的基本特性是陈腐而邪恶的，故整个中国传统应该全部摒弃。在林毓生看来，这种全部摒弃中国传统的主张成为中国历史中的“一个显著而奇特”的现象。对此，他说：

> 在二十世纪中国史中，一个显著而奇特的事是：彻底否定传统文化的思想与态

---

① 林毓生．中国传统的创造性转化［M］．北京：生活・读书・新知三联书店，1988：234.

② 林毓生．中国传统的创造性转化［M］．北京：生活・读书・新知三联书店，1988：250.

③ 林毓生．中国意识的危机——“五四”时期激烈的反传统主义［M］．穆善培，译．苏国勋，等，校．贵阳：贵州人民出版社，1988：284-287.

度之出现与持续。……中国传统被视为每个成分都具有传统特性的、应该全部摒弃的整合体或有机体。①

林毓生认为，各国现代化过程中都多多少少有过反传统思想的产生，但像中国这样激烈到毫无保留的程度却是任何国家都未曾有过的。他说："这种反传统主义是非常激烈的，所以我们完全有理由把它说成是全盘的反传统主义。"② "就五四反传统思想笼罩范围之广，谴责之深，与在时间上持续之久而言，在整个世界史中可能是独一无二的现象。"③ 那么，何以会出现这种在世界史上"独一无二"的现象呢？关于探究"全盘的反传统主义"的原因，他说："研究五四时期在中国产生的激烈反传统主义根源和性质，对历史学家来说，是一项颇具挑战性的任务。如果要了解当前的中国历史，充分考虑这一特殊的历史经验是极为重要的。"④ 在他看来，造成这一现象的原因有三个：其一是外来的西方文化；其二是传统思想文化体系的全面崩溃；其三是仍然深刻支配着反传统知识分子的传统思想模式。林毓生说："五四整体性反传统之主义之崛起，主要是由于三种因素——输入的西方文化，传统政治秩序崩溃以后所产生的后果，与深植于中国持续不断的文化倾向中的一些态度——相互激荡而成。"⑤ 他还说：

以下三点才是解释这种反传统思想本质的决定性因素，若撇开这三个因素不谈，我们简直无法想像五四反传统思想会发生在二十世纪的初期。第一，一九一一年普遍王权（universal kingship）的崩溃，是传统政治与文化秩序终于完全瓦解的决定性因素。……第二，反传统知识分子无法分辨他们所憎恶的传统社会规范和政治运作与传统文化符号和价值之间的差异。……第三，五四反传统思想的一个极重要因素，便是笔者所称谓的"借思想、文化以解决问题的方法"（the cultural-intellectur-

① 林毓生．中国传统的创造性转化［M］．北京：生活·读书·新知三联书店，1988：150.

② 林毓生．中国意识的危机——"五四"时期激烈的反传统主义［M］．穆善培，译．苏国勋，等，校．贵阳：贵州人民出版社，1988：6.

③ 林毓生．中国传统的创造性转化［M］．北京：生活·读书·新知三联书店，1988：152.

④ 林毓生．中国意识的危机——"五四"时期激烈的反传统主义［M］．穆善培，译．苏国勋，等，校．贵阳：贵州人民出版社，1988：7.

⑤ 林毓生．中国传统的创造性转化［M］．北京：生活·读书·新知三联书店，1988：154-155.

alistic approach)。①

就第一个原因来看，林毓生认为，“五四”反传统运动之所以“如火如荼”，与对自由的新价值与传统的权威的误解有关。在“五四”前后，在西方文化的冲击之下，传统的权威已失去生机，于是人们认为，要接受自由、民主、科学等观念，就非得先从传统权威中解放出来不可。这里，“权威是指真正具有权威性的或实质的权威（authoritative or substantive authority）而言，不是指强制的形式的‘权威’（authoritarian or formal authority）”②。在这种情况下，传统的权威与新的价值被认为是“敌对”的。对此，林毓生说：“事实上，自由与权威是相辅相成的，合则两美，离则两伤。”③ 而且，人们以为只有把自己的传统全部抛弃，脑子里便可“空出地方”接受新的价值。但是，他们不明白，“人的头脑不是仓库，这种想法犯了形式思想的谬误”④。他说：“事实上，如果我们自己没有一套活泼、创造性的思想，我们是很难了解和把握另外一套不同思想的；我们甚至连那一套不同思想的特性都看不出来。因为，对另一思想系统深刻的了解，往往需要把它与我们自己的思想的特性及自己思想中的实际问题相互比照才能获得。”⑤ 因此，尽管有些人士“尽情地”接受西方文化，甚至到了“全盘西化”的荒唐地步，但实际上他们对西方文化却存在着严重误解。他说：

> 五四人物所接受的西方文化是十八世纪启蒙运动的主流，及其二十世纪的代表（实证主义与实验主义）。它最大的特色是基于对“理性”特质的误解而产生的两项禁不住严格批判的主张：（1）对传统权威的反抗；（2）对未来的过分乐观。⑥

就第二个原因来看，自“鸦片战争”以后，在西方文化的猛烈冲击下，中国传统文化随着“辛亥革命”而全面崩溃；原因在于，传统中国的“道统”与“政统”历来高度

---

① 林毓生．中国传统的创造性转化［M］．北京：生活·读书·新知三联书店，1988：166-168.

② 林毓生．中国意识的危机——“五四”时期激烈的反传统主义［M］．穆善培，译．苏国勋，等，校．贵阳：贵州人民出版社，1988：363.

③ 林毓生．中国传统的创造性转化［M］．北京：生活·读书·新知三联书店，1988：66.

④ 林毓生．中国传统的创造性转化［M］．北京：生活·读书·新知三联书店，1988：244.

⑤ 林毓生．中国传统的创造性转化［M］．北京：生活·读书·新知三联书店，1988：244.

⑥ 林毓生．中国传统的创造性转化［M］．北京：生活·读书·新知三联书店，1988：66.

一体："道统"需要"政统"的滋养和保护，"政统"需要"道统"提供的合法性资源。因此，"政统"的崩溃必然导致"道统"的解体。具体来讲，虽然中国传统有"从道不从君"的观念，但天子承受"天命"的观念使天子同样成为道德与文化的中心。后来，由"阴阳五行说"而强化的"有机宇宙论"更强化了天子乃政治与社会中心的观念。林毓生认为，天子为道德与文化和政治与社会中心的观念实为一种"普遍王权"观念。他说："经由'普遍王权'（universal kingship）的符号与制度的整合作用，中国道德、文化中心与政治中心是定于天子的位置之上。……'普遍王权'建基于对'天命'的信仰上，从汉代以降，更因儒家思想中产生了极为精巧的有机式宇宙论而得到增强。"① 但是，"辛亥革命"后'随着"政统"的崩溃，"普遍王权"亦崩溃了，与之一体的"道统"自然也便被瓦解了。对此，林毓生说："中国的政治秩序与道德、文化秩序是高度地整合着的……因此，'普遍王权'的崩溃不仅导使政治秩序瓦解，同时也使文化秩序损坏了。"②对于这样一种情形，林毓生以"脱臼"来比喻；此喻被学界以"脱臼说"来概括。他说：

> 这不是说，在这种文化解体的情况下，中国人就不再持有任何传统的观念或价值，而是说经由传统的整合秩序所形成的价值丛聚（cluster of values）与观念丛聚（cluster of ideas）（一组价值或观念彼此相互连结曰丛聚）遭受腐蚀，或从原来接榫处脱臼了。……从分析的观点来说，传统政治与文化架构的解体，为五四反传统主义者提供了一个全盘否定传统论之结构的可能（structural possibility）。③

就第三个原因来看，林毓生认为，"五四"反传统主义者要求打倒整个传统文化，乃是因他们未能从"借思想、文化以解决问题的方法"解放出来的缘故。所谓"借思想、文化以解决问题的方法"，是指预设思想、文化变迁决定社会、政治、经济变迁的方法。他说："'借思想、文化以解决问题的方法'预设思想与文化的变迁必须优先于社会、政治、经济的变迁，反之则非是。换句话说，它认为人间最根本的变迁是思想本身的变迁，而所谓最根本的变迁，是指这种变迁是其它文化、社会、政治与经济的变迁的泉源。"④

---

① 林毓生. 中国传统的创造性转化［M］. 北京：生活・读书・新知三联书店，1988：155.

② 林毓生. 中国传统的创造性转化［M］. 北京：生活・读书・新知三联书店，1988：155.

③ 林毓生. 中国传统的创造性转化［M］. 北京：生活・读书・新知三联书店，1988：155.

④ 林毓生. 中国传统的创造性转化［M］. 北京：生活・读书・新知三联书店，1988：142.

不过，这种思想方法背后还有深层次的原因，即传统的“整体观思想模式”。所谓“整体观思想模式”，是指认为传统是经由根本思想所决定并联系为整体的思维模式，这种思维模式来自于中国传统文化的“一元论思想模式”。林毓生说：“正在传统的思想内容解体之时，五四反传统主义者却运用了一项来自传统的，认为思想为根本的整体观思想模式（holistic-intellecturalistic mode of thinking）来解决迫切的社会、政治与文化问题。这种思想模式并非受西方影响所致，它是在辛亥革命以后政治与社会的压力下，从中国传统中认为思想为根本的一元论思想模式（monistic-intellecturalistic mode of thinking）演变而来。这里所谓的一元论思想模式，是中国文化的一个特殊倾向，是视为当然的，是横越中国许多派思想藩篱的共同特点。这种视思想为根本的整体观思想模式，认为中国传统每一方面均是有机地经由根本思想所决定并联系在一起的。”① 林毓生的意思是，“五四”知识分子的“思想内容”虽然已不是传统性的了，但他们的“思想模式”却深受传统文化的影响，他们对思想力量的优先性仍深信不疑。因此，在“普遍的文化层次上，当中国人面临着某种道德和政治问题时，他们便倾向于强调基本思想的力量和思想领先的地位”②。在此意义下，他说：“笔者以上的分析应该导引出对于文化和思想变迁的两种层次的分析性了解：一为思想内容层次上的变迁，一为思想模式层次上的变迁，两者相较，后者较为基本而难以达成。”③ 这样，在基于“一元论思想模式”所形成的“借思想、文化以解决问题的方法”指引之下，反传统主义者便要求“彻底而全盘”地“反旧”了。林毓生说：

> 五四人物根据他们所强调的根本思想决定一切的整体观思想模式去看许多传统成分的罪恶，他们发现这些罪恶与腐朽实与传统中的基本思想有一必然之有机关系。他们认为这些罪恶不是单独的、互不相干的个案，而是由于基本思想有了病毒之故。……所以，如要革新，就非彻底而全盘地反旧不可。④

基于上述，林毓生认为，“五四”新文化运动在中国现代思想史上产生了重要影响，

---

① 林毓生．中国传统的创造性转化［M］．北京：生活·读书·新知三联书店，1988：156.
② 林毓生．中国传统的创造性转化［M］．北京：生活·读书·新知三联书店，1988：75.
③ 林毓生．中国传统的创造性转化［M］．北京：生活·读书·新知三联书店，1988：180.
④ 林毓生．中国传统的创造性转化［M］．北京：生活·读书·新知三联书店，1988：157.

而要从“五四”遗产中获得有益的启示，首要之务是要把“五四思想”与“五四精神”“五四目标”加以分离。所谓“五四思想”，是指前述之全盘反传统的“激进主义”，即认为只有通过思想革命才能实现中国的社会、政治、经济变革，而只有全盘打倒传统文化才能促成思想革命。具体来讲，就其形式来讲，“五四”人士喊了不少口号，高谈自由、民主、科学等，但他们对这些观念的理解是相当肤浅甚至是错误的。就其内容来讲，其实质是基于传统“一元论思想模式”的一种“全盘否定传统主义”①。所谓“五四精神”是指“中国知识分子特有的入世使命感”，它直接继承了传统儒家思想中特有的“以天下为己任”的责任感。他说：“这种入世的使命感是令人骄傲的五四精神，我们今天纪念‘五四’，要承继这种五四精神，发扬这种五四精神。”② 所谓“五四目标”，总体上说就是“使国家强盛”，在这个目标之内包含了“自由”“民主”“法治”“科学”等具体目标。林毓生说：“五四运动是在合理、合乎人道、合乎发展丰富文明的原则之下进行的爱国运动。所以它是与自由、民主、法治、科学，这些目标分不开的……经过六十年的历史考验，五四运动所追求的目标，在今天看来，产生了更为崭新的意义。凡是真心关怀国家前途的中国人都应为实现这些五四的目标尽最大的努力。”③ 正因为如此，我们需要“超越”“五四思想”，发扬“五四精神”，实现“五四目标”。他说：

> 今天我们纪念“五四”，在思想上首要之务是应把五四精神、五四目标与五四思想加以分析，使之分离。如此，我们才能创造地继承五四传统而不被其所囿。……我们今天纪念“五四”，要发扬五四精神，完成五四目标；但我们要超脱五四思想之藩篱，重新切实检讨自由、民主与科学的真义，以及它们彼此之间的和它们与中国传统之间的关系。④

## 二、超越“科玄论战”

1923—1924 年，在国内学术思想界爆发了一场掀起波澜的学术论战。这场论战是围

① 林毓生．中国传统的创造性转化［M］．北京：生活·读书·新知三联书店，1988：147-149.

② 林毓生．中国传统的创造性转化［M］．北京：生活·读书·新知三联书店，1988：148.

③ 林毓生．中国传统的创造性转化［M］．北京：生活·读书·新知三联书店，1988：148.

④ 林毓生．中国传统的创造性转化［M］．北京：生活·读书·新知三联书店，1988：147-149.

绕着科学与人生观而展开的，由于人生观是“玄学”即哲学所探讨的内容，故这场论战也常常简称为“科玄论战”。具体情况是，1923年初，张君劢在清华大学作了一场题为《人生观》的演讲，提出人生观是“主观的”“直觉的”“综合的”“自由意志的”和“单一性的”，因此，人生观的问题是科学所无能为力的。① 出乎意料的是，这次讲演在学术思想界引起了强烈反响。张君劢的演讲词在《清华周刊》刊登出来后，丁文江“读我文后，勃然大怒，曰，诚如君言，科学而不能支配人生，则科学复有何用”②，遂即于《努力周报》上发表《科学与玄学》一文，主张人生观是受科学的公理、定义和方法支配的。以此为起点，学术思想界围绕着科学与人生观进行了激烈论辩，并渐渐形成了相互对垒的两大阵营：以张君劢、梁启超等为代表的“玄学派”和以丁文江、胡适等为代表的“科学派”。对此，许多人认为“科玄论战”是“科学主义”战胜“人文主义”的一场论战。然而，林毓生对此却另有独到的见解。他说：“从科玄论战这件事可以看出，中国知识分子对自己角色的内在反思是不够的，常弄不清楚自己该做什么事。”③ 在他看来，“科学主义”不仅是参与论战的一方，在某种程度上还是论战双方的“缺省配置”，而且还是论战双方出现自相矛盾、学理存在缺陷的重要原因之一。他说：

> 有一点特别值得注意，即无论他们之间有多尖锐的分歧，有一基本论点却是相同的：他们都相信主观性（主体）与客观性（客体）是根本不可逾越的，彼此是完全绝缘地各自属于一个独立的范围；他们同时都认为归纳法是科学方法的主要部分，能对付客体范围内的问题。……丁张二人都完全误解了……逻辑和科学方法的基本论点。……科学研究过程的重点是“假设·演绎”，而不是归纳。④

林毓生认为，“玄学派”代表人物张君劢坚持科学不能解决人生观问题，反对无限制地“滥用”科学权威，目的在于反对“科学主义”。然而，他在坚持人生观问题相对独立性和道德自主性时，却极端地断定人生观必定是主观的。这样一来，他原本是热心地希望能够捍卫儒家立场，但他却没有为道德意识提供合法性基础。也就是说，他原本想要

---

① 张君劢，丁文江．科学与人生观［M］．济南：山东人民出版社，1997：38.

② 张君劢，丁文江．科学与人生观［M］．济南：山东人民出版社，1997：61.

③ 林毓生．热烈与冷静［M］．上海：上海文艺出版社，1998：176.

④ 林毓生．中国意识的危机——“五四”时期激烈的反传统主义［M］．穆善培，译．苏国勋，等，校．贵阳：贵州人民出版社，1988：311-313.

捍卫道德尊严，但所得到的结果却适得其反。造成这种结果的根源在于，张君劢和“科学派”一样，也接受了“科学主义”的观点。所谓“科学主义”，林毓生引用相关学者的定义并进行了补充。他说：“‘科学主义’是这样的一种思想：‘它把所有的实在都排放在一个自然秩序之内，而且认为只有科学方法才能理解这一秩序的所有方面，无论是生物的、社会的、物理的或心理的。’对于这一定义，我们尚添列下列一点：‘科学主义’，作为一项意识形态而言，是由于对自然科学的性质与方法的误解而产生的。”① 林毓生的意思是，张君劢本是反“科学主义”的，但却陷入了“科学主义”的“预设”，从而导致了道德和价值领域的相对主义。很显然，相对主义无法为道德良心提供合法性基础。对此，林毓生说：

> 张君劢之所以一再强调精神与道德良心的主观性来维护它们（而结果适得其反），其中原因很多；一个关键性的因素则是：他深受当时流行的，科学主义对客观性（或客体）的“理解”的影响。张氏未经深思熟虑便接受了那样的观点。……就这样，张氏在不知不觉中因深受五四时期在中国甚为流行的“科学主义”的影响，而采用了对于客体颇具实证主义色彩的观点，尽管他外表上是批评“科学主义”的。②

其实，“科学派”一方的问题更大。“科学派”的代表之一丁文江认为，归纳是科学的主要方法。但是，事实上科学方法并不是简单的归纳，“假设·演绎的方法才是科学程序的本质”③。对此，林毓生说：“对丁氏而言，科学的特性最明显的一点就是：运用归纳法，演绎法在丁氏的科学观中则没有什么地位。……（事实上，假设·演绎法并不必然与归纳而得的证据有关，而是与经由严格训练后所得到的形成问题之创造的想象力有

---

① 林毓生．中国意识的危机——“五四”时期激烈的反传统主义［M］．穆善培，译．苏国勋，等，校．贵阳：贵州人民出版社，1988：304-305.

② 林毓生．中国意识的危机——“五四”时期激烈的反传统主义［M］．穆善培，译．苏国勋，等，校．贵阳：贵州人民出版社，1988：304-305.

③ 林毓生．中国意识的危机——“五四”时期激烈的反传统主义［M］．穆善培，译．苏国勋，等，校．贵阳：贵州人民出版社，1988：312.

密切的关系。”[①]“科学派”的另一个代表胡适，由于对科学所知不多，反而“科学主义”的倾向更加严重。胡适将科学方法简单化为“大胆的假设，小心的求证”[②]，是对科学本质相当程度的误解和庸俗化；实际上在研究的不同阶段和面对不同的研究境况，科学所需要的方法是不同的，故总结出简单的公式是很“不科学”的。在林毓生看来，从事科学研究更重要的是能够提出新的有价值问题；而这需要相关科学范式、科学权威和传统之长期的“潜移默化”。因此，他说：“胡先生对科学方法所做的解说，与科学研究及进展的情况是甚少关联的……”[③] 正因为如此，胡适才“敢于”提出他的具体的“科学人生观”。对此，林毓生说：

> 胡适的“科学主义”的意见实由非科学的材源所促成。更严重的是，胡适过分渲染的“科学主义”的意见带有类似宗教的格调；他似乎企图建立一个自然主义的宗教——把科学当做新的宗教——以便解除内心深处的焦虑。[④]

那么，为什么“科学主义”在近现代中国如此流行呢？林毓生认为，根本原因在于中国传统秩序的崩溃所引发的普遍的、严重的“文化焦虑”，它迫切需要一种无所不包的意识形态以“安慰”。在这种情形之下，“科学主义”之自信、乐观和武断的意识形态在很大程度上满足了这种需要，从而替代了“一元论”的传统文化。因此，这种情况虽然在学理上难以成立，但它却获得广大知识分子尤其是青年学生的认同。林毓生进而认为，从这种角度看，中国流行的“科学主义”和西方的科学主义并不尽相同：它具有鲜明的“中国特色”——是中国长期以来政治权力、文化秩序结合的“大一统结构”的现代变形；唯一的变化不过是“独尊儒术”换成了“科学霸权”。质言之，中国近现代“科学主义”的一大特色，就是试图以科学客观、可靠的“权威”来建立某种“大一统”的“准宗教式”意识形态。林毓生说：“除了考虑中国传统文化结构的崩溃是中国‘科学主义’兴起的主要因素以外，我们还必须考察传统的有机式世界观把‘思想’当做最大动力的

① 林毓生. 中国意识的危机——“五四”时期激烈的反传统主义［M］. 穆善培，译. 苏国勋，等，校. 贵阳：贵州人民出版社，1988：307-308.

② 欧阳哲生. 胡适文集（12）［M］. 北京：北京大学出版社，1998：131.

③ 林毓生. 热烈与冷静［M］. 上海：上海文艺出版社，1998：209.

④ 林毓生. 中国意识的危机——“五四”时期激烈的反传统主义［M］. 穆善培，译. 苏国勋，等，校. 贵阳：贵州人民出版社，1988：320-321.

传统一元论思想模式的重大影响。”① 然而，这种“准宗教式”意识形态具有很强的封闭性和独断性，与现代化进程所需要的宽容、多元、开放精神背道而驰。质言之，“科学主义”严重妨碍了对中国传统文化的全面评价，也加剧了中国愈演愈烈的激进主义思潮。②

基于上述，林毓生认为，只有真正挖掘和充分利用“科玄论战”的思想资源，才能真正实现“科学派”超越传统窠臼的理想，也才能真正实现“玄学派”捍卫价值尊严的理想。具体来讲，超越“科学主义”绝不是指“玄学派”简单的“反攻倒算”，而是指超越“科学主义”与“玄学派”双方共同的错误“预设”。即应该超越“科学主义”之极端偏狭的眼界，以一种温情和尊重的态度来对待中华民族的文化传统。当然，民族的文化传统不应被当作至高无上、神圣不可侵犯的教条顶礼膜拜，而应作为中华民族文化发展的最切近的“地方性文化资源”；通过其与西方文化传统的张力与互动，来避免我们堕人“一元论”封闭的文化困境。为此，林毓生提出了超越“科玄论战”的思路：一方面，重新阐释和解读中国悠久的文化传统，“挖掘”出既适应现代生活又具有民族性格的文化资源，从而在传统的佑护和滋养之下创造新文明。另一方面，在多元化成为当今时代主旋律的今天，努力学习和借鉴西方文化的多元传统，改变中国文化传统中由于“普遍王权”长期统治所带来的“一元论”意识形态。他说：

> “科学主义”在中国的兴起绝不是一个偶然的历史事件。然而，当中国知识分子，懂得了他们的过去的时候，他们将不会受处罚去重复过去的错误。现在他们必须好好安排今后的工作日程。③

## 三、传统文化的“创造性转化”

基于对超越“五四思想”和“科玄论战”的研究，林毓生深入思考了“文化变迁”的模式。在他看来，在世界范围内，文化变迁可概括为三种模式：“新保守主义模式”

① 林毓生. 中国意识的危机——“五四”时期激烈的反传统主义［M］. 穆善培，译. 苏国勋，等，校. 贵阳：贵州人民出版社，1988：325-326.

② 林毓生. 中国传统的创造性转化［M］. 北京：生活·读书·新知三联书店，1988：149.

③ 林毓生. 中国意识的危机——“五四”时期激烈的反传统主义［M］. 穆善培，译. 苏国勋，等，校. 贵阳：贵州人民出版社，1988：330.

“革命模式”和“改革模式”。他说：“文化变迁有三个不同模式：（一）新保守主义模式，（二）改革模式，（三）革命模式。”① 所谓“新保守主义模式”，主要是指以日本为代表的文化变迁模式；这种模式的特点是通过重新肯定传统来实现现代化。他说：“日本文化变迁的模式，基本上是采用新保守主义模式。它用重新肯定旧的符号与权威（天皇）——包括其传统的非理性成分——来促进现代化的建设。”② 这种模式因为重新肯定了旧有传统，故有极强的非理性成分，遂最终导致日本发动了侵略战争。所谓“革命模式”，主要是指中国自“五四”以来所展现的模式；这种模式的特点是将“传统”与“现代”视为两个“对峙”的实体。他说：“这一思潮假定‘传统’与‘现代’是基本对峙、不相容的两个实体。要现代化，就得非把传统彻底打倒不可。”③ 这种模式因将“传统”与“现代”对立起来，故是一种最不稳定的变迁方式。所谓“改革模式”，是林毓生所主张的一种崭新的文化变迁模式；其特点是重组与改造传统文化，使其实现现代化的同时，仍然保持中国文化的认同。他说：“那是把传统的符号、思想与价值加以重组与改造，使经过重组与改造的符号、思想与价值变成促进现代化的种子，同时在变迁中保持了文化的认同。”④ 这种模式因将“传统”与“现代”接榫，故其不仅利于中国文化复兴，而且利于国家现代化发展。

实际上，上述“改革模式”即是林毓生所主张的“创造性转化”。他说：“中华‘大传统’的‘创造性转化’是笔者二十年来在中英文著作中所主张的变迁模式。”⑤ 关于“创造性转化”，林毓生说：“使用多元的思想模式将一些中国传统中的符号、思想、价值与行为模式加以重组与/或改造，使经过重组与/或改造的符号、思想、价值与行为模式变成有利于变革的资源，同时在变革中得以继续保持文化的认同。”⑥ 这里，“改造”的基础是传统中值得改造的、健康的、有生机的元素，这种改造可以也应当受外来文化的影响，但绝不是生硬地照搬或移植外来文化，因为“硬从西方搬来一些货物，不但不能解决我们的问题，反而制造了新的危机”⑦。更重要的是，这个过程必须有“创新”，即

---

① 林毓生．热烈与冷静［M］．上海：上海文艺出版社，1998：294.

② 林毓生．热烈与冷静［M］．上海：上海文艺出版社，1998：294.

③ 林毓生．热烈与冷静［M］．上海：上海文艺出版社，1998：294.

④ 林毓生．热烈与冷静［M］．上海：上海文艺出版社，1998：294-295.

⑤ 林毓生．热烈与冷静［M］．上海：上海文艺出版社，1998：295.

⑥ 林毓生．热烈与冷静［M］．上海：上海文艺出版社，1998：26.

⑦ 林毓生．中国传统的创造性转化［M］．北京：生活·读书·新知三联书店，1988：388.

创造过去没有的东西。但是，所谓“创新”，“不是运用理性的能力在‘无’中创造出‘有’来，而是运用理性的能力疏导已成的事实”①。因而，“这种创造，除了需要精密与深刻地了解西方文化以外，而且需要精密而深刻地了解我们的文化传统，在这个深刻了解交互影响的过程中产生了与传统辨证的连续性，在这种辩证的连续中产生了对传统的转化，在这种转化中产生了我们过去所没有的新东西，同时这种新东西却与传统有辩证地衔接”②。他还说：

> 在这种有所根据的创造过程中，传统得以转化。这种转化因为不是要在全盘否定传统中进行，而是与传统中健康、有生机的质素衔接而进行（这里所谓的衔接，是传统的质素“转”了之后才“接”），所以一方面能使传统因获得新的意义而复苏，另一方面因的确有了新的答案而能使我们的问题得以解决。③

可见，林毓生的“创造性转化”有两个前提：其一，要对中国传统文化做深切的了解，而非教条式的认识；其二，必须深刻明了西方文化的精神及其复杂性。④ 具体来讲，首先，要认真地对传统文化进行一番梳理。在他看来，传统架构的解体并不意味着传统中所有的思想与价值都失去了意义，事实上，传统中仍有许多元素生存了下来。也就是说，一些传统思想虽然因原有文化架构解体而“流离失所”，但并不能排除它们当中一些有与西方思想进行新的整合的可能。林毓生说：“一般而言，创造新的东西并不需要彻底地摧毁旧有的事物……在抨击传统中有害的因素时，并无需将传统和现代置于对立的地位；铲除传统中不合时宜及有害的成分，并不一定非完全否定传统不可。”⑤ 其次，要对西方思想有一个正确而深入的认识，而不是浮皮潦草的一知半解。在林毓生看来，在对待西方文化时，不应该持一种被动“接受”的观念，因为西方思想的来源与变迁自有其故，在本质上它是为解决西方社会的问题而产生的，故我们只能作为参考。也就是说，尽管今天我们实际上已经不能完全摒弃西方的影响，但我们并不能“全面接受”西方的观念，而是要对西方文化加以理解、分析和批判。总之，唯有在对中国传统和西方思想

① 林毓生．中国传统的创造性转化［M］．北京：生活·读书·新知三联书店，1988：117.

② 林毓生．中国传统的创造性转化［M］．北京：生活·读书·新知三联书店，1988：63-64.

③ 林毓生．中国传统的创造性转化［M］．北京：生活·读书·新知三联书店，1988：388-389.

④ 林毓生．中国传统的创造性转化［M］．北京：生活·读书·新知三联书店，1988：234.

⑤ 林毓生．中国传统的创造性转化［M］．北京：生活·读书·新知三联书店，1988：165-166.

做出全面而深刻认识的基础上，才有可能进行“创造性转化”。他说：

> 要维系中国文化，必须建立一个新的中国文化。这新的文化必须建立在对传统中国文化及西方文化真正的了解上。①

在林毓生看来，中国当前的问题与中国文化是息息相关的。他说：“我们既不愿意，也不可能完全做西方人，更不可能与过去传统血缘断绝……”② 历史地看，中国近代苦难的历史演变，使得许多知识分子常因自卑感的驱使转而喜欢自我陶醉，其实这是一种“神经衰弱”式的病态。③ 林毓生的主张是，我们对传统文化和西方文化之复杂性与独特性要有“双重”的开放心态；对传统文化与西方文化进行准确认识的唯一途径是对中西重要经典进行准确解读。他说：“如何对传统与西方文化作实际的了解呢？我以为必须建立在对西方及传统重要经典（classics）的了解之上，别无其他捷径，我们要对中国与西方经典采取开放性的了解与批评的态度，读得愈多愈深刻越好。”④ 当然，中国文化思想界的“贫瘠”与近代以来的战乱以及政治与经济环境甚为有关。不过，这些外在因素的影响并不如许多人想象得那么大，真正的关键因素是文化结构解体以后所产生的思想混乱。然而，由中西方经典之形成可以看出，经典往往是在政治干涉与经济不安的环境中产生出来的。可以说，政治干涉与经济不安是对“知识良心”的挑战，而这种挑战恰恰成为刺激伟大思想诞生的重要动因。在这个意义下，林毓生说：

> 关键不在我们是否能达到最高的目标，而是在于我们是否在创造地突破自己格局方面尽了最大的努力。⑤

对于中国文化的“创造性转化”，林毓生持既不乐观又不悲观的态度。他说：“我虽然并不乐观，但也并不悲观。吾人确可在传统中看到不少质素可以经由‘创造性转化’而成为落实自由民主的资源。……未来有许多变数，与其消耗时间与精力在无法确知的

---

① 林毓生．中国传统的创造性转化［M］．北京：生活·读书·新知三联书店，1988：234.

② 林毓生．中国传统的创造性转化［M］．北京：生活·读书·新知三联书店，1988：234.

③ 林毓生．中国传统的创造性转化［M］．北京：生活·读书·新知三联书店，1988：329.

④ 林毓生．中国传统的创造性转化［M］．北京：生活·读书·新知三联书店，1988：234.

⑤ 林毓生．中国传统的创造性转化［M］．北京：生活·读书·新知三联书店，1988：248.

预测上，不如尽心尽力以负责的态度来探讨‘如何做法’——只要此一计划确实应该推行——况且，吾人又不是确知它必然无从实现。”① 具体来讲，“创造性转化”并非理论上一蹴而就的事情，而是一个极为艰难而漫长的过程，不是一个人、一群人甚至不是一个时代的人所能完成的。然而，正因为这种“创造性转化”艰难而漫长，故我们没有必要对它在短时期内没有重大突破感到灰心。换言之，持续几千年的中国传统文化秩序解体以后，思想失去了基础性的出发点、依据和方向感，在几十年之内我们在这方面没有很大成就是不足为奇的。从历史的观点来看，也许现在尚未到建立一个成熟的伟大的思想系统的时机，但是，时机未成熟并不是当代中国知识分子妄自菲薄、放弃责任的借口。相反，“时间不成熟这种历史感，可使我们脚踏实地做我们能力所及之事”②。因此，目前的问题不在于我们能克服多少困难，而在于是否能确立正确的方向，并不计收获而奋然前行。林毓生说：

> “创造的转化”是一个过程；在这个过程中，新的东西是经由对传统里的健康、有生机的质素加以改造，而与我们选择的西方观念与价值相融会而产生的。在这种有所根据的创造过程中，传统得以转化。③

## 四、结语

近代以来，面对西方文化的冲击，为了探究中国文化的出路，学界出现了“保守主义”与“激进主义”之互为极端的两类思潮。在林毓生看来，“保守主义”因与自由、民主、科学等现代理念不相容，故不可能解决中国文化的出路问题。“激进主义”因整体性地反传统，故亦不可能真正成为中国文化的发展方向。不过，“激进主义”包含着“五四思想”“五四精神”和“五四目标”之不同层面的内容：所谓“五四思想”，指全盘反传统的“激进主义”；所谓“五四精神”，指中国知识分子“以天下为己任”的责任感；所谓“五四目标”，指以“自由”“民主”“法治”“科学”为内容的“国家强盛”。稍后，中

① 林毓生. 热烈与冷静［M］. 上海：上海文艺出版社，1998：33-34.

② 林毓生. 热烈与冷静［M］. 上海：上海文艺出版社，1998：280.

③ 林毓生. 中国传统的创造性转化［M］. 北京：生活·读书·新知三联书店，1988：388.

国学界曾爆发了一场声势浩大的“科玄论战”。在林毓生看来，因为“科学派”和“玄学派”均以“科学主义”为“缺省配置”，故他们均未能实现各自的预期目标。但是，“科玄论战”却给我们留下了一些问题意识：一个方面，“科学派”超越传统窠臼的理想有其道理；另一个方面，“玄学派”捍卫价值尊严的理想有其价值。基于对“激进主义”和“科玄论战”的反思，林毓生认为，现代中国文化的发展须超越“五四思想”，发扬“五四精神”，实现“五四目标”。具体来讲，现代中国文化的发展方向是要超越“科玄论战”，对中国传统文化进行“创造性转化”。质言之，所谓“创造性转化”，乃是指重组与改造传统文化，使其实现现代化的同时，仍然保持中国文化的认同。此乃林毓生之现代中国文化观的主要脉络。

（原文载《河北大学学报》〔哲学社会科学版〕2014 年第 9 期。
《高等学校文科学术文摘》2014 年第 6 期摘编）

# 儒家哲学的“移植”、意义阐发及未来扩展

## ——南乐山的儒家哲学思想

南乐山（Robert C. Neville），1939 年生，美国著名的宗教哲学家。耶鲁大学哲学博士，里海大学神学博士，俄罗斯科学院荣誉博士。先后任教于纽约州立大学石溪分校、耶鲁大学、福特汉姆大学和波士顿大学，曾担任波士顿大学神学院院长，美国形而上学学会、美国宗教学会和国际中国哲学会主席。现任波士顿大学哲学、宗教和神学教授。在他和同事们的共同努力下，波士顿不仅成为“波士顿儒学”的舞台，而且成为北美神学界发展儒家哲学的“道场”。对此，白诗朗（John Berthrong）评价说：“波士顿大学的南乐山教授是推动波士顿儒家最知名的人物。……南乐山的比较哲学研究中最特别的一部分就是他过去 20 年所作的有关儒家思想的研究。”①

## 一

“波士顿儒家”是南乐山和他的同事白诗朗与哈佛大学的杜维明等共同组成的学术沙龙。1993 年，南乐山在国际中国哲学会第八届学术研讨会上所做的演讲中，提出了“波士顿儒家”的概念，此后他与白诗朗又多次阐述关于“波士顿儒学”的构想。2000 年，南乐山出版了专著《波士顿儒家》，正式宣告了这一学派的确立。“波士顿儒家”的成员主要来自位于波士顿的两所大学：一是哈佛大学，二是波士顿大学。这两所大学以查尔斯河为界，以北以“哈佛—燕京学社”为中心，以杜维明为代表，被称为“河北派”；以南以波士顿大学神学院为中心，以南乐山和白诗朗为代表，被称为“河南派”。这两个派

① 白诗朗. 波士顿儒家：全球儒学的第三次浪潮［G］. 张颖，译. 儒教研究. 北京：社会科学文献出版社，2009：320.

别的具体观点并不完全相同："河北派"的思想传承是思、孟、陆、王、牟宗三的传统，它体现着儒学传统中的一条主线——心性儒学；"河南派"的南乐山重荀子，白诗朗重朱熹，这恰是儒学传统中的另一条主线——程朱理学。不过，这两个派别总体上均认同儒家价值，认为儒学不仅是一种学说，而且可以成为当代社会重要的价值资源。不过，通常来讲，所谓"波士顿儒家"多指"河南派"的南乐山和白诗朗，其中尤以南乐山为代表。关于南乐山的儒家思想，白诗朗曾评论说：

> 就波士顿儒家而言，南乐山的主张是：广义地说，儒家传统是可移植的，也就是说，它能够从东亚的知识家乡进入到晚期现代西方的哲学论述中。……南乐山研究波士顿儒家的部分原因就是要显示现今的儒家如何移动，儒家渐增的传统又如何增进全球的哲学。①

南乐山认为，儒家传统是可以"移植"到西方国家的。当然，"移植"的一端是作为"本"的中国儒家传统，另一端则是作为"枝"的儒家思想在其他文化中的传播。② 进而，他认为，作为"枝"的"波士顿儒家"亦有"增进全球的哲学"的责任。不过，要履行这种责任，它必须首先面对文化多元问题。所谓"文化"，乃是指传统的总和。他说："什么是文化？它是指塑造人的禀赋的所有传统的总和；它在实现自身的同时，也塑造了人类。"③ 所谓"多元"是指由于历史背景的不同，人类形成了多种不同的文化；这些文化在全球化背景下有可能碰撞与冲突，但它们也面临着诸多共性的问题。例如，"所有伟大的精神传统都正面临着后期现代性的挑战，至少面临着科学、全球伦理和生态所提出的挑战"④。基于此，南乐山认为，不同文化之间应进行沟通和"对话"，同时亦应进行自身的创造和发展。当然，沟通与"对话"不是无原则的折中、妥协，而是一种具

---

① 白诗朗. 波士顿儒家：全球儒学的第三次浪潮［G］. 张颖，译. 儒教研究. 北京：社会科学文献出版社，2009" 320-321.

② Robert Cummimgs Neville. Boston Confucianism: Portable Tradition in the Late-Modern World [ M ]. Albany: State University of New York Press, 2000: 6.

③ Robert Cummimgs Neville. Boston Confucianism: Portable Tradition in the Late-Modern World [ M ]. Albany: State University of New York Press, 2000: 29.

④ Robert Cummimgs Neville. Boston Confucianism: Portable Tradition in the Late-Modern World [ M ]. Albany: State University of New York Press, 2000: 208.

有创造性的发展态度。① 因此，“波士顿儒家”不仅应探讨与佛教、道教、萨满教等如何共存的问题，而且也要探讨与基督教、犹太教、伊斯兰教如何共存的问题。实际上，儒家传统不仅应面对文化多元问题，而且可以在此方面做出贡献。南乐山说：

> 儒学是一个活的传统，可以为当下全球性的哲学探讨与宗教的文化形成做出贡献。……我们需要从历史的角度理解过去的儒学，同时也需要从思想形式的角度理解现在的儒学，看一看当代儒学是否能够对当代的问题与当下的讨论发表见解。②

具体来讲，南乐山认为，美国文化的特征是文化的多元性，这是中国古代儒家所不曾遇到的。因此，“波士顿儒家”不仅需要对文化多元问题有“原则性承诺”，而且需要具体而积极地接受文化多元。即在美国这样的文化多元的地区，人与人之间如何相互包容、相互尊重，并建立相应的文明规范，应成为“波士顿儒家”的重要使命。实际上，儒家在这方面有着丰厚的传统，对此可提供有益的启示。他说：“对当代哲学的讨论而言，儒学确实有一些东西是有趣的和有益的。”③ 例如，儒家的“礼”即代表一种人与人之间相互包容、相互尊重的行为规范；从内容上讲，它包括三个方面的含义：其一，文化是由“礼”“构造”出来的；其二，“礼”代表文明的规范；其三，“礼”创造着人类社会中的和谐。④ 由此来看，“波士顿儒家”的一个工作重点应是“呼唤礼的复兴”。⑤ 进一步，面对文化多元问题，“波士顿儒家”之“呼唤礼的复兴”包括三项议题：其一，个人如何与“共同体”互动，并在其中发挥领导或“准领导”的作用。儒家过去把这种关系称为“君臣关系”，但在今天这种关系是以“公民性”为基础的。其二，在类似美国这样

---

① Robert Cummimgs Neville. Boston Confucianism: Portable Tradition in the Late-Modern World [M]. Albany: State University of New York Press, 2000: 206-208.

② 南乐山. 当代儒家思想的扩展形态 [G]. 崔雅琴，译. 俞立中. 智慧的圣坛. 上海：华东师范大学出版社，2008：21.

③ Robert Cummimgs Neville. Boston Confucianism: Portable Tradition in the Late-Modern World [M]. Albany: State University of New York Press, 2000: 1.

④ Robert Cummimgs Neville. Boston Confucianism: Portable Tradition in the Late-Modern World [M]. Albany: State University of New York Press, 2000: 8.

⑤ Robert Cummimgs Neville. Boston Confucianism: Portable Tradition in the Late-Modern World [M]. Albany: State University of New York Press, 2000: 7.

的“晚期现代社会”，面对多元文化，人与人之间的“友谊”如何形成。其三，在类似美国这样的社会，家庭如何来组织。①

在南乐山看来，面对文化多元问题，“波士顿儒家”不仅有阐发儒学现代意义的责任，亦有“修正”儒家传统的义务。

关于阐发儒学的现代意义，南乐山认为，儒学作为“一个活的传统”可以而且应该为美国乃至西方社会做出贡献。依着他的理解，儒学可在如下四个方面发挥借鉴意义。其一，“伦理语义学”（the semiotics of ethics）的意义。② 西方伦理学传统注重行为、决定、目标或价值，但没有认识到社会活动若没有“礼”是不可能实现的。与之不同，儒学在揭示“礼”如何使不同文明各得其宜地实现自身方面有丰富的内容。因此，儒家传统使得我们今天对社会习惯、礼仪规范进行检讨成为可能。其二，“文化美学”（the aesthetics of culture）的意义。③ 西方“启蒙运动”观念是一种“文化工具论”，它强调的“进步”可能导致人性的“牺牲”。然而，儒家的“文化美学”则没有这样的缺点，因为它强调文化的目的在于促进人类生活的和谐与丰富。其三，“个人对文明的作用”（the personal competence of civilization）的意义。④ 西方文化强调的是“大众文化趣味”，追求的是舒适的生活。荀子则认为，人并非生来就是“文明”的，人是需要“化性起伪”⑤的，因此“文化精英”的作用便很必要。其四，“传统的作用”（the irony of convention）的意义。⑥ 儒家早就认识到“传统”的意义，认为“传统”是文明形成发展的前提。在当今各大文明互相碰撞的全球化时代，认识并发挥“传统的作用”尤其显得重要。对于这四个方面的意义，南乐山称之为儒学可有的“显著贡献”。他说：

---

① Robert Cummimgs Neville. Boston Confucianism: Portable Tradition in the Late-Modern World [M]. Albany: State University of New York Press, 2000: 15.

② Robert Cummimgs Neville. Boston Confucianism: Portable Tradition in the Late-Modern World [M]. Albany: State University of New York Press, 2000: 39.

③ Robert Cummimgs Neville. Boston Confucianism: Portable Tradition in the Late-Modern World [M]. Albany: State University of New York Press, 2000: 39.

④ Robert Cummimgs Neville. Boston Confucianism: Portable Tradition in the Late-Modern World [M]. Albany: State University of New York Press, 2000: 40.

⑤ 王先谦. 荀子集解 [M]. 沈啸寰，王星贤，点校. 北京：中华书局，1988：438.

⑥ Robert Cummimgs Neville. Boston Confucianism: Portable Tradition in the Late-Modern World [M]. Albany: State University of New York Press, 2000: 40.

对于当代世界哲学和强化儒学作为一种世界哲学的方法，古代中国哲学至少有四个方面的显著贡献。……它们分别称为伦理语义学、文化美学、个人对文明的作用、传统的作用。①

关于“修正”儒家传统，南乐山认为，“波士顿儒家”要“修正”传统儒学，须遵循如下几个原则：其一，必须接受“多元宗教性”（multiple religious identity）的选择。②在东亚，这是一个儒家与佛教、道教、萨满教等如何和谐共存的问题；在西方，这则是一个与基督教、犹太教、伊斯兰教等如何和谐共存的问题。其二，“自我意识”要发展为“历史性自我意识”。③ 即要面对西方哲学传统的挑战，向康德哲学、现象学派、西方逻辑学学习，就像历史上儒家曾经向佛教和道家学习一样。其三，要走向“大众化”。④ 儒家要在西方实现大众化传播甚至普及，必须注意吸引“非严格意义的学者”。即儒学要在美国乃至西方获得发展，并非只需要“学术造诣深厚”的职业学者，亦需要不会读儒家原典的人，他们亦可成为现代的儒家。其四，必须强调“礼的复兴”。⑤ 公共生活对“德性”的呼唤凸显了“礼”的价值，而儒家传统即旨在“塑造”人及社会的礼仪，从而促进一切有意义的社会生活形式。在西方社会，儒家不仅应主张学习并懂得某种专门技艺，更应当开展培养大众良好生活习惯即“礼”的“社会教育”。对于作为“枝”的“波士顿儒家”对作为“本”的传统儒学的“修正”，杜维明曾评论说：

可以理解的是，当南乐山作为波士顿儒家讨论“礼”时，他对于儒家话语的性

---

① Robert Cummimgs Neville. Boston Confucianism: Portable Tradition in the Late-Modern World [M]. Albany: State University of New York Press, 2000: 38.

② Robert Cummimgs Neville. Boston Confucianism: Portable Tradition in the Late-Modern World [M]. Albany: State University of New York Press, 2000: 22.

③ Robert Cummimgs Neville. Boston Confucianism: Portable Tradition in the Late-Modern World [M]. Albany: State University of New York Press, 2000: 21.

④ Robert Cummimgs Neville. Boston Confucianism: Portable Tradition in the Late-Modern World [M]. Albany: State University of New York Press, 2000: 21-22.

⑤ Robert Cummimgs Neville. Boston Confucianism: Portable Tradition in the Late-Modern World [M]. Albany: State University of New York Press, 2000: 22.

质提出了挑战性问题，同时也对儒家传统成为美国智识传统整体的一部分进行了展望。①

## 二

在南乐山看来，就哲学视野来讲，宗教应是其重要的内容；而对这个重要内容进行思考的“成果”就是“宗教哲学”。他说：“宗教哲学因一种假设而产生，这一假设是：哲学需要一种对上帝进行哲学思考的成果。”② 就“宗教哲学”的内容来看，“本体论”和“宇宙论”是两个基础性的部分。因此，南乐山对“本体论”和“宇宙论”进行了辨析。

南乐山认为，所谓“本体论”，本质“是一种从无创造的本体论”③。具体来讲，“本体论”包括三个方面：一是“被创造的世界”；二是“创造的源泉”；三是“创造活动本身”。他说：“从无创造是带有三个可辨认特征的创造活动，这三个特征是被创造的世界、创造的源泉、创造活动本身。”④ 所谓“被创造的世界”，是指由具有“确定性”的事物所构成的世界。或者说，“被创造的事物”的特征就是“确定性”。他说：“从作为一个创造物的世界说起，被创造的明确标志就是一般的确定性。任何确定的事物都是被创造的……”⑤ 所谓“创造的源泉”，是指创造活动所依赖的“根源”。由于“确定性”完全是“创造”的结果，故“创造”的“源泉”必为“不确定性”；否则，它就不足以超越“被创造的世界”而为“源泉”。他说：“创造是它本身的原因。……除了创造以外，源泉是全然不确定的，什么也不是，它甚全不是一种创造性的潜在性。因此源泉甚至不是源

① Tu Weiming，foreword. Robert Cummimgs Neville. Boston Confucianism：Portable Tradition in the Late-Modern World［M］. ibid. xii－xiii.

② 南乐山. 在上帝面具的背后——儒道与基督教［M］. 辛岩，等，译. 张西平，校. 北京：社会科学文献出版社，1997：68.

③ 南乐山. 在上帝面具的背后——儒道与基督教［M］. 辛岩，等，译. 张西平，校. 北京：社会科学文献出版社，1997：6.

④ 南乐山. 在上帝面具的背后——儒道与基督教［M］. 辛岩，等，译. 张西平，校. 北京：社会科学文献出版社，1997：6.

⑤ 南乐山. 在上帝面具的背后——儒道与基督教［M］. 辛岩，等，译. 张西平，校. 北京：社会科学文献出版社，1997：6.

泉，除了通过创造它才是源泉。这证明了神对所有事物的完全超越。"① 所谓"创造活动本身"，即是指"创造的源泉"对于"被创造的世界"之"从无到有"的创造活动。"创造活动本身"依"被创造的世界"而获得它的"确定性"，这种"确定性"一方面是"暂时性"，因为"被创造物"是暂时的；另一方面又是"永恒性"，因为"整体性本身是暂时关系的条件"。②

显而易见，"本体论"的这些内容是"用特殊的抽象方法"和"直接的哲学方式"解释的。③ 然而，在南乐山看来，若停留于这样一种解释层面，对于人类社会不会有实际意义。他说："从无创造的模式是如此抽象，以至它和任何确定的世界都不发生矛盾。这样一种模式如果不特殊化的话，则对我们这个世界不会有太大的帮助。"④ 他的意思是，在"本体论"之外，我们还需要探讨"宇宙论"，因为"宇宙论"是"普遍化"的"本体论"的"特殊化"即具体化。他说："这一解释（指本体论——引者）需要被扩展，以便在许多向度上能对事物的被创造的特性进行分析，这些向度标明了它们的被创造的条件。为此种需要提供的答案是……基本宇宙论。"⑤ 也就是说，"宇宙论"作为一个概念，它是基于"本体论"而在哲学层面对于"世界框架"的描述。他说："所谓'宇宙论'是指一系列富于想象力的才智的活动，通过这些活动，人们社会性地建构了他们的实在，并对这一建构进行批评。其范围从最基本的神话因素直到复杂的神学和形而上学，包括艺术和一切宗教实践形式中的智力符号表达。"⑥ 在南乐山看来，"宇宙论"由描述"确定世界"的范畴组成，包括"有序""无序""混合""混合因"等，但在这些范畴当中，"创造"是核心范畴。在此意义下，"宇宙论"其实就是"创造"的具体表达。他说：

---

① 南乐山. 在上帝面具的背后——儒道与基督教［M］. 辛岩，等，译. 张西平，校. 北京：社会科学文献出版社，1997：8.

② 南乐山. 在上帝面具的背后——儒道与基督教［M］. 辛岩，等，译. 张西平，校. 北京：社会科学文献出版社，1997：9.

③ 南乐山. 在上帝面具的背后——儒道与基督教［M］. 辛岩，等，译. 张西平，校. 北京：社会科学文献出版社，1997：6.

④ 南乐山. 在上帝面具的背后——儒道与基督教［M］. 辛岩，等，译. 张西平，校. 北京：社会科学文献出版社，1997：10.

⑤ 南乐山. 在上帝面具的背后——儒道与基督教［M］. 辛岩，等，译. 张西平，校. 北京：社会科学文献出版社，1997：20.

⑥ 南乐山. 在上帝面具的背后——儒道与基督教［M］. 辛岩，等，译. 张西平，校. 北京：社会科学文献出版社，1997：165.

这一宇宙论是创造在无序、有序、混合以及混合因方面的表达。①

在南乐山的理解中，无论是“本体论”还是“宇宙论”，“创造”都是一个关键概念。基于此，他对儒家哲学与西方哲学的相关内容进行了比较。就西方哲学来讲，“创造”观念来源于两个传统。第一个是西方文化的“双根源传统”：一个根源是近东关于上帝的概念，它把上帝当作世界的创造者；另一个根源是希腊的哲学，它将人类社会理解为在根本上是“秩序”和“无序”的交替。② 在这一传统中，世界的“创造”并不是某种新事物的“创造”，而是上帝提出的“限定”，它的反面则是“非限定”。第二个是西方文化的“神秘主义传统”。在这个传统之下，上帝被想象为超越了确定事物之间的一切界线，包括“秩序”和“无序”之间的界线，并是它们的“源泉”。质言之，“秩序和无序两者以及它们的混合物都被认为是被创造的这一点证明了一个超越的创造者的存在”③。总之，基于上述两个传统所形成的西方哲学之“创造”观念体现出两个观点：“一是上帝创造了与上帝本身相异的某种新世界；二是上帝或许是具有人格特征的一种存在。”④ 在南乐山看来，这样两个观点却透显出理论矛盾：若上帝具有“确定性”特征，则上帝便不会是“创造”的源泉。他说：

只要上帝是一个确定的存在，就一定会有比上帝和世界更为根本的东西，从而能对两者作出确定的区分。……因此就必须杜绝诉求进一步要求本体论背景支持的意义上而言，本体论背景必须是不确定的。⑤

就儒家哲学来讲，“创造”观念则表达为另外一种理解。具体来讲，儒家哲学的“创

① 南乐山. 在上帝面具的背后——儒道与基督教［M］. 辛岩，等，译. 张西平，校. 北京：社会科学文献出版社，1997：80.

② 南乐山. 在上帝面具的背后——儒道与基督教［M］. 辛岩，等，译. 张西平，校. 北京：社会科学文献出版社，1997：51-52.

③ 南乐山. 在上帝面具的背后——儒道与基督教［M］. 辛岩，等，译. 张西平，校. 北京：社会科学文献出版社，1997：54.

④ 南乐山. 儒学与基督教创造力观念之比较［J］. 杨浩，译. 求是学刊，2008（6）.

⑤ 南乐山. 儒学与基督教创造力观念之比较［J］. 杨浩，译. 求是学刊，2008（6）.

造”观念表达为“变化”，而“变化”被理解为一个阴阳交替的复杂过程。即，“阴”和“阳”的区分不仅是二者特性的对立，重要的是二者的交替会带来新事物的“创造”。“阴”是一种“女性”的状态，它指事物由之产生又向之复归的地方；“阳”是指从“根据地”向外出动，是从“女性”状态向外延伸；在“阴”“阳”的互动状态中不仅旧事物得到强化，而且某种新事物会得以“创造”。① 很显然，儒家哲学的“创造”与西方哲学的“创造”所指不同，它不是指“从无创造”某种事物的活动，而是基于“本源”的“萌芽”建构新事物的过程。而且，新事物又重建了自己与“本源”的“同一性”。南乐山说：“儒教和道教都包括了阴阳这一根本性的隐喻，只是对它的强调略有不同罢了。儒家……使自己深入于表现人类美德的人伦之中。道家强调向源泉的回归，向阴的底层基础的回归，向水和婴儿的柔弱但不屈服的力量的回归，以成功地达到自己的目的。两种传统都不否认在理解和活动中有尊重阴和阳的局限性的必要。”② 质言之，儒家哲学的“变化”与西方哲学的“创造”相应，但它们又有很大不同；关键的不同之处在于它没有“创造的源泉”与“被创造的世界”之间的理论矛盾。南乐山说：

> 作为一个结果，中国的创造概念把暂时的过程说成为变化，是向纵深方向的持续变化。③

南乐山进而认为，西方哲学的“创造”观念虽然透显着理论矛盾，但它却表达了一种有价值的本体论意义的“不对称”观念，即“被创造的世界”与“创造的源泉”之间的“不平等性”。儒家哲学的“变化”观念虽不同，但它同样在本体论层面表达出“不对称”的观念，因为它对具有“确定性”的超越事物不感兴趣，而对事物的“内在确定性”却极度欣赏。南乐山说：“我相信那里有这一有意义的说明，虽然其形式与西方的形式不

---

① 南乐山. 在上帝面具的背后——儒道与基督教［M］. 辛岩，等，译. 张西平，校. 北京：社会科学文献出版社，1997：55.

② 南乐山. 在上帝面具的背后——儒道与基督教［M］. 辛岩，等，译. 张西平，校. 北京：社会科学文献出版社，1997：55.

③ 南乐山. 在上帝面具的背后——儒道与基督教［M］. 辛岩，等，译. 张西平，校. 北京：社会科学文献出版社，1997：57.

完全相似。”① 具体来讲，与西方哲学“创造”观念所体现的“不对称”相比，儒家哲学乃是通过一种“萌生方式”反映出这种“不对称”。关于这种“萌生方式”，他解释说：“这一方式包含站在某些内在确定的事物的状态一边，以便指称一种在本体论上更基本的状态。在这个更基本的状态中，事物确定的状态开始产生。我称后一个状态为前一个状态的本体论根据。除了是内在确定性状态的开始和准备产生内在确定性状态之外，它没有任何特性。虽然本体论根据的任何内涵很少积极地创造内在确定的事物，但它确实是那一确定状态的开始，因此与这一确定状态的关系是不对称的。”② 例如，道家所谓“道，可道，非常道；名，可名，非常名”③ 之论述明确地表达了这种“不对称”：不可名状的“道”是创造性的，可名状的“道”是被创造的；除了参照后者以外，对前者不能进行任何界定。对此，南乐山说：

> 在这里不存在永恒的道的立足点，因为它是确定的世界过程的暂时结构的永恒创造。这是本体创造范畴的一个确切说明。④

为了进一步说明儒家哲学的价值，南乐山还具体辨析了中国传统的“宇宙论”思想。如前所述，“宇宙论”的内容不外乎“创造”所涉及的“无序”“有序”“混合”“混合因”四个范畴。在南乐山看来，儒家哲学对这四个范畴及其关系的理解是明确的。他说：“在我看来，中国儒家、道家和中国化的佛教的完整结合以比任何其他传统更均衡、更清晰、更自觉和更和谐的方式表达了基本宇宙论的这四个基本范畴，虽然所有传统都对这几个范畴给予了某种承认。”⑤ 儒家哲学的相关思想是：“地”“器”或“气”是“无序”的；“天”“原则”或“理”是“有序”的；作为“有序”的共同的表达的和谐——“道”或

---

① 南乐山. 在上帝面具的背后——儒道与基督教［M］. 辛岩，等，译. 张西平，校. 北京：社会科学文献出版社，1997：76.

② 南乐山. 在上帝面具的背后——儒道与基督教［M］. 辛岩，等，译. 张西平，校. 北京：社会科学文献出版社，1997：76.

③ 朱谦之. 老子校释［M］. 北京：中华书局，1984：3.

④ 南乐山. 在上帝面具的背后——儒道与基督教［M］. 辛岩，等，译. 张西平，校. 北京：社会科学文献出版社，1997：77.

⑤ 南乐山. 在上帝面具的背后——儒道与基督教［M］. 辛岩，等，译. 张西平，校. 北京：社会科学文献出版社，1997：81.

“仁”是“混合”；“天人合一”这一伟人圣贤的“鹄的”是“混合因”。① 具体来讲，儒家哲学认为，“天”和“地”，“阴”和“阳”是一种“伙伴关系”，这种“伙伴关系”体现为“有序”和“无序”的结合。或者说，“有序”的“天”确定了事物的特性，“无序”的“地”为承载事物的特性提供了潜能。进而，就“理”和“气”作为抽象物来说它们是整合性的“混合”，而“混合因”在于“天人合一”之旨。关于儒家哲学这四个“宇宙论”范畴的意义，南乐山说：

> 探讨这一争论会使西方的范畴令人高兴地丰富起来，这一讨论在许多方面比西方的讨论更具有可感性。然而，正是在救世神学方面，中国传统作出了它最突出的贡献。②

基于上述，南乐山认为，就“本体论”和“宇宙论”的内容来看，西方哲学虽有深入探讨，但其包含着理论上的矛盾，故需进一步而加以改进、“补偿”。他说：“作为一个基督徒，我确信一神论对神的态度的正确性，并参加一神论宗教的礼拜。在我的信念中不明确的是一神论方法的局限性以及它如何与其他方法发生联系，它如何对其他方法的正确性视而不见，它如何补偿它们的不足。”③ 对照地看，儒家哲学虽然没有“宗教哲学”这个概念，但其独特的“本体论”和“宇宙论”思想可引入、借鉴到“宗教哲学”中来。他说：“准确地说，它（指儒家哲学——引者）的贡献在于这些本体论创造的形式没有西方一神论神秘主义的分裂特征和基本宇宙论范畴的困难。而它的基本宇宙论的权威地位表明天地的范畴和它们的和谐是基本的、不难理解的人类中心说，用另一句表达这一观点就是：中国范畴的权威地位证明了那一部分基本宇宙论的合理性。”④ 南乐山的意思是，儒家哲学不仅对本体“创造”范畴和宇宙论诸范畴进行了阐明，而且在“不对

---

① 南乐山．在上帝面具的背后——儒道与基督教［M］．辛岩，等，译．张西平，校．北京：社会科学文献出版社，1997：80-81.

② 南乐山．在上帝面具的背后——儒道与基督教［M］．辛岩，等，译．张西平，校．北京：社会科学文献出版社，1997：82.

③ 南乐山．在上帝面具的背后——儒道与基督教［M］．辛岩，等，译．张西平，校．北京：社会科学文献出版社，1997：9.

④ 南乐山．在上帝面具的背后——儒道与基督教［M］．辛岩，等，译．张西平，校．北京：社会科学文献出版社，1997：85.

称”观念下化解了西方哲学“创造”观念所透显的理论矛盾，此乃儒家哲学对于“宗教哲学”的贡献。他说：“中国的宗教能表达和产生一种本体论上的创造精神，这种精神能避免作为西方宗教特征的一神论和神秘主义相分裂的困难。”① 南乐山还说：

> 我不能抑制对我初步发现的嘲弄所感到的兴奋，即中国思想比西方思想更广泛更均衡地表达了从无创造和柏拉图宇宙论的本质。②

## 三

南乐山认为，儒学不只与中国特殊的历史情境有关，它有必要参与当代世界哲学的“对话”，在对话过程中实现自我的改造和发展。换言之，儒学尽管作为一个“活的传统”可以为当代哲学发展做出贡献，但至于究竟能做出多大贡献，要看它与当代现实生活“相啮合”的程度。因此，“对于一个传统来说，必须不断地考察和重新解释它的过去，因而历史的研究总是很有必要。然而，这不应该是当代儒家哲学研究的全部”。③ 南乐山的意思是，我们需要从历史的角度理解过去的儒学，也需要从思想的角度理解现在的儒学，更需要看儒学能否对当代和未来的问题“发表见解”。否则，便不能说儒学为一个“活的传统”。他说：“作为一名儒家主义者，我承认有必要理解和尊重传统。但与此同时，我们有责任发展传统以适应当今哲学的需要。”④ 在南乐山看来，“作为一个活的传统，儒学能够为当下的讨论作出贡献。当然，通过参与当下的讨论，儒学自身也会发生改变——这正是所谓的活的传统。”⑤ 基于此，他认为儒学应在“形而上学”“哲学宇宙

① 南乐山. 在上帝面具的背后——儒道与基督教［M］. 辛岩，等，译. 张西平，校. 北京：社会科学文献出版社，1997：67-68.

② 南乐山. 在上帝面具的背后——儒道与基督教［M］. 辛岩，等，译. 张西平，校. 北京：社会科学文献出版社，1997：85.

③ 南乐山. 当代儒家思想的扩展形态［G］. 崔雅琴，译. 俞立中. 智慧的圣坛. 上海：华东师范大学出版社，2008：21.

④ 南乐山. 当代儒家思想的扩展形态［G］. 崔雅琴，译. 俞立中. 智慧的圣坛. 上海：华东师范大学出版社，2008：33.

⑤ 南乐山. 当代儒家思想的扩展形态［G］. 崔雅琴，译. 俞立中. 智慧的圣坛. 上海：华东师范大学出版社，2008：22.

论”“人性论”和“社会理论”四个方面“拓展它的话语范围”，以深化儒学的未来发展。他说：

> 儒学需要在四个相关领域拓展它的话语范围：形而上学的当代话语、与科学相关的哲学宇宙论的当代话语、关于人性和经验的当代话语以及社会理论的当代话语。在这些话语中，儒学的传统主题表明了儒学应有的兴趣和立场。这些话语本身不仅产生于东亚思想，而且也产生于南亚与西方传统。它们必须有足以反映当下讨论的最佳形式。①

其一，关于形而上学。在南乐山看来，“形而上学”作为一门学问，主要研究“存在”与“非存在”的问题。他说：“形而上学无论在西方还是在南亚都是哲学的一个核心部分。它的重要性不仅在于人们对它所涉及问题的固有兴趣，而且在于这样一个事实：形而上学确定什么是最高的实在，从而为生活中最重要的东西设立模式。一个人的形而上学决定了他会形成怎样的人生方向。”② 正因为形而上学如此重要，南乐山主张把“形而上学”也作为重要的“儒学话语”。在他看来，儒家可以“涉足”以下几个形而上学“假说”：第一，“存在具有特征，非存在不具有特征。这是两者之间的一个重大差异”③。如果不承认两者之间的差异，并由此否认有“非存在”，那么就会否认“微妙性”与“神妙性”，这显然与儒家对世界的理解相矛盾。第二，“非存在比存在更为本源，非存在产生存在”④。如果“非存在”不是“存在”之源，那么就不能解释“存在”的“偶然性”。第三，“哪里存在物，哪里就存在和谐”⑤。如果否认“和谐”是物的本性，那么就等于

---

① 南乐山. 当代儒家思想的扩展形态［G］. 崔雅琴，译. 俞立中. 智慧的圣坛. 上海：华东师范大学出版社，2008：21-22.

② 南乐山. 当代儒家思想的扩展形态［G］. 崔雅琴，译. 俞立中. 智慧的圣坛. 上海：华东师范大学出版社，2008：22.

③ 南乐山. 当代儒家思想的扩展形态［G］. 崔雅琴，译. 俞立中. 智慧的圣坛. 上海：华东师范大学出版社，2008：23.

④ 南乐山. 当代儒家思想的扩展形态［G］. 崔雅琴，译. 俞立中. 智慧的圣坛. 上海：华东师范大学出版社，2008：23.

⑤ 南乐山. 当代儒家思想的扩展形态［G］. 崔雅琴，译. 俞立中. 智慧的圣坛. 上海：华东师范大学出版社，2008：23.

否定物与物的关联性；而儒家认为所有物都是相互关联的。第四，“和谐是有价值的”①。如果否认“和谐”是有价值的，那么“存在”的美学特征就不可能，“仁”“义”“礼”“智”的美学特征也将是虚假的。第五，“存在或太极从非存在中产生出来。这是一个不能追问为什么的事实”②。如果能够对此进行进一步追问，那么“非存在”就仿佛变成了上帝；而儒家对于上帝是质疑的。依着南乐山的理解，儒学如果“涉足”这些“假说”，它定会有多方面之“积极的收获”。他说：

> 儒学如果涉足这样一些形而上学假说，它将发生怎样的变化呢？首先，和我们现在所熟悉的儒学相比，它将进入更抽象的话语系统。其次，它将得以用西方哲学争论形而上学问题的语言来表达自己主要的形而上学主题与形而上学思想，以便与西方哲学进行更清晰的比较及辩证的争论。再次，它将得以表达自己的深层信托(commitment)：宇宙与人类生活有真正的价值。……我觉得所有这些变化都是积极的收获。③

其二，关于哲学宇宙论。南乐山认为，“哲学宇宙论”不同于形而上学，它和世界性质的关系更加具体，对自然科学的思考与发现更加敏感。他说：“宇宙论不应当听从于科学，但是它必须能够记录、反映科学。”④ 在他看来，儒学传统有大量的宇宙论思想，这些思想应进一步“发掘”，以参与世界哲学的讨论。具体来讲，相关思想有如下两个方面：第一，“万物皆在变易之中”⑤。儒家和道家一样，均把世界看作变化过程，而变化过程乃是和谐的。他说：“儒家宇宙论同样把天视为秩序或样式之源，而秩序或样式允许各种过程和谐共处。……和谐意味着不同的部分在特定的时—空以特定的样式结合在一

---

① 南乐山. 当代儒家思想的扩展形态［G］. 崔雅琴，译. 俞立中. 智慧的圣坛. 上海：华东师范大学出版社，2008：23.

② 南乐山. 当代儒家思想的扩展形态［G］. 崔雅琴，译. 俞立中. 智慧的圣坛. 上海：华东师范大学出版社，2008：23.

③ 南乐山. 当代儒家思想的扩展形态［G］. 崔雅琴，译. 俞立中. 智慧的圣坛. 上海：华东师范大学出版社，2008：25.

④ 南乐山. 当代儒家思想的扩展形态［G］. 崔雅琴，译. 俞立中. 智慧的圣坛. 上海：华东师范大学出版社，2008：26.

⑤ 南乐山. 当代儒家思想的扩展形态［G］. 崔雅琴，译. 俞立中. 智慧的圣坛. 上海：华东师范大学出版社，2008：26.

起，它的价值总是好的。"[①] 第二，变化的"自发性"[②]。儒家尽管强调"变化"和"过程"，但它并非科学意义上的"决定论"，而是表达为一种变化的"自发性"。所谓"自发性"，不仅意味着深层的"存在"与"非存在"的关系对"过程"的作用，而且意味着允许人类将自己的意图加于"过程"之上。基于上述两个方面，在南乐山看来，儒学进入"哲学宇宙论"的讨论十分有益，它将由此找到关于"变化""当然之则"和"自发性"思想的当代表达。换言之，儒家的经典文本与现代科学通常不可通约，故常被冠以"非科学"之名而倍受诟病；如果儒学"发展"了自己的哲学宇宙论，就可以实现儒学与科学的"通约"，从而摆脱倍受诟病的窘境。对此，南乐山说：

> 当代儒学之所以要参与时下关于哲学宇宙论的讨论，最重要的原因在于儒学可以通过这样的讨论参与现代科学。当代儒家当然可以成为自然科学家。但问题在于他们怎样把科学同儒家传统的主题联接起来。[③]

其三，关于人性论。在南乐山看来，"人性是传统儒学的一个深刻主题"[④]。不过，儒家的"性"与西方哲学的"性"并不相同：在西方哲学，"性"意味着一种静态的模式；在儒家哲学，"性"乃"强调变化及过程"。即，西方哲学的"人性"概念来自自然科学与社会科学，而"儒家人性论强调对事物价值……的基本反映"[⑤]，即其"人性"概念来自人文科学。对此，南乐山主张，"当代儒学需要提出一种既可以与科学相联系，又可以表达传统思想的人性论"[⑥]。具体来讲，儒家应在"想象""判断""理论化"和"对

① 南乐山. 当代儒家思想的扩展形态［G］. 崔雅琴，译. 俞立中. 智慧的圣坛. 上海：华东师范大学出版社，2008：26.

② 南乐山. 当代儒家思想的扩展形态［G］. 崔雅琴，译. 俞立中. 智慧的圣坛. 上海：华东师范大学出版社，2008：26.

③ 南乐山. 当代儒家思想的扩展形态［G］. 崔雅琴，译. 俞立中. 智慧的圣坛. 上海：华东师范大学出版社，2008：26-27.

④ 南乐山. 当代儒家思想的扩展形态［G］. 崔雅琴，译. 俞立中. 智慧的圣坛. 上海：华东师范大学出版社，2008：27.

⑤ 南乐山. 当代儒家思想的扩展形态［G］. 崔雅琴，译. 俞立中. 智慧的圣坛. 上海：华东师范大学出版社，2008：27.

⑥ 南乐山. 当代儒家思想的扩展形态［G］. 崔雅琴，译. 俞立中. 智慧的圣坛. 上海：华东师范大学出版社，2008：27.

责任的追求”四个方面进行新的建构，而对于这些新的建构儒家已有理论是不排斥的。所谓“想象”，是指“创造记号以承认事物的价值”。[①] 即，“想象”提供了观念、符号与记号，可以让我们在有价值的事物之间做出区分。依着南乐山的理解，“这是儒家思想的一部分，因为儒家主张根据事物的价值特征掌握事物”[②]。所谓“判断”，是指“判定特定解释的真理性”[③]。不过，要知道一个判断为真，依赖于把对象的价值带入“解释者”。同样，儒家“把真理表达为对象与解释者之间的因果联结”[④]。所谓“理论化”，是指“一系列的判断或假说，它们对所涉及的主题给出一个系统的看法”[⑤]。虽然儒家不注重“理论化”，但儒家的理论不会扭曲关于人的价值。所谓“对责任的追求”，是指“在不同的可能行动将导致不同的价值结果时，我们每个人都有责任去做应该的事情”[⑥]。在此方面，“对礼仪的重视是儒学对当代哲学最重要、最直接的贡献”[⑦]。在南乐山看来，如果儒学的人性论如此建构，它自身将获得变化和发展。他说：

> 如果儒学在关于人类本性与人类经验的话语中发展自身，那么它将发生怎样的改变呢？首先，荀子思想在地位上长期从属于孟子思想的状态将得到改变，荀子将作为儒学传统中最具原创力的思想家之一重新引起人们的兴趣。其次，儒学将把一个丰富的实用主义话语内在化。……再次，儒学将获得一种参与当代认识论讨论的哲学话语，这种哲学话语可以表达儒学关于人性、尤其是其价值要素的基本思想。

---

① 南乐山．当代儒家思想的扩展形态［G］．崔雅琴，译．俞立中．智慧的圣坛．上海：华东师范大学出版社，2008：29.

② 南乐山．当代儒家思想的扩展形态［G］．崔雅琴，译．俞立中．智慧的圣坛．上海：华东师范大学出版社，2008：28.

③ 南乐山．当代儒家思想的扩展形态［G］．崔雅琴，译．俞立中．智慧的圣坛．上海：华东师范大学出版社，2008：29.

④ 南乐山．当代儒家思想的扩展形态［G］．崔雅琴，译．俞立中．智慧的圣坛．上海：华东师范大学出版社，2008：28.

⑤ 南乐山．当代儒家思想的扩展形态［G］．崔雅琴，译．俞立中．智慧的圣坛．上海：华东师范大学出版社，2008：29.

⑥ 南乐山．当代儒家思想的扩展形态［G］．崔雅琴，译．俞立中．智慧的圣坛．上海：华东师范大学出版社，2008：29.

⑦ 南乐山．当代儒家思想的扩展形态［G］．崔雅琴，译．俞立中．智慧的圣坛．上海：华东师范大学出版社，2008：30.

这些变化都有利于促进儒学的发展。①

其四，关于社会理论。通常来讲，现代最重要的社会理论有两类：第一类是指“权力是社会关系的关键”的理论。② 自霍布斯（Thomas Hobbs，1588—1679）以后，这已经成为很多欧洲思想的特征；马克思主义和后现代解构主义是以权力理解社会的主要代表。不过，儒家不赞同这种理论，它认为“礼”是社会关系的关键。也就是说，就一个社会来讲，权力关系当然存在，但儒家对“权力关系”的理解不同：“儒家社会理论将会以仁为标准理解权力关系；它主张从长远来看最强有力的权力体现在礼仪结构之中。”③ 第二类是“社会契约论”。④ “社会契约论”的基本概念是“自然状态”先于“文明社会”，因为“自然状态”的人性在本质上是自私的。换言之，“社会契约论”的“底线”是，只要不妨碍他人做同样的为文明社会法律所确定的事情，人们就可以自由地做自己想做的任何事。与此不同，儒家则认为，每个人都对社会中应该做的每件事情负有责任，除非社会礼仪把责任赋予某些特定的人。⑤ 在南乐山看来，“社会理论”是“儒家思想一开始就已经认识到的东西”⑥。不过，面对当代社会现实生活，面对上述两类最重要的社会理论，儒家依据传统资源依然有发展的“空间”。具体来讲，儒家应针对“社会契约论”提出一种以“仁”和“礼”为思想主题的“反动”理论。他说：

一种可行的当代儒家社会理论会是怎样的呢？……我认为，当代儒家社会理论的核心理论原则是对社会契约论某种观点的反动。……儒学之所以应该提出与社会

① 南乐山．当代儒家思想的扩展形态［G］．崔雅琴，译．俞立中．智慧的圣坛．上海：华东师范大学出版社，2008：30.

② 南乐山．当代儒家思想的扩展形态［G］．崔雅琴，译．俞立中．智慧的圣坛．上海：华东师范大学出版社，2008：31.

③ 南乐山．当代儒家思想的扩展形态［G］．崔雅琴，译．俞立中．智慧的圣坛．上海：华东师范大学出版社，2008：31.

④ 南乐山．当代儒家思想的扩展形态［G］．崔雅琴，译．俞立中．智慧的圣坛．上海：华东师范大学出版社，2008：31.

⑤ 南乐山．当代儒家思想的扩展形态［G］．崔雅琴，译．俞立中．智慧的圣坛．上海：华东师范大学出版社，2008：32.

⑥ 南乐山．当代儒家思想的扩展形态［G］．崔雅琴，译．俞立中．智慧的圣坛．上海：华东师范大学出版社，2008：30.

契约论相反动的理论，原因在于它信奉仁道。①

## 四

概而言之，南乐山认为儒家哲学可以“移植”到西方世界。不过，“移植”后的儒家哲学不能“自生自灭”，而须有所作为；儒家哲学唯有如此方可发展，也方可为人类哲学做出贡献。具体来讲，一个方面，“波士顿儒家”须承担阐发儒学现代意义的责任。关此，他探讨了西方哲学和儒家哲学的“创造”观念：西方哲学的“创造”为“无中生有”；它体现着本体论意义的“不对称”，即“被创造的世界”与“创造的源泉”的不平等。然而，这样一种“创造”却包含着“确定性”与“创造的源泉”之间的矛盾：“确定性”是“被创造的世界”的特征，故“创造的源泉”不能具有“确定性”。儒家哲学的“创造”为“变化”即“萌生”；它同样体现着本体论意义的“不对称”，即忽视“确定性”超越事物而重视“内在确定性”事物之间的不平等。这样看来，儒家哲学的“创造”可化解西方哲学“创造”的矛盾。另一个方面，“波士顿儒家”亦须承担“修正”儒家哲学的责任。关此，他认为，儒学作为一个“活的传统”，究竟能为学界做出多大贡献，取决在它与美国乃至西方当代现实生活“相啮合”的程度。具体来讲，儒学应在“形而上学”“哲学宇宙论”“人性论”和“社会理论”四个方面“拓展它的话语范围”，解答西方文化在这些问题上的关切，从而深化儒学的未来发展。显而易见，南乐山的这样一些探讨，对于儒家哲学在西方世界的未来发展具有一定启迪意义。

（原文载《河南师范大学学报》〔哲学社会科学版〕2017年第1期，
与许敬辉合作）

---

① 南乐山. 当代儒家思想的扩展形态［G］. 崔雅琴，译. 俞立中. 智慧的圣坛. 上海：华东师范大学出版社，2008：31-31.

河北大学
哲学研究文存

第四编

# 哲学理论研究

# 儒学的现代化与世界化

## ——程志华教授访谈录

**编者按**：自近代以来，儒学的现代化就成为儒家学者的思想课题，而今随着全球化的发展，儒学的世界化又作为一个新的思想方向，与儒学的现代化一道构成了 21 世纪儒学研究的核心课题。对此，当代儒家以不同的思想维度和理论进路做了积极探索，除了各种当代儒学理论的创建以及围绕不同主题展开的中西对话之外，进一步消化推进 20 世纪现代新儒学的成果，同时系统梳理以美国儒学为代表的儒学世界化历程，不仅是探索儒学现代化与世界化的一个最基本环节，也是一个最直接的切入点。在这方面，程志华教授的研究正是一个典范。为此，本刊特邀程教授就相关问题做了深入解答，在此将访谈分享给广大读者。

近年，程志华教授聚焦现代新儒学与美国儒学史研究。在现代新儒学研究方面，以牟宗三为核心，上溯到乃师熊十力，下委到弟子群体台湾“鹅湖学派”，已完成现代新儒家“祖孙三代”式的系列成果；在美国儒学史研究方面，梳理了一百多年的美国儒学发展历程，将之划分为五个阶段，涉及 29 个代表人物的思想，完成了我国迄今唯一一部系统的美国儒学研究著作。

**郭萍**：程老师好！您提出“以中国古代哲学研究为根据，借鉴现代新儒学的问题意识，立足于整个人类哲学的视域，服务于以本体论为核心的哲学研究”，这可以说是您对自己学术研究的内容、思路、方法等提纲挈领的概括。而通过您关于现代新儒学和美国儒学史研究的成果，可以看出您据此展开的研究一直聚焦于儒学的现代化与世界化。所以想请您对此做一些具体的解答。

“返本开新”是现代新儒学的标签，但您认为“‘返本以开新’之表达不如‘据本以开新’恰切，因为‘返’字有‘返回’之义，让人有‘保守主义’的联想。若使用‘据本以开新’，则这种联想会淡化许多，而且它在强调‘开新’的同时又不‘忘本’”。我想，这不仅是您对现代新儒学思路的理解，而且也是您为儒学现代化发展提供的一种理论思路。不知您所谓的“据本”是什么“本”？是否如现代新儒家那样以宋明儒学，或其他传统儒学理论为“本”？再而，您对“返本”一词的修正，表明您不赞同史学意义上的思想还原，那么，您认为应以何种方式实现“据本”呢？冯友兰提出的“抽象继承法”算不算是一种“据本”？

**程志华**：现代新儒学既反对保守主义，又反对激进主义，谋求一种“中庸之道”，故通常将其立场表述为“返本以开新”——依据宋明儒学以开出儒学现代形态。这个说法就内容讲明确无误，但因用一“返”字而在表达形式上让人有保守主义联想。也就是说，“返”强调的是“返”的过程，而凸显“本”的地位和作用。在此意义下，我提出“返本以开新”不如替换为“据本以开新”，因为“据本”不以强调“返”而以强调“本”为重点。在此，“本”不是“本体”义，而是“依据”或“根据”义。不过，这种“修正”只是表述形式的问题，“返本以开新”与“据本以开新”在内容上并无不同。

我赞同现代新儒家“据本以开新”的理路，其实这种理路实为根据哲学史研究哲学的理路，不是“四无依傍”的“杜撰”。而且，我也赞同现代新儒家以宋明儒学为“本”，因为宋明儒学是原始儒学的发展形态，为已包含原始儒学问题在内的超越形态。即，以宋明儒学为“本”，可以包含原始儒学在内。

进而，修正“返本”为“据本”，并不意味着我反对“思想还原”，实际上我非常赞同“思想还原”，认为它是20世纪以来哲学界的主导性哲学方法。而且，这个方法也是我近些年非常受用的思想方法。我曾写有《“追问根源”与“哲学困难”》①，就是受启于“思想还原”而发。在我看来，“思想还原”是“据本”的具体途径。

另外，您提及冯友兰的“抽象继承法”。20世纪50年代，冯友兰将古代哲学命题区分为“抽象意义”与“具体意义”，主张“抽象意义”可以继承，而“具体意义”不可以继承。这样一种做法上升为方法即是“抽象继承法”。他说：“我们近几年来，在中国哲学史的教学研究中，对中国古代哲学似乎是否定的太多了一些。否定的多了，可继承的遗产也就少了。我觉得我们应该对中国的哲学思想做更全面的了解。在中国哲学史中，有些哲学命题，如果作全面了解，应该注意到这些命题的两方面的意义：一是抽象的意义，一是具体的意义。”② 显而易见，“抽象继承法”属于一种“据本”，为“据本”的具

① 程志华：《“追问根源”与“哲学困难”》，《社会科学研究》2018年第3期。

② 冯友兰：《关于中国哲学遗产的继承问题》，《光明日报》1957年1月8日。

体途径。

**郭萍**：您说："中国哲学之发展不能离开中国哲学之传统，故对于中国哲学史的研究乃是不可或缺者。"这表明您提倡"据本"的目的是"开新"，也即为了面向我们的当下和未来。但不是以民主与科学为内容的形下层面的"开新"，您强调的"开新"是要建立一种新的本体论、新的哲学。因此您提出了"一体两态"或曰"一体三态"的本体论，这也是您哲学研究的核心。

但我们知道，当代哲学呈现解构形而上学、消解形而上学的发展趋势，当代大陆新儒学也大都集中于政治哲学、道德哲学层面的创展，而您仍坚持以本体论为核心的创新和研究，这是出于怎样的考虑呢？进一步地，"一体两态"的本体论"新"在何处（特点是什么）？

**程志华**：哲学构成哲学史，哲学史是哲学的基础；哲学史是对已有哲学思想的疏解，它的时间面向是过去；哲学是对哲学问题的解答，它的时间面向是当下和未来。因此，哲学必须"开新"，否则便是未尽自己的使命。当前儒家哲学有一种不好的倾向，即只强调哲学史研究，遮蔽了哲学研究。即，只强调弘扬传统儒学的现代价值，而忽略了儒学的创新。

"哲学"是对事实、价值或事实和价值总体之超越研究的学问。这个定义当中，哲学和科学均为依理性而有的学问，由此哲学区别于"宗教"；"超越"指对经验的超越，为哲学和宗教的共同特征，由此哲学区别于"科学"。进而，既然哲学乃"超越"研究的学问，故它的核心是形而上学，而形而上学的核心是本体论，故，要进行哲学研究，形而上学或本体论乃核心内容。

近年来，"大陆新儒学"反对现代新儒学"心性儒学"理路，倡导政治哲学和道德哲学等"实践哲学"。在他们看来，原始儒学本有"心性儒学"和"政治儒学"两个面向，但现代新儒学片面发展了"心性儒学"，边缘化了"政治儒学"，因此要弥补现代新儒学不足，发展"政治儒学"理路，以恢复原始儒学完整形态。可见，"大陆新儒学"只是对现代新儒学的补充，不可能成为对现代新儒学的否定，故不会对儒学形而上学发展形成"威胁"。

20 世纪以来，形而上学在西方受到空前冲击，而冲击主要源自内外两方面：外的方面指实证主义和后现代主义。实证主义认为，经验是知识的唯一来源和基础，故凡不能被经验证实者都须排除在知识之外；既然形而上学不能被经验证实，故哲学应该"拒斥形而上学"。而且，形而上学以思辨虚构代替实证研究，实际上乃人类精神不成熟的产物。后现代主义则认为，“理性主义”“基础主义”“本质主义”均为形而上学“建构”，与世界多样性实情相悖，故“形而上学”应该被“解构”，进入“后形而上学时代”。内的方面指存在主义，它以“存在先于本质”的命题反对“本质主义”，进而批判传统形而上学只研究“存在者”而“遗忘”“存在”，因此应该建构以“存在”为核心的新形而上学。这样，为了建构形而上学新形态，存在主义对于传统形而上学亦形成了冲击。

实际上，上述两个方面并不能真正“解构”“消解”形而上学。就外在方面讲，经验并非知识的唯一来源，这不仅已被科学所证实，亦被康德哲学所证成，故不可谓形而上学是“人类精神不成熟的产物”，亦不可“拒斥形而上学”。另外，“理性主义”“基础主义”“本质主义”确实是形而上学的产物，它们也固然有一定局限性，但因有局限性而“解构”形而上学，不仅于理论上不合理，而且于实践上亦不可能。就内在方面讲，存在主义对传统形而上学进行批判，目的在于建构新形而上学，故仍为“建构”而不是“解构”形而上学的理路。总之，所谓“拒斥形而上学”和“后形而上学时代”，实质上只是对形而上学的修正，而不是对形而上学的颠覆。也就是说，只要哲学存在，形而上学就须发展，本体论亦须建构。

关于本体论建构，我提出“一体两态”的说法。① 具体来讲，以往本体形态可归为两种类型：一为基于对“事实”之超越性研究建构的“事实本体”；二为基于对“价值”之超越性探讨建构的“价值本体”。前者源于古希腊，后来成为西方哲学的传统；后者成熟于中国哲学，是整个中国哲学的传统。两种本体均有不足：“事实本体”片面强调“事实”一面，边缘化了“价值”一面；“价值本体”片面强调“价值”一面，边缘化了“事实”一面。因此，当下和未来之本体建构，须综合并超越“事实本体”和“价值本体”，建构一种基于世界整体而有的本体。② 借鉴已有哲学概念“道”，这个本体不妨名之为“道体”，以表示“事实和价值总体”的本体。可见，“道体”既综合又超越“事实本体”“价值本体”，为两种本体之“体”，而两种本体为“道体”之“用”的具体形态。这种本体论体系即是“一体两态”之“新”。“一体两态”的说法引起黄玉顺教授的关注，他不赞同“一体三态”的说法，而肯认“一体两态”的说法。他说：“综合性的或绝对的‘道体’和区分性的或相对的‘事实本体’（客体）、‘价值本体’（主体）其实并不在同一层

---

① 参见程志华：《客体·主体与道体》，《哲学研究》2013 年第 4 期。

② 程志华：《后现代性与道体——论后现代性的本体建构》，《西南民族大学学报》（人文社会科学版）2014 年第 10 期。

级，前者是可以涵盖后两者的，不能并列为‘三’，倒是‘一体两态’的表述更为确当。”[①] 我接受了黄玉顺教授的观点，并一直沿用这种说法。

**郭萍**：关于本体论的开新，现代新儒学的做法是通过与德国古典哲学的会通而展开的。您认为，他们的做法有什么利弊得失？在当代，现象学、诠释学、分析哲学、后现代主义等等理论的发展，也给儒学带来了新的可资借鉴的哲学资源，那么，我们当前应当如何借此展开进一步的“开新”？

**程志华**：通过会通德国古典哲学而实现理论新创，乃现代新儒家的重要理路，其中尤以牟宗三会通康德哲学为代表。康德哲学在西方哲学史上占有极重要地位，它不仅将经验论和唯理论作一综合，而且为后来西方哲学开辟了一个源头。因此，郑昕曾说：“超过康德，可能有新哲学，掠过康德，只能有坏哲学。”[②] 牟宗三立意高远，认识到康德哲学的重要性，希望通过会通以创建儒学新说，从而确立儒家哲学的主位。就此来讲，他的努力成功了，为儒学的现代发展做出了卓越贡献。刘述先评价说：“我曾将牟先生在当代中国哲学的地位比之于康德在西方哲学的地位：你可以超过他，却不可以绕过他。”[③]

但是，就“后牟宗三时代”看，这个会通有其成功，亦有不足：其一，停留于认识论阶段。无论是康德生活的西方，还是牟宗三生活的中国，当时认识论均为哲学的核心领域。在此背景下，康德和牟宗三的理论建构均达到了理论高峰。但是，当代哲学正在走出认识论，回归社会生活实践，在此意义下，以认识论为核心的学说似乎“过时”了。其二，有较强的主体主义色彩。康德通过理性批判将“主体性”高高举起，牟宗三以“良知”不仅开道德界，而且开存在界，成为“道德的形上学”的闪光点，但同时也因有极强的主体主义色彩而被质疑。总的讲，现代新儒家对德国古典哲学的会通带有明显的时代性，而如今时代已然发生变化，故儒学亦应该相应发展。此时的问题是，以今天的眼光苛求先哲似乎不妥，但若不客观理性地分析这种不足，儒学何以“开新”？由此来讲，相信熊、牟等先哲会对此感到欣慰的。

19 世纪末以来，西方哲学兴起了许多理论，包括现象学、分析哲学和后现代主义，其中现象学影响最大，几乎成为 20 世纪哲学的主导性思想。就现象学讲，它与康德哲学的关注点不同：康德哲学主要从认识论角度关注主体性，现象学主要从存在论角度关注

---

① 黄玉顺：《中国哲学怎样“开新”——评“据本开新”方法论》，《东岳论丛》2018 年第 4 期。

② 郑昕：《康德学述》，北京：商务印书馆，1984 年，第 1 页。

③ 刘述先：《〈牟宗三先生全集〉出版在今日的意义》，台湾《联合报》2003 年 5 月 3 日。

本原性。具体来讲，现象学的前期代表人物胡塞尔提出“现象学还原”方法，主张由“意识还原”推广到“历史还原”。后来的继承者海德格尔基于“存在者”与“存在”的区分，主张回归“存在”，即由“流”回归“源”。关注点的变化不仅仅是问题意识的变化，而且也是哲学思维方式的变化。当代儒学若能关注并会通这种变化，可如现代新儒学一样实现理论创新。

就此来讲，我所谓“一体两态”之“道体”即是针对“存在”这个“源”而建构的本体。关于“道体”，黄玉顺教授否认它为针对“源”而建构的本体，认为其为对“事实本体”“价值本体”之综合超越的“绝对全体”，故仍为海德格尔批评的传统本体论的“存在者整体”，其任务亦不过是为形而下的“存在者”奠基，而当前哲学不应谋求“为形而下学奠基”，而应该谋求“为整个形而上学奠基”，即解决“形而上学”本身如何可能的问题。① 实际上，在我的理解当中，“道体”即是对“形而上学”本身如何可能的思考，因为“道体”乃基于对社会生活总体而建构的本体，即基于海德格尔所谓“存在”之思考而建构的本体，亦即基于黄玉顺教授所谓“生活”之思考而建构的本体，故它未停留于传统哲学“为形而下学奠基”，而已进入当前哲学“为整个形而上学奠基”。

**郭萍：**您的研究虽然也是以熊、牟一系为主，但是与其他研究者不同的是，您对牟氏弟子中的代表性学者也做了深入研究，而且提出了台湾“鹅湖学派”之名，完成了现代新儒家“祖孙三代”式的系列成果。“鹅湖学派”既是20世纪现代新儒学的延续发展，也是活跃于21世纪的当代儒学思想，不知他们的问题意识与熊、牟时代是否不同？在他们的思想阐释中有哪些相应的体现？

**程志华：**现代新儒学为儒学应对西方哲学冲击的理论形态，第一代人物是儒学“现代三圣”，即马一浮、梁漱溟、熊十力，但实际开山者为熊十力，他以“新唯识论”奠定了现代新儒学的理论规模。后来，沿着熊十力所开辟的理论规模，牟宗三建构起“道德的形上学”，将现代新儒学推向高峰，从而使其成为儒家哲学“可以越过但不可以绕过者”。在“后牟宗三时代”，如何继承、发展牟宗三哲学便成为一个重要问题。自20世纪后半叶始，以《鹅湖》《鹅湖学志》主笔群即牟门弟子为主体，他们接过牟宗三哲学的“香火”，承继宋代“鹅湖学派”的学术精神，通过传承、对话、会通等途径，致力于将现代新儒学向前推进，从而在台湾形成了一个当代的“鹅湖学派”。很显然，熊十力、牟

---

① 参见黄玉顺：《形而上学的奠基问题：儒学视域中的海德格尔及其所解释的康德哲学》，《四川大学学报》2004年第2期。

宗三、台湾“鹅湖学派”已形成三代发展。因此，疏解其之间的问题意识、传承脉络，是从事学派研究必须要开展的工作。基于此，我曾写有《熊十力哲学研究》《牟宗三哲学研究》《台湾“鹅湖学派”研究》三书，系统疏解了“祖孙三代”的哲学思想，将熊、牟一系三代的研究形成一个闭环。

关于“鹅湖学派”，在《台湾“鹅湖学派”研究》中，我曾写过一段话，大致的意思是：《乾》的卦辞为“元”“亨”“利”“贞”，程颐对此的释义为：“元者，物之始；亨者，物之遂；利者，物之实；贞者，物之成。”① 以此为参照，上述祖孙三代之贡献和地位可比之为：熊十力可比之为“元”，牟宗三和唐君毅可比之为“亨”，“鹅湖学派”诸学者可比之为“利”，至于“鹅湖学派”能否成就“物之成”的“贞”，还需要拭目以待。②

台湾“鹅湖学派”的问题意识分直接和间接两个层面：所谓直接层面，指表面上讲，无论是赞同、弘扬者，还是否定、批评者，他们均基于牟宗三哲学之中的问题展开探讨。所谓间接层面，指从根本上讲，他们的问题意识依然是熊、牟所面临的传统与现代、中与西的问题，只不过他们不是“原创”，而是“继承”“发扬”的角色而已。

具体来讲，“鹅湖学派”的问题意识主要体现在三个方面。其一，就传统与现代之“纵向”格局讲，“鹅湖学派”注重儒学现代价值的挖掘。他们认为儒学仍是“活生生”的存在，当前的重要任务是“挖掘”“弘扬”儒学价值，以贡献于全人类。蔡仁厚说：“就哲学的本性而言，既没有古今之异，也没有新旧之分，应该是超越时代的。中国传统哲学中许多基本概念都具有独立自足的意义，而且是无可取代的（如儒家的仁恕、时中，道家的无，佛教的空等等）。只要运用现代语言加以诠释，就可以豁醒它的意涵，继续显发它的效用。”③ 其二，就中与西之“横向”格局讲，“鹅湖学派”强调儒学的平等对话意识。与乃师牟宗三强调儒学的主位不同，“鹅湖学派”虽然认可儒学具有一定普适性，但不再企求以儒学安排整个人类秩序、解决所有问题，而是将儒学视为人类多元哲学的一元，希求通过与其他哲学互动而贡献智慧。其三，就时代问题的“当下”格局讲，“鹅湖学派”有区别哲学与哲学史的自觉，主张儒学的“创造性转化”。高柏园说：“儒学的存在不能只是一种儒学史的重述，而且应该包含后儒学的发展与建构。”④ 在这个方面，

---

① 参见黎靖德编、王星贤点校：《朱子语类》第五册，北京：中华书局，1986 年，第 1689 页。

② 参见程志华：《台湾“鹅湖学派”研究——牟宗三弟子的哲学思想·前言》，北京：人民出版社，2015 年，第 13-14 页。

③ 蔡仁厚：《儒家思想的反省与前瞻》，《上饶师范学院学报》2001 年第 1 期。

④ 高柏园：《后儒学的文化面向》，《中国文化研究》2007 年冬之卷，第 18 页。

李瑞全的生态哲学、李明辉的“新外王”，尤其是林安梧的“后新儒学”，都是颇有新意的探索。

**郭萍**：古语云“儒分为八，墨离为三”，后牟宗三时代的“鹅湖学派”出现了哪些不同的思想理论向度？其最具代表性的突破和创新是什么？

**程志华**：尽管“鹅湖学派”为一个学术共同体，但因为哲学研究为个体劳动，具有明显的“个体性”特征，故共同体当中亦有不同的义理向度。以与牟宗三哲学的关系为视角，这些义理向度可分为三类：一是“护教的新儒学”，以继承和维护牟宗三哲学为基本理路。他们肯定以“心体”“性体”为核心的“道德形上学”，推进如何由“道德主体”融摄文化活动、引导现代生活。蔡仁厚、李明辉、杨祖汉为这一向度的代表人物。二是“批判的新儒学”，以反思、批判牟宗三哲学为基本理路，从而形成“道德形上学”义理的“转折”。从已形成的理论格局看，这种“转折”不是局部的，而是结构性的、革命性的。林安梧为这一向度的主要开创者。三是“生活化的新儒学”，将儒学“生活化”、把儒家义理推向社会的理路。王邦雄、王财贵等为代表人物。

在这几个理论向度当中，最能体现突破和创新者乃“批判的新儒学”。林安梧认为，不可否认牟宗三建构了“高狂俊逸”的哲学系统，但这个系统强调人具有“智的直觉”，且以“一心开二门”为基本架构，体现出非常强的独断色彩和“主体主义”倾向。① 为此，他提出“后新儒学”的构想，主张以“存有三态论”取代“一心开二门”。所谓“存有三态”，指“存有的根源”“存有的开显”和“存有的执定”之“存有”的三种状态：“存有的根源”为“存有”的第一层状态，指“道”是不可说的，是一切存在的根源。“存有的开显”为“存有”的第二层状态，指“道”不能永远处于不可说的状态，它必经由“可道”而“开显”，即“道显为象”。“存有的执定”为“存有”的第三层状态，指“道”经由“可道”开启后当落在“名”上说，此乃“名以定形”。② 这样，通过将“一心”换成“存有”，将“二门”换为“三态”，主体性转向客体性，“主体主义”转向“存有意识”。很显然，由“道德形上学”向“后新儒学”的这种“转折”，与“现象学还原”和海德格尔的“存在”为同一理路，体现出当代哲学“追问根源”或“思想还原”的时代特征。

**郭萍**：我们知道，当代大陆新儒学很大程度上是基于对现代新儒学“老内圣”开不

---

① 参见林安梧：《儒学革命：从“新儒学”到“后新儒学”》，北京：商务印书馆，2011 年，第 294 页。

② 参见林安梧：《儒学革命：从“新儒学”到“后新儒学”》，第 295-298 页。

出“新外王”的批判反思而兴起的。但是您对于现代新儒学，特别是熊十力和牟宗三，主要是“同情的理解”，较少批评。不知您是如何看待现代新儒学的“内圣”“外王”关系的？

**程志华**：的确，如前所述，“大陆新儒学”反对现代新儒学以“心性儒学”为主脉，而主张以“政治儒学”为主流。就其主张的缘起讲，他们认为“老内圣”开不出“新外王”，因为“新外王”并未因现代新儒家的“开出说”而明显推进，故而要通过“政治儒学”直接开出“新外王”。

不过，“大陆新儒学”这种观点实有明显缺欠，因为它没有分清楚哲学与现实的关系，未弄明白哲学的功能。具体来讲，现代新儒家的“开出说”只是一种哲学理论，只要说明在中国“科学和民主亦是可能的”，哲学家便已经完成责任。这是哲学这门学问的功能，故我们不可将它与政治学等社会科学、数学等自然科学同视。至于科学和民主如何推进，需要实际从事科学研究和政治实践。也就是说，要在现实层面解决科学和民主问题，主要是政治家、科学家的责任，而不是哲学家的责任。可见，“大陆新儒学”与现代新儒学未在“同一个频道”言说，即不是在同一个层面讨论。因此，在前面我讲过，“大陆新儒学”的主张和批评不会形成对现代新儒学的否定，亦不会“威胁”儒学形而上学的发展。

那么，现代新儒家是否尽了哲学的责任呢？若已尽，我们便应予以“同情的理解”。

因为时代发展，“内圣外王”之“外王”的内涵已经发生变化，科学和民主成为“新外王”的核心。因此，如何由“内圣”开出“新外王”就成为时代哲学问题。关于此，熊十力开端，牟宗三发扬，进行了诸多理论建构。当中，牟宗三的探讨最深入，也最系统，故而成为现代新儒家的代表。

在牟宗三看来，科学和民主依赖“理性的架构表现”产生，而中国哲学是“理性的运用表现”，所以要开出“新外王”，就须让“理性的运用表现”“曲通”以转出“理性的架构表现”。那么，“曲通”是否可能呢？答案是肯定的——从现实层面讲，西方人可以开出科学和民主，中国人当然亦可以开出；从理论层面讲，理性可以有“运用表现”，当然亦可以有“架构表现”，这是合乎逻辑的推定。

关于理论层面，牟宗三认为，“良知”包括三个“我”：其一，“真我”，指物自身的我，即“仁体”“心体”“性体”，由“智的直觉”应之。其二，“现象我”，指“假我”，由感性直觉应之。其三，“认知我”，指“统觉的我”“形式的我”“架构的我”。就三者关系看，“现象我”为“真我”的呈现，“认知我”为真我“坎陷”而来。所谓“坎陷”指

“下落”“逆转”“否定”“执着”诸义；“自我坎陷”指“真我”为了成就经验知识而自我否定，“逆转”出作为“反对物”的“认知我”。这样，经过“自我坎陷”，“良知”成就了“认知我”，而“认知我”一旦可能，科学与民主之开出便成为可能，因为“认知我”乃“理性的架构表现”的主体。进而，牟宗三提出“三统并建说”：通过“肯定”“道统”以稳住儒学之传统慧命，“开出”“学统”以建立科学知识，“继续”“政统”以确立民主政治。

很显然，上述这种“开出说”不仅是深刻的，而且是自洽的。“良知自我坎陷”是对“开出说”之哲学的论证，“三统并建说”乃对“开出说”之现实的安排。由此来讲，现代新儒家“哲学地”论证了“新外王”的可能性，即在中国开出科学和民主是可能的，从而尽了哲学的责任，故而我们应予以“同情的理解”。

**郭萍**：现代新儒学不仅推动了儒学的现代化，而且由于其重要阵地在海外，因此也大大推动了儒学的世界化。诸多西方汉学家如史华慈、狄百瑞、墨子刻等都与现代新儒家有不同程度的学术交往。您认为，这对美国儒学的发展有哪些具体影响？

**程志华**：儒学本是春秋时期鲁国的一种地方性学问，后来渐而成为全国性学问，甚至成为几千年封建社会的意识形态。不仅如此，儒学还走出国门，进入东亚、东南亚，形成东亚、东南亚儒家文化圈。后来，儒学又走向欧美，世界化程度进一步提升。

就儒学能在美国传播看，原因主要有两个方面：一个方面是华裔学者以及现代新儒家的具体推动。20世纪中后期，一些华裔人文学者进入美国学界，无疑有力推进了儒学在美国的传播，加快了儒学美国本土化的进程。另一个方面是儒学理论具有一定的普适性，这也正是它由地方性学术成为全国性学术进而走出国门迈向世界的根本原因。但是，这种普适性只是“一定”，而不是“绝对”，对此不可误解。

**郭萍**：儒学在美国的发展，想必也经历了西方哲学在中国的发展过程，即从“西方哲学在中国”到“中国的西方哲学”。您可否介绍一下从“儒学在美国”到“美国的儒学”，这样一个思想发展脉络？其间的主要代表人物和思想特点是什么？

**程志华**：是的，美国儒学历史并不长，但这不长的历史呈现出由“儒学在美国”到“美国的儒学”的发展脉络。这样一个脉络与西方哲学在中国传播由“西方哲学在中国”到“中国的西方哲学”的脉络极为相似。具体来讲，美国儒学大致经历了五个阶段：

第一阶段：19世纪30年代至20世纪30年代，为美国汉学研究的兴起时期。这个时期，裨治文、卫三畏、丁韪良、林乐知、明恩溥等传教士先后来华，揭开了美国海外汉学研究的“序幕”。

第二阶段：20世纪初叶到80年代，为美国汉学研究的开展阶段。劳费尔是美国本土汉学研究的开拓者，他对中国文明基本观念进行了研究。之后，德效骞将《汉书》等典籍译成英文。卜德研究了中国文化的“主导观念”。杨联陞从实证主义立场出发，主张“训诂治史”的方法。

第三阶段：20世纪40年代至90年代，为儒学研究与“中国学”分化与并容时期。此时期，美国汉学界两大派别“并驾齐驱”：一派是以费正清为首，以列文森、史华慈、柯文为成员的“哈佛学派”，创建“中国学”，以多学科方法对中国进行研究。另一派以陈荣捷、顾立雅、狄百瑞和倪德卫为代表，他们将儒学作为单独一门学问进行研究。

第四阶段：20世纪80年代至今，为美国儒学研究的纵深发展阶段。此时期，美国儒学研究呈现“学术化”“精细化”“哲学化”特征：以前研究者多是传教士或汉学家，此时研究者多为大学里的思想家、哲学家；以前研究范围局限于先秦时代，此时研究范围扩大至整个中国哲学；以前学者把儒学当作宗教“处理”，此时学者把儒学作为哲学研究。代表人物包括余英时、墨子刻、傅伟勋、林毓生、成中英、南乐山等。

第五阶段：20世纪末叶至今，美国儒学出现许多新动向，儒学与后现代思潮形成明显互动，许多相沿成习的儒学观点被重新考量，“重新评价”儒学价值成为许多学者的课题。代表人物包括杜维明、郝大维、安乐哲、艾尔曼、包弼德和艾文贺等。

就发展脉络看，上述五个阶段表现为由“汉学”到“儒学”“中国学”再到“哲学”的过程，即由外到内、由浅入深、由现象到本质的发展。或者说，这种发展乃由“非哲学”到“哲学”的走向——前三个阶段是“非哲学”阶段，研究范围非常广泛，所涉及内容涵括整个文化。后两个阶段是“哲学”阶段，研究所涉及内容则“纯粹”很多，以思想理论尤其以哲学为主。

尤其需要注意的是，若从原创性角度看，参照西方哲学东渐所引发“西方哲学在中国”和“中国的西方哲学”的问题，上述过程实乃由“儒学在美国”到“美国的儒学”的脉络——前三个阶段是将儒学作为客观对象进行研究，故可称为“儒学在美国”；后两个阶段是基于哲学理路对儒学进行创造性诠释，而且致力于对时代哲学问题进行探讨，故可称为“美国的儒学”。美国本土儒学派别“夏威夷儒学”“波士顿儒学”的形成，成为“美国的儒学”形成的重要标志。

**郭萍**：当代美国儒学出现了很多新的理论形态，甚至形成了不同的儒学派别，如哈佛学派、夏威夷儒学、波士顿儒学，等等。与国内的儒学研究相比，美国儒学研究的整体思想风貌有什么特点？其问题意识、思路、方法与国内研究有什么不同？哪些值得我们借鉴？

**程志华**：百多年来，美国儒学贯穿着三条主线：第一条主线是，由排斥性批判到“同情式理解”。早期的美国学者认为儒学与资本主义精神背道而驰，故对儒学多持排斥性批判态度。20世纪中期以后，一些学者开始融入儒家时代场景进行研究，认为只有这样才可把握儒学义理。第二条主线是，由表及里或由浅入深。起初，美国学者多站在儒学之外看儒学，所得出的观点虽新颖，但多较肤浅，学术性不强。后来，一些学者开始深入儒学内部，展开儒学学派研究、地域性研究和问题研究，渐而呈现深入化和精细化特征。第三条主线是，由一元化研究到多元化研究。起初，美国学者多基于西方中心主义对儒学进行一元化研究。20世纪中期开始，美国儒学界渐渐形成多元思维模式，利用多学科研究方法对儒学进行多元化研究，使美国儒学呈现出许多新特点。上述三条主线体现着美国儒学的整体“风貌”：研究历史不长，传统负担较轻，发展很快；研究范围不广，但研究领域相对集中；研究程度不深，但理论针对性较强，这些都是与国内儒学研究的不同之处。

在上述整体“风貌”的背后，是美国儒学独特的问题意识、思路和方法：由于儒学在美国属于“异质”文化，故美国儒学的问题意识具有明显的比较哲学特点，即自觉或不自觉地比较儒学与西方哲学，由此而去发现儒学所包含的哲学问题，进而去寻求答案。基于这样一种问题意识，美国儒学多持会通儒学与西方哲学的理路开展研究。因此，美国学者所研究的儒学问题多为与西方哲学相关者，无论其是正相关，还是负相关，否则它们难以进入研究视野。此外，无论在哪个阶段，美国儒学研究都有非常强的方法论自觉。这样三个方面，均表现出与国内儒学较大的差异。

百多年的美国儒学不仅对美国学术进步做出了贡献，而且对国内儒学发展亦具有借鉴意义：其一，儒学可具有一定的普适性。儒学能够在异质文化中生存并发展，证明了一种基督教式的美国儒学的可能性，从而打破了儒学与基督教伦理相互冲突的断言。因此，要挖掘、弘扬儒学的普适价值，贡献于全人类。其二，儒学可以创新发展。在后现代主义语境下，美国的儒学研究为西方文明诸多困境提供了解决思路，这种贡献不仅可为东西哲学交流搭建“桥梁”，而且可为国内儒学创新发展提供现实参照。质言之，国内儒学要敢于直面时代问题，包括世界性哲学问题，提供儒家的思考和答案。其三，儒学应增强方法论自觉。多元化方法是美国儒学快速发展的重要原因，而国内儒学在这方面的自觉性还有待提高。方法不仅具有方法论意义，更可化为一种思维模式，而思维模式往往是哲学创新的前提。例如，20世纪主导性哲学方法为“思想还原”，这样一种方法正在推进儒学创新，但推进的成效还远不及德国古典哲学对现代新儒学的推进。

**郭萍**：当代的美国儒学研究表现出许多新动向，与后现代思潮互动明显增强。在此情形下，他们对哪些重要的儒学观点做了重新考量？他们如何看待儒学的现代价值？通过他们的考察和评价，您认为当代美国儒学体现出怎样的研究趋向？如果要进一步推动儒学世界化的进程，我们需要做哪些努力？

**程志华**：在现代化大潮面前，儒学曾因在民主、科学方面表现“无奈”而颇受诟病。但是，在后现代主义语境下，儒学的现代价值“意外”地凸显出来，后现代主义对儒学表现出相当的“亲和”态度。其一，关于和谐观念。后现代主义批判形而上学的“二分法”，批判主体性和人类中心主义，倡导平等、和谐等观念，而儒学为主张万物和谐的天人合一之学。因此，后现代哲学家呼吁，须回过头去向2500年前中国的孔子寻求智慧。其二，关于伦理型社会。现代社会是一种世俗社会，它抛弃神性，挺立理性，以理性解决所有问题，从而降低了道德的社会作用。与之不同，后现代哲学家主张建立伦理型社会，恢复道德规范对社会的调控力。显而易见，后现代主义的主张与儒家理想不谋而合。其三，关于反理性主义。后现代主义认为，“理性”如同一个铁幕，会导致“科学主义”泛滥，故而应该反对基于思辨理性而有的“理性主义”，反对“工具理性”。儒学虽不反对理性主义，但毕竟不以思辨理性见长，故而无“工具理性”之虞。对理性主义的相似态度拉近了后现代主义与儒学的距离。上述三个方面，均为美国儒学认为儒学所可具有的现代价值。

但是，对于后现代主义与儒学的“亲和”，尤其对于儒学的现代价值，儒学自身要保持清醒认识。一个方面，应该抓住这个难得的“契机”，充分挖掘、弘扬儒学所可有的价值，另一个方面，不可自我欣赏、盲目乐观，因为这种“亲和”乃表面的。

关于后一个方面，具体指：其一，二者虽都主张“和谐”，但其内涵并不相同。在后现代主义，和谐指经历“二分”后的和谐，即奠定在主、客分析基础上的和谐，是充分展开后的“主体间性”；而儒学的和谐是“二分”前的和谐，是主、客浑然一体，未予展开的“非主体间性”。在此，“主体间性”有两个关键词：一个是“主体性”，这是前提；另一个是“间性”，这是目的；前提和目的并重，不可或缺。其二，后现代主义虽追求“伦理型”社会，但是，其理想不是“家国同构”的“伦理化”社会，而是“家国异构”的“伦理型”社会。这里需要注意的是，“伦理型”与“伦理化”是不同的：前者指基于“法治”而对伦理的强调，后者指基于“礼治”而对伦理的泛化。其三，后现代主义反对理性主义，实质是反对形而上学，而儒学正处于建构形而上学的过程当中。由此来讲，在“理性主义”问题上，后现代主义与儒学实际上乃相互抵牾者。

以后现代社会为语境，美国儒学研究显现出一些新动向。例如，杜维明倡导“新轴心时代”和“文明对话”，郝大维、安乐哲探讨“儒家民主”的可能和形态，艾文贺主张的“美德伦理”，都是这方面的有益探索。需要注意的是，这些新动向之“新”，意指其有明显的“后现代面向”。

就国内儒学讲，要建构儒学的现代性，推进儒学的世界化，当务之急是直面时代哲学问题，谋求创新发展。首先，儒学要抛弃“花园意识”，确立“花朵意识”。儒学长期作为官方意识形态，为中华民族的精神塑造发挥了重要作用。但是，当代儒学只可将自身视为“哲学百花园”中的一朵，而绝不能将其视为整个花园。这是时代使然，亦是哲学学说本性使然。就前者说，辛亥革命结束了几千年的封建帝制，也结束了儒学的意识形态地位，这是历史的必然，对此不可无视。就后者说，任何哲学学说都是有限制的，因为人的理性是有限制的，故不存在放之四海而皆准的永恒的哲学真理。其次，儒学须在后现代主义与自身义理间取中庸之道。即，既不能沉浸在后现代主义的赞美之中，固守自身传统，拒现代性于千里之外，亦不能抛弃自身传统，亦步亦趋地重走现代性道路，而须在二者之间谋取中道。只有这样，儒学才能够既获得自身发展，又减少发展代价。最后，儒学要对时代哲学问题进行探讨。儒学在历史上的辉煌源于它回答了那个时代的哲学问题。儒学有强烈的“怀旧”传统，习惯于从经典去寻求哲学问题的答案。当前的儒学研究多是哲学史研究，而不是哲学研究。因此，儒学要谋得发展，必须要在研究儒学史的同时，亦研究时代哲学问题。

**郭萍**：您认为，中西比较研究根本在于“求同存异”，其中不能以中国哲学的特殊化为目的，而是要通过比较展现中国哲学与西方哲学作为人类哲学的共同性，这本身也是儒学世界化发展的一个积极方向。对此，您可否具体谈一下，通过中国哲学与后现代主义、诠释学、现象学的比较研究，当代中西哲学所体现的“同”是什么？这种中西之“同”与保持“中国传统”“中国特色”之间是怎样的关系？

**程志华**：哲学作为一门学问早已存在于中国，但哲学作为一门学科始于西方，中国的哲学学科亦“仿照”西方而建立，故中西哲学比较是绕不开的问题。

围绕这个问题，哲学界有许多探讨，代表性的观点有两种：其一，“以西解中”或“汉话胡说”。以西方哲学为范式解构中国哲学，近代以来研究中国哲学者多为这种做法。

此观点引发了究竟是“哲学在中国”还是“中国哲学”的质疑。[①] 其二，“以中解中”或“汉话汉说”。强调中国哲学的特殊性，主张“中国哲学本土化”。这种观点引发了“自我封闭”“反对会通”的批评。可见，两种代表性观点虽均有一定道理，但又均有局限性，因为它们或者将普适性绝对化，或者将特殊性绝对化，而“绝对化”的背后是认为中西哲学根本不同。

实际上，中西哲学首先具有共同性，然后才有所谓差异性。也就是说，中西哲学均为超越研究事实与价值或二者总体的学问，目的均在于追求真理，故而必有共同性。从根本上讲，中西哲学之“同”体现在如下几个方面：其一，对象相同，均为对“事实”“价值”或二者总体的研究。其二，方法相同，均为“超越”的研究，不是“经验”的研究。其三，性质相同，均为基于理性而建构的“学问”。其四，目的相同，均为对普遍或终极真理的追求。因此，熊十力认为，哲学只有派别不同，而无中西之别。他说：“哲学之本务是在求真理。……据此说来，哲学上只是家自为说。”[②] 因此，“吾不主张中西学术与文化为根本不同路向者”[③]，而应当“观异以会其通”“融会之业，此为首基”。[④] 不过，由于哲学的“个体性”特征，加上民族、文化、历史等原因，哲学学说、哲学流派进而中西哲学确有不同，此乃不可否认者。相对照地讲，中西哲学之“异”亦体现为四个方面：具体对象不同；具体方法不同；具体理性侧面不同；具体目的不同。

因此，便有了中西哲学之同与保持“中国传统”和“中国特色”的关系问题。关于这种关系的把握，以往多借用共相与殊相加以解释，即，将“哲学”视作共相，将中西哲学视作殊相。在我看来，共相、殊相的依据性不如维特根斯坦的“家族相似”理论准确。维特根斯坦认为，“家族成员”未必具有“家族”的所有性质，而是 AB、BC、CD、DE 式的“家族相似”，“相似性”而不是“共同性”使不同成员组成“家族”。他说：“我想不出比‘家族相似’（family resemblances）更好的说法来表达这些相似性的特征：因为家庭成员之间各种各样的相似性：如身材、相貌、眼睛的颜色、步态、禀性，等等，

---

① 20 世纪 30 年代，金岳霖在冯友兰《中国哲学史》的审查报告中提出“中国哲学”还是“哲学在中国”的问题。后来，有人称这个问题为中国哲学的“世纪之问”。21 世纪初，学界围绕这个问题出现了“中国哲学合法性”问题的讨论。关此，笔者写有《中国哲学合法问题辨析》，刊登在《文史哲》2007 年第 1 期。

② 萧萐父主编：《熊十力全集》第三卷，武汉：湖北教育出版社，2001 年，第 198-199 页。

③ 萧萐父主编：《熊十力全集》第五卷，第 58 页。

④ 萧萐父主编：《熊十力全集》第四卷，第 439 页。

也以同样的方式重叠和交叉——我要说，‘各种游戏’形成了家族。”[①] 相对照地看，“哲学”就是这样一个“家族”，它由中西哲学等共同组成；中西哲学之间不具有本质意义的“共同性”，只具有特征意义的“相似性”。当然，中西哲学亦具有特征意义的“不似性”。因此，既不可以“相似性”否定“不似性”，亦不可以“不似性”否定“相似性”。质言之，首先须承认中西哲学的相似性，因为它们均属于“哲学家族”；其次亦须承认中西哲学的不似性，因为它们为“哲学家族”的不同成员。很显然，放在“家族相似”理论下，把握中西哲学的关系就容易得多了，而且不会生发前述“绝对化”的错误。

**郭萍**：不论现代新儒学研究，还是中西比较研究，您皆主张立足于整个人类哲学的视域，这在全球时代也尤为紧要。当今学者也从不同维度做了积极探索，例如建构全球伦理、天下秩序构想等等。那么，您以“据本以开新”的思路，对全球时代的人伦价值和生活秩序问题是否可以提供一种新的解释？

**程志华**：我想，对全球时代的人伦价值和生活秩序进行思考有很多维度，而根本维度乃哲学。若哲学地讲，人类经历了前现代、现代两个时期，目前正处于现代向后现代的转型期。相应地，前两个时期哲学建构了“前现代性”和“现代性”，当前和今后哲学的使命应是建构“后现代性”。即，哲学不可只面对“现代性”，甚至只回首“前现代性”，而应基于“现代性”和“前现代性”建构“后现代性”。“回首”是哲学史的使命，建构才是哲学的使命。否则，哲学作为一门学问会“失职”，“现代性”向“后现代性”的转型也会失去方向和动力。

哲学要完成这个使命，形而上学建构仍是主要理路，而“追问根源”乃是一种具体途径。关此，拙文《“追问根源”与“哲学困难”》曾写道：“面对现代性问题所引发的‘哲学困难’，‘追问根源’是完善哲学的有效途径。其实，不仅是面对现代性问题，面对任何‘哲学困难’时，‘追问根源’均是完善哲学的有效途径。”[②] 所谓“追问根源”，主要受启发于海德格尔和熊十力哲学而有。但是，两相比较，海德格尔的相关思想更为重要。

海德格尔认为，“人是被抛到这个世界来的”。这句话的意思是，这个世界并不是人的故乡，人与世界存在着天然张力，因此人要生活就须依靠自我建构。就此来讲，哲学的使命就在于为人类生活奠定理论基础。但是，几千年的西方哲学自柏拉图起已走入误

① ［英］维特根斯坦著，汤潮等译：《哲学研究》，北京：生活·读书·新知三联书店，1992年，第46页。

② 程志华：《“追问根源”与“哲学困难”》，《社会科学研究》2018年第3期。

区，只是在探讨“存在者”，而忘却了作为“存在者”根源的“存在”。因此，哲学研究应该由“存在者”回归“存在”，回到人存在的“本源境域”。基于对“存在”的思考，海德格尔借用诗人荷尔德林“人诗意地栖居”的诗句，以表达人类生活理想：其一，人应该就“存在”思考人类生活；其二，人应该像诗歌创作一样“创造”自己的生活。在我看来，“人诗意地栖居”应该作为后现代时期或全球时代人伦价值和生活秩序的哲学基础。也就是说，就“据本以开新”讲，“人诗意地栖居”应该成为哲学之“开新”的“航标”。

（原文载杨永明主编《当代儒学》〔第 18 辑〕四川人民出版社 2020 年）

# 哲学为思想立法

“思想”和“哲学”是从事学术研究尤其是从事哲学研究经常遇到的两个概念。然而，“思想”与“哲学”何以可能？两者又是什么样的关系？而且，“思想”与“意见”有何不同？“理念”与“观念”又有何不同？“思想”之“自由”如何实现？这些问题却常常被哲学界“熟视无睹”或“视而不见”，不仅哲学界以往缺乏相关探讨，甚至至今对此亦不敏感。实际上，这些问题乃哲学研究甚至整个学术研究之基础性问题，故哲学界理应对其深入探讨并予以厘清。

## 一、思想何以可能

毋庸置疑，人虽属于广义的动物，但人确实与一般动物有别，而根本区别在于人有“思想”。也就是说，尽管“人”是自然界的一部分，但“人”并不完全等同于一般动物，因为“人”有感性认识和理性思维，即，“人”比动物“多出”“思想”这样一个特征。由此可说，“人”的本质属性即为“思想”。在笛卡尔看来，尽管人亦有“形体”，但“形体”并不标示人的本质，而只有“思想”方反映人的本质。他说：“我是一个本体，它的全部本质或本性只是思想。它之所以是，并不需要地点，并不依赖任何物质性的东西。所以这个我，这个使我成其为我的灵魂，是与形体完全不同的，甚至比形体容易认识，即使形体并不是，它还仍然是不折不扣的它。”① 他还说：“我的意思是说：我不知道什么东西属于我的本质，只知道我是一个在思想的东西，或者是一个本身具有思想能力的东西。”② 也正是在此意义下，我们常说人是理性的动物。然而，对于这样一个问题，因为其乃“古老的成见”，故而哲学界常认为其“无关轻重”。实际上，这个“古老的成见”

---

① 笛卡尔. 谈谈方法 [M]. 王太庆，译. 北京：商务印书馆，2000：28.

② 笛卡尔. 谈谈方法 [M]. 王太庆，译. 北京：商务印书馆，2000：76.

非常重要，故哲学界“须常常记住”这个“老信念”。黑格尔说：“人兽之别就由于思想，这句话在今天仍须常常记住。”① 他还说：“说人之所以异于禽兽由于人有思想，已经是一个古老的成见，一句无关轻重的旧话。这话虽说是无关轻重，但在特殊情形下，似乎也有记起这个老信念的需要。”② 不过，在进行哲学研究时，仅停留于“常常记住”这个阶段并不够，还需要对“思想”这个“人”的本质做进一步的研究。

关于“进一步”的研究，首先要解决的问题是何谓“思想”。就词性来讲，“思想”分为动词与名词两义。就作为动词讲，它指“思考”“思维”；就作为名词讲，它指“思考”“思维”的成果。关此，笛卡尔说：“思想这个名称，是指一切在我们心里、被我们直接意识到的东西。因此一切意志活动、理智活动、想像活动和感官活动都是思想。可是我又加上直接二字，来排除那些跟随、依附我们思想的东西，例如有意的行动，它实际上是以意志为它的本原的，本身并不是思想。‘所以行走并不是思想，而是我们对自己在行走这件事的知觉或认识’。”③ 那么，是不是人随时随地的“所思所想”都可称为“思想”呢？答案是否定的，因为随时随地的“所思所想”只是作为“感觉”“印象”“念头”“想法”的“意见”，而“思想”指人们基于理性思考而得出的相对稳定性的理论。具体来讲，“意见”与“思想”有如下之别：其一，生理基础不同：“意见”源于感性器官即“天官”，“思想”源于思维器官即“天君”。荀子说：“耳目鼻口形能，各有接而不相能也，夫是之谓天官。心居中虚以治五官，夫是之谓天君。”④ 其二，内容性质不同：“意见”为表达具体感受的零散的“感觉”“印象”“念头”或“想法”，“思想”为经过理性思考的表达一般原则的系统化的理论。其三，形式特征不同：“意见”在形式上通常是不稳定的，甚至是转瞬即逝的；“思想”在形式上则具有相对的稳定性。因此，黑格尔认为，“意见”只与事物有关，而“思想”则触及本质。他说：“真实的思想不就是关于事物的意见，而是事物本身的概念。”⑤

进而，“进一步”研究要解决的问题是“思想”何以可能，即，“人”为何会有“思想”，因为这是一个前提性问题，否则便失去了探讨“思想”的必要。关此，通常的、合理的观点是，“思想”作为“人”的本质属性乃“人”的自然属性，它乃不可否认的、经

---

① 黑格尔．逻辑学：上卷［M］．杨一之，译．北京：商务印书馆，1966：上卷，7-8.

② 黑格尔．小逻辑［M］．贺麟，译．北京：商务印书馆，1980：38.

③ 笛卡尔．谈谈方法［M］．王太庆，译．北京：商务印书馆，2000：84.

④ 王先谦．荀子集解［M］．沈啸寰，点校．北京：中华书局，1988：309.

⑤ 黑格尔．法哲学原理·序言［M］．范扬，张企泰，译．北京：商务印书馆，1961：15.

验性的事实，因为人是有理性的存在。换言之，这个问题涉及人类起源问题，而关于人类起源不外乎两种回答：一是“上帝造人”，即上帝使人类成为可能；二是“猴子变人”，即生物进化使人类成为可能。令人欣慰的是，无论哪种回答，它们均不否认“思想”乃“人”的本质属性。因此，海德格尔说：“人却被视为能思想的动物。人有理由被看作这样一个东西。因为人是理性的生物。而理性，即 ratio，是在思想中展开自身的。作为理性的生物，只要人愿意，他是必定能思想的。”① 关于“思想”乃不可否认的、经验性的事实，李泽厚也说：“人活着就有‘想’。睡觉作梦，也还在‘想’，在梦中吃饭做事，奋搏逃奔，离合悲欢。这不就是‘想’么？‘至人无梦’这‘至人’当是一念不生，一尘不想，免除和杀死一切想、梦的人？”②

在确定了“思想”何以可能之后，接下来的问题便是“思想”的对象和形式。关于“思想”的对象，学术界多从微观上着眼，所以便有所谓“经济思想”“哲学思想”“政治思想”“军事思想”“教育思想”等诸多说法。显而易见，这种分类过于琐碎和具体，从而有失普遍和抽象，故它难以反映“思想”的对象的整体性。其实，若从宏观上讲，或就哲学层面讲，“思想”的对象不外乎宇宙人生，而宇宙人生乃由“事实”与“价值”构成，故“思想”的对象即为“事实”与“价值”。很显然，这样一种视角颇受休谟“发现”的启发。休谟认为，尽管“事实判断”和“价值判断”紧密相关，但无法由“事实判断”推演出“价值判断”，因为“价值”是异于“事实”的独立现象。他说：“在我所遇到的每一个道德学体系中……我却大吃一惊地发现，我所遇到的不再是命题中通常的‘是’与‘不是’等连系词，而是没有一个命题不是由一个‘应该’或一个‘不应该’联系起来的。这个变化虽是不知不觉的，却是有极其重大的关系的。因为这个应该或不应该……表示一种新的关系或肯定。”③ 由休谟的“发现”可知，“事实”与“价值”乃相异的独立现象，它们共同构成了宇宙人生总体。因此，如果说“思想”以这两种现象为对象，那么便可化解从微观着眼之琐碎和具体，实现从宏观着眼之普遍和抽象，从而反映“思想”的对象的整体性。

如前所述，“意见”与“思想”的形式特征并不相同：前者是不稳定的甚至是转瞬即逝的，后者则具有相对的稳定性。具体来讲，“意见”指人们对于“事实”与“价值”之

---

① 海德格尔．演讲与论文集［M］．孙周兴，译．北京：生活·读书·新知三联书店，2005：135.

② 李泽厚．人类学历史本体论［M］．天津：天津社会科学院出版社，2008：3.

③ 休谟．人性论［M］．关文运，译．郑之骧，校．北京：商务印书馆，1980：509.

零散的、部分的认识，其表达形式即为“意见”。“感觉”“印象”“念头”“想法”等即为“意见”的表达形式，它们从不同角度表达“意见”。“思想”则不同，它作为人们基于理性思考得出的相对稳定性的理论，通常需要通过“观念”表达。所谓“观念”，指人们对于“事实”与“价值”之综合性、整体性的认识。很显然，“观念”与“思想”既有联系，又有区别；所谓“联系”，指其对象相同，均为“事实”与“价值”所谓“区别”，指“思想”多为理论，而“观念”仅为认识。关此，笛卡尔说：“观念这个名称，我理解为我们每个思想的那种形式，我们是凭着对那种形式的直接知觉进而意识到这些思想的。因此，我理解我所说的话时，一定是我心里有我的话所指的东西的观念，否则我就不能用话来表达任何东西。所以我用观念这个名称来称呼的，并不是那些仅仅描绘在幻想里的形相；正好相反，我不用这个名称称呼它们，只要它们是在形体的幻想里面的，就是说，是描绘在大脑的某些部分里面的；我称之为观念的，只是那些向心灵本身报信的形相，是心灵本身在支配着大脑的那个部分。”① 不过，“观念”并不是“思想”的基本单元或“细胞”，因为“观念”还需要通过“概念”来表达，因此，“思想”的基本单元或“细胞”实质上是“概念”。所谓“概念”，指人们对于“事实”与“价值”之性质的基本概括。

非常重要的是，“思想”的本质特征是“自由”。而且，与“思想”作为人的本质属性一样，“自由”作为“思想”的本质特征，亦乃不可否认的、经验性的事实。笛卡尔认为，唯有“思想”是完全自由的，此外人们没有任何“自由”可言。他说：“永远只求克服自己，不求克服命运，只求改变自己的愿望，不求改变世间的秩序。总之，要始终相信：除了我们自己的思想以外，没有一样事情可以完全由我们作主。”② 正是在此意义上，西方有一句名言：“不自由，毋宁死。”③ 那么，何谓“自由”呢？康德认为，“自由”作为“思想”的“前提”，具有“不为外在影响所规定”和“自己是自身原则的泉源”两方面的规定性。即，所谓“自由”，并不是指肆意妄为，因为这样人便成了欲望和冲动的奴隶，而是指“自主”的行动，即人遵从人为自己设定的“规则”。他说：“理性自身在它既是积极自由又是消极自由的前提下，必然地起着作用。它的前提必定是，一则不为外在的影响所规定，二则其是自身原则的泉源。如若一个主体认为他的判断不为

① 笛卡尔. 谈谈方法［M］. 王太庆，译. 北京：商务印书馆，2000：84-85.

② 笛卡尔. 谈谈方法［M］. 王太庆，译. 北京：商务印书馆，2000：21.

③ 帕特里克·亨利. 不自由，毋宁死［J］. 山西青年，2013（5）：69.

理性原则所规定，而被外在冲动所规定，他就不能承认这些判断是自己的。……从实践理性的观点看来，每个理性动因都必须设定他的意志是自由的。自由是一切行为和思想的必然前提。”①

正因为“思想”的本质特征是“自由”，故“思想”便是人类创造活动的源泉。或者说，“思想”是“创造”的“源头”，“创造”是“思想”的实现。关此，亚里士多德说：“关于制造过程，一部分称为‘思想’一部分称为‘制作’——起点与形式是由思想进行的，从思想的末一步再进行的工夫为制作。”② 进而，“创造”并不止于形下世界，创造具体的器物和价值，此为科学层面；亦会涉及形上世界，创造普遍的原则和价值，此为哲学层面，因为人的“思想”可由具体的“此岸世界”“解脱”出来，进入超越的“彼岸世界”，即从“形下世界”进入“形上世界”。黑格尔说：“思想所穷探其深度的世界是个超感性的世界，这个世界首先就被看作一种彼岸，一种和直接意识和现前感觉相对立的世界；正是由于思考认识是自由的，它才能由‘此岸’，即感性现实和有限世界，解脱出来。”③ 重要的是，“形上世界”可为“形下世界”提供理据。由此来讲，“思想”可谓世界的“本质”，亦可谓世界的“本原”。黑格尔说：“阿那克萨戈拉（Anaxagoras）被赞美为第一个说出这样思想的人，即：心灵（nus），思想，是世界的本原，世界的本质须规定为思想。这样，他就奠定了一个理智的宇宙观的基础。”④

## 二、哲学何以可能

何谓“哲学”？“哲学”一词最早出现在古希腊，基本含义是“爱智慧”或“智慧的朋友”。基于此，人们常通俗地将“哲学”解释为一门关于热爱和追寻智慧的学问。大体上讲，这种解释是不错的，但这一解释过于宽泛而有失具体，因为“智慧”还包括宗教和诸种具体科学。因此，熊十力对“哲学”做了进一步的解释，提出“哲学”乃以“建本立极”为宗旨的“形而上学”。他说：“哲学是智慧的学问，非仅在知识上用功，可悟一贯之理。……所以于科学外，必有建本立极之形而上学，才是哲学之极诣。哲学若不

---

① 康德. 道德形而上学原理［M］. 苗力田，译. 上海：上海人民出版社，1986：152.

② 亚里士多德. 形而上学［M］. 吴寿彭，译. 北京：商务印书馆，1959：137.

③ 黑格尔. 美学：第一卷［M］. 朱光潜，译. 北京：商务印书馆，1979：11.

④ 黑格尔. 逻辑学：上卷［M］. 杨一之，译. 北京：商务印书馆，1966：上卷，31.

足语于建本立极，纵能依据一种或几种科学知识出发，以组成一套理论，一个系统，要其所为，等于科学之附庸，不足当哲学也。”① 基于熊十力的上述解释，可以为“哲学”下一个定义：“哲学”为在超越层面研究“事实”与“价值”的学问，或者说，“哲学”为研究“事实”与“价值”之超越层面的学问。②。具体来讲，这个定义包括三个方面的内容：其一，“哲学”的属性是一门“学问”是一种“爱智之学”或智慧之学。即，它是基于人类理性对于“智慧”爱好和追求的知识，在此意义下，它与一般的学问并无不同。其二，“哲学”的对象是“事实”和“价值”。不过，一般的学问以具体“事实”或“价值”为对象，“哲学”则以总体“事实”或“价值”为对象。其三，“哲学”的问题意识是“超越”即超越现实的。即，一般的学问是“形而下”的，而“哲学”是“形而上”的。

进而，“哲学”作为一门学问，具有三个明显的特征：其一，“哲学”是“可学”的，它基于人类理性而建立。此相对于宗教而言：宗教是“可信”的，它基于信仰而建立。黑格尔说：“哲学是探究理性东西的，正因为如此，它是了解现在的东西和现实的东西的，而不是提供某种彼岸的东西，神才知道彼岸的东西在哪里。”③ 其二，“哲学”是超越的，它研究“事实”与“价值”之超越层面。此相对于具体科学而言：具体科学探究的是形而下世界的具体问题，所追求的是具体知识和具体价值；“哲学”探究的则是形而上世界的一般问题，所追求的是知识根源和终极价值。海德格尔说：“哲学活动就是询问那超乎寻常的事物。然而，正如我们已经提及的，这种发问对自身有一种反冲力，所以，不仅所问的东西是超乎寻常的，而且发问自身也是超乎寻常的。”④ 其三，“哲学”是相对的，此相对于人类理性而言：一个方面，人是有理性的动物，而理性可以建构哲学，因此“哲学”是人类理性的产物。另一个方面，人的理性是有限的，尽管理性可以接近真理，但永远不会终结真理，故“哲学”是永恒发展的。⑤ 总之，“哲学”作为一门学问，既不同于宗教神学，亦不同于具体科学，而具有自身的独特性。

那么，接下来的问题便是，“哲学”作为一门学问何以可能呢？或者说，人类历史上为何会出现“哲学”呢？从理论上讲，究其根源，人类既是“有限性”的存在，又是

---

① 萧萐父. 熊十力全集：第八卷［M］. 武汉：湖北教育出版社，2001：331-332.

② 程志华. 哲学概念三解［J］. 河北大学学报（哲学社会科学报），2011（1）：1-6.

③ 黑格尔. 法哲学原理·序言［M］. 范扬，张企泰，译. 北京：商务印书馆，1961：10.

④ 海德格尔. 形而上学导论［M］. 熊伟，王庆节，译. 北京：商务印书馆，1996：14.

⑤ 程志华. 哲学概念三解［J］. 河北大学学报（哲学社会科学报），2011（1）：1-6.

“无限性”的存在，人乃“有限性”与“无限性”之张力的统一体，而正是这种张力促生了人类对于智慧的热爱和追求，进而促生了作为“爱智之学”或智慧之学的“哲学”，从而使“哲学”作为一门学问成为可能。质言之，作为“有限性”的人对于“无限性”的追寻促生了“哲学”。关此，蔡元培说：“吾生也有涯，而知也无涯，此哲学所由起也。”① 具体来讲，“哲学”的可能性在于人类对于宇宙人生根本问题的“叩问”。李泽厚说：“总有人要问人生意义这个本无可答的问题，毕竟人也有权利来问这问题，而哲学的可能性就在于人有权利叩问人生，探寻命运，来作出属于自己的决定。”② 而且，正因为“哲学”起源于对宇宙人生根本问题的“叩问”，故最初“哲学”往往与神话“混合”在一起，因为“神话”乃“了解世界的原始的尝试”。在此意义下，甚至可以说“哲学”起源于“宗教”。黑格尔说：“科学和哲学可以说起源于宗教，或者毋宁说，起初科学、哲学和宗教是一回事：神话是了解世界的原始的尝试。”③

尽管不同时期、不同流派的哲学有不同内容，但就“哲学”作为一个“学术共同体”来讲，内容大致是明确的、具体的、共识的，即，包括“本体论”“宇宙论”“知识论”“人生论”等几个部分：“本体论”指对宇宙和人生之根本进行探究，因为人类有“追根溯源”或寻求超越的特性。“宇宙论”指对宇宙生成与发展进行探究，因为人类是宇宙的一部分。“知识论”指对宇宙和人生之认知进行探究，因为人类要生存和发展，需要了解宇宙和人生。“人生论”指对人生及其价值进行探究，因为人类必须要面对人生和死亡。当然，上述几个部分名称未必完全相同，而且它们还可再分为若干分支。关此，胡适认为，“凡研究人生切要的问题，从根本上着想，要寻一个根本的解决：这种学问，叫做哲学”。“哲学”包括多方面内容，诸如“宇宙论”“名学”或“知识论”“人生哲学”或“伦理学”“教育哲学”“政治哲学”和“宗教哲学”等。④ 冯友兰的观点与胡适的观点大体相当。他说：“以现在之术语说之，哲学包含三大部：宇宙论——目的在求一‘对于世界之道理’（A Theory of World）；人生论——目的在求一‘对于人生之道理’（A Theory of Life）；知识论——目的在求一‘对于知识之道理’（A Theoryof Knowledge）。此三分法，自柏拉图以后，至中世纪之末，普遍流行；即至近世，亦多用之。‘哲学’之内

---

① 高平叔．蔡元培全集：第一卷［M］．北京：中华书局，1984：176.

② 李泽厚．人类学历史本体论［M］．天津：天津社会科学院出版社，2008：4.

③ 梯利．西方哲学史·序论［M］．增补修订版．伍德增，补．葛力，译．北京：商务印书馆，2004：2.

④ 胡适．中国哲学史大纲：卷上［M］．北京：东方出版社，1996：1-2.

容，大略如此。就以上三分中若复再分，则宇宙论可有两部：一是研究‘存在’之本体及‘真实’之要素者，此是所谓‘本体论’（Ontology）；二是研究世界之发生及其历史，其归宿者，此是所谓‘宇宙论’（Cosmology）狭义的。人生论亦有两部：一是研究人究竟是什么者，此即心理学所考究；二是研究人究竟应该怎么者，此即伦理学（狭义的）政治社会哲学等所考究。知识论亦有两部：一是研究知识之性质者，此即所谓知识论（Epistemology）（狭义的）；二是研究知识之规范者，此即所谓论理学（狭义的）。”①

基于上述内容，“哲学”形成了独特的表达形式，即，“哲学”非常重视“概念”，因为“哲学”须通过“概念”表达，故“哲学”离不开“概念”。② 在此意义下，“概念”乃“哲学”的基本单元或“细胞”，而“哲学”可谓关于概念之关系的表达。熊十力说：“凡玄学所表者，只是概念与概念之关系，而佛学尤为玄学之极诣。故短于分析作用者，于各个概念间相互的关系，即义理分划之不可淆混者，乃常不能明辨，而陷于混沌状态矣。”③ 或者说，“哲学”即是关于概念的“游戏”，“哲学”的任务在于创造“概念”。金岳霖说：“哲学是概念的游戏。……哲学本来就是这样的一门学问。”④ 李泽厚也说：“哲学作为视角和路的探寻者，便只是某种观念、概念的发明者和创造者。”⑤ 实际上，整个人类哲学史就是哲学概念的历史，因为所有哲学学说均须通过概念表达。例如，黑格尔所建构的庞大的哲学体系即是通过“绝对精神”“存在”“本质”“意识”“精神”“道德”“伦理”等系列概念表达的。不过，在此需要说明的是，“哲学”所使用的“概念”并非一般的“概念”，即非前述“思想”所对应的“概念”，而是指作为“理性概念”的“理念”。具体来讲，所谓“理念”，指上升到理性高度即“理性化”的“概念”，即对于“事实”与“价值”性质之超越层面的基本概括。由此来讲，“理念”实比“概念”进了一层，而这“进一层”是指由实然的“形而下层面”进到超越的“形而上层面”。因此，如果说“概念”是“哲学”的基本单元或“细胞”，实质上是指“理念”乃“哲学”的基本单元或“细胞”。

就“哲学”的形式看，“哲学”不仅重视“理念”，而且非常重视理论体系。康德说：“依据理性之立法的命令，吾人所有之纷歧知识不容纯为断片的，必须构成一体系。仅有

① 冯友兰．中国哲学史［M］．北京：中华书局，1961：2-3．

② 程志华．哲学概念：进化与变异［J］．河南师范大学学报（哲学社会科学版），2018（2）：1-8．

③ 萧萐父．熊十力全集：第八卷［M］．武汉：湖北教育出版社，2001：88．

④ 冯友兰．中国现代哲学史［M］．广州：广东人民出版社，1999：198．

⑤ 李泽厚．人类学历史本体论［M］．天津：天津社会科学院出版社，2008：8．

如是，始能促进理性之主要目的。我之所谓体系，乃指杂多之知识在一理念下之统一而言。”① 具体来讲，一个完整的哲学学说，通常是针对某个问题，立足于基本“理念”，派生出系列从属“理念”，通过推演、论证，最后得出结论的体系。因此，康德还说：“哲学乃一切哲学的知识之体系。”② 李泽厚也认为，不同哲学学说内容虽有异，但均须具有“系统性”。他说：“虽‘同归’却‘殊途’‘途’即是路，也是视角，这也就是哲学。哲学只是路的探寻者，视角的选择者。是‘路’、是‘视角’便可能有某种全面性和‘系统性’而不是随感或杂谈。”③ 总之，与所有哲学学说都表达为理念体系一样，所有哲学学说亦都表达为理论体系；如果没有理念体系和理论体系，一种学问便不能称为“哲学”。质言之，一个哲学学说必须是一个周延的、“自圆其说”的理论体系。例如，黑格尔以“思维与存在关系”入手，以“绝对精神”为核心理念，通过“逻辑”“自然”和“精神”三个阶段的论证，分别表达了纯粹概念转化、超越自然界束缚、回到“绝对精神”自身的过程，从而构建起庞大而严密的理论体系。④

## 三、哲学如何为思想立法

上文分别探讨了“思想”和“哲学”两个概念，那么，此时的问题是，“哲学”与“思想”是什么关系呢？概而言之，二者乃既有区别、又有联系的关系，而区别和联系可分别就“对象”和“形式”两方面言说。就“对象”来说，如前所述，宇宙人生无外乎由“事实”与“价值”构成，故“思想”的对象不外乎“事实”与“价值”，“哲学”的对象亦不外乎“事实”与“价值”。不过，“思想”研究的是“事实”与“价值”的实然的“形而下层面”，“哲学”研究的是“事实”与“价值”的超越的“形而上层面”。正是在此意义下，黑格尔说：“哲学以思想、普遍者为内容，而内容就是整个存在。”⑤ 由此来讲，“哲学”并没有自己的专有对象，其对象与“思想”的对象其实是“公共”的，只不过二者着眼于对象的层面不同。就形式来说，“哲学”与“思想”研究对象的异同决定了其表达形式的异同：如果说“思想”通过“观念”来表达，基本单元和“细胞”是

---

① 康德．纯粹理性批判［M］．蓝公武，译．北京：商务印书馆，1960：570.

② 康德．纯粹理性批判［M］．蓝公武，译．北京：商务印书馆，1960：573.

③ 李泽厚．人类学历史本体论［M］．天津：天津社会科学院出版社，2008：4.

④ 黑格尔．小逻辑［M］．贺麟，译．北京：商务印书馆，1980.

⑤ 黑格尔．哲学史讲演录：第一卷［M］．贺麟，王太庆，译．北京：商务印书馆，1959：93.

"概念"，那么，"哲学"则通过"概念"来表达，基本单元则和"细胞"则是"理念"——"理性概念"。"理念"与"概念"有同又有异："理念"属于"概念"，但又高于"概念"；"理念"虽亦是"概念"，但它更为理性化，亦更具有抽象性和深刻性。而且，"哲学"比"思想"更注重系统性，"哲学"必须为一个理论体系，而"思想"则未必为一个理论体系。

由上述可见，"哲学"总体上"高于""思想"。不过，历史地看，"思想"却先在于"哲学"，即，"思想"为早出，而"哲学"为晚出。海德格尔认为，在苏格拉底之前，只存在作为"爱智慧"的"思想"，并不存在作为"爱智之学"的"哲学"。只是到了苏格拉底时代，"热爱"成为人类"刻意"的追求，才出现了作为"爱智之学"的"哲学"。海德格尔说："在赫拉克利特那里还没有 philosophia（哲学）一词。一个 aner philosophos 不是一个'哲学的'人。……现在，思想才成为'哲学'了。……走向'哲学'一步，经过诡辩论的酝酿，最早是由苏格拉底和柏拉图完成的。"① 雅斯贝斯则认为，就"轴心时代"来看，当时的几大文明几乎同时开始探寻根本问题和"超越存在"，通过"反思""思想"实现了由"思想"到"哲学"之"超越的突破"。质言之，在"轴心时代"才出现了"哲学"，而"思想"早已经存在了。他说："这个时代的新特点是，世界上所有三个地区的人类全都开始意识到整体的存在、自身和自身的限度。人类体验到世界的恐怖和自身的软弱。他探寻根本性的问题。面对空无，他力求解放和拯救。通过在意识上认识自己的限度，他为自己树立了最高目标。他在自我的深奥和超然存在的光辉中感受绝对。这一切皆由反思产生。意识再次意识到自身，思想成为它自己的对象。"② 这样讲来，"哲学"虽然"高于""思想"，但却晚出于"思想"。

之所以如此，在于"哲学"乃对"思想"的"反思"，即"哲学"产生于对"思想"的"反思"。需要说明的是，这种说法与前述之"哲学"的可能性并不矛盾，因为后者讲的是"哲学"之"发生"的理性基础，前者讲的是"哲学"之"产生"的具体途径；"发生"与"产生"是不同的：前者指原来不存在事物的出现，后者指从已有事物中形成新事物；前者凸显的是"根本"的含义，后者凸显的是"派生"的含义。那么，何谓"反思"呢？所谓"反思"，基本含义就是"反过来思考"，指主体对"思想"本身进行"再思想"的活动。需要注意的是，在"反思"活动中，"思想"不再是思考的"主词"，而

---

① 海德格尔．海德格尔选集［M］．孙周兴，选编．上海：上海三联书店，1996：594-596.

② 卡尔·雅斯贝斯．历史的起源与目标［M］．魏楚雄，俞新天，译．北京：华夏出版社，1989：8-9.

变成了思考的“宾词”。黑格尔说：“本质自身中的映象是反思。”① 由此可以说，“哲学”是关于“思想”的学问，因为“哲学”以“思想”为对象。黑格尔说：“概括讲来，哲学可以定义为对于事物的思维着的考察。……哲学乃是一种特殊的思维方式——在这种方式中，思维成为认识，成为把握对象的概念式的认识。”② 具体来讲，“哲学”并不直接研究“事实”与“价值”，而是研究关于“事实”与“价值”的“思想”。黑格尔说：“哲学的事实已经是一种现成的知识，而哲学的认识方式只是一种反思，——意指跟随在事实后面的反复思考。”③ 如此讲来，“思想”乃“哲学”的基础，“哲学”基于“思想”而建立。黑格尔说：“形而上学曾经是关于世界的科学大厦，而那又是只有由思想才会建造起来。”④ 由此来讲，前文关于“哲学”与“思想”关系两个方面的论说仅是现象的，而“哲学”为对“思想”的“反思”这样一种论说才是本质的。

既然“哲学”为对“思想”的“反思”，那么“哲学”如何“反思”“思想”呢？或者说，“哲学”“反思”“思想”的具体路径是什么呢？总的讲，“反思”乃由“哲学”到“哲学”与“思想”对立再回到“哲学”的过程——首先，确立“哲学”的主体性；其次，确立“思想”的客体性，从而形成“哲学”与“思想”的对立；最后，主体性与客体性对立统一，从而形成“哲学”对“思想”的融合。质言之，“反思”表现为从主体到客体再到主客体融合的过程。若借用黑格尔的理论讲，“反思”包括“建立的反思”“外在的反思”和“进行规定的反思”三个阶段。所谓“建立的反思”，指离开对象“返回”自身，“回归那样的直接性”，“建立”起“我”这个主体性概念。在这个阶段，“自身”和“非自身”处于统一体中。所谓“外在的反思”，指把对象当作外在的东西，而主体性概念“我”乃是“观察者”或“比较者”。在这个阶段，“自身”与“非自身”处于相互对立状态。所谓“进行规定的反思”，指主体性概念“我”思考对象时不是外在的，而是对概念本身内在的思考。在这个阶段，“自身”通过扬弃“非自身”而重回“自身”，实现了“否定之否定”。若对应地讲，“建立的反思”为“哲学”之抽象的自身同一，“外在的反思”为“思想”之外在的同一与差异，“进行规定的反思”则上升为“哲学”与“思想”之具体的同一。⑤ 总的讲，黑格尔的理论虽然宏观而有失具体，但却揭示了“哲学”

---

① 黑格尔．逻辑学：上卷［M］．杨一之，译．北京：商务印书馆，1966：下卷，8.

② 黑格尔．小逻辑［M］．贺麟，译．北京：商务印书馆，1980：38.

③ 黑格尔．小逻辑［M］．贺麟，译．北京：商务印书馆，1980：7.

④ 黑格尔．逻辑学：上卷［M］．杨一之，译．北京：商务印书馆，1966：上卷，47.

⑤ 黑格尔．逻辑学：上卷［M］．杨一之，译．北京：商务印书馆，1966：下卷，15-20.

“反思”“思想”的根本脉络。

如前所述，真正的“自由”指“自主”的行动，即人遵从人为自己设定的“规则”，亦即“思想”应遵从人为自己设定的“规则”。很显然，这样一种说法的前提是，“思想”应为自己设定“规则”，即为“思想”自身“立法”。康德说：“每个有理性的东西都是目的王国的成员，虽然在这里他是普遍立法者，同时自身也服从这些法律、规律。他是这一王国的首脑，在他立法时是不服从异己意志的。”① 在此，所谓“思想”为自身设定“规则”，实指“哲学”为“思想”“立法”，因为“哲学”属于“思想”，而又“高于”“思想”，为对“思想”的“反思”。因此，康德说：“哲学乃一切知识与人类理性之基本目的（Teleologia rationis humanae）相关之学问，哲学家非理性领域之技术家，其自身乃人类理性之立法者。”② 在此意义下，如果说“思想”是一个组织的“成员”的话，那么“哲学”则既是这个组织的“成员”，更是这个组织的“首脑”。康德说：“每个有理性的东西，在任何时候，都要把自己看做一个由于意志自由而可能的目的王国中的立法者。他既作为成员而存在，又作为首脑而存在。”③ 正因为如此，尽管“哲学”与“思想”紧密相关，但二者又确有重大区别。黑格尔说：“哲学思维无论与一般思维如何相同，无论本质上与一般思维同是一个思维，但总是与活动于人类一切行为里的思维，与使人类的一切活动具有人性的思维有了区别。”④

具体地讲，“哲学”为“思想”“立法”可从“道技”或“体用”两个方面考虑。

一是“技”或“用”的层面，它又分为两个方面：其一，维护“思想”之“自由”的权利。“思想”乃人的本质属性，而作为“有限性”的人对于“无限性”的追寻促生了“哲学”，故“哲学”应承担维护“思想”权利的使命。李泽厚说：“哲学既非职业，而乃思想，则常人皆可思想。此‘想’不一定高玄妙远、精密细致，而可以是家常生活，甚至白日梦呓。哲学维护的只是‘想’的权利。”⑤ 进而，“思想”的本质特征是“自由”，而“哲学”为对“思想”的“反思”，“思想的自由是哲学和哲学史起始的条件”⑥，故“哲学”应承担维护“思想”“自由”权利的使命。在此意义下，“哲学”可谓“唯一的自

---

① 康德. 道德形而上学原理［M］. 苗力田，译. 上海：上海人民出版社，1986：86.

② 康德. 纯粹理性批判［M］. 蓝公武，译. 北京：商务印书馆，1960：574.

③ 康德. 道德形而上学原理［M］. 苗力田，译. 上海：上海人民出版社，1986：86.

④ 黑格尔. 小逻辑［M］. 贺麟，译. 北京：商务印书馆，1980：38.

⑤ 李泽厚. 人类学历史本体论［M］. 天津：天津社会科学院出版社，2008：3.

⑥ 黑格尔. 哲学史讲演录：第一卷［M］. 贺麟，王太庆，译. 北京：商务印书馆，1959：93.

由学术”。亚里士多德说：“显然，我们不为任何其它利益而找寻智慧；只因人本自由，为自己的生存而生存，不为别人的生存而生存，所以我们认取哲学为唯一的自由学术而深加探索，这正是为学术自身而成立的唯一学术。”① 其二，对“思想”施以限制或设定“规范”。因为“思想”的本质特征是“自由”，尽管“思想”经过了理性思考，但它依然具有“胡思乱想”的“自由”，故“自由”极有可能促生种种“思想疾病”。因此，必须要给“思想”设定“规范”、施以限制，从而使“思想”成为“真正的思想”。当然，“规范”和限制并非外在的，因为它源于作为“思想”“成员”的“哲学”。康德说：“天真无邪当然是荣耀的，不过也很不幸，因为它难以保持自身，并易于被引诱而走上邪路。正因为如此，智慧——它本意是行动更多于知识——也需要科学，不是因为它能教导什么，而是为了使自己的规范更易为人们接受和保持得更长久。”②

二是“道”或“体”的层面。依康德的理解，“哲学”分为“思辨哲学”和“实践哲学”两类；前者的目的是寻求“事物发生的根据”，后者的目的是寻求“事物应该发生的根据”。他说：“在实践哲学中我们并不寻求某事某物发生的根据，而是寻求某事某物应该发生的根据，这件事也许一次也不会发生。”③ 因此，“哲学”的功用不外乎两个方面：其一，可为“思想”提供“知识之源”。即，“哲学”的目的不是增加具体知识，而是通过寻求“事物发生的根据”探讨可否增加和如何增加具体知识。因此，“哲学”侧重于解释世界与人生的根本，从而为“思想”提供基本立场、观点和方法。李泽厚说：“哲学观念、概念之不同于许多其他包括科学的观念、概念，在于它的‘无用性’和无所不涉性。哲学不提供知识，而转换、更新人的知性世界。”④ 其二，可为“思想”提供“价值之源”。不过，这个“价值之源”不是指宗教，因为宗教的特征在于“信仰”，“价值之源”的形式在于祈祷、礼拜；哲学的特征在于“理性”，“价值之源”的形式在于概念、理论。因此，哲学侧重于研究、“设计”价值基础和价值理想，从而引导人们确立并践行价值理想。冯友兰说：“哲学，特别是形上学，是一门这样的知识，在其发展中，最终成为‘不知之知’……它的用处不是增加实际的知识，而是提高精神的境界。”⑤ 由这样两个方面来看，“哲学”虽然没有具体的实用性，但它却具有“真理性”和根源性。亚里士多德

① 亚里士多德．形而上学［M］．吴寿彭，译．北京：商务印书馆，1959：5．

② 康德．道德形而上学原理［M］．苗力田，译．上海：上海人民出版社，1986：55．

③ 康德．道德形而上学原理［M］．苗力田，译．上海：上海人民出版社，1986：78-79．

④ 李泽厚．人类学历史本体论［M］．天津：天津社会科学院出版社，2008：8．

⑤ 冯友兰．中国哲学简史［M］．涂又光，译．北京：北京大学出版社，1985：387．

说："哲学被称为真理的知识自属确当。因为理论知识的目的在于真理，实用知识的目的则在其功用。从事于实用之学的人，总只在当前的问题以及与之相关的事物上寻思，务以致其实用，于事物的究竟他们不予置意。"①

## 四、结语

综上所述，"思想"作为人与动物的根本区别，它有动词和名词两义。作为动词讲，它指"思考"或"思维"作为名词讲，它指"思考""思维"的成果。不过，"思想"并不同于"意见"，因为它乃经过理性思考得出的相对稳定性的理论。"思想"的可能性在于它乃"人"的自然属性，即为不可否认的、经验性的事实。"哲学"作为一门"爱智之学"或智慧之学，是基于对"思想"的"反思"，为在超越层面研究"事实"与"价值"的学问。"哲学"的可能性源于人作为"有限性"而对"无限性"的追求，即对于宇宙人生根本问题的"叩问"。而且，"思想"的本质特征是"自由"，而真正的"自由"乃"思想"遵从自己设定的规则，此即意味着"思想"应为自己设定规则。在此，所谓"思想"为自己设定规则，实指"哲学"为"思想""立法"。从"技"或"用"的层面讲，"哲学"为"思想""立法"包括两个方面：一是维护"思想""自由"的权利；二是对"思想"设定"规范"、施以限制。从"道"或"体"的层面讲，"哲学"为"思想""立法"亦包括两个方面：一是为"思想"提供"知识之源"二是为"思想"提供"价值之源"。总之，"思想"是"哲学"的基础，"哲学"源于"思想"；"哲学"为"思想""立法"，"哲学"是"思想"的"首脑"。

（原文载《河北大学学报》〔哲学社会科学版〕2019 年第 4 期。
中国人民大学报刊复印资料《哲学原理》2019 年第 10 期全文转载。
《高等学校学科学术文摘》2019 年第 5 期转载）

① 亚里士多德．形而上学［M］．吴寿彭，译．北京：商务印书馆，1959：33.

# 中国哲学诠释四论

按照德国哲学家雅斯贝斯的观点，“轴心时代”之所以塑造了之后的人类文明，在于哲学作为一门学问的发生。令人自豪的是，中国哲学作为原创性学问，不仅与印度和西方哲学发生于同时，而且也对塑造人类文明做出了重要贡献。他说：“最不平常的事件集中在这一时期。在中国，孔子和老子非常活跃，中国所有的哲学流派，包括墨子、庄子、列子和诸子百家，都出现了。像中国一样，印度出现了《奥义书》……伊朗的琐罗亚斯德……希腊贤哲如云……在这数世纪内，这些名字所包含的一切，几乎同时在中国、印度和西方这三个互不知晓的地区发展起来。”①

然而，令人遗憾的是“轴心时代”以后中国哲学的原创性下降了。在这个时期，西方哲学新学说不断涌现，为塑造近代文明发挥了重要作用；中国先秦诸子百家则多湮灭于历史长河，儒家虽未灭绝却总体上呈现衰落趋势。按照冯友兰的说法，中国哲学由“子学时代”滑入了“经学时代”。② 因此，中国哲学渐渐地与西方哲学形成了很大差异：就形式讲，西方哲学渐而成为独立的“哲学”形态，中国传统学术中未形成独立的“哲学”传统。就内容看，西方哲学关注的重点是存在界，理论由存在界出发而开展；儒家哲学作为中国哲学骨干所关注的重点是道德界，理论由道德界出发而开展。因此，近代以来，西方一些哲学家不承认中国哲学。例如，德国古典哲学家黑格尔就认为，哲学的起点是思想的自由，只有当人类超越自然阶段而实现思想自由时才产生哲学，故整个人类思想中只有希腊哲学和日耳曼哲学能称为“哲学”。③ 质言之，所谓“中国哲学”并非真正的、纯正的“哲学”。法国当代哲学家德里达也认为，“哲学”“与一种有限的历史相联，与一种语言、一种古希腊的发明相联”为欧洲和西方所独有的思想，因此所谓“中

① 雅斯贝斯《历史的起源与目标》，华夏出版社 1989 年版，第 8 页。

② 冯友兰：《中国哲学史》，中华书局 1961 年版。

③ 黑格尔：《哲学史讲演录》第一卷，商务印书馆 1959 年版，第 98-100 页。

国哲学”并非严格意义的“哲学”。① 而且，2001年9月11日，德里达在与王元化对话时重申“中国没有哲学，只有思想”。可喜的是，中国哲学界对此并未熟视无睹，自现代以来已有过两次“觉醒”。第一次是20世纪初叶中国哲学学科的奠立，标志是北京大学“哲学门”的建立和胡适的《中国哲学史大纲》、冯友兰的《中国哲学史》等著作的出版。依冯友兰的理解，中国哲学作为一门学问本来就存在，只是在形式上存在不足而已，故须创立中国哲学学科以完善形式。他说：“所谓系统有二：即形式上的系统与实质上的系统，此两者并无连带的关系……中国哲学家之哲学之形式上的系统，虽不如西洋哲学家；但实质上的系统，则同有也。讲哲学史之一要义，即是要在形式上无系统之哲学中，找出其实质的系统。”② 第二次是21世纪初叶学界关于“中国哲学合法性”问题的讨论。关于这次讨论，尽管出现了诸多不同观点，但大多对如下观点持赞同态度：化解“中国哲学合法性”问题的关键，并不在于与西方哲学的对照或所谓的名分，而在于中国哲学有没有能力应对时代问题，进而建构“自己讲”和“讲自己”的哲学学说，从而为解决国人乃至世界哲学问题做出贡献。③ 相较而言，第一次“觉醒”的意义在于为中国哲学谋得“哲学”身份，第二次“觉醒”的意义在于谋求中国哲学理论创新。

然而，哲学理论创新的确是一个难题，因为哲学研究大多属于个体劳动，哲学学说的创立并没有规律。不过，哲学创新仍是可以探讨的问题，而由“诠释”切入便是一个重要角度。就哲学史来看，若要从事哲学研究，诠释往往是前提性的；如果没有哲学诠释，便很难有哲学创制。

就中国哲学来讲，通常的诠释理路可概括为两种：一是“外在诠释”。所谓“外在诠释”，指诠释者的重点在于跳出概念、义理本身，探究时代背景对概念、义理的影响，并揭示概念、义理的社会功能。其理据是，概念和义理得以产生、变化的原因根本上与特定环境，文化归根到底即特定利益紧密相联，故时代背景是概念、义理的决定因素。质言之“外在诠释”是“即存在以论本质”，即通过“存在”把握“本质”。很明显“外在诠释”并非从实际中概括出思想，也非把具体性上升为普遍性，而是把思想还原为实际，把普遍性还原为具体性。二是“内在诠释”。所谓“内在诠释”，指诠释的重点为在概念、义理框架内进行诠释，侧重寻求概念间的联系和义理间的递进，而不过多涉及时代背景

① 黑格尔：《哲学史讲演录》第一卷，商务印书馆1959年版，第9-10页。

② 冯友兰：《中国哲学史》，中华书局1961年版，第14页。

③ 程志华：《中国哲学的合法性问题辨析》，《文史哲》2007年第1期。

和社会功能。其理据是，内在理论线索是有规律可循的，时代背景等外在线索终究要通过内在线索起作用，因而内在线索是概念、义理的决定因素。质言之“内在诠释”不是“即存在以论本质”，而是“即本质以论本质”，即通过“本质”来把握“本质”。很明显，与“外在诠释”相反，“内在诠释”不是把思想还原为实际，也不是把普遍性还原为具体性，而是从实际中概括出思想，把具体性上升为普遍性。

虽然中国哲学通常采用上述两种诠释理路，但这并不意味对它们的采用均是合理的。两相对照，“外在诠释”的问题意识为基于特定利益之追根到底的探讨，且其将思想外化于历史背景，故理论展开较为生动鲜活，能凸显时代意义。但是，这种诠释由于强调特定利益和时代背景，故会冲淡或阻碍概念、义理的内在迁延。更为重要者，“外在诠释”是一种社会学理路，故将它用于哲学研究有“错位”之嫌。“内在诠释”则不同，其问题意识为从实际中概括出的哲学问题，基于哲学问题而对概念、义理关系进行探究。因此“内在诠释”虽然理论展开较为抽象晦涩，时代感也不是特别明显，但是它更能凸显概念、义理的内在迁延脉络。实际上，“内在诠释”本身即是哲学理路，故用于哲学研究更为“匹配”。既然如此，在治哲学时就应采取“内在诠释”理路，而不是“外在诠释”理路。

然而，要从事“内在诠释”，需要先搞清楚诠释学的最新成果。历史地看，诠释学大致经历了两大发展阶段：一是传统诠释学，以德国哲学家施莱尔马赫和狄尔泰等人为代表。他们认为，意义是文本自身所固有的、客观的，不以诠释者的理解为转移；诠释者的任务在于清除“误解”，客观地理解和把握文本的意义。因此，诠释学可谓一门消除对文本“误解”的“艺术”。① 二是现代诠释学，代表人物是德国哲学家迦达默尔。他认为，意义并非客观文本自身固有的、客观的，而是与人的理解密不可分的，即诠释不是文本的“独白”，而是诠释者与文本的“对话”。因此，若离开了诠释者的参与，文本不会有真正的意义。质言之，文本意义并不是“现成地”等待人们去发现，而是在诠释者的理解活动中形成的。因此，在诠释活动中，不仅文本发挥了作用，诠释者也发挥了作用。他说：“像真正的对话一样，共同的主题把对话双方——文本和解释者——互相联结了起来。在对话当中，只有当他参与到谈论的主题当中，互相理解才是可能的；同样，

① Hans Georg Gadamer, *Truth and Method*, trans. by Joel Weinsheimer and Donald G. Marshall, Continuum, 2004. 185.

在与文本的对话中，解释者必然参与了意义的形成。”① 很显然，如果说传统诠释学强调客体，现代诠释学则强调主、客关系，甚至可以说强调主体，因为在其看来，诠释乃是诠释者的诠释。不过，此时的问题是：若依现代诠释学，诠释是否会成为诠释者个人之主观、任意的行为呢？对此，迦达默尔的回答是否定的。他认为，任何一个社会都有它的传统，而传统其实就是一种“权威”，即虽未经言说、不成文但时时刻刻在发挥作用的“诠释方式”。而且，人作为一种“受历史影响的意识”②，总是不可避免地“携带”着“传统”进行诠释。他说：“我们发现自身就处于我们试图理解的传统当中。”③ “理解不能被认为是一种主体性的行为，而是一种参与到传统中的行为。”④ 在此意义下，诠释不可能成为个人之主观、任意的行为。迦达默尔进而认为，既然诠释与“传统”是上述关系，那么就可以说，任何诠释都是崭新的，即使新的诠释与之前的诠释完全相同，因为每次诠释所使用的“传统”都不相同。换言之，因为我们是“受历史影响的意识”，故总会存在“比较好”的诠释。不过，这并不意味着会出现“最好的”诠释，因为诠释乃是面向未来的无限性过程，而且“传统”会不断地累积和变化。质言之，无论如何，诠释总是常新的。很明显，与传统诠释学相较，迦达默尔诠释学证成了诠释的开放性，即，任何诠释活动都不存在最终的、单一的或绝对正确的答案。因此，必须警惕任何独断论式的信念，而独断论式的信念却无时无处不在。即，当我们诠释一个文本时，不要去盲目地相信被告知的内容，而要相信我们可以“塑造”被告知的内容。由此来讲，相对于传统诠释学，现代诠释学实际上证成了诠释的创新性，此乃其理论魅力所在。

在傅伟勋看来，迦达默尔的现代诠释学仅是“普遍性方法”，而要真正通过诠释实现理论创新，还需要“特定主张”。他说：“作为学问活泉之一的诠释学，始终要在具有思想独特性的特定主张与普遍性方法的理论探索之间，继续不断地自求发展，自求充

---

① Hans Georg Gadamer, *Truth and Method*, trans. by Joel Weinsheimer and Donald G. Marshall, Continuum, 2004. 389.

② Hans Georg Gadamer, *Truth and Method*, trans. by Joel Weinsheimer and Donald G. Marshall, Continuum, 2004. 301.

③ Hans Georg Gadamer, *Truth and Method*, trans. by Joel Weinsheimer and Donald G. Marshall, Continuum, 2004. 301.

④ Hans Georg Gadamer, *Truth and Method*, trans. by Joel Weinsheimer and Donald G. Marshall, Continuum, 2004. 291.

实。”[1] 基于此，他建构起以“五谓”为步骤、以创新为宗旨的“创造的诠释学”。具体来讲，“五谓”乃诠释的五个环节，依此五个环节开展诠释可推进理论创新。第一个层次为“实谓”，指“原思想家（或原典）实际上说了什么”[2]，即通过考证、训诂等了解文本的字面意义。不过“实谓”只是诠释的第一步，它所提供的仅是“朴素的原始材料”。傅伟勋说：“‘实谓’只是‘习常地说出了口’虽然带有某种意义与指谓，仍须待人予以理解及诠释；也就是说，它仍停留在纯客观性的语辞呈现状态，只呈现为‘朴素的原始资料’而已。”[3] 第二个层次是“意谓”，指“原思想家想要表达什么”[4]，即通过背景材料、语言解析、理论结构的研究，了解作者的原意。这一层次包括两方面任务：一是主体性层面的“随后体验”“同情地”了解作者的原意；二是对原典的“语义分析”，通过脉络、逻辑和层次分析，如实、客观地了解文本章句的含义；[5] 第三个层次是“蕴谓”，指“原思想家所说的可能蕴涵是什么”[6]，即通过梳理已有诠释来发掘文本思想的深层义理。傅伟勋说：“‘蕴谓’层次的首要工作，即在通过思想史上已经有过的许多原典诠释进路探讨，归纳几个较有诠释学份量（hermeneutic weight）的进路或观点出来，俾能发现原典思想所表达的深层义理，以及依此义理可能重新安排高低出来的多层诠释蕴涵。”[7] 第四个层次是“当谓”，指“原思想家（本来）应当说出什么”[8]，即对已有种种诠释进路进行“批判的考察”，说出原作者“应当表达而没有表达”出来的深层涵义，提出具有诠释理据的独创性的观点。傅伟勋说：“批判地考察在‘蕴谓’层次所找到的种种可能义蕴（meanings）或蕴涵（implications），从中发现最有诠释理据或强度的深层义蕴或根本义理。”[9] 第五个层次是“必谓”或“创谓”，指“原思想家现在必须说出什么”[10]，即从原作者之已说“导出”诠释者之“应说”，从而超越原作者而实现“创造的诠释”。傅伟勋说：“创造的诠释学家不但为了讲活原思想家的教义，还要批判地超克原思想家的

---

① 傅伟勋：《从创造的诠释学到大乘佛学》，东大图书公司 1990 年版，第 9 页。

② 傅伟勋：《从创造的诠释学到大乘佛学》，东大图书公司 1990 年版，第 10 页。

③ 傅伟勋：《从创造的诠释学到大乘佛学》，东大图书公司 1990 年版，第 13 页。

④ 傅伟勋：《从创造的诠释学到大乘佛学》，东大图书公司 1990 年版，第 10 页。

⑤ 傅伟勋：《从创造的诠释学到大乘佛学》，东大图书公司 1990 年版，第 19-27 页。

⑥ 傅伟勋：《从创造的诠释学到大乘佛学》，东大图书公司 1990 年版，第 10 页。

⑦ 傅伟勋：《从创造的诠释学到大乘佛学》，东大图书公司 1990 年版，第 27 页。

⑧ 傅伟勋：《从创造的诠释学到大乘佛学》，东大图书公司 1990 年版，第 10 页。

⑨ 傅伟勋：《从创造的诠释学到大乘佛学》，东大图书公司 1990 年版，第 11 页。

⑩ 傅伟勋：《从创造的诠释学到大乘佛学》，东大图书公司 1990 年版，第 10 页。

教义局限性或内在难题，为后者解决后者所留下而未能完成的思想课题。”①

显而易见，就诠释的创新性而言“创造的诠释学”作为“特定主张”，实现了对现代诠释学之“普遍性方法”的具体化。由此来讲，它在理论魅力方面虽不及现代诠释学，但在“实用性”方面却优于现代诠释学。

综上所述，本文共讨论了四个问题：其一是中国哲学的合法性问题，此为本文的“问题意识”，它为下文展开的源起。其二是诠释理路问题，即厘清中国哲学研究之“外在诠释”与“内在诠释”。其三是诠释的“普遍性方法”，它为诠释提供了创新性理念。其四是诠释的“特定主张”，它将诠释的创新性理念予以具体化。就上述四个问题来讲，它们虽分而论之，但实际上乃密切相关、层层递进。如果将之比喻为一个“建筑工程”的话，第一个问题可比之为“工程招标”，第二个问题可比之为“清理场地”，第三个问题可比之为确立“设计理念”，第四个问题可比之为“施工图”；四个问题紧密相关，层层递进，最后完成建筑任务。总而言之，若依这样一种理路开展的话，或许可以解决中国哲学的创新问题，从而最终化解中国哲学的合法性问题。

（原文载《福建论坛》2019 年第 5 期）

① 傅伟勋：《从创造的诠释学到大乘佛学》，东大图书公司 1990 年版，第 11 页。

# “追问根源”与“哲学困难”

人是有限的而又追求无限，即人天生是“形而上”的动物，故人在历史进程中必然进行哲学建构。然而，由于人类理性是有限的，故哲学建构必然会出现这样或那样的问题，以至于不时形成“哲学困难”。面对“哲学困难”有些人主张“拒斥形而上学”，“回归”形而下的生活世界。很显然，这不是一条合理的理路，而是一种“因噎废食式”的主张。那么，面对“哲学困难”，如何做才是合适的理路呢？大致来讲，一个重要的理路是追问根源，即，追问建构哲学的根源，而基于根源来衡断“哲学困难”，基于根源来重建哲学形态。若形象地讲，人类的哲学探索类似于人行路：“行路人”行走过程中会跨越路程，同时亦难免会误入歧途。如果要纠正歧途，回归正途，必须要回顾起点即“根源”。同样，要解决“哲学困难”，推进哲学发展，亦须追问建构哲学的根源。

## 一

无论对世界持何种认识，不可否认的是，世界是一个根源性总体。海德格尔说：“‘在世界之中存在’‘源始地’、‘始终地’是一整体结构。”① 所谓“总体”，指世界本身是一个整体，它实际上是不可分割开来的。所谓“根源性”，指世界是包含人在内的所有构成因素的根源。正是在此意义下，哲学家常将这个根源性总体抽象地称为“存在”。质言之，所谓“存在”，即指这个根源性总体。当然，人作为一个构成因素，就生活在这个总体“存在”里面。不过，人在其中扮演了“参赞者”的角色，因为人具有主动能力，故可以“参赞天地之化言”。《中庸》曰：“唯天下至诚，为能尽其性。能尽其性，则能尽人之性。能尽人之性，则能尽物之性。能尽物之性，则可以赞天地之化育。可以赞天地

---

① ［德］马丁·海德格尔．存在与时间［M］．陈嘉映，王庆节，合译．熊伟，校．北京：生活·读书·新知三联书店，1987：219.

之化育，则可以与天地参矣。”① 具体来讲，“存在”乃天地人我万物通而为一，处于佛教所谓“境识俱泯”的状态。不过，由于人的“参赞”，“存在”开始彰显和变化。很显然，在“存在”当中，人非常重要，因为人是“参赞”的主体。因此《中庸》讲：“喜、怒、哀、乐之未发，谓之中。发而皆中节，谓之和。中也者，天下之大本也。和也者，天下之达道也。致中和，天地位焉，万物育焉。”② 因此，海德格尔认为，天下万物千差万别，唯有人能意识到自身存在，故人是无数“存在者”中最为特别的一类，故而可称作“此在”。归纳起来，“此在”具有两大特征：其一，“此在”能不断领悟自己的存在意义；其二“此在”虽属于自我，却无法脱离所生存的世界。③

人的天性包含着哲学的成分。因此，只要人生存，人就必然进行“哲思”即“形而上学”的思考。不过，“哲学”作为一门学问，并非在人类之初就存在，而乃“后神话时代”的精神现象，是在人类理性获得较大发展之后的产物。马克思曾将“意识”分为两个发展阶段：第一个阶段为“神话时代”，指人类初期的低级意识。在这个阶段，意识无法脱离环境而独立存在，但是它已经代替了本能，从而与动物区别开来。他说：“意识起初只是对直接的可感知的环境的一种意识，是对处于开始意识到自身的个人之外的其他人和其他物的狭隘联系的一种意识。”④ 第二个阶段为“后神话时代”，指人类的高级意识。在这个阶段，意识实现了与劳动实践的分工，从而能够摆脱环境而独立存在，并且能够进行“哲学”等理论建构。他说：“从这时候起意识才能现实地想象：它是和现存实践的意识不同的某种东西；它不用想象某种现实的东西就能现实地想象某种东西。从这时候起，意识才能摆脱世界而去构造‘纯粹的’理论、神学、哲学、道德等等。”⑤ 可见，虽然人的天性包含哲学成分，但哲学作为一门学问却是晚出的，它端赖于人类理性的发展。

历史地看，“哲学”最初是一门包罗万象的学问，人们将追寻无限性所产生的智慧统

---

① 礼记正义［M］. 郑玄，注. 孔颖达，疏. 龚抗云，整理. 王文锦，审定. 北京：北京大学出版社，1999：1448.

② 礼记正义［M］. 郑玄，注. 孔颖达，疏. 龚抗云，整理. 王文锦，审定. 北京：北京大学出版社，1999：1422.

③ ［德］马丁·海德格尔. 存在与时间［M］. 陈嘉映，王庆节，合译. 熊伟，校. 北京：生活·读书·新知三联书店，1987：65-66.

④ 马克思恩格斯选集：第1卷［M］. 北京：人民出版社，1995：81.

⑤ 马克思恩格斯选集：第1卷［M］. 北京：人民出版社，1995：82.

称为“哲学”。因此，作为人类知识的“总汇”，它曾是人类唯一的学问。从词源的角度看“哲学”一词最早出现在古希腊，它由“爱”和“智慧”两部分组成，是“爱智慧”或“智慧的朋友”之义。因此“哲学”最初的含义为关于热爱和追寻智慧的学问。然而，随着时代的发展，宗教、自然科学、社会科学、人文学科等渐渐独立出来，“哲学”也从无所不包变为一门“专门”的学问。自此，所有学问通常分为“形而上学”和“形而下学”两类。关此，《易传》有“形而上者谓之道，形而下者谓之器”① 之说，大致是指：“道”是无形的，故为“形而上”；“器”是有形的，故是“形而下”。相应地，对“形而上”的“道”进行研究的学问是“形而上学”，对“形而下”的“器”进行研究的学问是“形而下学”。“形而上学”所探求的是世界的本体，“形而下学”所揭示的是世界的现象。以此来讲，“哲学”和宗教对应“形而上学”，自然科学、社会科学、人文学科等具体学科对应“形而下学”。因此，海德格尔说：

> 哲学活动就是询问那超乎寻常的事物。然而，正如我们已经提及的，这种发问对自身有一种反冲力，所以，不仅所问的东西是超乎寻常的，而且发问自身也是超乎寻常的。②

那么，何谓“哲学”呢？关此，熊十力曾有言：“哲学者，智慧之学，而为群学之源，亦群学之归墟也。此等学问，纯为伟大精神之产物。”③ 不过，只以作为“群学之源”和“群学之归墟”的“智慧之学”定义“哲学”，过于宽泛、抽象、不具体。若具体地讲，“哲学”乃超越地研究事实与价值的学问，或者说，乃对事实与价值之超越研究的学问。④ 具体来讲，这个定义包括三个方面内涵：其一，“哲学”不是宗教信仰，而是一门“学问”，但不是一般知识性的学问，而是以追求智慧为目的的“智慧之学”。就上述定义来讲，哲学具有三个方面的特征：其一，哲学诉诸理性，此相对于宗教而言。相较而言，宗教要求信徒诉诸“信仰”，哲学则要求主体诉诸“理性”。因此，哲学不是“可信”的，不是诉诸信仰追求真理，而是“可学”的，在于经过“理性”思辨追求智慧。

---

① 周易正义［M］. 王弼，注. 孔颖达，疏. 李申等整理. 吕绍纲，审定. 北京：北京大学出版社，1999：292.

② ［德］海德格尔. 形而上学导论［M］. 熊伟，王庆节，译. 北京：商务印书馆，1996：14.

③ 萧萐父主编. 熊十力全集：第5卷［M］. 武汉：湖北教育出版社，2001：26.

④ 程志华. 哲学概念三解［J］. 河北大学学报：哲学社会科学版，2011 (1)：1-6.

因此，所谓“形而上学”，通常指谓哲学，而不指谓宗教。其二，哲学是超越的，此相对于具体学科而言。哲学致力于具有普遍性、基础性、必然性的形而上的义理，而不是经验世界与心灵世界之形而下的具体知识。其三，哲学是相对的，此相对于理性而言。一个方面，人是有理性的动物，而理性可以建构哲学，因此哲学是人类理性的产物。另一个方面，人的理性是有限的，尽管理性可以接近真理，但永远不会获得绝对真理，故哲学是需要不断发展的。

## 二

不可否认，哲学的发展曾带来哲学的繁荣，亦为人类社会提供了知识之源和价值之源。尤其在现代，哲学的发展所建构的现代性，促生了数百年的现代化运动，带来了全球经济社会的繁荣发展。但是，亦不可否认的是，由于哲学是相对的，哲学所建构的现代性并非完美无缺，现代化运动亦伴生了许多问题。其中，一个重要问题是科学技术成为超越人的异己力量；不再是人控制和支配技术，而是演变为技术控制和支配人。因此，人们运用科学技术“蛮横”地“榨取”自然，毁坏了人类赖以生存的“家园”，破坏了根源性总体的和谐。进入 20 世纪以后，哲学的发展便开始遭遇困难，以至出现了所谓“拒斥形而上学”运动。大致来讲，这场运动主要以实证主义和后现代主义为代表，它们从根本上反对形而上学，主张彻底抛弃形而上学。实证主义认为，形而上学命题是不可被经验证实的，故在根本上就是无意义的，因此应该“拒斥形而上学”。① 后现代主义则认为，形而上学的本质是“基础主义”和“本质主义”，而“基础主义”和“本质主义”并不具有必然性，故形而上学实际上是“虚构”的。因此，应该建构“非形而上学化”的哲学。②

在“拒斥形而上学”运动中，哈贝马斯非常具有代表性，他提出了“后形而上学时代”的概念。在他看来，个体生活历史和“主体间”生活方式所构成的现实生活世界乃“背景性”的存在，这种存在是一切哲学追问的根源。然而，尽管形而上学也追问“整体”“大全”“超验本体”，但其所追问者却是根源的“对象化”“实体化”的“先验幻

---

① ［法］奥古斯特·孔德．论实证精神［M］．黄建华，译．北京：商务印书馆，1996：29-35.

② ［法］德里达．解构与思想的未来［M］．杜小真等译．夏可君，编校．长春：吉林人民出版社，2006：39-63.

相”，是对现实生活世界真相的“扭曲”。因此，哲学必须从根本上消除“先验幻相”，放弃将生活世界整体性“对象化”“实体化”的“企图”，放弃对“整体”“大全”“超验本体”的追问，回到作为根源的现实生活世界。质言之，哲学应从“形而上的对象的言说”返回到“形而下的经验世界的言说”，即从超验的“整体”“大全”转向直接经验的现实生活世界，从经验世界出发去解说科学命题、去分析日常语言、去解说“文本”，即，去对经验领域进行哲学层面的思考。① 在他看来，在德国古典哲学之后，人类便已步入“后形而上学时代”。② 这里，哈贝马斯提出所谓的“后形而上学时代”，意图宣布传统哲学作为一门学问的终结。

海德格尔也对形而上学遭遇困难的原因进行了分析。在他看来，“存在者”与“存在”是不同的：“存在”是“存在者”的根据，故“存在”高于并优于“存在者”。然而，传统形而上学混淆“存在”与“存在者”，以“存在者”代替“存在”，从而“遗忘”了“存在”；这是哲学出现困难的根本原因。历史地看，对“存在”的“遗忘”“源远流长”。在希腊哲学创立初期，当柏拉图将“存在”“误读”为“理念”时，“存在”便已被“偷偷”地抛弃了。后来，渐渐形成了从人出发解释世界的思维方式，这种思维方式只停留于“存在者”的高度，从未达及“存在”的崇高位置。③ 他说：“我们的时代虽把重新肯定‘形而上学’当作自己的进步，但这里所提的问题如今已久被遗忘了。……根据希腊人对存在的最初阐释，逐渐形成了一个教条，它不仅宣称追问存在的意义是多余的，而且还认可了对这个问题的耽搁。”④ 在海德格尔看来，传统形而上学总是将“存在”降低为“存在者”故它实际上从未涉及真正的“哲学”问题。⑤ 质言之，以往的形而上学只关注“存在者”，却遗忘了作为“存在者”本源的“存在”，即，传统形而上学只从“存在者”来解释“存在”，而没有从“存在”本身来解释“存在者”，故是没有“根基”的。他说：

---

① ［德］哈贝马斯．哈贝马斯精粹［M］．曹卫东，译．南京：南京大学出版社，2004：320-339.

② ［德］哈贝马斯．哈贝马斯精粹［M］．曹卫东，译．南京：南京大学出版社，2004：320.

③ ［德］海德格尔．海德格尔选集［M］．孙周兴，译．上海：上海三联书店，1996：230-232.

④ ［德］马丁·海德格尔．存在与时间［M］．陈嘉映，王庆节，合译．熊伟，校．北京：生活·读书·新知三联书店，1987：3.

⑤ ［德］马丁·海德格尔．存在与时间［M］．陈嘉映，王庆节，合译．熊伟，校．北京：生活·读书·新知三联书店，1987：28.

> 任何存在论，如果它未首先充分地澄清存在的意义并把澄清存在的意义理解为自己的基本任务，那么，无论它具有多么丰富多么紧凑的范畴体系，归根到底它仍然是盲目的，它背离了它最本己的意图。①

尽管海德格尔也批判形而上学，但他并不否定形而上学本身，而是主张“重建”形而上学。在海德格尔、哈贝马斯所谓的形而上学的“终结”并不意味“结束”，反而意味着形而上学的“新生”。两相比较，毋庸置疑，海德格尔的理路是合理的，哈贝马斯的理路则不合理，因为人天生就是“形而上”的动物，实际上形而上学是不可能“拒斥”的。既然如此，要解决“哲学困难”，合理途径不能是“终结”形而上学，而只能是重建形而上学。关此，海德格尔主张，追问根源，追问“存在”，不从“存在者”而从“存在”建立本体论。所谓“存在者”，指已经存在或已经显示出存在的东西，它具有对象性、规定性，它可以被界说。所谓“存在”，它并不是“存在者”，而是指存在者的“存在”，它不具有对象性、规定性，它是不可界说的。② 不过“存在”的“如何”是可以被探讨的，即“存在”的意义是可以被探讨的，而要探讨“存在”的意义须通过“此在”。所谓“此在”，指“此时此地”的“存在”即“人的存在”。他说：“诸种科学都是人的活动，因而都包含有这种存在者（人）的存在方式。我们用此在这个术语来表示这种存在者。”③“此在是这样一种存在者：它在其存在中有所领会地对这一存在有所作为。”④ 在他看来，探讨“此在”是探讨“存在”的切入点，因为人是唯一能领悟自己存在的“存在者”。进而，“此在”不在“世界”之外，而“在世界之中”；它不与“世界”对立，而与“世界”浑然一体。他说：“此在本质上就是：存在在世界之中。”⑤ 这里，海德格尔消解了“主体—客体”的二元对立，建立起一元的基于根源性总体的“存在本体论”。很显然，“存

---

① ［德］马丁·海德格尔．存在与时间［M］．陈嘉映，王庆节，合译．熊伟，校．北京：生活·读书·新知三联书店，1987：12.

② ［德］马丁·海德格尔．存在与时间［M］．陈嘉映，王庆节，合译．熊伟，校．北京：生活·读书·新知三联书店，1987：4-6.

③ ［德］马丁·海德格尔．存在与时间［M］．陈嘉映，王庆节，合译．熊伟，校．北京：生活·读书·新知三联书店，1987：15.

④ ［德］马丁·海德格尔．存在与时间［M］．陈嘉映，王庆节，合译．熊伟，校．北京：生活·读书·新知三联书店，1987：65.

⑤ ［德］马丁·海德格尔．存在与时间［M］．陈嘉映，王庆节，合译．熊伟，校．北京：生活·读书·新知三联书店，1987：17.

在本体论”凸显了作为总体性、根源性的本体——“存在”。[①] 历史地看，这是海德格尔的重要贡献。

## 三

海德格尔通过区分“存在”与“存在者”建构起“存在本体论”，凸显出“追问根源”思维方式的意义。他说：“这种属于此在的对存在的领悟就同样源始地关涉到对诸如‘世界’这样的东西的领会以及对在世界之内可通达的存在者的存在的领会了。”[②] 实际上，海德格尔的思维方式源于胡塞尔现象学的启发。现象学认为，哲学的对象既不是物质世界，因为无法肯定物质世界的客观存在；也不是感觉经验，因为感觉经验是主观相对的；而是既非物质又非感觉经验的“意识自身”。因此“绝对真理”既非客观实在的反映，也非感觉经验的东西，而是先验存在的“意识自身”。为了认识“意识自身”，胡塞尔主张“现象学还原法”：首先，“悬搁”世界，把前人的相关理论“括进括号”，不对它做任何直接判断，只留下“纯粹意识”或“纯粹现象”；此为“先验的还原”。其次，“先验的还原”只能确定“变化不定”的“纯粹意识”或“纯粹现象”，而要把握其中的绝对真理，还需要经过“本质的还原”。所谓“本质的还原”指直接面向事物本身对其“直接把握”的“直观”。[③] 现象学认为，现象的“直观”本身就是“本质”，通过现象学“直观”就可以观其“本质”。质言之，“现象学还原法”是一种还原分析，即由经验还原为“原始现象”，而“原始现象”即为各种经验的“本质”。胡塞尔说：

> 每一种原初给予的直观都是认识的合法源泉，在直观中原初地（可说是在其机体的现实中）给予我们的东西，只应按如其被给予的那样，而且也只在它在此被给予的限度之内被理解。[④]

---

① ［德］马丁·海德格尔. 存在与时间［M］. 陈嘉映，王庆节，合译. 熊伟，校. 北京：生活·读书·新知三联书店，1987：68.

② ［德］马丁·海德格尔. 存在与时间［M］. 陈嘉映，王庆节，合译. 熊伟，校. 北京：生活·读书·新知三联书店，1987：17.

③ 夏基松. 现代西方哲学［M］. 上海：上海人民出版社，2006：256-260.

④ ［德］胡塞尔. 纯粹现象学通论［M］. 李幼蒸，译. 北京：商务印书馆，1982：84.

上述绍述表明，海德格尔揭示“存在者”背后的“存在”所借鉴的是“现象学还原法”。概言之，“现象学还原法”有重要的方法论意义，即，通过反向思维，透过现象，追问根源。换言之，哲学关注的重点不应是现象，而应是现象背后的根源。实际上，现象学这样一种“追问根源”的理路在哲学史上已有存在；尽管它们所追问的根源并不相同，但是这些内容比现象学的出现要久远得多。例如，中国之道家、佛教等均以反向思维追问根源。

道家具有强烈的根源意识。老子“正言若反”，强调通过反向思维方式“觉悟”万物背后被遮蔽的根源。或者说，通过反向思维方式，从现实万物的“假象”中摆脱出来，去“觉悟”被现实万物遮蔽的“真相”。《老子》曰：“天下莫柔弱于水。而攻坚强者莫之能胜。以其无以易之也，弱之胜强，柔之胜刚，天下莫不知，莫能行。是以圣人云，受国之垢，是谓社稷主；受国之不祥，是为天下王。正言若反。”① 进而，老子用“根”“母”等概念表示这个“真相”。《老子》曰：“天下有始，可以为天下母。既得其母，以知其子；既知其子，复守其母，没身不殆。塞其兑，闭其门，终身不勤。开其兑，济其事，终身不救。”② 在老子看来，这个“真相”即世界的根源性总体，而这个根源性总体可称为“道”。关于“道”，其曰：“有物混成，先天地生。寂兮寥兮，独立而不改，周行而不殆，可以为天地母。吾不知其名，字之曰道，吾强为之名曰大。大曰逝，逝曰远，远曰反。故道大，天大，地大，人亦大。域中有四大，而人居其一焉。人法地，地法天，天法道，道法自然。”③ 正因为如此，老子主张“致虚极，守静笃，万物并作，吾以其观复”④，“复归于无极”，即复归这个根源性总体。他说：

> 知其雄，守其雌，为天下溪；为天下溪，常德不离，复归于婴儿。知其白，守其黑，为天下式；为天下式，常德不忒，复归于无极。⑤

道家另一位代表人物列子对现实万物的根源进行了具体描述，以“形象化”其根源性总体的特征。在他看来，“无极”化生万物经历“太易”“太初”“太始”“太素”“太

---

① 冯达甫. 老子译注［M］. 上海：上海古籍出版社，1991：172.

② 冯达甫. 老子译注［M］. 上海：上海古籍出版社，1991：120-121.

③ 冯达甫. 老子译注［M］. 上海：上海古籍出版社，1991：60-61.

④ 冯达甫. 老子译注［M］. 上海：上海古籍出版社，1991：39.

⑤ 冯达甫. 老子译注［M］. 上海：上海古籍出版社，1991：68.

极”五个环节，其间，在“太素”之后存在“气”“形”“质”三者浑然一体而未分的“混沌”或“混沦”状态。关于这个化生过程，列子说：“昔者圣人因阴阳以统天地。夫有形者生于无形，则天地安从生？故曰：有太易，有太初，有太始，有太素。太易者，未见气也；太初者，气之始也；太始者，形之始也；太素者，质之始也。气形质具而未相离，故曰浑沦。浑沦者，言万物相浑沦而未相离也。”① 列子认为，虽然从根本上讲万物由“无极”化生，但从现实上讲万物乃由“混沌”化生，而“混沌”化生万物为由“一”之“混沌”到“九”之“万物”的过程。他说：“视之不见，听之不闻，循之不得，故曰易也。易无形埒，易变而一变而为七，七变而为九。九变者，究也；乃复变而为一。一者，形变之始也。清轻者上为天，浊重者下为地，冲和气者为人；故天地含精，万物化生。”② 很显然，在现实层面“混沌”或“浑沦”乃天地万物的根源性总体。由此来讲，它与老子所讲的“道”是相通的，或者干脆说，“混沌”或“浑沦”是“道”的具体化、形象化。

除了道家，中国佛教同样强调反向思维方式，所不同者仅仅是根源性总体的状态不同。具体来讲，佛教主张消除一切意识活动，在“无念”状态下体会“真性”。所谓“无念”，指“心不染著”。《坛经》曰：“何名无念？知见一切法，心不染著，是为无念。”③ 佛教之所以主张“无念”，在于其认为“言语道断”“心行处灭”。④ 所谓“言语道断”，指佛教真理不能用理性语言表达，而只能靠“悟”来把握，因为任何语言都是一种限制，它只能表达事物的有限规定性；如果用语言来描述真理，实际上是“断灭”真理。所谓“心行处灭”，指意识活动不仅于真理无益，反而对真理有危害：心一旦有意识活动，真理便随之灭绝。因此，佛教禅宗很少用“表诠”即肯定性描述来表达思想，而多用“遮诠”即否定性描述来表达思想。《宗镜录》有言：“遮诠表诠异者。遮谓遣其所非，表谓显其所是。又遮者拣却诸余，表者直示当体。”⑤ 因此，佛教经典中的“遮诠”的表述随处可见。例如：“佛说般若波罗蜜，即非般若波罗蜜。……如来说非微尘，是名微尘。如来说世界非世界，是名世界。”⑥ 质言之，“遮诠”的实质在于否定一切意识观念，以追

① 王力波. 列子译注［M］. 哈尔滨：黑龙江人民出版社，2003：3.

② 王力波. 列子译注［M］. 哈尔滨：黑龙江人民出版社，2003：3-4.

③ 丁福保. 六祖坛经笺注［M］. 第 2 版. 台北：新文丰出版公司，1984：33.

④ 大智度论［M］. 大正新修大藏经：第 25 册. 鸠摩罗什，译. 台北：新文丰出版公司，1983：71.

⑤ 释延寿. 宗镜录：贰［M］. 杨航，整理. 西安：西北大学出版社，2006：623.

⑥ 金刚经［M］. 鸠摩罗什，译. 田茂志，注译. 郑州：中州古籍出版社，2007：60.

问最初的“真性”即“无意识”，而最初的“无意识”乃根源性总体的状态。这里需要说明的是，尽管佛教追问者不是“有意识”，而是“无意识”，但并不妨碍其为根源性总体，因为“有”“无”均为根源性总体的存在状态。关于佛教通过反向思维追问根源性总体，典型例子为六祖慧能之偈语：菩提本无树，明镜亦非台，本来无一物，何处惹尘埃。①

## 四

正是在上述思维方式的“滋润”下，一些现代中国哲学家进行了哲学建构，这些哲学建构虽与海德格尔的哲学建构不同，但却有“异曲同工”之妙，因为他们所遵循的均是通过反向思维、透过现象“追问根源”的思维方式。当然，这些建构不仅有助于衡断“哲学困难”，而且有助于化解“哲学困难”。大致来讲，这种建构由熊十力开其端，林安梧、黄玉顺随其后，他们在“追问根源”的基础上建立起相应的哲学体系。

熊十力以“体用不二”立宗，凸显了根源性总体。在他看来，“本体”与“现象”的关系是哲学的根本问题。然而，对于这样一个重要问题，西方哲学和佛教哲学均将本体与现象割裂开来，以至于“蔽于用而不见体”② 或“谈体而遗用”。③ 实际上，真实情况乃“体用不二”。所谓“体用不二”，一个方面“即体而言用在体”。④ 即，本体非顽空死寂，“体”自然要发而为“用”。另一个方面，“即用而言体在用”。⑤ 即，“用”非无“体”之“用”，“用”即是“体”之显现。质言之，这两个方面乃体用之“不一”“不异”，而体用“不一’“不异”便是“体用不二”之根本。熊十力说：“《新论》全部，可说只是发挥体用不一不异意思。⑥ 之所以“体用不二”，在于现象界乃“浑一的全体”。所谓“浑一的全体”，其一，“于全中见分”；其二，“于分中见全”；其三，个体“互为主属”。⑦因此，熊十力以大海水和众沤来说明“浑一的全体”。他说：“这个全体并不是一合相，不妨说是无穷无尽的部分互相涵摄、互相融贯而成为浑一的全体。譬如大海水，实则只

---

① 丁福保．六祖坛经笺注［M］．第2版．台北：新文丰出版公司，1984：12.

② 萧蓮父主编．熊十力全集：第6卷［M］．武汉：湖北教育出版社，2001：638.

③ 萧蓮父主编．熊十力全集：第3卷［M］．武汉：湖北教育出版社，2001：187.

④ 萧蓮父主编．熊十力全集：第3卷［M］．武汉：湖北教育出版社，2001：239.

⑤ 萧蓮父主编．熊十力全集：第3卷［M］．武汉：湖北教育出版社，2001：240.

⑥ 萧蓮父主编．熊十力全集：第8卷［M］．武汉：湖北教育出版社，2001：201.

⑦ 萧蓮父主编．熊十力全集：第7卷［M］．武汉：湖北教育出版社，2001：7.

是无量的众沤，互相融摄而成浑全的大海水。我们说功能是浑一的全体，而仍于全中见分，于分中见全，并不道是一合相。此处最关紧要。”① 进一步，为了凸显这个根源性总体，熊十力以“乾元”来指称之。他说：

> 《易》赞乾元曰“元者，善之长也”，此善字义广，乃包含万德万理而为言。……长者，统摄义。万德万理之端皆乾元性海之所统摄（……乾者，动而健之势用，元，犹原也；乾元者，乾之原。乾元即是本体之名。以乾元之在人而言，则名之曰性；以乾元统含万德万理之端则譬之曰海。海至深广，宝藏富故。）。②

沿着熊十力的理路，林安梧以标示根源性总体的“存有”为核心，建构了“存有三态论”。在他看来，所谓“存有”，并非作为所有存在物根据的最高的、超越的普遍性概念，而是天、地、人交与参赞所构成的一个总体根源。或者说，“存有”并非一个“被认识”的概念，而是“活生生”的作为“实存而有”的总体根源。因此，不能用既成的东西去论定“存有”，而须以“无分别”的方式去厘清“存有”。不过，“存有”因为人的存在、人的“参赞”而“开显”。以上述为基础，林安梧展开了“存有三态论”的理论建构：其一，“存有”是“不可说”的，是超乎一切话语系统之上的，是一切存在的根源，此为“存有三态”的第一层状态——“存有的根源”。其二“存有”不能永远处于“不可说”的状态，它必经由“可道”而“开显”，此即“存有三态”之第二层状态——“存有的开显”。其三，“存有”经由“可道”开启后当落在“名”上说，由“可名”而走向“名以定形”此即“存有三态”之第三层状态——“存有的执定”。③ 显而易见“存有三态论”凸显了作为根源性总体的“存有”。关此，林安梧说：

> 这里所说的“存有”并不是一敻然绝待、离心自在的东西，而是“天地人我万有一切交融”的状态。就此源出状态而说为“存有的根源”，相当于华夏文化传统所说的“道”。“道”是“人参赞于天地万物而成的一个根源性的总体”，它是具有生发

---

① 萧萐父主编. 熊十力全集：第3卷［M］. 武汉：湖北教育出版社，2001：249-250.

② 萧萐父主编. 熊十力全集：第6卷［M］. 武汉：湖北教育出版社，2001：567.

③ 林安梧. “存有三态论”与“存有的治疗”之构建——道家思维的一个新向度［J］. 鹅湖月刊，2000(6).

功能的总体之根源。①

此外，黄玉顺提出了“生活儒学”的主张，并借此重新建构“儒家形而上学”。他认为，形而上学的建构应包括由“本源”到“形而上学”再到“形而下学”这样三个“观念层级”。他说：“任何形而上学都是这样的层级构造，分为三个基本的构造层级：形而上学的本源；在这种本源地基上的形而上学构造本身；在这种形而上学基石上的‘形而下学’的构造。”② 在黄玉顺看来，这样三个构造层级打破了传统形而上学的二级建构，乃“生活儒学”之“最大”“最根本”的“突破”。他说：“‘生活儒学’最大、最根本的突破，就是打破了两千年来古今中外的哲学的‘形而上学→形而下学’的二级建构，提出了观念的三级建构：生活存在→形而上存在者→形而下存在者。”③ 而且，他主张形而上学应是“双回向”的，即，它不仅包括前述三个“观念层级”，还包括由“形而下学”到“形而上学”再到“本源”这样三个“境界层级”。因为人作为“形而下存在者”还须有一个从“形而下”回到“形而上”之“境界追求”的问题，而“境界追求”表现为“自发境界”“自为境界”和“自如境界”三个层级。④ 这样一个“双回向”的建构，均以“根源”为基础，而“根源”指“生活”，“生活”就是“存在”他说：“存在即生活，生活即存在；生活之外，别无存在。”⑤ 总之，“生活儒学”非常强调作为根源的“生活”概念，以其作为重建“儒家形而上学”的基石。黄玉顺说：

> 自从原创时期以后、秦汉以来，儒学已经长久地遗忘了生活本身；这就正如轴心时期以后、雅典哲学以来，西方哲学已经长久地遗忘了存在本身。今日儒者的使命就在于：回归生活，重建儒学。这就是生活儒学的使命。⑥

---

① 林安梧．科技、人文与“存有三态”论纲［J］．杭州师范学院学报，2002（4）：16．

② 黄玉顺．面向生活本身的儒学——黄玉顺“生活儒学”自选集［M］．成都：四川大学出版社，2006：41．

③ 黄玉顺，赵立庆．生活儒学与“古今中西”问题——山东大学儒学高等研究院博士生导师黄玉顺先生访谈［J］．社会科学家，2017（1）：4-5．

④ 黄玉顺．爱与思——生活儒学的观念［M］．增补本．成都：四川人民出版社，2017：171．

⑤ 黄玉顺．爱与思——生活儒学的观念［M］．增补本．成都：四川人民出版社，2017：增补本序，4．

⑥ 黄玉顺．爱与思——生活儒学的观念［M］．增补本．成都：四川人民出版社，2017：叙说，3．

## 五

世界是一个根源性总体，人在这个总体当中可以“参赞天地之化育”。在“参赞”过程中，人基于理性而建构起哲学这门学问。然而，由于人类理性是有限的，故哲学学问必是相对的，其在发展过程中必然会时不时地遇到“哲学困难”。历史地看，自进入20世纪后，由于现代性所暴露出的弊端，形而上学便开始遭遇困难，以至于出现了“拒斥形而上学”运动。在这种情形之下，海德格尔虽然也批判传统形而上学，但他主张区分“存在”与“存在者”，并由“存在者”提升至“存在”，从而重建形而上学。很显然，海德格尔的建构为一种“追问根源”的理路。然而，历史地看，这种理路在中国哲学已有悠久传统，而且现代中国哲学家也有不俗的理论建构。质言之，无论是海德格尔，还是熊十力等中国哲学家，他们的哲学建构之所以成功，重要原因在于通过反向思维、透过现象“追问根源”的理路。总而言之，面对现代性问题所引发的“哲学困难”，“追问根源”是完善哲学的有效途径。其实，不仅是面对现代性问题，面对任何“哲学困难”时，“追问根源”均是完善哲学的有效途径。因此“追问根源”应该成为哲学的思维方式，应该成为哲学的经常课题。关此，海德格尔说：重温一个开端并不是扭转回到以前的、对现在而言已是熟知的，仅仅需要模仿一下就行的东西上去，而是要更原始地重新开始这个开端。①

（原文载《社会科学研究》2018年第3期）

① ［德］海德格尔．形而上学导论［M］．熊伟，王庆节，译．北京：商务印书馆，1996：39．

# 哲学概念：进化与变异

从内容上讲，作为超越地研究事实与价值的学问，哲学基于理性而探究“知识之源”和“价值之源”，从而为适应和改变现实世界提供“范本”。因此，它既不同于以信仰为特征的宗教，亦不同于追求具体知识的自然科学、社会科学和人文学科。从形式上讲，哲学通过概念系统表达的特征非常鲜明，因此，任何哲学学说都是一套概念系统。由此来讲，哲学概念乃哲学的“细胞”。不过，如同生物学意义的“细胞”一样，哲学概念是会变化的，而变化常分为“进化”与“变异”两种情形。分析这两种情形及其形成原因，既有助于正确把握哲学概念，亦有助于促进整个哲学研究。

## 一

众所周知，“哲学”概念最早出现在古希腊，它的基本含义为“爱智慧”或“智慧的朋友”。因此，人们常通俗地将“哲学”解释为关于热爱和追寻智慧的学问。熊十力说：“哲学者，智慧之学，而为群学之源，亦群学之归墟也。此等学问，纯为伟大精神之产物。”① 不过，这样一种解释虽然不错，但却过于宽泛，没有讲清哲学到底属于哪种智慧。实际上，哲学作为一门学问，乃对于“事实”与“价值”之超越的研究，或超越地研究“事实”与“价值”。具体来讲，哲学虽亦以“事实”和“价值”为研究对象，但就研究内容讲，它只研究“事实”与“价值”的超越层面；就研究方法讲，它只以超越的方法研究“事实”与“价值”。② 因此，海德格尔说：“哲学活动就是询问那超乎寻常的事物。然而，正如我们已经提及的，这种发问对自身有一种反冲力，所以，不仅所问的

---

① 熊十力. 熊十力全集［M］. 萧萐父，编. 武汉：湖北教育出版社，2001：第5卷：26.

② 程志华. 哲学概念三解［J］. 河北大学学报（哲学社会科学版），2011（1）：1-6.

东西是超乎寻常的，而且发问自身也是超乎寻常的。”① 由此，它不同于自然科学、社会科学和人文学科，因为后者主要以“非超越”的方法对“非超越”层面的“事实”与“价值”进行研究。而且，虽然宗教亦以超越方法对超越层面的“事实”与“价值”进行研究，但宗教的基础为非理性，以“信仰”为特征，而哲学的基础为理性，以“怀疑”为特征，故哲学并不同于宗教。在此，所谓“超越”，对应“形上”，意指“形而上者谓之道”之“形而上”之义；相应地，所谓“非超越”，对应“形下”，意指“形而下者谓之器”之“形而下”之义。总之，虽然哲学与自然科学、社会科学和人文学科以及宗教同为智慧，但哲学是一种非常独特的智慧。

更值得注意的是，哲学还具有特殊的表达形式，即，哲学以概念系统为表达形式。也就是说，尽管自然科学、社会科学、人文学科和宗教均使用概念，但唯有哲学的表达端赖于概念。对此，美国汉学家德效骞（Homer H. Dubs，1892—1969）认为，概念乃哲学的基础。他说：“尽管经验是不断变化的，然而本质或概念并不变化，且是真正真实的。雪可能融化，一个人会死，但雪或人的名字、概念会继续存在；通过这些概念，世界可被认知。”② 在熊十力看来，“玄学”即哲学的表达形式只是概念之间的关系。他说：“凡玄学所表者，只是概念与概念之关系，而佛学尤为玄学之极诣。故短于分析作用者，于各个概念间相互的关系，即义理分划之不可淆混者，乃常不能明辨，而陷于混沌状态矣。”③ 金岳霖则将哲学称为“概念的游戏”。他说：“哲学是概念的游戏。……哲学本来就是这样的一门学问。”④ 在此，所谓“游戏”泛指哲学活动及其发展。实际上，整个人类哲学史就是诸多哲学概念的历史，因为任何一部哲学著作、任何一种哲学学说，均以概念为表达形式。例如，无论是老子的《道德经》，还是儒家的《论语》，无论是亚里士多德的《形而上学》，还是海德格尔的《存在与时间》，均无非由“道”“无”“有”“仁”“忠”“恕”“偶然”“必然”“是”“存在”“存在者”“此在”等概念体系所表达。总之，正如没有数字就没有数学一样，如果没有概念也就没有哲学。

尽管如此，哲学史上亦有很多人主张“疏离”概念；他们非但不承认概念之于哲学的重要性，而且否认哲学以概念系统为表达形式。例如，叔本华认为，哲学以具体的生

---

① 海德格尔. 形而上学导论［M］. 熊伟，王庆节，译. 北京：商务印书馆，1996：14.

② Homer H. Dubs. A Comparison of Greek and Chinese Philosophy［J］. Peking：The Chinese Social and Political Science Review，1933（2）：320-321.

③ 熊十力. 熊十力全集［M］. 萧萐父，编. 武汉：湖北教育出版社，2001：第8卷，88.

④ 冯友兰. 中国现代哲学史［M］. 广州：广东人民出版社，1999：198.

活为对象，而非以普遍性的概念为对象，因此哲学应该“疏离”概念。他说：“关于概念的本质，我们就永不能获得直观的、真正自明的认识，而只能有一种抽象的、推理的认识。……概念，只能被思维，不能加以直观；只有人由于使用概念而产生的作用或后果才真正是经验的对象。”① 再如，罗蒂也认为，人类文化本是没有根基、中心和等级的，然而，哲学家总企图通过概念建立人心与外在之间的联系，因此这种努力只能是徒劳的。他说：“在这里，没有人，或者至少没有知识分子会相信，在我们内心深处有一个标准可以告诉我们是否与实在相接触，我们什么时候与（大写的）真理相接触。”② 但是，非常吊诡的是，无论是叔本华，还是罗蒂，其唯意志论和新实用主义均需通过概念系统来表达：前者通过“表象”“意志”等概念表达，后者通过“真理”“知识”等概念表达。对此，罗蒂不得不说：“在我看来，实用主义的第一个特征是，它在反本质主义的意义上应用诸如‘真理’‘知识’‘语言’‘道德’等类似的哲学概念。”③ 实际上，叔本华和罗蒂等所要“疏离”的不是概念本身，而是传统形而上学的概念体系。由此可以进一步印证，正如没有数字就没有数学一样，如果没有概念也就没有哲学。

那么，是否任何一般性概念均可成为哲学概念呢？答案是否定的，因为只有进入哲学“视野”的名词才可称为哲学概念。质言之，唯有反映“哲学问题”的名词才可称为哲学概念。那么，什么是“哲学问题”呢？如前所述，既然哲学以“事实”和“价值”为研究对象，那么它就不能离开经验世界和人文世界，当然亦不能离开超验世界。不过，哲学既不能直接以经验世界为对象，此是自然科学和社会科学的对象；不能直接以人文世界为对象，此是人文学科的对象；也不能直接以超验世界为对象，此是宗教的对象；它须以经验世界、人文世界和超验世界之本体、前提和基础的问题为对象。质言之，唯有基于此类对象的问题才可谓“哲学问题”。具体来讲，“哲学问题”包括三类：其一，“哲学问题”不是经验世界的具体知识，而是有关经验世界的根本知识。其二，“哲学问题”不是人文世界的相对价值，而是关乎人类终极关怀的绝对价值。其三，“哲学问题”不是宗教当中的实际问题，而是宗教当中的根本理论。例如，20 世纪的重要哲学派别存在主义，以“人存在的意义”为“哲学问题”，得出“存在先于本质”的核心观点，从而

---

① 叔本华．作为意志和表象的世界［M］．石冲白，译．杨一之，校．北京：商务印书馆，1982：4.

② 罗蒂．后哲学文化［M］．黄勇，编译．上海：上海译文出版社，2004：14-15.

③ Richard Rorty. Consequences of Pragmatism（essays：1972—1980）［C］. Minneapolis：University of Minnesota Press，1982：162.

建构起整个存在主义学说，其所依赖的是“存在”“本质”“自由”等概念，而这些概念所反映的是上述第二类哲学问题。[①] 总之，基于哲学问题的名词为哲学概念，而哲学概念成了哲学之基本的结构和功能单位。对此，若形象地讲，这种情形犹如细胞是生物体之基本的结构和功能单位，哲学概念则可称为哲学的“细胞”。既然如此，与“细胞”会变化一样，哲学概念亦会变化，而且变化路径也不相同。

## 二

下面，以中国哲学概念之“仁”为例来说明哲学概念变化的一种路径。

“仁”是孔子思想的核心，其核心含义是“爱人”。就“仁”的文字结构来看，它由“人”“二”构成，指两个人在一起。基于此，孔子通过抽象“仁”的含义赋予其“爱人”的内涵。《论语》载：“樊迟问仁。子曰：‘爱人。’”[②] 对此，《韩非子》注解道：“仁者，谓其中心欣然爱人也。其喜人之有福，而恶人之有祸也；生心之所不能已也，非求其报也。”[③] 在孔子，“仁”作为一种内在德性，需要通过外在伦理表现出来，即，以“仁”为体，以“忠”“恕”为用。因此，曾子说：“夫子之道，忠恕而已矣。”[④] 在孔子，所谓“忠”，为“积极义”，指“积极地”将自己所欲施于人，意在关怀他人。他说：“夫仁者，己欲立而立人，己欲达而达人。”[⑤] 所谓“恕”，为“消极义”，指“消极地”不将自己所恶施于人，意在尊重他人。《论语》载：“子曰：‘其恕乎！己所不欲，勿施于人。’”[⑥] 进而，孔子认为，要真正做到“忠”和“恕”，应以“克己复礼”为原则。他说：“古也有志，克己复礼，仁也。信善哉！”[⑦] 在此，“克己复礼”为实现“仁”的功夫或途径。他还说：“克己复礼为仁。一日克己复礼，天下归仁焉。为仁由己，而由人乎哉！”[⑧]

---

① 让·保罗·萨特．存在主义是一种人道主义［M］．周煦良，汤永宽，译．上海：上海译文出版社，1988：8.

② 何晏．论语注疏［M］．邢昺，疏．朱汉民，整理．张岂之，审定．北京：北京大学出版社，1999：168.

③ 王先慎．韩非子集解［M］．钟哲，点校．北京：中华书局，1998：131.

④ 何晏．论语注疏［M］．邢昺，疏．朱汉民，整理．张岂之，审定．北京：北京大学出版社，1999：51.

⑤ 何晏．论语注疏［M］．邢昺，疏．朱汉民，整理．张岂之，审定．北京：北京大学出版社，1999：83.

⑥ 何晏．论语注疏［M］．邢昺，疏．朱汉民，整理．张岂之，审定．北京：北京大学出版社，1999：214.

⑦ 左丘明．春秋左传正义［M］．杜预，注．孔颖达，正义．浦卫忠，等，整理．杨向奎，审定．北京：北京大学出版社，1999：1308.

⑧ 何晏．论语注疏［M］．邢昺，疏．朱汉民，整理．张岂之，审定．北京：北京大学出版社，1999：157.

历史地看，自从孔子赋予“仁”以核心地位以后，历代大儒曾不断对“仁”进行内涵调节。例如，在早期儒家，孟子将孔子的“仁”明确表达为“仁者爱人”①，并且探讨了其理论根据，将其奠基于“恻隐之心”之上。他说：“恻隐之心，仁之端也。”② 进而，他还把“仁”由人推及万物，提出“亲亲而仁民，仁民而爱物”③ 的主张。由此，“仁”因内涵进一步明确、获得理论基础以及被推及万物而发生了第一次大的变化。在宋明儒家，尽管朱熹和王阳明学术理路不同，但他们均以“生生之德”充实“仁”的内涵，由此“仁”具有了“生机”。朱熹说：“仁者生之理，而动之机也。”④ 王阳明说：“仁是造化生生不息之理，虽弥漫周遍，无处不是，然其流行发生，亦只有个渐，所以生生不息。”⑤ 很明显，以“生生”论“仁”，使“仁”的含义进一步丰富，由此，“仁”之内涵发生了第二次大的变化。在近代儒家，谭嗣同在西学的影响下，将“以太”吸收进“仁”之内涵。他说“以太”“精而言之，夫亦曰‘仁’而已矣”⑥。在谭嗣同看来，“以太”之所以与“仁”相通，在于二者均有“通”的属性。他说：“仁以通为第一义。以太也，电也，心力也，皆指出所以通之具。”⑦ 不仅如此，他还赋予“仁”以本体义。他说：“仁为天地万物之源。”⑧ 这样，由“以太”释“仁”，并赋予“仁”以本体义，从而使“仁”获得了近代意义。但是，显而易见，由物质的“以太”贯通精神的“仁”，在学理上实很“生硬”，令人难以接受。尽管如此，由于谭嗣同赋予“仁”以本体义，“仁”内涵由此发生了第三次大的变化。

在现代，牟宗三以“良知”说“仁”，进一步丰富了“仁”的本体义。在他看来，“良知”大概有三义，即“主观义”“客观义”和“绝对义”，而“绝对义”即指“良知”为本体。他说：“由对良知的消化了解，良知当该有三义：（一）主观义，（二）客观义，

① 赵岐. 孟子注疏［M］. 孙奭，疏. 廖名春，等，整理. 钱逊，审定. 北京：北京大学出版社，1999：133.

② 赵岐. 孟子注疏［M］. 孙奭，疏. 廖名春，等，整理. 钱逊，审定. 北京：北京大学出版社，1999：94.

③ 赵岐. 孟子注疏［M］. 孙奭，疏. 廖名春，等，整理. 钱逊，审定. 北京：北京大学出版社，1999：377.

④ 黎靖德. 朱子语类［M］. 王星贤，点校. 北京：中华书局，1986：2318.

⑤ 王守仁. 王阳明全集（上）［M］. 吴光，等，编校. 上海：上海古籍出版社，1992：26.

⑥ 谭嗣同. 谭嗣同全集［M］. 北京：生活·读书·新知三联书店，1954：121.

⑦ 谭嗣同. 谭嗣同全集［M］. 北京：生活·读书·新知三联书店，1954：6.

⑧ 谭嗣同. 谭嗣同全集［M］. 北京：生活·读书·新知三联书店，1954：7.

（三）绝对义。”[1] 所谓“主观义”，指“良知知是知非”所谓“客观义”，指“知体本身即理”所谓“绝对义”，指“知体即生道”和“由不存在而至存在”。他说：“良知是内部的法庭，这是良知的主观义。……一说到理，良知便是客观的、普遍的及必然的，这才可成为客观义。……这良知不单是在我们的生命内呈现，它虽在我们知是知非中呈现，但不为我们的个体所限，它同时是乾坤万有（宇宙万物）的基础。这是良知的绝对意义。”[2] 牟宗三进而认为，“良知”就是“仁体”。他说：“这真我亦可以是灵魂独体；亦可以是本心仁体，性体，良知，乃至自由意志。”[3] 既然“良知”是本体，而“良知”即是“仁体”，故“仁体”即为万物本体。他说：“仁之为宇宙万物之本体，首先它不是物质的，而是精神的。……其次，此种精神实体要通过两个观念来了解：一为觉，二为健。觉是从心上讲……就是生命不僵化，不粘滞，就是麻木不仁的反面意义。……所谓健，即‘健行不息’之健，此亦是精神的。这不是自然生命或生物生命之冲动……孔子就由这地方点出生命的真几，点出仁的意义。故我说：仁就是‘创造性本身’。”[4] 历史地看，由牟宗三，“仁”内涵发生了第四次大的变化。

在当代，陈来继续沿着本体义释“仁”而构建“仁学本体论”，使“仁”之内涵发生第五次大的变化。在陈来看来，鉴于当代的道德状况和社会状况，需要在“仁爱优先”的前提下重建“仁学本体论”，进而重建儒家哲学。所谓“重建”，在于孔子儒学之“仁”已失落，在于谭嗣同之“仁本体论”未获成功，在于牟宗三的“仁体”需要发展。陈来认为，所谓“仁体”不是孤立的超绝的本体，而是指万物关联共生的根源性整体，即传统儒学所谓的作为“万物一体”的总体。他说：“仁体论是体用不二的，不是形上形下割裂的。”[5] 质言之，“体”与“用”是不分的。他还说：“仁体与万有关联共生之总体的关系则可称为‘全体是用，全用是体’。”[6] 进而，“仁体”具有“翕”与“辟”两个根本倾

① 牟宗三. 牟宗三先生晚期文集［M］. 牟宗三先生全集（27）. 台北：联经出版事业股份有限公司，2003：212.

② 牟宗三. 牟宗三先生晚期文集［M］. 牟宗三先生全集（27）. 台北：联经出版事业股份有限公司，2003：212-214.

③ 牟宗三. 智的直觉与中国哲学［M］. 牟宗三先生全集（20）. 台北：联经出版事业股份有限公司，2003：235-236.

④ 牟宗三. 中国哲学的特质［M］. 上海：上海古籍出版社，2007：8-89.

⑤ 陈来. 仁学本体论［M］. 北京：生活·读书·新知三联书店，2014：14.

⑥ 陈来. 仁学本体论［M］. 北京：生活·读书·新知三联书店，2014：62.

向：所谓“翕”，指“合聚”之势，为“一体化”趋向；所谓“辟”指“发散”之势，为“个体化”趋向。他说：“翕势是合聚，辟势是发散；翕势的作用是合为一体，辟势的作用是分为一物……前者是一体化的趋向，后者是个体化的倾向。”① 在二者当中，因为“翕”表现了“仁”作为根源性整体或“万物一体”总体的特征，故“翕”为主而“辟”为辅。他说：“毕竟以翕为主，以辟为辅，翕即是聚合、关联、维系、吸引，即是仁。”② 在陈来，“仁体”不仅是“仁学本体论”的核心，也是“新仁学哲学”的基础，即“新仁学哲学”亦以“仁”概念为基石。他说：“新仁学哲学之要义在‘仁体’之肯定与发扬，从而成为一仁学本体论，或仁体论哲学。”③

## 三

除了由“仁”所反映的哲学概念变化路径外，哲学概念变化还存在另一种路径，这种路径可以中国哲学之“天”“阴”“阳”等概念为例来说明。

在孔子以前，人们通常认为，“天”具有人格神特征，不仅为人之“君”，为人之“师”，而且是天地万物主宰，即为“主宰之天”。例如，《尚书》说：“天佑下民，作之君，作之师，惟其克相上帝，宠绥四方。”④ 在此传统影响下，孔子在提及“天”时也曾承认“主宰之天”，认为其具有人格神特征。例如，颜渊死后，他说：“噫！天丧予！天丧予！”⑤ 既然“天”乃“主宰之天”，那么它便是不能“得罪”的。孔子说：“获罪于天，无所祷也。”⑥ 不过，孔子并没有全继承“主宰之天”，而是努力淡化“天”的人格神特征，淡化其为“主宰之天”的特征。他说：“天何言哉？四时行焉，百物生焉，天何言哉？”⑦ 甚至，孔子认为，“天”与“巍巍”大自然无异。他说：“大哉，尧之为君也！巍巍乎，唯天为大，唯尧则之。荡荡乎，民无能名焉。巍巍乎，其有成功也。焕乎，其

---

① 陈来. 仁学本体论 [M]. 北京：生活·读书·新知三联书店，2014：67-68.

② 陈来. 仁学本体论 [M]. 北京：生活·读书·新知三联书店，2014：68.

③ 陈来. 仁学本体论 [M]. 北京：生活·读书·新知三联书店，2014：1.

④ 孔安国. 尚书正义 [M]. 孔颖达，疏. 廖明春，等，整理. 吕绍纲，审定. 北京：北京大学出版社，1999：272.

⑤ 何晏. 论语注疏 [M]. 邢昺，疏. 朱汉民，整理. 张岂之，审定. 北京：北京大学出版社，1999：145.

⑥ 何晏. 论语注疏 [M]. 邢昺，疏. 朱汉民，整理. 张岂之，审定. 北京：北京大学出版社，1999：36.

⑦ 何晏. 论语注疏 [M]. 邢昺，疏. 朱汉民，整理. 张岂之，审定. 北京：北京大学出版社，1999：241.

有文章。”① 因此，子贡也认为“天”乃自然之物。他说：“君子一言以为知，一言以为不知，言不可不慎也。夫子之不可及也，犹天之不可阶而升也。”② 正因为如此，孔子虽然为“天之木铎”③，但很少谈论“天道”。《论语》记载：“夫子之文章，可得而闻也。夫子之言性与天道，不可得而闻也矣。”④ 总的来看，孔子淡化“天”的人格神特征，淡化“主宰之天”，而重视“天”的人文性，强调“人文之天”。

之后，孟子和荀子继承了孔子的这种思想。例如，孟子虽言“天”，但其“天”亦非指“主宰之天”，而主要指“人文之天”，即，“天”已非“神性”的人格神之义，而主要指“人文”的“民心向背”之义。在他看来，舜之所以能够被尧禅让，乃“民心所向”即“天”使然。他说：“舜相尧二十有八载，非人之所能为也，天也。尧崩，三年之丧毕，舜避尧之子于南河之南。天下诸侯朝觐者，不之尧之子而之舜；讼狱者，不之尧之子而之舜；讴歌者，不讴歌尧之子而讴歌舜。故曰天也。夫然后之中国，践天子位焉。”⑤ 同样，荀子亦言“天”，但其“天”亦非“主宰之天”，而主要指“自然之天”。因此，“天”既“不为尧存”，亦“不为桀亡”，而有自己运行的规律。他说：“天行有常，不为尧存，不为桀亡。应之以治则吉，应之以乱则凶。”⑥ 进而，“天”“人”各有不同职能，“天道”与“人道”不会互相干预，故不应言“天人合一”，而应言“天人相分”。他说：“明于天人之分，则可谓至人矣。”⑦ 因此，治乱吉凶的根源不在“天”而在人自身。荀子说：“强本而节用，则天不能贫；养备而动时，则天不能病；修道而不贰，则天不能祸。故水旱不能使之饥渴，寒暑不能使之疾，袄怪不能使之凶。”⑧ 可见，孟子和荀子的“天”与孔子的“天”并没有大的变化。

不过，到了董仲舒，“天”的含义则发生了大的变化。有时，他也认为“天”为“自然之天”，即具有物理性质的自然界。他说：“天地之气，合而为一，分为阴阳，判为四

---

① 何晏．论语注疏［M］．邢昺，疏．朱汉民，整理．张岂之，审定．北京：北京大学出版社，1999：106.

② 何晏．论语注疏［M］．邢昺，疏．朱汉民，整理．张岂之，审定．北京：北京大学出版社，1999：263.

③ 何晏．论语注疏［M］．邢昺，疏．朱汉民，整理．张岂之，审定．北京：北京大学出版社，1999：44.

④ 何晏．论语注疏［M］．邢昺，疏．朱汉民，整理．张岂之，审定．北京：北京大学出版社，1999：61.

⑤ 赵岐．孟子注疏［M］．孙奭，疏．廖名春，等，整理．钱逊，审定．北京：北京大学出版社，1999：256-257.

⑥ 王先谦．荀子集解［M］．沈啸寰，等，点校．北京：中华书局，1988：306-307.

⑦ 王先谦．荀子集解［M］．沈啸寰，等，点校．北京：中华书局，1988：308.

⑧ 王先谦．荀子集解［M］．沈啸寰，等，点校．北京：中华书局，1988：307.

时，列为五行。行者，行也，其行不同，故谓之五行。……故谓治，逆之则乱，顺之则治。”[①] 不过，在董仲舒，“天”主要指宇宙万物的最高主宰，为处于至尊之位的最高神灵。他说：“天者，百神之大君也。事天不备，虽百神犹无益也。可以言其然也？祭而地神者，《春秋》讥之。孔子曰：‘获罪于天，无所祷也。’”[②] 具体来讲，人由“天”而生。他说：“为生不能为人，为人者天也。人之人本于天，天亦人之曾祖父也，此人之所以上类天也。”[③] 而且，万物均由“天”化生，“天”乃“万物之祖”。他说：“父者，子之天也。天者，父之天也。无天而生，未之有也。天者万物之祖，万物非天不生。”更为重要者，“天”有情感、意志和道德属性。董仲舒说：“春爱志也，夏乐志也，秋严志也，冬哀志也。故爱而有严，乐而有哀，四时之则也。喜怒之祸，哀乐之义，不独在人，亦在于天。”[④] 基于此，董仲舒提出“君权神授”的观点，赋予“天子”之君权以“天然”“神授”的“合法性”。他说：“唯天子受命于天，天下受命于天子，一国则受命于君。”[⑤] 进而，由“天子”以至普通百姓之层层治权亦为“神授”而来。他说：“天子受命于天，诸侯受命于天子，子受命于父，臣妾受命于君，妻受命于夫。诸所受命者，其尊皆天也，虽谓受命于天亦可。”[⑥] 很显然，董仲舒重新赋予“天”以人格神特征，将“天”再次认定为“主宰之天”，从而使孔子以来“天”之内涵出现了“逆转”。

“阴”“阳”概念亦是先秦时期即已出现的古老哲学概念。就最初含义讲，“阴”“阳”指日、月交替所形成的现象，其中，“阳”指向阳、太阳当空或日出；“阴”指背阳、云遮或日落。后来，“阴”“阳”的外延渐渐扩大，被用来指代地理方位和山川走向。对此，《说文解字》的解释是：“阴：暗也，水之南、山之北也，从阜……阳：高、明也，从阜。”[⑦] 可见，此时之“阴”“阳”概念主要为自然意义。而且，这种自然意义促生了专司观察天象的“羲和之官”，也促生了后来作为思想流派的“阴阳家”。《汉书》曰：“阴阳家者流，盖出于羲和之官，敬顺昊天，历象日月星辰，敬授民时，此其所长也。”[⑧] 再

---

① 董仲舒. 春秋繁露 [M]. 凌曙，注. 北京：中华书局，1975：457-458.

② 董仲舒. 春秋繁露 [M]. 凌曙，注. 北京：中华书局，1975：502.

③ 董仲舒. 春秋繁露 [M]. 凌曙，注. 北京：中华书局，1975：385.

④ 董仲舒. 春秋繁露 [M]. 凌曙，注. 北京：中华书局，1975：410.

⑤ 董仲舒. 春秋繁露 [M]. 凌曙，注. 北京：中华书局，1975：386.

⑥ 董仲舒. 春秋繁露 [M]. 凌曙，注. 北京：中华书局，1975：520-521.

⑦ 许慎. 说文解字 [M]. 北京：中华书局，1963：304.

⑧ 班固. 汉书 [M]. 颜师古，注. 北京：中华书局，1962：第 6 册，1734.

后来，“阴”“阳”的外延被进一步扩大，渐渐被赋予人文意义，开始用来指“天地”“上下”“男女”“刚柔”“动静”等含义，并借此预测判断吉凶、福祸、顺逆等人事活动。质言之，此时之“阴”“阳”用以表示环境、条件的成熟与否，时机的有利、不利，修养所达到的水准高低，行为结果的好坏等，进而以爻为基础而形成八卦。因此，《易传》说：“观变于阴阳而立卦，发挥于刚柔而生爻，和顺于道德而理于义，穷理尽性以至于命。昔者圣人之作《易》也，将以顺性命之理，是以立天之道曰阴与阳，立地之道曰柔与刚，立人之道曰仁与义。兼三才而两之，故易六画而成卦。”① 历史地看，《易传》之“阴”“阳”这样一种人文意义渐而形成整个儒学史的“正统”观念。

不过，董仲舒基于对“主宰之天”的认定，重新厘定“阴”“阳”概念之人文意义，进而构筑起“阳尊阴卑”的“天人哲学”。在董仲舒看来，天地之间充满着“阴”“阳”之气。他说：“天地之间，有阴阳之气，常渐人者，若水常渐鱼也。所以异于水者，可见与不可见耳，其澹澹也。”② 重要的是，“阴”“阳”不仅具有主从关系，即“阳主阴从”，而且“阴”“阳”具有人文意义——道德属性，即“阴刑”“阳德”和“阴恶”“阳善”。他说：“天地之常，一阴一阳。阳者天之德也，阴者天之刑也，迹阴阳终岁之行，以观天之所亲而任。”③ 他还说：“恶之属尽为阴，善之属尽为阳。阳为德，阴为刑。”④ 进而，董仲舒从“君臣”“父子”“夫妇”“兄弟”“朋友”之“五伦”抽出前三者，构建起“君为臣纲”“父为子纲”和“夫为妻纲”的“三纲”主张。所谓“三纲”，指“君”“父”“夫”为“臣”“子”“妇”的“主导”，后者则为前者的从属、附庸。在他看来，“三纲”实乃“王道”的关键，而此关键不仅有“阴”“阳”以为根据，而且有“主宰之天”以为根据。他说：“阴者阳之合，妻者夫之合，子者父之合，臣者君之合。物莫无合，而合各有阴阳。……君臣父子夫妇之义，皆与诸阴阳之道。君为阳，臣为阴；父为阳，子为阴；夫为阳，妻为阴。……王道之三纲，可求于天。”⑤ 很显然，董仲舒之“阴”“阳”的人文意义已与儒学传统不同，而形成对《易传》所“塑造”的儒学“正统”观念的“逆转”。

① 王弼．周易正义［M］．孔颖达，疏．李申，等，整理．吕绍纲，审定．北京：北京大学出版社，1999：325-326.

② 董仲舒．春秋繁露［M］．凌曙，注．北京：中华书局，1975：599.

③ 董仲舒．春秋繁露［M］．凌曙，注．北京：中华书局，1975：417-418.

④ 董仲舒．春秋繁露［M］．凌曙，注．北京：中华书局，1975：398.

⑤ 董仲舒．春秋繁露［M］．凌曙，注．北京：中华书局，1975：432-434.

# 四

就上述“仁”的发展来看，其中几个大的变化多被学界接受，只有谭嗣同的“仁本体论”受到一些质疑和批判。在李泽厚看来，谭嗣同基于“仁”概念建构的“仁学”有诸多欠缺，表现出理论上的“矛盾”“冲突”与“混乱”。其一，物质的“以太”与精神的“心力”之间存在矛盾。其二，运动发展与永恒不变之间存在矛盾。其三，以“以太”为根本与宣称“无以太亦可”之间存在矛盾。他说：“谭嗣同整个思想具有着尖锐的矛盾的两面性：它呈现了唯物主义与唯心主义、辩证法与相对主义诡辩论、科学与宗教、反满与改良……的不可调和的矛盾、冲突与混乱。一方面是物质的‘以太’，另一方面是精神的‘心力’；一方面是强调事物的运动发展，另一方面是寻找永恒不变的实体；一方面谭的哲学并不建筑在‘心力’而是建筑在‘以太’上，讲了一大堆‘以太’，另一方面又硬要说‘谓无以太可也’，‘以太’又可以根本不要，只是‘借其名以质心力’。”① 由此来看，尽管谭嗣同基于“仁”建构起“仁本体论”，从而构成“仁”概念之大的变化，但这种变化却存在明显的“瑕疵”。正因为如此，陈来认为谭嗣同的“仁学”建构并不成功。他说：“一般多认为，近代‘仁学’以谭嗣同为最突出。不过……谭嗣同的仁学思想在本体论上不甚突出，而其平等思想最为突出……”② 而且，有学者认为，谭嗣同的“仁本体论”背离了儒学传统，应将其彻底否定，认为“总的来讲，‘仁本体论’的建构是不成功的。在此，所谓‘不成功’是指其背离了儒学传统。既然其建构不成功，我们便有义务将其还原于儒学传统”③。

就上述“天”和“阴”“阳”的变化来看，学术史中对于董仲舒的观点多有质疑和批判，其中以任继愈的批判最为激烈。在他看来，儒学虽不具有宗教之名，却具有“宗教之实”。他说：“儒教虽然缺少一般宗教的外在特征，却具有宗教的一切本质属性。”④ 就“宗教之实”来看，儒学既具有宗教的一般本质，又具有宗教的一般形式，是具有中国民族形式的、完整形态的宗教。具体来讲，宗教都要树立一个至高无上的神，儒教亦宣称

① 李泽厚．中国思想史论（中）［M］．合肥：安徽文艺出版社，1999：579.

② 陈来．中国近现代哲学的心本实体论［J］．船山学刊，2016（3）90.

③ 王瑞良．谭嗣同之“仁本体论”的儒学还原［J］．河北大学学报（哲学社会科学版），2015（2）45.

④ 任继愈．任继愈学术论著自选集［M］．北京：北京师范大学出版社，1991：130.

“敬天”“畏天”；宗教都主张“天国”“西方净土”等精神世界，儒家亦把圣人的主观精神状态作为“彼岸世界”来追求……总之，僧侣主义、禁欲主义、蒙昧主义、敌视科学、轻视生产等，这些欧洲中世纪经院哲学所具有的落后东西，儒教统统应有尽有①。不过，儒学产生之初并不是宗教，它是在经历了一个“宗教化”过程之后才演变为宗教的。也就是说，孔子只是一个哲学家、思想家和教育家，其所创立的儒学只是一种伦理、政治或哲学学说。然而，汉代由董仲舒倡导、汉武帝推行的“罢黜百家、独尊儒术”② 运动，却把儒学引上了“宗教化”的道路，而这种“宗教化”进程主要借助于对“天”“阴”“阳”概念的诠释。之后，宋明儒家基于对佛教和道教教义的汲取对儒家理论进行了调整，从而完成了儒学的“宗教化”进程。③ 很显然，董仲舒对于儒学“宗教化”过程起了关键作用，而对于这种关键作用，任继愈认为其完全背离了儒家传统。他说：“董仲舒对孔子的改造，已经使孔子的面目不同于春秋时期的孔丘。”④

如前所述，如同“细胞”会变化一样，哲学概念亦会变化。然而，就上述“仁”“天”“阴”“阳”概念的变化来看，其变化情况和效果很不相同：孟子、朱熹和王阳明以及牟宗三、陈来对“仁”的诠释形成对“仁”内涵的丰富和发展，亦被学界所接受。然而，谭嗣同的“仁本体论”却受到质疑和批判，以至于李泽厚认为其充满理论矛盾，陈来认为“仁学本体论”建构不成功。董仲舒对“天”和“阴”“阳”概念的诠释也受到任继愈的激烈批判，而且后世学者也多不接受背离儒家传统的“天”和“阴”“阳”概念，而仍然多以《易传》所“塑造”的“阴”“阳”意义为“正统”。质言之，前述之“仁”概念的变化基本上是对孔子“仁”概念的丰富和发展，而“天”和“阴”“阳”概念则是对原有概念的曲解或误解。对于这两种变化情况，若借用生物学概念来讲，它们乃为“进化”与“变异”之别。所谓“进化”，指针对新哲学问题基于“内在线索”而对原有概念内涵的合理发展。所谓“变异”，指针对新哲学问题基于“外在线索”而对原有概念内涵的曲解或“异化”。那么，为什么会出现哲学概念变化的“进化”和“变异”呢？或者直接说，为什么会出现哲学概念的“变异”呢？若从学术角度分析，尽管原因很复杂，但有两个相互关联的方面很重要：一为对哲学功能理解的原因，二为诠释方法的原因。

---

① 任继愈. 任继愈学术论著自选集［M］. 北京：北京师范大学出版社，1991：130.

② 班固. 汉书［M］. 颜师古，注. 北京：中华书局，1962：第8册，2525.

③ 任继愈. 任继愈学术论著自选集［M］. 北京：北京师范大学出版社，1991：117-118.

④ 任继愈. 任继愈学术论著自选集［M］. 北京：北京师范大学出版社，1991：131.

关于第一个原因，指之所以会发生概念的“变异”，在于诠释者对哲学功能的误解。所谓哲学功能，指哲学在现实层面的作用。从根本上讲，作为超越地研究“事实”与“价值”的学问，哲学功能包括两个方面：其一，哲学可以为人类提供“知识之源”，即，通过解释世界为人类提供基本的知识立场和方法。不过，这种功能不是指增加具体知识，而是指探讨可否增加和如何增加具体知识。海德格尔说：“哲学也就不是一种人们可以像对待工艺性和技术性的知识那样直接学到的知识；不是那种人们可以像对待科学的和职业性的知识那样直接运用并可以指望其实用性的知识。然而，这种无用的东西，却恰恰拥有真正的威力。”① 因此，如果哲学试图提供具体知识，那么就会变成“非哲学”或“伪哲学”。其二，哲学可以为人类提供“价值之源”，即，通过解释世界以研究、“设计”人类的价值理想，引导人们追求合理的价值目标。不过，这个“价值之源”不是“非理性”的宗教，因为宗教的特征在于“信仰”，其“价值之源”的形式在于祈祷、礼拜；而哲学的特征在于“怀疑”，其“价值之源”的形式在于概念、理论。正因为上述功能，哲学的根本性问题实是“不合时宜”的；哲学不是迎合“当今”的，反而是力求引导、改变“当今”的。因此，如果“正解”哲学功能，通过解释世界引导社会发展，哲学概念的变化有可能是“进化”反之，如果“误解”哲学功能，不是通过解释世界引导社会发展，而是通过解释世界“附和”社会存在，便可能出现哲学概念的“变异”。由此来讲，前述之“仁”的变化基本上是“正解”哲学功能的结果，通过哲学概念的诠释以为社会存在提供“范本”，即“知识之源”和“价值之源”。相反，董仲舒之“天”“阴”“阳”的概念则基本上是“误解”哲学功能的结果，因为这些概念的诠释将哲学作为社会存在的“注脚”，通过解释世界以“附和”社会存在；它不是为社会存在提供“知识之源”和“价值之源”，反而由社会存在为哲学提供“知识之源”和“价值之源”。

关于第二个原因，指研究者诠释方法的适用不当。与研究任何学问一样，治哲学史必然涉及方法问题。不过，在此所谓方法，不是指作为“技”的方法，而是指作为“道”的方法；前者指技能、技巧类的方法，后者指本原、本质类的方法。因此，《庄子》有言：“臣之所好者道也，进乎技矣。”② 就此而言，治哲学史在“道”的层面通常采用两种方法：一种是“内在诠释”，根本特征在于诠释者在研究对象的概念框架内进行诠释，一般只就概念谈概念，不去直接涉及概念的时代背景，也不直接牵涉其意识形态功能。

---

① 海德格尔．形而上学导论［M］．熊伟，王庆节，译．北京：商务印书馆，1996：10.

② 郭庆藩．庄子集释（第一册）［M］．王孝鱼，点校．北京：中华书局，1961：119.

“内在诠释”的预设是，概念之间的“内在线索”是有规律可循的，时代背景等“外在线索”最终要通过“内在线索”起作用，因而“内在线索”是促生概念“进化”的决定性因素。另一种是“外在诠释”，根本特征在于诠释者跳出研究对象的概念框架，直接探究时代背景对概念所造成的影响，并直接强调概念的意识形态功能。“外在诠释”的预设是，它设定概念产生、变化的原因同特定的环境归根到底即特定的“利益”紧密相关，因此，认定时代背景是影响哲学概念的最终决定因素。大致来讲，上述两种方法并无优劣之分，只是适用范围不同：“内在诠释”乃真正的哲学方法，它适用于哲学史研究；“外在诠释”乃社会学的方法，严格地讲，它不适用于哲学史研究。就上述“仁”“天”“阴”“阳”概念的变化来看，“仁”之变化所主要遵循者乃“内在诠释”，即其遵循概念之间的“内在线索”，在“仁”的概念框架内进行诠释，而不直接牵涉时代背景和意识形态功能，故而促生了内涵的“进化”而董仲舒关于“天”“阴”“阳”的变化所遵循者主要是“外在诠释”，即，跳出研究对象的概念框架，跳出概念之间的“内在线索”，直接牵涉时代背景和意识形态功能，故而引发了其内涵的“变异”。关于这两种诠释方法之于哲学史研究的取舍，可以徐复观的下述观点为参照。他说：“凡可成为一家之言的思想，必定有他的基本概念以作其出发点与归结点。此种基本概念，有的是来自实践，有的是来自观照，有的是来自解析。尽管其来源不同，性格不同，但只要他实有所得，便可经理智的反省而使其成一种概念。概念一经成立，则概念之本身必有其合理性、自律性。合理性、自律性之大小，乃衡断一家思想的重要准绳。”①

## 五

综上所述，哲学作为一门学问，以概念作为“细胞”来进行内容的形式表达。然而，概念作为哲学的“细胞”，与生物学的“细胞”一样，亦是变化的，而变化常表现为“进化”和“变异”两种情形。例如，“仁”作为孔子所原创的概念，经历了数代儒者的合理诠释，形成对原有内涵的丰富和发展；而“天”“阴”“阳”等概念在董仲舒手中被曲解、误解，成为儒家相应“正统”观念的“逆转”。之所以会出现概念变化的“变异”，原因很复杂，但对哲学功能的理解和诠释方法的使用两个因素至关重要：若“正解”哲学功能，正确使用“内在诠释”方法，对于哲学概念的诠释便会形成“进化”若“误解”哲

① 徐复观. 中国思想史论集［M］. 上海：上海书店出版社，2004：92.

学功能，错误使用“外在诠释”方法，对于哲学概念的诠释便会引发“变异”。当然，儒学史上“进化”和“变异”的概念并不止于上述几个概念，在此，只是以这几个概念为例进行分析，来反映哲学概念“进化”和“变异”的规律，从而为正确把握哲学概念进而促进整个哲学研究提供借鉴。关于整个哲学研究，海德格尔认为，哲学既不能成为某种“时尚”，也不能服从于外在目的而“误用”于“日常需要”，否则它便不是“真正的哲学”。他说：“哲学本质上是超时间的，因为它属于那样极少的一类事物，这类事物的命运始终是不能也不可去在当下现今找到直接反响。要是这样的事情发生了，要是哲学变成了一种时尚，那就或者它不是真正的哲学，或者哲学被误解了，被按照与之无关的某种目的误用于日常需要。”① 海德格尔的观点是我们从事哲学研究时应注意和警醒的问题，而这也是本文之写作的意旨所在。

（原文载《河南师范大学学报》〔哲学社会科学版〕2018 年第 2 期。
《高等学校文科学术文摘》2018 年第 4 期摘编。
中国人民大学报刊复印资料《中国哲学》2018 年第 7 期全文转载）

① 海德格尔. 形而上学导论［M］. 熊伟，王庆节，译. 北京：商务印书馆，1996：10.

# 唯物论、唯心论与唯道论

哲学作为一门学问，在发展过程中渐渐积淀出本体论、宇宙论、认识论、人生论等若干部分。不过，就地位和作用来看，本体论作为关于“本体”的理论，是所有这些部分的根源和核心。熊十力说：“本体论，一名形而上学，即穷究宇宙实体之学。……唯本体论是万理之所从出，一切学术之归宿处，一切知识之根源。”① 因此，本体论可谓“一切智智”即所有哲学问题的根本，亦是哲学所当“穷究”的核心问题。熊十力说：“本体论究是阐明万化根源，是一切智智（一切智中最上之智，复为一切智之所从出，故云一切智智），与科学但为各部门的知识者自不可同日语。则谓哲学建本立极，只是本体论，要不为过。夫哲学所穷究的，即是本体。”② 由此来讲，本体论不仅可为“形而上学”之代称，而且亦可为“哲学”之代称。因此，本体论不能被否定，否则哲学这门学问的大厦便会被颠覆。既然哲学以本体论为根源和核心，而本体论乃关于“本体”的理论，那么，何谓“本体”呢？所谓“本体”，乃“体之本”，为“根本的体”，亦即载体性的存在。③ 李泽厚说：“所谓‘本体’……只是‘本根’、‘根本’、‘最后实在’的意思。”④ 正因为如此“本体”可对其他哲学问题提供理论依据，故不同的本体论决定着不同的哲学派别。

## 一

唯物论作为一种哲学本体论，它认为世界万物的本体是“物质”。具体来讲，它认

---

① 萧萐父主编：《熊十力全集》第五卷，武汉：湖北教育出版社，2001 年（下同），第 537 页。

② 萧萐父主编：《熊十力全集》第三卷，第 14-15 页。

③ 参见程志华：《客体、主体与道体》，《哲学研究》2013 年第 4 期，第 43-45 页。

④ 李泽厚《哲学纲要》，北京：北京大学出版社，2011 年，第 38 页。

为世界是由“物质”构成的，“精神”是人脑这种“物质”的功能。[①] 因此，二者的关系为：“物质”第一性，“精神”第二性，即“物质”是世界的本体，“精神”是“物质”的属性。回溯哲学史，唯物论经历了一个历时性的发展。在古代，世界万物被认为是由“元素”构成的，而“元素”被认定为某种具体物质。如，泰勒斯认为，“水”是万物的“始基”。[②] 赫拉克利特认为，世界是一团永恒燃烧的“活火”。[③] 德谟克里特认为，“一切事物的本原是原子和虚空”。[④] “五行说”认为，“金”“木”“水”“火”“土”是生成世界万物的五种“元素”。[⑤] 进入近代，唯物论认为，世界万物由“物体”组成，而“物体”乃由“零件”所组成的“机器”。如，霍布斯认为，哲学的对象是“物体”，“物体”具有“广延”的属性，它不依赖于人们思想而存在。[⑥] 拉美特里说：“心灵只是一个毫无意义的空洞名词，一个思想谨严的人使用这个名词时，只是指我们身体里那个思维的部分。”[⑦] 到近代后期，唯物论超越具体“物体”层面，认为世界万物的本体是“物质”，而“物质”处于运动变化过程中。例如，梅利叶说：“物质是本身存在的，它本身就是运动着的，实际上它是万物的始因。”[⑧] 恩格斯也说：“‘物质’和‘运动’这样的词无非是简称，我们就用这种简称把感官可感知的许多不同的事物依照其共同的属性概括起来。”[⑨] 关于作为本体的“物质”的定义，列宁曾经有过一段经典的表述：

> 物质是标志客观实在的哲学范畴，这种客观实在是人通过感觉感知的，它不依赖于我们的感觉而存在，为我们的感觉所复写、摄影、反映。[⑩]

---

① 参见北京大学哲学系外国哲学教研室编译：《西方哲学原著选读》下卷，北京：商务印书馆，1981年(下同)，第111-115页。

② 参见北京大学哲学系外国哲学教研室编译：《西方哲学原著选读》上卷，第16页。

③ 参见北京大学哲学系外国哲学教研室编译：《西方哲学原著选读》上卷，第21页。

④ 北京大学哲学系外国哲学教研室编译：《西方哲学原著选读》上卷，第47页。

⑤ 《国语·郑语》载：“故先王以土与金木水火杂，以成百物。”上海师范大学古籍整理组校点：《国语》：上海：上海古籍出版社，1978年，第515页。

⑥ 参见北京大学哲学系外国哲学教研室编译：《西方哲学原著选读》上卷，第391-392页。

⑦ 北京大学哲学系外国哲学教研室编译：《西方哲学原著选读》下卷，第123页。

⑧ 北京大学哲学系外国哲学教研室编译：《西方哲学原著选读》下卷，第34页。

⑨ 中央编译局：《马克思恩格斯选集》第四卷，北京：人民出版社，1995年（下同），第343页。

⑩ 中央编译局：《列宁选集》第三版，第2卷，北京：人民出版社，1995年，第89页。

为了对唯物论作进一步的说明，不妨以费尔巴哈作为个案进行具体分析，因为他的思想比较彻底故而具有较强的代表性。费尔巴哈认为，自然界是一切感性事物的总和，是自在的、唯一的、永恒的客观实在，而精神是产生并服从于客观实在的。他说："物质不是精神的产物，而精神本身只是物质的最高产物。"① 因此，所有感性事物都是第一性的，它以"存在"或"物质"来标志；所有精神现象均是第二性的，它们奠基于"存在"或"物质"之上。他说："思维与存在的真实关系只是这样的：存在是主体，思维是宾词。思维是从存在而来的，然而存在并不来自思维。存在是从自身、通过自身而来的——存在只能为存在所产生。"② 在唯物论中，费尔巴哈关于宗教本质的观点更为典型。关此，他认为，基督教并没有神圣的"光环"与地位，它亦"屈居"于"物质"本体之下，因为所谓"上帝"不过是人本质的"对象化"，即是人"内在本性"的"向外投射"，而人乃自然界的一部分。质言之，宗教不过是人的理性的"创造物"，而人的理性源于人的自然存在，故宗教亦即自然界的"创造物"。他说："无限的或属神的本质，就是人的精神本质；……换句话说，他只不过是理性之本质，只不过是使那自己对象化成为属神的存在者的理性。"③ 总之，在费尔巴哈，"物质"是世界万物的本体，"精神"是处于从属地位的。

不过，在哲学史上，唯物论常被冠以"没有思想的心灵"④ 而备受批评。有哲学家认为，在"物质"与"精神"之间，唯物论强调认知对象的客观实在性，却把认知主体"边缘化"了。当然，在对唯物论进行批评的队伍中，多数哲学家为坚定的唯心论者，因为唯心论持与唯物论相对立的本体论。那么，唯物论与唯心论的对立是如何发生的呢？逻辑地讲，宇宙世界乃由"物质"和"精神"两种现象所组成"精神"与"物质"乃相异又共存之关系。因此，既然"物质"可以为世界本体，那么"精神"亦可以为世界本体。质言之"物质"与"精神"同为"世界整体"的现象，故，既然可由"物质"出发来建立本体，当然就可由"精神"出发来建立本体。或者说，既然可以把认知对象置于第一位，当然亦可把认知主体置于第一性。当然，前者奠定了唯物论的基础，后者则奠

① 参见中央编译局：《马克思恩格斯选集》第四卷，第 227 页。

② ［德］费尔巴哈著，荣震华、李金山等译：《费尔巴哈哲学著作选集》上卷，北京：商务印书馆，1984 年（下同），第 115 页。

③ ［德］费尔巴哈著，荣震华、李金山等译：《费尔巴哈哲学著作选集》下卷，第 327 页。

④ 北京大学哲学系外国哲学教研室编译：《西方哲学原著选读》上卷，第 500 页。

定了唯心论的基础。由此来看，唯心论的发生与唯物论的发生一样，亦具有逻辑上的合理性。那么，何为唯心论呢？

具体来讲，唯心论秉持“精神”是本体的基本观点，认为“物质”依赖“精神”而存在，“物质”是“精神”的产物或表现。也就是说，唯心论坚持“精神”第一性，“物质”第二性。例如，柏拉图认为，万物不过是“理念”的“摹本”或幻象，“美的理念”是“美的东西”的根据。他说：“如果在美本身以外还有其他美的东西，这东西之所以美，就只能是因为它分有了美本身。”① 因此，哲学的对象不是“自然”即“物质”，而是人的心灵即“精神”。② 通常来讲，唯心论可以区分为“客观唯心论”和“主观唯心论”两种类型。前者认为“客观精神”是世界万物的本体，物质世界不过是“客观精神”的“外化”。例如，柏拉图的“理念”、程朱理学的“理”和黑格尔的“绝对精神”，都是作为世界本体的“客观精神”。关于柏拉图的理念，亚里士多德概括说：“柏拉图……主张定义的对象不是感性事物，而是另外一类东西，……他把这另外一类的东西称为理念，……众多的事物之所以存在，是靠‘分有’与它同名的理念。”③ 相对而言，后者把“主观精神”如“感觉”“意识”“心”等看作本体，认为世界万物都由“主观精神”所派生。比如，陆王心学的“心”或“良知”、贝克莱的“观念”，都是作为世界本体的“主观精神”。王阳明说：“人的良知，就是草木瓦石的良知，若草木瓦石无人的良知，不可以为草木瓦石矣。岂惟草木瓦石为然，天地无人的良知，亦不可为天地矣。”④ 不过，尽管唯心论有上述两种类型，但就典型性来讲，贝克莱的唯心论更具代表性。

贝克莱的唯心论之具体内容大致可以分为否定“物质”概念和确定“存在”概念两个层面。就第一个层面来看，指“物质”概念是不成立的。在他看来，若能证伪“物质”概念，唯物论“大厦”便可自然被颠覆。他说：“物质的实体从来就是‘无神论者’的至友，这一点是无需多说的。他们的一切古怪系统，都明显地，必然地依靠它；所以一旦把这块基石去掉，整个建筑物就不能不垮台。”⑤ 他证伪的逻辑是：其一，在心中并没有与“物质”相应的观念，“广延”、“运动”等属性也“仅仅是存在于心中的观念”，故

① 北京大学哲学系外国哲学教研室编译：《西方哲学原著选读》上卷，第 73 页。

② 参见北京大学哲学系外国哲学教研室编译：《西方哲学原著选读》上卷，第 71-72 页。

③ 北京大学哲学系外国哲学教研室编译：《西方哲学原著选读》上卷，第 72 页。

④ 王阳明著，阎涛注评：《传习录》，南京：江苏古籍出版社，2001 年，第 288 页。

⑤ 北京大学哲学系外国哲学教研室编译：《西方哲学原著选读》上卷，第 516 页。

“物质”其实是不存在的。他说：“‘物质的实体’……并没有明确的意义。”① 其二，“物质”以“客观存在”为理论前提，而这其中明显存在“循环性”矛盾。他说：“为了证明这一点，你必须能设想它们不被设想或想到而能存在；而这是一个明显的矛盾。当我们尽力设想外物的存在时，我们仍然只不过是在设想我们自己的观念而已。”② 基于这样两点，所谓“物质”本体其实是虚假的。就第二个层面来讲，“存在就是被感知”。贝克莱认为，任何可感事物都不可能离开人的感觉或感知。他说：“真正讲来，对象和感觉是同一个东西，因此，两者是不能彼此分开的。”③ 而且，人们的认识对象是“观念”，而“观念”并不反映外部事物；所谓“事物”，不过就是“观念的集合”。他说：“观念只能与观念相似，而不能与别的东西相似。”④ 他还说：“构成大宇宙的一切物体，在心灵以外都没有任何存在；它们的存在就是被感知或被知道。”⑤ 当然，观念本身并不能独立存在，它依赖于能感知它们的主体，这个主体就是心灵、自我即“精神”。他说：“显然，除了‘精神’或感知者以外，再也没有任何别的‘实体’。”⑥ 由这个层面，贝克莱确定起“精神性”的“存在”。总之，贝克莱通过强调认知主体，进而消解了认知对象，冲击了唯物论，最终建构起唯心论。基于此，尽管并不完全赞同，费希特还是肯定贝克莱的观点说：

> 唯一可能的哲学只剩下了唯心论。⑦

很显然，作为对本体问题进行探讨的本体论，唯物论与唯心论的主张是相互对立的。概括地讲，唯物论认为世界本体是“物质”，唯心论认为世界本体是“精神”。即，唯物论的基本理路是“物质”决定“精神”，唯心论的基本理路是“精神”决定“物质”。从发生学的角度讲，基于认知对象与认知主体的关系，唯物论强调认知对象的本体性，唯心论强调认知主体的本体性。进而，本体论的差异决定了宇宙论、认识论、人生论的不

---

① 北京大学哲学系外国哲学教研室编译：《西方哲学原著选读》上卷，第 510 页。

② 北京大学哲学系外国哲学教研室编译：《西方哲学原著选读》上卷，第 512—513 页。

③ 北京大学哲学系外国哲学教研室编译：《西方哲学原著选读》上卷，第 504 页。

④ 北京大学哲学系外国哲学教研室编译：《西方哲学原著选读》上卷，第 505 页。

⑤ 北京大学哲学系外国哲学教研室编译《西方哲学原著选读》上卷，第 504 页。

⑥ 北京大学哲学系外国哲学教研室编译：《西方哲学原著选读》上卷，第 505 页。

⑦ 北京大学哲学系外国哲学教研室编译：《西方哲学原著选读》下卷，第 334 页。

同，从而形成了不相容的两相对立的哲学派别：唯物论在“物质”范畴内来解释真理；唯心论在“精神”范畴内来解释真理。即，唯物论以“客观世界”为对象追求终极性真理，唯心论以“主观世界”为对象追求终极性真理。为此，两种派别互相攻讦。如，狄德罗批评唯心论说：“我们称为唯心主义者的，是这些哲学家：他们只意识到自己的存在，以及那些在他们自己的内部相继出现的感觉，而不承认别的东西；这种狂妄的体系，在我看来，只有在瞎子那里才能产生出来；……”① 反过来，贝克莱则认为，唯物论不仅是“怀疑主义”的“主要支柱”，而且是一切“无神论”和“不信宗教”的基础，因此是“可鄙的无神论派别”。② 正因为如此，在回溯哲学史时，唯物论与唯心论的对立成为一个重要视角：一切本体论不属于唯物论就属于唯心论，二者反映了以往哲学史的主要理路。对此，徐复观在检讨西方哲学史时曾说：

> 唯心论、唯物论在西方哲学的本体论中很早已有争论，到底是精神在先，还是物质在先？到底是精神创造物质，还是物质创造精神？……这是宗教所延续下来的问题。③

## 二

公允地讲，唯物论与唯心论这两个哲学派别确实重要，因为它们揭示了“精神”和“物质”这对本体范畴，也揭示了哲学的主题即在于“穷究”本体。正因为如此，恩格斯将“精神”与“物质”的关系界定为“哲学的基本问题”。他说：“全部哲学，特别是近代哲学的重大的基本问题，是思维和存在的关系问题。……思维对存在的地位问题，这个在中世纪的经院哲学中也起过巨大作用的问题：什么是本原的，是精神，还是自然界？……哲学家依照他们如何回答这个问题而分成了两大阵营。凡是断定精神对自然界说来是本原的，……组成唯心主义阵营。凡是认为自然界是本原的，则属于唯物主义的

---

① 北京大学哲学系外国哲学教研室编译：《西方哲学原著选读》下卷，第 152 页。

② 参见北京大学哲学系外国哲学教研室编译：《西方哲学原著选读》上卷，第 516 页。

③ 徐复观：《中国思想史论集》，上海：上海书店出版社，2004 年，第 213 页。

各种学派。”[①] 当然，哲学这门学问并非自有人类以来就有，“哲学的基本问题”亦是哲学发展到一定阶段的产物。最初，人们对此问题的认识表现为对“灵魂”与“肉体”关系的“纠结”，故此时代之思想仅是一种“萌芽”状态的本体论。到了近代，伴随着启蒙思潮及自然科学的兴起，“哲学的基本问题”被“升华”，“精神”与“物质”的关系问题，即“思维与存在的关系”问题，渐渐凝练并凸显出来。毋庸置疑，唯物论和唯心论是哲学发展的重要成果，也代表了本体论探索的一个重要阶段。因此，不能否认唯物论与唯心论两种本体论的历史意义。历史地看，哲学史上曾围绕此问题产生过“二元论”的探讨，这些探讨一个方面显明了两种本体论，另一个方面也表现出“调和”二者的意向。

就“二元论”来讲，最有代表性的哲学家乃笛卡尔。笛卡尔通过界定“实体”定义，分别证成了“物质”和“心灵”两个实体即本体。在他看来，所谓“实体”，是指“一个能够由于自己而存在的东西”[②]。关于“物质”实体，他认为，我们可通过感官感觉到物体及其“广延”属性；这些感觉不是幻想出来的，故而可以证明“物质”实体的存在。他说：“在我心里的想象功能是能够让我相信物质的东西存在的。因为当我仔细考虑什么是想象时，我看出它不过是认识功能对向它直接呈现的物体的某种运用，因而这个物体是存在的。”[③] 关于“心灵”实体，他认为，“普遍怀疑”可使人抛弃一切信以为真的偏见，但当人们进行“普遍怀疑”时，“我在怀疑”本身即“自我”却是无可怀疑的，因此“我思故我在”[④] 乃必可得出的结论。这样，由“我思”可推导出“自我”，而“自我”乃一种精神性存在，故而证明了“心灵”实体的存在。他说：“我是一个实体，这个实体的全部本质或本性就是思维。……这个我，也就是说我的灵魂，也就是说我之所以为我的那个东西，是完全、真正跟我的肉体有分别的，灵魂可以没有肉体而存在。”[⑤] 进而“物质”具有“广延”属性，而“心灵”具有“思想”属性；这两种属性是互不相关的。他说：

> 理智性的行为跟物体性的行为没有任何关系；思维（它是各理智性行为彼此一

① 中央编译局：《马克思恩格斯选集》第四卷，第 223-224 页。

② ［法］笛卡儿著，庞景仁译：《第一哲学沉思集》，北京：商务印书馆，1986 年（下同），第 229 页。

③ ［法］笛卡儿著，庞景仁译：《第一哲学沉思集》，第 76 页。

④ 参见［法］笛卡尔著，王太庆译：《谈谈方法》，北京：商务印书馆，2000 年，第 27 页。

⑤ ［法］笛卡儿著，庞景仁译：《第一哲学沉思集》，第 82 页。

致的共同理由）和广延（它是各物体性行为彼此一致的共同理由）全然不同。①

然而，与其他自然物不同，人既有肉体，又有意识。因此，人是“物质”与“心灵”两个实体的组合。也就是说，尽管“物质”与“心灵”为两种实体，但“物质”和“心灵”却集于人一体。对此，笛卡尔亦不能视而不见。关此，他借助于生理知识进行了解释：“心灵”与“物质”的结合是通过大脑的“松果腺”来实现的——“松果腺”是存在于人脑中的一个腺体，人的“心灵”暂时“寄居”于“松果腺”；当“松果腺”受到外界事物刺激时，“心灵”固有的知觉就会发动并发挥作用——这便是笛卡尔基于“二元论”的“身心交感说”。显而易见，“身心交感说”与“二元论”之间存在着矛盾：“二元论”对“心灵”与“物质”两种实体的证成，分别为唯物论与唯心论的“安顿”提供了依据。如果说“心灵”与“物质”两种实体要实现统一，应在形上层面即本体层面完成，而不能在形下层面即现象层面开展。然而“身心交感说”却将两种实体的统一端赖于现象层面的生理结合，这不能不说是笛卡尔思辨哲学的一处“败笔”。因此，尽管笛卡尔分别“安顿”了唯物论与唯心论，但并未解决“物质”与“心灵”的统一问题。对于笛卡尔的“身心交感说”，莱布尼茨批评说：

> 相互影响的办法是流俗哲学的办法；可是我们无法设想，物质性的微粒，以及非物质性的“属”或性质，怎样能从这两种实体中的一种过渡到另一种，所以我们不得不放弃这种见解。②

与笛卡尔对“物质”和“精神”两个实体、唯物论和唯心论两种本体论的肯定性论证不同，“二元论”的另一个代表人物张君劢从否定性角度对二者进行了讨论。他认为，唯物论与唯心论都只执着于一边，因此都是偏颇、不全的本体论。关于唯物论，其思想核心是以“物质”为本体来解释精神现象，最终结果是“消心于物”。他说：“唯物一元者，以物之语释心，必求去心而后已。”③ 实际上，人类精神不可能由“物质”构成，如伦理学之善恶标准便不可由“物质”确定，政俗、宗教以及学问条理等亦不可由“物质”

---

① ［法］笛卡儿著，庞景仁译：《第一哲学沉思集》，第 177 页。

② 北京大学哲学系外国哲学教研室编译：《西方哲学原著选读》上卷，第 501 页。

③ 张君劢：《中西印哲学文集》，台北：学生书局 1981 年（下同），第 87 页。

解释。因此，唯物论实际上“可谓已破产矣”①。关于唯心论，其基本理路是以“精神”来解释世界万物，最终结果是“消物于心”。张君劢说：“唯心一元者，以心之语释物，必求去物而后已。”② 然而“物质”的存在是显而易见的，“日月星辰之大，飞潜动植之众”，岂可“谓为吾心所造成”？因此，唯心论否定“物质”乃“受蔽”之说。③ 进而，张君劢认为，“精神”与“物质”作为宇宙两种根本“元素”二者是并立、对立而不可相通的；无论是验之以逻辑、心理，还是验之以生物、历史诸方面，无不体现出“精神”与“物质”二元。他说：“心与物二者，为宇宙间之根本原素，两相对立，决不易互通为一。”④ 由此来讲，“心物二元”乃融会贯通全部哲学史的关键。他说：

> 以我观之，不若明认心物二者为最终之元素。换词言之，曰确立二元主义而已。本此立言，全部哲学，可以豁然贯通。⑤

既然如此，唯物论与唯心论就不应互相攻许，而应“平衡物心两方，而不至偏物忘心，或偏心忘物”⑥，进而“取同一学术中之两派，从而调和之”⑦。实际上，唯物论与唯心论二者“俱存”而“两利”。张君劢说：“吾人以为其甲乙之互非，不若两利而俱存。”⑧ 那么，如何“调和”二者以达到“两利而俱存”呢？他认为，从根本上讲，“精神”与“物质”并不完全平等，而是以“精神”为主导的，此乃缘于“精神”的“殊特性”。即，人类精神活动是主观自生的，决不能由“物质”推而上以至于“精神”；然而，却可以由“精神”推而下以至于“物质”。由此看来，虽言“物质”与“精神”二元，实际上二者是有主次之分的。张君劢说：“心物虽并存，而其主客先后之分，吾惟有答曰：心先而已，心为主而已。”⑨ 既然如此，唯物论、唯心论之争应当“泯合”，而“泯合”

---

① 张君劢：《中西印哲学文集》，第 90 页。

② 张君劢：《中西印哲学文集》，第 87 页。

③ 参见张君劢：《中西印哲学文集》，第 90 页。

④ 张君劢：《中西印哲学文集》，第 91 页。

⑤ 张君劢：《中西印哲学文集》，第 92 页。

⑥ 张君劢：《中西印哲学文集》，第 529 页。

⑦ 张君劢：《中西印哲学文集》，第 98 页。

⑧ 张君劢：《中西印哲学文集》，第 94 页。

⑨ 张君劢：《中西印哲学文集》，第 107 页。

的方向乃以“心”为主宰。他说：“心者应视为宇宙之根本也，非自物质流出者也，非物质世界中寄宿之旅客也。”① 显而易见，张君劢与笛卡尔一样，不仅承认“二元论”，而且也试图“调和”“二元论”，只不过他们的理路不同而已：张君劢没有“落入”笛卡尔“松果腺”这样一种形而下层面，也没有以“惟独意”理解“唯”而“滑入”唯物论或唯心论，而是以“殊特意”理解“唯”以强调“心”之特殊性，从而把唯物论与唯心论通过“主次之分”“统一”起来。显而易见，张君劢虽然明确表示“统一”二者的意向，但并未真正解决唯物论与唯心论的对立，因为它并未在本体层面完成二者的统一，而只是在本体功能的层面对二者进行了“调和”。关于这种“调和”，张君劢自己说：

> 于其自我作主而不物化，我们说人类精神是主宰原则。于此即说唯心亦不妨。盖吾人早说过，“唯”者殊特意，并非惟独意。“唯心”是只言“心”于此关系中居主宰地位，并非抹杀外物。②

## 三

哲学地讲，宇宙乃由“物质”和“精神”所组成的整体。关于这种整体性，中外哲学家均有明确的主张。如，《庄子》有言：“天地与我并生，而万物与我为一。”③ 爱默生亦有句名言：“从哲学上考虑，宇宙是由自然和心灵组合而成的。”④ 既然如此，若将整体之本体归结为两者之一，这种本体的解释力必定是不周延的。也就是说，无论是“物质”本体，还是“精神”本体，尽管它们努力“调和”对方，但它们在为世界万物提供依据性解释时，均不免流于偏颇。正是因此，才催生了笛卡尔和张君劢等的“二元论”。但是，“二元论”虽然有“调和”二者的意向，但遗憾的是它并未完成这一使命，反而可能更强化了这两种本体论。若从发生学的角度看，认识对象与认识主体是不可分的，即“物质”与“精神”是不可分的。因此，谢林认为这两种本体论“本来是一个”。他说：

---

① 张君劢：《中西印哲学文集》，第 101 页。

② 张君劢：《中西印哲学文集》，第 1285 页。

③ 郭庆藩撰，王孝鱼点校《庄子集释》，北京：中华书局，1961 年，第 79 页。

④ ［美］波尔泰编，赵一凡等译：《爱默生集：论文与演讲录》，北京：生活·读书·新知三联书店，1996 年，第 88 页。

“如果说先验哲学的任务是把实在的东西排在精神的东西以下，那么自然哲学的任务就与此相反，是用实在的东西来说明精神的东西。这两门哲学本来是一个，只是由于它们的任务方向相反，因而分成两门；……”① 基于此，成中英则认为，因其局限性，唯物论和唯心论已“走入历史”。他说：

> 中世纪哲学，以及从16世纪笛卡尔以后，到黑格尔的欧洲近代哲学，不管是二元论的、一元论的，或者是唯物主义的、唯心主义的，都有其局限性，很难用来统盖现代人的现代经验。②

不过，唯物论与唯心论虽均有相似的局限性，但因为本体论乃关于“本体”的理论，故共同遵循了正确的理论预设，即本体论所预设的“本原性”。所谓“本原性”，是认为世界万物有一个“本体”；“本体”作为世界万物的“载体性存在”，它演变出世界万物，世界万物又归结于“本原”。具体来讲“本原性”通过两种途径来实现：其一，归约论。所谓“归约论”，指将复杂现象归结为简单部分加以理解和描述。③ 质言之，超越形而下之复杂而予以形而上之简单的解释即是“归约论”。在此意义下，唯物论将所有事物、现象“化约”为“物质”，唯心论将所有事物、现象“化约”为“精神”。因此，反过来讲即是，唯物论“扩充”了“物质”定义，使其涵盖世界万物；唯心论“扩充”了“精神”定义，使其涵盖世界万物。其二，决定论。所谓“决定论”，指认为世界万物的产生和存在端赖于“决定者”。质言之，寻求“体之本”即“载体性存在”即是“决定论”。在此意义下，唯物论认为“物质”决定所有的事物、现象；唯心论认为，“精神”决定所有的事物、现象。反过来讲，在唯物论，所有的事物、现象均由“物质”来决定；在唯心论，所有的事物、现象均由“精神”来决定。总之，无论是唯物论，还是唯心论，两者均依着“本原性”的理论预设，把世界万物归结为一个“本体”。这是它们的相同之处，也是值得肯定之处。正因为如此，林安梧说：

> 哲学的做法，最重要的是根源性，由根源性而确定性。根源性必须是越过了表

---

① 北京大学哲学系外国哲学教研室编译：《西方哲学原著选读》下卷，第348-349页。

② 李翔海、邓克武编：《成中英文集》一卷，武汉：湖北人民出版社，2006年，第309页。

③ 参见郭齐勇、郑文龙编：《杜维明文集》第五卷，第11页。

象的对象才有可能，再由此而能论确定性。①

如上所论，唯物论和唯心论均存在相似的局限性，却共同遵循了正确的理论预设。因此，哲学作为一门学问，就应以正确的理论预设为前提，通过自身发展克服这些局限性。实际上，在哲学史上，除了“二元论”“调和”唯物论与唯心论的努力外，真正致力于“统一”二者的理论努力已很悠久。如，巴门尼德曾提出“思维与存在的同一性问题”。在他看来，“思维”就是“存在”，“存在”就是“思维”。② 黑格尔则认为，“思维”与“存在”的对立乃是“最高的分裂”，因此，哲学的目的和兴趣“就是思维与存在的和解”。③ 依着他的理解，“现实是本质与实在或内与外所直接形成的统一”④。怀特海则认为，“心”和“物”之间并不存在不可逾越的鸿沟，而是一个由低级到高级、由“物”向“心”发展的过程；其中低级的接近于“物”，高级的接近于“心”。因此，“精神”和“物质”的对立可“消融”于动态过程，唯物论与唯心论可“统一”于“过程哲学”。但是，显而易见的是，上述努力虽然为形上层面的探讨，但并未落实于本体建构。相较而言，马克思为新本体的建构指明了方向。他说：“两个相互矛盾方面的共存、斗争以及融合成一个新范畴，就是辩证运动。”⑤ 依着他的意思，“物质”与“精神”两种本体可以通过“辩证运动”，建构一个“新本体”而实现统一。关此，马克思还说：

彻底的自然主义或人道主义，既不同于唯心主义，也不同于唯物主义，同时又是把这二者结合的真理。……只有自然主义能够理解世界历史的行动。⑥

依照马克思所指明的方向，实际上中国哲学可为建构新本体的建构进而实现唯物论与唯心论的统一提供助援。或者说，中国哲学在此方面有直接的资源可以借鉴。具体来讲，“道”本体可以为此种借鉴之资源。关此，金岳霖说：“现在这世界底大文化只有三个：一是印度，一是希腊，一是中国。它们各有它们底中坚思想，而在它们底中坚思想

---

① 林安梧《儒学革命：从：“新儒学”到“后新儒学”》，北京：商务印书馆，2011 年（下同），第 256 页。
② 参见北京大学哲学系外国哲学教研室编译：《西方哲学原著选读》上卷，第 31 页。
③ ［德］黑格尔著，贺麟、王太庆译：《哲学史讲演录》第四卷，北京：商务印书馆，1983 年，第 6 页。
④ 北京大学哲学系外国哲学教研室编译：《西方哲学原著选读》下卷，第 416 页。
⑤ 中央编译局：《马克思恩格斯选集》第一卷，第 144 页。
⑥ ［德］马克思：《1844 年经济学哲学手稿》，北京：人民出版社，1985 年，第 124 页。

中有它们底最崇高的概念与最基本的原动力。……中国思想中最崇高的概念似乎是道。"①我们知道，"道"是道家哲学的本体概念，它以"自然而然"为基本属性。具体来讲，"道"非指"可道"之"道"，而是指"不可道"之"常道"。"可道"之"道"是经过人们诠释的，是后生的、继发的"道"，而"常道"是原初的、未经诠释的，是本始的、原发的"道"。因此，"常道"是"可道"之"道"的本体。故《老子》曰："道，可道，非常道；名，可名，非常名。"②质言之"可道"之"道"是天地万物所分别遵循的原理，而"常道"乃生成天地万物之无形无象的统一本原，因此，《老子》曰："道冲，而用之久不盈。深乎！万物宗。"③关于作为本体的"常道"，《老子》曰：

> 有物混成，先天地生。寂寞！独立不改，周行不殆，可以为天下母。吾不知其名，字之曰道，吾强名之曰大。……人法地，地法天，天法道，道法自然。④

具体来讲，"道"作为本体，其含义有如下三个方面：其一，万有唯"道"所生。即，世界万物皆由本体之"道"所生。《老子》曰："道生一，一生二，二生三，三生万物。"⑤其二，万有唯"道"所成。即，世界万物的本性均由本体之"道"所成就。因此，假如没有"道"的成就，世界万物将失去本性。《老子》曰："道生之，德畜之，物形之，势成之。是以万物莫不尊道而贵德。道之尊，德之贵，夫莫之命而常自然。故道生之，德畜之，长之育之，成之熟之，养之覆之。"⑥其三，"道"乃万有之所归。即，世界万物最终还须归宗于"道"。《老子》曰："万物并作，吾以观其复。夫物芸芸，各归其根。归根曰静，静曰复命，复命曰常，知常曰明。不知常，妄作，凶。知常容，容能公，公能王，王能天，天能道，道能久，没身不殆。"⑦这样三个方面表明，"道"作为本体，乃是"无量"万物的"道一"。因此，"道可以合起来说，也可以分开来说，……

---

① 金岳霖：《论道》，北京：商务印书馆，1987年（下同），第16页。

② 朱谦之撰：《老子校释》，北京：中华书局，1984年（下同），第3页。

③ 朱谦之撰：《老子校释》，第18-19页。

④ 朱谦之撰：《老子校释》，第100-103页。

⑤ 朱谦之撰：《老子校释》，第174页。

⑥ 朱谦之撰：《老子校释》，第203-204页。

⑦ 朱谦之撰：《老子校释》，第65-67页。

自万有之合而为道而言之，道一，自万有之各有其道而言之，道无量”①。需要注意的是，在此所谓万有，不仅指万物，亦包括人之伦理等精神因素。故《老子》曰：“故失道而后德，失德而后仁，失仁而后义，失义而后礼。”② 总之，“道”乃世界万物之本体。因此，《老子》曰：

> 孰能有余以奉天下？其唯有道者。③

很显然，“道”既不同于唯物论的“物质”，唯物论的“物质”在强调自身的同时，边缘化了“精神”的一面。此为其一。其二，“道”亦不同于唯心论的“精神”，唯心论的“精神”在强调自身的同时，边缘化了“物质”的一面。与此两种本体均不同，“道”作为一个本体概念，不仅涵盖“物质”，亦涵盖“精神”。从发生学的角度看，“道”既包含认知对象，亦包含认知主体，是认知对象与认知主体的总体。质言之，“道”乃由“物质”和“精神”所构成的世界万物的总体根源。正因为如此，程颐虽非道家，但其所论却极有相关性。他说：“道则自然生万物。今夫春生夏长了一番，皆是道之生，后来生长，不可道却将既生之气，后来却要生长。道则自然生生不息。”④ 如前所述，本体论乃关于“本体”的理论。因此，以“道”为本体而展开所形成的本体论可称“唯道论”。就此而言，“唯道论”既不同于唯物论，亦不同于唯心论。或者说，它既同于唯物论，又同于唯心论，因为它包含二者于自身。质言之，“道”是对“物质”和“精神”两种本体的综合与超越，“唯道论”是对唯物论和唯心论两种本体论的综合与超越。

就其内容来讲，“唯道论”可展示为三个理论层面：首先，“道”作为一切存在的本原，作为形而上之“道”，乃“寂然不动”的状态；它是意识前的、未进行诠释的，此为“无名天地之始”此为“道”的第一层状态——“道之混沌”。此一层为本体论的言说，其特征在于“道，可道，非常道；名，可名，非常名”⑤。其次，“道”不能永远处于“混沌”状态，它因人的“参赞”而“开显”。或者说，它不能总处于“不可说”的状态，它必经由“可道”而“开显”。此为“道”之第二层状态——“道之开显”。此一

① 金岳霖：《论道》，第 17 页。

② 朱谦之撰：《老子校释》，第 152 页。

③ 朱谦之撰：《老子校释》，第 299 页。

④ 程颢、程颐著：《二程集》，北京：中华书局，1981 年，第 149 页。

⑤ 朱谦之撰：《老子校释》，第 3 页。

层可为宇宙论的依据，其特征在于“见乃谓之象”①。再次，“道”“开显”后经由“可名”活动而走向“名以定形”②，从而形成了人类文化。即，“道”经由对象化活动使对象成为决定了的“定象”。此为“道”之第三层状态——“道的执定”。此一层可为认识论的依据，其特征在于“形乃谓之器”③。这样三个层面为“唯道论”的基本框架，因为其包含三层状态，故可谓之为“道之三态论”。④ 当然“道之三态论”，只是围绕“道”展开的本体论，而不是关于“道”所有哲学理论。不过，可依着“道之三态论”，并以之为本体论依据，在宇宙论、认识论和人生论等方面分别予以展开，从而建构完整的“道”的哲学理论。当然，这样一种理论的建构，非一朝一夕所可毕其功的。

## 四

就哲学作为一门学问来讲，在其所包含的本体论、宇宙论、认识论、人生论等若干部分当中，本体论乃其中的根源和核心。大致来讲，基于对本体的探讨，在哲学史上形成了两种不同的本体论，即唯物论与唯心论。然而，无论是唯物论的“物质”本体，还是唯心论的“精神”本体，它们在涵盖世界万物整体方面均有偏颇。因此，“物质”和“精神”两种本体的解释力均不周延。尽管如此，唯物论和唯心论均遵循了“本原性”的理论预设，此乃其共同的正确之处。既然如此，哲学不能采取拒斥本体论的做法，而应该在“本原性”的前提下，通过新本体的建构，来克服唯物论和唯心论的局限性。熊十力说：“若只认现象为实在，而悍然遮拨本体，则宇宙无原，人生无原，是以浅躁之衷，自绝于真理，余未知其可也。”⑤ 历史地看，哲学史上对此已有诸多相关探讨，但这些探讨在本体建构上还未取得实质进展。实际上，依照马克思关于通过“新范畴”以统一矛盾两方面的方向，中国哲学可为新本体的建构提供助援。质言之，“道”作为天地万物的总体根源，可作为对“物质”和“精神”的结合与超越的新本体。进而，关于“道”本体的理论可称为“唯道论”。由此来讲“唯道论”作为本体论，是对于唯物论和唯心论的

① 王弼注，孔颖达疏：《周易正义》，北京：北京大学出版社，1999 年（下同），第 288 页。

② 参见林安梧：《儒学革命：从“新儒学”到“后新儒学”》，第 295-298 页。

③ 王弼注，孔颖达疏：《周易正义》，第 288 页。

④ 参见林安梧：《科技、人文与“存有三态”论纲》，杭州：《杭州师范学院学报》2002 年第 4 期。

⑤ 萧萐父主编：《熊十力全集》第六卷，第 739-740 页。

结合与超越，故乃是现在和将来一种合理的本体论。

（原文载《东岳论丛》2016年第6期。
中国人民大学校刊复印资料《哲学原理》2016年第10期全文转载。
《学术界》2016年第7期摘编）

# “仁”的内涵、现代价值与现代调节*

## 一

《论语》采用的是语录体，故其理论性、系统性显得不足，但“仁”是孔子思想的核心，这一点是明确的。然而，正因《论语》的理论性、系统性不足，关于“仁”之核心含义常引发后人的争议，有的甚至认为其没有“确旨”。对此，张岱年曾批评说：“后人惟不知孔子自有仁之界说，而谓孔子一生未尝说出仁之确旨，乃自己为仁字另定界说。结果或失之玄虚，或失之笼侗，或失之肤泛，或失之琐碎；且皆于《论语》言仁各条或合或不合，牵强比附，终不可通。”② 在他看来，“仁”是一个统摄诸德之普遍性的最高范畴，其核心含义是“己立立人，己达达人”。他说：“仁之本旨，只是己欲立而立人，己欲达而达人。可见孔子所谓仁者，如何平实而非玄虚，如何明确而非笼侗；切近简易，而又宏伟广大；统涵诸德，而不失自为一德。”③在这里，张岱年所论包括两层意思：一是关于“仁”的定位，即它是统摄各种美德的具有普遍性的最高范畴；二是关于“仁”的核心含义，即其核心含义在于“己立立人，己达达人”。不过，在这两层意思当中，前者十分恰切，后者则不很恰切。

那么，何为“仁”的核心含义呢？概括地讲，“仁”作为最高范畴，其核心含义是“爱人”。或者说，关怀人、尊重人，即“爱人”乃“仁”之“本旨”。就“仁”的文字结构来看，是由“人”“二”构成的，指两个人在一起。由两个人在一起，孔子进一步抽

---

* 本文系2014年度国家社会科学基金项目“美国儒学史”（14FZX037）和2013年度教育部人文社会科学项目“台湾‘鹅湖学派’研究”C13YJA720004）的阶段性成果。

② 张岱年. 中国哲学大纲［M］. 北京：中国社会科学出版社，1982：257.

③ 张岱年. 中国哲学大纲［M］. 北京：中国社会科学出版社，1982：257.

象，赋予其以“爱人”的道德内涵，并将其置于诸德之上，从而成为普遍性的最高范畴。基于此，孔子一生以关怀人、尊重人为立身之本。典型的事例是他闻知马厩被烧后的反应。《论语》载：“厩焚。子退朝，曰：‘伤人乎？’不问马。”① 因此，孔子反对人殉、人牲，而且反对用土俑、木俑以为牺牲，甚至以“无后”来诅咒“始作俑者”。《孟子》载：“仲尼曰：‘始作俑者，其无后乎？’为其象人而用之也。”② 实际上，孔子对“仁”的核心含义有诸多论说，只不过未以定义的形式界说而已。《论语》载：“樊迟问仁。子曰：‘爱人。’”③ 对此，《韩非子》的论述可作为孔子思想的注解：“仁者，谓其中心欣然爱人也。其喜人之有福而恶人之有祸也，生心之所不能已也，非求其报也。”④ 当然，以“爱人”为“仁”同时引发了两个方面的关联意义：其一，“爱人”即意味着“不爱鬼神”。因此，孔子曰“敬鬼神而远之”⑤。其二，“爱人”即意味着“不爱物”。因此，孔子曰“君子喻于义，小人喻于利”⑥。就孔子的思想来看，这两个关联意义反过来更强化了“仁”之为“爱人”的含义。

在孔子那里，“仁”之核心含义为“爱人”，但其具体包含“忠”和“恕”两个方面。具体来讲，孔子虽然主张“泛爱众而亲仁”⑦，但他认识到抽象的爱是无法实现的。因此，他为了将“爱人”落到现实处，遂主张以“仁”为体，以“忠”“恕”为用。也就是说，“忠”和“恕”是“仁体”的“大用流行”，或者说，“仁”之“爱人”作为一种内在德性，需要通过外在伦理表现出来。因此，曾子说：“夫子之道，忠恕而已矣。”⑧ 关于“忠”“恕”的具体含义，孔子认为它们乃“仁”之“积极义”和“消极义”的两面。“忠”为“积极义”，指“积极地”将己之所欲施于人；此谓“忠”之“方”，意在关怀他人。孔子说：“夫仁者，己欲立而立人，己欲达而达人。能近取譬，可谓仁之方也已。”⑨ “恕”为“消极义”，指“消极地”将己之所恶勿施于人；此谓“恕”之“道”，意在尊重

---

① 何晏，邢昺．论语注疏［M］．北京：北京大学出版社，1999：137.

② 赵岐，孙奭．孟子注疏［M］．北京：北京大学出版社，1999：14.

③ 何晏，邢昺．论语注疏［M］．北京：北京大学出版社，1999：168.

④ 王先慎．韩非子集解［M］．北京：中华书局，1998：131.

⑤ 何晏，邢昺．论语注疏［M］．北京：北京大学出版社，1999：79.

⑥ 何晏，邢昺．论语注疏［M］．北京：北京大学出版社，1999：51.

⑦ 何晏，邢昺．论语注疏［M］．北京：北京大学出版社，1999：7.

⑧ 何晏，邢昺．论语注疏［M］．北京：北京大学出版社，1999：51.

⑨ 何晏，邢昺．论语注疏［M］．北京：北京大学出版社，1999：83.

他人。《论语》载："子曰：'其恕乎！己所不欲，勿施于人。'"① 从"仁"之"忠方"和"恕道"这两个方面来看，只讲"仁之本旨"为一个方面确不全面。此乃前述谓张岱年所论不很恰切之所指。

那么，如何做到"忠"和"恕"呢？孔子所提出的践履原则是"克己复礼"。所谓"克己复礼"，指克制自己依从"礼"而实现"仁"。在孔子看来，社会秩序需要礼仪来规范，这是自古以来概莫能外的道理。《左传》载："仲尼曰：'古也有志，克己复礼，仁也。信善哉！……'"② 不过，对社会秩序的规范需要落实于个体，因此，"克己复礼"之起点在于"克己"。《论语》载："颜渊问仁。子曰：'克己复礼为仁。一日克己复礼，天下归仁焉。为仁由己，而由人乎哉！'颜渊曰：'请问其目。'子曰：'非礼勿视，非礼勿听，非礼勿言，非礼勿动。'"③ 对于"仁"与"礼"的关系，钱穆认为，"礼"乃"仁"之体现，"仁"乃"礼"之根源。他说："礼者，仁道之节文，无仁即礼不兴，无礼则仁道亦不见，故仁道必以复礼为重。"④ 在这里，"克己复礼"有两个关键词：一个是"守礼"，关键在于"博学于文，约之以礼"⑤；另一个是"克己"，关键在于"为仁由己而不由人"⑥。当然，在两个关键词中，孔子更强调"克己"之对于"守礼"的重要性。

## 二

客观地讲，现代化虽是中国人孜孜以求的梦想，但也伴生了一些令人失望的社会现象。一方面，面对复杂的现代生活，人往往容易迷失方向，找不到"安身立命"之所，此方面集中反映为道德虚无主义；另一方面，在追求物质财富的同时，社会丑恶现象也相伴左右，此方面集中反映为社会伦理水平的下降。对此，"回头"到儒学中去寻求解决办法成为时代课题，因此，儒学的现代价值被提上了学术界的议程。美国学者列文森曾

---

① 何晏，邢昺．论语注疏［M］．北京：北京大学出版社，1999：214．

② 孔颖达．春秋左传正义［M］．北京：北京大学出版社，1999：1308．

③ 何晏，邢昺．论语注疏［M］．北京：北京大学出版社，1999：157．

④ 钱穆．论语新解［A］．钱宾四先生全集（三）［M］．台北：联经出版事业股份有限公司，1998：418．

⑤ 何晏，邢昺．论语注疏［M］．北京：北京大学出版社，1999：81．

⑥ 赵岐，孙奭．孟子注疏［M］．北京：北京大学出版社，1999：157．

有著名的“博物馆论”，认为儒学在现代已失去价值，只是博物馆里的“陈列品”。[①] 实际上，儒学并不是博物馆里的“陈列品”，而是仍具有生命力的“活生生”的存在。其中，“仁”作为孔子思想的核心范畴，便是儒学留给现代生活的一份“珍贵遗产”。对此，中国台湾学者蔡仁厚指出：“中国传统哲学中许多基本概念都具有独立自足的意义，而且是无可取代的（如儒家的仁恕、时中，道家的无，佛教的空，等等）。只要运用现代语言加以诠释，就可以豁醒它的意涵，继续显发它的效用。”[②] 具体来讲，“仁”面对现代生活经过诠释所可有的现代价值包括如下几个方面：

其一，“仁”具有个体道德价值，此由“仁”之“爱人”的核心含义所得。所谓个体道德价值，是就“仁”作为内在德性而言的。如上所述，“仁”的核心含义是“爱人”，或曰“仁”之“本旨”为“爱人”。毋庸置疑，“爱人”之“仁”在现代生活中亦有普适性，因为它揭示了人具有区别于禽兽的道德属性。孟子说：“人之所以异于禽兽者几希，庶民去之，君子存之。舜明于庶物，察于人伦，由仁义行，非行仁义也。”[③] 因此，凡是人皆需“以修身为本”。诚如《大学》所言：“自天子以至于庶人，壹是皆以修身为本，其本乱而末治者否也。”[④] 所谓“修身”，主要是指作为“内圣”的道德修养，即“格物”、“致知”、“正心”、“诚意”；由此“内圣”，才能有作为“外王”的“齐家”、“治国”、“平天下”。质言之，道德修养是整个人生实践的起点，也是良好社会秩序的基石。因此，关注自己的道德属性，进行日常的道德修养，乃是人之为人的题中应有之义。显然，由此来讲，“仁”有助于消解现代生活中的道德虚无主义。

其二，“仁”具有社会伦理价值，此由“仁”之用为“忠”和“恕”所得。人类生活的显著特征是为了生存而组成社会组织。对此，荀子说：“（人）力不若牛，走不若马，而牛马为用，何也？曰：人能群，彼不能群也。……人生不能无群……”[⑤] 其实，之前孔子对此已经首肯，因为其论定“仁”为“爱人”正是以此为前提的。如上所述，就“仁”的文字结构而言，它由“人”“二”构成，此即意味着人组成社会之义。美籍华裔学者陈

---

① 列文森认为，儒学在现代中国已退出历史，成为博物馆中的陈列品，而“就博物馆学的意义而言，陈列品都只具有历史的意义，它们代表的是既不能要求什么，也不能对现实构成威胁的过去。或者说它们只具有‘审美’的意义……”（参见列文森《儒教中国及其现代命运》，第 372 页，中国社会科学出版社 2000 年版）。

② 蔡仁厚. 儒家思想的反省与前瞻［J］. 上饶师范学院学报，2001（1）.

③ 赵岐，孙奭. 孟子注疏［M］. 北京：北京大学出版社，1999：223.

④ 孔颖达. 礼记正义［M］. 北京：北京大学出版社，1999：1592.

⑤ 王先谦. 荀子集解［M］. 北京：中华书局，1988：164.

荣捷说：“仁字乃由两部分构造，其一为人本身，另一则表示众多而为社会之意。”① 正因如此，才有所谓“仁”以“爱人”为本，也才有以“忠”和“恕”为用。质言之，作为社会性的动物，人必须考虑他人的存在，必须考虑社群的秩序，而此即为社会伦理的范畴。具体来讲，现代生活之人伦虽很复杂，但依然可归结为父子、夫妇、兄弟、朋友、上下五伦。面对这五伦，人之行事亦不外是“忠”和“恕”：一方面，“积极地”将己之所欲施于人，此为“忠”；另一方面，“消极地”将己之所恶不施于人，此为“恕”。这两个方面结合起来，即孔子所谓“君子成人之美，不成人之恶”②。毋庸置疑，由此来讲，“仁”有助于提升社会伦理水平。

其三，“仁”凸显了人类的自觉精神，此由“仁”之践履原则“克己复礼”所得。按照孔子的理解，“仁”和“礼”是一致的，否则就不会有“克己复礼为仁”之说。不过，要达到“仁”，关键在于“守礼”，而“守礼”的关键在于个体的自觉。也就是说，若自己不追求，不努力，不仅无法“守礼”，“仁”的目标也将等于零。因此，孔子说：“克己复礼为仁。一日克己复礼，天下归仁焉。为仁由己，而由人乎哉！”③ 具体来讲，“克己复礼”需要将“守礼”落实于日常生活，“视”、“听”、“言”、“动”均须“守礼”，而“守礼”的关键在于主体之自觉。对此，孔子说：“仁远乎哉？我欲仁，斯仁至矣。”④ “君子求诸己，小人求诸人。”⑤ 正是在此意义上，儒学被称为“为己之学”，而非“为人之学”。因此，对于现代生活中的公民来说，可怕的不是其不具备“仁”，而是其丧失了追求“守礼”的愿望，丧失了对“克己”的自觉。显然，“仁”所凸显的自觉精神不仅是化解道德虚无主义的关键，而且是提升社会伦理水平的关键。

## 三

由上可知，“仁”经过诠释仍可具有现代价值。毋庸置疑，这些诠释对于现代社会生活而言又是极为重要的。但这些价值只是“仁”对现代生活的一种“应对”，而不是基于

---

① 陈荣捷．中国哲学之理论与实际——特论人本主义［A］．中国人的心灵：中国哲学与文化要义［C］．台北：联经出版事业股份有限公司，1984：18.

② 何晏，邢昺．论语注疏［M］．北京：北京大学出版社，1999：165.

③ 何晏，邢昺．论语注疏［M］．北京：北京大学出版社，1999：157.

④ 何晏，邢昺．论语注疏［M］．北京：北京大学出版社，1999：95.

⑤ 何晏，邢昺．论语注疏［M］．北京：北京大学出版社，1999：214.

反思而对“仁”本身的“自我调节”。就现代社会而言，“现代化”几乎成为全世界共同的奋斗目标，中国则是迈向现代化的最大的发展中国家。要完成这样一个历史进程，仅仅依靠已有思想的现代诠释还是远远不够的。换言之，除了对已有思想进行价值诠释之外，适应现代化而进行理论创造才更为重要，更有价值与意义。具体到“仁”来讲，一方面应面对现代生活“挖掘”其现代价值；另一方面应面对现代化所包含的时代精神，对其自身进行必要的理论调节。不过，这种“自我调节”不是从“旧内圣”去“开出”“新外王”，而是在“新外王”的背景下“调节”出“新内圣”。在这里，思考问题的理论预设是“内圣”与“外王”“两端而一致”，即“内圣”与“外王”互为主体的“双向互动”。对此，林安梧说：“‘内圣’、‘外王’并不是‘由内而外’的单向过程，而是‘内外通贯为一’的过程。所谓的‘内外通贯为一’，是‘由内圣通向外王’以及‘由外王而回向内圣’的双向互动。”①

实际上，对“仁”进行“自我调节”，并非今日提出之新问题。历史地看，自从孔子赋予“仁”以最高范畴之地位以后，历代大儒面对社会生活曾不断对“仁”进行理论调节。例如，在早期儒家，孟子将孔子“仁”为“爱人”的思想明确表达为“仁者爱人”②的命题，并将此命题奠基于“恻隐之心”，从而为“仁者爱人”提供了理论根据。他说：“恻隐之心，仁之端也。”③ 进而，他还把“仁”推及于万物，提出“亲亲而仁民，仁民而爱物”④。由此，“仁”的内涵获得了首次新的发展。在宋明时期，朱熹和王阳明面对佛教哲学的“冲击”，继承孔子“仁”为“爱人”的思想，用《周易》“生生之德”的思想充实“仁”。朱熹说：“仁者，爱之理，心之德也。”⑤ “仁者生之理，而动之机也。”⑥王阳明则说：“仁是造化生生不息之理，虽弥漫周遍，无处不是，然其流行发生，亦只有个渐，所以生生不息。”⑦ 以“生”论“仁”，不仅凸显了生命的意义，而且建构了“天人合一”的宇宙观。由此，“仁”的内涵再次获得新的发展。在近代，谭嗣同面对西学的

---

① 林安梧.“新儒学”、“后新儒学”、“现代”与“后现代”——最近十余年来的省察与思考之一斑［J］. 中国文化研究，2007 年冬之卷.

② 赵岐，孙奭. 孟子注疏［M］. 北京：北京大学出版社，1999：233.

③ 赵岐，孙奭. 孟子注疏［M］. 北京：北京大学出版社，1999：94.

④ 赵岐，孙奭. 孟子注疏［M］. 北京：北京大学出版社，1999：377.

⑤ 朱熹. 四书章句集注［M］. 北京：中华书局，1983：48.

⑥ 黎靖德. 朱子语类［M］. 北京：中华书局，1986：2418.

⑦ 王阳明全集［M］. 上海：上海古籍出版社，1992：26.

“冲击”，将“以太”吸收进“仁”之内涵，使儒学与科学、平等等价值之“接榫”成为可能，从而使“仁”获得了近代意义。他说：“以太”“精而言之，夫亦曰‘仁’而已矣。”① “仁以通为第一义；以太也，电也，心力也，皆指出所以通之具。”② 由“以太”释“仁”，使“仁”的内涵获得近代意义上的新发展。对这几个阶段的简单回顾足以说明，“仁”面对社会生活应作“自我调节”，而且也是可以作“自我调节”的。

相对于前现代社会而言，现代生活的主要特征在于对“社会正义”的吁求。也就是说，尽管“民主”和“科学”是现代化的两大内涵，但现代社会的根本特征在于“社会正义”。因此，“仁”之“现代调节”，主要是指面对对“社会正义”的吁求，充分借鉴其他思想的有效成分，以丰富“仁”的内涵。具体来讲，“仁”基本上属于一种“意图伦理”。所谓“意图伦理”，所关注者在于个体行为尤其是行为意图的对与错、是与非。“意图伦理”具有如下特征：其一，这是一种以“意图”即动机之善恶为道德判断标准的“动机思维”。其二，这是一种以“自己”为逻辑起点向外推的“本位思维”。其三，这是一种以为拥有了德性即可以践履德行的“线性思维”。很显然，这样一些特征是有其先天不足之处的，因为仅仅关注个体行为意图，并不能解决“社会正义”问题，因为“社会正义”的核心在于行为的社会效果。如此来讲，晚近兴起的“责任伦理”思潮颇值得借鉴。与“意图伦理”不同，“责任伦理”作为一种全新的道德思维，所关注者在社群行为效果的好坏，其主要特征如下：其一，是一种以“责任”即后果之担当作为道德判断标准的“效果思维”。其二，是一种以“对方”为逻辑起点向外推的“他者思维”。其三，是一种充分考虑具体道德情境的“境遇思维”③。显然，“责任伦理”更适应现代生活之需要，因为它本来就是为应对现代社会存在的根本问题而生发的。

因此，对于“仁”而言，将“社会正义”作为重要问题予以思考，即突破“意图伦理”而借鉴“责任伦理”，实现“意图”与“责任”的有机结合。或者说，充实儒家另一德性“义”的内涵，并将充实后的“义”纳入“仁”的内涵。就儒学传统来讲，“义”作为指涉合宜的道德、行为或道理的概念，本来就是与“仁”相通的。孔子说：“仁者，人也，亲亲为大。义者，宜也，尊贤为大。”④ 因此，他主张政治应“因民之所利而利

① 谭嗣同全集［M］. 北京：生活·读书·新知三联书店，1954：121.

② 谭嗣同全集［M］. 北京：生活·读书·新知三联书店，1954：6.

③ 马克斯·韦伯. 学术与政治［M］. 北京：生活·读书·新知三联书店，1998：105-116.

④ 孔颖达. 礼记正义［M］. 北京：北京大学出版社，1999：1440.

之”①，而其实现途径乃是“仁政”。所谓“仁政”，一方面指“为政以德”②；另一方面指“正义”。孔子说：“政者，正也。”③ 总之，“仁”、“义”两个方面乃是“政治”的根本。孟子说：“居恶在？仁是也。路恶在？义是也。居仁由义，大人之事备矣。”④ 既然儒学传统如此，以“义”充实“仁”便不存在理论障碍。当然，儒学传统之“义”与“仁”一样，亦属于一种“意图伦理”，故其在内涵上亦须进行“现代调节”，而调节的方向乃是以“社会正义”解“义”，而不仅仅是传统的“正义”。经过了这一转化以后，“义”便可作为“社会正义”的简称和代名词。基于此，就现代生活而言，以“义”充实“仁”，不仅可解决“仁”之现实困难，亦可解决“社会正义”之理论困难：一方面，“社会正义”作为现代社会之根本特征，可为提升个人道德素养和社会伦理水平提供制度保障；另一方面，“仁”可为“社会正义”提供理论基础，从而避免“社会正义”的“无根化”。更重要的是，经过如此的“现代调节”，“仁”作为孔子思想的最高范畴，或可获得现代化阐释意涵的新发展。

## 四

“仁”作为孔子思想的核心，其以“爱人”为核心含义，以“忠”和“恕”为大用流行，以“克己复礼”为践履原则。“仁”作为孔子思想的最高范畴，不仅在历史上发挥了重要作用，即使面对现代生活，亦可经由诠释而具有现代价值。具体来讲，“仁”可大致产生“个体道德价值”“社会伦理价值”和“人的自觉精神”三个方面的现代价值。毋庸置疑，这样一种诠释确实有助于中国的现代化进程。但不可否认，“仁”与现代生活是一种双向互动，即“两端而一致”的关系。因此，一个不容忽视的问题是，诠释“仁”的现代价值固然重要，但面对现代生活对“仁”进行“自我调节”更为重要。也就是说，“仁”在“参与”“调适”现代生活的同时，现代生活亦须反过来“参与”“调适”“仁”。换言之，为了自身的发展，也为了更好地有助于现代生活，“仁”作为一种“意图伦理”，应充分借鉴“责任伦理”的有益成分，充实和丰富“仁”的内涵。具体来讲，相对于宋

① 何晏，邢昺. 论语注疏［M］. 北京：北京大学出版社，1999：269.
② 何晏，邢昺. 论语注疏［M］. 北京：北京大学出版社，1999：14.
③ 何晏，邢昺. 论语注疏［M］. 北京：北京大学出版社，1999：166.
④ 赵岐，孙奭. 孟子注疏［M］. 北京：北京大学出版社，1999：369.

明儒家以“生生之德”充实“仁”，谭嗣同以“以太”充实“仁”，面向现代生活，应以“义”即“社会正义”来充实“仁”。

（原文载《河北学刊》2015 年第 3 期）

# 后现代性与道体

## ——论后现代性的本体建构

### 一

就人类文明的角度来讲，西方社会大致包括“前现代社会”“现代社会”和正在经历的“后现代社会”三种形态。相应地，三种社会形态的性质和文化特质可分别名之为“前现代性”“现代性”和“后现代性”。所谓“前现代社会”，是指古代和中世纪这段历史时期；“现代社会”，是指始于18世纪的启蒙运动至20世纪后半叶的历史时期；“后现代社会”大致出现于20世纪后半叶，指“现代社会”之后的一个崭新的历史时期。由此来看，把握这三种社会形态的关键乃“前现代性”“现代性”与“后现代性”三个概念。不过，显而易见，三个概念之间不是并列关系，而是递进式的关系。对此，格里芬曾说：

> 由于后现代精神并不是向前现代精神的简单回归，它的社会类型必须既有别于前现代社会，也不同于现代社会。①

实际上，所谓“前现代性”“后现代性”均是对照于“现代性”而言的。也就是说，无论探讨“前现代性”，还是探讨“后现代性”，都是以“现代性”为基点。那么，何为“现代性”呢？众所周知，“现代社会”最显著的标志是“工业化”和“科学化”的生活，“现代社会”最流行的思潮是“科学主义”。所谓“科学主义”，也称“唯科学主义”，指以科学的方法和标准来判断人类一切思想和行为的观点。有学者说：“严格地说，唯科学

---

① ［美］大卫·格里芬．后现代精神［M］．王成兵译．北京：中央编译出版社，1998：3．

主义（形容词是“唯科学的”Scientistic）可定义为是那种把所有人的实在都置于自然秩序之内，并相信仅有科学方法才能认识这种秩序的所有方面（即生物的、社会的、物理的或心理的方面）的观点。”① 那么，何以会形成“科学主义”呢？根源在于“工具理性”，而“工具理性”乃是“理性化”的一种表现。因此，“理性化”是“科学主义”的最终根据。那么，何谓“理性化”呢？具体来讲，启蒙学者把“前现代社会”称之为无理性、反理性的蒙昧时代，而把“现代社会”界定为理性“战胜”信仰的时代，因为他们认为“理性之光”可以“驱散”一切蒙昧。在马克斯·韦伯看来，基于“理性之光”而建立的“现代社会”的特质即“现代性”乃是“理性化”；而所谓“理性化”，基本含义是指将理智思考和计算用于自然界、人类社会和个人。质言之，其本质在于“为世界除魅”：

> （理性化是）这样的知识和信念：只要人们想知道，他任何时候都能够知道；从原则上说，再也没有什么神秘莫测、无法计算的力量在起作用，人们可以通过计算掌握一切。而这就意味着为世界除魅。人们不必再像相信这种神秘力量存在的野蛮人那样，为了控制或祈求而求助于魔法。技术和计算在发挥着这样的功效，而这比任何其他事情更明确地意味着理智化。②

这里，需要注意的是，“理性化”是人类在观察和改造事物时所使用的，而不是来自事物本身的概念。也就是说，只有在人观察和改造事物时才有合理性与非理性之分，事物本身则无所谓合理性与非理性。因此，“理性化”的实质乃是人的“主体性”原则。相对应地讲，在“前现代社会”人类所面对的是一个陌生而强大的“客体世界”，而这个世界的最高代表乃上帝。在这种背景下，基督教神学所阐明的上帝乃是无所不包、无所不在的“神圣主体”，个人主体的存在、本质和价值只是“神圣主体”在人身上的“投射”。因此，所谓“前现代性”的本质乃是“客体性”原则，即以“神圣主体”为典型代表的“客体性”为原则。然而，笛卡儿却以“我思故我在”③ 为哲学第一原则，奠定起个人主

① ［美］郭颖颐. 中国现代思想中的唯科学主义（1900—1950）［M］. 雷颐译. 南京：江苏人民出版社，1998：16-17.

② ［德］马克斯·韦伯. 学术与政治［M］. 冯克利译. 北京：生活·读书·新知三联书店，1998：29.

③ ［法］笛卡尔. 谈谈方法［M］. 王太庆译. 北京：商务印书馆，2000：27.

体性哲学的基础。具体来讲，近代以来，随着人类价值的逐渐弘扬，人的主体性渐而凸显出来。因此，笛卡儿把“前现代社会”之“神圣主体”与“个人主体”的关系颠倒过来——“我思故我在”不是上帝的“宣言”，而是有个人理性的“宣言”；“我在”的本质或根据源于“我思”，即使“神圣主体”也需要依靠“个人主体”的“思考”来证成。质言之，个人的自我意识是评判万物的基石与标准。在这种哲学的影响下，“主体”不仅成为“人”这个概念的基础，而且亦成为客体世界和人类历史的中心。因此，如果说“前现代性”的本质在于“客体性”，而“客体性”的最典型代表为上帝，那么，“现代性”的本质则在于“主体性”，而此“主体性”以个人主体为典型代表。对此，格里芬说：“几乎所有现代性的解释者都强调个人主义的中心地位。”① 哈贝马斯则说：

> 理性在其假定的主权中，被升华为主体性，它变成了各种不可调和力量的玩物，这些不可调和的力量像以前一样机械地作用于它——这些内在和外在的力量被排斥并变成了物体。这种自我膨胀的主体性的他者不再是分离的总体……②

历时性地看，“现代性”之于“前现代性”是一大进步，而进步的原因显然在于“主体性”的确立。然而，“主体性”的确立却并非完美无缺，甚至其弊端与其进步“成正比”：它在推进人类文明进步的同时，亦给人类前程带来“致命”的危险。或者说，“现代性”以试图“解放”人类的美好愿望开始，却以对人类造成毁灭性“威胁”而结局——不论是两次世界大战的爆发，还是工业发展对环境生态的破坏，都将人类前程带到危险的边缘。因此，哲学界开始反思“现代性”之“主体性”，并渐而形成了“后现代主义”思潮。从“后现代主义”的概念来看，其英语（postmodernism）前缀“后”（post）有双关性：一是指“不”（not），表“否定”；二是指“高于”（hyper），表“超越”。基于对“后”的不同理解，后现代主义哲学家表现出不同的理论主张，形成两个不同的派别：一是“解构性的后现代主义”，主要代表人物是法国的德里达、福柯等，基本观点可概括为“反现代主义”，主要特征是对“现代性”的否定性。二是“建设性的后现代主义”，主要代表人物是美国的罗蒂、格里芬等，基本观点可概括为“超越现代主义”，

① ［美］大卫·格里芬．后现代精神［M］．王成兵译．北京：中央编译出版社，1998：4．

② ［德］哈贝马斯．走出主体哲学的另一条道路：交往理性对主体中心理性［A］//理性与启蒙——后现代经典文选［C］．江怡主编．北京：东方出版社，2004：511．

主要特征在于基于反思“现代性”的建设性。[①] 不过，尽管两派有区别，但均是以反思“现代性”之弊端作为理论基点的。对此，格里芬说：

> 后现代一词在近些年来迅速流传，这说明，人们越来越不满足于现代性，并且开始感觉到，现代不仅有一个开始，还可以有一个终结。……人们越来越强烈地感觉到，我们可以，而且应该抛弃现代性，事实上我们必须这样做，否则，我们及地球上大多数生命都将难以逃脱毁灭的命运。[②]

既然“现代性”即“理性化”，而“理性化”的本质在于“主体性”，因此，后现代主义批判的焦点便集中于“主体性”。他们认为，宇宙万物都有存在的价值，人只是“存在”的“邻居”，而不是“存在”的中心；人不应把人自身置于宇宙万物之上，不能为了自己的利益而“操纵”世界。正因为如此，“主体性”在给人类带来物质文明的同时，也反过来威胁着人类自身的生存。为了消解“主体性”，福柯主张，尼采说“上帝死了”，宣布了权威和迷信时代的结束；我说“人死了”来宣告“人类中心论”的结束。[③] 在他看来，“大写的人”即“主体性”是启蒙运动的“产物”，而这种以个体为本位、以自我意识为核心、以自由为本质的“人”，不过是海边沙滩上的“画像”，是可以被“抹去”的。[④] 后现代主义的主张是，应“消解”“绝对性”的“主体性”，将主体还原为日常生活中的凡人、“他者”。不过，“解构性的后现代主义”和“建设性的后现代主义”之“消解”的重点不同：前者主张“否定”“现代性”，后者主张“超越”“现代性”。具体来讲，后者的主张表现为“整体论”的方法。王治河说：

> 建设性的后现代主义推崇一种整体论的方法。……在建设性的后现代主义看来，在人与世界、思维与存在的关系上，现代思维方式的根本失误在于强调二者之间的对立。……但是，如果我们能够换一种思维方式，用一种新的眼光看世界，认为它

---

① ［美］大卫·格里芬编．后现代科学——科学魅力的再现·英文版序言［M］．马季方译．北京：中央编译出版社，2004：21-22.

② ［美］大卫·格里芬编．后现代科学——科学魅力的再现·英文版序言［M］．马季方译．北京：中央编译出版社，2004：19.

③ 杜小真编．福柯集［M］．上海：上海远东出版社，1998：80.

④ ［法］福柯．词与物——人文科学考古学［M］．莫伟民译．上海：上海三联书店，2001：506.

具有一种我们也具有的秩序，我们就会感觉到自己与世界融为一体了。……这样，建设性的后现代主义便彻底改变了世界的形象……①

## 二

从文化结构的角度看，哲学是所有文化现象的核心，而本体论乃是哲学的核心。或者说，本体论作为一切哲学问题的核心，乃是所有文化现象的根源。因此，熊十力说："本体论，一名形而上学，即穷究宇宙实体之学。……唯本体论是万理之所从出，一切学术之归宿处，一切知识之根源。"② 既然"本体论"如此重要，那么，何谓"本体"呢？所谓"本体"乃"根本的体"，即根本性的"载体性存在"。比如，在《周易》中，由纯阳爻和纯阴爻构成的乾、坤本初卦体即被视为"本体"。汉代的京房也说："乾分三阳为长中少，至艮为少男。本体属阳，阳极则止，反生阴象。"③ 宋明儒者对于本体作为根本性的"载体性存在"的理解更为明确，认为，本体不仅是"知"和"行"的依据，而且亦是"知"和"行"的归宿。王阳明说："此已被私欲隔断，不是知行的本体了。未有知而不行者，知而不行只是未知。圣贤教人知行，正是复那本体，不是着你只恁的便罢。"④ 到了现代，熊十力对本体进行了详细探究，认为，本体"是浑一的全体，是遍一切时及一切处，恒自充周圆满，都无亏欠的"⑤。由上述可以推知，从知识论的角度来讲，既然本体乃根本性的"载体性存在"，它就须具有周延的解释力，即对于解释所有哲学问题提供最终的依据。关于"本体"的重要性，熊十力说：

若只认现象为实在，而悍然遮拨本体，则宇宙无原，人生无原，是以浅躁之衷，自绝于真理，余未知其可也。⑥

---

① 王治河．别一种后现代主义（代序）［A］//格里芬编．后现代科学——科学魅力的再现［C］．马季方译．北京：中央编译出版社，2004：10-11.

② 萧萐父主编．熊十力全集［M］．武汉：湖北教育出版社，2001：537.

③ 卢央．京氏易传解读［M］．北京：九州出版社，2004：473.

④ 王阳明．传习录［M］．阎涛注评．南京：江苏古籍出版社，2001：8.

⑤ 萧萐父主编．熊十力全集［M］．武汉：湖北教育出版社，2001：249.

⑥ 萧萐父主编．熊十力全集［M］．武汉：湖北教育出版社，2001：739-740.

正因为本体如此重要，历史上多数哲学家都肯定并重视本体，并且建构了多种不同的本体形态。所谓本体形态，是指本体的主要内容和基本属性。① 然而，在同时面对不同的本体形态时，人们常会有无所适从之感。实际上，若以哲学的研究对象为视角，这些本体形态大致可归结为两类。按照休谟的理论，由事实之“是”无法推演出价值之“应该”，故“事实”与“价值”二者是二分的。② 由此可以推断，世界无外乎是由“事实”和“价值”两个部分组成的。因此，亦可以说，哲学的对象可区分为两类：一类是“事实”，一类是“价值”。在方东美看来，前者称为“客观的世界”，后者称为“人类生命精神”；前者对应于“理”，后者对应于“情”。③ 因此，哲学的功能可相应地表述为“度理”和“衡情”两个方面。他说：“约而言之，哲学的能事尽在于此：（一）本极细密的求知方法穷诘有法天下之底蕴，使其质相，结构，关键，凡可理解者，一一了然于吾心；（二）依健全的精神领悟有情天下之情趣，使生命活动中所呈露的价值如美善爱等循序实现，底于完成。”④ 基于哲学的对象和哲学的功能之论述，又因哲学乃是在超越层面开展研究的学问⑤，故可推断：对“事实”之超越地“度理”可建构一种本体形态，对“价值”之超越地“衡情”也可建构一种本体形态。

具体来讲，对“事实”之超越性地“度理”所建构的本体形态可称为“事实本体”。从哲学史上看，这种本体形态最初肇始于古希腊。泰勒斯第一个提出了“什么是世界的本原”的问题，并认为“水”是世界万物的“本原”，因为水有滋养万物的作用，万物的种子亦都有潮湿的本性。⑥ 之后，毕达哥拉斯、赫拉克利特、德谟克里特都对宇宙的“本原”进行了探讨，分别提出万物的“本原”是“数”“火”或“原子”等主张。⑦ 不过，这些主张所论之“本原”多停留于可感事物，属于一种“经验模拟”，并没有达及超越的层面，故还不是真正的“事实本体”。比之进一步的是，后来的巴门尼德认为，“存

① 程志华. 客体、主体与道体——论本体形态［J］. 哲学研究，2013（4）：43.

② ［英］休谟. 人性论（下册）［M］. 关文运译，郑之骧校. 北京：商务印书馆，1980：509-510.

③ 方东美. 科学哲学与人生［M］. 上海：商务印书馆，1937：35.

④ 方东美. 科学哲学与人生［M］. 上海：商务印书馆，1937：34.

⑤ 程志华. 哲学概念三解［J］. 河北大学学报（哲学社会科学版），2011（1）：1-6.

⑥ 北京大学哲学系外国哲学教研室编译. 西方哲学原著选读（上卷）［M］. 北京：商务印书馆，1981：16.

⑦ 北京大学哲学系外国哲学教研室编译. 西方哲学原著选读（上卷）［M］. 北京：商务印书馆，1981：18，21，47.

在”（being）是宇宙的本体，千变万化的事物只是“不存在”。在他看来，“存在”具有“永恒性”、“连续性”和“完满性”的特征。① 显而易见，对照以前之“数”“火”或“原子”等可感事物来看，巴门尼德的“存在”已超越了“经验模拟”层次，而进入到一种对“事实”进行“超越”研究的层次，故已为真正的“事实本体”。之后，“事实本体”作为一种传统在西方哲学史上流衍下来：无论是柏拉图的“理念”、亚里士多德的“实体”，还是唯物论的“物质”、唯心论的“精神”，都继承了这种本体形态的特征。②

相应地，对“价值”之超越性地“衡情”所建构的本体形态则可称为“价值本体”。从哲学史上看，“价值本体”可以康德的“我”为典型代表，因为康德哲学的理路是“理性批判”，即以“理性”来“衡量”一切；即使是“上帝存在”，亦需要由人的“理性”来证成——他在《纯粹理性批判》中将其“抛弃”，因为“纯粹理性”不能证成“上帝存在”；在《实践理性批判》，他又将上帝“请”了回来，因为“实践理性”“认为”上帝存在是必要的。具体来讲，康德的“我”有三重内涵：“统觉我”“感应我”和“内感我”。大致来讲，“统觉我”是“认知我”，“感应我”是“物自身的我”，“内感我”是“现象我”；“认知我”只是一种单纯的“思维”，而非“直觉”；“现象我”虽是一种“直觉”，但它只能认识现象，而不能认识本体；“物自身的我”是真正的“自我之知识”和“对象之形而上学的规定”。不过，这三者之间虽有重大不同，但亦是“一体不分”或“原始互属”之关系，因为它们是同一个“我”对应不同的对象而有不同作用而已。质言之，“我”对应不同的认识形式可产生的不同“面相”。③ 由此不难推断“我”不仅是知识的根源，亦是价值的根源，且亦可与“上帝”相沟通。显而易见，在康德，这样一种“我”具有本体意义，但它不是对“事实”之超越地“度理”而建构的本体形态，而是对“价值”之超越地“衡性”而建构的本体形态，故它属于“价值本体”。关于康德的“我”，牟宗三解释说：

依此，我有三个面相，由统觉所表示的（所意识到的）是单纯的我在；. 依感触

① 北京大学哲学系外国哲学教研室编译. 西方哲学原著选读（上卷）[M]. 北京：商务印书馆，1981：32-34.

② 程志华. 客体、主体与道体——论本体形态 [J]. 哲学研究，2013（4）：46.

③ [德] 康德. 纯粹理性批判 [M]. 蓝公武译. 北京：商务印书馆，1960：114-117.

直觉，则为现象；依智的直觉，则为物自身。固只是这同一个我也。①

客观地讲，“事实本体”的建构有其重要意义，因为它能够承载“事实”世界，且在知识论的意义上对其具备解释力。然而，进入20世纪以后，以“事实本体”为核心的形而上学受到了空前的冲击。孔德认为，既然经验是知识的唯一来源和基础，故凡是不能被经验证实的都须排除于知识范围外；既然本体论和形而上学不能被经验所证实，故应该“拒斥形而上学”。② 他的意思是，形而上学以思辨的“虚构”代替了对世界的实证研究，这实际上是人类精神“不成熟”的产物。在此脉络之下，哲学界进而出现了“后形而上学时代”的呼唤。③ 归结起来看，之所以会出现如此困境，根本上是因为“事实本体”之承载和解释力的局限，即它只能承载和解释基于“事实本体”的“事实”世界，而不能承载和解释之外的“价值”世界。正因为如此，“价值本体”的建构才显得必要，而且实际上这种建构亦取得了相当高的成就：它对于“事实”之外的“价值”世界具备承载和解释力，从而弥补了“事实本体”的不足；而恰是这一方面，它化解了实证主义的责难和“后形而上学时代”的呼唤。④ 不过，如同“事实本体”一样，“价值本体”亦有明显的理论限制——在超越“神圣主体”所代表的“客体性”的同时，过分凸显了作为“价值”体现的人的“主体性”，从而淡化了对于“事实”世界的承载和解释力。具体来讲，它将人的“主体性”等同于了上帝的主体性，将“价值本体”等同于了“价值主体”，从而表现出“主体主义”的倾向。正因为如此，余英时将其冠以“良知的傲慢”而加以批评。⑤

依着上述进一步论述，“事实本体”以“事实”为对象，特征在于“客体性”；在此意义下，“事实本体”可称为“客体”本体形态。对照地讲，“价值本体”以“价值”为对象，特征在于“主体性”；在此意义下，“价值本体”可称为“主体”本体形态。当然，此“主体”乃指人类主体，而不是指作为“客体性”之典型代表的上帝即“神圣主体”。关于“客体”与“主体”二者之差别，可参照海德格尔关于 Beings 与 Dasein 之区分：

---

① 牟宗三．智的直觉与中国哲学［A］．牟宗三先生全集（20）．台湾：联经出版事业股份有限公司，2003：210.

② ［法］孔德．论实证精神［M］．黄建华译．北京：商务印书馆，1996：29-35.

③ ［德］哈贝马斯．哈贝马斯精粹［M］．曹卫东译．南京：南京大学出版社，2004：320.

④ 程志华．道德的形上学与“后形而上学时代”［J］．哲学研究，2009（11）：29-35.

⑤ 余英时．余英时文集（第五卷）［M］．桂林：广西师范大学出版社，2006：39.

“我们还需注意 Beings 与 Dasein 的不同。所谓 Beings 是指‘客化的事物’，即可完全客观化以科学方法处理的事物；而所谓 Dasein 是指人的存在，亦即‘世界内存有’（Being-in-the-world）。”① 如前所述，本体乃根本性的“载体性”存在，它对于所承载的世界应具有周延的解释力。就此而论，“客体”本体承载的是“事实”世界，所体现的是“前现代性”，所对应的是“前现代社会”；“主体”本体承载的是“价值”世界，所体现的是“现代性”，所对应的是“现代社会”。然而，无论是“客体”本体，还是“主体”本体，由于它们只承载世界的某一部分，故本身均不具备完全周延的解释力。之所以如此，在于由休谟的理论不仅可以推断出世界可分为“事实”与“价值”两部分，更应推断出世界乃是由“事实”与“价值”所构成的整体。因此，除了“客体”本体和“主体”本体两种形态之外，还应“存在”一种承载世界整体并且对世界整体具备解释力的本体形态。关于承载这个世界整体的本体，成中英曾说：

> 所谓“本体”是根源、本原和整体的意思。它既有对象的意义，可以指客观的实在；同时也包括“体验的存在”或者叫做“验存”。这是一种主观和客观相结合的感受性，在中国哲学中表现得最为明显。②

## 三

就人类文明的发展来讲，“现代社会”之后人类社会还要继续发展即“进步”，这个社会可名之为“后现代社会”。因此，我们在批判“现代性”的同时，更应注重“后现代性”的建构。在此意义下，后现代主义虽是非常有价值的一种思潮，但总的看，它仍处于初始的批判“现代性”的阶段，而对于何为“后现代性”的论述还不具足。具体来讲，“解构性的后现代主义”全面批判“主体性”，从而对“主体”本体形态亦彻底否定；“建设性的后现代主义”在批判“主体性”的同时，主张以“整体论”的方法论来“超越”“现代性”。对照地讲，“正是对现代性的批判和超越，奠定了建设性的后现代主义的存在

---

① 成中英．成中英文集（四卷）[M]．，武汉：湖北人民出版社，2006：16．

② 成中英．成中英文集（四卷）[M]．，武汉：湖北人民出版社，2006：346．

价值”①。然而，仅仅停留于此，“现代性”的弊端既不能彻底消解，“后现代性”亦不能完全确立，依此而设计的“后现代社会”当然也不可能理想。之所以如此，在于后现代主义仍处于一种“问题哲学”的阶段，其理论建构并没有完成；亦在于“后现代社会”“正处于路途中”，还没有发展成熟，故“后现代性”的“塑造”亦不明确和典型。不过，“整体论”的方法论却是一正确的方向，因为它揭示出了“现代性”的弊端。既然这一方向是正确的，现在的工作便是沿着这一方向而深化——基于对“后现代性”的探讨，建构新的“本体”形态。关于新“本体”形态的建构，成中英关于“对本体的诠释”之理论可资借鉴。他说：

> 本体的诠释有两方面的进程：一在以成见方式存在的本体论进行具体的（对于一个理论或文本而言）应用与彰显，此为自本体的诠释或曰本体诠释；一在借现象与经验（见之于一个具体的经验与文本）来建立本体的具体系统，此为对本体的诠释或曰诠释本体。②

具体来讲，成中英认为，除了对已存在的“本体”形态进行诠释之外，更应注重对还未存在的“本体”形态进行建构。也就是说，“本体”形态是可以建构的。进而，他提出了“本体诠释学”的理论，而这一理论的宗旨在于通过方法“启蒙”来“建构”新本体。他说：“本体检释学（Onto-Hermeneutics）的方法包含了重建现代哲学的新方法。本体诠释学不仅要解释已经存在的本体思想，而且要开辟新的本体世界。”③ 在他看来，这个“新的本体”应是“主体”与“客体”的“本体同一”，因为无论是“主体”还是“客体”，它们均表现出一定的理论限制。④ 他说：“一导向外在的超越，一（原文无此“一”，应为漏排——引者）呈现为内在的性向。但两者也都不能否认内外相应的有关存有，因此面临到如何调和或整合内外的问题，……”⑤ 其实，关于这个由“整合内外”

---

① 王治河. 别一种后现代主义（代序）［A］//格里芬编. 后现代科学——科学魅力的再现［C］. 马季方译. 北京：中央编译出版社，2004：5.

② 成中英. 成中英文集（四卷）［M］.，武汉：湖北人民出版社，2006：96.

③ 成中英. 成中英文集（四卷）［M］.，武汉：湖北人民出版社，2006：118.

④ 成中英. 成中英文集（四卷）［M］.，武汉：湖北人民出版社，2006：127.

⑤ 成中英. 近三十年中国哲学的发展与中国哲学智慧的挑战［A］. 儒家文化研究（第五辑）. 北京：生活·读书·新知三联书店，2012：14.

而来的“本体同一”的理路，黑格尔的“否定之否定”的辩证法亦可提供方法论的支撑：“绝对精神”之演化是一种由“逻辑阶段”到“自然阶段”再到“精神阶段”的历程，此历程表现为由“肯定”到“否定”再到“否定之否定”的历程。依着此一辩证法，“后现代社会”必然为对“前现代社会”和“现代社会”的否定之否定；相应地，“后现代性”亦必为对“前现代性”和“现代性”的否定之否定。因此，作为“后现代性”之根本性的“载体性存在”的本体应是对“客体”和“主体”两种本体形态的综合与超越。对此，成中英认为中国哲学实际上早有先见。他说：

> 不同于重分的西方哲学，中国哲学的基本智慧在于能合。中国哲学重视整体的和谐，它的本体是一个整体，而不是西方哲学中概念限定的本质。①

的确，中国哲学在这方面有丰富的资源可资借助。大卫·霍尔甚至认为，“中国可以自由地以她过去后现代的思维方式来思考现代化的棘手问题”②。例如，熊十力的思想可为典型代表，因为他对于这样一种本体形态已有深入探讨。他认为，宇宙本体的根本属性体现为“虚寂”而“生化”两面，而同时具备这两面属性的只有“本心”，因此“本心”即是根本性的“载体性”存在即“本体”。③ 不过，“本心”不是指与物相对的“妄执之心”，而是指超越的、“绝待”的“本体之心”。当然，也不能将“本心”理解为一形而上的“夐然之体”，它乃是一“场域之始源”，是即“众沤”的“大海水”之体。也就是说，“本心”不是“一元”的“主体”本体，而是以由“事实”与“价值”所构成的世界整体为对象的本体，即作为“客体”“主体”之总体的本体。熊十力说：“譬如众沤，由有大海水故，乃得起，应说大海水是众沤之根源。然众沤的自身即是大海水，又应说大海水是众沤的自体。”④ 由此来看，熊十力既不是一种“客体性思维”，也不是一种“主体性思维”，而是超越了主客对立而展开的“整体性思维”。进而，为了避免人们对“本心”的误解，从而“滑落”为“妄执之心”；也为了凸显本体之“绝待”，从而超越对“客体”、“主体”之一端的偏执，熊十力将“本心”又名为“乾元”。关于“乾元”本体

---

① 成中英．成中英文集（四卷）［M］//武汉：湖北人民出版社，2006：348.

② ［美］霍尔．现代中国和后现代西方［A］//理性与启蒙——后现代经典文选［C］．江怡主编．北京：东方出版社，2004：663.

③ 萧萐父主编．熊十力全集［M］．武汉：湖北教育出版社，2001：41.

④ 萧萐父主编．熊十力全集［M］．武汉：湖北教育出版社，2001：566.

的特征，他从两个方面加以了界定：其一，“实体内部含藏复杂性”①；其二，“实体是万物的内在根源”②。就其内涵来讲，前一个特征指本体乃“乾元性海”，一切“大用流行”皆自此流出；后一个特征指由“大用流行”可证明“乾元”之真实无妄。

具体来讲，熊十力的“乾元”本体不是一元的“价值本体”，亦不是一元的“事实本体”；这样一种本体可以“存有”来界定，而所谓“存有”乃天、地、人交与参赞所构成的总体根源，即人参与其中的“活生生的实存而有”的世界整体的本体。也就是说，一方面，此“存有”不同于“客体”本体意义下的“存有”；“客体”本体意义下的“存有”片面强调“事实”世界，从而边缘化了“价值”世界。另一方面，此“存有”亦不同于“主体”本体意义下的“存有”；这种“存有”片面强调“价值”世界，表现出“主体主义”倾向，从而边缘化了“事实”世界。与此等均不同，此“存有”相当于道家哲学的“道”：“道”不仅涵盖宇宙，也包括人生；不仅包括“事实”，亦包括“价值”。质言之，“道”所承载的乃是“人参赞天地万物”所成的包含“事实”和“价值”于一身的“根源性总体”，即由“事实”与“价值”两部分所构成的世界整体。而且，依着熊十力“体用不二”之论，此世界整体既是现象亦是本体，故“道”既是世界整体，亦是世界整体之“本体”。他说：“潜思十余年，而后悟即体即用，即流行即主宰，……是故即体而言，用在体；即用而言，体在用。”③ 在此意义下，如果说“事实本体”属“客体”本体形态，“价值本体”属“主体”本体形态，那么，“道”则属对“客体”和“主体”之综合与超越之“世界整体”的“道体”本体形态。对于“道体”，林安梧说：

> “存有”并不是一敻然绝待、离心自在的东西，而是“天地人我万有一切交融”的状态。就此源出状态而说为“存有的根源”，相当于华夏文化传统所说的“道”。“道”是“人参赞于天地万物而成的一个根源性的总体”，它是具有生发功能的总体之根源。④

“道体”作为一种本体形态，由于它以包含“事实”和“价值”于自身的世界整体为

---

① 萧萐父主编. 熊十力全集［M］. 武汉：湖北教育出版社，2001：567.

② 萧萐父主编. 熊十力全集［M］. 武汉：湖北教育出版社，2001：567.

③ 萧萐父主编. 熊十力全集［M］. 武汉：湖北教育出版社，2001：79-80.

④ 林安梧. 科技、人文与“存有三态”论纲［J］. 杭州师范学院学报（社会科学版），2002（4）：16.

对象，故在知识论的意义下，它对以“客体性”为特质的“前现代性”具有解释力，对于以“主体性”为特质的“现代性”亦具有解释力。反过来讲，它不仅可克服“客体”本体之局限性，亦可克服“主体”本体之局限性。就“现代性”来讲，“道体”克服了“主体主义”倾向，因为“道体”不是“主体”，而是作为“客体”与“主体”之综合与超越的总体之体。不过，它并未否定主体的能动性，因为“道”作为“总体之体”乃是“人参赞于天地万物”而建构的；而且，“道”的开显乃缘于“人”这个独特要素的存在。即，因为人具有“参赞”的能力，“道”才可能“开显”以实现自身。林安梧说：“当我们说‘道’的时候，是天地万物以及人通而为一的，不过人跟万有所不同的是人具有灵性，具有参赞的能力，就人具有参赞的能力，这时候才会有存有的开显、道的开显的问题。”① 总之，“道体”作为一种“完整”的本体形态，它可作为“后现代性”之根本性的“载体性存在”，因为它在知识论的意义上对于世界整体具有解释力。也就是说，“道体”因为综合与超越了“客体”本体和“主体”本体，故它可综合“前现代性”和“现代性”之优点，亦可克服“前现代性”和“现代性”之缺点，从而成为“后现代性”之根本性的“载体性存在”即“本体”。

## 四

综上所述，就人类文明的角度来讲，“前现代社会”“现代社会”“后现代社会”之三种社会形态的性质分别为“前现代性”“现代性”和“后现代性”。从本质上讲，“前现代性”与“现代性”均有其明确的特质，分别为“客体性”与“主体性”，其根本性的“载体性存在”分别为“客体”本体与“主体”本体。相较而言，“后现代社会”正处于形成过程当中，“后现代性”亦处于“塑造”过程之中，故“后现代性”的内涵并不确定。后现代主义作为一种思潮，它仍停留于对于“现代性”的否定和批评，而对于何为“后现代性”的正面论述还不具足。实际上，依着黑格尔“否定之否定”的辩证法，“后现代社会”应是对“前现代社会”和“现代社会”的否定之否定，“后现代性”亦应是对“前现代性”和“现代性”的否定之否定，即对“客体性”和“主体性”的否定之否定。若从本体的角度来讲，作为“后现代性”之根本性的“载体性存在”的本体乃是对“客体”本体和“主体”本体的综合与超越。质言之，承载“后现代性”的本体形态应为综合与

① 林安梧．儒学革命：从“新儒学”到“后新儒学”［M］．北京：商务印书馆，2011：296．

超越“客体”本体和“主体”本体的“道体”；“道体”不只以“事实”世界为对象，亦不只以“价值”世界为对象，而是以由“事实”和“价值”所构成的世界整体为对象。此即是本文关于“后现代性”本体建构所得出的结论。关于此结论，我引用大卫·霍尔的一句话以为结语：

> 我的争辩以它最有力的、也最悖论的形式表明了中国的古典哲学具有真正意义的后现代性。①

（原文载《西南民族大学学报》2014 年第 10 期，与王政燃合作。入选景海峰主编《儒学的当代发展与未来前瞻》，人民出版社 2014 年）

① ［美］霍尔. 现代中国和后现代西方［A］//理性与启蒙——后现代经典文选［C］. 江怡主编. 北京：东方出版社，2004：662-663.

# 批判与建构

## ——价值观在近代中国的嬗变

### 一、西方文化冲击下的近代中国价值观格局

在鸦片战争之后，面对外来文化，无论是出于“保种”，还是出于“保国”，中国经济、政治等众多领域都出现了强烈反应。就经济界来看，国人首先看到的是西方的物质文明与本国经济落后的强烈反差。因此，在“器物”层面上向西方学习、引进西方的先进技术成为当务之急，于是出现了代表性的事件“洋务运动”。客观地讲，“洋务运动”不仅促进了物质文明的发展，而且也促进了经济制度的变革。就政治界来看，国人看到了西方民主制度和本国专制制度的强烈反差，于是开始反思“运作”了几千年的专制制度的“合法性”。进而，在政治领域先后出现了“戊戌维新”和“辛亥革命”两个重大历史事件。可见，在鸦片战争到辛亥革命这个时期，是中国由农业经济向工业经济转变、由专制政治向民主政治转变的时期。很明显，这个时期不仅与之前的古代时期不同，亦与之后的现代时期不同，因此这个时期乃即是所谓的中国近代史时期。就中国近代史这段时期的特征来看，外来文化的冲击是一个重要因素。或者说，是外来文化的冲击使中国走上了近代化的进程。正因为如此，梁漱溟说：“我可以断言假使西方文（“文”为脱字——引者）化不同我们接触，中国是完全闭关与外间不通风的，就是再走三百年、五百年、一千年也断不会有这些轮船、火车、飞行艇、科学方法和‘德谟克拉西’精神产生出来。”①

正是由于中国近代化进程缘于西方文化的冲击，故中西文化的对照就成为近代中国

---

① 梁漱溟．梁漱溟全集（第一卷）［M］．济南：山东人民出版社，1989：392.

思想界的重要“语境”。在此“语境”之下，无论是政治的，还是文化的，凡为“理所应当”的传统全被予以“重新估定”①。经过“重新估定”，基本上形成了一种肯定一方而否定另一方的价值观格局。即西方文化是创造的、发展的，中国文化是守旧的、停滞的。严复说：“尝谓中西事理，其最不同而断乎不可合者，莫大于中之人好古而忽今，西之人力今以胜古；中之人以一治一乱、一盛一衰为天行人事之自然，西之人以日进无疆，既盛不可复衰，既治不可复乱，为学术政化之极则。”② 之所以如此肯定和否定，原因有如下几个方面：其中国人重视“勤俭持家”，西方人主张“勤劳致富”。即，“其于财用也，中国重节流，而西人重开源”③。其二，中国人重视“空谈华饰”，西方人重视探求新知。即，“其于为学也，中国夸多识，而西人尊新知”④。其三，中国人主张“爱有差异”，西方人主张人人平等。也就是说，“中国最重三纲，而西人首明平等；中国亲亲，而西人尚贤；中国以孝治天下，而西人以公治天下；中国尊主，而西人隆民”⑤。其四，西方人推崇民主制度，中国人则实行专制制度。在西方，由于“君不甚尊，民不甚贱，而联若一体”，故“人人得其意，申其言”。⑥ 中国则恰恰相反，君尊民贱，上下等级森严，百姓不仅不能“得其意”，亦不能“申其言”。

不过，上述“重新估定”只是“横断面”的比较，实际上上述认识乃是一个纵向性的深化过程。大致讲来，这个过程可分为三个阶段：一是兴起阶段，即“洋务运动”时期西方文化东渐引发的价值观的碰撞。在鸦片战争之后，当中华帝国的大门被迫打开时，西方价值观也“伴随式”地进入中国。对此，中国学界出现了一些“应激性”反应，其中张之洞的“中体西用”⑦ 说是代表性的观点。很显然，“中体西用”的侧重点在于对“中体”的维护，故它成为“洋务运动”兴起的理论依据。二是深化阶段，即“戊戌维新”前后对西方价值观的直接引介、吸收。此时期，严复、康有为、谭嗣同、梁启超等

① 胡适说：“新思潮的根本意义只是一种新态度。这种新态度可叫做‘评判的态度’。……尼采说现今时代是一个‘重新估定一切价值’（Transvaluation of all Values）的时代‘重新估定一切价值’八个字便是‘评判的态度’的最好解释。”参见欧阳哲生编：《胡适文集（2）》北京大学出版社 1998 年，第 552 页。

② 王栻．严复集（第一册）[M]．北京：中华书局，1986：1.

③ 王栻．严复集（第一册）[M]．北京：中华书局，1986：3.

④ 王栻．严复集（第一册）[M]．北京：中华书局，1986：3.

⑤ 王栻．严复集（第一册）[M]．北京：中华书局，1986：3.

⑥ 王栻．严复集（第一册）[M]．北京：中华书局，1986：22.

⑦ 苑书义，孙华峰，李秉新．张之洞全集（第十二册）[M]．石家庄：河北人民出版社，1998：9740.

人对西方价值观进行了诸多介绍，其所引发的“戊戌维新”运动开创了“中国思想史上的一个新纪元”。① 著名的“严译八著”② 首次把西方经济学、政治学、哲学等经典著作译介到中国，这些译著“虽半属旧籍，去时势颇远，然西洋留学生与本国思想界发生关系者，复其首也”③。康有为用“进化论”改造传统的“三世说”，用自由、平等观念改造传统的政治思想，从而开启了儒学与西学会通的道路。因此“要叙述最近五十年来从旧传统里发展出来的哲学思想，似乎不能不从康有为（1858—1927 年）开始”④。三是落实阶段。辛亥革命前后，孙中山、章太炎、邹容、陈天华等思想家基于对封建专制的批判，按照民主宪政和“三权分立”原则设计了共和国方案。很明显，与上一个阶段主要在形上层面进行探讨不同，这个阶段则主要落在形下的实际操作层面。

在此，需要说明的是，因为中国近代史开端于鸦片战争，故许多人将此时的龚自珍、魏源作为近代思想的开端人物看待。实际上，龚自珍、魏源并不具备近代思想，而一仍是古代思想范畴的人物。其一，其思想渊源主要是传统的“经世致用”之学。龚自珍、魏源二人都师承于刘逢禄，其思想传承的是“春秋公羊学”，而非源于中西文化的冲突或比较。对此，韦政通说：“就思想史的演变与发展而言，龚、魏思想的形成，乃由于内在的传承，以及中国本土经济、政治、社会的危机，并非仅由外来的刺激。”⑤ 其二，其历史观仍然是传统的“三世说”，而不是“进化论”式的社会发展观。韦政通说：“三世在龚自珍、魏源等人，仍只是用来解释古史，当历史现象复杂到无法以单纯的三世来统御时，他们也很自然地把三世模式复杂化，使能周全地诠释古史。但到龚、魏为止，绝未把未来作阶段式的规划，他们即使提倡变法改制，仍局限于传统的拨乱起治，也未将当世划作历史进程中的某一阶段，而将理想定位于一段距离之外的‘太平世’。”⑥ 其三，其主张停留在“器物”层面，而没有深入到社会结构的核心。一般来讲，社会结构分为由核心到外围之“文化”“制度”和“器物”三个层面；其中，“文化”决定“制度”，进而决定“器物”。依此来衡断，龚自珍和魏源并未触及“制度”与“文化”层面。与之不

---

① 欧阳哲生．胡适文集（5）[M]．北京：北京大学出版社，1998：552.

② 指严复所译八部外来名著《天演论》《原富》《群学肄言》《群己权界论》《社会通诠》《法意》《名学》《名学浅说》。

③ 梁启超．饮冰室合集（专集之三十四）[M]．北京：中华书局，1989：72.

④ 张学智编．贺麟选集 [M]．长春：吉林人民出版社，2005：329.

⑤ 韦政通．中国十九世纪思想史（上卷）[M]．台北：东大图书公司，1991：211.

⑥ 韦政通．中国十九世纪思想史（下卷）[M]．台北：东大图书公司，1992：694-695.

同，从“洋务运动”时期的张之洞开始，到稍后的严复、康有为、梁启超，直到后来的孙中山、章太炎等，其思想不仅多源于西方文化，从而超越了传统的“经世致用”之学和“三世说”的历史观，而且已由外在的“器物”层面深入到“制度”和“文化”层面。

客观地讲，无论是横断面的“重新估定”，还是纵向性的深化，近代价值观在现实层面均产生了重要历史影响。一个方面，它为近代政治改革进程提供了理论基础。正如法国启蒙运动为法国大革命做了舆论上的准备一样，中国近代价值观的变化也为“戊戌维新”和辛亥革命做了理论上的准备。具体来讲，思想家“冲决网罗”的反封建思想，对“自由”“平等”“民权”观念的宣扬，不仅促进了“戊戌变法”的发生，而且导致了辛亥革命的爆发；不仅推翻了几千年的封建专制制度，而且建立起亚洲第一个共和国。对此成果，胡适曾说：“中国的新文化运动起于戊戌维新运动。戊戌运动的意义是要推翻旧有的政制而采用新的政制。”① 另一个方面，价值观的变化也为近代的救亡提供了理论依据。当然，此时所谓“救亡”并非停留于简单的、外在的“师夷长技以制夷”② 意义的救亡，而是指基于政治改革基础上的富国强国。因此，随着近代化进程的深入，思想家宣扬的主流也由“器物”层面深入到“制度”和“文化”层面，故“救亡图存”不再只是“保种”“保国”，而是通过民主改革以实现“强国”之梦。因此，康有为说：“立行宪法，大开国会，以庶政与国民共之，行三权鼎立之制，则中国之治强，可计日待也。”③ 由此来看，近代政治改革和“救亡图存”实际上乃是一体之两面，为不可分割的共同的历史进程。

## 二、社会批判思潮的形成与新价值观的建构

如前所述，中西文化对照乃是近代中国思想界的重要“语境”。在此“语境”之下，以“重新估定”后的价值观格局为前提，思想界渐渐形成一股强烈的社会批判思潮。谭嗣同曾将这些批判概括为“冲决俗学若考据、若词章之网罗”“冲决君主之网罗”“冲决伦常之网罗”“冲决天之网罗”等若干个方面。④ 实际上，这些思潮可归结为现实政治和

---

① 欧阳哲生. 胡适文集（5）[M]. 北京：北京大学出版社，1998：581.

② 魏源. 海国图志·原序 [M]. 陈华，常绍温，等点校注释. 长沙：岳麓书社，1998. 1.

③ 康有为. 康有为全集（第四集） [M]. 姜义华，张荣华，编校. 北京：中国人民大学出版社，2007：424.

④ 谭嗣同. 仁学 [M]. 吴海兰，评注. 北京：华夏出版社，2002：2.

学术文化两个方面。

其一，在现实政治层面，批判的核心集中于专制制度。在与民主制度的对比下，封建专制制度的弊端被充分揭示出来。谭嗣同认为，封建专制制度是世界上“至不平等”的制度，因为它从根本上颠倒了君民关系。君主本来是由人民“共举”出来的，但统治者却故意颠倒君民关系，将主人视为奴仆，将奴仆视为主人，甚至把自己说成是“天子”。此乃是“挟一天以压制天下”①，用“天命”来愚弄人民。实际上，皇帝根本不是什么“天子”，而乃是窃取民权的“窃国大盗”。严复说：“秦以来之为君，正所谓大盗窃国者耳。国谁窃？转相窃之于民而已。”② 正因为如此，国家不仅在经济方面停滞不前，而且会导致循环性的社会动乱；整个二十四史就是一部令人痛心的“兴亡治乱史”。严复说：“谬种流传，代复一代。……积数百年，地不足养，循至大乱，积骸如莽，流血成渠。时暂者十余年，久者几百年，直杀至人数大减，其乱渐定。……二十四史之兴亡治乱，以此券矣。”③ 既然如此，农民起义推翻封建专制就是应予以理解的。谭嗣同说：“洪、杨之徒，见苦于君官，铤而走险，其情良足悯焉。”④ 当然，谭嗣同的所谓的“理解”不是指推翻某个封建朝廷，而是指推翻整个封建专制制度。

其二，在学术文化层面，批判的核心乃“纲常名教”。所谓“纲常名教”，是指以“三纲五伦”为基本内容、以“正名分”为核心的一套传统礼教。客观地讲，封建专制之所以在中国历经久远，与“纲常名教”的维护和理论支撑密不可分。因此，在与西方文化的对照之下，许多思想家也对“纲常名教”进行了严厉批判。依着谭嗣同的理解，所谓“三纲”“五伦”根本没有合理性：就“君为臣纲”来看，君主本是人民中的一分子，故不存在人民为君主尽忠死节之理。就“父为子纲”来看，父和子都是天的儿子，其关系应是“平等”的，而不存在上下之别。就“夫为妻纲”来看，男女“同为天地之菁英”，故“重男轻女”乃“至暴乱无礼之法”。⑤ 就“君臣有义”“父子有亲”“夫妇有别”“长幼有序”“朋友有信”之“五伦”来看，其中只有朋友一伦没有流弊，其他“四伦”流弊甚大而都应在抛弃或调整之列。由此来看，所谓“纲常名教”既非“天命”，又非“天理”，它们纯粹只是君主统治人民的“桎梏”。谭嗣同说：“君以名桎臣，官以名轭民，

---

① 谭嗣同. 仁学［M］. 吴海兰，评注. 北京：华夏出版社，2002：89.

② 王栻. 严复集（第一册）［M］. 北京：中华书局，1986：35.

③ 王栻. 严复集（第一册）［M］. 北京：中华书局，1986：87.

④ 谭嗣同. 仁学［M］. 吴海兰，评注. 北京：华夏出版社，2002：117.

⑤ 谭嗣同. 仁学［M］. 吴海兰，评注. 北京：华夏出版社，2002：31.

父以名压子，夫以名困妻，兄弟朋友各挟一名以相抗拒……”① 因此“数千年来，三纲五伦之惨祸烈毒，由是酷焉”②。在此意义下，中国虽自命为“礼义之邦”，实际上却是“人间地狱”。他说：“朝鲜人亦有言曰：‘地球上不论何国，但读宋、明腐儒之书，而自命为礼义之邦者，即是人间地狱。’”③

逻辑地讲，“重新估定”的目的并不在于批判，而在于价值观的重新建构。也就是说，无论是肯定一方，还是否定一方，其目的都将落在新价值观的建构上。因此，在经历了“急风骤雨”式的批判之后，许多思想家对照于西方价值观提出了一系列新观念，而这些新观念构成了中国近代价值观的主要内容。

其倡导自由观念。梁启超认为，自由作为人之自主意识，乃是人之为人的本性，是与生命一样之人的基本权利。他说：“自由者，权利之表证也。凡人所以为人者有二大要件：一曰生命，二曰权利，二者缺一，时乃非人，故自由者亦精神界之生命也。”④ 正因为如此，“自由者，天下之公理，人生之要具，无往而不适用者也”⑤。既然自由如此重要，故它并非西人之“专利”，同样也应是中国人之权利。然而，自由观念只为西学所重，却为中学所忽略甚或所“深畏”，故中土根本谈不上保障人之自由之说。严复说：“夫自由一言，真中国历古圣贤之所深畏，而从未尝立以为教者也。彼西人之言曰：惟天生民，各具赋畀，得自由者乃为全受。故人人各得自由，国国各得自由，第务令毋相侵损而已。侵人自由者，斯为逆天理，贼人道。其杀人伤人及盗蚀人财物，皆侵人自由之极致也。故侵人自由，虽国君不能，而其刑禁章条，要皆为此设耳。”⑥ 因为人民是国家的真正主人，故即使国君亦不能侵人自由；相反，国家有义务保障人民的自由，而民主制度即是保障的手段，即“彼自由为体，以民主为用”⑦。依着谭嗣同的理解，如果“人人能自由”，即自由权利得以保障，人类之“千里万里，一家一人”之“大同理想”便可实现。⑧

---

① 谭嗣同. 仁学［M］. 吴海兰，评注. 北京：华夏出版社，2002：23.

② 谭嗣同. 仁学［M］. 吴海兰，评注. 北京：华夏出版社，2002：23.

③ 谭嗣同. 仁学［M］. 吴海兰，评注. 北京：华夏出版社，2002：113.

④ 梁启超. 饮冰室合集（文集之五）［M］. 北京：中华书局，1989：45.

⑤ 梁启超. 饮冰室合集（文集之五）［M］. 北京：中华书局，1989：40.

⑥ 王栻. 严复集（第一册）［M］. 北京：中华书局，1986：3.

⑦ 王栻. 严复集（第一册）［M］. 北京：中华书局，1986：23.

⑧ 谭嗣同. 仁学［M］. 吴海兰，评注. 北京：华夏出版社，2002：161.

其二，倡导平等观念。作为与自由“相伴”的观念，“平等”同样被近代思想家所重。康有为认为，因为人人所秉的“原质”相同，所以并无高低贵贱之别，而是生而平等的。他说：“盖人人皆天所生，无分贵贱，生命平等，人身平等。”① “人人性善，尧、舜亦不过性善，故尧、舜与人人平等相同。此乃孟子明人人当自立、人人皆平等，乃太平大同世之极。”② 不过，现实生活中确实存在着诸多高低贵贱之别，故消除差别、追求平等就成为一个极实际的任务。那么，如何完成这一任务呢？在康有为看来，造成人之差别的原因在于“九界”之存在，故实现平等的根本途径便是“去九界”。所谓“九界”，乃是指“国界”“级界”“种界”“形界”“家界”“业界”“乱界”“类界”“苦界”等九种差别。③ 具体来讲，在这“九界”当中，通过“去级界”平民族，废除政治等级的不平等；“去种界”同人类，消灭种族差别；“去形界”保独立，实现男女平等；“去家界”为天民，达到经济上的平等……④概括地看，“去九界”大致可归结为两个方面：一个方面表现为政治上的“至公”；另一个方面表现为经济上的“至平”。⑤ 无论是“至公”，还是“至平”，其目标均是人类平等之“公理”得以实现的“大同社会”。康有为说：“夫大同太平之世，人类平等，人类大同，此固公理也。”⑥

其三，倡导民权观念。对应于封建专制下人民的奴性观念，近代思想家探讨了民权思想的重要性。所谓民权，实质在于主权在民之权利。在他们看来，民权不仅是道德法律建立的基础，也是国家独立、民族强盛的保证。梁启超即认为，欧美各国之所以发达进步，根本原因就在于“民权之效”。他说：“岂知彼所谓英、法、德、美诸邦，其进于今日之治者，不过百年数十年间事耳，而其所以能进者，非有他善巧，……民权之效，一至于此。”⑦ 然而，中国自古以来却缺乏民权思想，“故步自封，少见多怪，曾不知天地间有所谓‘民权’二字”⑧。实际上，民权亦与生命一样，乃人不可让渡之权利；若此

---

① 康有为. 康有为全集（第五集）［M]. 姜义华，张荣华，编校. 北京：中国人民大学出版社，2007：460.

② 康有为. 康有为全集（第五集）［M]. 姜义华，张荣华，编校. 北京：中国人民大学出版社，2007：417-418.

③ 康有为. 康有为大同论二种［M]. 北京：生活·读书·新知三联书店，1998：102.

④ 康有为. 康有为大同论二种［M]. 北京：生活·读书·新知三联书店，1998：102-103.

⑤ 康有为. 康有为大同论二种［M]. 北京：生活·读书·新知三联书店，1998：54.

⑥ 康有为. 康有为大同论二种［M]. 北京：生活·读书·新知三联书店，1998：171.

⑦ 梁启超. 饮冰室合集（文集之三）［M]. 北京：中华书局，1989：75.

⑧ 梁启超. 饮冰室合集（文集之三）［M]. 北京：中华书局，1989：76.

权利得不到保障，不仅个人无法立足于社会，而且国家富强也会成为泡影。梁启超说："国民无权利思想者以之当外患，则槁木遇风雨之类也。"① 历史地看，中国社会只强调"私德"，而不主张民权；不仅造成了法治不健全，而且亦造成了国家的积贫积弱。因此，要爱国须自"兴民权始"，要实现国家强盛也须从倡导民权始。梁启超说："国者何？积民而成也。国政者何？民自治其事也。爱国者何？民自爱其身也。故民权兴则国权立，民权灭则国权亡。为君相者而务压民之权，是之谓自弃其国；为民者而不务各伸其权，是之谓自弃其身。故言爱国必自兴民权始。"②

其四，倡导独立观念。依着近代思想家的理解，"独立"乃人异于禽兽之本性，也是文明异于野蛮之根本，故西方文化非常重视"独立"精神。梁启超说："独立者何？不依赖他力，而常昂然独往独来于世界者也。《中庸》所谓中立而不倚，是其义也。人之所以异于禽兽者以此，文明人所以异于野蛮者以此。"③ 然而，中国人却往往自卑、自弃，缺乏个性独立之精神，心甘情愿地做奴隶："中国自秦汉以来，数千年之君主，皆以奴隶视其民，民之自居奴隶，……"④ 因此，中国人往往只在物质技术、政治制度方面谈维新变法，而根本不在观念层面谈个性独立精神。梁启超说："吾中国所以不成为独立国者，以国民乏独立之德而已。言学问则倚赖古人，言政术则倚赖外国，官吏倚赖君主，君主倚赖官吏，百姓倚赖政府，政府倚赖百姓，乃至一国之人，各各放弃其责任，而惟倚赖之是务。"⑤ 从一定意义上讲，缺乏个性独立精神不仅导致了中国人"蜷伏"于专制体制下的"奴性"，更为严重的是导致了国家不能屹立于强国之林。因此，培养国民之"独立之德"，乃是建设"独立强国"的前提。梁启超说："国者积民而成体者也。国能保其独立之威严，必其国民先富于独立之性质。我中人以服从闻于天下也久矣。二千余年俯首蜷伏于专制政体之下，以服从为独立一无二之天职，抚我而后也。"⑥

① 梁启超. 饮冰室合集（专集之四）[M]. 北京：中华书局，1989：39.

② 梁启超. 饮冰室合集（文集之三）[M]. 北京：中华书局，1989：73.

③ 梁启超. 饮冰室合集（文集之五）[M]. 北京：中华书局，1989：44-45.

④ 梁启超. 饮冰室合集（文集之三）[M]. 北京：中华书局，1989：71.

⑤ 梁启超. 饮冰室合集（文集之五）[M]. 北京：中华书局，1989：44.

⑥ 梁启超. 饮冰室合集（文集之十四）[M]. 北京：中华书局，1989：6.

## 三、近代中国价值观嬗变之启示

由对中国近代化进程的回顾和对近代价值观主要内容的分析，我们可以得到很多方面的启示，其中主要方面包括：

其一，中国近代价值观的形成是继发性的，因为其基本观念来源于西方。具体来讲，在中西文化碰撞、交流的过程中，部分思想家开始对西方文化产生兴趣，由兴趣到逐渐接受并向国人介绍。在科学方面，从对西方“坚船利炮”的羡慕到先进技术的引进，到科学知识的传入，再到认识到科学不仅是科学知识和科学研究，更重要的是一种科学精神和科学方法。在民主方面，从对西方的议会制度产生兴趣和仰慕，到君主立宪主张的提出，再到共和国方案的设计，最后认识到民主不仅是一种政治制度，更是一种自由、平等、民权的价值观。客观地讲，这样一个过程不仅是中国近代价值观的建构过程，更是对西方价值观的认识和学习过程。正因为如此，在这样一个过程当中，作为西方价值观理论支撑的哲学思想多被引介到国内。例如，当时流行的社会达尔文主义、斯宾塞的“生物社会学”、孔德的实证主义以及康德哲学等都在近代传入中国。由此来看，既然不仅中国近代价值观的主要内容来自西方，而且作为这些内容理论支撑的哲学思想亦来自西方，故中国近代价值观的形成不是原发性的，而是继发性的。不过，所谓“原发性”和“继发性”并没有优劣之分，其所表明的是自由、平等、民权这些观念具有普世价值；否则，它们就不可能从“原发”的西方而“继发”于近代中国。

其二，中国近代价值观的形成乃属于启蒙性质。众所周知，18 世纪在法国历史上被称为“启蒙时代”，因为其时代主题是质疑权威与传统教条，强调人类进步的普世观念。具体来讲，其思想表现为反对宗教蒙昧主义和封建专制制度两个方面，而其核心乃是把人的理性作为衡量一切的唯一尺度。恩格斯说：“他们不承认任何种类的外界权威。宗教、自然观、社会、国家制度——一切都受到无情的批判，一切都要站在理性的审判台前面来……。理性成了测定一切已成事物的唯一的尺度。”① 同样，在张申府看来，“启蒙”之基本内容不外乎“理性的主宰”“思想的解放”和“新知识新思想的普及”三个方面，而核心在于“理性的主宰”。② 对此，康德则有着更深入的探讨，认为所谓“启蒙”

① 恩格斯. 反杜林论［M］. 吴黎平，译. 北京：生活·读书·新知三联书店，1949：3-4.

② 张申府. 张申府文集（第一卷）［M］. 石家庄：河北人民出版社，2005：289.

就是“运用自己的理智”。他说：“启蒙运动就是人类脱离自己所加之于自己的不成熟状态。不成熟状态就是不经过别人的引导，就对运用自己的理智无能为力。当其原因不在于缺乏理智，而在于不经别人的引导就缺乏勇气与决心去加以运用时，那么这种不成熟状态就是自己所加之于自己的了。……要有勇气运用你自己的理智！这就是启蒙运动的口号。”① 很显然，相对于传统中国文化之对自由观念的忽略或“深畏”、基于“爱有差等”的高低贵贱之别、只重“私德”对民权的忽略以及缺乏个体独立精神的“奴性”而言，近代思想家对“自由”“平等”“民权”“独立”观念之提倡都是在“运用自己的理智”。因此，中国近代价值观的建构过程是属于启蒙性质的。

其三，中国近代价值观的形成表现为一种“救亡型启蒙”。就主题来讲，法国启蒙运动表现为反神权和反封建两个方面。与之有所不同，中国近代启蒙则表现为反封建专制和“救亡图存”两个方面。也就是说，虽然近代中国没有“反神权”的主题，但“救亡图存”却是近代中国价值观转化的另一个重要动力。历史地看，无论是“洋务运动”“戊戌变法”，还是“辛亥革命”“救亡图存”，均与反封建一起共同成为启蒙的重要动力。或者说，改变积弱、寻求富强与反封建专制和封建礼教交织在一起，共同推动了价值观的变化和思想的启蒙，进而推进了中国近代化的进程。具体来讲，鸦片战争的失败导致了价值观的变化，而变化了的价值观促生了“洋务运动”这样一场“自强运动”的出现；甲午战争的失败导致民族生存的危机，而生存危机直接刺激了启蒙思潮的深化，进而促进了“维新变法”的形成；20 世纪初年丧权辱国的《辛丑条约》更加凸显了“救亡图存”的主题，其所引发的思潮成为辛亥革命爆发的直接原因之一。在此意义下，中国近代价值观的形成乃是一次启蒙，而此启蒙属于一种“救亡型启蒙”，即以“救亡图存”为重要目标的启蒙。正因为这种“救亡型启蒙”，在中国近代价值观的主要内容当中，除了“自由”“平等”“民权”等普世观念之外，“独立”亦作为一项重要内容被凸显了出来。

（原文载《燕山大学学报》〔哲学社会科学版〕2017 年第 6 期）

---

① 康德. 历史理性批判文集［M］. 何兆武，译. 北京：商务印书馆，1990：22.

# 论近30年来儒学复兴的四个向度

从1990年代以来，在官方和民间的共同推动下，儒学呈现出“复兴”的态势。而且，进入新世纪以来，在宽松学术环境的保障下，儒学还呈现出多元化的特征。对于儒学这种多元化的“复兴”，学界以往多从单角度评议，故其结论往往缺乏普适性。例如，有学者持乐观甚至盲目乐观态度，认为儒学的“春天”终于来了。①。另外一些学者则持忧虑甚至悲观态度，认为当前儒学“复兴”“乱象丛生”，其实儒学在现代不可能也不应该“复兴”。② 而且，学界已有评议多为“表层化”的评议，缺乏义理层面的深入分析。实际上，若非进行单角度评价，而是对其进行综合分析，且突破“表层化”进行深入分析，会对近30年来儒学“复兴”现状及发展态势有不同的评议。

## 一

近一百年来，儒学可谓是命运多舛、起伏跌宕。在上个世纪初叶，随着封建专制制度的瓦解，儒学从长期高居的“神坛”上被“请”了下来，伴之而来的是“被打倒”“全盘否定”的“劫难”。这场“劫难”的逻辑是，儒学是为封建专制服务的，中国的理想是民主政治，因此，应该“打倒孔家店”③，以实行“全盘西化”④。不过，在“全盘否定”激进思潮的刺激下，作为“反弹”，“国粹派”“学衡派”等“全盘肯定”的保守思潮迅速

① 参见李英华：《国学复兴与文化自觉》，《杭州师范大学学报》，2010年第2期；陈杰思：《国学复兴方略》，昆明：云南出版集团公司、云南人民出版社，2011年版；李英华：《国学复兴论》，北京：中央编译出版社，2013年版等。

② 参见颜炳罡：《儒学复兴的忧思》，《齐鲁晚报》，2016年8月7日；何伟：《对“孔子热”的冷思考》，《探索》，2011年第3期；陈漱渝：《如此“儒学热”能解决现实问题吗?》，《哲学研究》，1995年第5期等。

③ 胡适：《吴虞文录·序》，上海：上海书店，1990年版，第7页。

④ 参见余定邦，牛军凯编：《陈序经文集》，广州：中山大学出版社，2004年版，第12页。

形成。与“全盘否定”思潮相反，“全盘肯定”思潮的逻辑是，儒家传统主体是合理的；封建专制之所以会瓦解，恰是因为儒家传统未真正落实，因此，当务之急不是否定儒学，而是弘扬儒学。历史地看，两股思潮的冲突最终以激进主导时代为结局，保守思潮最终屈居下风并甘拜下风。在上世纪中叶，出现“破四旧”以及“批林批孔”等运动，儒学被视为“四旧”甚至“反动思想”，“孔孟之道”被扫进“历史垃圾堆”，遭遇了全民性、政治性和彻底性的批判。与世纪初叶“全盘否定”儒学不同的是，此次批判没有形成作为“反弹”的“全盘肯定”的保守思潮。不过，相同的是，这场运动源自“教条主义”，而“教条主义”也具有明显的激进特征。因此，儒学遭遇的这两次批判均具有明显的激进特征。

不过，上世纪末叶至今近30年来，儒学命运出现了重大转折。所谓“重大转折”，不仅意指儒学不再被视为“四旧”甚至“反动思想”，从而走出“被批判”的地位；而且意指儒学开始“复兴”，从而出现“儒学热”，进而引发“传统文化热”和“国学热”。具体来讲，在学界，儒学不再简单地被视为“反动思想”，而是被公允地视为学术思想，进而被发掘、研究和弘扬。自此，儒学不仅进入了学术研究视域，而且进入了高等院校课堂。因此，相关教学活动愈发频繁，相关研究成果愈发深入，以至于儒学成为“民族学术”的重要内容。在官方，儒学的社会治理和文化传承作用渐被认可，故不再被视为“四旧”和“反动思想”，而道德教化和文化传承作用被强调，以至于提出“以德治国”和“和谐社会”的构想。因此，被捣毁的“孔老二”被重新树立，被打倒的“孔家店”被重新修葺，被扫进“历史垃圾堆”的“孔孟之道”被重新肯认。在民间，儒学被视为中华民族的“精神家园”或“民族文化认同”的核心，以至于先出现了“文化寻根热”，进而出现了“传统文化热”和“国学热”。进入新世纪以来，学界对儒学的研究更加全面、深入，官方对儒学的倡扬更加明确、坚定，民间儒学的活动越来越繁复、影响越来越大。

对于近30年来儒学命运的重大转折，学界呈现出“仁智互现”的评议，主要表现为“肯定”和“忧虑”两种态度。关于“肯定”，指一些学者持“欢呼”态度，认为儒学的“春天”终于到了。有学者认为，这种现象乃“文化自觉”的表示，有助于中华民族的伟大复兴：“国学是代表中华民族精神风貌的学术文化。国学复兴体现了一种高度的文化自觉精神。它有助于弥补中国现代教育的严重缺陷，有利于促进中华民族的和平崛起，并赋予人类生态文明以深刻的内涵和意义。”① 一些学者则持“忧虑”态度，认为其中的“乱象丛生”实令人担忧。许多人停留于风俗习惯层面理解儒学，故只有“儒行”的热情，而并不了解儒学的精神。更为甚者，儒学面临着“工具化”的危险，即，个别机构、个别人并非真正肯认儒学，而只是以儒学为“获利”的工具。② 另有学者认为，当前整个社会都在讲儒学，似乎儒学“复兴”的势头很猛。实际上，任何事情都需要有“根基”，否则就会成为“无源之水”。然而，儒学“复兴”的“根基”即创新、发展问题并未引起足够重视。由此来讲，儒学在表层上是“复兴”，在深层上却是“萧条”：“新时代儒学大盛，儒学研究却其实并无进展。没有新学派，也无新理论。从前留下来的学术问题，看来也没人在意。因此虽然社会上儒学仿佛热得很，我们内行人却很明白：儒学研究目前甚是萧条。”③

若表层地看，上述“仁智互现”的评议表示，近 30 年来儒学的发展众说纷纭、没有“共识”。不过，若深层地看，透过“仁智互现”的评议可以发现，在纷纭众说的背后，存在着这样一种“共识”，即，与上世纪初叶、中叶对儒学的两次批判相比，当前关于儒学的态度已然发生重大变化；“重大变化”体现在，不再“激进”而是“理性”地对待儒学。或者说，无论是在学界、在官方还是在民间，尽管儒学“复兴”存在许多乱象，但均尽量公允、全面地对待儒学。关于这样一种理性态度，张岱年曾有预言认为，它结束了一个旧时代，而开启了一个新时代。他说：“孔子是二千五百多年前的历史人物，距离我们已经很久远了。过去封建统治者为了维护其封建统治，大搞‘尊孔’；五四运动之后，有人提出‘打倒孔家店’的口号，十年动乱时期，更有人以谩骂的方式大肆‘反孔’时至今日，这些陈迹都已云消雾散了。我们以为，尊孔的时代已经过去了，或者说应该过去了；反孔的时代也已经过去了，或者说也应该过去了。……现在我们的任务是研孔、评孔，对孔子进行研究，进行分析，进行评论。”④ 正因为如此，汤一介认为，虽不可否认儒学之积极价值，但亦不可讳言其消极弊端。他说：“博大精深的中国文化，固然有它的种种精华，但是，它也确有许多深刻的缺陷。……它有很多不适合现代社会节奏之处。”⑤ 质言之，近 30 年来儒学发展透显的理性态度已成为“共识”，此乃所谓儒学命运

---

① 李英华：《国学复兴与文化自觉》，第 27 页。

② 颜炳罡：《儒学复兴的忧思》。

③ 龚鹏程：《儒学“复兴”的隐忧》，《时代教育》（教育家），2013 年第 5 期。

④ 张岱年：《张岱年全集》第五卷，石家庄：河北人民出版社，1996 年版，第 482 页。

⑤ 汤一介：《汤一介学术文化随笔》，北京：中国青年出版社，1996 年版，第 299 页。

“重大转折”的真正含义。具体来讲，“共识”表现为两个方面的义理：其一，儒学仍可有价值；其二，儒学亦需要发展。

关于第一个方面，指儒学仍可融入现代社会，并可提供一定的理论价值。关此，列文森曾说：“就尤博物馆的意义而言，陈列品都只有历史的意义，……虽然共产党的中国仍然保留了孔子和传统价值，但它们只是博物馆中的陈列品。”① 事实上，儒学并未“走入历史”成为博物馆的“古董”而乃在现代社会仍有价值的学说。陈来说：“儒学并未死亡，它在离散之后作为文化心理的传统仍不自觉地以隐性的方式存寓于文化和人的行为之中。但也正因为它是支离的、隐性的，其表现便不能整全和健康，当前中国世态与文化的病症多由于此。只有在去除儒学不合时代的内容的同时，理直气壮地正面肯定其对于现代社会生活价值的精神和原理，使之合法化地作用于国民教育和文化建设，才能重建统一的国民道德与稳健的国民精神，走向合理的现代社会。”② 具体来讲，儒学不仅可指导、助援“社会正面”，而且可“治疗”“拯救”“社会负面”。郭齐勇说：“需学……是我们走向 21 世纪的重要精神依据。……儒学的安身立命之道可以丰富我们的人生，提升我们的人格，活化性灵……儒家精神对 21 世纪社会与人生之负面的治疗和拯救，肯定会起着愈来愈大的作用。”③ 正是基于此认识，许多学者致力于“挖掘”并“弘扬”儒学价值。所谓“挖掘”，指基于儒学经典，探究其对于中国社会乃至整个人类可有的价值。所谓“弘扬”，指致力于儒学价值在现实生活的落实，即将儒学义理融入生活实践。

关于第二个方面，指儒学面对当代和未来，不仅需要“挖掘”和“弘扬”已有价值，更需要提供新的理论价值。历史地看，儒学肇始于 2500 年前，而且长期服务封建专制制度，尽管有后世不断的理论发展，但是面对现代社会必然会产生“适应”问题。由此来看，如何创新和发展儒学已有义理，使其适应并引导现代社会，乃一个重要而现实的课题。汤一介说：“中国文化和其他文化一样，她既有能为当今人类社会发展提供有价值资源的方面，又有不适应（甚至阻碍）当今人类社会发展的方面，我们不能认为中华文化可以是包治百病的万灵药方。”④ 质言之，面对现代社会，儒学仍然面临急迫的发展任务。不过，要实现儒学的发展，须明确当前时代的哲学问题。关此，杜维明曾将其概括

---

① ［美］列文森著：《儒教中国及其现代命运》，郑大华等译，北京：中国社会科学出版社，2000 年版，第 372-374 页。

② 陈来：《二十世纪中国文化中的儒学困境》，《浙江社会科学》，1998 年第 3 期。

③ 郭齐勇：《从孔学的“人论”看儒学的现代价值》、《开放时代》，1995 年第 2 期。

④ 汤一介：《和而不同》，沈阳：辽宁人民出版社，2001 年版，第 143 页。

为四类：第一，人与己，指个人自我之“身体”“心知”“灵觉”与“神明”四者如何有机整合。第二，人与社会，指个人与社群、社群与社群如何健康互动。第三，人与物，指人类与自然如何和谐相处、持久平衡。第四，人与神，指人心与“天道”如何相辅相成。① 很显然，就这四类哲学问题来看，儒学不仅对于“人与神”缺乏探讨，而且对于“人与物”亦缺乏深入探讨。因此，儒学要在现代社会真正“复兴”，就需要面向当代和未来，通过扬长补短和理论创新，回答上述的哲学问题。

## 二

以上是近30年来儒学发展的“共识”，而在“共识”之下还存在若干“歧见”；“共识”代表共同态度和共同认识，“歧见”反映具体观点和义理分歧。因此，并非“共识”而是“歧见”反映着近30年来儒学发展的多元化。当然，对于这种多元化可从多角度去评议。如果从对儒学在现代社会的功能定位看，可大概将其分为四个向度。在此，所谓“向度”，指相关思潮希望儒学发展所实现的功能。这四个向度是“生活向度”“意识形态向度”“宗教向度”“哲学向度”。其中，“生活向度”对应第一个方面的“共识”，即儒学可有价值；后三个向度对应第二个方面的“共识”，即儒学亦需要发展。

所谓“生活向度”，亦称“民间儒学”，指儒学“走出”书斋，走向社会和民间，直接指导生活实践的主张。郭齐勇说：“民间儒学是儒学灵根自新、重返社会人间的文化思想形态，它使仁义礼智信、忠孝、廉耻等核心价值进入寻常百姓之家，成为老百姓的生活指南与安身立命之道，使世道人心得以安立。”② 由此来看，所谓“传统文化热”“国学热”多数现象属于此向度。王邦雄在“体”与“用”的对照下，主张“中学为用”，发挥儒学的道德教化功能。在他看来，西方哲学东渐以后，中西哲学的“碰撞”变为“体”与“用”之争。在争论当中，无论是激进思潮，还是保守思潮，它们都肯定“西学为用”的必要性，即强调西学的现实意义；区别之处只在于是以“中学为体”还是以“西学为体”。很显然，它们在强调“西学为用”的同时，均共同“遗忘”了“中学为用”，即“中学”所具有的现实意义，故当代儒学的课题是在“中学为用”上致力。他说：“‘后牟宗三’的儒学课题，当往‘中学为用’要如何去开展架构的路上走，否则，‘中学为体’

① 参见郭齐勇，郑文龙编：《杜维明文集·自序》（第一卷），武汉：武汉出版社，2002年版，第11页。

② 郭齐勇：《近年来中国大陆儒学的新发展》，《广西大学学报》（哲学社会科学版），2015年第1期。

仅有形式意义，而未有实质的意义。”① 具体来讲，“中学为用”应以解决“文化传承”“两性互动”和“两岸统一”为主要内容。他说：“‘后牟宗三’追随大师的脚步，我们要去拓展‘中学为用’的路，来面对并解决新时代的两代传承、两性互动与两岸统独的三大课题。”②

此外，王财贵则通过推广读经活动以落实“中学为用”。他认为，儒学经典具有“天经地义”且历久弥新之价值；若要将其价值永久地发扬光大，最有效的办法是背诵经典，尤其是儿童背诵。具体来讲，若从整个民族前途的角度看，当前两岸极其短缺的是“为天地立心，为生民立命，为往圣继绝学，为万世开太平”的“文化人才”。这表现在两个方面：其一，从文化传承的角度看，中国人“丢掉”了自己的民族文化。其二，从“借鉴”西方文化的角度看，中国人只看到西方文化的表相，而没有了解西方文化的精髓。③ 然而，如果中国人要完成世界文化融和，或者再进一步而领导世界，非得重视“文化人才”的培养不可。但是，现代学校教育只是传授知识即“小道”，而不能传授智慧即“大道”。因此，如果要培养传承“大道”的人，就必须在学校教育之外另辟蹊径，而这“蹊径”即为“读经”教育。所谓“读经”，就是诵读“经典”，因为“经典”为人类最高智慧的结晶，涵蕴着教导人生的常理常道和“常则常行”。④ 在他看来，“读经”可培养人之“胸怀万世”的人格；如果每个人都能“胸怀万世”，那么整个社会、整个世界就和谐了。⑤

所谓“意识形态向度”，指恢复儒学国家意识形态主导地位的主张。历史地看，儒学曾经长期主导许多朝代的意识形态，而汉代是儒学取得意识形态地位的首个朝代。根据记载，《春秋》第一句是：“元年，春，王正月。”⑥ 对此《公羊传》解释说：“可言乎王正月？大一统也。”⑦ 关于“大一统”，董仲舒认为，它不仅指政治上的“大一统”，亦包

① 王邦雄《中国哲学论集》增订三版，台北：学生书局，2004 年版，第 307-308 页，第 316 页。

② 王邦雄《中国哲学论集》增订三版，台北：学生书局，2004 年版，第 307-308 页，第 316 页。

③ 参见王财贵：《经典教育与文化关怀文集》，北京：王财贵读经教育推广中心，第 80 页，第 88 页。

④ 参见王财贵：《教育的智慧学——2009 年大陆新版读经教育说明手册》，南京：南京大学出版社，2009 年版，第 84-85 页。

⑤ 参见王财贵：《经典教育与文化关怀文集》，北京：王财贵读经教育推广中心，第 80 页，第 88 页。

⑥ 公羊寿传、何休解诂、杨向奎审定：《春秋公羊传注疏》，北京：北京大学出版社，1999 年版，第 5 页，第 9-10 页。

⑦ 公羊寿传、何休解诂、杨向奎审定：《春秋公羊传注疏》，北京：北京大学出版社，1999 年版，第 5 页，第 9-10 页。

括思想上的“大一统”。他说：“《春秋》大一统者，天地之常经，古今之通谊也。今师异道，人异论，百家殊方，指意不同，是以上亡以持一统。”① 因此，他主张“推明孔氏，抑黜百家”②，凡不符合孔子儒学者，均不许其存在和发展。他说：“臣愚以为诸不在六艺之科孔子之术者，皆绝其道，勿使并进。邪辟之说灭息，然后统纪可一而法度可明，民知所从矣！”③ 汉武帝采纳了董仲舒的建议，正式宣布儒学为国家官方学说。自此，儒学开始了“意识形态化”的漫长历史，对中国社会发挥了重要作用。汤一介说：“任何专制社会，都需要一套教化来维持它的统治，当时就是利用儒家的思想，当然也利用道教和别的，主要是利用儒家多一点。西方也是一样，中世纪也是个专制社会。它用什么做教化的？就是基督教，他们是要维持神权统治或王权统治，中国就用儒家。”④

上世纪末和本世纪初，儒学“意识形态向度”的主张再次出现。具体来讲，这种主张一为康晓光的“儒家宪政”，二为蒋庆的“政治儒学”。康晓光认为，当前社会存在许多“危机性”问题，而要解决这些问题非依靠“儒家宪政”不可。所谓“儒家宪政”，指以儒家道统为体，以民主政治为用，借助宪政框架实现两者的“整合”。他说：“承续儒家道统，建立儒家宪政，把中国政府的正当性建立在对中华五千年道统的继承和对现代民主政治的吸纳之上。”⑤ 蒋庆则认为，儒学实际上有“心性儒学”与“政治儒学”两个并列传统。“心性儒学”指由思孟学派传承下来、由宋明儒学发扬光大的儒学传统。在现代，这个传统由熊十力开端，进而形成现代新儒学思潮。不过，“心性儒学”虽有理论高度，但不能彻底解决中国现实问题。“政治儒学”主要指“公羊学”。在历史上，“公羊学”未受重视，长期被“边缘化”。然而，与“心性儒学”不同，“公羊学”可以彻底解决中国现实问题，而且这种解决能够避免“西化”或“变相西化”。质言之，只有以“公羊学”为指导思想，并将其“重新制度化”，落实到社会各个层面，才能实现“中国式”的现代化⑥。蒋庆说：“中国政治文化的重建问题就不再是‘全盘西化’的问题，而是现代中国的‘复古更化’的问题。所谓现代中国的‘复古更化’，就是用儒家的政治智慧和

① 班固撰《汉书》，北京：中华书局，1962 年版，第二五二三页，第二五二五页，第二五二三页。

② 班固撰《汉书》，北京：中华书局，1962 年版，第二五二三页，第二五二五页，第二五二三页。

③ 班固撰《汉书》，北京：中华书局，1962 年版，第二五二三页，第二五二五页，第二五二三页。

④ 章剑锋《不要把儒家意识形态化》，《南风窗》，2011 年第 2 期，第 96 页。

⑤ 康晓光：《儒家宪政论纲》，《历史法学》（第五卷），北京：法律出版社，2012 年版，第 86 页。

⑥ 参见蒋庆：《公羊学引论・自序》，沈阳：辽宁教育出版社，1995 年版，第 2 页。

指导原则来转化中国的政治现实，在中国建立起源自天道性理的合法的政治秩序。”①

所谓“宗教向度”，指将儒学视作真正宗教并致力于发展“儒教”的主张。历史地看，自“轴心时代”起，多数古老文化都打上宗教的“烙印”。然而，中国文化则不同，自肇始时宗教“痕迹”即比较轻微。不过，后来还是出现了以儒学为宗教的观点。西方传教士利玛窦认为，尽管儒学缺少真正宗教的组织形式，故它更像一个“学术团体”，但儒学却发挥着宗教的功能。他说：“儒教是中国所固有的，并且是国内最古老的一种。中国人以儒教治国，有着大量的文献，远比其他教派更为著名。……虽然这些被称为儒家的人的确承认有一位最高的神祇，他们却并不建造崇奉他的圣殿。”② 康有为则进一步，把儒学作为真正宗教看待，而且发起了立“孔教”为“国教”的运动。具体来讲，他将孔子塑造为“万世教主”，以儒家“六经”为“孔教”教义，而且创建“孔教”之教规、教会、教律及礼拜仪式，以“大同世界”作为“彼岸世界”，使“孔教”具备真正宗教的形式。他说：“夫大地教主，未有不托神道以令人尊信者，时地为之，若不假神道而能为教主者，惟有孔子，真文明世之教主，大地所无也。……臣今所编撰，特发明孔子为改制教主，六经皆孔子所作，俾国人知教主，共尊信之。”③ 历史地看，是康有为开启了儒学的“宗教向度”，不过最后以失败告终。

然而，儒学的“宗教向度”在近年来再次成为一些学者的诉求。蒋庆认为，尽管儒学有“独特”的形式，但它“肯定是一种宗教”。他说：“儒教的‘教’既有中国文化中‘礼乐教化’与‘道德教育’之义，又有西方文化中‘神人交通’的‘宗教’之义；既有信奉‘天道性理’、‘良知心体’的超越信仰之义，又有实现‘神道设教’的治世功能之义。如果不拘泥于西方的宗教概念，儒教肯定是一种宗教，只不过是一种与西方宗教不同的独特的中国宗教。”④ 具体来讲，“儒教”的“生命形态”体现为“上帝”“天道”“鬼神”“祖宗”等信仰。历史地看，儒教长期处于“国教”地位，发挥着“解决政治秩序的合法性”“为政治权力确立超越神圣价值基础”“解决社会行为规范”三大功能。重要的是，这三大功能在今天仍未过时，故当务之急是重建“儒教”，以解决当前中国的政

---

① 蒋庆：《政治儒学》，北京：生活·读书·新知三联书店，2003年版，第39-40页。

② ［意］利玛窦，［比］金尼阁著：《利玛窦中国札记》，何高济等译，北京：中华书局，1983年版，第100-102页。

③ 沈志军编：《康有为政论集》，北京：中华书局，1981年版，第282页。

④ 蒋庆：《关于重建中国儒教的构想》，《中国儒教研究通讯》，2005年第1期。

治、社会和人生等问题。① 康晓光也认为儒学就是宗教。他说："在中国历史上，儒家不仅仅是一个学派，而是发挥着教化功能的、得到国家支持的全民宗教。此所谓'政教合一'。"② 进而，他主张继承康有为的事业，完成他未竟的理想。一个方面，要建立一种适应现代社会的"儒教"。他说："提倡力行，反对空谈，提倡通过社会运动，建立一种渗透到日常社会生活之中的、与现代社会相适应的民族宗教，即新儒教。"③ 另一个方面，要将"儒教"确定为"国教"。他说："国家要支持儒教，将儒教定为国教。国家支持，精英领导，全民参与，建立组织体系，实行民间自治。为此，政府应该通过立法保护儒教……儒教要进入日常生活，要成为全民性宗教。"④

所谓"哲学向度"，即形上学向度，指超越地研究事实与价值的主张。⑤ 在现代，熊十力、冯友兰、牟宗三等开拓出这个向度。近 30 年来，李泽厚、陈来、林安梧等延续这一向度，致力建构新的儒家哲学理论，而且已有不错的进展。

李泽厚认为，中国哲学的明显特点是缺乏形而上学。他说："汉语缺少抽象词汇，哲学缺少形而上学，思维缺少抽象力度，说话作文不遵守形式逻辑，计算推演不重视公理系统。"⑥ 因此，他致力于形而上学建构，所建构的体系称为"历史本体论"或"人类学历史本体论"。关于这个体系，他说："'人类学本体论'不是西方的哲学人类学那种离开历史社会行程的生物学的含义，恰恰相反，这里强调的正是作为社会实践的历史总体的人类发展的具体行程。它是超生物族类的社会存在。所谓'主体性'，也是这个意思。"⑦ 在他看来，"主体性"展开为三个方面："人活着"为出发点，"如何活"和"为什么活"为生活途径，"活得怎样"为生活境界和人生归宿；这三个方面分别对应认识论的"真"、伦理学的"善"、美学的"美"。基于"经验变先验，历史建理性，心理成本体"⑧ 的"要点"，李泽厚进而建立起"度本体"和"情本体"。总之，李泽厚的愿望是，通过"历

---

① 蒋庆：《关于重建中国儒教的构想》，《中国儒教研究通讯》，2005 年第 1 期。

② 康晓光：《文化民族主义论纲》，《战略与管理》，2003 年第 2 期，第 22 页。

③ 康晓光：《文化民族主义论纲》，《战略与管理》，2003 年第 2 期，第 10 页。

④ 康晓光：《文化民族主义论纲》，《战略与管理》，2003 年第 2 期，第 22 页。

⑤ 参见程志华：《哲学概念三解》，《河北大学学报》（哲学社会科学版），2011 年第 1 期。

⑥ 李泽厚：《人类学历史本体论》，天津：天津社会科学院出版社，2008 年版，第 169 页，第 330 页。

⑦ 李泽厚：《批判哲学的批判：康德述评》，北京：生活 · 读书 · 新知三联书店，2007 年版，第 89 页。

⑧ 李泽厚：《历史本体论 · 己卯五说（增订本）》，北京：生活 · 读书 · 新知三联书店，2006 年版，第 5 页，第 155 页。

史本体论”的建构实现原始儒学、汉代儒学、宋明儒学之后的“儒学第四期发展”。他说：“儒门淡泊，已近百年；贞下起元，愿为好望。”① 他还说：“‘人类学历史本体论’以中国传统为基地和背景，坚持在人本、历史、积极入世的基础上去反思过去、展望未来和把握现在，以此来融化康德和马克思。这就是我十年前所说的‘儒学四期’。”②

陈来所致力建构的是“新仁学”或“仁学本体论”。他认为，鉴于当代道德状况和社会状况，需要在“仁爱优先”的前提下重建“仁学本体论”，进而重建儒家哲学。所谓“重建”，在于孔子儒学之“仁”已失落，在于谭嗣同之“仁本体论”未获成功。具体来讲，所谓“仁体”，指万物关联共生的整体，即传统儒学所谓的“万物一体”。不过，“仁体”不是孤立的，而是与“万有”紧密相关的。他说：“仁体论是体用不二的，不是形上形下割裂的。”③ 他还说：“仁体与万有关联共生之总体的关系则可称为‘全体是用，全用是体’。”④“仁体”具有“翕”与“辟”两个根本倾向。所谓“翕”，指“合聚”之势；所谓“辟”指“发散”之势。他说：“翕势是合聚，辟势是发散；翕势的作用是合为一体，辟势的作用是分为一物……前者是一体化的趋向，后者是个体化的倾向。”⑤ 在二者当中，“翕”为主而“辟”为辅，因为“翕”乃“仁”的根源性表现。他说：“毕竟以翕为主，以辟为辅，翕即是聚合、关联、维系、吸引，即是仁。”⑥ 总之，陈来以“仁体”成就了“仁的本体论”，亦成就了一种“新仁学”。关此，他说：“新仁学哲学之要义在‘仁体’之肯定与发扬，从而成为一仁学本体论，或仁体论哲学。”⑦

林安梧所致力建构的是“后新儒学”。之前，乃师牟宗三建立起“道德的形上学”，由“良知”开出“无执的存有论”和“执的存有论”；“良知”不仅是“德性主体”，亦是“知性主体”和“政治主体”，其间的“通道”是“良知的自我坎陷”；经过“坎陷”，“良知”即可“开出”科学和民主。⑧ 林安梧认为，“道德的形上学”确实“是一‘高狂俊

---

① 李泽厚：《历史本体论·己卯五说（增订本）》，北京：生活·读书·新知三联书店，2006年版，第5页，第155页。

② 李泽厚：《人类学历史本体论》，天津：天津社会科学院出版社，2008年版，第169页，第330页。

③ 陈来：《仁学本体论》，北京：生活·读书·新知三联书店，2014年版，第14页。

④ 陈来：《仁学本体论》，北京：生活·读书·新知三联书店，2014年版，第62页。

⑤ 陈来：《仁学本体论》，北京：生活·读书·新知三联书店，2014年版，第67-68页。

⑥ 陈来：《仁学本体论》，北京：生活·读书·新知三联书店，2014年版，第68页。

⑦ 陈来：《仁学本体论》，北京：生活·读书·新知三联书店，2014年版，第1页。

⑧ 参见牟宗三：《现象与物自身》，《牟宗三先生全集》(21)，台北：联经出版事业股份有限公司，2003年版，第127-129页。

逸’的哲学系统”，但它强调人具有“智的直觉”，不仅有非常强的独断色彩，而且有非常明显的“主体主义”倾向①。为此，林安梧主张，以“存有三态论”取代“一心开二门”。所谓“存有三态”，指“存有的根源”、“存有的开显”和“存有的执定”之“存有”的三种状态：“存有的根源”指“道”是一切存在的根源；“存有的开显”指“道”经由人的参赞而“开显”，即“道显为象”“存有的执定”指“道”经由“开显”后落实于“名”，此乃“名以定形”。② 可见，与牟宗三以“良知”为本体不同，林安梧以“道”为本体；前者所强调者为“主体义”后者所强调者为“存有义”。在林安梧“后新儒学”的目的是实现对牟宗三哲学的“折转”，从而把儒学“拉回”到基于世界整体性的生活实践。他说：“后新儒家的实践概念是要去开启一个新的‘如’这样的实践概念。这是以其自为主体的对象化活动作为其启点的，是以感性的擘分为始点的，是以整个生活世界为场域的，是以历史社会总体为依归的。”③

## 三

如前所述，近30年来儒学发展呈现四个向度。不过，四个向度为相应思潮“希望”儒学发展所实现的功能，实际上这些功能可否真正实现还是未知数。也就是说，四个向度的前景可能会是不同的。众所周知，孔、墨之后，“儒分为八”“墨离为三”，原始儒家和原始墨家均呈现多元化的发展向度。对此，韩非表示“莫名其妙”，难以把握其发展脉络：“孔、墨之后，儒分为八，墨离为三，取舍相反不同，而皆自谓真孔、墨；孔、墨不可复生，将谁使定后世之学乎?”④ 当前，面对儒学多元化发展的四个向度，与韩非一样，学界也常常感觉“莫名其妙”，不仅难以把握其义理特质，而且亦难以把握其发展走向。实际上，若深入进行学理分析，还是可以“预测”这四个向度的前景的。

就“生活向度”来看，其基本论据有二：其一，中国人之所以为中国人，中国文化之所以为中国文化，在于以儒学为主的种种特质。质言之，儒学乃中华民族的“身份认同”。因此，如果不弘扬儒学并将其深入生活，不仅中国文化将失去根基，而且中华民族

① 参见林安梧：《儒学革命：从“新儒学”到“后新儒学”》，北京：商务印书馆，2011年版，第294页。

② 参见林安梧：《儒学革命：从“新儒学”到“后新儒学”》，北京：商务印书馆，2011年版，第295-298页。

③ 参见林安梧：《儒学革命：从“新儒学”到“后新儒学”》，北京：商务印书馆，2011年版，第89页。

④ 王先慎撰，钟哲点校：《韩非子集解》，北京：中华书局，1998年版，第457页。

的“身份认同”也会出现危机。其二，尽管儒学在历史上长期服务封建专制，但不能因此“一笔抹杀”其所有价值。或者说，儒学确实有其积极价值，而这些价值在现代生活远未落实。而且，儒学的“生命”来源于生活实践；若离开生活实践，儒学便会失去“生命”。就此来讲，“生活向度”是落实儒学价值和保证儒学“生命”的有效途径。就前个论据来看，在可以想象的未来，民族“身份认同”是不会消失的。就此来讲，此论据毋庸置疑有其合理性。就后个论据来看，亦不可否认其一定的合理性。总之，就这两个论据看，均不可谓其有误或不合理。但是，此处的关键问题是，“生活向度”以已有儒学义理为前提，而已有儒学义理之资源价值终会有“枯竭”之日。或者说，“生活向度”强调儒学的“用”，它依赖于儒学的“体”。没有“体”，何来“用”？因此，儒学的创新发展乃“生活向度”得以延续的前提。这也正是前述龚鹏程对当前儒学“表层化”表示忧虑的原因。

就“意识形态向度”来看，其主要论据是儒学有助于维护政治“大一统”。然而，此论据存在明显的“瑕疵”。所谓“瑕疵”，主要指它忽视辛亥革命爆发的“必然性”，而“必然性”不仅包括封建专制的“终结”，亦包括相应意识形态的“终结”，而这“相应”意识形态即是儒学。因此，若认识到辛亥革命的必然性，就不会再有儒学“意识形态向度”的主张了。由此来讲，“意识形态向度”乃“不合时宜”的主张。陈漱渝说：“想用一种农业社会的精神文化来统摄工业社会的物质文明，想用一种缺乏近代意义民主观念的学说来加速政治民主化的步伐，想用一种‘重道轻器’的轻视科学、贱视商业行为的思想体系来推动‘现代化’及‘后现代化’的进程，恐怕是不大现实的，如果不是别有他图，也只不过是一部分好心人的一厢情愿而已。”① 而且，儒学史也反映出，自汉代起走上意识形态地位后的儒学却僵化、滞碍了本身发展，几乎“夭折”了原始儒家本有的生命力。因此，如果恢复儒学的意识形态地位，会再次“葬送”正在“复兴”的儒学。汤一介说：“我觉得学术就归学术，比较好。儒家，我不主张它意识形态化，最好把它看成一种学术去讨论，讨论到大家都觉得这个不错了，作为一种精神自然就接受了。”② 总之，在封建专制早已“走入历史”的今天，儒学要想获得快速发展，必须放弃意识形态的幻想。

就“宗教向度”看，其主要论据是，儒学发挥了宗教功能。实际上，以“功能”来

---

① 陈漱渝：《如此“儒学热”能解决现实问题吗?》，第 6 页。

② 章剑锋：《不要把儒家意识形态化》，第 96 页。

确定儒学为宗教是讲不通的，此犹如美术和音乐虽均可使人愉悦但不能混淆一样。关此，牟宗三认为，宗教的标准有两个方面：一是肯认一“神性之实”或“价值之源”；二是尽“日常生活之轨道”之责。① 不过，虽然儒学具有这两种功能，但不能认为儒学是宗教，而只能认为其与宗教为“同一层次上的事”。他说：“故儒教，在中国虽未成为宗教，然却实为‘宗教的’，……故吾人视之与宗教为同一层次上的事是可以的。”② 实际上，宗教之所以为宗教，根本在于其有“超越者”和“超越世界”，即超越的崇拜对象和“彼岸世界”。由此来讲，尽管可将儒家的“天”“大同世界”等进行“比附”，但是此等“比附”并不能说服学界和宗教界。关此，冯友兰说：“宗教必须有一个神，作为崇拜的对象；有一个教主，作为全教和首领，这是前提。……孔子……他总是个人，没有什么神秘，也没有什么可以怀疑的地方。这样的人能说是教主吗？儒家所尊奉的五经四书，都有来源可考，并不是出于神的启示，这样的书，能说是宗教的经典吗？”③ 众所周知，“儒学是宗教”本是“子虚乌有”的事情，因为孔子创立儒学是为了恢复周礼，并无任何宗教的“超越”因素。后来，出于与佛教、道教和基督教的抗衡，出现了在儒学与宗教间的“比附”，出现了“儒学本是宗教”的观点。很显然，这种“比附”是“倒推式”的，而“倒推式”的结论在逻辑上是不合理的。

就“哲学向度”来看，其主要论据为，哲学通过超越地研究事实与价值，从而为人类提供“价值之源”。就此来讲，在众多文化现象中，为人类提供“价值之源”者有二：一为宗教，二为哲学。如前所述，儒学不是宗教，故“宗教向度”不能担当此任。然而，儒学可以是哲学，故“哲学向度”可以担当此任。当然，这一向度若能实现，亦可为“生活向度”提供前提。历史地看，儒学曾经为中华民族提供“价值之源”尽过职责。由此来讲，“哲学向度”可有“光明”前景。不过，近现代以来，社会状况已然发生重大变化；面对崭新的社会状况，能否重新为中华民族提供“价值之源”，乃儒学面临的重大课题。若这个课题解决得好，儒学就会真正“复兴”；否则，儒学就会“走入历史”，真正成为博物馆的“陈列品”。如前所述，李泽厚、陈来、林安梧等在“哲学向度”已有不错的进展。不过，对这个向度不能盲目乐观。一个方面，这些哲学体系正在建构中，仍有许多内容需要完善。而且，其能否为中华民族提供“价值之源”，还有待理论和实践的双

① 牟宗三：《生命的学问》，南宁：广西师范大学出版社，2005年版，第62页，第84-85页。

② 牟宗三：《生命的学问》，南宁：广西师范大学出版社，2005年版，第62页，第84-85页。

③ 冯友兰：《略论道学的特点、名称和性质》，《社会科学战线》，1982年第3期，第43页。

重检验。另一个方面，即使这些哲学体系能够为中华民族提供“价值之源”，它们亦不会成为“绝对真理”，更不可能“终结真理”，因为哲学问题不会只有一种答案。更为重要的是，时代仍在发展，社会仍在变化，新哲学问题会“呼唤”新的哲学解答。总之，“哲学向度”虽可有“光明”前景，却面临巨大的发展压力，因为哲学创新不是朝夕之事，通常需要数代人长期的积累和孕育。

## 四

近30年来，在理性主义的“共识”之下，儒学的多元化“复兴”呈现“生活向度”“意识形态向度”“宗教向度”和“哲学向度”四个向度；这些向度依据各自的论据，提出儒学发展之不同的功能定位。总的看，概括为这四个向度，较为完整地反映了当前儒学发展的多元化特征。很显然，尽管不能说这种概括为绝对的“完整”，但至少比单角度的评议更具普适性。而且，若深入地分析其义理，会看到四个向度有不同的前景：“生活向度”不能独立存在，它的延续依赖“哲学向度”的发展。“意识形态向度”“宗教向度”不可能有“光明”前景，因为无论在史实还是在学理上，它们都是不可能的。在四个向度中，唯有“哲学向度”可有“光明”前景，因为哲学的使命在于为人类提供“价值之源”；如果儒学可以提供“价值之源”，便会实现儒学的“复兴”。不过，要达及此“光明”前景并非易事。尽管如此，学界不能畏难而退，而应像精卫那样，努力为儒学发展增添“填海”之石子。徐复观曾说：“精卫决无填海之力，但不妨她抱有填海之心。”[①]这是笔者关于近30年来儒学发展的基本评议。

（原文载《东岳论丛》2017年第10期。
中国人民大学报刊复印资料《中国哲学》2018年第2期全文转载）

① 李维武编：《徐复观文集》第一卷，武汉：湖北人民出版社，2002年版，第359页。